◎ 西南政法大学诉讼法与司法改革研究中心

刑事司法论丛.第1卷

孙长永 / 主编

CRIMINAL JUSTICE REVIEW (VO.1)

中国检察出版社

卷首语

  《刑事司法论丛》是由西南政法大学诉讼法与司法改革研究中心主办的专业学术刊物。其选稿领域包括刑事诉讼法、刑事证据法、刑事司法管理制度、刑法、监狱法等，优先刊用刑事司法方面的实证研究和比较研究最新成果。

  创办这样一本刊物，主要是基于三个方面的考虑：

  第一，以务实的研究成果推进法治建设的需要。依法治国、建设社会主义法治国家，是宪法早已宣布的基本国策。在中国特色社会主义法律体系基本建成之后，中国法学研究的基本方向应当逐渐从立法对策研究转向司法应用研究。现行刑法已经有了八个修正案，2012 年修订之后的刑事诉讼法也已经开始施行。可以预料，在相当长的时间内，这两部"基本法律"不会再有大的修改。切实保证耗费了全国人民心血、凝聚了社会共识的刑事法律得到全面实施，成为建设法治中国征程中的艰巨任务之一。为此，学界有必要面向刑事司法过程的实际问题，进一步加强法律的解释和适用方面的实证研究，以务实的研究成果为司法实践服务，为推进"法治中国"建设贡献力量。

  第二，以科学的研究方法推动刑事法学研究的需要。中国目前的法学学科区分太细，在法学专业的教学和研究过程中，各二级学科之间联系不够紧密，有的学者甚至长期只关注三级学科领域内的问题。在刑事法研究领域，虽然有学者早已呼吁实行"刑事法一体化"，但身体力行的人数很少，在学术组织建设、课程设置、研究生培养等方面，刑法学与刑事诉讼法学学科之间是完全分开的，两个学科联合开展学术活动的情形通常仅仅发生在少数两个学科的科研力量都比较强大的高校或科研机构。这对于刑事法学的健康发展是极其不利的。同时，在包括刑事法的整个法学研究领域，传统上比较注重规范研究或者注释法学，比较研究也达到了一定的深度，但实证研究近几年才开始得到运用。从法学研究的发展方向看，有必要综合运用规范研究、实证研究和比较研究的方法，特别是在"法解释论"中充分考虑中国司法的现实情况和法治发达国家的司法规则，以推动中国的刑事法学真正符合中国的司法实际需要，同时又能不断汲取法治发达国家的最新成果。《刑事司法论丛》将在这一方面积极努力，争取有所贡献。

第三，以协同创新的思维加强人文社科研究基地建设的需要。西南政法大学拥有多个重庆市或校级科学研究平台，其中诉讼法与司法改革研究中心是 2006 年 12 月经重庆市人民政府批准的市级人文社会科学重点研究基地，下设刑事诉讼法学研究中心、比较民事诉讼法研究所、司法研究中心和证据法学研究中心四个分支机构；司法鉴定中心是司法部正式授牌的十大国家级司法鉴定机构之一，面向社会公开提供物证技术等方面的鉴定服务。同时，我校还设有毒品犯罪与对策研究中心（重庆市第一批人文社会科学重点研究基地）、有组织犯罪研究中心和量刑研究中心，还与重庆市人民检察院第一分院、河南省平顶山市中级人民法院分别联合成立了检察制度研究中心和少年司法研究中心。这些研究机构，不论是市级的，还是校级的，或者是与司法机关联合成立的，都汇聚了一批在相关领域有较高研究水平或丰富司法实践经验的专家。我们将整合各方面的力量，把各个研究基地、中心建设成为协同创新的平台，把《刑事司法论丛》作为展示协同创新研究成果、实现基地服务社会功能的一个窗口。

　　《刑事司法论丛》（第一卷）共收录文章27篇，其中除龙宗智教授和我本人的讲座整理稿以外，多数文章是西南政法大学诉讼法与司法改革研究中心2012年12月15—16日举办的"刑事证据法国际研讨会"的参会论文，在收入本卷之前，作者又根据会议讨论的情况进行了认真修改。借此机会，谨向参会的国内外来宾表示衷心的感谢！

　　欢迎中外刑事法学名家、新秀以及司法实务工作者就刑事司法领域的热点问题、前沿问题赐稿，也欢迎调研力量强大、调研基础良好的司法实务部门成为本刊的协办单位。我们将不断努力，争取把《刑事司法论丛》办成一个高质量的学术刊物，成为全国刑事法学界和司法实务界交流学术思想、展示最新成果的乐园。

西南政法大学副校长

诉讼法与司法改革研究中心主任

孙长永

2013年9月

目　　录

专题研究

前沿聚焦

司法实践

调研报告

域外法制

Contents

专题研究

编者按：2013 年 1 月 24 日和 2 月 4 日，西南政法大学副校长孙长永教授分别在重庆市第二中级人民法院和第四中级人民法院以"法院贯彻实施新刑事诉讼法的几个问题"为题，举行了学术讲座，结合当时刚刚公布的有关司法解释，对法院如何贯彻执行新刑事诉讼法规定的非法证据排除规则、庭前会议程序、证人鉴定人出庭作证制度、简易程序、刑事和解制度进行了系统的阐述，并就法官如何适应新刑事诉讼法的要求转变司法观念提出了若干建议。本刊全文刊登这两次讲座的录音整理稿，以飨读者。

法院贯彻落实新刑事诉讼法的几个问题

孙长永*

新刑事诉讼法的修改经历了漫长的过程，其中涉及很多问题，也有很多争议仍没有得到解决，这就需要我们在实践中根据立法精神进行理解。本次修改是 1979 年刑事诉讼法实施以来的第二次"大修"，从规模上、理念上都有重大变化，如增加了"尊重和保障人权"的规定，并在整个刑事诉讼法中体现了这一原则的要求。从内容上来说，这次修改刑事诉讼法，实质性的修改涉及七大方面，包括侦查程序、证据制度、辩护制度、审判程序、执行程序、特别程序等。因为时间关系，我主要讲以下六个问题。

一、非法证据排除

非法证据排除是这一次立法修改的重头戏。刑事诉讼法贯穿了"尊重和保障人权"的精神，其中表现之一就是初步构建了一套防治刑讯逼供的程序机制，包括：侦查阶段允许犯罪嫌疑人聘请辩护人，辩护人在审查批捕过程中可以提出意见；犯罪嫌疑人与辩护人之间会见交流基本自由，侦查终

---

* 西南政法大学副校长、教授，博士生导师，法学博士。

结前侦查机关要听取辩护人意见；拘留逮捕犯罪嫌疑人后必须立即送看守所，一旦犯罪嫌疑人被送入看守所，侦查人员的讯问必须在看守所进行；对于重大案件，侦查讯问过程还要录音录像；明确规定了不得强迫任何人证实自己有罪的原则；从侦查阶段开始辩护律师即可以调查取证，等等。在审判程序中，新法还强化了对证人出庭作证的要求，这对辩护人维护被告人的合法权益是一项重要的程序保证；特别是正式确认非法证据排除规则，包括在审判监督程序中对已经生效的判决，如果发现据以定案的证据是"依法应当排除"的，当事人申诉后，法院仍然需要进行再审。如果说"两个证据规定"的出台已经基本确定了非法证据排除制度，那么这一次刑事诉讼法的修改就形成了一套配套制度。司法实践中遇到非法证据时，将不再是法院"单打独斗"的局面了，也不是什么非法证据问题都要等到上了法庭才去解决，在进入审判阶段之前已经设计了很多防治的措施。

如何理解非法证据排除制度？在我看来，新刑事诉讼法的基本精神可以概括为四个方面。

第一，在排除范围上，体现了"三个突出"的思想。

第二，在排除主体上，要求公、检、法三机关在侦查、审查起诉和审判阶段分别承担排除非法证据的责任。这与"两个证据规定"有很大不同，特别是增加了公安机关作为排除非法证据的责任主体。

第三，在排除程序上，由审判人员依职权或应利害关系人申请启动证据合法性调查程序，并由检察机关对证据收集的合法性加以证明。这是2010年《关于办理刑事案件排除非法证据若干问题的规定》（以下简称《非法证据排除规定》）已经确定的原则，这一次将其进一步细化了。

第四，在排除非法证据的证明标准上，要求检察机关证明证据收集的合法性达到确实、充分的程度。与法院认定被告人有罪、检察机关履行对公诉犯罪事实的举证责任所应该达到的标准是完全一致的。

新法关于非法证据排除制度的基本精神就是这四个方面，但在具体内容的理解上还有很多问题，下面分别讲一下。

（一）非法证据的排除范围

新《刑事诉讼法》第54条规定："采用刑讯逼供等非法方法收集的犯

罪嫌疑人、被告人供述和采用暴力、威胁等非法方法收集的证人证言、被害人陈述，应当予以排除。收集物证、书证不符合法定程序，可能严重影响司法公正的，应当予以补正或者作出合理解释；不能补正或者作出合理解释的，对该证据应当予以排除。"这个表述与刑事诉讼法修正案草案、《非法证据排除规定》有很大的不同，它涵盖了非法言词证据和非法实物证据。在排除范围上如何体现三个"突出"的思想呢？

第一个突出，是在非法言词证据和非法实物证据之间，突出对非法言词证据的排除。关于实物证据，立法只规定了非法物证、书证，而且基本上是按照瑕疵证据来对待的，着重点是要排除非法言词证据。

第二个突出，是在各种非法的言词证据之间，突出对非法口供的排除。非法言词证据分别涉及非法方法收集的口供、证人证言、被害人陈述，但排除的重点是非法口供。

第三个突出，是在各种非法方法收集的口供之间，突出对以刑讯逼供方法收集的口供的排除。《刑事诉讼法》第50条明确规定："严禁刑讯逼供和以威胁、引诱、欺骗以及其他非法方法收集证据。"如果严格按照这个规定执行，那么所有非法方法收集的证据都不能使用。新刑事诉讼法没有采取这种绝对化的立场，而是规定"刑讯逼供等非法方法"收集的犯罪嫌疑人、被告人供述应予排除，把刑讯逼供进一步突出出来。

本次立法修改重点之一是证据制度，而这三个"突出"进一步表明，完善证据制度的核心就是要遏制刑讯逼供。在侦查阶段拘留、逮捕制度的完善、辩护制度的完善，以及侦查程序和审查起诉程序的完善，也有助于解决实践中长期存在的刑讯逼供问题。前些年发现的错案，几乎都与刑讯逼供有关。学界之所以强烈呼吁把"尊重和保障人权"原则写入刑事诉讼法，就是要主张、要申明、要呼吁，离开了对刑讯逼供的治理，"尊重和保障人权"就是一句空话。因为在刑事司法领域中，所谓"尊重和保障人权"从宏观的视角看，关键就是如何对待犯罪嫌疑人、被告人。非法证据排除范围上的"三个突出"表明，立法者要在证据制度的完善方面贯彻落实"尊重和保障人权"的基本原则。问题是：什么是"刑讯逼供等非法方法"？

《人民检察院刑事诉讼规则（试行）》（以下简称《检察规则》）第65

条规定："刑讯逼供是指使用肉刑或者变相使用肉刑，使犯罪嫌疑人在肉体或者精神上遭受剧烈疼痛或者痛苦以逼取供述的行为。其他非法方法是指违法程度和对犯罪嫌疑人的强迫程度与刑讯逼供或者暴力、威胁相当而迫使其违背意愿供述的方法。"《最高人民法院关于适用〈中华人民共和国刑事诉讼法〉的解释》（以下简称《法院解释》）第 95 条与《检察规则》的表述不一样，但内容完全相同。总的一句话，"等非法方法"要达到与刑讯逼供相当的程度才需要排除相关的口供，并不是任何非法方法收集的口供都要排除，即"等非法方法"要达到与刑讯逼供相同的强迫程度，给犯罪嫌疑人、被告人的肉体或精神上造成痛苦，使其不得不违背意愿作出供述。有的同志质疑：为什么不列举出来一些非法方法？这是因为列举不了，没有哪一个国家的立法能够开列一张完整的清单。从比较法上看，目前对非法讯问方法列举最多的是《德国刑事诉讼法典》第 136 条 A，该条规定："（一）对被指控人决定和确认自己意志的自由，不允许用虐待、疲劳战术、伤害身体、服用药物、折磨、欺诈或者催眠等方法予以侵犯。只允许在刑事诉讼法准许的范围内进行强制。禁止以刑事诉讼法不准许的措施相威胁，禁止以法律没有规定的利益相许诺。（二）有损被指控人记忆力、理解力的措施，禁止使用。"根据《德国刑事诉讼法典》第 69 条和第 72 条的规定，上述禁止性规定不仅适用于对犯罪嫌疑人、被告人的讯问，也适用于对证人、鉴定人的询问。

关于非法物证、书证的排除，根据《刑事诉讼法》第 54 条的规定，必须同时符合三个条件：一是收集物证、书证不符合法定程序；二是可能严重影响司法公正；三是不能补正或者作出合理解释。三个条件同时具备才需要排除相关的证据。一份证据虽然在收集程序上违法，但对案件的公正审判没有明显的影响，或者有些方面侦查机关做了补正或者提出了合理的解释，并且法院认为可以接受，该证据就可以采用。什么是"不符合法定程序"？什么是"可能严重影响司法公正"？什么是"补正"和"合理解释"？这里面涉及非常复杂的细节问题。

从学界的理解来说，"不符合法定程序"包括不符合法律对取证主体、取证手段、取证方法的规定，如不具备办案资格的人员提取的物证，未出示搜查证取得的书证等。"可能严重影响司法公正"，是指收集证据程序违法导致其真实性无法保证，或者说取证行为明显违法或者情节严重，可能对司法机关办理案件的公正性造成严重损害。也就是说，如果采用这个物证、书证，可能导致案件都办错了。当然，是不是说只要物证、书证是真实可靠的，收集程序上无论怎么样违法，它都可以用？那也不一定。比如说采用犯罪的手段收集的物证、书证即使真实的，也不能采用。《法院解释》第95条规定"可能严重影响司法公正"，应当综合考虑收集物证、书证违反法定程序以及所造成后果的严重程度等情况作出认定，这实际上确认了利益权衡的判断原则。

对于"补正"如何理解？通常来讲，补正是指对取证程序上的非实质性瑕疵按照当时的实际情况进行补救，主要适用于程序性疏忽、遗忘某些内容致使证据要素不全的情况，以及证据的形式或内容出现某种错误而可以弥补的情况。"两个证据规定"里面本来就有相应的条款，这次司法解释对文字作了一些修改完善，更具有可操作性。《法院解释》第73条规定："物证书证的收集程序、方式存在下列瑕疵，经补正或者作出合理解释的，可以采用：（一）勘验、检察、搜查、提取笔录或者扣押清单上没有侦查人员、物品持有人、见证人签名，或者对物品的名称、特征、数量、质量等注明不详的；（二）物证的照片、录像、复制品，书证的副本、复制件未注明与原件核对无异，无复制时间，或者无被收集、调取人签名、盖章的；（三）物证的照片、录像、复制品，书证的副本、复制件没有制作人关于制作过程和原物、原件存放地点的说明，或者说明中无签名的；（四）有其他瑕疵的。"应该说，所有的这些瑕疵都是可以理解的，常人在办案中很难完全避免出现遗漏这些形式要素的情形，所以应当允许进行补正和合理解释。但《法院解释》在这一条最后提出了底线性的要求，即"对物证、书证的来源、收集程序有疑问，不能作出合理解释的，该物证、书证不得作为定案的根据"。法院的判决书必须忠于事实真相，也就是最终认定的事实法院是要负责任的，法官对自己都有疑问的证据是一定不能采用的。像云南的杜培武案，错判的原因除了刑讯逼供外，在物证方面，汽车上提取泥土的来源就不清楚，导致鉴定意见错误。美国的棒球明星辛普森杀妻案在法庭审理过程中，辛普森当场试戴侦查机关提取的血手套，结果手套太小了，根本戴不上。这给辩护律师非常有利的机会来驳斥检方的指控。出庭检察官解释说是因为血液浸润手套导致手套变小，辩护律师抓住机会提出质疑，问这个血液是在哪里提取的。检方对此无法作出合理解释，说不清楚。像这种取证的瑕疵在日常办理案件过程中是很常见的，不能想当然地认为手套上的血就是现场的血。对于这一兜底条款，很多人都不太注意，以为什么都可以解释或补正。根据我的观察，有些侦查机关取证手段不规范是客观现实，其中有些不规范取证行为是侦查人员的素质问题、责任心缺失或者是侦查取证的技术不达标造成的，但也有一些可能是个别侦查人员故意造成的，并不是一时的疏忽。像这种习惯性的、故意的行为导致遗漏某些程序环节，形成证据瑕疵的，法官绝对不应当宽容，否则很可能会导致错案。尤其是对于非法物证、书证，由于立法上对这类证据采取原则上不予排除的立场，一些学者甚至也说：非法物证、书证不排除，是因为这类证据本身上不容易因为程序违法而"失真"。可问题是，一旦程序违法或者证据要素不健全，就很难保证这个证据是真实的，特别是来源不明的证据。所以对侦查人员故意地、习惯性地违反法定程序收集的物证书证不应当采用。

什么是"合理解释"？合理解释是指对取证程序的瑕疵由于时过境迁等原因无法补正的情况下，作出符合常理、符合逻辑的解释。比如，复制材料的这个人已经调离了侦查机关，但其他人可以进行证明。复制的时候没有注明"与原件核对无异"，或者没盖核对章，可以作出一个说明；提取、扣押清单的制作过程是怎样的，为什么没有见证人的签名等，诸如此类的问题都可以作出说明。合理解释应当遵循真实性原则，反对弄虚作假，法官在审查这类情况说明时一定要仔细，在庭审质证阶段也要注意听取辩护人的意见，否则我们就可能轻易确认解释的合理性。

在非法证据排除问题上还有几点疑问。

第一，重复性的供述是否需要排除？比较典型的问题涉及所外审讯与所内审讯结果的运用。侦查人员将犯罪嫌疑人带到看守所外面去讯问，通过采用一些非法手段而获得供述，制成了笔录；回到看守所后，以合法手段再次讯问，要求犯罪嫌疑人重复在所外的供述，遇到犯罪嫌疑人拒绝供述或者供述以后拒绝签字时，侦查人员即以再次带到所外讯问相威胁，迫使犯罪嫌疑人再次作出供述或者不得不在供述笔录上签字。所外讯问由于采用了非法的手段，比如说刑讯逼供，所以法官按照法律规定应当把相应的讯问笔录作为非法证据予以排除，这个没有问题。问题在于：每个犯罪嫌疑人都被讯问了很多次，那么，回到看守所以后再次讯问所获得的供述笔录是否需要排除？按照法治国家的通常做法，只要是非法讯问的结果，供述和当初的刑讯逼供有因果关系，都属于要排除的范围。什么情况下可以不排除？只有在因果关系被"稀释"到犯罪嫌疑人可以不受当初违法行为的影响而自愿作出供述的时候，其供述才可以采纳。举个例子：法治国家讯问犯罪嫌疑人都要告知其沉默权等，第一次侦查人员告知了沉默权，但犯罪嫌疑人不愿意交代；然后侦查人员动用了非法手段，犯罪嫌疑人交代了犯罪事实，这是典型的非法口供。过了一段时间，另外一个侦查员同样告诉了犯罪嫌疑人沉默权等，而且没有提及原来的供述，但犯罪嫌疑人再次作出了同样的供述。那么，这两次讯问之间有没有因果联系呢？这要看两次讯问之间的间隔时间。一般来说，侦查讯问主体变了，两次讯问时间跨度也比较长，后面的供述基本上不受最初的非法讯问方法影响了，那么后面的供述是可以采用的。在我们国家，比较典型的是，侦查人员在侦查阶段讯问犯罪嫌疑人可能有非法情形，但根据法律规定，检察人员在审查起诉阶段也必须讯问犯罪嫌疑人，如果检察人员的讯问没有任何违法情形，而犯罪嫌疑人却作出了与侦查阶段实质上相同的供述，那么审查起诉阶段的供述肯定是可以用的。但是，如果两次讯问都在侦查阶段，时间相隔时间只有一两天，即使侦查讯问人员换了，从理论上讲很难说第二次供述没有受到第一次讯问（非法）的影响，因而不应当采用。但本次修法对这个问题如何解决没有明确规定，这是新刑事诉讼法给法官留下的一道难题。

第二，威胁、引诱、欺骗方法获得的口供是不是一律不排除？因为法律上的表述是"刑讯逼供等非法方法"，司法解释对"等"的要求是要与刑讯逼供的强迫程度相当，使得犯罪嫌疑人、被告人不得不违背自己的意愿作出供述。这个解释给我们法官提出了很严峻的挑战。比如佘祥林案，其母亲、弟弟、妻子是被侦查机关拘留的，实践中同样也有这样的审讯策略，以亲属安全相威胁来强迫犯罪嫌疑人作出供述。这样的手段获得的供述能不能用？《德国刑事诉讼法典》第 136 条 A 明确"禁止以刑事诉讼法所不准许的措施相威胁"。因为犯罪嫌疑人的父母、子女只要没有违法犯罪，侦查机关是没有权力限制其人身自由的。我认为，如果侦查人员使用了法律所完全不允许的威胁手段，或者不是简单的口头威胁，而是足以让犯罪嫌疑人相信，如果其不作出相应供述，侦查机关很有可能就实施威胁采取的行为，这种情况下作出的供述不能作为不利于供述人的证据使用。因为这会影响到司法公信力，采用这种侵犯人权甚至"震撼人们良知的手段"获得的供述而给一个人定罪，会严重损害司法的公正性和权威性。当然，同样是威胁，对象不同，证据是否需要排除也不完全一样。例如，威胁方法用于询问证人是完全被禁止的，威胁来的证人证言一律要排除；但威胁犯罪嫌疑人所获得的供述就不一定要排除。也就是说，在讯问犯罪嫌疑人时，威胁手段不是完全禁止的，排除证据的尺度相对也宽松一些。对于"引诱"问题，很多时候引诱、欺骗是很难分清的。不少人都说，"坦白从宽是引诱，抗拒从严是威胁"，但这个"威胁"肯定不构成排除非法证据的威胁，这个"引诱"也不构成排除非法证据的引诱。然而，是不是任何情况下通过引诱手段获得的供述都可以采用？恐怕不行。尽管在我们国家不能像法治国家要求那么严格，但有的引诱手段获得的证据仍然要坚决排除。某省"破获"了一件贩毒大案，后来发现所谓"贩毒"从头到尾都是找线人、下套的结果。这种诱人犯罪的手段绝对不应当允许使用，要通过排除证据的方法予以制止。威胁、引诱、欺骗这几种非法手段与证据排除之间究竟是什么关系？这个问题需要用案例指导的方法来进一步明确规则，因为具体案件情况各异，没有办法通过统一的立法文字表述进行规定。

第三，对于很多其他的非法口供，比如非法羁押、非法剥夺律师辩护权期间获得的口供，以及在没有法定代理人或其他合适成年人到场的情况下审讯未成年犯罪嫌疑人获得的口供，是否应当排除？四川一个法院把没有成年人到场的情况下审讯未成年犯罪嫌疑人获得的口供一律排除，我认为就很有道理。也有可能是他们那里这样的案件少，未成年人犯罪不太严重，再加上法院有这个意识，公安机关也比较理解，操作上没有遇到什么困难。从法治原则上来说，非法羁押应当严格予以禁止，凡是没有任何手续把人控制起来，也不通知家属的，这个阶段获得的口供应该一律予以排除。如果对非法控制人身自由，我们都予以认可，那将会鼓励、放纵这种非法取证手段。现阶段我们的法律已经给了侦查机关足够的合法取证手段。我曾经专门写过文章，谈为什么公安机关能够对犯罪嫌疑人进行刑讯逼供，首先是因为公安机关能够控制嫌疑人的人身自由，而且控制的时间很长。现在新刑事诉讼法对辩护制度进行了完善，对非法证据排除规定了严格的排除标准，其意图就是要通过法院排除非法证据来促使侦查机关依法取证。

至于非法剥夺辩护权期间获得的口供，这个问题比较复杂，从各个国家的情况看也不是一律排除。如果在拘留期间律师要求会见犯罪嫌疑人，侦查机关不同意，比如说因为口供还没突破不允许会见，只要没有采取刑讯逼供等非法手段，从情理上说这是可以理解的。在美国，如果犯罪嫌疑人在讯问之前要求见律师，而警察不让见，随后讯问所获得的供述是要排除的。但在我国现阶段，是否要排除这种供述？可能要看情节和时间长短。根据《关于实施刑事诉讼法若干问题的规定》（以下简称"六部委规定"）要求，如果辩护律师提出会见在押犯罪嫌疑人，侦查机关要确保在48小时内辩护律师见到犯罪嫌疑人。如果超出48小时，比如说72小时、96个小时不让见律师，但是没有采取其他违法手段，要完全排除其间获得的供述，可能存在现实的困难。然而，如果一两个星期都不允许会见，那情节就太严重了，没有办法排除审讯过程中是不是采取了非法手段。在这种情况下，我认为所获得的供述应当予以排除。当然这个问题肯定会有争议，还要看下一步司法实践发展的情况。

在没有法定代理人或其他合适成年人到场的情况下审讯未成年犯罪嫌疑人获得的口供，我个人倾向于排除。在我国社会转型时期，大量农村劳动力进入城市工作，一些父母忙于生计，导致未成年的子女没有得到认真的教育、照料。这些孩子成长环境不好，他们走向犯罪道路有社会、家庭方等面的原因。新刑事诉讼法对未成年人犯罪的处理，总的原则是"教育优先，预防为主，惩罚为辅"，即使在惩罚过程中，也要充分体现人性关怀。原来立法规定，在讯问未成年犯罪嫌疑人、被告人时"可以"通知法定代理人到场；新刑事诉讼法改为"应当"通知，而且法定代理人不能到场时，还可以通知其他成年亲属到场；其他亲属不能到场时，还可以通知学校、基层组织、未成年人保护组织的代表到场。换言之，法律为侦查机关提供了多种选择。在这种情况下，如果承办案件的侦查机关不履行通知义务，却仍然允许采纳讯问未成年犯罪嫌疑人所获得的供述笔录，那有谁还会尊重这个程序规定呢？

第四，对于违反法定程序收集的视听资料、电子数据等证据材料是否应当予以排除？这是法律规定存在的一个漏洞。但立法没有规定是否排除，不等于说这类证据都可以使用，而要从非法证据排除规则的基本精神出发加以判断。比如，新刑事诉讼法规定技术侦查手段获得的证据可以用，通过此种手段获得的证据往往都是视听资料。如果这类证据是私人违法收集的，从法理上来说是可以采纳的，实际也已经有这样的先例。但如果是侦查机关收集的，就不同了，因为法律赋予了侦查机关采取技术侦查手段的权力，只是在使用技术侦查的条件和程序上进行了限制。如果侦查机关违反这些条件或者程序，例如未经合法批准，而采取技术侦查手段，那么，由此所获得的视听资料等证据材料就不应允许采用，否则立法关于技术侦查的限制性规定就会成为一纸空文。

（二）非法证据的排除责任

对于非法证据的排除责任，新《刑事诉讼法》第 54 条第 2 款规定："在侦查、审查起诉、审判时发现有应当排除的证据的，应当依法予以排除，不得作为起诉意见、起诉决定和判决的依据。"本条与《非法证据排除规定》有一定的区别。《非法证据排除规定》第 3 条规定："人民检察院在审查批准逮捕、审查起诉中，对于非法言词证据应当依法予以排除，不能作为批准逮捕、提起公诉的根据。"这一规定明确禁止把非法证据作为批准逮捕的依据，但新刑事诉讼法里却没有类似的规定。这是否意味着检察机关批捕的时候可以使用非法证据呢？我认为不能，因为《非法证据排除规定》仍然是有效的法律文件，只是其中的一些内容没有被吸收到新刑事诉讼法中，但最高人民检察院的司法解释弥补了这一不足。修订后的《检察规则》第 65 条规定："对采用刑讯逼供等非法方法收集的犯罪嫌疑人供述和采用暴力、威胁等非法方法收集的证人证言、被害人陈述，应当依法排除，不得作为报请逮捕、批准或者决定逮捕、移送审查起诉以及提起公诉的依据。"

为什么新刑事诉讼法规定公安机关、检察机关、审判机关都有排除非法证据的责任？世界上其他国家有没有这样的规定？其实，这一规定具有典型的中国特色，是中国非法证据排除制度的重要特点。有人说公安机关是非法证据的制造者，它怎么会有排除非法证据的动力？检察机关是代表国家对被告人提起公诉的，是非法证据的使用者，也没有排除非法证据的动力。只有法院才应当负有排除非法证据的责任，因为它需要对案件作出公正的裁判。从法理上讲，这个说法有一定的道理；但从中国的实际情况看，这种观点在操作层面会遇到很多困难。在我看来，在现有条件下，对非法证据的排除和预防，公安机关是基础，检察院是中心，法院是关键。

为什么说公安机关是基础？因为公安机关有责任从源头上防止非法取证，一旦出现非法取证情形，它需要重新取证、补正、作出合理解释。特别是对检察机关已经采用的证据，如果辩方提出排除证据的申请，一般来说补正或解释的工作仍然要由公安机关去做，检察机关一般是做不了的。只有让公安机关从源头上预防非法取证，让排除非法证据成为"备而不用"的规则，刑讯逼供的问题才能得到有效治理。排除非法证据不是目的，最终是治理非法取证，提高在司法过程中"尊重和保障人权"的水平。

检察机关对排除非法证据负有特别责任，不能抱有侥幸心理，更不能把责任推给法院。大家不要认为法院有了排除非法证据的权力就可以随意用，实际上对法院尤其是基层法院来说，排除非法证据会有很多阻力。之所以说检察院是排除非法证据的中心，首先是因为检察院有排除非法证据的条件，其次也是因为检察院有排除非法证据的责任。因为从检察机关和公安机关的关系上看，检察机关负有监督侦查活动是否合法的责任；从"尊重和保障人权"的要求出发，检察机关也应当指导公安机关等侦查机关依法、规范收集证据，对违法取证行为进行调查处理。法院审查把关只是最后的环节。如果把所有的非法证据问题都集中到法庭上来解决，一旦法院根据法律规定把公诉方准备使用的关键证据排除了，案件怎么办？都作出无罪判决吗？至少现阶段估计还不行。从法理上来说，没有足够的证据证明有罪，当然就应当判无罪。但是为什么我们的立法要苦心孤诣地要求公安机关、检察机关排除非法证据？我想，立法的意图就是希望事先做好防范，尽量在提起公诉之前对证据进行严格审查，准备起诉到法院的案件，证据上一定要靠得住，否则要赶快弥补，不能等到了审判阶段让法院抖起胆子判无罪。通过检察机关在审查起诉阶段的审查程序，使进入法院审判阶段的案件在证据方面的问题尽可能少一些。而且即使到了审判阶段，如果辩护一方要求排除非法证据，证明证据收集的合法性也是检察院的责任，法院不可能帮助检察院去证明证据的合法性。

为什么说法院是关键？我想重点讲一下。第一，法院要利用庭前会议程序听取控辩双方关于证据合法性的意见，尽可能在正式开庭之前解决证据合法性的争议。2010年《非法证据排除规定》出台后，法庭上遇到此类的问题越来越多，比如谢亚龙案，辩护律师当庭要求排除非法证据；贵州小河黎庆洪等涉黑案件，炒得沸沸扬扬。以至于最高人民法院在关于刑事诉讼法的司法解释的征求意见稿里曾规定："辩护人、诉讼代理人严重违反法庭秩序，被强行带出法庭或者被处以罚款、拘留的，人民法院可以禁止其在六个月以上一年以内以辩护人、诉讼代理人身份出席法庭参与诉讼。"当然，由于全国律协及学界对此提出了强烈的批评，最终公布的司法解释把这一条删掉了，只是规定"通报司法行政机关，并可以建议依法给予相应处罚"。之所以会出现所谓"律师闹庭"的问题，就是因为没有在庭前将非法证据的争议解决好。第二，法院要依职权或者应辩护方申请依法启动证据合法性的法庭调查程序，并公正地组织控辩双方进行举证或者辩论，必要时通知侦查人员或者其他有关人员出庭说明情况，或者进行庭外调查核实。能不能够依法启动证据合法性的调查程序，在新刑事诉讼法实施后对法院来讲是一个考验，尤其是在重大案件中。我认为，对于有合理怀疑可能存在刑讯逼供的案件，该启动证据合法性的调查程序的一定要启动，不能模棱两可。第三，对于经过法庭审理，确认或者不能排除存在新《刑事诉讼法》第54条规定的以非法方法收集证据情形的，对有关证据应当予以排除；排除非法证据后，现有证据不足以证明被告人有罪的，应当依法宣告被告人无罪。新刑事诉讼法实施后，一旦发现某一证据依法是应当排除的，要理直气壮地排除，排除后无法认定被告人有罪的,法官没有其他的权力,只能依法宣告无罪。

　　排除非法证据关键就在于法院敢不敢排除真实的非法证据,不真实的证据本来就不能采用,并不需要通过适用非法证据排除规则来加以排除。有的地方不是法院不愿意排除非法证据,而是地方党委政府不希望法院这样做,认为排除非法证据对维护当地社会稳定不利。所以对于新刑事诉讼法,不仅需要公、检、法机关认真学习,地方党委政府也应该学习。只有这样,才能给法院公正司法提供一个良好的氛围。如果法官连非法证据都不敢排除,如果法院对明知证据不足的案件都不敢判无罪,那么新刑事诉讼法的实施还有何意义?非法证据排除规则的确立本质上来说是扩充了法院的审判权,希望通过法院的审判权对侦查行为进行实质上的司法审查。以前法院只判有罪、无罪,有时候甚至对有罪、无罪说了都不算,法院基本上只管量刑,前些年全国各级法院一年判无罪的公诉案件只有几百人,加上自诉案件也不到1000人。照此下去,法院根本就不可能有地位,只能吃公安机关做好的饭。这次新刑事诉讼法确立非法证据排除规则,实际上是提高了法院的地位,赋予了法院利用审判权制约公安侦查行为和检察院公诉行为的权力。所以,就排除非法证据而言,法院是关键。

（三）法院对证据合法性的审查和调查

　　《刑事诉讼法》第56条明确规定:"法庭审理过程中,审判人员认为可能存在本法第五十四条规定的以非法方法收集证据情形的,应当对证据收集的合法性进行法庭调查。当事人及其辩护人、诉讼代理人有权申请人民法院对以非法方法收集的证据依法予以排除。申请排除以非法方法收集的证据的,应当提供相关线索或者材料。"调查程序的启动有两种方式:一种是依职权启动;另一种是依据当事人或辩护人的申请启动。现在检察院在向法院提起公诉时,要一并移送全部案卷证据材料,审判人员有依职权启动证据合法性调查的条件。当然,司法实践中,毫无疑问,依申请启动证据合法性调查肯定是一种主要的方式。《法院解释》第96条规定:"当事人及其辩护人、诉讼代理人申请人民法院排除以非法方法收集的证据的,应当提供涉嫌非法取证的人员、时间、地点、方式、内容等相关线索或者材料。"《法院解释》第97条规定:"人民法院向被告人及其辩护人送达起诉书副本时,应当告知其申请排除非法证据的，在开庭审理前提出，但在庭审期间才发现相关线索或者材料的除外。"这种限制是符合法理的，也符合法治国家的一般经验。《法院解释》第99条规定："开庭审理前，当事人及其辩护人、诉讼代理人申请排除非法证据，人民法院经审查，对证据收集的合法性有疑问的，应当依照刑事诉讼法第一百八十二条第二款的规定召开庭前会议，就非法证据排除等问题了解情况，听取意见。人民检察院可以通过出示有关证据材料等方式，对证据收集的合法性加以说明。"大家注意这里使用的表述不是"证明"而是"说明"，因为法律没有规定在庭前加以证明，庭前会议就是为了"了解情况、听取意见"。《法院解释》第100条规定："法庭审理过程中，当事人及其辩护人、诉讼代理人申请排除非法证据的，法庭应当进行审查。经审查，对证据收集的合法性有疑问的，应当进行调查；没有疑问的，应当当庭说明情况和理由，继续法庭审理。以相同理由再次申请排除非法证据的，法庭不再进行审查。对证据收集合法性的调查，根据具体情况，可以在当事人及其辩护人、诉讼代理人提出排除非法证据的申请后进行，也可以在法庭调查结束前一并进行。法庭审理过程中，当事人及其辩护人、诉讼代理人申请排除非法证据，法院经审查，不符合本解释第九十七条规定的，应当在法庭调查结束前一并进行审查，并决定是否进行证据收集合法性的调查。"如何审查？有一个地方跟《非法证据排除规定》不一样：《非法证据排除规定》要求法院对非法证据排除问题要"先行调查"，实体审理问题摆在后面，即只要审判人员对证据的合法性有疑问，就要先对非法证据问题进行调查，确认证据合法的，在实体审理时才能出示这份证据。程序问题处理在前，实体审理在后。现在规定对证据收集合法性的调查，根据具体情况，可以在当事人及其辩护人、诉讼代理人提出排除非法证据的申请后进行，也可以在法庭调查结束前一并进行。这就意味着只有一个被告人的时候，如果对证据合法性有疑问肯定是先调查，调查过后排除了非法证据的情形的，在实体审理的时候控方即可出示这份证据。如果确认证据是非法的，加以排除以后控方就不可使用这份证据。但有的案件是不止一个被告人的，比如甲被告人要求排除一份证据，乙也要求排除这个证据，像这种案件，按照《法院解释》第100条的规定，可以把相关问题一并处理，所以没有要求必须先行调查，但不是说否定先行调查。从实际操作上来说，对证据合法性问题先行调查，有利于庭审的顺利进行。

我梳理了一下，《法院解释》第99条和第100条实际上规定了四种非法证据的处理程序：

第一，庭前申请、庭前审查、庭前听取意见、庭前决定是否排除。这是一个协商性程序，辩护方庭前提出排除非法证据申请，法院听取控辩双方意见，大家充分进行协商，如果检察院说不用这份证据，显然问题就解决了，这是最好的非法证据处理程序。

第二，庭前申请、庭前审查，庭上先行调查，并且决定排除与否。这是最符合法律规定的程序。庭前提出申请并审查后，如果对证据的合法性有疑问，庭前可以听意见，但是庭前不进行调查，也不能作出是否排除的决定，法庭上调查完了再决定是否采用。如果决定不排除，检察院在案件的实体审理中就可以举示这份证据。

第三，庭上申请，庭上立即审查，法庭调查结束前调查并且作出决定。这只限于庭审期间发现的非法证据或线索，这种情况只能在庭上审查，但不是马上调查，而是在"法庭调查结束前调查"，然后决定这个证据要不要使用。

第四，庭上申请，法庭调查结束前进行审查并且决定是否调查。这种程序适用的情形是指本应该在庭前进行申请但没有申请，却在法庭上提出来了。对此，合议庭可以先放在一边，在法庭调查过程中涉及这份证据的时候或者证据调查完毕时再审查处理这个申请，决定启动证据合法性调查程序。

这四种处理模式中，我个人倾向于第一种和第二种，第三种和第四种要尽量避免。

检察机关对证据合法性如何证明？《刑事诉讼法》第57条规定："在对证据收集的合法性进行法庭调查的过程中，人民检察院应当对证据收集的合法性加以证明。现有证据材料不能证明证据收集的合法性的，人民检察院可以提请人民法院通知有关侦查人员或者其他人员出庭说明情况；人民法院可以通知有关侦查人员或者其他人员出庭说明情况。有关侦查人员或者其他人员也可以要求出庭说明情况。经人民法院通知，有关人员应当出庭。"大家注意这里的用词是"出庭说明情况"，而不是原来《非法证据排除规定》里的"出庭作证"，二者之间有很大区别。本来侦查人员也只是出庭就证据收集的合法性说明情况，但实际内容是作证证明证据收集是合法的。之所以改变表述，是因为新刑事诉讼法规定，法院有强制证人出庭作证的权力，对拒不出庭的证人可以签发强制出庭令，而这里仅仅规定"经人民法院通知，有关人员应当出庭"。这就说明，强制出庭的对象仅限于有作证义务的证人，不适用于拒不出庭"说明情况"的侦查人员。

《法院解释》第 101 条对证据方法有一定的限制。以前检察机关可以通过宣读询问笔录、播放录音录像、通知侦查人员出庭等方法证明证据的合法性，通知侦查人员出庭只是最后手段。现在则规定"现有证据材料不能证明"的，就可以通知侦查人员和有关人员出庭。"公诉人提交的取证过程合法的说明材料，应当经有关侦查人员签名，并加盖公章。未经有关侦查人员签名的，不得作为证据使用"；而且增加规定："上述说明材料不能单独作为证明取证过程合法的根据。"公安机关的情况说明必须有其他的证据支持，特别是对不存在刑讯逼供情形的证明，仅仅凭借纸"情况说明"不能证明证据合法。

（四）证据合法性的证明标准

《刑事诉讼法》第 58 条规定："对于经过法庭审理，确认或者不能排除存在本法第五十四条规定的以非法方法收集证据情形的，对有关证据应当予以排除。"对此，有两点需要说明：第一，确认是非法证据的，应当排除；第二，不能排除存在非法证据情形的，应当排除。不能排除即说明检察机关证明取证程序合法的证据不充分。所以，检察院证明证据合法应当达到"证据确实充分"的程度，这也是对原《法院解释》和《非法证据排除规定》的重大调整。原《法院解释》规定，经查证属实是以威胁、引诱、欺骗等非法方法收集的被告人供述等不得作为定案的依据。"查证属实"就意味着必须有确实充分的证据证明确实存在非法取证情形。《非法证据排除规定》第 2 条也规定："经依法确认的非法言词证据，应当予以排除，不能作为定案的根据。"根据这一规定，排除非法证据的前提是某一证据已经"依法确认"是非法证据。现在的规定没有要求查证属实，只要不能排除非法收集证据的情形的，这个证据就不能用。所以，我们的法官在理念上要有重大的转变，不能像杜培武案的审判长那样，要求被告人自己举证证明其遭受刑讯逼供。被告人仅需提供线索，法官有疑问的，就应要求检察院证明；检察院证明的目的是要排除非法取证情形，而不是协助法院"查证属实"确实存在非法取证。我国关于证据合法性的证明标准与日本、英国的规定是一致的。日本《刑事诉讼法》第 319 条规定："出于强制、拷问或者胁迫的自白，在经过不适当的长期扣留或者拘禁后的自白，以及其他可以怀疑为并非出于自由意志的自白，都不得作为证据。"英国《1984 年警察与刑事证据法》第 76 条第 2 款规定："有任何公诉方计划将被告人供述作为本方证据提出的诉讼中，如果有证据证明供述是或者可能是通过以下方式取得的：（1）对被告人采取压迫的手段；（2）实施在当时情况下可能导致被告人的供述不可靠的任何语言或行为，则法庭不得将该供述作为对被告人不利的证据提出，除非控诉方能够向法庭证明该供述（尽管它可能是真实的）并非以上述方式取得，并且将此证明到排除合理疑问的程度。"可见，不论是日本，还是英国，控诉方的证据如果在合法性上存在疑问，就不得使用。

（五）二审法院的审查和处理

二审法院对非法证据有继续审查的责任。《法院解释》第 103 条规定："具有下列情形之一的，第二审人民法院应当对证据收集的合法性进行审查，并根据刑事诉讼法和本解释的有关规定作出处理：（一）第一审人民法院对当事人及其辩护人、诉讼代理人排除非法证据的申请没有审查，且以该证据作为定案根据的；（二）人民检察院或者被告人、自诉人及其法定代理人不服第一审人民法院作出的有关证据收集合法性的调查结论，提出抗诉、上诉的；（三）当事人及其辩护人、诉讼代理人在第一审结束后才发相关线索或者材料，申请人民法院排除非法证据的。"

大家可能已经发现，关于排除非法证据的司法解释在整体上是非常系统的，尽管还有很多具体问题没有规定，但每个诉讼环节都已有相应的要求。

二、庭前会议

这次刑事诉讼法修改增加了第 182 条第 2 款，该款规定："在开庭以前，审判人员可以召集公诉人、当事人和辩护人、诉讼代理人，对回避、出庭证人名单、非法证据排除等与审判相关的问题，了解情况，听取意见。"这个规定虽然只有一款，却包含非常多的信息，实际上是明确了审前有一个准备程序，这个程序专门用于解决程序争议并为实体审理做准备。尽管司法实践中很多重大案件在开庭前都要召开类似的会议，但以前在法律上没有明确依据。所以说，针对重大、复杂的案件设置专门的准备程序是我国刑事诉讼制度的重大进步，也符合法治国家的通例，体现了刑事诉讼的效率价值和公正价值。

（一）庭前会议适用的案件范围

关于庭前会议的适用范围，在《法院解释》的起草和修订过程中有多种不同意见。现在可以肯定的是，不是每个案子都需要召开庭前会议，庭前会议一般只适用于被告人不认罪的重大、复杂的公诉案件。《法院解释》第182条规定："案件具有下列情形之一的，审判人员可以召开庭前会议：（一）当事人及其辩护人、诉讼代理人申请排除非法证据的；（二）证据材料较多、案情重大复杂的；（三）社会影响重大的；（四）需要召开庭前会议的其他情形。"

被告人要不要参加庭前会议？起草司法解释的时候争议也很大。如果让被告人参加庭前会议，会议就很复杂，效率也很低，因为被告人大多被关押在看守所；但是，如果不让被告人参加，会不会限制他的权利？最终公布的《法院解释》规定："根据案件情况，可以通知被告人参加。"也就是说，被告人不是必须参加庭前会议的主体。什么情况下被告人可以参加？如被告人申请排除非法证据，不让被告人参加，法官就无法进行充分的审查，后面要启动调查程序就没有依据。我认为，对其他的程序问题辩护律师都可以代表，唯有以刑讯逼供为由申请排除有关供述的问题，必须由被告人自己来说，由法官当面听取被告人的意见。其他的情形比如被告人没有辩护人的，而且被告人也不认罪，案情比较复杂的，根据具体情况也可以让被告人参加庭前会议。

（二）庭前会议的功能

《法院解释》第183条规定："召开庭前会议，审判人员可以就下列问题向控辩双方了解情况，听取意见：（一）是否对案件管辖有异议；（二）是否申请有关人员回避；（三）是否申请调取侦查、审查起诉期间公安机关、人民检察院收集但未随案移送的证明被告人无罪或者罪轻的证据材料；（四）是否提供新的证据；（五）是否对出庭证人、鉴定人、有专门知识的人的名单有异议；（六）是否申请排除非法证据；（七）是否申请不公开审理；（八）与审判相关的其他问题。审判人员可以询问控辩双方对证据材料有无异议，对有异议的证据，应当在庭审时重点调查；无异议的，庭审时举证、质证可以简化。被害人或者其法定代理人、近亲属提起附带民事诉讼的，可以调解。"这一规定对庭前会议的功能写了三个方面：第一，处理八类程序性问题，如管辖、回避、调取无罪或罪轻证据、提供新证据、对出庭人员名单有异议、排除非法证据、不公开审理等。在日本，关于庭前准备程序处理的事项，有关规定列举的更加详细，比如控方或辩方要求哪些证人出庭，每个证人证明的主要事项是什么、大体上需要花费多少时间；准备在法庭上出示哪些书证或者物证，法庭上证据调查的顺序如何安排等①，以便给法官一个预期。我们的法官也经常制定一些庭审计划，但有时候本来准备半天审完的案件，结果开庭审理了一天还没有审完，这就是因为没有事先计划好、准备好。第二，明确证据方面的争点。审判人员可以询问控辩双方对证据材料有无异议，对有异议的证据应当在庭审时重点调查，没有异议的在庭审举证、质证时可以适当简化。辩护人阅卷后对控方哪些证据有意见要及时提出来，复杂的案件、共同犯罪案件都有很多证据，辩方在这个阶段也可以与控方交换证据，法官要明确双方对哪些证据没有争议、对哪些证据有争议。证据整理是庭前会议很重要的职能。第三，调解附带民事诉讼。在庭前会议上，审判人员可以对附带民事诉讼进行调解，如果当事人双方能够在庭前会议上达成协议，庭审中就可以节省很多时间和精力。

关于庭前会议，还有几点疑问需要澄清。

第一，庭前会议期间，法庭能否对证据合法性进行调查并作出决定？从法理上说，既然辩方提出了申请，法院听取了意见，甚至让检察机关也作了

① 参见《日本刑事诉讼规则》第 194 条之三。

说明，这时候法官应当有一个表示，以便对证据合法性的争议在庭审以前作出决定。但我们的刑事诉讼法没有这样规定。刑事诉讼法规定"在法庭审理过程中"，当事人、辩护人可以申请排除非法证据；而最高人民法院的司法解释却要求申请排除非法证据"在开庭以前"提出。最高人民法院的意思是尽量在开庭前把这个问题解决，但又不同意在开庭前就作出明确的排除决定，因为一旦要求在庭前作出决定，问题就很复杂了。

第二，主持庭前会议的法官是否需要与庭审法官分离？合议庭的法官是否需要全部参加庭前会议？如果要对一份非法证据进行排除，就不能由一个法官作出决定。最高人民法院的司法解释的规定是希望通过协商把非法证据问题在庭前解决。我刚才讲了四种程序模式，其中第一种模式（庭前申请、庭前审查、庭前听取意见、庭前决定是否排除）就是一个协商性的程序，但庭前不能以法院的名义正式作出排除非法证据的决定，只有在庭审过程中正式启动了证据合法性调查程序，经过调查之后才能对非法证据问题作出是否排除的决定。如果是这样，就不存在合议庭成员庭审中要不要更换的问题，也不存在合议庭成员要不要全部参加庭前会议的问题。一般来说，庭前会议由主审法官或审判长参加就可以，但有两种情况我建议合议庭成员都要参加：一是对附带民事诉讼要达成调解协议的时候；二是对证据方面的争议进行整理的时候。如果合议庭所有成员都清楚控辩双方对哪些证据争议比较大，这对庭审的顺利进行是很有好处的。当然，我也知道，实践中要完全做到这一点肯定有很多困难，特别是要求陪审员参加庭前会议难度就很大。

第三，庭前会议期间没有提出的程序性问题，在法庭审理期间可否提出？最高人民法院的司法解释对庭前会议的功能明确了三个方面，其中第一个方面涉及八种程序性问题，但仅仅规定排除非法证据的问题要求在送达起诉书中时告知被告人在开庭以前提出来；对其他的问题（比如回避）何时提出来，并没有明确规定。我认为，如果召开了庭前会议，并且已经告知控辩双方哪些程序问题应当在开庭前提出，那么，控辩双方对于有争议的程序问题就应当在开庭前、庭前会议上提出；除非是在庭前会议后才发现的问题，否则不能在开庭时搞突然袭击。为什么西方法治国家比较强调律师、法官、检察官、书记员是一个"工作团队"，大家都要服从法官的指挥？因为很多问题都是法律没法直接规定的，而是在审判过程中才会遇到的。法官也需要用自己的资历、威信来影响控辩双方，使他们尽可能地考虑到审判的公正、高效。当然，在法律没有禁止的情况下，对于在庭前会议上没有提、庭审中才提出来的问题，即使程序上搞突然袭击了，法官也要灵活处理，不能一概不理。

三、证人鉴定人出庭作证

2010 年《死刑案件证据规定》第 15 条在总结各地"关键证人出庭作证"经验的基础上，就证人出庭作证、庭前书面证言的使用、鉴定意见的审查等问题作出了明确规定。新刑事诉讼法增加了三个方面的规定：第一，进一步明确了证人、鉴定人出庭作证的范围；第二，建立了证人的特别保护和作证补助制度；第三，赋予了法院强制证人出庭作证的权力。这些证据制度方面的重大改变都是为了实现庭审的实质化。

长期以来，不仅仅是国内学界，也包括国际上的一些朋友，对我们的审判程序都非常有意见，其中最突出的一点就是法院开庭基本上没有证人出庭，简直不能称作审判。这在国外是不可思议的。像李庄在一审的时候强烈要求六个证人出庭作证，但法庭告知说这些证人都不愿意出庭，产生了很大的负面影响。该案二审的时候我在现场，六个证人出庭倒是出庭了，却没有一个人愿意讲普通话，以至于被告人和外地的两位辩护律师无法完全听懂证人的当庭证词，法庭不得不临时安排一位工作人员，把他们说的重庆话"翻译"成普通话，影响非常糟糕。尽管证人出庭的问题在这次刑事诉讼法修改中没有得到完全解决，但修改后的规定包括证人补助制度，都有利于鼓励证人出庭作证，有利于解决庭审走过场的问题。如果我们审判案件时还像以前那样"开庭"，公诉人念几段材料、辩护人提交一份辩护词就结束，审判基本上就是走个过场，那么，法官永远只能在威权体制之下挣一点微薄的生活费，没有一点独立的品格和尊严！原来最高人民法院的司法解释有一条规定要求，辩护人在开庭 5 日前提供出庭作证的证人名单，法院通知以后如果证人表示不愿意出庭，法院要再告知辩护人。该规定不甚合适。比如李庄案，审判长公开在法庭上说证人不愿意来，但那些证人有的已经因为涉嫌犯罪被关在看守所。这种庭审对司法威信的损害是非常大的，姑且不论审判结果如何，整个程序本身就已经让公众对司法公信力产生了怀疑。虽然本次修改刑事诉讼时涉及证人的条款不多，对证人不出庭的处理也不是很严厉，但是新刑事诉讼法的意图是很明确的——希望证人出庭作证。

哪些证人、鉴定人必须出庭？新《刑事诉讼法》第187条规定："公诉人、当事人或者辩护人、诉讼代理人对证人证言有异议，且该证人证言对案件定罪量刑有重大影响，人民法院认为证人有必要出庭作证的，证人应当出庭作证；人民警察就其执行职务时目击的犯罪情况作为证人出庭作证，适用前款规定。公诉人、当事人或者辩护人、诉讼代理人对鉴定意见有异议，人民法院认为鉴定人有必要出庭的，鉴定人应当出庭作证。经人民法院通知，鉴定人拒不出庭的，鉴定意见不得作为定案的根据。"在我国，警察出具证明材料有三种情况，分别是目击证人、证据合法性的证明、关于立功自首破案经过的说明，但是只有这一条明确规定警察是"作为证人出庭作证"。对比该条第1款和第3款的规定就会发现，证人、鉴定人出庭作证有两点区别。第一，出庭作证的条件不同。证人出庭作证须同时符合三个条件：一是公诉人、被告人或辩护人、诉讼代理人对证人证言异议，二是该证人证言对定罪量刑有重大影响，三是法院认为该证人有必要出庭作证。原本在本次刑事诉讼法修正案草案里，"法院认为有必要"出庭只是选择性条件，但正式通过的法律改成了必要条件。对此，很多学者有不同看法：毕竟是控辩双方在打官司，法院如何对证人出庭的必要性进行评价呢？但实际情况非常复杂，我个人认为该规定没有明显的瑕疵，不能够说控辩双方只有一方有异议，该证人就一定要出庭，因为一个案子的情况可能有很多证人都知情，没有必要全部知情人都出庭作证，法院对此可以进行一定的限制。第二，不出庭的法律后果不同。证人不出庭不一定要排除其庭前的证言，但鉴定人不出庭其鉴定意见就不能被采用，法律对此规定得非常明确。实际上也没有哪一个国家能做到只要证人不出庭，其庭前所作的证言都不能采用。不能说为了改变我国证人一般不出庭这种局面，就走向另一个极端，"一刀切"地规定不出庭证人的庭前证言一律不能用，否则可能会导致司法效率极其低下，有的案件可能会使法院根本无法审判。

如果证人不出庭，那么其庭前的证言如何采用？新刑事诉讼法没有规定。仍然像现在这样当庭宣读一下，就可以用吗？可能有问题。关于这个问题，我认为需要参照"两个证据规定"的精神妥善处理，最高人民法院最新的《法院解释》也已经吸收了。虽然证人、鉴定人出庭的条件不同，不出庭的法律后果不同，但考虑到新刑事诉讼法新增的证人保护、作证补助、强制作证等规定，本条规定的精神实质在于强调包括警察在内的"关键证人"、鉴定人都应当出庭作证，接受控辩双方的质证和法庭审查，从而推动刑事庭审实质化。法院的裁量权实际上主要在于判断证人证言的可信性、鉴定意见的可靠性，而不在于审查证人出庭作证的必要性。在具体的操作方面我有三点建议：

第一，尽量尊重控辩双方关于证人、鉴定人出庭作证的意见，慎用没有出庭必要的裁量权。法院认定证人、鉴定人没有出庭必要一定要说明理由和情况，使当事人可以接受。因为控方要履行举证责任，辩方要行使辩护权，他们最清楚哪一个证人是必须出庭的，对此法院不能臆断。在英美法系和大陆法系，只有明显是重复的、故意拖延诉讼的、因为客观原因没法通知到庭的等极其例外的情况下，法院才会同意证人不出庭。另外，随着科学技术的进步，证人即使不能直接到庭，仍然可以其他方式"当庭作证"，比如当庭播放事先录制的视频、现场连线作证等。只要给了控辩双方对证人质证、发问的权利，那就相当于该证人出庭了。

第二，尽量让提出传唤申请的一方做好出庭证人、鉴定人的思想工作，慎用强制出庭的决定权。原来我们的法院没有强制证人出庭作证的权力，现在有了这种权力，但不能轻易地动用这一权力。在立法讨论过程中，有的人大代表对强制证人出庭的规定很有意见，他们认为：证人是帮助法院来证明案件情况的，怎么能够强制呢？实际上这些代表对司法程序不了解，没有哪个国家像中国这样，面对证人不出庭法院几乎完全无助。新刑事诉讼法给了法院强制出庭作证权，只不过是恢复了审判权的本来面目。为了确保公正审判，法院理应享有强制证人出庭作证的权力。只是说，法院不能轻易动用这一权力，而应当首先考虑让申请方去做这个证人的思想工作，由申请方动员说服证人出庭；只有当申请方做不通证人的工作，而且该证人属于确有必要出庭作证的人，法院才可以考虑使用强制出庭权。

第三，优先采用出庭证人的当庭证言，慎用证人的庭前证言。对拒不出庭的证人的庭前证言，要更加慎重对待，即使要用，也要坚持"印证采信"的底线。这次修改刑诉法有一条重大的变化，原来的规定是"辩护人、诉讼代理人教唆引诱证人改变证言或者作伪证"，应当追究法律责任；新的规定把"改变证言"几个字删除了，因为证人改变证言很难说是辩护人教唆、引诱的结果。"印证采信"是我的表述，但其内容是"两个证据规定"明确规定的，即在被告人有庭前供述或者证人有庭前证言的情况下，如果其当庭的供述或证言经过质证认为不可信，只有当庭前供述或庭前证言经过质证与其他的证据相互印证，真实可靠的时候，法庭才能采信庭前供述或证言作为定案的根据。

四、简易程序

新刑事诉讼法在审判程序方面的重大修正之一，是大大地扩充了简易程序的适用范围，充分体现了对效率价值的追求。根据《刑事诉讼法》第208—209条的规定，基层法院管辖的刑事案件，同时符合以下三个条件的，可以适用简易程序：（1）案件事实清楚、证据充分的；（2）被告人承认自己所犯罪行，对指控的犯罪事实没有异议的；（3）被告人对适用简易程序没有异议的。前面两个是实体要件，后面一个是程序要件。大体来说基层法院管辖的案件，原则上都可以适用简易程序，这与原来的规定相比是大大扩充了，因为原来适用简易程序的案子法定最高刑只有3年。但是，以下案件不能适用简易程序：（1）被告人是盲、聋、哑人，或者是尚未完全丧失辨认或者控制自己行为能力的精神病人的；（2）有重大社会影响的；（3）共同犯罪案件中部分被告人不认罪或者对适用简易程序有异议的；（4）辩护人作无罪辩护的；（5）被告人认罪但经审查认为可能不构成犯罪的；（6）其他不宜适用简易程序审理的。简易程序的基本价值是在不损害公正的前提下优先考虑效率价值，所以要求当事人对适用程序没有意见。但在适用过程中有几个问题需要予以注意，其中有的问题现在已经遇到，有的可能要在新刑事诉讼法实施以后才会遇到。

第一，严格掌握案件的事实、证据条件，确保认罪的事实基础。原来适用简易程序的案件比较少，我们四中院辖区的基层法院适用简易程序的案件可能还不到50%；新法实施后可能基层法院90%的案件都能适用简易程序。一般来说，适用简易程序的案件，法院相对来说没有普通程序中审查得那么细，而且只要被告人认罪，法院也容易按公诉人的指控进行定罪。这里面有一个巨大的风险——"顶罪"的问题。早些年"严打"过程中个别出现过这种情形，当时还没有简易程序。现在简易程序适用范围扩大，要严格防止没有罪的人"自愿认罪"，顶替他人承担刑事责任。为此，要严格掌握案件的事实、证据条件，确保认罪的事实基础。在这个问题上，有辩诉交易的国家都有类似的要求。如美国《联邦刑事诉讼规则》第11条规定，辩诉交易要在法庭上公开，法官在法庭上也要审查认罪的事实基础，确认有事实基础的才能认可辩诉交易。在我国，简易程序指的是庭审简易，绝不意味着法官阅卷也是简易的。由于现在起诉方式要求全案移送，在庭审前法官应当强化阅卷工作，对案件证据材料进行认真审查，然后在庭上应当认真询问被告人对指控事实的意见，庭前、庭上的工作前后配合，才能防治出现误判。

第二，充分保障被告人认罪的自愿性，防止强迫认罪的现象发生。1970年，美国联邦最高法院曾针对一桩谋杀案作出过一个判决，州检察官经大陪审团批准以一级谋杀罪提出指控，按照当时州法的规定，如果陪审团认定被告人有罪，被告人可能被判死刑，但如果指控降格为二级谋杀，被告人只会被判处20—30年有期徒刑。被告人在律师帮助之下经权衡之后，一方面声称自己无罪，另一方面对二级谋杀罪作出了有罪答辩，与检察官达成交易，换取30年徒刑，因为死刑与有期徒刑之间的巨大反差对被告人产生了强烈的诱惑。但被告人后来提出了上诉，声称他的认罪是不自愿的，因为是惧怕死刑的结果。该上诉得到联邦第四巡回上诉法院的认同，但最终被美国联邦最高法院驳回。联邦最高法院的判决认为，被告人因畏惧死刑而作出有罪答辩，并不必然导致否定认罪的自愿性，宪法并不禁止对虽然不愿意明确承认自己的罪行但因面临严峻的选择不得不放弃接受陪审团审判权利的被告人判处监禁刑；一审法院在确信被告人认罪有事实基础的前提下根据被告人的明智选择接受其有罪答辩，并无宪法上的错误。① 我们国家的情况与美国不一样，在美国没有律师辩护的案子基本上是个别现象，而在我国，三分之二以上的刑事案件没有辩护律师参与；而且犯罪嫌疑人、被告人大多被羁押在侦查机关控制的看守所内，关押的时间还比较长。在这种情况下，如何保证被告人认罪的自愿性？建议基层法院研究室做一个课题——比较新刑事诉讼法实施前后被告人自愿认罪的情况，看认罪的比例有无提高；如果有，提高的原因是什么，有没有仅仅因为适用简易程序而认罪的，对其中的原因好好分析一下，特别要注意有没有被迫认罪的。比如，检察院说不认罪就建议法院判 10 年，如果认罪则可以向法院建议判轻点，以至于被告人不得不认罪。目前法院的考核是计件制，每个法官都不希望在一个案件上花太多的时间。普通程序审理的案件很多时候被告人在庭审中翻供，简易程序中一般被告人没有翻供的。如果是自愿认罪的，就没有什么问题；如果是被迫认罪的，就很容易造成错案。日本曾经有一个被告人开庭了 4 次之后才开始翻供，因为之前被告人一直被关在警察局控制的看守所（"代用监狱"）里，其间辩护律师多次会见，被告人都不敢翻供。后来被告人被转移了司法行政部门管理的一所监狱时，他在确信自己没有危险之后才向辩护律师陈述事实真相。② 按照我国新法的规定，适用简易程序的前提条件之一是被告人对指控的犯罪事实没有异议，而且被告人没有异议必须是自愿的。因此，法院在开庭前审查案卷材料时要非常仔细，认真询问被告人是否同意适用简易程序，并且保障其辩护权利（包括法律援助）。有辩护人的，应当通知其到庭。

　　第三，慎重对待认罪交易。如果发现被告人不构成犯罪或者不负刑事责任的，或者案件事实不清、证据不足的，应当转为普通程序审理。"认罪从轻"在简易程序中有明确的体现，实践中"审辩交易"的现象可能比"辩诉交易"还要多。这种现象在大陆法系国家也已经非常常见，例如在德国，"辩审交易"的案件占基层法院受理案件的 50% 左右，越是证据复杂的案件

---

① 参见孙长永：《探索正当程序——比较刑事诉讼法专论》，中国法制出版社 2005 年版，第505 页。
② 参见日本律师联合会人权维护委员会编：《误判原因的实证研究》，日本现代人文社 1998 年版，第 414—415 页。

越容易出现这种交易。我国判缓刑、预交罚金也存在类似的交易现象。将来可能会出现的情况是，有的案件不需要法官出面，检察官就会出面进行此类交易，特别是证据上不够扎实的案件，包括被告人要求排除非法证据的案件。检察官基于交易而提出的轻判建议对于没有辩护人的被告人来讲是一种巨大的诱惑，所以法官对于这种交易的态度极为重要。我个人认为，有交易是很正常的，实践中无法完全避免交易的发生。但对交易案件的处理上，法官要注意认真审查。首先要审查认定案件的事实基础，对证据进行全面的梳理，起码要保证不冤枉被告人，不要办错案。简易程序重要的标志就是被告人不上诉，被害人不申请检察院抗诉。如果这两方面都能做到，同时法官在良心上也觉得过得去，就可以接受辩诉交易，否则就要考虑是否回归到普通程序，以防止出现以简易程序之名来掩盖被告人不认罪之实。

五、刑事和解

刑事和解是在司法实践中创造出来的一种制度，特别是 2005 年最高人民法院提出收回死刑复核权后，刑事和解在实践中"遍地开花"。在我国刑事司法过程中，最受伤的不是被告人，而是被害人。1996 年修改刑事诉讼法的时候把被害人作为当事人来对待，允许其请律师作为诉讼代理人，好像给了被害人很高的诉讼地位，实际上被害人连通过附带民事诉讼获得赔偿都很难，尤其是杀人案件，最高人民法院不同意判死亡赔偿金、伤残补偿金，也不支持精神损害赔偿。被害人或者被害人的家属没有救济渠道来获得赔偿，于是产生了刑事和解的需要。在新刑事诉讼法实施前，有的地方死亡赔偿金据说已经达到上百万，因而就产生了争议。有人说，刑事和解就是"私了"，必然有利于有钱人，没钱赔偿的人只能接受死刑，公诉案件是国家对犯了罪的人进行处罚，不能允许被害人和被告人之间进行交易，所以不能进行刑事和解；也有人说，在刑事诉讼中可以和解，但和解只能限于轻微的刑事案件，比如自诉案件，最终宣告刑为 3 年有期徒刑以下刑罚的案件；当然，也有人主张所有的刑事案件都可以和解。立法者要在这几种意见中进行选择。

新刑事诉讼法明确确认了司法实践中普遍存在的刑事和解制度，但在适用范围上进行了限制。新《刑事诉讼法》第 277 条规定："下列公诉案件，犯罪嫌疑人、被告人真诚悔罪，通过向被害人赔偿损失、赔礼道歉等方式获得被害人谅解，被害人自愿和解的，双方当事人可以和解：（一）因民间纠纷引起，涉嫌刑法分则第四章、第五章规定的犯罪案件，可能判处三年有期徒刑以下刑罚的；（二）除渎职犯罪以外的可能判处七年有期徒刑以下刑罚的过失犯罪案件。"第一种情形就相当于自诉案件，立法者接受了主张轻刑犯罪才能和解的意见；第二种情形指渎职犯罪以外的过失犯罪达到中等严重程度的案件也可以和解，这主要是从构建和谐社会、贯彻宽严相济的刑事政策的角度作出的规定。当然，立法也附加了限制条件，"犯罪嫌疑人、被告人在五年以内曾经故意犯罪的"，不适用刑事和解。可见，立法允许和解的范围比司法实践中实际操作的范围要小得多。

我认为，刑事和解有利于维护被害人的合法权益。因为我国现阶段没有被害人国家补偿制度，司法实践中各地对被害人或其家属实施的司法救助，力度有限，比如在重庆最高只能补偿 5 万元，这与被害人亲属受到的伤害相比是远远不够的。刑事和解制度的合法化，是对被害人权益的有力保障。不得不承认的现实是，有的被告人有钱，有的被告人没有钱。但在现实社会中没有什么事是绝对公平的，特别是我国现阶段。除非对被害人或其家属实施国家补偿，否则永远无法达到真正的公平。

关于刑事和解的程序，《刑事诉讼法》第 278 条规定："双方当事人和解的，公安机关、人民检察院、人民法院应当听取当事人和其他有关人员的意见，对和解的自愿性、合法性进行审查，并主持制作和解协议书。"这里面包含三个步骤：第一，犯罪嫌疑人、被告人真诚悔罪，被害人谅解，双方自愿和解，不存在被迫的情况；第二，公安司法机关对和解的自愿性、合法性进行审查，并主持制作和解协议；第三，根据和解协议，对案件作出从宽处理。这里面涉及的具体问题是：谁与谁进行和解？即刑事和解的主体问题。对此，法律的规定不够明确，但司法解释予以了明确。《法院解释》第 499 条规定："符合刑事诉讼法第二百七十七条规定的公诉案件，被害人死亡的，其近亲属可以与被告人和解。近亲属有多人的，达成和解协议，应当经处于同一继承顺序的所有近亲属同意。"第 500 条规定："被告人的近亲属经被告人同意，可以代为和解。被告人系限制行为能力人的，其法定代理人可以代为和解。被告人的法定代理人、近亲属依照前两款规定代为和解的，和解协议约定的赔礼道歉等事项，应当由被告人本人履行。"《检察规则》第 512 条也规定："犯罪嫌疑人在押的，经犯罪嫌疑人同意，其法定代理人、近亲属可以代为和解。"

那么，和解协议可以写些什么内容呢？《法院解释》第 503 条规定："和解协议书应当包括以下内容：（一）被告人承认自己所犯罪行，对犯罪事实没有异议，并真诚悔罪；（二）被告人通过向被害人赔礼道歉、赔偿损失等方式获得被害人谅解；涉及赔偿损失的，应当写明赔偿的数额、方式等；提起附带民事诉讼的，由附带民事诉讼原告人撤回附带民事诉讼；（三）被害人自愿和解，请求或者同意对被告人依法从宽处罚。"大家要注意，之所以叫"刑事和解"，不是"民事和解"，最关键是第 3 项，没有该项就不叫刑事和解。刑事和解的关键在于被害人要请求或者同意对被告人从轻处罚，没有这一条，被告人是不会愿意和解的。当然，对和解协议中的赔偿损失内容，双方当事人要求保密的，法院应当准许，并采取相应的保密措施。

《检察规则》的规定与《法院解释》略有不同。《检察规则》第 513 条规定："双方当事人可以就赔偿损失、赔礼道歉等民事责任事项进行和解，并且可以就被害人及其法定代理人或者近亲属是否要求或者同意公安机关、人民检察院、人民法院对犯罪嫌疑人依法从宽处理进行协商，但不得对案件的事实认定、证据采信、法律适用和定罪量刑等依法属于公安机关、人民检察院、人民法院职权范围的事宜进行协商。"这就是说，不能具体协商量刑，依法应该判 3 年的，双方不能在协议中写上同意只判 1 年，因为和解只是被害人和被告人之间的约定，被害人只能同意"从宽处理"；至于如何从宽，那是公安司法机关的事情，法官也不能承诺如何从宽，否则可能会陷入被动。

和解协议如何履行？《法院解释》第 502 条规定："和解协议约定的赔偿损失内容，被告人应当在协议签署后即时履行。和解协议已经全部履行，当事人反悔的，人民法院不予支持，但有证据证明和解违反自愿、合法原则的除外。"因为一旦有了和解协议书以后，法院就要依据该协议对被告人从宽处罚，如果宣告了从宽处罚而被告人却不履行协议约定的内容，显然有损司法权威，所以司法解释要求刑事和解协议必须"即时履行"。第503条接着规定："双方当事人在侦查、审查起诉期间已经达成和解协议并全部履行，被害人或者其法定代理人、近亲属又提起附带民事诉讼的，人民法院不予受理，但有证据证明和解违反自愿、合法原则的除外。"检察院的司法解释关于和解协议的履行的规定有一点不同。《检察规则》第517条规定："和解协议书约定的赔偿损失内容，应当在双方签署协议后立即履行，至迟在人民检察院作出从宽处理决定前履行。确实难以一次性履行的，在被害人同意并提供有效担保的情况下，也可以分期履行。"这个"分期履行"，我的理解是要在检察院作出不起诉决定之前履行完毕，如果检察院决定提起公诉，那也应该在法院作出裁判前履行完毕，否则也会威胁最后处理的权威性。

和解协议的法律效果是什么？新《刑事诉讼法》第279条规定："对于达成和解协议的案件，公安机关可以向人民检察院提出从宽处理的建议。人民检察院可以向人民法院提出从宽处罚的建议；对于犯罪情节轻微，不需要判处刑罚的，可以作出不起诉的决定。人民法院可以依法对被告人从宽处罚。"这个规定就是"认罪从轻、和解从宽"的程序化、制度化。本来，"从宽处罚"是实体法的概念，程序法上是不应当规定的，但是由于有了和解制度，程序法就对此进行了明确。《法院解释》第507条规定："对达成和解协议的案件，人民法院应当对被告人从轻处罚；符合非监禁刑适用条件的，应当适用非监禁刑；判处法定最低刑仍然过重的，可以减轻处罚；综合全案认为犯罪情节轻微不需要判处刑罚的，可以免除刑事处罚。共同犯罪案件，部分被告人与被害人达成和解协议的，可以依法对该部分被告人从宽处罚，但应当注意全案的量刑平衡。"因为有的被告人可能没有参与刑事和解或者没有达成和解协议，对没有和解的被告人应当依法判决；对已经达成和解协议的被告人，则应依法从宽处罚，但二者之间也不能差距太大。

有一个疑问，法院能否主持协商，以便达成和解协议？或者说：法院能否对公诉案件进行"调解"？在刑事诉讼中，法律规定对自诉案件可以进行调解。"和解"与"调解"是什么关系？关于这一问题，法院解释在起草过程中有很大争议。从法律的精神来看，双方当事人"自愿和解"不是调解，不是司法机关主持的，司法机关只是主持制作和解协议。《法院解释》第496条规定："对符合刑事诉讼法第二百七十七条规定的公诉案件，事实清楚、证据充分的，人民法院应当告知当事人可以自行和解；当事人提出申请的，人民法院可以主持双方当事人协商以达成和解。根据案件情况，人民法院可以邀请人民调解员、辩护人、诉讼代理人、当事人亲友等参与促成双方当事人和解。"对于这一规定，我的理解是，法院可以主持和解（调解），但从立法精神上看，是想通过人民调解员、诉讼代理人参与来促成和解，不是法官一个人调解，这是对法律规定的扩充解释，因为严格从法律上说法院是不能主持和解的。但最高人民法院关于司法解释的说明中指出："鉴于当前国情，刑事案件的加害方和被害方往往缺乏有效沟通的渠道，且有些还处于对立状态，缺乏互信，如没有法官释法明理从中调和，双方当事人很难自行和解。明确法院可以主持协商以达成和解，是法院践行能动司法理念的体现，同时也可以解除法官的顾虑，鼓励做好社会矛盾化解工作。"我觉得，这个说明是很有道理的。虽然现阶段我国法官的法律地位并不高，但是面对当事人时，法官是有权威的，因为当事人信赖法官；如果没有法官做工作，仅仅让当事人自己去和解，要达成协议是非常困难的。即使辩护人、诉讼代理人都是律师，他们之间可以达成和解共识，但当事人的工作他们能做通吗？所以有些案件是需要法官出面的。那么，检察院能否主持和解呢？《检察规则》第514条规定："双方当事人可以自行达成和解，也可以经人民调解委员会、村民委员会、居民委员会、当事人所在单位或者同事、亲友等组织或者个人调解后达成和解。人民检察院对于本规则第五百一十条规定的公诉案件，可以建议当事人进行和解，并告知相应的权利义务，必要时可以提供法律咨询。"这一规定与《法院解释》有所不同，基本精神是不赞成检察官主持和解，这是因检察院并不担心当事人之间达不成和解协议，案件起诉到法院以后仍然有和解的可能性，反正最终还有法院。另外检察官没有调解的基础条件，因为他不能决定这个案子最终如何处理，同时检察官也没调解的经验。所以，《检察规则》的上述规定我认为也是有道理的。

法院能否对公安、检察机关主持制作的和解协议进行审查？对此，新刑事诉讼法没有规定，《法院解释》第 499 条作了补充。该条明确规定："对公安机关、人民检察院主持制作的和解协议书，当事人提出异议的，人民法院应当审查。经审查，和解自愿、合法的，予以确认，无须重新制作和解协议书；和解不具有自愿性、合法性的，应当认定无效。和解协议被认定无效后，双方当事人重新达成和解的，人民法院应当主持制作新的和解协议书。"这实际上就明确了法院可以进行审查，如果当事人是自愿合法达成的，就没有反悔的理由。第 503 条又规定："双方当事人在侦查、审查起诉期间已经达成和解协议并全部履行，被害人或者其法定代理人、近亲属又提起附带民事诉讼的，人民法院不予受理，但有证据证明和解违反自愿、合法原则的除外。"

对于新法规定的刑事和解制度，从已往的实践情况来看，最大的疑问在于：不属于法律允许和解的刑事案件（比如死刑案件），但双方自愿达成和解协议的，如何处理？这次立法把可以和解的公诉案件范围限定为可处 3 年有期徒刑以下刑罚的故意犯罪和 7 年有期徒刑以下刑罚的过失犯罪。但是，对于超过这个范围的重大案件，当事人双方希望和解的，法院怎么处理？我的建议是：第一，对附带民事部分的协议予以认可；第二，公安司法机关不得主持制作和解协议书；第三，对被告人依法酌情从宽处理。实际上就是认可和解协议的实质内容，并且按照刑事和解制度的精神予以处理，即在明确双方是自愿、合法的前提下可以从宽处理，只是形式上不再主持制作和解协议书。如果法院对重大案件的和解协议不予认可，不仅会导致被害人的合法权益无法得到保障，而且最后判决的法律效果和社会效果也不好。

六、司法观念的转变

关于刑事诉讼法的实施问题，立法机关从一开始就注意到司法观念的转变问题。新刑事诉讼法通过后第一次新闻发布会上，有记者问，立法改动这么大，能不能得到实施？当时有关负责人的回答实事求是，呼吁"积极创造条件，全面实施刑事诉讼法"。对法院来说，新刑事诉讼法大大扩充了法院的权力，特别是给了法院对侦查权、起诉权的制约权力；同时也加强了对审判权的制约。要实施好这部刑事诉讼法，不仅仅需要各位法官熟悉新刑事诉讼法的条文，更重要的是在司法观念上、在司法理念上要做相应的调整。

（一）牢固树立证据裁判观念，坚持疑罪从无原则

严格落实关于举证责任和证明标准的规定，对指控犯罪事实证据不足的，要依法作出有利于被告人的认定。从比较法的角度看，凡是法院地位不高的国家，法官判无罪都比较艰难，原因在于法院很难做到按举证责任和证明标准来判案。在我国，对指控犯罪事实证据不足的案件，往往都是通过协商程序解决，不到万不得已不会判无罪。我常常讲，我国刑事诉讼中有几个"麻烦"，叫"不立案比立案麻烦"、"不捕比捕麻烦"、"判无罪比判有罪麻烦"。这是非常奇怪的现象。合议庭虽有审判的权力，但一旦要判无罪，那法院内部所有的程序都要走完，甚至有的程序连法院都无法控制，这是不正常的。什么叫审判权？对有罪的人作出有罪判决，对不能认定有罪的作出无罪判决。要判决有罪，是需要证据的。新刑事诉讼法明确规定：公诉案件中证明被告人有罪的举证责任由检察机关承担。如果检察机关提供的证据不足以证明被告人有罪，那法院只能判决宣告被告人无罪。在民事案件中，法院要帮助一方当事人调查取证，有一套严格的程序限制，超出条件允许的范围，人们就会怀疑法官是不是有寻租行为。在刑事诉讼中，检察院本质上属于公诉案件的原告，对证据不足的公诉案件，依法判决无罪，是法院的天职，为什么现在法院就是做不到？像杜培武案，法官明明知道证据不足，仍然要判死缓，公然违法。除了法官地位不高的问题外，恐怕还有法官司法理念方面的问题。我希望各位法官都能树立证据裁判和疑罪从无的观念，特别是疑罪从无在法律上已经有明确的规定。法官如果连依法判决都不敢，何谈司法公信力？请各位法官也扪心自问一下：自己相不相信法官？重庆高院的一位法官讲得好，应当"通过自信建立公信"。

（二）牢固树立"程序先于实体"和"庭审中心"观念，坚持通过合法、公正的庭审程序查明事实真相

这次刑事诉讼法的修改把提起公诉的程序修改了，庭前要移送全部案卷，法官可以像1996年之前那样看到全部案卷。很多人担心这是不是走回头路，重走"先判后审、先定后审"的老路。从立法的精神看，立法者显

然不希望这样，也不允许这样。我们一直都强调：惩罚犯罪与保障人权并重，实体公正与程序公正也要并重。我觉得"惩罚犯罪与保障人权并重"可以说，"实体公正与程序公正"实在不好说，因为实体公正和程序公正是两个不同阶段的问题，没法儿并重。不久前，我非常高兴地看到最高人民法院沈德咏常务副院长的一篇文章，公开提出"在追求实体公正的同时，不但要强调程序公正的重要性，还应当树立起程序公正优先的观念"。① 这个观点很有道理。多年来我一直主张"程序先于实体"，现在终于遇到知音了，而且他的提法比我的更到位——"程序公正优先"。我们在对本科同学讲课时常说，我国刑事诉讼有立案、侦查、起诉、审判、执行五个阶段，其中审判是中心。但是实际上在司法实践中，审判从来都不是中心，逮捕才是真正的中心。任何人只要被逮捕了，他就进入了通向监狱的快车道。因为一旦逮捕了犯罪嫌疑人，检察院就很难不起诉，而只要检察院起诉了，法院就很难不判有罪。庭审基本上只是走个过场，没有起到实质性的制约作用。为了解决这些问题，新刑事诉讼法要求证人、鉴定人出庭，强化辩护权，确立非法排除证据规则，从而给了法院依法公正审判的权力。接下来就要看我们法院如何行使这一权力了。我们不能把庭外与公安检察机关的协商或者法院内部的请示作为正常的程序。法官的办公室应当是在法庭上，如果大量的办公时间花在庭下，那他只是事务性的法官助理，而不是真正的法官。有的国家令状法官（就是签发逮捕令、搜查证等令状的法官）都是在法庭上见当事人，没有哪个法官敢在自己"办公室"里会见当事人，庭上才是公开的场所。所以，庭审中心绝不是简单的一句话。如果没有证人出庭作证，就靠公诉人在法庭上随便念几段证词就要对一个人定罪量刑，我们的司法何谈公信？从公正审判的要求出发，法官必须牢固地树立庭审中心的观念，能够在法庭上解决的问题一定要在法庭上解决。而要贯彻庭审中心的观念，就必须坚持"程序先于实体"，严格按照程序查明事实真相，如审前准备程序中充分听取控辩双方的意见；法庭审理中尽可能通知关键证人、鉴定人出庭作证，

---

① 参见沈德咏：《树立现代刑事司法观念是正确实施刑事诉讼法的必由之路》，载《人民法院报》2012 年 6 月 5 日。

保障当事人的质证权；对依法必须排除的证据要敢于依法、据理排除；尽量不搞庭外调查核实证据，即使做，也要尽可能通知控辩双方到场，等等。

（三）牢固树立"公正优先、兼顾效率"的司法观念

对适用简易程序、和解程序的案件，既要注意实体上的正确性，又要注意程序上的公正性，充分听取当事人、辩护人、诉讼代理人的意见；对没有辩护人的被告人，要特别注意保护其权益。不能为了效率而牺牲基本的公正。有的人提出"公正与效率并重"，对此我是不认可的。虽然我国的司法程序从来没有像现在这样公正过，但从历史传统、从现状来看，司法程序中最严重的问题不是效率问题，而是公正问题。司法改革、审判方式改革经过这么多年，走到了今天，但是我们能说现在的审判比 20 世纪 80 年代更公正吗？恐怕不能这么说。从我们的经验教训看，绝不能因为效率问题而损害公正，否则法院的地位不会得到提高。

结束语

刑事程序是政府权力与国民权利相互关系的调节器，是以理性方式化解官民矛盾的技术手段。每一份刑事裁判都是法院在官民之间作出的选择，个案对错绝非仅仅是技术问题。

不论政治家和法律人的主观意愿如何，公正都是刑事司法的灵魂所在。刑事司法一旦失去了公正的内在价值或者外在形象，则国民的私权必然遭受损失；同时本欲技术化处理的刑事个案可能演变为社会问题乃至政治事件，引发社会动荡。届时，任何人包括掌握法权的"大人物"，可能都不安全！

在我国，厉行法治、保障人权，是大势所趋、人心所向。即使在威权体制之下，法律人仍然可以大有作为。司法的独立和公正既要取决于社会基础，也有赖于法律人自身的抗争！王岐山副总理推荐大家看《旧制度与大革命》这本书。大家读了这本书就会发现，18 世纪法国的高等法院法官是怎样在历史转型时期发挥作用的。前几天我在网上看到对经济学家薛兆丰教授的采访。记者问他：你觉得我们中国现在最紧迫的经济改革措施是什么？他脱口而出："推进司法独立，请允许我做一次答非所问。"我真心希望各位法官成为真正的"法官大人"，愿各位法官争当法治和人权的捍卫者。

编者按: 2012 年 2 月 26 日,四川大学法学院龙宗智教授在西南政法大学"法学论坛"举行了一场精彩的学术讲座,并对西南政法大学法学院高一飞教授、李昌林教授和主持人孙长永教授的评论以及同学们的提法逐一进行了回应,现场气氛相当热烈,200 余名师生和司法工作人员聆听了这场讲座。为了让更多的人分享这场精神盛宴,本刊在此全文刊登龙教授的录音整理稿。

刑事诉讼法的修改与证据制度的完善

龙宗智[*]

今天我们非常高兴地请来了我们的前任校长龙宗智教授,到我们学校来参加博士生的博士论文预答辩,并请龙老师给大家做一场讲座。在座的除了新同学以外的其他同学,对我们龙老师都应当非常了解了。龙老师是我们学校 1978 级的本科生;后来又在职在我们学校拿了硕士和博士学位;2002 年至 2006 年,在我们学校担任校长;2008 年以后回到了四川大学,做博士生导师。现在是四川大学 985 法学创新平台的首席科学家、最高人民法院的咨询专家、中国法学会的常务理事。大家都知道龙老师对刑事诉讼制度,尤其是中国的刑事诉讼制度,从理论到实践都有非常精深的研究。很多同学都听过龙老师的讲座,龙老师不仅在学校做过很多讲座,而且在实务部门做的更多。今天他给我们讲座的题目是《刑事诉讼法的修改与证据制度完善》,到场的点评嘉宾有高一飞教授、李昌林教授。下面,有请龙老师给我们做演讲!

龙宗智教授: 我每次回来,特别是回到这个讲坛上来,确实有一种回家的感觉。因为,我在这里时间很长,从本科到博士,后来又在这里工作。回来以后,我有两点感受。第一点是这么多同学这么热情,显示出西政的同学

---

[*] 四川大学法学院教授,四川大学和西南政法大学博士生导师,法学博士。

们历来的学术精神，对学术的崇尚，关心学术特别是各种讲座。我参加过西政很多次的讲座，我们讲座的主讲老师经常有一种到了西政才有的"明星"感觉。这么多同学来听，气氛这么热烈，在其他地方很难找到这种感觉。第二点感受就是，今天我们采取的这样一种座谈的格局，不是平常摆个台我在上面讲，两三位老师上来点评的模式。今天是一种茶话会、圆桌会式的平等讨论学术的格局。所以，今天我将调整一下我讲座的内容，适当减少我发言的时间，多给各位教授及同学们一些讨论的时间。今天的主题是大家比较关注的刑事诉讼法修改的问题，而且和证据制度相连接，我将重点讲证据制度。大家也知道，证据是诉讼的核心，不管是在刑事诉讼中，还是在民事诉讼、行政诉讼中，打官司就是打证据。当然，现在也有人说打官司就是打关系，但是最根本的还是要靠证据。按照证据裁判的原则，通俗地说，有了证据就有了一切，没有证据就什么都没有。前段时间我在《现代法学》上发表过一篇关于刑事诉讼法修改中的证据制度调整的文章，但是由于那篇文章有很多技术性的较为详细的内容，不适合今天展开讲述，所以今天我所要讲的证据问题将主要围绕刑事诉讼法修改中证据制度的一些较为宏观的问题。比如说，意义比较大、学术上比较关注、老百姓也比较关心的一些问题。

一、本次刑事诉讼法修改的特点

本次刑事诉讼法修改，我认为主要有以下几个特点：

（一）历时较长，"厚积薄发"

从 1996 年刑事诉讼法修改以来，刑法已经有 8 个修正案，而刑事诉讼法一个修正案都还没出来，今年 3 月大家可能会见到，这是历时较长。由于历时较长，又是一个博弈的过程，所以修改起来就比较困难，有两个矛盾难以协调：一个矛盾是打击犯罪与保障人权的关系如何处理的问题。要有力打击犯罪，保障人权的一些措施就要受到限制；而要有效地保障人权，打击犯罪可能就不力。这个关系怎么处理，相关资源怎么配置？比如侦查机关的权力多了，律师的权利可能就相对减少。这样一个价值立场不同的矛盾就很难调整。另外一个矛盾是公、检、法三机关对律师来自刑事诉讼法的权利资源配置问题。由于涉及部门利益，所以不好协调。基于这两个基本的矛盾不好协调，所以刑事诉讼法的修正案就比较难以制定。那么，现在积累已经很"厚"了，"薄发"的效果如何，大家就见仁见智了。

（二）全民讨论，社会关注

此次修改与以往不同，原来的修改草案都是作为机密文件，看完以后都要被收回，而此次草案不仅未被收回，还要进行全民讨论。这个讨论体现了全民关注。这种将包括敏感问题在内的所有问题交给民众来充分讨论的立法方式，是值得肯定的。这样做有利于集中民智、体现立法民主，并且对一些较难解决的问题发挥了一定的推动作用。

（三）格局不动，技术为主

刑事诉讼制度的基本格局，刑事诉讼法的基本构架不动，主要进行一些技术性的调整、局部的调整。人大法工委的领导在立法指导思想的会议上说，1996 年刑事诉讼法的修改是对机制和构架的调整，本次修改是在 1996 年刑事诉讼法修改的基础上进行调整。虽然修改的范围比较大，修改了上百处，包括对原有制度的调整、新制度的建立，但是不动基本运行机制，主要进行技术上的、局部的改动。我认为有些调整还是很重要的，不管对价值构造，还是对技术性的诉讼结构都有一定的影响。

（四）有扬有抑，各说不一

社会上对修改有不同的观点，有肯定也有批评。学者中刑事诉讼法专业学者虽然对中国的刑事诉讼有一些看法，但是对此次法律的修改总体上持肯定的态度。持否定态度的学者多为其他专业领域的学者。从法学界总体来看，还是持积极肯定态度的学者居多。

二、证据的概念和分类

现代刑事诉讼以证据裁判为其法理基石，而我国现行刑事诉讼法关于证据制度的条文较少，规范比较粗疏。因此，此次刑事诉讼法的修改十分重视对证据制度的完善。

修改草案对证据的概念和分类作了一些调整，将证据的概念从"证明案件真实情况的一切事实"修改为"可以用于证明案件事实的材料"。对证据的分类也作了一些调整，比如将"鉴定结论"修改为"鉴定意见"；将"勘验、检查笔录"修改为"勘验、检查、辨认、侦查实验笔录"；将"视听资料"修改为"视听资料、电子数据"。另外，还规定控辩双方"可以申请法庭通知有专门知识的人作为证人出庭"，这实际上就建立了"专家证人"制度，使证人证言不仅包括普通证人的证言，也包括专家证人的证言。

对证据的概念和分类的重视，是我国诉讼法和证据法的一个特点。

对于证据的概念和分类，不仅立法重视，学者也很重视。重视这个问题的好处在于，明确概念和分类可以使证据问题比较清晰、简略和易于把握。但是，这样的做法也产生了一个问题，我们重"证据"概念而不使用"证据资料"和"证据方法"这组概念，就容易忽略证据的多样性、动态性以及证据与举证的不可分性。而在国外的诉讼法或者证据法中，很少看到关于证据的明确概念和分类的规定，其比较重视证据资料和证据方法，比如证言的内容是证据资料，证人作证就是证据方法。这两种做法，应当说各有利弊。这也反映了一个思维方式的问题。

关于证据概念，学界有多种说法。第一，证据事实说，认为证据是一种事实。第二，证据材料说，认为证据是一种材料。第三，有人认为，证据既是材料，又是事实，是证据内容、形式的统一。第四，证据信息说，认为证据是一种信息。第五，证据根据说，认为证据是一种根据。第六，证据命题说，认为证据是一种命题。

现在，修正案草案以"证据材料说"代替"证据事实说"，有一定的意义。它将证据概念与证据分类规范相协调，使其逻辑上达成一致了。但是，我认为这也存在一些问题，那就是："材料说"忽略了证据的多重含义，有简单化、以偏概全的嫌疑。

其一，"材料说"忽略了"事实证据"。因为，事实也是一种证据。案件事实可以通过案件材料来证明，也可以通过证据事实来证明。将证据归纳为是一种材料，就忽略了证据也是一种事实。

其二，"材料说"不能准确表达言词证据的形式。材料是物化的，具体的东西。证人证言、被告人供述和辩解、被害人陈述不是材料，而是通过直接言词的形式来提供证据的信息。材料不能表达人证的准确的表达形式，因为载体是语言，而其在法庭上说的话不能称作材料。所以，用材料来描述是不准确的。

其三，"材料说"不能表达"情态证据"等丰富的证据内容。比如，证人在回答问题时的声音，证人的外貌、仪态、知识、举止、措辞表达、眼神等情况。在古代，诉讼是指"两造具备，视听五辞"，有"辞听、色听、气听、耳听、目听"这"五听"来察言观色。情态证据也是证据。如果证据是一种材料，那么情态证据如何概括？

对于这几个问题，我提出了几种解决方式。

其一，保留原来的概念。虽然"证据事实说"也是以偏概全的概念，也不够准确，但是，大家已经运用地比较熟练，在实践中并未造成大的障碍，并且强调了证据是一种事实，具有客观性。所以，我沿用了这个概念。

其二，采用"信息资料说"。《俄罗斯刑事诉讼法典》和陈光中教授的建议案都采用这种观点。信息资料、信息材料既包括信息，又可以体现出是一种资料、材料的性质。

其三，删去证据的定义，只规定证据的分类。把证据的定义交给学者去解释，而不是通过法律去规定，这样也可以实现三大诉讼法的协调统一。然后，在证据的定义后加上"认定案件事实必须以证据为根据"。把"两个证据规定"里面有关证据裁判原则的内容换到证据定义上去，接下来再规定证据的种类。这样既强调了证据裁判原则，强化了大家的证据意识，又能避免证据定义容易出现的以偏概全、争论不一的局面，改变把学术性问题规定到法律中去的现象。我比较提倡这一种方法，但是由于种种原因，法工委并没有采纳这一点。

三、非法证据排除规则

（一）修正案草案与非法证据排除规定的区别

在非法证据排除规则上，修正案草案与《非法证据排除规定》[①] 有

---

① 文中此处的《非法证据排除规定》指公安部、最高人民法院、最高人民检察院、司法部、国家安全部于 2010 年 6 月颁布的《关于办理刑事案件排除非法证据若干问题的规定》，下同。

区别：

第一，实体上，就排除范围来说，修正案草案基本上采用了《非法证据排除规定》里面的内容。由于中国目前没有建立司法审查制度，所以物证、书证的排除就不讲了。对于人证而言，修正案草案和非法证据排除规定的内容基本一致，但是有一个前提条件很不一样。这就是刑事诉讼法修正案草案的第一稿中采用的是严禁"刑讯逼供等非法方法"这样的字眼，而第二稿中则采用明确的严禁"刑讯逼供、威胁、引诱、欺骗等非法方法"收集证据。也就是说，虽然目前刑事诉讼法修正案草案中非法证据排除规定写的是以"刑讯逼供等非法方法"收集的犯罪嫌疑人、被告人的口供要排除，但前面有一个前提就是"严禁刑讯逼供和以威胁、引诱、欺骗等非法方法"收集证据，这和"两个证据规定"已经不同了。这个前面是严禁，严禁比较宽泛，而排除则比较有限。

第二，程序上，设置庭前程序，将非法证据排除问题放在庭前会议程序中解决。庭前会议程序可以解决证人出庭，整理争点，准备审判等问题。这也包括了非法证据排除，只有排除不了的问题才在法庭庭审中解决。

第三，主体上，规定公、检、法三机关都有权力排除非法证据。这比过去规定更加明确，范围更加扩大。《非法证据排除规定》中已有的具体程序，修正案草案则没有重复。

（二）"两个证据规定"的执行情况

第一，"两个证据规定"颁布施行具有重要意义。对规范取证、举证和认证发挥着积极作用，这在司法实践中是有普遍反应的。这个作用主要表现在两个方面：一是意识引导，加强证据意识，加强证据规范意识；二是实现规制，就是使取证、举证和认证较为规范。尤其是《死刑案件证据规定》[①]，实际上相当于目前的刑事证据规则，其与《非法证据排除规定》有所区别，得到了更好的执行，实际作用和影响都比较大。而《非法证据排除规定》执行就比较困难，可能象征性意义比较大，实践的规制意义不是很明显。出

---

① 文中此处的《死刑案件证据规定》指公安部、最高人民法院、最高人民检察院、司法部、国家安全部于2010年6月颁布的《关于办理死刑案件审查判断证据若干问题的规定》，下同。

现这个问题的原因就是下面的第二点。

第二，技术规范执行较好，价值冲突性规范执行较难。《死刑案件证据规定》中很多技术性规定，包括证明标准、证明责任以及各类证据如何取证、认证等具体问题。这就规制了侦查取证的活动，对于司法实践也发挥了良性的作用。价值冲突性规范执行较难，最突出的就是非法证据排除。因为，若排除了非法证据，有些案件就不能定案，有些犯罪就不能打击，有些被告人就要当庭被释放。在中国目前的条件下，实现非法证据排除还比较困难。另外，由于证人出庭本身也是价值冲突性规范，因此执行起来也较为困难。若证人出庭，容易对控诉证据形成冲击。

第三，就非法证据排除而言，程序启动不少，排除证据很难。从实践情况看，有的地方统计有5%到10%的案件启动了非法证据排除的程序，但是实际上排除掉的非法证据所占比例非常少。

第四，即使排除证据，通常也要定罪。我通过调研发现，排除证据的案件极少。例如，浙江宁波的章国锡受贿案，虽然排除了非法证据，但最后还是定了数额6000元的受贿罪。非法证据排除如此困难，主要是由于我国存在体制性的障碍。因为我国实行的是公、检、法三机关互相配合、互相制约的工作机制，法院没有太大的权威，也没有充分的独立性，所以有一些法官就抱怨对排除非法证据没有积极性，甚至有的法官称排除非法证据没有足够的胆量。因此，启动程序难，排除证据更难，排除证据要定无罪更是难上加难。

总体上看，非法证据排除规定对非法取证的问题有遏制作用，但效果不是很明显，实践中非法取证的问题仍值得重视。

我通过调研发现，在打击犯罪的办案压力下，绩效考核制度甚至办案指标制度的存在，使得不规范的审讯仍然有相当的比例。绩效考核制度形成的"逼良为娼"效应，会直接影响非法取证。当然，目前稳定压倒一切的环境下，打击为主，控制最重要的政策也容易导致这种情况。

另外，道德沦丧在司法领域也有重要体现。现在，有些侦查人员取证行为不规范，甚至到了做假案的程度，本身却没有多少心理压力。有些法官觉得将本来无罪的人定罪也可以。因此，我提出应当加强司法伦理，甚至是重建司法伦理。

当前值得注意的非法取证问题，通过观察和调研我觉得主要有两个方面：一是非典型的刑讯逼供与多种违法取证行为叠加的情况较为普遍，而高强度的、典型的刑讯逼供减少；二是以胁迫的方式获取证言的问题值得关注。对于证人证言取得违法的案件，启动非法证据排除这个程序的就很少，更不用提排除证据了。

我认为，考虑到中国目前的国情，对非法证据应当加强预防措施而不是主要考虑排除。这样一种观点，我国立法机关也能接受。因为，要求作为控诉方的公安机关、检察机关排除关键性的证据，打个不恰当的比喻——无异于"与虎谋皮"。另外，法院不独立、不中立、缺乏权威性，排除某些证据在操作上十分困难，因而要在防范上做文章。例如，此次刑事诉讼法修正案草案规定，拘留、逮捕后要"及时送看守所羁押"，这就可以防范可能出现的非法讯问现象。另外，通过加强全程录音录像、看守所收押，增加律师在场，增强看守所的中立化以及建立部分沉默权制度等措施，都可以防止刑讯逼供的发生，而不是仅仅将"宝"押在非法证据排除上。

（三）有关证据排除的规定应当完善

有关证据排除的规定应进一步当完善，尤其是排除哪些证据的问题，相关的实体问题、程序问题都应当细化，应当进行解释，以利操作。

第一，应当明确何为"刑讯逼供"。对何为刑讯逼供行为应当进行说明，比如寒冷逼供、饥饿逼供以及变相刑讯逼供等行为都被称为刑讯逼供，如果没有一个对刑讯逼供的具体解释，就难以进行规范。

第二，应当对"刑讯逼供等"中的"等"字作出具体规定。我认为，用严重违法手段获取口供的其他手段应当加以禁止。

首先，违法实施威胁、引诱、欺骗的手段应当禁止，但是是否应当排除以此获得的证据应当视情况而定。以亲人的安全、自由以及重大利益相威胁，这种情况是不允许的。但这也不是绝对的。比如，当夫妻双方涉嫌共同受贿犯罪的，以给予另一方量刑上的优惠鼓励嫌疑人坦白的，应当允许。这就类似于辩诉交易。

其次，以非法拘禁获取口供的，应当严格禁止。

再次，对未成年人应当进行特殊保护。对成年犯罪嫌疑人取证不合法的可以不排除获得的证据，但是对未成年人犯罪采取非法取证的方式则要严格依照排除程序来处理。

最后，对多种违法行为叠加的，应当考虑叠加效应达到的严重程度。比如，一种违法行为可能还达不到构成刑讯逼供的程度，但是多种违法行为叠加的效果会完全使人受不了，达到"酷刑"这种严重违法、让人难以忍受的程度。

因此，应当将法律规定进行细化，明确"等"字的内容。当然，现在修正案草案已经基本定稿，再谈这个问题有点儿"马后炮"的意味。但是，我们可以期待将来有关的司法解释和司法实践可以注意到这个问题，或者是通过现在的案例指导制度来解决这个问题。

四、不自证其罪与如实供述义务的并存

明确赋予嫌疑人、被告人不自证其罪的权利是我们刑事诉讼法证据制度中的一个新的重要修改。但是，修改后的草案也并没有删去有关如实供述义务的规定。这也是充分体现"中国特色"的地方。这次修改，在证据一节，增加了"不得强迫任何人证实自己有罪"的规定，也就是我们通常讲的"不得强迫自证其罪"，这标志着不得强迫自证其罪原则在我国的建立。一般，我们会把不得强迫自证其罪与享有沉默权画等号或者在一定条件下画等号。但是，有中国特色的一个现象是：在侦查一节中，草案仍然保留"对侦查人员的讯问，犯罪嫌疑人应当如实回答"的规定。我们一般认为不得强迫自证其罪就是，犯罪嫌疑人可以说也可以不说，没有供述的义务，但是，草案又保留了供述义务的规定。现在据我所知，还没有哪个国家有类似的这种并列性规定。

对于这个问题，目前存在不同的观点，有很多学者都批判这个并列性的规定，认为这是自相矛盾，自己打自己耳光的规定。一方面想进步，另一方面又抱残守缺。但是，我本人对于这个问题的看法有一点保守。我认为，中国的制度就应当按照"相对合理"的方式，一步一步来走，能走到现在这一步还是不错的。如果现在就取消法律中有关如实供述义务的规定，我认为

是不可能的。比如，药家鑫案、李昌奎案，如果取消了如实供述义务，让他们享有沉默权，老百姓是不能接受的。在目前的国情下，强势的侦查机关、检察机关也是不会同意的。中国要走一大步，建立沉默权制度，取消如实供述义务，我认为是不可能的。现在这样的规定就很不错。这种并存的局面虽然有学者所称的"自相矛盾"之处，但也有一种相互"对冲"的作用。控辩双方可以各自从刑事诉讼法中找到自己的武器，以不自证其罪权利对抗如实供述义务。当发生过分地要求自证其罪的情况，犯罪嫌疑人、被告人可以有武器来抵御。沉默权虽然没有建立，但是两者之间有相互"对冲"的作用，仍属于一种进步。

五、直接言词证据规则

本次刑事诉讼法修改对直接言词规则这个问题没有涉及，我觉得有点遗憾。证据规则中最难设置的有两条：一是非法证据排除规则；二是直接言词证据规则，也叫传闻证据规则，就是要求证人出庭作证，以言词的方式直接在法庭上作证。此次刑事诉讼法修改，对于非法证据排除规则有所规定，将其提升到了法律层面，使得中国特色的非法证据排除规则的建立前进了一步。但是，对于直接言词证据规则，草案没有什么根本性的突破，十分遗憾。

直接言词证据规则，一般表现在两个方面：一是应出庭的证人必须出庭，以直接言词的方式作证；二是一定要排除书面证言的使用。没有第二个方面的保证，第一个方面就容易落空，就不能真正有效地建立传闻证据规则。但是，本次刑事诉讼法修改比较令人遗憾的地方就是，只规定了第一个方面证人在何种情况下应当出庭，主要包括两种情况：控辩双方有争议或者有异议和证人证言对证明案件事实有重要作用。但是，原来刑事诉讼法规定的"未到庭证人的证言应当当庭宣读"的内容继续保留。这实际上就是没有建立直接言词证据规则，没有建立传闻证据排除规则。因为，书面证言，不能当庭对原始人证进行质证的证据应当被视为传闻证据。虽然我们在建议稿中建议对于证人必须出庭的案件书面证言不能使用，但是立法机关并未采纳。因此，在实践中，证人出庭制度的效果一定会大打折扣，很难有效执行。并且，书面证言会大行其道，对证人不能有效质证这种情况在我国还会继续存在。

六、技术侦查手段取证的证据使用问题

修正案草案对技术侦查、秘密侦查问题有专门的规定，但由于老百姓对秘密侦查有疑义，怀疑是"特务活动"，所以第二稿中对秘密侦查进行了一点调整，改称为"特情侦查"。技术侦查是本次修改重点增加的内容之一，也是全民讨论时非常关注的一个问题。因为，技术侦查直接影响到公民的隐私权、住宅权甚至通信自由权和言论自由权等公民的基本权利。它可能使个人全方位地暴露在国家的监控下，是一种非常严厉的措施。对于技术侦查的具体规定，主要在修正案草案的第八节，条文是第 147 条、第 148 条、第 149 条。第 150 条和第 151 条。在实施技术侦查的范围上，第 147 条规定了"危害国家安全犯罪、恐怖活动犯罪、黑社会性质组织犯罪、重大毒品犯罪"几种严重犯罪，但是后面还规定"或者其他严重危害社会的犯罪案件"，所以可以看出对于犯罪种类是没有严格限制的。检察院对于"重大的贪污、贿赂犯罪案件以及利用职权实施的严重侵犯公民人身权利的重大犯罪案件"也可以进行技术侦查，后面还规定"侦查措施由公安机关执行"，这里的"公安机关"根据相关法律解释包括国家安全机关。第 148 条主要是对于批准程序的规定，而第 149 条则规定了实施技术侦查的一些具体要求。第 150 条规定了秘密侦查，也就是特情侦查，即由特定人员作为特情实施特情侦查。在这个过程中，不得诱使他人犯罪，不得采取一些危害公共安全或者发生重大人身危险的方法。根据侦查犯罪的需要，还可以实施"控制下交付"。第 150 条规定，这些通过技术侦查、特情侦查收集的资料在刑事诉讼中可以作为证据使用。对特定人员可能产生其他严重后果的，还可以在必要时由审判人员在庭外对证据进行核实。以上是这次刑事诉讼法修改对于技术侦查、特情侦查的规定，下面我将介绍一下有关的规定并发表我的一些看法。

（一）法律依据与使用现状

第一，法律法规方面。长期以来，技术侦查是由我国人民警察法、国家安全法、邮政法等法律来规定的，但是都语焉不详。比如，《人民警察法》第17条规定，人民警察为了侦查刑事犯罪的需要，可以使用技术性侦查手段。但是，怎么使用、哪些属于技术性侦查手段、通过什么程序来处理等问题却规定得语焉不详。新中国成立以来，技术侦查由于强调其政治属性，属于隐蔽范围，很多内容都是通过党的文件来确定。公安部制定的一系列的内部规范性文件，是技术侦查主要的法规依据。虽然法律语焉不详，但是有内部规定。

第二，证据使用情况。根据有关规定，技术侦查证据属于国家秘密，不得直接公开使用，确有必要时，需要转换使用。比如，窃听证据不能直接拿到法庭上进行质证，但是可以转换为被告人口供或者是证人证言来使用。确有必要时，法院、检察院的办案人员可以到技术侦查部门查阅有关材料。

2010年7月1日以来，"两个证据规定"开始实施，其中《死刑案件证据规定》明确了通过特殊侦查手段收集的证据可以作为证据使用。但是，1年多时间里，并没有这样的证据在法庭上使用。原因就是存在这样一个相互矛盾的问题，《死刑案件证据规定》允许使用技术侦查手段，但是，有关法规又规定技术侦查手段以及技术侦查手段获取的证据材料属于国家秘密。如果不解密，就没有人敢把这些材料拿到法庭上来使用。据我了解，这1年里，只有上海的一个案件得到了公安部的个案批准使用了技术侦查手段获取的证据。但是，此次刑事诉讼法修改，技术侦查被写入刑事诉讼法，一旦刑事诉讼法修正案获得通过，技术侦查也就有了法律依据，其他的相关规定也将得到进一步修改。法律的修改会使技术侦查的隐蔽性发生重大的变化，将其公开化是本次刑事诉讼法修改解决的主要问题之一，也是主要进步之处。

（二）技术侦查面临的问题

第一，注意滥用技侦手段的问题。技侦手段的滥用，有一定的严重性。大家都知道美国的政治丑闻"水门"事件，它就是尼克松总统为了竞选滥用技术侦查手段，让技术侦查人员去窃听民主党总部的竞选情况。这是西方的丑闻之源。前几年，在比利时、法国、韩国、意大利等国家都出现过类似的滥用技术侦查手段而导致严重政治后果的情况。技术侦查是一种很有诱惑性的手段，在法律上应当严格控制，我国也应当高度重视这个问题。当然，对于这个问题存在着不同的观点，有一种观点就是，技术侦查比刑讯逼供好，即使被滥用也比刑讯逼供好。但是，有学者又有另外一种看法，认为人们所有的活动都在技术侦查部门的监控下，这并不比刑讯逼供差多少，人们的隐私权、通信自由权都被剥夺了。总的来说，虽然目前中国人对隐私权不像西方人那样重视，但是随着社会的发展，法律还是应当保护公民的这种权利。所以，在此次刑事诉讼法修改过程中，技术侦查是人们最关注的重要问题之一。

第二，技术侦查的适用范围、具体手段以及执行权都有较大争议。一是适用范围，即技术侦查适用于哪些案件。目前草案的规定是，对于危害国家安全犯罪、恐怖活动犯罪、黑社会性质犯罪、重大毒品犯罪、重大职务犯罪案件以及其他严重危害社会的犯罪案件都可以运用技术侦查。但是，其他严重犯罪的范围有多宽，还不明确。二是技术侦查的手段包括哪些内容有争议。国外法律主要是规定秘密监听、秘密录像等电信监听、监视的手段，对其明确规定后予以法律规制，而我国立法部门、实践部门以及一些学者的观点就是不明确规定。因为，明确规定以后会产生两方面的问题：一方面，随着技术的发展，明确规定以后新的技术手段难以入法；另一方面，明确规定技术侦查后，容易暴露侦查手段，不利于打击犯罪。三是执行权在哪里的问题。如果都赋予公安机关、国家安全机关，检察院就会有意见，认为公安机关对自己侦查的案件配合不及时、不情愿、不方便。四是审批程序问题。修正案草案只规定了要"有"严格的审批程序，但是"怎样"严格却没有相关规定。监听法、技术侦查法的程序严格性就体现在法律程序的明确性与严格性上，其中有一点就是要由独立的司法机关来进行外部的司法审查，当然，在紧急情况下，也可以先实施后审查。比如，在德国，检察官在 24 小时内有决定权，超过时限后就要上报进行司法审查。五是质证问题。技术侦查、秘密侦查获取的证据能不能破例不进行质证。目前修正案草案中规定，必要时可以由审判人员在庭外对证据进行核实。这就意味着，技术侦查获得的证据可以不经过质证。也就是说，只要审判人员庭外看一看这些证据就可以采纳了。结果是，这些技术侦查获得的证据辩护人、被告人都不知道。六是保管、销毁程序是否要作出严格规定。许多学者在这方面有意见，认为就保管和销毁程序应当作出严格规定。

以上是技术侦查争议比较大的问题。对上述问题，我的观点是：就技术侦查而言，许多国家都有一个发展过程。技术侦查过去是秘而不宣的。技术侦查是国家秘密，是隐秘战线上的斗争，不能让被告人、犯罪分子，甚至不能让社会大众知道，以保持其国家威慑力和有效性。所以，关于技术侦查以前的法律不规定，也没有明确的法律程序。从不法制化到半法制化再到法制化是现代技术侦查制度发展的轨迹。即便强调我们的技术侦查要有中国特色，实际上，我们遇到的这些问题在国外很多年前就已经讨论过了，再讨论也没有多少更新的东西。对技术侦查，全世界面临的共同问题都是是否公开化、法治化，是否正当程序化。因此，根本问题还是是否遵循司法规律对技术侦查进行法律规制。必须有一个基本理念：规范技术侦查的法律应当是一部限权法。如果不是为了限权，整个刑事诉讼法根本没有必要存在，公权机关自行其是就可以了。各种侦查措施随意用，岂不是更方便、更有效？既然法律要规定，就必须作出限制，否则还不如不规定。当然，法律规制的方式可以不一样。有的国家在刑事诉讼法中规定；有的国家在电信、通信法中规定；还有的国家在犯罪综合控制法中规定。那么作为一部限权法，在技术侦查方面要注意哪些问题？第一，明确性。技侦手段包括哪些内容应该明确，适用哪些案件、适用哪些对象应该明确。我们现在的技术侦查包括哪些具体手段，连我们这些专门研究刑事诉讼法的人都无法完全搞清楚。这个问题不明确就无法进行严格而有效的法律规制。不明确还带来法律操作上的一些问题，导致法律的规定无所适从。技术侦查有一些手段是肯定不能在法庭上公开，不能作为证据使用的。比如国安部门的秘收、秘取，如果上了法庭，那就等于宣告其他法律的规定都等于零。国安、公安部门出于保密或者其他考虑，是绝对不会允许秘收、秘取等手段上法庭公开的。但如果不在法律中写明，国安、公安部门或许就会以法律的规定不明确为由一概反对将技侦手段上法庭公开。那法律的规定就成了笑话。所以，还是应该明确哪些案件、哪些对象可以适用哪些手段的技术侦查。这是法治化的基本要求。

第二，技术侦查要由侦查机关以外的机关进行外部审批，也就是司法审批。技术侦查是一种高强度的侦查强制措施。有人将它和超期羁押等同起来。对这种高强度侦查强制措施，应该有独立的外部审查。而且这一审查应该是司法审批。因为司法机关具有独立性和中立性，能从惩罚犯罪和保障人权两个方面考虑是否批准。如果侦查机关自行批准，就不符合技术侦查法治化的基本要求。我们虽然有一些内部审查程序，但是内部审查程序再严格也不如外部审查更能有效解决程序的正当性问题、有效的司法控制问题，更能有效实现惩罚犯罪与保障人权的双重价值。

第三，质证问题，也就是对技术侦查获得的证据，质证原则是否彻底贯彻的问题。我在不同场合都强调，刑事诉讼法修正案草案规定的"审判人员在庭外对证据进行核实"，我是坚决反对的。多少年来，我们学者一直强调，程序法、证据法中必须坚持的一个基本原则就是质证原则。证据必须经过质证，不经质证的证据不能作为定案的依据。为什么要对技术侦查得来的证据搞例外呢？我是一个比较尊重中国现实的学者。我的观点是，即使一定要搞例外，也不能冠冕堂皇地写到法律中。如果非要搞庭外审查，不进行质证，那就在个案中特事特办。特殊问题特殊处理就行了。在刑事诉讼法中明确规定证据可以不经质证、可以庭外核实，这是法律的倒退。

以上就是我的一些观点。下面，请我们几位教授进行评议、批评。

孙长永教授：刚才龙老师给我们介绍了五个证据制度中的具体问题：证据的概念、非法证据排除、不自证其罪、直接言词原则，以及技术侦查问题。重点讲了非法证据排除和技术侦查问题。他还把刑事诉讼法修改的几个特点也作了简要介绍。让我们了解到，在刑事诉讼法修改全民讨论的背景之下，对草案里边关于证据的规定，在学界有哪些不同的声音，他自己的看法是什么。听了他的介绍我们能够了解，这一次修改，证据制度的规定是一个重点内容，同时也是一个引起广泛争议的问题。龙教授根据自己长期的研究，以及对实践的观察，表达了他自己的立场。下面我们请两位同行专家发表高见，每个人不超过10分钟，留一点时间给同学提问。同学们谁有问题的，可以准备纸条，也可以待会儿直接提问。首先有请高老师。

高一飞教授：龙老师的讲座确实非常精彩。而且现在他的许多立场和看法和以前相比，越来越开放、越来越激进。前几年，他的著名的"相对合理"理念，我是一直批判的。那时我觉得所谓相对合理，其实就是相对不合理嘛。现在，我夸他是"两头真"：年轻的时候是童真，年龄大了以后就率真。相信随着他年龄越来越大，还会更真诚。我的评论既是作一些补充，也是发表一些不同的看法。当然还是以补充为主。因为他的绝大部分看法我都赞同、支持。

首先，关于刑事诉讼法修改的特点，龙老师讲了四个方面的特点。但是，我认为，它的最大的特点还是照顾了中国基本国情，照顾了中国文化的特点。今年的刑事诉讼法修改有两个方面比较有特色。第一是我们把检察机关向人民法院移送证据的方式恢复到了 1996 年之前。1996 年刑事诉讼法规定，检察机关向法院移送的是证据目录、证人名单、主要证据复印件或者照片。现在修正案草案规定的是全部移送。对这个修改，我非常赞同。因为过去我们夸大了少看些证据就能防止预断的作用。实际上，在中国，事实审不是一次审。事实问题会在二审中反复检测。那么对于法官中立性的要求就没有那么高。因为一审法官得出的事实结论还面临着第二次、第三次的反复修正。

其次，是和证据的关联性不大，那就是这一次修法没怎么改再审程序。过去我们很多学者，比如陈卫东教授、陈瑞华教授等，他们曾提出应该学习、部分吸收西方的禁止双重危险原则，不得作不利于被告人的变更。再审，包括一些轻罪，应该有一些年限。比如，陈卫东老师的博士论文，写的就是再审程序。但是，这一次草案都没有吸收这些观点。我认为，这是因为中国的立法机关看到了中国文化的一个特点，那就是实事求是、有错必纠。事实问题错了就得改，不管过了多长时间，不管改多少遍，这是都老百姓需要的。辛普森案件如果发生在中国，老百姓就肯定接受不了，必然会发生社会不稳定，司法裁判难以服众。所以说，坚持中国特色是本次刑事诉讼法修改的非常重要的一个特点。

另外，从证据制度修改的几个方面，我也发表一下自己的看法。第一个方面，严禁取证的范围和证据排除的范围拉开了差距。严禁取证的范围包括引诱、欺骗等方法进行刑讯逼供，排除的证据范围仅包括刑讯逼供。对于这一点，我是赞同和支持的。我认为，要防止非法取证，尤其是防止刑讯逼供，根本的办法就是要处理人。比如说要防止一个公安机关侦查人员调查取证时刑讯逼供，最有效的办法就是，如果他非法取证就将其开除出公务员队伍，或者严重的、构成犯罪的追究其刑事责任。但如果仅仅是排除证据，对他个人意义不是很大。关于非法证据排除的范围，各国有争议，不尽一致。排除的范围过大会带来一系列负面影响。侦查人员个人的非法行为，让整个社会来承担实体正义方面的损失。这也是不公平的。所以，现在草案的规定，一方面可以防止非法取证，另一方面又能维护实体正义，同时也符合中国的文化、中国的传统、中国老百姓的要求。

第二个方面，对于沉默权，我赞同龙老师的看法。这一次没有取消如实供述义务——这是应该取消的。但是对于沉默权，中国要不要直接规定？这个问题也要考虑中国的国情。从现有的国际人权规则来看，都没有出现沉默权这样的字眼。国际人权规则里面没有提这个要求。但是世界上绝大多数国家确实规定了沉默权。沉默权最基本的一个特点就是，在讯问之前告知犯罪嫌疑人、被告人有权保持沉默。对于犯罪嫌疑人、被告人来说是这一种提醒。这就必然带来他们拒绝提供口供这样的后果。修正案草案现在选择的是不提醒。在当今中国侦查条件有限、侦查力量有限这样的背景之下，我觉得它还是符合中国国情的。同时，草案规定了反对强迫自证其罪原则，这是符合国际人权规则，符合最低限度人权标准的。这在惩罚犯罪与保障人权之间进行了适当的平衡。

第三个方面，关于直接言词原则。现在许多学者都在考虑为什么中国接受不了证人必须要出庭。证人不出庭，但是冤假错案并没有因此大量出现。比如，重庆打黑中的一些死刑案件，庭审时并没有证人出庭。但如果你仔细去问侦查人员和审判人员，问他们证人不出庭的案件会不会办错？它是不会错的。原因也是我们对事实问题反复检测，特别是死刑案件，我们至少要检测三遍。死刑案件中级人民法院审了以后，高级人民法院可能会二审，之后还可能由高级人民法院复核以及最高人民法院的死刑核准。我们这样一种发现案件真相的方式，跟中国长期以来的司法传统是一致的。它也是跟人们的心里对实体正义的高要求是一致的。我想没有必要直接规定西方式的传闻证据规则。我赞同龙老师说的，只有两种情况下，可以要求出庭。

第四个方面，关于技术侦查的审批问题。在这个问题上，我想起了我们国家的一位著名学者——《法学》的主编童之伟教授曾写了一篇文章，说我们国家的刑事诉讼修正案规定了技术侦查是在人权与法治方面的一种倒退。我认为，不懂刑事诉讼法的学者随便发表这样的观点是非常轻率的。刑事诉讼法实际上是一个限权法，龙老师讲的非常好。作为限权法，不规定技术侦查才是危险。作出规定正是为了实现技术侦查法治化。所以说，类似的批评意见是没有根据的。至于技术侦查的审批问题到底该如何把握，龙老师讲了五个方面问题。去年在草案讨论的时候，公安部门的同志就提出来，在追捕的过程中，由于情况紧急，打个电话请示领导之后直接使用技术侦查，才能保证有效地控制和抓捕犯罪嫌疑人。当时公安机关的同志就提出技术侦查的审批应该由侦查机关负责人审批。刚才龙老师介绍了一些国外的做法，如检察官 24 小时的审批权就足以解决这个问题。也就是说，紧急情况下，技术侦查最多可以进行 24 小时，超期就要报外部的审查机关审批。在我们国家，由于法院没有这项权力，在体制上也有一些障碍，因此可以仿照批捕的做法，由检察机关来审批。如果是检察机关的自侦案件需要使用技术侦查的，可以采取上提一级的方式，即由使用技术侦查的上一级检察机关审批。

第五个方面，就是关于法庭质证的问题。龙老师刚才特别提到证据的质证必须在庭上。实际上，英美国家的传闻法则，都是非常发达的或者非常受重视的。但是，庭外质证也是被认可的。比如说它一个典型的做法就是在预审程序中间对证据，比如说证人证言进行了质证，在庭审时就可以不再要求对证人证言进行质证。龙老师说的质证包括了所有证据的质证。但是，从此处也可以看出来，庭外的质证是以什么样的方式，如果它能够维持法官中立、控辩到场这种基本方式进行。那么在以后的程序中，对证据的认定仍应该是有效的。

孙长永教授：高老师主要是补充了一些发言，介绍了一些基本的情况。有个别地方跟龙老师的观点不一致。下面我们听听昌林教授的意见。

李昌林教授：听龙老师的讲座，主要是来学习。几年前点评过一次都不好意思。龙老师有一个著名的观点，平时我们交流的时候，他说他讲相对合理的时候，有一帮同志很激进。现在当龙老师激进的时候，有人又相对合理了。可能我们就属于那一帮人了，有点步龙老师的后尘。因为这几年我去实务部门去挂职、锻炼，确实观察了一些问题。比如，今天龙老师讲的第一个大问题，就是刑事诉讼法修改的特点的问题。怎么去理解？我的一个总体的评价是这样，不要期待刑事诉讼法的立法有多完美。因为立法的完美几乎是做不到的。有人说搞学问的人，他的任务就是挑刺。所以说，实际上很重要的一点就是在司法实践中怎样去运行。因为立法本身有其局限性。在成文法这样一种体制之下，那么将来我们在司法实践中如何去发挥人的主观能动性。我认为，这是中国目前更重要的问题。因为中国当前处于这样一种社会转型时期，若要追求一种立法把所有的问题都解决是做不到的。因为很多问题，我们自己都不清楚方向。实务界如果能够保持一种清醒的头脑，那么在立法这样一种原则的规定之下，实际中通过操作等一系列技术性规范，我认为能够做到。所以说，对立法，我们应该抱有一种，就是龙老师刚才说的，实际上也是以前所坚持的相对合理。不能追求完美。所以说评价不要过于超前，超前到自己都想不到就没必要了。这是对刑事诉讼法修改的总体评价。

对于证据，龙老师提出了五个问题。第一个问题是证据的概念与分类。我就非常赞同第三种观点。我们给全国人大常委报送的修正案建议稿也采取了这种方案，那就是最好不要作证据的定义。因为定义讲出来都是比较不可靠的。非法证据排除这个问题，难在什么地方？我个人的意见就是，理论界对这个问题可能奢望过高，没太注意司法实践的运行情况，以为法院可以排除非法证据。那个基本上是做白日梦。据我的观察，法院几乎没有排除证据的可能。法院排除证据只是极为个别的情况。因为法院面临的压力很大。要排除了证据，打击犯罪不利的政治后果谁来承担？一个案子公安侦查后，检察院起诉了，法院敢不判？出了问题，其他机关可以理直气壮地说是因为法院不判。哪怕法院院长有勇气不当院长也不行。所以，法院不大可能排除证据。我原先的研究结论是应该由检察院来排除证据。我以为排除证据应该在审查起诉阶段。后来到检察机关挂职后发现还是不行，因为检察院的审查起诉部门排除证据就会得罪批捕部门，批捕部门一旦批捕却未能起诉的，批捕部门和审查起诉部门就都完了——基本上全年考核就会出现问题。所以后来我认为排除证据应该是批捕阶段。再后来我观察到批捕部门往往是和公安机关站在同一战壕，而不是与公诉部门站在同一战壕，怎么办？所以，关于证据排除，我的结论和龙老师的完全一样：证据排除规则只有防范的效果和警示的作用。一旦要动真格，排除的可能性不大。基本上也没有办法动真格的，因为三机关有考核这样一种机制压力。这就非常难办。

对如实供述这个问题，它与不强迫自证其罪并存，确实让人看起来有点怪。如实供述义务，我们以前也曾经分析过。在中国，它从来就不是一种标准的法律义务。因为它没有后果，至少没有法律上的后果。再加上是否"如实"没有判断的标准。如果有标准，不需要他如实供述。因为既然你已经有了是否如实的结论还要他供述干吗呢？正是没有标准，才需要他如实供述，没有标准就无法判断他是否做到了如实供述。这时，只能事后通过其他证据来判断。但是，有如实供述这个刑事政策在，对被告人就不利。不过，这并不意味着承认刑讯逼供合法。其实在中国，能够把刑讯逼供，至少是最严重的刑讯逼供这个问题解决了，就差不多了。我们的刑事诉讼法教材其实把龙老师谈的那些变相的刑讯逼供手段都列为刑讯逼供。但是司法实践中对那些手段从来没有按照刑讯逼供的标准处理。所以，对那一些刑讯逼供手段我们实践中是容忍的。只是不要太过分，别把人搞死了就行。至于弄出冤假错案的那绝对是不准许的。能够做到这一步已经是进步了。我认为并存的局面不一定是倒退。大家要冷静地看待这个问题。绝对排除刑讯逼供可能不太容易做到。

关于直接言词原则这个问题，我认为目前只有极少数案件能够做到。几年前，我有一个学生以"关键证人出庭作证制度"为硕士论文的题目，但那篇论文没有写成功。关键的作证必要这个问题很难界定。尤其在当前这种诉讼体制之下，坐在法庭上的可能只是牵线木偶，他们不一定有真正的司法裁判权。在这种情况下，直接言词原则有什么意义？真正有权作出裁判的人，并没有贯彻直接言词原则，他还要听汇报。这就比较麻烦了。除非最终有权作出裁决的人都能到法庭上来，否则证人出庭除了降低诉讼效率、增加庭审的戏剧化，就没有其他作用了。另一方面，这还有可能导致打击犯罪不利。因为庭审的可变性增大了。证人到庭审时不说话怎么办？证人出庭目前不是个很好的解决方案。

关于技侦这个问题，确实不太好评价。但有一个基本的情况，那就是当前国人对隐私权的期待没有对人身自由的期待高。这种情况下，我估计技侦问题虽然议论的比较多，但实际上当官的可能比较担心这个问题，老百姓还不是那么在乎隐私的。我们比较喜欢谈论别人的隐私。所以，对隐私的侵犯可能没有我们学者看得那么重。如果基本的个人自由和安全能够保障，我认为这就是本次刑事诉讼法修改的进步之处。我的总的看法是，这次修改有进步是应当肯定的。理想固然要高远一点，我们现实能够做到这一点已经非常不容易了。尽管改了这么多年才改成现在这个样子。我们还是要满怀信心地希望刑事诉讼法将来会变得更好。

孙长永教授：昌林教授基本上是赞成龙老师的意见的。咱们西南法学论坛历来的风格是嘉宾不会只有附和性的意见。那我补充一点情况，再请教几个问题吧。龙老师刚才讲了刑事诉讼法修改的特点。我补充一点我对本次刑事诉讼法修改背景的看法。大家可能注意到最近几年我们国家整体的氛围跟前些年有些区别。这次修改刑事诉讼法，不像其他法律的修改那样相对成熟。刑事诉讼法这次修改，应该说是大改，而不是小改或中改，但它仍然是一个过渡性的修改。在法典化的国家中，我们的刑事诉讼法条文即使增加到300多条，仍然是最少的。法典化国家的刑事诉讼法典条文至少都在四五百条以上，我们还差的很远。但问题是：为什么在大改的情况下，修改的条文还会引起这么多的争议？这是因为，刑事诉讼法修正案里面还存在着一些明显武断、违反正当程序、违反法治基本精神的条款。

我认为，出现这一现象有三个背景。第一个背景是，改革开放以来经济社会快速发展积累了大量的矛盾，引起一种带有非常强烈的维稳色彩的社会治理方式。这对我们整个法治建设有一定负面影响。不管是立法机关、执法机关还是司法机关，整体上都在决策者可控的范围之内。龙老师刚才讲了我们这次刑事诉讼法修改有一个很重要的特点就是全民讨论、社会参与。大家注意，到截止日期为止，社会各界总共提出了8万多条意见。我们去掉其中的各种水分，大量的意见其实是批评性的。龙老师刚才讲，我们刑事诉讼学界主流的意见是肯定性的。但是社会上的批评意见比我们刑事诉讼学界的要多得多。出现这样的情况，就是因为我们的社会矛盾积累的比较多，但是我们的决策机关坚持的是一种维稳的思维。第二个背景是，在国际金融危机之后，中国的国际地位有了很明显的提升。这就引起了一种思潮，那就是对世界普适价值的否定，以及对所谓中国模式有意的（我个人认为）宣扬，不切实际的宣扬。在法治方面的表现是，我们已经宣称中国特色社会主义法律体系已经形成。对此，一位著名的法学家评论说，我们的法律体系已经建成，但法治体系尚未建立。我们的差距其实是很大的。很多东西只是有了个名称而已。这儿挂了个牌子，叫法院，那家叫检察院，还有家叫公安，但实际上都归一家管。而刑事诉讼法，它本质应当是一部限权法，其中大量内容在国际社会是有共识的。但由于目前的价值观——否定普适价值的价值观的影响，草案中出现了一些自相矛盾的东西，刚才龙老师也提到了。第三个背景是，文化危机意识之下，对意识形态的执意追求。我们都学习了十七届六中全会的决议，关于文化建设方面的许多内容都有明显的进步。但是在中西文化整体冲突的背景下，我们更强调中国文化的特殊性。如何对西方文化中的优秀部分进行吸收，怎么样有效地利用，我们的把握是不够的。这在本次修法中有非常明显的体现，比如不被强迫自证其罪原则。刚才龙老师谈了一点在学界比较有代表性的意见：虽然维持了如实供述义务的规定，但是将不被强迫自证其罪写进法条，就给了辩方一个防卫的武器，算是一种进步。但我个人对这个观点不大赞同。因为在我们国家，只要有了如实供述义务，辩护方什么武器都等于零。因为控方的武器比他的武器大。为什么呢？即使控方的武器力量微弱，法院最后也会得出结论：检察院的武器力量大，辩方的说法没有证据支持不予采信。出现这种情况是由背景因素影响的。

在三个背景的基础之上，我们来看这次刑事诉讼法修改要解决的问题：一是要巩固强化司法改革的成果。二是要为批准《公民权利和政治权利公约》奠定基础。三是要解决司法实践当中出现的突出问题。在这个基础之上，再来看我们证据法的规定，就会知道，有一些属于技术性的规范，比如龙老师讲的证据的概念问题。这个问题，本身是我们学习苏联的结果。在大陆法国家，没有哪一个国家会规定什么是证据的。只有 1961 年《苏俄刑事诉讼法典》中有规定，大家可以下去翻。苏联影响下的社会主义国家都有规定。我们 1963 年的草案有规定，1979 年的法典有规定，1996 年的法典也有规定。这一次把"事实说"改为"材料说"，换汤不换药，其实是差不多的。只要存在价值上有冲突的地方，这个法律的规定在很多方面就会存在问题。

除此之外，我再请教三个问题。龙教授刚才讲座里谈到，刑讯逼供的要排除其中严重的非法证据；特别是收集人证的一些方法，如威胁、引诱、欺骗严重侵害人身权利的，也要排除相关证据。但是，总的来说，对于威胁、引诱、欺骗的手段，他的态度（如果我没理解错的话）是比较宽容的。但是，后来谈到直接言词原则时，他主张还是应当要求证人要出庭，排除书面证据；书面证据严格来说不能使用。在排除非法证据和排除书面证据这两者之间，龙教授所坚持的逻辑是不是一致的，我有点疑问。在我看来，非法证据比书面证据的严重性、危害性要大得多。另外，对技术侦查，龙教授主张要加强外部司法审批。这个反映了龙教授系统的思想。但是，他只讲了一点。他在《中国法学》上发了一篇文章——《建立中国特色的司法审查模式》。我拜读了，看到了很多新的东西。问题在什么地方？我们这部草案通篇没有提及司法审查制度，也没有提及外部审批，所有的侦查强制措施（除批捕以外）都没有外部审批。在这一前提下，唯独主张技术侦查需要搞外部审批，可不可行？第三个问题是关于非法证据排除。刚才昌林教授也谈到了，实际的排除困难重重，重点还应预防。我个人认为，在立法时，首先应该考虑的是法律怎么样落实，而不仅仅——或者说不主要考虑违法怎样预防。立法的目的是什么？就是令行禁止，就是要兑现法律效力。怎么能说重在预防呢？如果撇开立法因素来谈，认为对非法取证的这种现象，我们要首先重视预防，然后才实施非法证据排除来加以禁止，我倒觉得可以理解。但立法本身怎么能够只追求预防呢？由于时间关系，我就请教这三个问题。

龙宗智教授：刚才高老师和李老师说的内容，总体上没有太大区别，也没有大的非议。但我还是分别对他们的意见提出一些不同的看法。

首先是高老师说到的直接言词原则。他认为证人不出庭也不一定导致冤假错案。这个观点我不敢苟同。刚才高老师说我们没有直接言词原则的历史传统。实际上，中国古代的诉讼，例如包大人打坐开封府，还是直接言词原则。没有用书面证词的，就是两造、四听、五辞，耳听、目听、气听、色听，当然这个可能是因为文化程度不高的原因。我现在为什么要讲一点直接言词原则？直接言词原则在中国历来是贯彻不到位的。它不像老外一样，老外是不出庭例外，我们是出庭例外，但是一定要搞一点例外。不搞这点例外，法律没有这个规定就可能有问题。它的问题表现在两个方面：第一，它使得我们的诉讼构造不像一个诉讼，它就是把侦查获取的一些材料拿到法庭上去认可一下，它形成的是材料的传递过程，而没有形成控辩审的有效的诉讼模式。没有以法庭为中心。法庭其实是把侦查所获得的材料过一下，它实际上没有办法进行有效的审查。有一个资深的法官曾经说：一些死刑案件虽然看起来书面证据很充分，但是我们仍然感觉发怵，总担心搞成了冤假错案。这就说明他们对书面证言也是心存怀疑的，对一些证人证言的真实性存在担忧。但是他没有办法，只有书面证言，证人都不出庭，这时的诉讼构造就变成了一个侦查结果的认定程序，就是一个线形模式，而不是一个控辩审的有效构造。关于审判诉讼构造，我有一个说法就是，直接言词原则的缺失是导致审判沦为行政治罪的重要因素。从侦查、起诉到审判，没有有效的审判，大家一带而过，有些案件会出问题。当然，我承认高老师、李老师说的多数案子是没有问题的。但是少数案件，我这个调研还是比较充分的，它就是存在搞假证。搞书面假证有时甚至到了令人不敢相信的地步。这方面我看得不少，所以这样说。从防止冤假错案的角度来说，搞一点最低限度的直接言词原则，排除传闻证据。全部都搞书面证言只能建立在所有的侦查人员都是圣人的基础之上。都是好人，都是圣人，都不搞假证，水平也没有问题，搞的都是真的有效的东西。这种想法太天真了吧。高老师说的其他我都没有意见。李老师说的有一个问题，可能昌林教授这几年在实务部门挂职，挂职以后对实务部门有点同情，而且又认为司法取决于人。比如说，李老师到检察院就做了许多事情。你们做不到，我来给你们做。确实也有业绩，他也有信心。不过我对这个问题是这样看的，确实不能希望我们的立法有多完美，需要通过实践来解决。我认为，实践只会把法律进一步打折扣，它不会比法律还要激进、还要超前，做得更加到位。就是我平常说的，你法律再好我们有潜规则，有实践法。所以说，李老师的这个观点我觉得稍微乐观了一点。我觉得前面一句话非常有用，就是立法不要期待它太完美。即使它写的好看也不要太乐观。为什么呢？对于刑事诉讼法，我们要注意，有一个前后上下的问题。你不要看前面写得多好，上面写得多好，它后面的、下面的东西它不保障。我们有一些基本的运作机制有问题。我们的诉讼构造有问题。比如说，我们现在的公、检、法互相配合、互相制约，然后政法委协调监督。在这种情况之下，这些程序能有多少作用能够发挥出来？关于法官的作用，我们昨天开会还说，肯定是制约多于配合。但是常常要打折扣。基本的体制、机制、构造在那，司法制度不改，诉讼程序的具体规定到底有多少作用？我是从这个角度来解读这个问题的。

孙老师说的前面几点，我觉得非常重要。我们就是在这样一种背景之下来制定我们国家的新的刑事诉讼法。他给我们做了一个相对比较开放的宏观的介绍。今天我讲证据的问题，前后大小，不能只关注一些小问题，有一些大问题还是需要把握的。孙老师刚才讲的大的背景问题。他的观点我比较赞成。我再发表一下自己的看法。最近我在清华大学有一个讲座，就是相对合理主义及其挑战。相对合理主义已经提出 10 多年了，对实务界的艰难性和复杂性表达了一种理解和支持。但过去的学界受批评较多。我 2002 年到西政主持工作，就相对合理主义做了一个讲座，让老师来点评。一位年轻老师说，这是我听过的最庸俗的理论。年轻教师敢批评我，我也是很支持的。但它后来被越来越多的人所接受，可能有人是受了我鼓吹的影响，但是更重要的不是我鼓吹，而是因为中国法学的实践性和实证发展曾经囿于书斋的学者更加注意到中国法治进程的艰难性和操作上的复杂性。越来越多学者在接受相对合理主义、对实务界表示了一种理解乃至同情。随着经济的发展，国家的强大，一些学者对我国目前法治状况感觉良好的当下，我想提醒另一方面的问题。首先，相对合理主义适用范围有一定的局限性。而且我曾经多次讲过，在中国需要大力推进法治的时候，可能被用来迁就现实，而且其界限比较模糊、实践中较难把握。所以我在讲相对合理主义的同时始终强调，要坚持法治的理想，坚守法治的底线。那么，针对现实情况，我认为，要注意三个问题。第一个问题，要注意重申法治包括刑事程序法的公理性的前提。我们要回到我们在 20 世纪 80 年代就建立的基本认识。坚持、确认市场经济和法治国家的基本价值和改革目标。至于为什么要建设法治国家，我讲了很多的道理。其中包括刑事程序法方面的一些基本准则，比如诉讼的公开、辩护权的保障、羁押权的正当性、审判法庭的独立性和公正性、无罪推定以及禁止双重危险等，包括强制侦查、司法审查。当然我要一步一步地走。比如，司法审查还是要先由检察院来审批。这要逐步来过，但是要讲这些公理。在法治本土化以及法学发展的斗争的道路上出现的狭隘与自大。这是刚才孙老师讲到的第二个问题。我是到实务部门讲课比较多的。检察院、法院认为我讲课比较好用。实际上，我们有很多的东西在制度上还是有一定的问题。我们讲的只是相对合理，以后还有很大的调整空间，你不要过分地自大。而现在刑事程序的问题还比较突出。比如，我们非法证据基本上不排除，证人基本上不出庭，我们强制侦查基本上没有司法审查。我们应该在法治方面继续努力去推动这个程序，去走向法治。第三个问题，我还要讲一下，就是要直面法治进程中那些深层的基础的带有全局性的问题。要关注具有重大意义的案件来推动，就是说你不能只讲小问题。比如说刑事程序构造有问题。就像刚才孙老师讲到的，技术侦查的外部司法审查，整体上都没有司法审查。这我也承认。目前的情况是没有也不准备设立。但是这个问题确实也应该解决。否则，自己审查自己，那你必须是圣人。其实，我们现在的刑事程序在很大程度上是建立在公、检、法机关的人员都是好人、圣人、人性善的基础上。而且不仅善，还得是圣人和完人，这样才不出问题。当然对律师出于人性恶的考虑也得加强规制，否则很容易出问题。有些基础性的、根本性的我们要关注、要调整。刑事诉讼法虽然有一些进步，但这些基本的问题，对司法制度的问题，我们可能还得关注，否则你写的再好，有多少用是个问题。孙老师提的三个具体问题，有些我已经回答了，有些我就简单说两句。关于刑讯逼供的问题，一个就是觉得逻辑上不够一致。我们按证据规则来，两条最重要也是最困难的就是传闻证据规则和非法证据排除规则。刚才我讲传闻证据规则时可能没有表达清楚，孙老师好像也没有理解我的意思。我讲的排除书面证言是指的在证人必须出庭的案件中应当排除书面证言，其他大部分案件可以不出庭，因为这是中国的国情。它不像老外一样。我专门写过一篇论书面证言的文章发表在《中国法学》。我有时候说，重大案件有争议而且是关键证据，证人不出庭就不能用书面证言，通过这一条可以逼着证人出庭。它能有效贯彻直接言词原则，实现法庭在这个问题上审理的实质化。当然，作用呢，刚才昌林说的，反正他在上面表演法官也定不了案，现在我们有庭长、院长、审委会，又在搞政法委个案监督。但是我认为，出庭还是比不出庭要好一点，因为现在各级都有这样一种说法：事实问题由法官和合议庭把握。他说这个的时候有一种推卸责任的意思：出了错案不要说我。所以，怎么处理政治效果、法律效果和社会效果是由我们的院领导和政法委来把握的。在这种情况下，法官合议庭在事实把握这个问题上有一种责任，同时他们面临着错案追究的这种风险，这样一种压力。所以，证人出庭会让庭审实体化一些、实质化一些。有一位法官跟我说：说实话，让侦查人员出庭他基本上不会说真话，比如说问侦查人员打人了没有，肯定说没有，全国没有一个会说有。但是，如果他和被告人之间当面交流一下，让被告人说说什么时间、什么地点怎么被打的人，我想这位法官就可以知道侦查人员说的是真话还是假话。这有利于他判案，有利于他辨别真伪。虽然庭审实质化有限，但是出庭比不出庭要好一点。而且非法证据排除也好，排除书面证言也好，大体上都有一个底线，所以我觉得我的逻辑大体上没有什么不一致。其他的细小的问题我就不再解释了。

孙长永教授：下面我们给同学留一点时间，有问题的请发表。

2010 级博士研究生叶宁：首先非常感谢龙老师给我们做了一场观点清晰、营养丰富的讲座，但是聆听了讲座之后呢，我还是有一点小小的疑惑，想向龙老师求教。关于您讲座中提到的不自证其罪与如实供述义务并存这个问题。您的观点是这种并存是有问题的，只是在现阶段仍有一定的进步意义。我想请教的是：如实供述义务与不自证其罪并存是否一定有违法治原则？英国 1994 年《刑事审判与公共秩序法》第 36 条规定，对某些严重犯罪的特定事实，如果被告人保持沉默的，法官有权指示陪审团作对其沉默不利的推论。意大利 1992 年《关于修改刑事诉讼法打击黑手党犯罪的紧急修正案》中也存在类似条款，如第 12 条规定，黑手党成员的财产数量明显超出其合法收入，被告人对超出部分不能作出合理解释或者解释不真实的，超出部分将认定为非法收入。我想请问：您认为，这两条域外法的规定能否算得上西方式的如实供述义务？如果算得上，您如何评价其正当性？最后我想求教：您认为，在纯粹的应然层面上，中国的如实供述义务是应当完全废除还是应当有条件地保留？

龙宗智教授： 在我们国家，不自证其罪是普遍性的权利，如实供述是普遍性的义务。两个普遍什么意思呢？适用于一切犯罪，适用于一切案件。所以它产生了一个矛盾，一个对冲。但是，在意大利、在英国，不自证其罪是一个普遍性的权利，而对其及沉默权的限制则是例外情形。就是说，它有原则有例外。在例外情况下，不自证其罪实际上已经不适用了。但我们明显的问题就在于两者同时并存，同时成立。这在全世界没有看到第二个立法例。刚才小叶说的，沉默权一般原则，限制作为例外的立法例不仅是意大利，很多国家多多少少都有这样的规定。所以，它是原则加例外，法律上不矛盾、不对冲。关于如实供述义务，现在多数学者主张取消，我也主张取消，但我没有他们那样激进。我认为，如实供述义务应该取消，但是现阶段取消不了，那就让它存在一段时间以后再说。当然如实供述如不取消将会带来一系列的问题，如非法取证，口供中心主义以及刑讯逼供。所以，我的态度还是早晚要取消。

学生甲： 龙老师您好，我想请问：在如实供述与不得自证其罪可能导致两个极端的情况下，公、检、法机关能否通过设立一种科学有效的绩效考核机制来监督、制约、激励办案人员防止走向极端或者缓和其不利影响？

龙宗智教授： 你说的这种绩效考核机制也不失为一种解决问题的路径。有的时候绩效考核不适当，"逼良为娼"是绩效考核不适当的原因。我认为，内部的考核机制、外部的监督制约机制以及程序化的有效的司法审查机制的综合运用是有效解决问题的路径。

学生乙： 龙老师，我们知道刑事诉讼法是一部前后呼应、牵一发而动全身的法律。本次刑事诉讼法修正草案虽然具有一定进步意义，但是里面还存在着许多若隐若现的矛盾，刚才龙老师也列举了一些。例如，证人必须出庭的同时也不排除书面证言；不得强迫自证其罪与如实供述义务的并存，等等。我想问的是：这些矛盾是不是会使这部表面上看起来非常好的法律在实际中得不到运用？还有，您刚才用相对合理来解释这些不合理之处是不是合理呢？

龙宗智教授：刚才这位同学总结得很好。我们的刑事诉讼法草案里面确实充满了许多矛盾与对冲。当然，有些是可以容忍的，有些则是必须废除的。比如，关于非法证据排除的表述，立法机关在立法时就非常为难。它涉及惩罚犯罪与保障人权两个价值之间的冲突。这个表述修改了多次，我也向他们提供了改进的路径，比如严禁刑讯逼供和以非法方法进行威胁、引诱、欺骗。威胁、引诱、欺骗在相当程度上是打击犯罪所必需的侦查谋略。比如说：坦白从宽，抗拒从严，算不算威胁？公安人员化装成贩毒分子与犯罪分子交易算不算欺骗？再比如，侦查人员对犯罪分子说，快招吧，人家张三李四王五都已经招了。其实公安人员什么也不清楚，这又算不算引诱欺骗？立法机关在立法时始终徘徊在惩罚犯罪与保障人权的两个价值之间，希望实现两者的平衡，想要做到"鱼和熊掌兼得"。然而，这是不可能真正做到的。当然，关于如实供述与不得强迫自证其罪这个问题，两者之间并存同时成立确实存在矛盾和对冲，我本人也是不大赞成的，主张早晚要将其废除。但是现阶段我们还不具备废除如实供述义务的条件，我们强大的公、检、法机关都不同意将其废除。在这种情况下，立法机关要兼顾惩罚犯罪与保障人权，也只能做些表面文章，加上不得强迫自证其罪了。但是，有总比没有强嘛。你公、检、法机关拿一个如实供述义务的矛，我就拿一个不得强迫自证其罪的盾好了，只不过这个盾还不够强，但是以后慢慢地会变强。

孙长永教授：好的，由于时间关系，提问就到这里。今天晚上，应该说，龙老师给我们做了一场非常精彩的讲座。关于证据问题，可能今天晚上的讲座是讲得最为透彻的一次。这个学期，我们还会举办很多类似的讲座。而且龙老师还会来参加我们的博士论文答辩，到时候我们还要请龙老师登台为我们做精彩的报告。让我们以掌声对龙老师表示感谢！

（文字整理：王忠良　厉晓燕）

前沿聚焦

论行政执法证据的刑事"转化"

王进喜[*]

《行政处罚法》第 7 条规定："违法行为构成犯罪的，应当依法追究刑事责任，不得以行政处罚代替刑事处罚。"这一规定反映了我国实践中存在的所谓"双轨制"规制体制，即在同一行为既构成行政违法也构成刑事犯罪的情况下，一般既进行行政处罚，也进行刑事处罚。尽管在行刑衔接问题上，已经形成了以行政法规和政策为基础的规范框架，[①] 但是这些规定，侧重于政策性、程序性的规定，而关于证据的可操作性规定寥寥。在行刑衔接案件中，无论是否采用刑事优先原则，证据的衔接都是一个突出的实践问题。[②] 理论和司法实践就行政机关在行政执法和查办案件中收集的证据（以下简称行政执法证据）能否在刑事诉讼中使用，存在不同的观点。第一种观点认为，行政机关收集的证据由于主体不适格、程序不合法，均不能作为刑事证据使用。第二种观点认为，行政机关收集的证据经司法机关依法接收和调取后，均可直接作为刑事证据予以使用。这两种观点被认为分别源于所谓的形式证据观与实质证据观，具有极端性，因而在实践中并没有产生多大

---

[*] 中国政法大学证据科学研究院教授。本文是教育部长江学者和创新团队发展计划"证据科学研究与应用"项目的阶段性成果之一。

[①] 目前，我国关于行刑衔接机制的法律法规和政策文件主要有：2001 年国务院《关于整顿和规范市场经济秩序的决定》，2001 年国务院《行政执法机关移送涉嫌犯罪案件的规定》，最高人民检察院《人民检察院办理行政执法机关移送涉嫌犯罪案件的规定》，2004 年最高人民检察院、全国整顿和规范市场经济秩序领导小组办公室、公安部《关于加强行政执法机关与公安机关、人民检察院工作联系的意见》，2006 年最高人民检察院、全国整顿和规范市场经济秩序领导小组办公室、公安部、监察部《关于在行政执法中及时移送涉嫌犯罪案件的意见》，2011 年中共中央办公厅、国务院办公厅《转发国务院法制办等部门〈关于加强行政执法与刑事司法衔接工作的意见〉的通知》（中办发［2011］8 号文件）等。

[②] 参见王敏远、郭华：《行政执法与刑事司法衔接问题实证研究》，载《国家检察官学院学报》2009 年第 1 期。

的影响。① 第三种观点则认为，对行政执法证据应当区分不同的情况而具体分析。对于言词证据，一般应当在刑事诉讼中重新提取后才可以作为证据使用，对于物证、书证，只要在刑事诉讼中经过公安司法机关的核实即可作为证据使用。这一观点被认为较为科学与客观，成为当前的主流学术观点。② 2012 年《刑事诉讼法》第 52 条之规定，则被认为是这种折中观点的体现。③ 2012 年《刑事诉讼法》第 52 条第 1 款规定："人民法院、人民检察院和公安机关有权向有关单位和个人收集、调取证据。有关单位和个人应当如实提供证据。"第 2 款规定："行政机关在行政执法和查办案件过程中收集的物证、书证、视听资料、电子数据等证据材料，在刑事诉讼中可以作为证据使用。"这一规定，对于保证行刑衔接案件中证据的完整性具有重要意义。然而，该条尽管言简，意却不赅，尤其是第 2 款中"等"字的运用，在立法技术上违反了规则清晰化的要求，在一定程度上反映了理论和实践中的困惑与踯躅，为揣测和法律解释留下了巨大空间。④ 2012 年 11 月最高人民检察院颁布的《人民检察院刑事诉讼规则（试行）》第 64 条对 2012 年《刑事诉讼法》第 52 条的解释中，就涉案人员供述或者相关人员的证言、陈述，规定了重新收集的一般规则，也是一个反映上述折中观点的典型样本。这些规定和解释所存在的问题，反映了一些证据理论上的深层次问题。本文将就这些问题进行初步讨论。

---

① 参见张彩荣、母光栋：《浅析行政执法与刑事司法衔接中的证据转换》，载《中国检察官》2006 年第 12 期；肖宏武、李晓飞：《从行政证据到刑事证据转化的几点思考》，载《法制与社会》2010 年 4 月期（下）。

② 参见周路阳：《试论行政执法证据向刑事司法证据的转化》，载《法制与社会》2011 年第 9 期（下）；孙康：《行政证据与刑事证据的衔接与转化》，载《学习论坛》2012 年第 3 期；张彩荣、母光栋：《浅析行政执法与刑事司法衔接中的证据转换》，载《中国检察官》2006 年第 12 期。

③ 樊崇义等：《刑事证据制度发展与适用》，人民法院出版社 2012 年版，第 284 页。

④ 例如，可参见黄世斌：《行政执法与刑事司法衔接中的证据转化问题初探——基于修正后的〈刑事诉讼法〉第 52 条第 2 款的思考》，载《中国刑事法杂志》2012 年第 5 期（"修正后的《刑事诉讼法》回避言词证据转化规定，要么意在把刑事司法中对行政机关在行政执法和查办案件中收集的言词证据如何转化交由公安司法机关自由裁量；要么是将这些言词证据作为刑事司法中的非法证据予以排除后重新收集"）。

一、真的存在言词证据的转化吗

证据的"转化",是我国司法实践中的一个常见问题。"它指的是侦查机关采取一定方式,将形式上(如取证手段、取证主体以及证据种类)不符合法定要求因而无证据能力的证据转换为合法证据的规则。"① 由于刑事诉讼法就调查取证的主体、程序都作了明确规定,行政机关在行政执法和查办案件过程中收集的证据,因行政机关并非"法定主体",其取得的证据并不能在刑事诉讼中直接使用,必须经过一定的方式加以转化。② 就言词证据而言,针对不同形式的言词证据,往往有不同的转化方式。对于被调查人员亲笔形成的言词证据,经过侦查阶段被调查人员的"确认"来完成。③ 对于亲笔形成的言词证据之外的言词证据,则主要有两种转化方式。一种转化方式是按照刑事诉讼法规定的方式重新收集这些言词证据;④ 另一种转化方式,则也是以侦查阶段由被调查人员"确认"行政执法证据真实性的方式来进行转化。⑤ 2012 年《人民检察院刑事诉讼规则(试行)》第 64 条第 2 款规定:"人民检察院办理直接受理立案侦查的案件,对于有关机关在行政执法和查办案件过程中收集的涉案人员供述或者相关人员的证言、陈述,应当重新收集;确有证据证实涉案人员或者相关人员因路途遥远、死亡、失踪

---

① 万毅:《证据"转化"规则批判》,载《政治与法律》2011 年第 1 期。

② 参见姜强强:《试论纪检监察证据向刑事证据转化的几个问题》,载《河北青年管理干部学院学报》2005 年第 6 期("纪检监察证据不能直接在刑事案件中使用的一个主要原因是,收集证据的主体不是司法工作人员,收集证据的程序和方法不是按照刑事诉讼法的规定进行的")。

③ 参见万毅:《证据"转化"规则批判》,载《政治与法律》2011 年第 1 期("对于被调查人员的亲笔供述,如果侦查机关经审查以为其取证手段合法并经被调查人员确认,即可作为刑事证据使用")。

④ 参见万毅:《证据"转化"规则批判》,载《政治与法律》2011 年第 1 期("原则上言词证据须经重新讯问或询问方能转化为具有证据能力的证据");廖耘平:《我国纪检监察机关获取之人证的证据能力问题》,载《法学》2008 年第 1 期("在司法实践中,检察机关的一般做法是将纪检监察机关移送的人证作为线索,按照诉讼程序重新调查取证,即对纪检监察机关获取的人证进行证据转换,一般没有将其直接作为刑事证据使用")。

⑤ 参见舒晓辉、葛荣光:《证据转化中的实务问题》,载《法制与社会》2011 年第 2 期(下)("对于其它言词证据,我们认为可以通过以下方式进行转化:首先,检察机关侦查人员通过询问纪检监察部门工作人员制作'调查笔录'的过程,并制作询问笔录,以证实程序合法性;其次,通过询问被调查人员在纪检监察部门工作人员向其调查取证时所作的陈述是否'真实',并制作笔录,以保证案件的事实真实")。

或者丧失作证能力，无法重新收集，但供述、证言或者陈述的来源、收集程序合法，并有其他证据相印证，经人民检察院审查符合法定要求的，可以作为证据使用。"这一规定对"涉案人员供述或者相关人员的证言、陈述"采取了第一种转化方式。

所谓转化，即为变易。然而，无论是按照刑事诉讼法规定的方式重新收集言词证据，还是以被调查人员"确认"前述真实性，都不存在所谓的"转化"。就按照刑事诉讼法规定的方式重新收集言词证据而言，这是公安司法机关按照刑事诉讼法规定的方式重新收集证据所取得的结果，并表现为一种新的证据载体。无论是从证据形成的时间、提取证据的主体看，还是从证据的表现形式看，形成的都是新的证据，并且这种重新收集证据过程所取得的证据，可能包含有被调查人员对前述真实性的确认，也可能是以前述为基本线索。或者说，这种新形成的言词证据，以一种符合刑事诉讼法规定的外壳，包装了（或者吸收）行政证据的内核，而以一种崭新的面目示人。

而就侦查阶段被调查人员"确认"亲笔供词或者行政执法言词证据真实性而言，这种方式也不存在转化问题，而仅仅是在原有证据基础上的叠加，形成了组合型的证据，或者是形成了一个证据组。在这个过程中，所叠加的是新形成的符合刑事诉讼法要求的（确认性）言词证据，先前的行政执法言词陈述笔录没有发生任何变化。

当前的证据"转化"实践的特点可以总结为以下：

第一，从这两种方式来看，无论是吸收型的独立证据，还是组合型的证据组，都形成了在表现形式上是言词证据笔录的新的证据。

第二，在这些新的证据中，发挥证明作用的，仍然是实质上的先前的行政执法证据，只不过这些先前陈述被掩盖在了新形成的刑事证据之内。

第三，在进行了这样的"转化"后，行政执法证据在形式上被"弃而不用"。

总之，侦查机关对言词证据的重新收集，也是对行政执法言词证据进行审查的过程，所形成的是新的证据，并没有从根本上否定行政执法言词证据的效力。行政执法言词证据只是在形式上失去了其独立性，侦查行为形成的新的证据要依存于行政执法言词证据，需要与之结合在一起来发挥其作用。

没有了行政执法言词证据，也就不存在侦查行为所形成的新的证据。从这个角度看，并不存在什么行政执法言词证据向刑事证据的"转化"，行政执法言词证据仍然存在独立的地位和作用。

二、"转化"说背后的制度言说

在刑事诉讼中，法律明确赋予调查取证权的主体包括国家专门机关（侦查机关、人民检察院、人民法院）、辩护人与诉讼代理人，以及刑事自诉案件中的自诉人和被告人。行政执法言词证据的"转化"说，本质上是在强调刑事诉讼取证主体的专属性。为什么行政执法言词证据经过公安司法机关的重新收集这种包装，原先被认为不可采的证据就具有了可采性？为什么刑事诉讼过程中公安司法机关的调查取证活动具有如此的点睛效力？

强调所谓言词证据的"转化"，是与过去的庭审方式相适应的。1996 年《刑事诉讼法》第 47 条规定："证人证言必须在法庭上经过公诉人、被害人和被告人、辩护人双方讯问、质证，听取各方证人的证言并且经过查实以后，才能作为定案的根据。"但是第 157 条又规定："公诉人、辩护人应当向法庭出示物证，让当事人辨认，对未到庭的证人的证言笔录、鉴定人的鉴定结论、勘验笔录和其他作为证据的文书，应当当庭宣读。"这导致过去的庭审实践中，证人普遍不出庭，进而使得庭审的质证程序名存实亡。[①] 因此，对证人可信性的审查无法借由对证人的交叉询问、对证人举止的观察等方式进行，因此，庭前证言笔录的取得方式这些表象成为对证人可信性加以判断的重要依据。证据的取得方式具有了显性，而证据本身的真实性则变成了隐性因素。在无法以法定方式取得这些言词证据的情况下，这些言词证据本身的证明力就几乎完全被否定。

另外，强调所谓言词证据的"转化"，还存在政治上的考量。"如果纪委笔录在刑事诉讼中应用，在这个意义上，在纪检活动中作为调查主体的纪委就有成为司法主体之嫌，这可能在外界形成中国刑事司法'党法不分'、

---

① 樊崇义等著：《刑事证据制度发展与适用》，人民法院出版社 2012 年版，第 33 页。

甚至'以党代法'的不良印象。"① 因此，言词证据的转化被认为具有漂洗作用，使得不合法律要求的证据得以漂白。

这种言词证据的"转化"论背后的现实制度存在显然的问题。毫无疑问，证据的收集方式会影响证据的可信性。但是将证据的收集方式推崇至影响证据的可采性的程度，无疑是本末倒置。证据的收集方式只在一定范围内与证据的可采性有关，在更大程度上与证据的证明力有关。应当明确，刑事诉讼中就证据的收集主体和方式作出明确规定，服务于两个目的：一是保证所收集的证据具有可靠性；二是限制收集主体的权力，避免国家权力侵犯公民基本权利。非法证据的排除，主要是针对后者，通过排除严重侵犯公民基本权利而取得的证据，对侦查行为形成震慑，对国家权力形成约束。只有在这种情况下，证据的收集方式才与证据的可采性有关。"证据与程序要求，是中国刑事诉讼在传闻排除规则总体缺失的情况下，为保证人证可靠性所作出的底线性要求。"② 将证据的收集方式不加区别地上升到排除证据的高度，反映了司法实践中对侦查机关收集的证据过分倚重，对证人不出庭作证这一现象的无奈。

然而，以证据的收集方式来判断证据的可信性本身存在诸多模糊之处。证据的收集要求，应当服务于证明标准。因此，不同的证明标准，必然反映为不同的证据收集要求。行政执法的证明标准和刑事司法的证明标准存在差别。尽管行政处罚法就行政处罚的证明标准作了原则性的规定，③ 这些规定被认为在行政处罚的证明上采用了客观真实标准，要求行政机关必须以事实为根据作出行政处罚。④ "追求绝对客观真实、将过去发生事件完全还原的做法，完全违背了人对社会现象的认识规律，不切实际"；"对客观真实的

---

① 龙宗智：《取证主体合法性若干问题研究》，载《法学研究》2007 年第 3 期。
② 龙宗智：《取证主体合法性若干问题研究》，载《法学研究》2007 年第 3 期。
③ 《行政处罚法》第 4 条规定，设定和实施行政处罚必须以事实为依据，与违法行为的事实、性质、情节以及社会危害程度相当；第 30 条规定，公民、法人或者其他组织违反行政管理秩序的行为，依法应当给予行政处罚的，行政机关必须查明事实；违法事实不清的，不得给予行政处罚。
④ 参见徐继敏：《行政处罚证明标准初探》，载《四川师范大学学报》（社会科学版）2007 年第 6 期。

追求需要投入大量的时间和行政执法资源，违背了行政处罚对效率性和及时性的要求，制约了行政执法机关对违法活动的打击力度，损害了社会整体利益"。① 因此，行政处罚的证明标准应当体现行政执法的现实需求而呈现层次性。② 与此相应，行政执法证据收集要求也应当具有层次性。从这个角度看，在刑事证据的收集要求与行政证据的收集要求之间差别，呈现的是一种线性分布。这种差别在某些情况下可能并不是很大，③ 甚至行政执法的证据收集程序与刑事侦查收集证据的程序无异。例如，2010 年《烟草专卖行政处罚程序规定》（工业和信息化部令第 12 号）第 22 条规定："烟草专卖行政主管部门进行调查或者检查时，执法人员不得少于二人。""执法人员查处违法行为，应当佩戴国务院烟草专卖行政主管部门制发的徽章，出示省级以上烟草专卖行政主管部门签发的检查证件。"第 26 条规定："执法人员询问当事人、证人应当单独进行，并向其说明依法享有的权利和提供伪证或者隐匿证据的法律责任。""询问笔录应当交被询问人核对；被询问人阅读有困难的，应当向其宣读。经核对无误后，由被询问人在笔录上逐页签字或者以其他方式确认。笔录有差错、遗漏的，应当允许被询问人更正或者补充，涂改部分应当由被询问人签字或者以其他方式确认；被询问人拒绝确认的，执法人员应当在笔录上注明情况并签字。"这些规定与 2012 年刑事诉讼法关于侦查机关询问证人的规定几乎相同。过分夸大行政执法程序与刑事程序在收集证据的程序和能力方面存在的差别，必然导致对行政证据可采性的否定。事实上，刑事诉讼中国家专门机关（侦查机关、人民检察院、人民法院）与辩护人与诉讼代理人以及刑事自诉案件中的自诉人和被告人在收集

---

① 王昊南、左勇：《行政处罚证明标准问题探究》，载《法制与社会》2012 年第 9 期（上）。
② 参见徐继敏：《行政处罚证明标准初探》，载《四川师范大学学报》（社会科学版）2007 年第 6 期（当场行政处罚应以排除滥用职权为证明标准；非当场行政处罚应以排除合理怀疑为证明标准）；郭莉：《试论我国行政处罚的证明标准》，载《法制与社会》2008 年第 10 期（上）（我国行政处罚的证明标准不是唯一的，应具有多样性，包括排除合理怀疑的证明标准；清楚的、明确的和令人信服的标准；实质证据证明标准；合理根据或者合理怀疑证明标准）。
③ 如《关于加强行政执法与刑事司法衔接工作的意见》第 11 条规定，"对案情重大、复杂、疑难，性质难以认定的案件，行政执法机关可以就刑事案件立案追诉标准、证据的固定和保全等问题咨询公安机关、人民检察院"。因此，依据这些咨询意见所收集的行政执法证据，在可靠性方面并不必然弱于刑事诉讼证据。

证据的程序和能力上也是存在显著差别的。

证据的证明力，是对证据的证明价值的量化评估。证据对特定事项的证明价值，取决于事实认定者就证据的真实性、可靠性和连贯性的看法。"对证明力的评估取决于众多因素，这几乎不可能加以界定，但是这肯定包括某些外在于证据本身的事项，例如案件中提出的其他证据，或者是作证的证人的举止。"① 证据发挥证明力，达到证明标准，有质和量两个维度。换言之，对于同一证明对象而言，可以从质和量两个方面实现证明的目标。在质上的不足，可以通过量来加以弥补，通过量变实现质变；不同质的组合，也会在实现质变。否定行政证据的可采性，实际上否定了行政证据在证明案件事实方面的质与量，否定了行政证据本身所具有的价值。事实上，侦查机关在案件移送后所收集的言词证据，并不必然比行政机关收集的证据更为可信。首先，行政机关收集言词证据时，距离案发时间更近，言词证据提供者的记忆更为新鲜，因而其言词证据可能更为可靠；其次，与刑事证据相比，行政机关收集的言词证据，受到更多诉讼内和诉讼外因素的影响更少，因而更可能可信。

证据的可采性首先立足于相关性。可采性的一般规则是相关的证据具有可采性，没有相关性的证据不可采。这一规则在于最大限度地包容证据，使得审判能够尽可能多地接触证据，从而促进理性裁判。在行刑衔接案件中不加区别地否定行政言词证据，将破坏司法裁决的理性。以刑事诉讼的证据收集方式为据判断证据的可信性，进而判断证据的可采性，是一种表象主义的做法，是司法权在实务中让位于侦查权的表现。言词证据的主体出庭接受审查，是不同言词证据可信性审查的统一形式。这种底线性要求，容许庭前言词证据的收集有不同的方式。2012 年对刑事诉讼法的修正，在一定程度上强化了证人出庭作证制度。2012 年《刑事诉讼法》第 187 条规定："公诉人、当事人或者辩护人、诉讼代理人对证人证言有异议，且该证人证言对案件定罪量刑有重大影响，人民法院认为证人有必要出庭作证的，证人应当出

---

① Peter Murphy, Murphy on Evidence, 33（10th ed., 2008）.

庭作证。"① 因此，行刑衔接案件中对行政执法言词证据收集主体的关注应当淡化。继续强调行政执法言词证据"转化"，是在坚持将行政执法言词证据运用上的特点混同于行政执法言词证据证明力的特点，从而贬低了行政执法言词证据的诉讼价值。在这样的背景下，所谓行政执法言词证据"转化"，只有被视为一个对行政执法言词证据的审查过程时，方具有现实的合理性。在这个审查过程中，同样应当遵循非法证据的排除规则。

三、法解释学中的物证客观主义批判

2012 年《刑事诉讼法》第 52 条第 2 款规定："行政机关在行政执法和查办案件过程中收集的物证、书证、视听资料、电子数据等证据材料，在刑事诉讼中可以作为证据使用。"在立法文件中出现了罕见的"等"字。有观点认为，"等"应当理解为与物证、书证、视听资料、电子证据具有同质性的证据，即应当限于实物证据。② 对于这类证据，有观点认为，"对于书证、物证、视听资料和中立机构的鉴定结论，经过公安司法人员完善扣押调取手续即可。因为这类证据本身的客观性较强，没有必要将行政执法人员扣押提取的材料回复原状后再行提取"。③ 与对行政执法言词证据的严格要求相比，对行政执法实物证据的要求是相当低的。

在证据分类上，依据证据的载体和表现形式，将证据区分为实物证据和言词证据是一个基本方法。实物证据是伴随着案件的发生而形成的，而言词证据则是在案发后通过询问、讯问、自述等一定的取证方式形成的。在收集方法上，实物证据通常具有一次性，即实物证据一般只能提取一次。而言词

---

① 由于立法技术的原因，这一规则在证人出庭作证的条件上并不是很明确。"且"字的出现，使得"人民法院认为证人有必要出庭作证的"是否是证人应当出庭的独立条件，变得暧昧不清。

② 参见王尚新、李寿伟主编：《〈关于修改刑事诉讼法的决定〉释解与适用》，人民法院出版社2012年版，第62页；另见龙宗智、苏云：《刑事诉讼法修改如何调整证据制度》，载《现代法学》2011年第6期（"笔者建议对'等'字作出限制，规定：'行政机关在行政执法过程中收集的物证、书证等非言词证据材料，警告司法机关核实，可以作为证据使用'"）。

③ 吕保春、王小光：《行政执法证据在刑事诉讼中的有效运用途径分析——兼论行政执法与刑事司法程序的衔接》，载《上海公安高等专科学校学报》2012年第5期；另见肖宏武、李晓飞：《从行政证据到刑事证据转换的几点思考》，载《法制与社会》2010年4月期（下）（"对于书证、物证、视听资料证据的转换，一般通过健全、完备公安司法机关向行政执法部门的调取手续即可实现"）。

证据通常则具有重复性、多次性。正是这种特点，决定了对于实物证据，在行刑衔接案件中通常通过移送方式来进行，而不是重新提取。对于言词证据，则可以通过再行询问的方式来重新提取。

无论是实物证据还是言词证据，都具有客观性因素，都包含有对案件事实的客观反映。二者也都包含有主观因素，即案发后取证工作中人的因素。二者的主要区别在于前者包含有一重人的因素的影响，而后者则包含两重甚至多重人的因素的影响。

强调实物证据具有客观性，而由公安司法机关完善调取手续即可的观点，反映了对实物证据提取过程中人的因素的漠视。如果说实物证据的客观性是证据本身的属性，则实物证据的主观性相对而言则并非证据本身的属性，而是包含着人类的价值选择。换言之，实物证据的收集受到人的两个方面的因素的限制：一是人类认识过去发生的案件事实的技术能力的限制，从这个意义上讲，对案件事实的认定都是历史范畴内的认定；二是在人类认识过去发生的案件事实的手段方面存在价值选择等主观因素的限制。这些因素都会对实物证据的客观性产生影响。正是因为存在这两个方面的限制，在实物证据的运用中，不仅应当通过验真、辨认、鉴定等方法揭示实物证据与案件事实的关系，还要通过非法证据的排除，对证据的收集方式加以控制。2012 年《刑事诉讼法》第 54 条规定："收集物证、书证不符合法定程序，可能严重影响司法公正的，应当予以补正或者作出合理解释；不能补正或者作出合理解释的，对该证据应当予以排除。"① 这一规定体现了对实物证据的收集方式加以控制的精神。

---

① 应当指出的是，2012 年刑事诉讼法的修正，在立法技术上未能做到所使用的术语在含义上的一致性。例如 2012 年《刑事诉讼法》第 54 条将实物证据的排除限定为"物证、书证"，而这与 2012 年《刑事诉讼法》第 48 条证据种类中"物证"和"书证"的概念是否属于同一阶位，会导致不同的理解。有观点认为，鉴于 2012 年《刑事诉讼法》第 54 条在措辞上明确规定"收集物证、书证违反法定程序"，因此此款仅适用于物证和书证。按照我国证据法学的基本理论，除物证、书证属于实物证据外，视听资料、电子证据和勘验、检查笔录也属于实物证据，但这些实物证据并不适用于该款的规定。参见陈光中主编：《〈中华人民共和国刑事诉讼法〉修改条文释义与点评》，人民法院出版社 2012 年版，第 71 页。然而，视听资料、电子证据在采集特点上与狭义的物证、书证是没有本质区别的。这种解释似乎与立法精神不合。该款所称"物证、书证"应当与侦查一章第六节所查封、扣押的"物证、书证"应当是同一概念，即广义的"物证、书证"。

2012 年《人民检察院刑事诉讼规则（试行）》第 64 条第 1 款规定："行政机关在行政执法和查办案件过程中收集的物证、书证、视听资料、电子数据证据材料，应当以该机关的名义移送，经人民检察院审查符合法定要求的，可以作为证据使用。"这一规定确立了人民检察院对行政执法机关收集的实物证据的审查职责，是对实物证据客观主义的反动。根据该规定，对于行政机关移送的实物证据，人民检察院应当审查其是否符合法定要求。这里的"法定要求"，应当符合两个方面的要求：

第一，在收集的积极方式、方法上，当指行政法关于证据收集的要求，而不是刑事诉讼法关于证据收集的要求。最高人民法院 2002 年《关于行政诉讼证据若干问题的规定》就当事人提供的证据作出了明确规定。以鉴定结论为例，该规定第 14 条规定，"被告向人民法院提供的在行政程序中采用的鉴定结论，应当载明委托人和委托鉴定的事项、向鉴定部门提交的相关材料、鉴定的依据和使用的科学技术手段、鉴定部门和鉴定人鉴定资格的说明，并应有鉴定人的签名和鉴定部门的盖章。通过分析获得的鉴定结论，应当说明分析过程"。而五机关 2010 年《关于办理死刑案件审查判断证据若干问题的规定》第 23 条和第 24 条就鉴定意见作出了更为详尽、严格的规定。考虑到行政执法对效率的追求，对之苟以更为严格的刑事诉讼要求，将会减少行政执法证据进入刑事司法的总量，不利于查明案件事实。

第二，在非法证据的排除上，应当是指行政法与刑事诉讼法二者中更为严格的要求。行政法与刑事诉讼法在非法证据的排除要求上存在现实的不一致。最高人民法院 2002 年《关于行政诉讼证据若干问题的规定》第 57 条规定，"严重违反法定程序收集的证据材料"、"以偷拍、偷录、窃听等手段获取侵害他人合法权益的证据材料"、"以利诱、欺诈、胁迫、暴力等不正当手段获取的证据材料"，不能作为定案依据。第 58 条规定："以违反法律禁止性规定或者侵犯他人合法权益的方法取得的证据，不能作为认定案件事实的依据。"而 2012 年《刑事诉讼法》第 54 条规定："采用刑讯逼供等非法方法收集的犯罪嫌疑人、被告人供述和采用暴力、威胁等非法方法收集的证人证言、被害人陈述，应当予以排除。收集物证、书证不符合法定程序，可能严重影响司法公正的，应当予以补正或者作出合理解释；不能补正或者作出合理解释的，对该证据应当予以排除。"因此，行政非法证据的排除和刑事违法证据的排除在严苛程度上是存在差别的，这种差别还可能随着立法的调整而发生变化。对此，应当以二者中更为严格的方法为据排除非法证据。换言之，在侦查机关审查行政执法证据时，如果行政法排除非法证据的要求为高，刑事诉讼法排除非法证据的要求为低，则在侦查阶段即已经使用了更高的行政法排除非法证据要求而排除了非法证据；如果行政法排除非法证据的要求为低，刑事诉讼法排除非法证据的要求为高，则在刑事诉讼中应当适用更高的刑事诉讼法排除非法证据要求而排除非法证据。在只有这样才能做到以刑事司法来促进行政机关依法行政，避免刑事司法非法证据排除标准的宽松性造成对行政执法非法取证行为的纵容，避免刑事司法机关借行政执法之手行非法取证之实，收获毒树之果。

行政法排除非法证据要求	刑事诉讼法排除非法证据要求	最终适用结果	案件流程
高	低	行政法排除非法证据要求	
低	高	刑事诉讼法排除非法证据要求	

2012 年《人民检察院刑事诉讼规则（试行）》第 64 条第 2 款规定："行政机关在行政执法和查办案件过程中收集的鉴定意见、勘验、检查笔录，经人民检察院审查符合法定要求的，可以作为证据使用。"这一规定，将行政机关在行政执法和查办案件过程中收集的鉴定意见、勘验、检查笔录视为纯粹的实物证据，按照实物证据来对待的。这在根本上忽视了这类笔录证据还具有的言词证据特点。① 对于这类证据，也应当按照行政执法言词证据的审查规则来进行审查。

———————————

① 参见陈瑞华：《刑事证据法学》，北京大学出版社 2012 年版，第 94 页。

四、2012 年《刑事诉讼法》第 52 条与第 48 条的关系

2012 年《刑事诉讼法》第 48 条第 1 款规定："可以用于证明案件事实的材料，都是证据。"这一新的规定不仅避免了 1996 年刑事诉讼法关于证据的定义存在的逻辑上的矛盾，而且体现了证据完整性的要求。"可以"一词，一方面强调了人类在认识过去发生的案件事实时存在的技术等方面的认识能力的局限性；另一方面规定了最低的相关性要求，从而为证据进入诉讼视野规定了最低标准。因此，行政机关在行政执法和查办案件中收集的材料，只要可以用于证明案件事实，当然是刑事诉讼中可以运用的证据。"可以"体现了对证据完整性的追求。

因此，2012 年《刑事诉讼法》第 52 条关于行政执法证据"在刑事诉讼中可以作为证据使用"，应当与 2012 年《刑事诉讼法》第 48 条第 1 款的含义相同，即这些行政执法证据在可以用于证明案件事实时，是本案的证据。对于这些证据，也必须经过查证属实，才能作为定案的根据。因此，对第 52 条第 2 款的理解，不能与对该条第 1 款的规定割裂开来。第 52 条第 1 款规定："人民法院、人民检察院和公安机关有权向有关单位和个人收集、调取证据。有关单位和个人应当如实提供证据。"因此，行政机关在行政执法和查办案件过程中所形成的证据材料，本身就属于人民法院、人民检察院和公安机关收集、调取和审查的对象。就此而言，这些证据材料本身没有特别之处。根据刑事诉讼法的规定，公安司法机关收集、调取证据的结果，就是形成 2012 年《刑事诉讼法》第 52 条第 2 款所规定的各类证据。①

行政执法证据作为证据，不仅能够证明与案件有关的事实，而且可以用来证明行政执法证据的提取过程是否合法。换言之，行政执法证据可以为不

---

① 对于行政执法中依法制作的"现场笔录"而言，在 2012 年《刑事诉讼法》的证据种类中并无对应的规定。当前的主流看法和做法是，在行政执法中取得的证据，如果证据形式不符合刑事诉讼法定证据种类要求的，都需要经过转化后才作为刑事证据使用。参见黄世斌：《行政执法与刑事司法衔接中的证据转化问题初探——基于修正后的〈刑事诉讼法〉第 52 条第 2 款的思考》，载《中国刑事法杂志》2012 年第 5 期。然而，从这个角度看，所谓的"转化"，就是公安司法机关收集、调取行政执法证据，对其中包含的可用信息进行搜集，并依照《刑事诉讼法》的规定形成符合《刑事诉讼法》形式要求的新的证据的过程。就此而言，行政执法证据与刑事诉讼证据在种类上是否对应，本身不是问题。

同的目的而具有不同的相关性，因而具有不同的可采性。行政机关在行政执法和查办案件过程中收集的涉案人员供述或者相关人员的证言、陈述，依据证据的使用目的不同，有两个用途：一是在移送侦查机关时，表现形式是一种书证，证明有关行政取证活动已经发生并得以记载，有关表述的内容得以固定；二是作为言词证据，用于证明有关人员的先前表述内容。

具体而言，行政执法证据可以用于以下目的：（1）刷新证人记忆。（2）对证人进行弹劾。在证人前后陈述不一致的情况下，可以使用行政执法中的证人陈述笔录对证人进行弹劾。（3）对证人进行正誉，即在证人可信性受到攻击的情况下，对弹劾的理由进行反击。[①] 刑事诉讼法在证人可信性弹劾与正誉操作规则、不一致言词证据判断规则方面的阙如，以及因此造成的我国注释法学形式的证据法理论对弹劾证据研究的实质缺位，妨害了对行政执法证据这些运用方式的关注。

侦查机关对行政言词证据的重新收集过程，将是一个审查、遴选过程。诉讼的天然对抗性，不排除侦查机关将不利于指控的行政证据不行重新收集。以证据收集方式为据否认行政执法证据的可采性，会在一定程度上为以重新收集证据为名，而将有利于犯罪嫌疑人、被告人的原始行政执法证据予以隐匿、毁弃，进而破坏辩护方的有效辩护的行为提供理论上的策应。尽管2012年《刑事诉讼法》第39条规定，辩护人认为在侦查、审查起诉期间公安机关、人民检察院收集的证明犯罪嫌疑人、被告人无罪或者罪轻的证据材料未提交的，有权申请人民检察院、人民法院调取。但是2012年刑事诉讼法本身并没有建立案卷制作与保管的有效规则，即在案卷完整性方面缺乏有效的、可操作的措施，这一条在司法实践中的效能是令人怀疑的。因此，进一步阐明2012年《刑事诉讼法》第48条第1款证据定义的内涵，廓清行政执法证据本身的独立地位与价值，并在制卷技术上明确行政执法证据的入卷要求，对于落实2012年《刑事诉讼法》第39条之规定，对于保证辩护方

---

① 如美国《联邦证据规则》801（d）（1）（A）规定，在陈述人出庭作证，并就先前陈述受到交叉询问的情况下，与陈述人的证言一致，并且提供该先前陈述是为了反驳对陈述人的近期对该陈述的捏造或者因近期不当影响或者动机而作证的明示或者暗示的指摘，则该先前陈述不是传闻。

的有效辩护，具有重要的理论与实践意义。

结　论

　　2012 年《刑事诉讼法》第 52 条就行刑衔接案件中行政执法证据在刑事诉讼中的运用作出了初步规定，这些规定在很大程度上仍然以旧的刑事诉讼庭审方式为据。2012 年刑事诉讼法在庭审方式上已经开始变革。这种庭审方式在实践中的变革程度，以及 2012 年刑事诉讼法关于证据定义的规定，将会影响行刑衔接案件中行政执法证据进入刑事诉讼的方式和途径。对 2012 年《刑事诉讼法》第 52 条的理解，应当在上述背景和趋势下完成。以旧的庭审方式为据理解 2012 年《刑事诉讼法》第 52 条，在司法实践中极有可能减少进入刑事诉讼的证据含量，损害辩护方的有效辩护，进而破坏刑事司法的理性决策。

从"中看"到"中用"：
论我国非法证据排除规则的理性化构建

党建军[*]

从《关于办理刑事案件排除非法证据若干问题的规定》施行到刑事诉讼法修改，我国非法证据排除规则从无到有，并经历了两个发展阶段。目前，非法证据排除规则面临着"中看不中用"的困境。笔者试从法律理性的角度对这种状况出现的原因进行分析，并就非法证据规则的理性化构建提出自己的看法，以求教于大方之家。

一、法律理性与非法证据排除规则

"理性是歧义极多的概念——所谓的理性实际上是在不同界域上使用的。"[①] 西方理性观念的"内涵是经过本体论、认识论、价值论、人性论、辩证法、方法论等角度的多重性探索而不断深化的"，其中，价值理性要求过问功利目的或价值目标取向，而方法理性不再把理性视为一种终极存在和认知功能，强调理性的特性和功能只在于作为最有效的工具、手段去实现任何目的。[②] 理性是指"能够鉴别、判断、评估、认识真理以及使人的行为符合特定目的等方面的智能"。[③] 显然，这里所指的主要是方法论意义上的所谓"方法理性"，或形式理性、工具理性[④]，即人所具有的能够分析、选择

---

[*] 最高人民法院刑四庭副庭长、审判员，西南政法大学刑法学硕士、中国人民大学刑法学博士。
① 参见张澜：《理性的界域》，载《社会科学辑刊》1994 年第 2 期。
② 参见黄南珊：《西方理性概念内涵分析》，载《晋阳学刊》1995 年第 1 期。
③ 参见戴维·M. 沃克：《牛津法律大辞典》，李双元等译，法律出版社 2003 年版，第 941 页。Reason（理性）"指能够辨别、判断与评价，能够了解真相以及能够为特定目的而调整自己行为的智识能力"。见薛波主编：《元照英美法词典》，法律出版社 2003 年版，第 1151 页。
④ 本文在同一意义上使用"方法理性"、"形式理性"和"工具理性"三个词语。

和运用有效的方法或工具去实现既定目标的能力。

"理性主义在西方历史上有着悠久的传统,从古希腊到近代一以贯之。"① 马克斯·韦伯（Max Weber）根据手段与目的之间的关系将理性分为工具理性和价值理性。工具理性指纯粹的以个人自身利益来行动的活动,它强调效率,讲求效益,只重视目的而不管目的是否正当,是否合乎理性。价值理性不是为了解决问题而计算手段与目的之间的关系,而是建基于某些价值信条之上,以某种特定的终极立场为依归。② 而在法社会学著述中,他经常使用的"理性"含义是"法律程序能够使用合乎逻辑的方法以达到其特定的、可预计的目的"③,并把形式理性法看作实现目的一套"方法",即透过一套"方法"去实现人的"自主、权利与自由"的过程。④ 可见,这种从方法论意义出发研究法律理性的方法,容易厘清作为手段的法律与法律所追求的价值目标、道德理想的关系,有助于主体自觉地去制定和适用能够有效实现这些目标、理想的法律规范体系来。说到法律理性（或曰法律的形式理性）,笔者认为,是指主体以既定的价值目标为导向,通过合乎逻辑地分析已知各种行为规范的利弊,从中选定并适用能够有效实现该目标的法律规范体系的能力。

重视工具理性,也许是西方科学、法律等长盛不衰的重要原因之一,这是因为"西方人既以效果为判断好坏的准则,故人们就会追求达到目的的手段,而且是最佳最有效的手段,结果使西方的工具理性十分发达"。⑤ 当

---

① 参见陈刚:《当代西方的理性主义》,载《江苏社会科学》1999 年第 3 期。

② 参见郭亚萍:《工具理性与价值理性的冲突》,载《塔里木大学学报》2005 年 6 月（第 17 卷第 2 期）。

③ 参见汪海燕:《形式理性的误读、缺失与缺陷——以刑事诉讼为视角》,载《法学研究》2006 年第 2 期。

④ 参见傅永军:《韦伯合理性理论评议》,载《文史哲》2002 年第 5 期。

⑤ 参见王建国:《价值判断与工具理性（外二篇）》,载《财经问题研究》2000 年 12 月（总第 205 期）。

前，中国法治建设最为迫切的是形式理性还是实质理性①，对此众说纷纭。有学者指出，中国更需要形式法治理论，而不是实质法治理论。为此需要确立起一套形式性、程序性的制度安排，为法律所追求的那些实体价值目标的实现提供制度保障。② 事实也确实如此。我国目前的法律并不缺乏实质理性，最明显的例证是 2004 年 3 月宪法修正案确立了"国家尊重和保障人权"的原则，法律中还有"各种法治原则或标准如法律的公开性、法律的稳定性、司法的独立性等，包含明显的价值或道德取向，而非纯粹的技术标准"③，而缺少的恰恰是形式理性。由于没有合乎逻辑地提供有效的手段，有的价值目标、法治原则或标准还停留在字面上或口号中，因而无法有效实现。

在我国，对非法证据从无奈的容忍到有意的排除，逐渐重视起形式理性式的构建，具有里程碑意义的标志是 2012 年刑事诉讼法修改时创制了非法证据排除规则。从方法论的意义上看，非法证据排除规则是主要为实现保障人权的目标④而采用的一种法律手段，它由与排除不具有证据能力的非法证据相关的行为规范体系组成，用以限制司法官员采纳非法证据并依据这类证

---

① 所谓实质理性或价值理性，"是人类从事价值追求、价值评价等价值活动的能力"。见陈刚：《当代西方的理性主义》，载《江苏社会科学》1999 年第 3 期。"价值理性则是强调理性的价值理想目标和价值评判标准的，它适用于价值评判的求善问题和主观内心体验领域，有关生命存在、精神意识、信念信仰、目的意义以及人与人关系的问题，主要依靠价值理性来解决。"见黄南珊：《西方理性概念内涵分析》，载《晋阳学刊》1995 年第 1 期。本文在同一意义上适用"实质理性"和"价值理性"两词。

② 参见黄文艺：《为形式法治理论辩护——兼评〈法治：理念与制度〉》，载《政法论坛》2008 年 1 月。

③ 参见黄文艺：《为形式法治理论辩护——兼评〈法治：理念与制度〉》，载《政法论坛》2008 年 1 月。

④ 关于该规则的目的，陈光中教授认为有二：一是保障人权，有效遏制违法侦查，降低和减轻被追诉者被非法定罪、定重罪的风险；二是维护法治尊严，对国家机关的权力进行规范和制约。陈瑞华教授另提出：一是作为程序性制裁措施，是为了抑制警察程序性违法；二是作为权利救济手段，是用作维护被告人权利。均见自中卫市人民检察院课题组：《对我国"非法证据排除规则"研究的梳理之———是什么？为什么？》，载《西部法学评论》2009 年第 6 期。谢佑平教授认为，该规则是保障人权价值目标的直接体现，并将其政策和理论基础概括为五个：抑制违法侦查、救济公民权利、惩罚违法行为、维护司法廉洁、彰显法治理念。见谢佑平、万毅：《多元与普适：刑事司法国陈准则视野内的非法征据排除规则》，载《重庆社会科学》2001 年第 4 期。

据认定案件事实的行为，进而发挥"对警察非法取证行为的吓阻功能"①。至于规则的目标或者理论基础，各国不一。例如在日本，"将人权保障放在第一位，对言词证据，只要是通过违法或不正当方式获得的，不论其内容是否真实，也不论本人是否同意采用这些证据，一律予以排除"。②而加拿大法院还有义务权衡采纳非法证据是否会对司法活动产生不良影响。澳大利亚则试图在嫌疑人、被告人权利与犯罪控制之间保持一种均衡，既满足公众的需要，也符合社会公共利益的需要。③无论目标如何设定或理论基础怎样解释，如果缺少非法证据排除规则这一制度性安排，不具有证据能力的非法证据就会畅通无阻地当庭予以宣读、出示并被用作定案的根据。这样，不仅发现案件事实真相无从谈起，保障人权等目标也只能是一种奢望。所以，"必须要有完善的排除程序保障，而不能由法官自由裁量"。④

非法证据排除规则，以解决证据的证据能力问题为中心任务，着眼于排除什么、谁来排除、怎样排除、排除标准如何、排除后果怎样等规范的构建和适用。当然，它"并非是不道德的或者无涉道德的，相反，其还是种极具合道德性的制度安排"。⑤但该规则与其追求的价值目标、道德理想毕竟是有区别的，后者着眼于为什么要排除、排除能带来什么好处等目标的设定、指向。毋庸置疑，没有诸如排除什么、怎样排除等这类手段性的规范，所谓"好处"或者目标、道德只能成为"空中楼阁"，而与口号、标签无异。不过，非法证据排除规则所追求的目标、理想不会是单一的，在保障人权的目标之下，诸如自由、平等、文明、正义甚至是效率等也会包含其中，而如何设定取决于主体的价值取向。

---

① 参见刘中琦：《"Leon 案"与"善意例外"规则的建立——从判例看美国非法证据排除规则》，载《中国审判》2007 年第 3 期。

② 参见任桂芬、王晨：《国外非法证据排除规则及其对我国的启示》，载《法律适用》2008 年第 4 期。

③ 参见薛竑：《加拿大、澳大利亚非法证据排除规则的比较研究》，载《河北大学学报》（哲学社会科学版）2006 年第 3 期。

④ 参见奚玮、余茂玉：《俄罗斯新旧〈法典〉非法证据排除规则比较与启示》，载《广东行政学院学报》2007 年 4 月（第 19 卷第 2 期）。

⑤ 参见黄晓权、杨玉荣：《非法证据排除的伦理分析》，载《求索》2012 年第 4 期。

二、我国非法证据排除规则的理性表现及缺陷

在我国，非法证据排除规则的运行实效目前很差，容易给人留下"中看不中用"的印象。为什么以保障人权为本位的这一"中看"目标却带不来"中用"的应有成效？对此，要做历史的和逻辑的分析。

（一）我国非法证据排除规则的理性化历程

从渊源上看，非法证据排除规则是西方法治文明的产物。但在中国历史上，由于缺少民主和法治的传统，法治所倡导和追求的尊重权利和自由的"种子"难以找到适合孕育和成长的"土壤"。我国刑事诉讼法从 1979 年制定到 1996 年修正，都诞生不了非法证据排除规则，或许可以作为一个注脚。直到 2004 年 3 月宪法修正案第 24 条确立"国家尊重和保障人权"（《宪法》第 33 条第 3 款）的原则，这一规则的孕育才有了历史必然性。"十月怀胎，一朝分娩"，而怀胎的过程是漫长的，往往伴随着阵痛。河北聂树斌案、湖北佘祥林案、湖南腾兴善案、河南胥敬祥案（均在 2005 年）、河南郝金安案（2008 年）和赵作海案（2010 年）等冤错案件的曝光或改判，或许正是非法证据排除规则孕育中频频发生的"阵痛"。

法律理性，是实现法律所追求的价值目标的必要的和有效的手段。不辅以手段或者手段不完备，所谓的目标、理想只会变成一个标签。重实质理性、轻形式理性曾经是我国法治建设的一块"短板"，教训也很深刻。值得赞许的是，从"两高三部"《关于办理刑事案件排除非法证据若干问题的规定》（以下简称《排除非法证据规定》）2010 年 7 月 1 日起施行到 2012 年 3 月修改刑事诉讼法，非法证据排除规则在我国终于踏上理性化[①]之路，先后走过了两段路程。

1.《排除非法证据规定》出台

《排除非法证据规定》对排除的主体、对象、程序、标准、后果以及控辩双方等的权利、义务等初次作了明确。

---

① 理性化即指某种程度的制度化、技术化，它着重的是针对一定目的的手段的完善。参见黄金荣：《法的形式理性论——以法之确定性问题为中心》，载《比较法研究》2000 年第 3 期。

（1）关于排除的对象和范围。以手段的非法性为标准，将非法言词证据划分两类，即"采用刑讯逼供等非法手段取得的犯罪嫌疑人、被告人供述和采用暴力、威胁等非法手段取得的证人证言、被害人陈述"（第1条）。

（2）关于排除主体，规定人民检察院和人民法院都有排除非法证据的责任（第3条和其他条文）。

（3）关于辩方的权利，规定有三项：一是程序启动申请权。在开庭审理前或者庭审中，被告人及其辩护人可以申请启动调查程序，同时应履行提供"相关线索或证据"的随附义务（第5条）。二是质证、辩论权。"可以就被告人审判前供述取得的合法性问题进行质证、辩论"（第7条第4款）。三是证人到庭作证申请权。有权"申请讯问人员、讯问时其他在场人员或其他证人到庭"（第9条第2款）。

（4）关于控方的义务，主要有两项：一是承担证明责任。对被告人审判前供述取得的合法性负有证明责任，其方式有三——"提供讯问笔录、原始的讯问过程录音录像或者其他证据"、"提请法庭通知讯问时其他在场人员或者其他证人出庭作证"和"提请法庭通知讯问人员出庭作证"（第5、6、7条）。二是证明须达标准。证明时提供的证据必须确实、充分，达到能够排除被告人审判前供述属非法取得的程度（第10条）。

（5）关于证人的义务，规定讯问人员、讯问时其他在场人员和其他证人有出庭作证的义务，控方可以提请法庭通知、辩方也可以申请通知这些证人到庭作证（第7条、第9条第2款）。

（6）关于排除程序的顺序，确立了"先行当庭调查"原则，即在"公诉人宣读起诉书之后"，法庭就应当先行当庭调查。只有在特殊情况下，才可以在"法庭辩论结束前"进行（第5条）。具体流程分五步：一是程序启动，源自被告人及其辩护人提出附有相关线索或者证据的申请。二是法庭初审。法庭经调查，对被告人审判前供述取得的合法性没有疑问的，直接对起诉指控的犯罪事实进行调查；有疑问的，则进入下一步。三是控方证明，包括提供证据、提请通知证人出庭作证和提请通知讯问人员出庭作证。四是双方质证，由控辩双方对口供取得合法性进行质证、辩论。五是法庭处理。法庭认为公诉人的证明达到确实、充分的程度，能够排除被告人审判前供述取得系非法的，则决定准许当庭宣读、质证；否则，决定不准许当庭宣读、质证而予以排除，不作为定案的根据。

（7）关于口供的证据能力。根据第10条第2项，在辩方未尽申请随附义务、法庭对口供取得合法性没有疑问或公诉人尽到证明责任的情况下，被告人审判前供述才具有证据能力，即可以当庭宣读、质证。

（8）关于法庭裁量权，规定有三项：一是对证据合法性有无"疑问"的裁量，决定着：第一，是否启动调查。对审判前供述取得的合法性有疑问的，决定进行调查，由控方举证（第7条）。第二，是否庭外核实证据。对控辩双方提供的证据有疑问的，法庭进行调查核实（第8条）。第三，口供有无证据能力。法庭经审查对审判前供述取得的合法性没有疑问的，可以当庭宣读、质证（第10条第2项）。二是裁量证明是否达到证明标准：第一，公诉人提供的证据确实、充分，能够排除审判前供述属非法取得的（第10条）。第二，公诉人已提供的证据不够确实、充分，该供述不得作为定案的根据（第11条）。

（9）关于其他证据等。物证、书证的取得明显违反法律规定，可能影响公正审判的，未经补正或者作不出合理解释的，不能作为定案的根据（第14条）。对未到庭当事人的书面证言、陈述取得的合法性，由举证方承担证明责任（第13条）。另外，还设置了第二审救济程序（第12条）。

综上，为保障人权尤其是犯罪嫌疑人、被告人的权利，《排除非法证据规定》设立一系列行为规范，提供了防止采纳非法证据的手段或程序。但是，由于该规定是由中央五司法部门联合出台的规范性文件，法律效力并不高，约束力大小基本上取决于相关部门是否自觉自愿实施或配合实施。也应当承认，它毕竟在理性化的道路上迈开了第一步，也为非法证据排除规则的法定化积累了素材和经验。

2. 刑事诉讼法再修改

与《排除非法证据规定》相比，修改后的刑事诉讼法有以下几个方面的变化：

（1）将排除主体扩大到公安机关，规定"在侦查、审查起诉、审判时发现有应当排除的证据的，应当依法予以排除，不得作为起诉意见、起诉决定和判决的依据"（第 54 条第 2 款）。

（2）明确当事人申请权，即当事人及其辩护人、诉讼代理人有权申请对以非法方法收集的证据予以排除（第 56 条第 2 款），将此规定为一项法定权利。

（3）强化控方责任和权力。一是明确控方对证据收集合法性负有证明责任，即"人民检察院应当对证据收集的合法性加以证明"（第 57 条第 1 款）。二是有权调查并要求公安机关作出说明，即"接到报案、控告、举报或者发现侦查人员以非法方法收集证据的，应当进行调查核实"（第 55 条）。还"可以要求公安机关提供法庭审判所必需的证据材料；认为可能存在本法第 54 条规定的以非法方法收集证据情形的，可以要求对其证据收集的合法性作出说明"（第 171 条第 1 款）。

（4）明确侦查人员的出庭义务。"人民检察院可以提请人民法院通知有关侦查人员或者其他人员出庭说明情况；人民法院可以通知有关侦查人员或者其他人员出庭说明情况。……经人民法院通知，有关人员应当出庭。"（第 57 条第 2 款）

（5）明确"不得强迫自证其罪"，规定"严禁刑讯逼供和以威胁、引诱、欺骗以及其他非法方法收集证据，不得强迫任何人证实自己有罪"（第 50 条）。

（6）设置开庭前听取意见程序，规定审判人员在开庭前准备时可以对非法证据排除的问题了解情况，听取意见（第 182 条第 2 款），为审判人员提前了解相关情况提供了程序依据。

但是，与《排除非法证据规定》相比，这次刑事诉讼法修改也留有遗憾：一是没有吸纳关于"先行调查"的程序内容；二是取消了公诉人证明方式中的"提供讯问笔录、原始的讯问过程录音录像"的表述；三是没有吸纳关于口供之证据能力的规定；四是没有吸纳关于"确实、充分"之取证合法性证明标准的规定；五是降低了对侦查人员等的出庭要求，由"出庭作证"改为"出庭说明情况"。客观地讲，尽管修改后的刑事诉讼法实现了非法证据排除规则的法定化，且在强化当事人诉权、提升控方证明有效性、保证口供自愿性、设置开庭前听取意见程序方面有所推进，但也有所退步，主要是没有吸纳《排除非法证据规定》的合理成分，还降低了对侦查人员的出庭要求。

（二） 我国非法证据排除规则的理性缺陷

从 2005 年上半年最高人民法院着手起草《关于办理刑事案件排除非法言词证据若干问题的意见（稿）》①，到 2010 年 6 月"两高三部"颁布《排除非法证据规定》，直至 2012 年 3 月全国人大修改刑事诉讼法予以立法化，中国式非法证据排除规则从孕育到诞生经历了七八年。回顾过去发现，该规则的运行状况不很理想，处境尴尬。实证研究表明，《排除非法证据规定》实施以来出现了"三多一少"现象。"三多"，即被告人庭审时翻供多、律师对证据合法性质疑多、法庭对证据合法性调查多。例如，2010 年某基层检察院提起自侦案件 7 件 11 人，其中，庭审时翻供的有 5 件 9 人，翻供率达 82%。"一少"，即实际排除非法证据的实例少。② 中国政法大学诉讼法学研究院与江苏省盐城市中级法院 2009 年 5 月起合作开展的为期 1 年 9 个月的"非法证据排除规则试点项目"表明，在试点的 14 件刑事案件中，只有 1 件的相关非法证据被排除。③

关于排除实例少的原因，有人指出有二：一是法官调查随意。这源自对取证合法性是否"有疑问"属法官的自由裁量范围，缺乏统一的标准。二是控方举证困难。这源自讯问时律师在场和同步录音录像制度尚未建立，当辩方提出存在刑讯逼供等非法取证的质疑时，控方很难提出有力的证据证明

---

① 该意见（稿）的主要特点可以概括为 20 个字：一是"突出重点"，以普通刑事案件中采用非法手段取得的言词证据为主要排除对象；二是"规范程序"，包括程序提起、初步审查、控方举证、双方质证、法庭处理五个阶段；三是"强化责任"，由控方承担证明责任，包括提供讯问笔录、已制作的讯问过程录音录像或其他证据，申请传唤讯问人员、讯问时其他在场人员或其他证人出庭作证；四是"明确标准"，要求控方对取证合法性的证明达到"确实、充分"；五是"分类处理"，根据非法手段的性质分别裁量。其主要内容 4 年后基本被《排除非法证据规定》吸纳。
② 参见卢缨、梁莉：《〈非法证据排除规定〉存在的问题及其完善》，载《法制与社会》2012 年第 2 期（上）。
③ 参见徐清宇：《非法证据排除规则的现实困境及其解决路径——基于"非法证据排除规则试点项目"的实践与思考》，载《政治与法律》2011 年第 6 期。

取证的合法性。① 中国政法大学诉讼法学研究院 2011 年 2 月 19 日 "我国非法证据排除规则的实施与完善" 研讨会提出，其原因包括控辩双方举证均难、办案人员面临多重压力、法官自由裁量权难以统一等。② 还有学者从其他角度提出《排除非法证据规定》本身有瑕疵。其中，实体性的瑕疵有：非法言词证据的规定不清晰、不全面或 "非法手段" 不周延，无相应法律后果的规定，未规定 "毒树之果" 的排除，未规定对程序违法的非法言词证据是否排除；程序性的瑕疵有：未深入规定审控方不作为的法律后果，公诉人证明手段的有效性存在问题，后续救济渠道缺失。③ 这些分析切中肯綮。

　　笔者也注意到，曾被人津津乐道的 "中国非法证据排除第一案" 章国锡受贿案在二审出现大逆转。2011 年 3 月 25 日，浙江省宁波市鄞州区检察院起诉章国锡受贿 7.6 万元。④ 同年 6 月 20 日，鄞州区法院援引《排除非法证据规定》作出一审判决，认为公诉方提交的证据不足以证明审判前获取被告人有罪供述的合法性，从而将其提交的有罪供述予以排除。最终，只认定章国锡受贿 6000 元，免予刑事处罚。但在 2012 年 7 月 18 日，宁波市中级法院作出改判，二审认定章国锡收受贿赂 4 万元，判处有期徒刑 2 年。⑤ 对此，二审辩护律师斯伟江评论说，二审判决将程序和实体全搅在一起了，根本没有分析章国锡的伤是怎么造成的，对于提出的 4 天 4 夜的审讯

---

① 参见卢缨、梁莉：《〈非法证据排除规定〉存在的问题及其完善》，载《法制与社会》2012 年第 2 期（上）。

② 参见徐清宇：《非法证据排除规则的现实困境及其解决路径——基于 "非法证据排除规则试点项目" 的实践与思考》，载《政治与法律》2011 年第 6 期。

③ 参见黄伟：《〈非法证据排除规定〉瑕疵探析》，载《理论研究》2011 年第 1 期。

④ 法庭上，律师出示的 2010 年 7 月 28 日章国锡的体表检查登记表上载明：章国锡右上臂小面积的皮下瘀血，皮肤划伤 2 厘米。章国锡说，当时挨打了。对此，检察院矢口否认，并递交了一份由侦查机关盖章和侦查人员签名的关于依法办案、没有刑讯逼供、诱供等违法情况的说明，还以 "审讯录像涉及机密问题，当庭播放不利于保密" 的理由，拒绝了辩方要求当庭播放审讯录像的要求。

⑤ 宁波市中级人民法院在肯定一审法院关于 "章国锡审判前有罪供述不能作为定案根据的判决合法" 的同时，认为由于二审中检察机关提请相关行贿人出庭作证，并提交同步审讯录像、侦查人员关于讯问过程合法性的证言等证据材料，故确认章国锡体表上 "右上臂小面积皮下瘀血、皮肤划伤 2 厘米" 并非刑讯逼供所致，因此，"章国锡并非在刑讯逼供的情况下作出有罪供述"。

是否涉嫌刑讯逼供也没有分析。① 有媒体在评价这一判决时写道："这个大逆转'伤'了许多人的心，同时折射出非法证据排除规则在实践中的'难产'。实现程序正义，在中国，还有很长的路要走。"②

看来，非法证据排除规则，无论是立法上的"生产"还是司法上的"成长"，其理性化的道路不会是平坦的，还相当漫长。尽管如此，也不能中止或放弃理性化的探索，毕竟理性化之路已经开辟，只有义无反顾地向前进，才能达到认准的目的地。也只有追根溯源，找出影响理性化发展的因素和原因，才能取得进步。笔者认为，非法证据排除规则作为一种行为规范体系，主要有文本要素和系统要素③两部分组成。当二者都具备充分的理性并且形成良性互动时，规则才能合力成为实现既定目标的有效手段。当前，非法证据排除规则面临困境，主要是因为都存在理性缺陷，形成不了良性互动。

1. 文本要素：形式理性不充分

文本要素，主要是指非法证据排除规则中规定基本行为规范的法律条文，包括排除什么、谁来排除、怎样排除、排除标准如何、排除后果怎样等问题的法条。目前，文本要素上存在着形式理性不充分的缺陷。

（1）从逻辑性上看，自身多瑕疵。

第一，关于调查程序的顺序。《排除非法证据规定》第 5 条确立了"先行调查"的原则，而以"法庭辩论结束前"进行为例外，而修改后的《刑事诉讼法》第 56 条规定的跨度更大，"在法庭审理过程中"均可。这样，证据合法性调查将会主要放在法庭调查甚至是法庭辩论的阶段，很难防止不具有证据能力的非法收集的口供等证据提交法庭宣读、出示。根据《排除

---

① 搜狐网：《"中国非法证据排除第一案"终审遭遇大逆转》，载 http：//roll. sohu. com/20120725/n348947577. shtml。

② 搜狐网：《"中国非法证据排除第一案"终审遭遇大逆转》，载 http：//roll. sohu. com/20120725/n348947577. shtml。

③ 笔者所谓的"文本"要素，主要是指规定非法证据排除规则基本行为规范的法律条文，包括排除什么、谁来排除、怎样排除、排除标准如何、排除后果怎样等问题的法条；所谓"系统"要素，是指文本赖以有效运行的制度性平台或操作环境、条件，主要由文本以外的与排除非法证据法条相关的诉讼规范和制度组成，包括侦押分离、律师在场、录音录像、警察出庭作证、身体检查、口供自愿性、沉默权等。

非法证据规定》第 10 条第 2 项，具有证据能力即可以当庭宣读、质证的书面口供，只存在于辩方未尽申请随附义务、法庭对口供取得合法性没有疑问或公诉人尽到证明责任的场合，但是修改后的刑事诉讼法并未吸纳。这样，如果是在犯罪事实的调查后"法庭辩论结束前"允许宣读、质证书面口供，就模糊了非法证据排除规则要解决证据之证据能力问题的基本要求，放任不具有证据能力的证据轻松进入对犯罪事实的法庭调查甚至是法庭辩论的阶段，容易使审判人员产生被告人有罪的"先见"，而调查程序也会流于形式。

第二，关于开庭前听取意见程序。尽管修改后的《刑事诉讼法》第 182 条第 2 款允许审判人员在开庭前准备时涉及非法证据排除的问题，但由于限制在"了解情况，听取意见"的范围，导致程序虚置，对事后适用排除程序所起的作用微乎其微。

第三，关于"不得强迫自证其罪"。修改后的《刑事诉讼法》第 50 条有"不得强迫任何人证实自己有罪"的规定，但第 118 条又保留了"犯罪嫌疑人对侦查人员的提问，应当如实回答"的表述，削弱了前者的立法意义和价值作用，难以有效发挥限制非法取证的作用，更难遏制侦查人员实施刑讯的心理冲动。

第四，关于控方证明方式。修改后的刑事诉讼法没有吸纳《排除非法证据规定》关于公诉人证明方式中"提供讯问笔录、原始的讯问过程录音录像"的表述，一定程度上削弱了控方证明手段的充分性。

（2）从适用性上看，操作性差。

第一，关于侦查人员等出庭。修改后的刑事诉讼法将《排除非法证据规定》对侦查人员等"出庭作证"的义务改为"出庭说明情况"的要求，况且没有明确不出庭的法律后果，致使无法保证警察以证人身份出庭履行作证义务，其结果还会是警察出具一纸书面材料，说明没有刑讯逼供或者因其他事项不能到庭而应付了事。另外，修改后的刑事诉讼法没有吸纳《排除非法证据规定》关于辩方有权"申请讯问人员、讯问时其他在场人员或其他证人到庭"的内容。这些都实际削弱了控辩双方证明或者反驳证明的有效性。

第二，关于法庭裁量权。修改后的刑事诉讼法没有吸纳《排除非法证据规定》关于"确实、充分"之取证合法性证明标准的规定，客观上降低了控方的证明标准，也容易使审判人员放松对口供证据能力的审查要求。而且，还在程序启动和证据排除上分别确立了"认为可能存在本法第五十四条规定的以非法方法收集证据情形"和"确认或者不能排除存在本法第五十四条规定的以非法方法收集证据情形"的条件，同样由于所谓"认为可能存在"、"确认或者不能排除"的含义都弹性过大，难以操作，同样容易引发随意不启动或者不排除非法证据的问题。

第三，关于非法实物证据。对违法程序取得的物证、书证，修改后的《刑事诉讼法》第54条规定了裁量排除原则，只有在"可能严重影响司法公正"，不能补正或者作不出"合理解释"的情况下，才予以排除。由于"可能严重影响"和"合理"的语义弹性大，很容易在司法实践中产生因理解不一而随意裁量的问题，对遏制这类非法取证行为难以起到正面效应。

2. 系统要素：实质理性有偏颇

系统要素，是指文本赖以有效运行的制度性平台或操作环境、条件，主要由文本以外的与排除非法证据法条相关的诉讼规范和制度组成，包括侦押分离、律师在场、录音录像、警察出庭作证、身体检查、口供自愿性、沉默权等。如果系统要素和文本要素各自追求的价值目标或蕴含的实质理性不统一，就会出现不兼容现象，妨碍规则的有效运行。目前，从合目的性上看，系统要素（主要为了惩罚犯罪）与文本要素（以保障人权为本位）是不同源的。虽然，目前的系统因素也强调惩罚犯罪与保障人权并重，但一些规定或在其适用时仍是偏重于惩罚犯罪的，比如：没有规定沉默权，不允许讯问时律师在场，录音录像没有全面铺开，侦查和羁押部门一体，警察不出庭作证等。因为如果这样规定，警方获取证明犯罪的证据就会造成很大不便，显然不利于惩罚犯罪。但是，不这样规定，反过来也容易产生放纵违法取证行为，不利于实现保障人权的目标。目前，尽管文本要素的理性还不充分，但还是以保障人权为本位的，而系统因素仍偏重于惩罚犯罪，因而难以为文本要素提供制度上的支撑，在这样的操作环境下要求文本要素与系统要素形成良性互动只能是一种奢望。

三、我国非法证据排除规则的理性化构建

非法取证要遏制，因为它是非理性的行为，是在以惩罚犯罪为本位的目标下，视被追诉人为"物"或"工具"，将非法取证作为查明犯罪事实主要的甚至是唯一的手段。事实上，非法取证由于只求手段，不问当事人的权利，因而与查明犯罪事实之间根本不能形成必然的联系，既不能保证所取证据的真实可靠，也无法有效实现惩罚犯罪的目标，更会"对社会公众的合法权益造成实在或是潜在的危害，最终的结果就是让国家赖以存在和发展的司法尊严受到损害"。① 排除非法证据，也许会一时影响证明犯罪的成效，甚至于无法证明，但却能有效保障当事人的权利，反倒可以促使司法官员以后采取合法的取证手段、程序来查明犯罪事实。

说非法证据排除规则是一种形式理性法，并不意味着规则的制定和适用只管手段自身，也不追问目的是否正当、合理。恰恰相反，它追求的是"中看"的目标即以保障人权为本位的道德理想，这是合乎人类本性的。在以保障人权为本位的目标下，"人"作为目的而不是工具，是将保护人的权利作为选择取证方法、判断取证行为是非曲直的标准，不再满足和局限于发现真实、查明犯罪事实的目的，而且将"真实"至少看作是依据合法证据而认定的案件事实。显然，这样构建非法证据排除规则，借用韦伯的话，"它建立在道德理想之上，并不满足于形式合理性的计算，而要超出手段和工具以外考虑价值问题"。当然，这绝不意味着，只要或满足于"超出手段和工具以外考虑价值问题"，价值目标、道德理想就能够实现，也无须再考虑手段和工具上的"形式合理性的计算"。恰恰相反，在理想、目标确定之后，全部精力就应当置于"形式理性的计算"上，着力准备手段，刻意"打造"工具。不过，这种"形式理性的计算"能力，或许会受到主体自身智能、心理因素等的影响，或许受到外部环境、资源、制度因素等的制约，不可能是完全的或者绝对的理性，而只能是一种有限理性。凭这种理性，规则无法成为实现目标的最有效的手段，而只能是一种相对有效的手段，或令

---

① 参见黄晓权、杨玉荣：《非法证据排除的伦理分析》，载《求索》2012 年第 4 期。

人满意的有效手段。

为此，应当致力于按照理性的要求和逻辑，对非法证据规则进行理性化构建，使之成为实现保障人权等目标的令人满意的有效手段。

（一）坚持渊源法定，严格表现形式

法律理性的载体是法律。无理性法律，无目标理想。理性化构建的第一步就是要实现非法证据排除规则的渊源法定。在我国，非法证据排除规则从无到有，经历了先理论、后实践的过程，在实践中也经过了先准司法、后立法两个阶段。从渊源和效力来看，该规则的基本内容应由法律予以规定，而不是由司法解释或者规范性文件。由于历史原因或基于"司法先行"的立法惯例，2012 年 3 月刑事诉讼法修改之前，非法证据排除规则的内容存在于"两高三部"的规范性文件之中。在修改后的刑事诉讼法 2013 年 1 月 1 日起生效之后，渊源未法定的问题不复存在，这是一件好事。但是，需要考究的是，这一法定化是否涵盖了规则的全部、主要或者基本的内容，是否还有所保留，给司法解释甚至是规范性文件以较大的存在空间。尽管法律不可能面面俱到，将规则涉及的行为规范都予以规定，但是，凡规则的基本内容均应涵盖其中。这样，才能维护法律的权威性和严肃性，防止司法部门自说自话，保证该规则的有效实施。

将《排除非法证据规定》与修改后的刑事诉讼法相比较可以发现，本属于规则基本内容的有些部分，如"先行调查"、公诉人提供讯问笔录和录音录像进行证明、口供的证据能力、"确实、充分"之证明标准、侦查人员出庭作证等，尽管《排除非法证据规定》有规定，但立法并未明确涉及或做了实质性修改。是否定了前者，还是放任司法部门再自作主张？令人费解。另外，尽管立法带有一定抽象性，并不禁止司法机关对抽象的条文予以解释，但是，绝不能将本属于立法的部分有意留给司法去"解释"。

（二）立足体用同源，一统体系目标

非法证据排除规则，无论是立法还是司法，都不能偏离既定的目标，不过前提是，目标必须明确和一致。现在的问题是，该规则的目标不统一，难以解决"体"和"用"的矛盾。一般认为，价值理性是体，工具理性为用，二者不可偏颇。非法证据排除规则追求的目标为"体"，文本要素和系统要素均为"用"。如果体用之间发生矛盾，就会表现为体之"中看"，而用之"不中用"。至于当前规则"不中用"的原因，除了文本要素的形式理性不充分之外，主要是在实质理性上系统要素与文本要素不同源。

在非法证据排除规则的现有体系中，从目的上看，系统要素（偏重惩罚犯罪）与文本要素（以保障人权为本位）是不同源的。如前所述，系统因素虽然强调惩罚犯罪与保障人权并重，但在一些规定或其适用上仍是偏重于惩罚犯罪的，比如没有规定沉默权、不允许讯问时律师在场、侦押部门合一、警察不出庭作证等制度。这样做虽然有利于警方获取证明犯罪的证据，也容易产生放纵违法取证的效应。所以，要通过修改立法，增设或完善这些制度，保障口供自愿性，实现排除规则体系结构要素的目标统一。在这方面，国外有许多经验可资参考。首先，关于律师在场权。例如，《俄罗斯刑事诉讼法典》第 75 条第 2 款第 1 项将犯罪嫌疑人、被告人在没有辩护人在场时，包括在他拒绝辩护人的情况下在审前诉讼过程中所做的，而没有被犯罪嫌疑人、刑事被告人在法庭上证实的陈述，作为不允许采信的证据予以排除。其次，关于侦押分立。在西方国家，侦查与羁押是彼此分立的职权，分别由不同部门承担。例如在日本，羁押犯罪嫌疑人的场所是拘留所，隶属于法务省，独立于侦查机关之外。最后，关于沉默权。例如在日本，《宪法》第 38 条规定"不得强迫任何人作不利于己的供述"的同时，《刑事诉讼法》第 311 条又规定，"被告人可以始终沉默或对于每个质问拒绝供述"。

（三）着力防微杜渐，提高技术含量

法律作为一种工具，也是一种技术。汉斯·凯尔森（Hans Kelsen）一再强调法律是实现社会一定秩序的"特殊的社会技术"，"法律问题作为一个科学的问题，是社会技术问题，并不是道德问题"。① 提升非法证据排除规则的技术含量，有助于严密规则"法网"，防止司法官员由于随意理解和适用，致使保障人权的目标落空。

---

① 参见黄金荣：《法的形式理性论——以法之确定性问题为中心》，载《比较法研究》2000 年第 3 期。

要把重心放在增强条文的确定性上，消除文义的模糊性，减少理解和适用的随意性。这是因为，"法律官员并不总是会自觉接受法律规则的约束，因此司法过程充满不确定性"。① 实践表明，如果规则具有不确定性，司法官员因受传统司法观念的影响和束缚，更愿意从条文中寻找纰漏，更多地从惩罚犯罪本位出发去解释和适用规则，从而违反规定地不启动排除程序或者不排除非法证据。可从以下几方面着手：

1. 增强调查顺序的确定性，减少随意适用

根据修改后刑事诉讼法，取证合法性的调查"在法庭审理过程中"均可进行，这样规定，调查的时间就是不确定的，法庭可以随意确定。所以，应当将开庭前审查作为解决非法证据问题的主要环节，将对非法证据排除问题"了解情况、听取意见"的虚置程序实质化，改造为听审程序。② 这一方面，国外的做法值得借鉴。例如，2004 年 1 月 1 日生效的《俄罗斯刑事诉讼法典》设置了非法证据申请的庭前听证程序。③ 在英美法系国家，主要是在庭前审查（Voir Dire）进行听证。④ 同时，将《排除非法证据规定》关于"公诉人宣读起诉书之后"进行"先行调查"的内容作为特例保留下。如在德国，尽管被告人可以在庭审预备阶段提出非法证据排除申请，但在审判程序中的证据调查阶段提出后进行非法证据排除，仍是德国的一般做法。⑤ 采取这两种措施，可以减少调查程序启动上的随意性，提高法庭对犯罪事实调查的效率，防止不具有证据能力的口供等证据提交法庭宣读、出示。

2. 消除任务的模糊性，厘清采纳与采信

非法证据排除规则的中心任务是通过取证合法性调查，判定争议中的

① 参见黄金荣：《法的形式理性论——以法之确定性问题为中心》，载《比较法研究》2000 年第 3 期。

② 在美国，大部分州都已经摒弃了传统的被告人在审判期间提出非法证据的规则，而采用由被告人在审前提出动议的排除方式。见王明明：《从中美比较法视角检视——〈非法证据排除规定〉的程序性规定》，载《广西政法管理干部学院学报》2012 年 7 月。

③ 参见安梓慧、杨云：《俄罗斯非法证据排除规则探析及启示》，载《华北水利水电学院学报》（社科版）2010 年 1 月（第 26 卷第 5 期）。

④ 参见杨燮蛟：《简述美、英、欧盟刑事诉讼中的非法证据排除规则》，载《江西公安专科学校学报》2003 年第 6 期。

⑤ 参见曹丽丽、文铭：《美、德非法证据排除的操作程序之比较研究》，载法治在线，http://www.cnki.net。

证据是否具有证据能力，以确定是否准许提交法庭宣读、出示。但是，如果合法性调查的时间顺序不确定，不具有证据能力的非法证据很容易是先作为证明犯罪的依据宣读、出示，后再当作合法性调查的对象出现。这时，一旦将其排除，只能是"不得作为定案的根据"了，因为该证据事先已经被赋予了证据能力。这样，证据的证据能力与证明力、采纳与采信的边界就变得模糊不清。事实上，"不能作为定案的根据"，仅仅是说在认定案件事实时，非法言词证据不能发挥"根据"的功能，至于其证据能力的有无等，则在所不问。① 所以，应当将证据合法性的调查限制在开庭前，最迟是在公诉书宣读以后进行，不允许在针对犯罪事实的调查进行以后再启动调查程序，这样才能杜绝不具有证据能力的非法证据进入犯罪事实的调查阶段，防止审判人员产生定罪的"先见"。另外，关于法庭对非法证据之证据能力的裁定，应当设置救济手段，包括允许控辩双方作为上诉理由，上级法院应当对此进行审查。对此，国外也有立法例。例如，《意大利刑事诉讼法典》第191条在明确非法证据的不可采性之后，第2款接着规定："违反了排除规则的行为，在程序的各个阶段及审级中均可构成提起上诉的理由。"

3. 明确规定沉默权，保障口供自愿

应当通过规定沉默权，消除修改后的《刑事诉讼法》第50条"不得强迫任何人证实自己有罪"与第118条中"犯罪嫌疑人对侦查人员的提问，应当如实回答"之间潜在的冲突，以确保第50条的立法精神得以有效执行，抑制侦查人员刑讯的内心冲动，为口供的自愿性提供程序保障。还需明确，没有告知沉默权的，所获口供不得被采纳而应予以排除。对此，可以借鉴香港的立法。根据香港保安司1992年10月颁布的《查问疑犯及录取口供的规则及批示》，侦查人员在讯问前必须告知嫌疑人有沉默权，不遵守这个规定可以导致供词不能被采纳为证据而受到排除。②

---

① 参见王舸：《非法证据的有限排除主义之惑——对〈非法证据排除规定〉五大理论问题之解读》，载《山东警察学院学报》2010年第6期。

② 参见邓萱：《中国区际非法证据排除规则比较研究》，载《长江大学学报》（社会科学版）2006年6月（第29卷第3期）。

4. 强固控辩双方的手段，防止纸上谈兵

应当通过修改立法强化控辩双方的证明或反驳的手段，尤其是要明确侦查人员的出庭作证义务，而不能只是"出庭说明情况"。要消除这一规定的不周延性，保证这类特殊证人在无正当理由不出庭的情况下强制其出庭作证，为控辩双方举证或者反驳提供必要的手段措施，确保据合法性调查活动的顺利推进。

5. 明确裁量权和证明标准，遏制信马由缰

（1）要将《排除非法证据规定》关于"确实、充分"之证据合法性证明标准的规定吸纳为立法，严格控方的证明标准，提高法庭对口供证据能力的审查要求。当然，要明确具体情形，可与作为定罪标准的"确实、充分"做适当区别，并有所降低。

（2）要规范法庭在排除问题上的裁量权，对程序启动和证据排除上分别确立的"认为可能存在"和"确认或者不能排除存在"本法"第 54 条规定的以非法方法收集证据情形"的条件予以细化，防止因表述弹性过大，难以操作，引发随意不启动排除程序或者不排除非法证据的问题。

赘　语

在对非法证据排除规则的理性化直陈其"利"之后，需要补充几句也许是多余的话。

第一，对理性化的进程，应怀理性之心。非法证据排除规则的理性化，是为更有效地实现保障人权的目标，对作为手段的规则不断加以调整和完善的过程。这一过程不会一蹴而就，只能随着民主与法治的进程不断向前推进。制约理性化进程的主要因素，归结起来，就是在刑事诉讼活动中如何平衡惩罚犯罪与保障人权的关系问题。当前，"重实体、轻程序"观念的负面影响依旧强大，法庭要考虑流水式作业的"配合"关系，民众只注重"罪犯"是否得到应有的惩罚等因素①，都会从不同侧面影响理性化的进程，进而制约诸如非法方法扩大到"引诱、欺骗"等、违反法定程序取得证据的

---

① 参见谭超：《非法证据排除程序在我国实施的状况浅析》，载《赤峰学院学报》（科学教育版）2011 年 2 月（第 3 卷第 2 期）。

排除、排除程序时间顺序的设定、取证合法性证明标准的宽严、"毒树之果"的处理、系统要素的完善等问题解决的轻重缓急。在这种意义上，非法证据排除规则也只能求得理性的满意化，而难以达到理性的最大化，这或许是因为人只具有如诺贝尔经济学奖获得者赫伯特·亚·西蒙（Herbert Alexander Simon）所倡导的"有限理性"，而不是完全的理性。[①]

第二，对理性化的局限，需持清醒认识。法律存在着认识性局限和外在功能局限。前者包括模糊性、不周延性、矛盾性和滞后性，后者涵盖对权力的依附性、功能的单一性和作为正义载体的抽象性。[②] 非法证据排除规则同样如此。就认识性局限而言，如对取证合法性调查的条件和证明标准的裁量等尽管加以明确，但模糊性或者不确定性总是难以避免的，因而容易造成法官裁量上的个体差异。再者，文本要素再怎么规定，可能也会有疏漏，而且随着时间的推移会面临新的情况和问题。就功能性局限而言，规则的适用需要强制力保障，如果控辩双方的攻防手段、司法独立等不能保证，规则的实效就会大打折扣。还有，规则只能约束司法官员的行为，难以深入人心，很难防止法官出自功利的考量而规避适用。因此，在对非法证据规则理性化的前景保持乐观的同时，对规则的局限性也要心中有数，努力予以减少或控制。

第三，对理性化的代价，要有心理预期。非法证据排除规则理性化是要付出代价的，因为法官排除证据时要承担使罪犯逍遥法外的风险，这对法院及其司法活动的声誉都有潜在的消极影响。[③] 在美国，质疑与垢病非法证据排除规则的学者所持理由包括：导致"放纵罪犯并使之逃之夭夭"的制度困境；束缚警察的手脚；削减刑事司法的公众认同和公共权威；导致忽略对

[①] 西蒙认为，在真实的决策环境里，有限的计算能力和对环境的认知能力必然意味着人类理性是有限的，而有限理性的心理机制正是人类有限的信息加工和处理能力。现实中经济行为人由于心理资源的稀缺，无法满足完全信息、稳定偏好和全面精确比较择优的理性要求，只能选择满意原则以替代极大化原则。见骆志芳、张永鹏：《"有限理性"概念的界定及其特征》，载《经济理论与经济管理》2005 年第 5 期。

[②] 参见黄金荣：《法的形式理性论——以法之确定性问题为中心》，载《比较法研究》2000 年第 3 期。

[③] 参见薛竑：《加拿大、澳大利亚非法证据排除规则的比较研究》，载《河北大学学报》（哲学社会科学版）2006 年第 3 期。

实体性争议与裁判的关注。① 这些看法虽备受质疑，但也有警示意义。这里，承认规则之小弊，绝不是要弃其大利，因为排除非法证据虽然"也许会使有罪的被告人可能被宣告无罪，但这是实现社会整体利益所必须付出的代价"。② 它不单单会使实际有罪的被追诉人受惠，还有助于实际无罪的被追诉人救济自身的权利并免予无理由的追诉，它还可以吓阻警察的违法行为，使得所有公民都受惠。③ 当然，也必须想办法将这些代价或风险降至最低。例如，可以通过采取行政纪律处分、刑事惩罚、民事侵权赔偿等措施，提高非法取证行为人的违法成本。又如有学者提出的，对规则设置严格的例外情形，如对于严重危害国家安全、危及重大社会公共利益犯罪，如果排除相关证据会导致社会治安状况严重恶化，造成被害人对司法机关乃至对社会的严重不满，广大群众也会产生心理失衡的，必要时也应当牺牲小部分程序的正义。④

---

① 参见林喜芬：《美国场域的非法证据排除规则论争：理论立场与改革取向——他域话语资源的反思性解读》，载《刑事法评论》第 23 卷。
② 参见黄晓权、杨玉荣：《非法证据排除的伦理分析》，载《求索》2012 年第 4 期。
③ 参见林喜芬：《美国场域的非法证据排除规则论争：理论立场与改革取向——他域话语资源的反思性解读》，载《刑事法评论》第 23 卷。
④ 参见邓萱：《中国区际非法证据排除规则比较研究》，载《长江大学学报》（社会科学版）第 29 卷第 3 期。

论非法证据排除的程序规制

金　钟*

非法证据排除的程序规制，是非法证据排除制度不可或缺的组成部分和得以施行的必要保证。程序规制缺失，非法证据排除制度即仅有实体口号性的宣示意义，根本无法运行；而程序规制不足，非法证据排除制度则缺乏完整性和独立性，功能势必减弱。就此而言，完备的程序规制乃是非法证据排除制度具有实际意义的关键所在。

新中国成立以来的司法史实昭示世人：既往非法证据排除难以奏效的重要原因之一，即在于缺乏完备的程序规制。而从刑事司法实际的需要和程序规制原理的要求出发，审视新刑诉法对现行非法证据排除制度的补修，又不无遗憾地发现，修法对非法证据排除虽亦添有程序性规定，但在具体操作层面上仍缺乏细则，需要进一步予以程序整体规制。

一、非法证据排除程序规制的比较考察

世界各国对非法证据排除的程序规制虽各有不同，但大致可以概括为以下两种模式：

其一，"审判中心式"。这种模式奠基于"以审判为中心"的诉讼结构，多为英美法系国家所采用，规定由法官根据被告方的申请在审判阶段予以排除。例如，在美国，"非法证据排除规则是一项法官创造的用以保障宪法第四条修正案权利的补救措施"，[1] "最高法院限定排除规则仅适用于审判"[2]。

---

* 四川省高级人民法院专职审判委员会委员，法学博士。

[1] 刘晓丹主编：《美国证据规则》，中国检察出版社 2003 年版，第 158 页。

[2] ［美］乔恩·华尔兹：《刑事证据大全》，何家弘等译，中国人民公安大学出版社 2004 年版，第 251 页。

排除的启动和期间分为两种：一是大部分州采用的由被告方在审前提出排除动议的审前排除；二是少部分州采用的基于"同时反对规则"的审判期间排除。[①] 在英国，非法证据排除规则的适用实际上只是法官裁量权的一项内容。对非法言词证据，一般由法官无条件地予以排除；对非法实物证据，由法官权衡利益自由裁量是否排除[②]。排除的启动和期间分为两种：一是在庭审过程中陪审团离席的情况下由法官听证后裁定排除；二是在审前准备程序"答辩和指示听证程序"（plea and directions hearings）中由法官听证后裁定排除[③]，等等。

其二，"诉讼阶段式"。这种模式植根于"流水作业式"的诉讼结构，主要为大陆法系部分国家所推崇，规定由警察、检察官、法官根据被告方的申请或者依职权主动在诉讼期间予以排除。例如，俄罗斯 2001 年颁行的《联邦刑事诉讼法典》第 88 条规定："检察长、侦查员、调查人员有权根据犯罪嫌疑人、刑事被告人的请求或主动地认定证据不允许采信。……被认定不可采信的证据不得列入起诉结论或起诉书。"据此，俄罗斯刑事诉讼的各个阶段都可能发生证据排除问题，检察长、侦查员、调查人员和法官都有权决定排除非法证据。[④] 在德国，侦查法官在侦查阶段对所有涉及限制公民自由、财产、隐私权的强制性措施进行司法审查，决定是否将通过强制性措施所取得的证据放入法庭审理程序。虽然侦查法官隶属于地方法院，但其对非法证据的排除却可以在侦查阶段，[⑤] 等等。

比较视野下考量上述两种模式，需要注意以下几方面的问题：

第一，英美法系国家刑事诉讼中的侦查、起诉阶段亦会面临非法证据排除问题。但是，在"以审判为中心"和"以证据控制程序"的程序思维引领下，人们一般认为，警察、检察官"排除"证据并非司法审查，而是属于一种"自律"行为。只有诉讼程序进入审判阶段，才会产生非法证据排

---

① 参见杨宇冠：《非法证据排除规则研究》，中国人民公安大学出版社 2002 年版，第 107 页。
② 参见杨宇冠：《非法证据排除规则研究》，中国人民公安大学出版社 2002 年版，第 172—179 页。
③ 参见陈立主编：《刑事证据法专论》，厦门大学出版社 2006 年版，第 557—558 页。
④ 参见孙远：《刑事证据能力导论》，人民法院出版社 2007 年版，第 128 页。
⑤ 参见周欣：《欧美日本刑事诉讼——特色制度与改革动态》，中国人民公安大学出版社 2002 年版，第 144 页。

除规则涉及的"排除"问题。

第二，在"诉讼阶段式"模式下，警察、检察官在侦查、起诉阶段虽然都可以排除非法证据，但其排除与审判阶段的法官排除有别。前者排除的是指控证据，后者排除的是定罪证据。而且，虽然侦诉阶段可以由警察、检察官排除非法证据，但由法官在审判阶段排除非法证据却是基本做法，占据非法证据排除的绝大部分。

第三，无论是"审判中心式"还是"诉讼阶段式"，都存在三种排除方式：一是强制排除方式，即原则上对非法收集的证据都予以排除；二是裁量排除方式，即根据"相应性"、"基本正义"等裁量原则，酌情决定是否排除；三是强制与裁量相结合的排除方式，即对非法言词证据予以强制排除，对非法实物证据予以裁量排除。

综上，在非法证据排除的程序规制上，"由于法律文化传统等的不同以及特定时期控制犯罪与保障人权的需要，不同国家之间以及同一国家在不同时期有关这一问题的诉讼理论和具体对策往往存在许多差异。不过，随着人类社会的进步和对刑事诉讼规律认识的提高，各国对违法取证的危害性的认识也日趋深刻，并在一些原则问题上达成了共识"[①]。个中主要表现，一是基于本国国情、法律传统以及特定时期诉讼目的的需要，各国不约而同地分别加入"审判中心式"和"诉讼阶段式"两大阵营；二是"审判中心式"和"诉讼阶段式"在交融中逐渐形成不少通行做法，如非法证据主要由法官在审判阶段排除，一般对非法言词证据强制排除、对非法实物证据裁量排除等。研究我国非法证据排除的程序规制问题，在比较中外做法以取"他山之石"并建中国特色时，对此应当予以足够重视。

二、非法证据排除程序规制的中国特色

我国新刑事诉讼法确立的非法证据排除程序规制模式，总体上接近于"诉讼阶段式"，但又具有明显的中国特色。它与国外通行做法的区别，主

---

① 陈光中、［加］丹尼尔·普瑞方廷主编：《联合国刑事司法准则与中国刑事法制》，法律出版社1998 年版，第 261 页。

要包括以下几个方面：

其一，排除的主体、时间以及排除程序的启动有别。国外较为普遍的做法是由被告人在审前程序以及审理期间提出排除申请，法院通过听证后决定是否予以排除。而我国非法证据排除的主体不仅是法院，而且还包括侦查机关、检察院；排除的时间不仅在审判阶段，而且也包括侦查、审查起诉阶段；排除程序不仅可以由被告方申请启动，而且可以由侦查机关、检察院和法院发现有应当排除的证据后依职权启动。

其二，排除的范围有别。我国新刑事诉讼法规定的非法证据排除的范围，宽于国外非法证据排除的范围。其他许多国家排除的非法证据，都是指侦查人员在收集证据的过程中采用侵犯被告人权利的方法收集的证据；而且，一般将非法言词证据的范围限于采用刑讯手段获取的被告人的供述。而我国新刑事诉讼法确定的排除范围，不仅包括采用刑讯手段等非法方法收集的犯罪嫌疑人、被告人的供述，而且包括采用暴力、威胁等非法方法获取的证人证言、被害人陈述，另外也包括不符合法定程序、可能严重影响司法公正的物证、书证。

其三，排除的方式有别。国外一般对非法言词证据采用强制排除和裁量排除两种模式，对非法实物证据采用裁量排除模式。其中，裁量排除由法官酌情自由进行，但法律对如何酌情却无具体程序规定。而我国新刑事诉讼法在明确规定对非法言词证据予以强制排除、对非法物证、书证予以裁量排除的同时，还对裁量排除的标准予以细化，明确规定非法物证、书证不能得到补正或者作出合理解释的，予以排除，能够得到补正或者作出合理解释的，不予排除。

其四，排除的程序有别。国外的排除程序一般是在庭审前适用，采取听证的方式，法官原则上应当在审判前作出是否排除的裁定。我国新刑事诉讼法确立的排除程序，除庭前会议程序与国外类似外，还有创新性的庭中调查程序。庭中调查程序的内容主要包括：辩方申请排除的，由辩方提供相关线索或者材料；法院对非法证据的线索或材料进行初查，经审查认为相关线索或材料明显不能成立的，可以决定不再进行法庭调查；检察院应当举证证明收集证据的合法性；控辩双方可以对证据是否合法进行质证、辩论；合议庭或者独任法官一般应当当庭作出是否排除的裁定，等等。

上述新刑事诉讼法在非法证据排除程序规制上的创新，具有显著的中国特色，符合诉讼规律和中国国情，体现着尊重和保障人权的民主意愿以及刑事司法现状的客观要求，是当今大陆法系国家以及具有大陆法系传统的国家中较为少见、较为完善的一种非法证据排除程序规制模式。同时，它也具有较为充分的法理、国情支撑。具体而言，在我国，法律传统类似或趋近大陆法系，诉讼结构上采用"纵向构造"中的"流水作业式"，侦查机关、检察院、法院依法履行各自职责，各诉讼阶段相对独立，因而无须像英美法系国家那样因要"以证据控制程序"、"以审判为中心"而将非法证据排除问题留给法院在审判阶段解决。而且，进入 21 世纪以来，各国非法证据的排除时间也似有提前至侦查、起诉阶段的发展趋势。"1994 年 9 月世界刑法学会第十五届代表大会通过的《关于刑事诉讼法中的人权问题的决议》第 10 条规定'任何以侵犯基本权利的行为取得的证据……均属无效，而且在诉讼程序的任何阶段均不得采纳'。这一规定表明，各国已经接受非法证据排除的时间为诉讼程序任何阶段的观念"，[①] 亦可谓排除时间提前至侦查、起诉阶段发展趋势的佐证之一。

非法证据排除程序规制的中国特色，具有显著的诉讼制度优势和司法实践优势。首先，在侦诉阶段排除非法证据，能够警示、约束侦查机关依法收集证据，促进侦查机关、检察院履职尽责，及时发现和纠正非法取证行为，有效阻却非法证据进入审判阶段，以避免法官受到证据困惑和减轻法官作出判定的外部压力。同时，也有利于当事人及其他诉讼参与人的诉讼权利在诉讼中自始至终得到切实保障。其次，将排除的范围界定为非法收集的犯罪嫌疑人、被告人的供述和证人证言、被害人陈述等言词证据以及违反法律规定、严重影响司法公正的物证、书证，能够更加全面地遏制非法取证行为，有效拓宽诉讼中的人权保障。最后，对非法言词证据和非法物证、书证采用不同的排除方式，既能避免一律"强制排除"带来的证明失效风险，又能

---

① 金钟：《有效证明与维护程序正当性的矛盾及其解决——非法证据排除规制的理念与制度设置及运用》，载《南京大学学报》2004 年第 2 期。

防止一律"裁量排除"出现的随意司法情形，有利于惩罚与保障两大诉讼功能的动态适度平衡。最后，通过庭审调查中对证据合法性的举证、质证、辩论及判定、处理，能够更加充分地彰显非法证据排除的公正性和公开性，确保排除结果的正确性和排除理由的论证性。

当然，在首肯中国特色的非法证据排除程序规制具有显著制度优势和实践优势的同时，也要清醒地看到它也存在一定的缺陷。非法证据排除机制作为英美法系的特产，是以"以证据控制程序"和"以审判为中心"作为建制前提和基础的。正所谓"……以证据排除为核心的英美证据法——即'以证据控制程序'的治理模式——只能适用于'以审判为中心'的诉讼构造中，它通过法官的视角而制定，是'以审判为中心'的证据法，而且是一种专门用来裁判的法律"[1]。因此，英美法系非法证据排除的程序规制具有仅允许审判排除而无须侦诉排除的排除机制内在要求。而这一要求，难免会与"诉讼阶段论"的"流水作业式"诉讼构造产生契合抵牾；一旦"流水作业式"诉讼构造在引入英美法系非法证据排除机制时缺乏"以审判为中心"的考量，其与排除机制即会格格不入。我国刑事诉讼法确立的诉讼构造模式，类似于大陆法系"诉讼阶段论"的"流水作业式"。这种诉讼构造模式天然地排斥"以证据控制程序"和"以审判为中心"，因而存在因难以满足排除机制内在要求而可能发生的"刑事程序失灵"[2]风险。具体而言，新刑事诉讼法创新的侦诉排除，诉讼特性较为模糊，缺乏公众参与性、程序公开性和外部监督性，容易异化为侦诉机关的单方行为，排除的正确性和程序公正性由此难以得到保障。同时，侦诉排除在排除标准掌握上难以避免的"自我性"也可能导致侦诉排除与审判排除出现较大差异，从而影响"证据裁判原则"的正确适用和证明标准的准确把握。为此，应当在拟定非法证据排除程序规制的细则时，注意从制度层面上设置增强侦诉排除诉讼性、监督性的诉讼程序，以弥补程序规制创新与非法证据排除机制内在要求二者契合不足的缺陷，避免出现侦诉排除抵消或弱化审判功能的现象。

---

① 孙远：《刑事证据能力导论》，人民法院出版社 2007 年版，第 126 页。

② 本文所谓刑事程序失灵，是指立法所确立的法定程序在刑事诉讼中被规避、搁置或变形走样。

三、非法证据排除程序规制的设置原则

非法证据排除程序规制的设置，事关刑事诉讼程序公正和效率的保障以及惩罚犯罪和保障人权刑事诉讼目的的实现。因此，它不仅仅是一个法律技术问题，而且涉及诉讼理念、诉讼机制以及证据制度等多方面的因素。其中，价值选择、规律尊重以及标准把握又为重中之重。基于以上考量，笔者认为，我国非法证据排除程序规制的设置原则，至少应当包括以下两项。

（一）确保诉讼功能平衡

适用非法证据排除规则排除的证据，既可能是虚假的证据，又可能是真实的证据。排除非法的虚假证据，自然既有利于惩罚犯罪，又有利于保障人权；而排除非法的真实证据，则虽有利于保障人权，却可能不利于惩罚犯罪。尤其是排除非法真实证据中的重要证据、关键证据，"虽然达到了维护程序正当性的目的，但却可能导致案件事实不能得到有效证明，'可能而且极有可能使犯有罪行的被告人逃避惩罚'，'只因为警察的微小错误就让罪犯得以逍遥法外'的结果"[①]。就此意义而言，在与刑事诉讼功能的关系上，非法证据排除犹如一把锋利的双刃剑：排除合理时，有益于诉讼功能的实现；排除失度时，有害于诉讼功能的发挥。

非法证据排除的程序规制亦类同此理，即：若能合理规制，必能保证排除机制顺畅运行，促进诉讼功能的实现；而若规制失度，则会导致排除机制运行梗阻，阻碍诉讼功能的发挥。具体而言，非法证据排除的程序规制，不仅能够保障排除活动的顺利进行，而且对排除的实体事项也具有一定的程序控制作用，并进而影响诉讼功能的发挥和实现。例如，对证据合法性的证明标准的界定，属于非法证据排除程序规制的范畴。而设置何种证明标准，既是排除程序运行必需的要素，又对排除范围的大小起着一定的控制作用。将证明标准界定为"排除合理怀疑"和将证明标准界定为"证据优势"相较，前者实际排除的范围显然大于后者。

---

① 金钟：《有效证明与维护程序正当性的矛盾及其解决——非法证据排除规则的理念与制度设置及运用》，载《南京大学学报》（社会科学版）2004 年第 2 期。

综上，设置非法证据排除的程序规制，当以确保诉讼功能平衡为要旨。唯有如是，非法证据排除这把双刃剑才可能在惩罚犯罪与保障人权之间游刃有余，起到维持两大诉讼功能动态、适度平衡的作用。而具体考量点，重在程序设置上的合理兼顾。例如，在侦诉排除的程序规制上，鉴于"自律"排除可能由于缺乏动因而排除不力，即应在"自律"排除中掺入"他律"要素，以增强诉讼性和公正性，确保人权保障落到之处。再如，在排除启动以及对排除裁定的上诉、申诉的程序规制上，为避免出现因随意开启相关程序而造成排除范围不当扩大，影响惩罚功能实现的情形，即应设置相对较为严格的程序，以增强非法排除的程序性、审慎性，保障惩罚功能得到充分发挥，等等。

（二）增强排除诉讼特性

非法证据排除作为刑事诉讼中的一项重要活动，具有明显的诉讼特性。审判阶段如是，侦诉阶段亦无例外，只不过其在具有诉讼特性的同时，还带有一定的"自律"性而已。且在笔者看来，侦诉排除的"自律"性正是新刑事诉讼法创新的软肋。因为，侦诉阶段，让专司追究、指控职能的侦诉人员或侦诉机关对其收集的证据予以排除，既匮乏排除动因，又难获正确结果，而且在理论上和逻辑上亦显得不伦不类。因此，非法证据排除的程序规制，需要而且应当重点在侦诉排除上增强排除的诉讼特性，以确保排除过程和结果的公正性。

增强非法证据排除的诉讼特性，需要从以下几方面入手：

1. 设置必要程序，避免"任意排除"

诉讼的重要特性之一，是其运行的程序性，即诉讼行为实施的顺序性、形式性和手续性。非法证据排除作为一种诉讼行为，自然亦不例外，必须严格依照一定的程序运行。"一定的程序"不仅包括排除的具体步骤、方式、方法，而且还包括排除活动中公安司法机关的职权、应当遵循的原则以及当事人和其他诉讼参与人应有的权利和应尽的义务等。由于新刑事诉讼法对侦诉排除仅提出排除要求而没有设置"一定的程序"以及对审判排除仅有原则性的程序规定，在程序规制上即应制定实施细则，设置具体操作程序，以避免出现缺乏程序性的"任意排除"情形。

2. 吸收各方参与，避免"关门排除"

刑事诉讼中，"程序正义的最基本要求是：与诉讼结果有利害关系或者可能因该结果蒙受不利影响的人，都有参与到诉讼中，并得到提出有利于自己的主张和证据以及反驳对方提出的主张和证据的机会"①。非法证据排除要实现程序公正和实体公正，无疑应当尽量满足这一要求，尽可能地吸收有关各方参与排除。具体程序规制考量主要包括三个方面：一是保证犯罪嫌疑人、被告人及其辩护人、诉讼代理人获得听证、听审和发表意见的机会；二是将排除的事由、结果以及排除活动的过程公开；三是建立由客观中立的第三方进行监督的诉讼机制。

3. 实行取证回避，避免"自我排除"

司法中立是司法公正的基本保证。一般认为，司法的中立性主要包括以下三项内容：一是任何人都不能充当有关自己纠纷案件的裁决者；二是纠纷解决结果中不应包含纠纷解决者个人的利益；三是纠纷解决者不应具有支持或反对纠纷当事人某一方的偏见。② 据此，为确保非法证据侦诉阶段排除的中立性，即需实行回避以避免出现带有私利和偏见的"自我排除"情形。具体程序规制上，一方面，不得允许取证的侦查人员作为听证、听审主体，取证的侦查人员只能以取证情况的证明者、说明者的身份参与听证、听审；另一方面，应由侦诉机关内部的非办案部门负责听证和排除事项。

四、非法证据排除程序规制的具体设置

非法证据排除程序规制的内容，主要包括两个方面：其一，非法证据排除证明标准的界定；其二，非法证据排除诉讼程序的设置。根据程序规制的中国特色和设置原则的要求，借鉴国内有益的实践经验和国外通行的先进做法，笔者试作如下考量：

（一）非法证据排除的证明标准

非法证据排除的证明标准，是指运用证据证明侦查机关的取证行为是否

---

① 宋英辉主编：《刑事诉讼原理》，法律出版社 2003 年版，第 41 页。
② 参见 ［美］戈尔丁：《法律哲学》，齐海滨译，三联书店 1987 年版，第 240 页。

合法所应达到的程度。由于"证明标准的确立至少有两重意义：一是实体法意义，在证据量及其证明力不变的情况下，证明标准设置和实际掌握的宽严在一定情况下决定案件的实体处理；二是程序法意义，证明标准是证明完成从而使证明责任得以卸除的客观标志"[①]，对非法排除证明标准的界定尤其需要审慎地进行通盘考虑。

根据新刑事诉讼法的规定，检察院应当承担对侦查机关取证行为是否合法的证明责任。检察院不能证明取证行为合法的，则采用该取证行为收集的证据系非法证据，对其应当视不同情形予以强制排除或裁量排除。但是，对证明取证行为是否合法的证明标准，新刑事诉讼法却未予明确。目前，在对非法证据排除证明标准的理解上，主要存在以下几种不同观点：第一，非法证据排除的证明标准为证据"确实、充分，排除合理怀疑"；[②] 第二，非法证据排除的证明标准应与"确实、充分"的定罪标准相一致；[③] 第三，非法证据排除的证明标准是"不能证明取证合法的证据以非法证据论"；[④] 第四，非法证据排除的证明标准可以设立为"清楚和有说服力的"或"优势证明"标准；[⑤] 第五，非法证据排除可以采用"明显的优势证据"的证明标准[⑥]。

上述非法证据排除证明标准理解上的诸种观点，虽在法条解读和权益保护上各持有据，但都存在一定的缺陷。第一种观点的缺陷在于：根据新《刑事诉讼法》第53条的规定，"排除合理怀疑"是"确实、充分"的条件之一。将二者并列作为证明标准的语言表述形式，在逻辑上有失周延。第二种观点未充分考虑将排除标准等同于定罪标准的必要性和实际证明的困难度，所定标准在大多数情况下难以达到。第三种观点提及的"不能证明"

---

① 龙宗智：《试论我国刑事诉讼的证明标准——兼论诉讼证明中的盖然性问题》，载龙宗智：《相对合理主义》，中国政法大学出版社1999年版，第425页。

② 周峰：《非法证据排除制度的立法完善与司法适用》，载《人民法院报》2012年5月9日第6版。

③ 沈志先主编：《刑事证据规则研究》，法律出版社2011年版，第190页。

④ 杨宇冠：《我国非法证据排除规则的特点及实施》，载《中国审判》新闻月刊总第74期。

⑤ 胡洋：《论非法证据排除中的证明责任和证明标准》，中国政法大学2009年硕士学位论文集，第31页。

⑥ 孙长永：《排除非法证据：中国法面临的难题及其对策》，载孙长永主编：《刑事诉讼证据与程序》，中国检察出版社2003年版，第59页。

仍需判定标准，因而并未明确证明标准为何的问题。第四种观点界定的证明标准虽可适用于裁量排除，但适用于强制排除却显然不利于遏制非法取证行为。第五种观点所说"明显的优势证据"中的"明显"，在具体把握上存在较大难度，且易导致裁量排除上的过度自由。

笔者认为，可以对应非法证据排除的两种不同排除模式，将证明标准设置为以下两种：其一，"排除合理怀疑"，即对非法言词证据的强制排除，采用"排除合理怀疑"的证明标准。其二，"优势证据"，即对非法物证、书证的裁量排除，采用"优势证据"的证明标准。

理由如是：

首先，对非法言词证据的排除直接关系到人权保障问题，因而对取证行为合法性的证明不能仅仅满足于达到"优势证据"的程度。只有要求检察院将取证行为的合法性证明到排除合理怀疑的程度，才能促使侦查机关严格依法取证，有效遏制刑讯逼供等非法取证行为，切实保障当事人及其他诉讼参与人的合法权益。而对非法物证、书证的裁量排除则主要涉及证据的形式要件是否合法的问题，一般不会对当事人及其他诉讼参与人的人权造成直接、严重的损害，因此可以采用"优势证据"这种低于"排除合理怀疑"的证明标准。

其次，国外非法证据排除的证明标准，主要有"比例原则"、"或然性"、"盖然性"、"优势证据"、"排除合理怀疑"等。其中，"排除合理怀疑"和"优势证据"具有代表性。例如，英国1984年颁行的《警察与刑事证据法》第76条规定，检察官应当将取证行为的合法性证明到排除合理怀疑的程度；[①] 日本《刑事诉讼法》第319条第1款规定，控方证明其取证行为的正当性，需要达到"无合理怀疑"的程度；[②] 在美国，不少州对非法证据排除都采用"优势证据"的证明标准，[③] 等等。尤其值得注意的是，在非

[①] 参见中国政法大学刑事法律研究中心组织编译：《英国刑事诉讼法（选编）》，中国政法大学出版社2001年版，第319页。

[②] 龙宗智主编：《徘徊于传统与现代之间——中国刑事诉讼法再修改研究》，法律出版社2005年版，第98页。

[③] 参见杨宇冠：《非法证据排除规则研究》，中国人民公安大学出版社2002年版，第122页。

法证据排除规则发源地的美国，对非法证据的取得是否合法的问题并无统一的证明标准，而是根据不同的情况采用"优势证据"或不得低于"优势证据"的证明标准。[①] 综上，对应不同的排除模式分别采用"排除合理怀疑"或"优势证据"的证明标准，亦能得到国外有益做法的强力支持。

（二）非法证据排除的程序设置

在技术层面上，非法证据排除程序的设置包括两项基本要求：一是对现行法律规定进行正确解读和有序梳理；二是往现行法律框架内合理填充操作要素。同时，鉴于侦诉排除与审判排除相异，应当分别设置排除程序。

1. 侦诉阶段的非法证据排除程序

第一，非法证据排除程序的启动方式，包括依申请启动和依职权启动两种。前者系当事人及其辩护人、诉讼代理人申请启动，后者为侦查机关、检察院发现启动。

第二，无论是依申请启动还是依职权启动，都应由侦查机关、检察院内部独立于办案部门的其他部门办理非法证据排除的受理、审查、决定等事项。

第三，侦查机关、检察院内部的有关部门受理排除申请后，经审查，对排除申请缺乏相关线索或证据的，应当要求被告方补充提供相关线索或证据。被告方未提供相关线索或证据的，排除程序不得启动。

第四，排除应当采用公开听证的方式进行，由有关部门的工作人员主持，被告方、侦查人员以及犯罪嫌疑人、被告人所在单位、社区、村社的代表参加，围绕取证是否合法的问题开展调查。

第五，经听证审查，侦查机关、检察院认为取证行为合法的，应当作出驳回排除申请的决定；认为取证行为非法的，应当作出不得将采用该取证行为收集的证据作为起诉意见、起诉决定依据的决定。

2. 审判阶段的非法证据排除程序

审判阶段非法证据排除程序的启动方式，包括依申请启动和依职权启动两种。启动申请的提出，既可以在庭审前，也可以在庭审中，由办理案件的

[①] 参见杨宇冠：《非法证据排除规则研究》，中国人民公安大学出版社 2002 年版，第 121—122 页。

审判人员进行程序性审查并作出是否启动排除程序的决定。排除申请缺乏相关线索或证据的，法院应当要求被告方补充提供相关线索或证据。被告方未提供相关线索或证据的，排除程序不得启动。

法院决定受理排除申请后的具体程序，分为以下两种：

其一，审前会议程序。主要内容包括：审判人员在开庭前召开由公诉人、当事人和辩护人、诉讼代理人参加的会议，就非法证据排除问题了解情况、听取意见。诉讼双方可以互相开示相关证据，并就排除问题交换意见。被告方申请排除的，审判人员可以协调公诉人做好在庭审中证明侦查机关取证行为合法的准备；法院依职权启动排除程序的，审判人员应当将非法证据排除问题告知诉讼双方并协调双方做好接受法庭调查的准备。审前会议程序是对非法证据排除的初步审查程序，因而不能作出实质性的判定和处理。无论诉讼双方是否达成共识，非法证据的认定与排除问题，都须留待庭审中解决。

其二，庭审调查程序。主要内容包括：在法庭调查阶段，法庭对被告方在庭审前提出排除申请的，应就取证行为是否合法先行调查；对被告方在庭审中提出排除申请的，一般应对取证行为是否合法即行调查。检察院应当承担取证行为是否合法的证明责任，并应使其证明达到证明标准的要求。检察院可以提供讯问时的录音录像资料，也可以提请法院通知有关侦查人员或者其他人员出庭说明情况。诉讼双方应就证据是否合法问题进行质证、辩论，合议庭应当充分听取诉讼双方的意见。经法庭审理，合议庭认为取证行为合法的，应当当庭驳回排除申请；合议庭认为取证行为非法的，原则上应当庭对采用非法取证行为获取的证据予以排除；当庭难以作出取证行为是否合法判定的，也可以经庭后核实作出判定。

刑事证据排除的范围、阶段和机制

李昌林[*]

回顾新中国刑事诉讼立法的历程，特别是 1979 年以来 30 多年的立法历程，我们可以用"三部刑诉法，卅年三大步"来加以概括。1979 年刑事诉讼法的颁布施行，标志着中国结束了"文革"无法无天的历史，开始步入了有法可依的法治建设新纪元。1996 年刑事诉讼法引入控辩式庭审方式，改变了刑事诉讼法作为单纯的治罪法的历史，开启了正当程序革命的新纪元。2012 年刑事诉讼法则以非法证据排除规则正式入法为标志，使审判中心主义悄然确立，侦查中心主义风光不再，进一步彰显了正当程序的价值。但是，在以非法的手段实现法治、以犯罪的手段打击犯罪还大有市场，民众对有罪者被绳之以法的诉求盖过对正当程序的诉求，官方仍然侧重打击犯罪的刑事司法政策导向的情况下，2012 年刑事诉讼法所确立的非法证据排除规则、相关法律解释（包括征求意见稿）所确立的证据排除规则能否得到良好运行，能否产生预期的效果？笔者对此不无疑问。笔者认为，要使 2012 年刑事诉讼法及相关法律解释所确立的证据排除规则发挥应有的作用，我们应当坚持抓早、抓小，通过建立机制，尽力规范侦查取证行为，不形成非法证据，在形成非法证据时则通过严格掌握逮捕条件、严格审查起诉时的证据审查、认真听取律师意见、讯问犯罪嫌疑人，在审查逮捕和审查起诉阶段排除非法证据、弥补瑕疵证据，避免审判阶段排除证据可能带来的负面影响。

一、证据排除的范围

2012 年《刑事诉讼法》第 54 条规定，对于"以刑讯逼供等非法方法收

---

[*] 西南政法大学诉讼法与司法改革研究中心常务副主任，教授，法学博士，博士生导师。

集的犯罪嫌疑人、被告人供述和采用暴力、威胁等方法收集的证人证言、被害人陈述"，以及其收集"不符合法定程序，可能严重影响司法公正"，且"不能补正或者作出合理解释"的物证、书证，"应当依法予以排除，不得作为起诉意见、起诉决定和判决的依据"。第58条规定，除了对于确认属于非法证据的证据要予以排除以外，对于"不能排除存在""以非法方法收集证据的情形的，对有关证据应当予以排除"。第187条第3款规定："鉴定人拒不出庭作证的，鉴定意见不得作为定案的根据。"从上述法条的规定可知，2012年刑事诉讼法确立了三类证据排除规则：一是非法证据排除规则；二是有非法取证嫌疑的证据的排除规则；三是不出庭作证的鉴定人的鉴定意见的排除规则。

对于《刑事诉讼法》第54条规定的"刑讯逼供等非法方法"，最高人民检察院发布的《人民检察院刑事诉讼规则（试行）》（以下简称《检察规则》）第65条规定："刑讯逼供是指使用肉刑或者变相使用肉刑，使犯罪嫌疑人在肉体或者精神上遭受剧烈疼痛或者痛苦以逼取供述的行为。其他非法方法是指违法程度和对犯罪嫌疑人的强迫程度与刑讯逼供或者暴力、威胁相当而迫使其违背意愿供述的方法。"最高人民法院《关于执行〈中华人民共和国刑事诉讼法〉若干问题的解释（征求意见稿）》（以下简称《法院解释》）第95条第2款规定："使用肉刑或者变相肉刑，或者使用其他使被告人在肉体上或者精神上遭受剧烈疼痛或者痛苦的行为，迫使被告人不得不违背自己意愿供述的，应当认定为刑事诉讼法第五十四条规定的'刑讯逼供等非法方法'"。刑事诉讼法对讯问犯罪嫌疑人的时间、地点、方式等都作出了严格的规定。应当说，在立案侦查之前获取的供述，违反关于传唤、拘传的时限的规定获取的供述，以及犯罪嫌疑人被羁押以后在看守所以外获取的供述，应当录音录像而没有录音录像的供述，都属于以非法的方法获取的供述。但是，《检察规则》和《法院解释》却对"非法方法"作出了限缩解释，将其等同于与刑讯逼供类似的方法，这似乎意味着违反法律关于讯问程序的规定所获取的供述即便是非法获取的供述，也可以作为证据使用，有架空法律关于讯问程序之规定的危险，可能有所不妥。

《法院解释》在此前颁布的《关于办理死刑案件审查判断证据若干问题

的规定》的基础上，规定七类证据不得作为定案的根据。一是有下列情形之一的被告人供述、证人证言、被害人陈述：（1）没有经过被告人、证人、被害人核对确认并签名的；（2）讯问（询问）聋、哑人或者不通晓当地通用语言文字的人员时，应当提供通晓聋哑手势的人员或者翻译人员而未提供的（第79条、第81条、第83条）；（3）证人、被害人经人民法院通知，没有正当理由拒绝出庭或者出庭后拒绝作证，法庭对其证言的真实性无法确认的（第80条、第81条）。二是有下列情形之一的物证、书证：（1）物证原物的照片、录像或者复制品，不能反映原物的外形和特征的（第72条）；（2）书证有更改，或者有更改迹象不能作出合理解释，以及书证的副本、复制件不能反映书证原件及其内容的（第72条）；（3）经勘验、检查、搜查提取、扣押的物证、书证，未附有关笔录或者清单，不能证明物证、书证来源的（第74条）；（4）对物证、书证的来源及收集过程有疑问，不能作出合理解释的（第74条）。三是勘验、检查笔录存在明显不符合法律及有关规定的情形，并不能作出合理解释或者说明的（第89条）。四是有下列情形之一、不能确认其真实性的辨认笔录：（1）辨认不是在侦查人员主持下进行的；（2）辨认前使辨认人见到辨认对象的；（3）辨认活动没有个别进行的；（4）辨认对象没有混杂在具有类似特征的其他对象中，或者供辨认的对象数量不符合规定的，但尸体、场所等特定辨认对象除外；（5）辨认中给辨认人明显暗示或者明显有指认嫌疑的（第90条）。五是侦查实验的条件与事件发生时的条件有明显差异，或者存在其他影响实验结论科学性的情形的侦查实验笔录（第91条）。六是具有下列情形之一的视听资料、电子数据：（1）视听资料、电子数据经审查或者鉴定无法确定真伪的；（2）对视听资料、电子数据的制作和取得的时间、地点、方式等有疑问，不能提供必要证明或者作出合理解释的（第94条）。七是具有下列情形之一的鉴定意见：（1）鉴定机构不具备合法资质，或者鉴定事项超出本鉴定机构项目范围或者鉴定能力的；（2）鉴定人不具备合法资质、不具有相关专业技术或者职称、违反回避规定的；（3）鉴定程序、方法有错误的；（4）鉴定意见与证明对象没有关联的；（5）鉴定对象与送检材料、样本不一致的；（6）送检材料、样本来源不明，或者确实被污染且不具备鉴定条件的；（7）违反有关鉴定特定标准的；（8）鉴定文书缺少签名、盖章的；（9）其他违反有关规定的情形（第86条）。这些证据既然不能作为法院定案的根据，作为移送审查起诉、提起公诉的证据，除了形成错捕、错诉，就没有更多的意义了。可见上述证据也属于应当排除的证据之列。《法院解释》的上述规定对公安机关、人民检察院办理刑事案件也会产生约束力。

二、证据排除的阶段

对于证据排除的阶段，刑事诉讼法规定了侦查机关（部门）在侦查阶段自行排除证据、检察机关在审查起诉阶段排除证据、法院在审判阶段排除证据三种模式，尤其是对审判阶段排除证据作出了详细的规定（第54条至第58条），没有赋予庭前会议排除证据的功能①。《检察规则》第65条则规定："对采用刑讯逼供等非法方法收集的犯罪嫌疑人供述和采用暴力、威胁等非法方法收集的证人证言、被害人陈述，应当依法排除，不得作为报请逮捕、批准或者决定逮捕、移送审查起诉以及提起公诉的依据。"这实际上赋予了审查逮捕阶段检察机关排除非法证据的职责。

对于上述排除非法证据的诉讼阶段，或许除了辩护律师以外，各界最不愿意看到的是在审判阶段排除非法证据。对于辩护律师而言，辩护律师或许会因为证据得到排除，其辩护获得成功而沾沾自喜。但在庭审中排除非法证据，对于犯罪嫌疑人、被告人而言，哪有在侦查、审查逮捕或者起诉阶段排除非法证据更能保护其合法权益？按诉讼阶段收取辩护费用的辩护律师除了因为在审判阶段排除非法证据可以收取更多的辩护费用以外，并不能给当事人带来更多的实际利益。对于法院而言，在庭审过程中排除非法证据，意味着事实上有罪的人可能会因之被宣告无罪。法院是否会承受打击犯罪不力的责难？是否会受到来自舆论的压力？在官方和民众都还没有接受无罪推定观念的情况下，这是不难想象的。在庭审中排除非法证据，还有可能使法庭审判的重心从保证查明案件事实、正确适用法律转为对证据合法性的调查。这不但会使庭审旷日持久，而且不利于法庭集中精力查明案件事实，完成审判

---

① 《刑事诉讼法》第182条第2款仅仅规定可以对非法证据排除问题了解情况，听取意见。

任务。对于检察机关而言，在庭审中排除非法证据，使原本集中精力完成证明责任的检察官不得不应对证据排除问题，检察官也可能会从公诉人演变为事实上的"被告人"，成为辩护人重点攻击的对象。在庭审中排除非法证据，还会使检察机关面临严峻的考核压力。检察机关面临着接受无罪裁判结果或者撤回起诉的两难选择。根据目前的考核指标，提起公诉的案件被判无罪或者被撤回起诉，都意味着起诉错误，在考核时都要被扣很多的分。因此，无论是从保护被告人的合法权益，保证庭审集中、连续进行，还是从检察机关完成考核指标的角度考虑，在庭审中排除非法证据都是最不理想的。对于公诉案件，庭前会议可能是检察机关争取主动、排除非法证据的最后一道屏障。检察机关应当根据庭前会议的结果，至迟在庭前会议以后主动排除非法证据，避免在庭审中排除非法证据的被动局面。

在侦查阶段由侦查机关或者侦查部门自行排除非法证据，或者侦查活动根本就不形成非法证据，是最为理想的局面，但也是最不可能出现的局面。非法证据排除规则的功能，首要的就在于对侦查行为的指引作用。如果证据排除规则能够起到规范侦查行为、防范非法证据的作用，这当然是皆大欢喜的。但是，侦查机关、侦查部门能够完全做到严格按照规范侦查取证吗？打击人数、破案率的压力，往往使得一些侦查机关和侦查人员在错误的政绩观指导下置既定的侦查取证程序于不顾。能够在规定的期限内破案，破案率能够达到规定的指标，打击人数能够达标，往往能够获得立功授奖的结果。长期以来侦查中心主义形成的惯性，加之侦查的封闭性，使得非法取证行为往往难以被发现，被发现以后也因检察机关、审判机关视而不见而受到纵容。侦查机关和侦查人员如果继续按照固有的习惯侦查取证，在短期内，证据排除规则是难以起到有效遏制非法取证行为的作用的。至于在侦查阶段形成非法证据以后，要求侦查机关自行排除非法证据，在侦审合一的侦查工作机制下，则无异于要求侦查人员自首，要知道刑讯逼供、暴力逼取证言是被刑法规定为犯罪行为的。

这样，在侦查阶段形成非法证据之后，最有可能排除非法证据的，就只剩下审查逮捕和审查起诉两个阶段了。对于移送审查逮捕的案件，如果检察机关侦查监督部门能够严格按照逮捕的全部要件审查逮捕，发现并排除非法证据，不但能够使犯罪嫌疑人避免错误羁押，而且有利于保证证据的合法性、全面性，有助于检察机关履行证明责任，使检察机关在逮捕质量、公诉质量考核中处于不败之地。此时排除非法证据，还因案件处于较早的诉讼阶段，能够给侦查机关以重新收集证据的机会，便于其完成打击犯罪的任务。如果侦查监督部门没有在审查逮捕阶段排除非法证据，在审查起诉阶段却发现存在有非法证据需要排除，就会使公诉部门排除非法证据则在内部形成两个部门之间的矛盾，不排除非法证据则面临起诉后被判无罪的风险，弥补证据的合法性则面临案多人少的巨大压力，使公诉部门不堪重负。如果侦查监督部门在审查逮捕时不注重对逮捕全部要件的审查，继续沿袭此前所流行的"构罪即捕"的老路，在侦查机关对逮捕的刑罚条件和必要性条件缺乏证明时就批准或者决定逮捕，公诉部门也面临着量刑证据缺乏的压力，难以很好地履行证明责任。对于直诉案件①，公诉部门则应当严格按照公诉条件的要求，督促侦查机关履行对公诉条件的证明责任，排除非法证据，弥补瑕疵证据，只有这样才能够达到既有效打击犯罪又充分保障人权的目的。

三、防范和排除非法证据的机制

在实践中，一些检察机关摸索出了一些行之有效的保证办案质量的工作机制。刑事诉讼法也规定了一些非法证据的防范于排除机制。如果能够把这些机制发扬光大，我们是能够尽可能地避免形成非法证据，在形成非法证据后也能够在审查逮捕和审查起诉阶段有效排除非法证据的。总体而言，笔者认为，检察机关应当"对内一条心，对外一盘棋"，以保证公诉部门完成证明责任为核心，以帮助公安机关的办案质量为抓手，形成防范和排除非法证据的合力。具体说来，在实践中应当做到以下几点：

一是坚持提前介入和案件讨论机制。《刑事诉讼法》第85条规定人民检察院审查逮捕，在必要的时候可以派人参加公安机关对于重大案件的讨论。在实践中，检察机关往往还派员提前介入侦查，为公安机关的侦查活动提供指导。笔者在检察机关挂职的时候，也一直在倡导"帮"公安、对公

---

① 即侦查机关对没有被逮捕的犯罪嫌疑人直接移送审查起诉的案件。

安进行"柔性监督"的理念。检察机关要用证据来完成证明责。收集证据的责任由侦查机关（部门）承担。公安机关是侦查的主要力量。侦查取证出问题最多的也是公安机关。公安机关不但承担了刑事案件侦查的职责，还承担了诸多行政管理职责。职能多、刑侦没有专门化、专业化，是公安机关侦查面临的主要问题。与公安机关相比，检察机关有熟悉办理刑事案件的法律规范的优势。检察机关适时提前介入，引导侦查，能够帮助公安机关明确侦查取证的方向和要求，规范其侦查取证行为。如果检察机关能够定期或者不定期地与公安机关召开案件质量分析会议，与公安机关承办人就以往质量存在问题的案件交换意见，分析出现质量问题的原因，避免重复犯同样的错误，这是能够有效地规范公安机关的取证行为的。当然，如果能够把法官也请过来，公、检、法三家共同分析案件质量，则能够取得更佳的效果。此外，有的检察机关在召开检委会会议的时候，也邀请公安机关派员参加。这对于帮助公安机关提高对案件证据、事实认定、法律适用的认识能力也有重要的作用。笔者在挂职期间还推行了"不捕双重说理"机制，即对不（予）批准逮捕的案件，既在不捕决定书中书面说明理由，又与公安机关承办人口头交换意见。这对于提高公安机关承办人的法律意识，规范其侦查取证行为，也取得了事半功倍的效果。

二是在审查逮捕和审查起诉阶段坚持认真讯问犯罪嫌疑人。刑事诉讼法并没有把讯问犯罪嫌疑人作为审查逮捕的必经程序。但是，作为一个司法特征较为明显的程序，检察机关在审查逮捕阶段不讯问犯罪嫌疑人，就无法体现作为程序意义上的被告的犯罪嫌疑人的参与权，是难以维系审查逮捕的诉讼构造，无法体现审查逮捕程序的正当性的。在审查逮捕阶段讯问犯罪嫌疑人，认真听取犯罪嫌疑人的辩解，还有利于侦查监督部门发现非法证据的线索。此外，在这个阶段讯问犯罪嫌疑人，即便侦查阶段所获得的口供在事后被证明是非法的，应当予以排除，也不影响审查逮捕阶段所获供述在庭审中的使用。这样，审查逮捕阶段讯问犯罪嫌疑人就具有了体现审查逮捕程序正当性、发现非法证据线索、弥补口供合法性的作用。同样，在审查起诉阶段认真讯问犯罪嫌疑人，也能够起到上述作用。检察机关侦查监督部门、公诉部门一定要认真对待法律关于在这两个阶段讯问犯罪嫌疑人的规定，按照侦查取证的要求详细地讯问犯罪嫌疑人，认真听取其供述和辩解，而不能像以前那样敷衍塞责，应付了事。

三是落实听取律师意见的规定。《刑事诉讼法》第 86 条第 2 款规定："人民检察院审查批准逮捕，可以……听取辩护律师的意见；辩护律师提出要求的，应当听取辩护律师的意见。"第 170 条规定："人民检察院审查案件，应当……听取辩护人……的意见，并记录在案。辩护人……提出书面意见的，应当附卷。"审查逮捕时听取律师意见是在吸收以前的司法解释的基础上新增的规定，在审查起诉阶段听取辩护师意见则是 1996 年刑事诉讼法原有的规定。从实践中的情况来看，检察机关对听取律师的意见尚未给予足够的重视。其实，听取律师意见，是维系审查逮捕和审查起诉的诉讼构造不可或缺的一环，也是发现非法证据线索的一个重要途径。这对于及时发现和排除非法证据，具有重要的意义。因此，笔者建议，只要犯罪嫌疑人有辩护律师，检察机关在审查逮捕和审查起诉的时候，就一定要主动听取辩护律师的意见，包括对证据合法性、客观性、全面性以及对案件事实认定和法律适用的意见。特别是在审查逮捕阶段，由于时间短，且法律未将听取辩护人意见作为必经程序，没有明确规定公安机关提请批准逮捕、检察机关受理逮捕案件时要告知辩护律师，检察机关只有主动听取辩护律师意见，才不会使审查逮捕阶段听取辩护律师意见的规定落空。当然，由于在审查逮捕阶段，辩护律师接触到的案件材料还非常有限，这个阶段律师往往难以提出有价值的意见。但是，即便如此，这个阶段听取辩护律师意见对于保证逮捕案件质量，对于发现非法证据线索，仍然具有重要的作用。检察机关不能因为作用不大而错失尽早发现并排除非法证据的良机。在审查起诉阶段，律师已经能够查阅全部案件材料，能够对案件处理提出更有价值的意见。但这要以保障律师的阅卷权为前提。在实践中，最可能发生的是检察机关承办人阅卷与辩护律师阅卷的时间冲突。为解决这个问题，重庆市不少检察机关已经在审查起诉阶段对案卷材料进行扫描。但这会增加检察机关的时间、人力耗费。笔者曾多次利用给政法机关讲授 2012 年刑事诉讼法的机会，呼吁由公安机关、检察机关自侦部门在侦查终结移送审查起诉之前，把案卷材料编好目录之后正式装订之前就对案卷材料进行扫描，在移送审查起诉时既移送案卷的纸质本，也移送电子档。这样既可以大大节省人力、物力，也便于律师在审查起诉阶段查阅案卷材料，避免检察机关承办人阅卷与辩护律师阅卷的时间冲突。对于公安机关、人民检察院规范案件管理，这一做法也大有裨益。对于公安机关人手、经费不足的问题，则应当通过适当增加人手和经费加以解决。

四是公安机关要切实履行其取证职责。《刑事诉讼法》第 50 条要求审判人员、检察人员、侦查人员依照法定程序收集能够证实犯罪嫌疑人、被告人有罪或者无罪、犯罪情节轻重的各种证据。第 113 条要求公安机关对已经立案的刑事案件，应当进行侦查，收集、调取犯罪嫌疑人有罪或者无罪、罪轻或者罪重的证据材料。第 79 条规定了逮捕的条件。第 172 条规定了提起公诉的条件。在审查逮捕和审查起诉的诉讼构造中，公安机关相当于程序上的原告，检察机关相当于程序上的裁判者，犯罪嫌疑人相当于程序上的被告。作为程序上的原告，公安机关理当对案件符合逮捕条件或者符合提起公诉的条件承担证明责任，理当全面、客观、合法地收集相关证据。在实践中，检察机关认为移送审查起诉的案件证据不足时，要求公安机关补充证据时，公安机关往往以犯罪嫌疑人已经被批准逮捕、自己已经完成打击指标为由，拖延不办或者消极怠工。这对于全面完成刑事诉讼的任务，是非常有害的。公安机关一定要克服以往侦查中心主义的惯性，把保证检察机关完成证明责任作为侦查的首要职责。

五是检察机关要切实履行对非法证据进行调查核实的职责。《刑事诉讼法》第 55 条赋予了检察机关对非法证据进行调查核实的职责。《检察规则》第 68 条重申了这一规定；第 69 条规定侦查阶段由侦查监督部门负责调查核实，审查起诉和审判阶段由公诉部门调查核实，必要时渎职侵权检察部门可以派员参加；第 70 条对调查核实的方法作出了规定；第 71 条对处理程序作出了规定。其实，除了侦查监督部门、公诉部门、渎职侵权检察部门以外，控申部门、监所部门也有受理报案、控告、举报的职责。检察机关各部门一定要通力协作，互相配合，拓宽发现非法取证的渠道，使非法证据在检察环节无从遁形。

论我国非法证据排除规则实施的五大障碍

闫召华[*]

《关于办理刑事案件排除非法证据若干问题的规定》（以下简称《排除非法证据规定》）的出台标志着我国非法证据排除规则的正式确立。在非法证据排除方面，2012 年刑事诉讼法基本沿用了《排除非法证据规定》的内容。正所谓，"不以规矩，不能成方圆"。排除规则是法治国家证据运用中必不可少的规范和法度。然而，有了"规矩"，也不一定能成"方圆"。与其他变革中的证据规则和刑事程序在我国的境遇一样，真正的难题是，如何使这些规则付诸实施，如何让这种制度进步成为司法现实。在非法证据排除规则的实施问题上，许多学者并不乐观，[①] 甚至"略感忧虑"[②]。而且，学界的担心似乎也得到了实践的印证。《排除非法证据规定》颁行之后，非法证据排除实践并未有大的改观，很难找到排除非法证据的典型案例。宁波章国锡涉嫌受贿案曾被誉为"'非法证据排除'第一案"，然而，二审法院最终认定，审前供述的合法性已经得到充分的证明，从而又使本案出现了戏剧性的转变。因此，在我们为非法证据排除规则的完善而欢欣鼓舞时，必须对实施中可能遭遇的阻力保持清醒的认识。笔者认为，目前，非法证据排除规则实施的障碍主要体现在以下五个方面。

---

* 西南政法大学副教授，法学博士。本文系最高人民检察院 2013 检察理论研究课题 "检察环节证据合法性审查问题研究"（GJ2013D16）、重庆教委 2013 人文社会科学研究一般项目 "非法证据排除规则实施问题研究"（13SKC09）及山东省人民检察院 2013 检察理论研究课题 "检察环节重复供述排除问题研究"（SD2013C17）的阶段性成果。

① 参见龙宗智：《两个证据规定的规范与执行若干问题研究》，载《中国法学》2010 年第 6 期。

② 陈卫东：《中国刑事证据法的新发展——评两个证据规定》，载《法学家》2010 年第 5 期。

一、体制性因素的制约

在我国，经过 30 年的努力，中国特色社会主义法律体系基本形成，"有法可依"的目标已初步实现。然而，作为一个较为普遍的现象，"有法不依"问题激起诸多学者的苦恼和省思。而"有法不依"的症结并不全在于法律规则本身，一些体制性因素成为推进"依法治国"的潜在的障碍和阻力。具体到非法证据排除规则的实施而言，体制性因素的制约主要来自三个层面。

（一）宏观上法、权关系的失衡

当前，宪法尚未完全树立权威，法律尚未完全驾驭权力，这就是贯彻非法证据排除规则的背景。法治的核心是"以法律限制公共权力"。然而，新中国成立后，由于历史原因及对效率、安全等价值的偏重，逐步形成了权力高度集中和发达的体制，权力而非法律成为社会控制的主要手段，支配着社会生活的方方面面，而权力本身又缺乏来自法律、权利、其他权力的限制。改革开放以来，我国也在政治总格局和权力结构不变的前提下，努力推动对权力运行机制的调整，但从总体上而言，公共权力的行使方式与经济社会发展的要求还不能完全适应。在一个失衡的法、权关系中，司法机构承担了过多具体的"国家治理"的任务，"司法制度的各个层面都渗透着浓厚的政策实施色彩"。[①] 而与"权力本位"相对应的则是法律的信任危机，即人们"对于当下的实在法的效力表示不信任，尤其是对于实在法的制定者和施行者们依法而治的诚意表示高度怀疑"。事实上，作为我国法律制度的一个特点，宪法和法律上还有不少条文或在需要具体时却高度抽象，或仅仅规定了行为模式，却没有规定违反之后的法律后果，于是，在某些问题上，一些命令、指示、"土政策"、潜规则替代了法律成为决策或行动的依据，部分法律没有成为真正"必须执行的东西"。非法证据排除规则本质上是对当事人权利的救济和对追诉机关权力的限制，但其在内容上却表现出对追诉机关公

---

① ［美］米尔吉安·R. 达马斯卡：《司法和国家权力的多种面孔：比较视野中的法律程序》，郑戈译，中国政法大学出版社 2004 年版，第 19 页。

正行使追诉权的极度信任，最突出的表现就是，采用分阶段的非法证据排除方式，尤其是规定侦查机关在侦查阶段可以成为排除非法证据的主体。非法证据排除规则能否得到贯彻在一定意义上取决于权力的自觉程度。换言之，作为救济权利的法律机制，本身却需要权力的"救济"。这就必然导致非法证据排除规则在适用上的独断性、任意性和不统一性，该排除的不排除，对于同样的情形是否需要排除不同地方、不同级别的司法机关作出截然相反的认定，而辩方的意见却无足轻重。

（二）公安司法机关的"一体化"或"同质化"

由于政策目标的一致性，相互之间配合多于监督，合作大于制约，公安司法机关逐渐消弭差异，形成了一种利益共生关系。对于公安机关、检察院、法院在刑事诉讼中的关系，我国《宪法》第 135 条和《刑事诉讼法》第 7 条的共同要求是，"应当分工负责，互相配合，互相制约"。至于如何分工，《刑事诉讼法》第 3 条有明确的规定，即公安机关负责侦查、拘留、执行逮捕和预审，检察机关负责审查起诉和自侦案件的侦查，而人民法院负责审判。同时，按照《宪法》第 129 条和《刑事诉讼法》第 8 条的规定，检察院还负责对整个刑事诉讼的监督。然而，从宪法和刑事诉讼法的其他相关规定看，公、检、法分工的规定并非是在强调三机关相互间的独立性，而是在强调三机关的共同使命（"惩罚犯罪，保护人民"和"保证准确有效地执行法律"）、司法权的专属性（"其他任何机关、团体和个人都无权行使这些权力"）[①] 和三机关更为有效地配合。所以，虽然名义上强调"互相制约"，但实质上只能实现没有制衡的分立，没有独立性的分工，最后只能构建起"分工不分家"、流水作业的线形诉讼模式。独立性的丧失导致的司法一体化，直接表现为公、检、法三机关在办理刑事案件时配合有余、制约不足，出现了一定程度上的同质化。检察机关盲从公安机关的结论，审判机关又盲从公诉意见，起诉、审判受制于侦查，从而形成所谓的"侦查中心主义"。对于侦查机关获取的证据，检察机关和审判机关较为信任；被追诉者翻供的，司法机

---

① 顾昂然：《〈中华人民共和国刑法〉〈中华人民共和国刑事诉讼法〉讲话》，法律出版社 1997 年版，第 45—46 页。

关重视不足；对于可能存在的刑讯等非法取证行为，疏于调查，"睁一只眼闭一只眼"。而对于非法证据，不敢排除，不愿排除，因为同质化使得排除非法证据实质上变成了公安司法机关的一种自我否定和自我惩罚。

（三）司法机关缺乏最低限度的独立性

司法不独立是某些案件中非法证据得以畅行无阻的重要原因。独立性是公正行使司法权的基石，是司法者的重要品格和正当性依据。司法机关丧失了独立性，就不可能有权威，也不可能实施有效的监督或制约，甚至使法庭审判都流于形式。作为判断权的司法权本来就是一种相对弱势的权力，[①] 而在我国法、权关系失衡的大背景下，司法权更是"内外交困"。尤其是在一些重大或者产生广泛社会影响的案件中，如果涉嫌非法获取的是决定能否定罪的关键证据，排除与否也就不再仅仅是一个单纯的法律问题，而变成了一个社会问题，乃至政治问题。即使司法机关认为符合排除条件，也是有心无力。一方面，某些组织、部门及个别党政领导的有形"指导"，使得司法机关丧失了独立的判断，对法外力量曲意迎合，降低了对证据合法性的要求。另一方面，考虑到降低上访率、维护社会稳定和构建社会和谐的政策目标，司法机关在排除非法证据时不得不估计受害人及其亲属的感受、民众的反应及社会舆论的压力，个别案件中甚至出现了"民意"绑架司法的现象。在法外力量的不当干扰之下，对于非法证据排除问题，缺乏独立性、权威性的司法机关丧失了"生产"公正裁决的能力。

二、观念上的障碍

传统社会自给自足的小农经济造就了中国古人直观和具体的观察与把握世界的方式，即注重经验和实用，排斥抽象和超越，从而形成了程序乃至法律工具主义的价值取向，也助成了法律思维方式上重判断、轻分析，重结果、轻过程，重实体、轻程序，重国家、轻两造的鲜明特点。传统的影响不可能因新制度的建立而骤然停息，"它们仍然从坟墓中支配着我们"[②]。新中

---

① 参见［美］汉密尔顿等：《联邦党人文集》，程逢如等译，商务印书馆1980年版，第391页。
② F. W. Maitland, Equity and the Forms of Action, Cambridge University Press（1910），at 296.

国成立后，"打击敌人、惩罚犯罪"历来都是我国刑事诉讼的主要任务和主要目的，重打击、轻保护的观念十分牢固。如为各级公安机关青睐的"严打整治"政策，只强调对犯罪分子的"一律从快从重"处理，抹杀了"区别对待"、"遵守程序"的法治精神，导致只求数量不求质量，只问结果不问手段，从而成为滋生刑讯逼供等程序性违法现象的温床。再如"命案必破"。这种不顾"规律"的诉求，只注重命案的"侦破"，却不讲如何侦破和是否真的侦破，也给人以忽略程序和不计成本的印象。实践中，一些侦查机关甚至只把"不出人命"作为对侦讯工作的最低要求。而在公安司法机关的绩效考核机制中，办案数、破案率、起诉率、定罪率也是重要的考核指标，体现出唯实体的价值取向。而且，一直以来，政策上也都是"稳定压倒一切"。目前，"维稳"已经成为使用频率越来越高的词汇，是党和政府及各级司法机关的工作重心之一，人权保障可以加强，但稳定大局是不可触碰的底线。换言之，国家和社会无法接受牺牲"打击"的"保护"，不能接受没有稳定的公正。不转变这种价值导向，非法证据排除规则就寸步难行。

为了挽救"一群人的生命"是不是可以刑讯一个"恐怖分子"？麦克尔·莱文教授的假设在目前的中国也许根本就不是问题。相当一部分公安司法人员承认，不太严重的刑讯以及变相刑讯在我国的刑事侦查实践中普遍存在、经常发生，只要不致死致残，基层领导及监督者通常都是熟视无睹或息事宁人，而普通民众甚至包括那些对刑讯有着切身体会的罪犯也对刑讯见怪不怪，甚至认为理所当然。人们虽然看到了刑讯的不文明性，但他们更加注重案件的结果，尤其是那些严重的暴力犯罪和违反基本人伦道德的犯罪，对受害者的同情和对"罪犯"的愤怒会成为支配民众的主流情绪，在这些案件中，为了实现实体正义，人们宁愿牺牲程序规则，从而对刑讯表现出相当大的容忍度。严重侵犯人权的刑讯尚且如此，就更毋庸谈那些没有挑战到法律或道德底线的其他非法取证手段了。而且，《排除非法证据规定》及刑事诉讼法中对其他非法取证手段描述方式上的改变，还可能进一步提高对非法取证手段的社会容忍。在一定程度上，社会公众仍然认可刑讯的逻辑，即：（1）99%以上的高定罪率说明犯罪嫌疑人就应该被推定为犯罪的人，刑讯是"以恶治恶"，刑讯虽然不文明，但却是为了打击犯罪，为了受害者和整个社会的利益；（2）刑讯是闻起来臭，吃起来香的"臭豆腐"，刑讯可以有效地查明真相，导致假供进而导致错案的是极少数。人们容忍刑讯等非法取证手段，也必然会宽容非法证据，担心排除非法证据会影响对犯罪的打击和控制。

上述逻辑中既融合着有罪推定的观念，包含着功利主义、实用主义的思维方式，也在一定程度上彰显着"义务本位"的传统和人道主义精神的匮乏。而这些"旧文明"根深蒂固，要想"令其动摇"，只能"冀将来有万一之希望"[①]。从客观上说，立案、采取侦查手段或强制措施、提出起诉建议直至检察机关提起公诉，几乎所有的刑事追诉活动都是以有合理根据的怀疑被追诉者有罪为前提进行的。而且，"实事求是"一直是我国司法活动的基本原则。实事求是原则要求，应当对犯罪嫌疑人、被告人的法律地位作客观评价而不是视为无罪，因此，在指导思想、司法经验等有罪推定的坚实支撑动摇之前，到底有多少人能够真正转变"有罪推定"的观念，是一个值得思考的问题。另一方面，人们仍然习惯于在评价非法取证行为时计较社会功利，习惯于认为相对于个人的尊严和自由，公共利益应该得到优先的满足，在面对时不时发生的对人的尊严的侵犯时，还习惯于接受这样的信念："容忍小恶，才能止于至善。"[②] 可以说，功利主义、实用主义不仅在支配着公安司法人员的思维，也几乎是所有法律制度的精神旨归，令人尴尬而又在意料之中的是，人们"对法律的信仰部分地是建立在对于法律能够给我带来什么利益的成本算计这一理性基础之上"的[③]，而且，这可能并不仅仅是社会转型期的问题。笔者也同意，通过倡导人权，通过逐步"启发人们的道德自觉"，通过"谋求一种更为精致而人道的正义"[④]，可以逐步改变这些理念的主导地位。但就目前而言，其作用十分有限。

此外，由于片面强调"客观真实"的证明理想和实事求是、"不枉不纵"的办案理念，往往疏于对人权、效率等诉讼价值的关照，忽略被追诉者的主体性地位，轻视程序规则，在客观上激励了取证过程中的不择手段，

---

① 《鲁迅全集》（第 11 卷），人民文学出版社 2005 年版，第 470 页。
② 刘军宁：《保守主义》，中国社会科学出版社 1998 年版，第 46 页。
③ 许章润等：《法律信仰——中国语境及其意义》，广西师范大学出版社 2003 年版，第 10 页。
④ 夏勇：《中国民权哲学》，生活·读书·新知三联书店 2004 年版，第 305 页。

"刑事诉讼法中关于保护公民权利的规定都有可能在发现客观真实的幌子下被击得粉碎"①。而且，在客观真实论者看来，证据的法律价值就体现于证据的客观性和关联性，证据事实是不以人的意志为转移的，承认证据的合法性就是认可证据的主观性，就会使证明标准和作为裁判基础的事实具有更大的不确定性。因此，虽然名义上是以是否违法及其程度作为排除证据的标准，但实质上却是以真实性、可靠性作为衡量是否排除证据的根本尺度。"打出来的不一定都是是假的，没有打的也不一定都是真的"，② 在他们看来，个案中，即使不能排除使用非法取证手段的可能，但只要获取的证据本身是真实的，能够获得其他证据的有力印证，该证据仍可作为定案的根据。如果仅仅因为非法就排除客观的证据，不仅会放纵犯罪嫌疑人，也是对被害人和社会的不公。

三、口供中心主义的诉讼方式

实践中对口供的过度依赖也是排除规则实施的另一道屏障。在各国的刑事司法证明中，口供发挥着难以替代的作用。即便在那些确立了"不自证己罪原则"和"沉默权"的刑事司法体系中，也存在不同程度的口供依赖，③ 有罪供述仍然是定案的主要依据。然而，由于作为诉讼主体的被追诉者是口供的来源，而虚假供述又是冤错案件的重要原因，人们对口供始终表现出"既爱又恨"的复杂态度。④ 各国法律对供述的获取与运用提出了近乎苛刻的要求，而供述排除法则就是其核心内容。同样，在我国，重证据，重调查研究，不轻信口供，"单依口供不能定案"及"无供可以定案"，被确

① 樊崇义等：《刑事诉讼前沿问题研究》，载何家弘主编：《证据学论坛》（第1卷），中国检察出版社2000年版，第205—206页。
② 张军、姜伟、田文昌：《刑事诉讼——控辩审三人谈》，法律出版社2001年版，第170页。
③ See Kamisar, LaFave, Israel, King, &（gulp）Kerr, Modern Criminal Procedure（Twelfth Edition）, Thomson/West, 2008, p. 539；Richard S. Frase, "The Search for the Whole Truth about American and European Criminal Justice", 3 Buf. f Crim L. Rev. 785, 799（2000）.［日］田宫裕：《被告人的地位及其口供》，载西原春夫主编：《日本刑事法的形成与特色——日本法学家论日本刑事法》，李海东等译，法律出版社1997年版，第301页；［日］松尾浩也：《日本刑事诉讼法》（下卷），张凌译，中国人民大学出版社2005年版，第36页。
④ See Peter Brooks, Troubling Confessions：Speaking Guilt in Law and Litetature, The University of Chicago Press, 2000, p. 2.

立为口供运用的基本原则。而我国的非法证据排除规则也突出对非法言词证据的排除，特别是对以刑讯逼供方法收集的口供的排除。但是，与法律上对待口供的理性立场形成鲜明对比的，是实践中刑讯逼供现象的杜而不绝，以及公安司法机关对口供的过度依赖和对非法供述的异常宽容。在那些频繁见诸报端的冤假错案中，几乎无一例外的是，经过侦查机关的"锤楚"，无辜的被告人选择了供认"自己的罪行"，而这些有刑讯逼取之嫌的口供又均被检察机关认可，被法院采信，从而在其他证据不足的情况下，成了审查起诉和作出判决的主要依据。刑讯逼供的屡禁不止及冤假错案的不断发生，显然不能简单地归结于任何一个单一的因素，但至少能够反映出我国公安司法机关离开口供难以办案的客观现实。

在侦查人员眼中，口供负载着多重功能，侦查活动基本围绕着口供进行：以获取口供为中心，以印证口供为补充。由于客观型证据获取能力的不足和对侦查效率的片面强调，讯问成了整个侦查工作的基础和核心，认罪案件在所有刑事案件中占有极高的比例。调查结果显示，侦查阶段初次讯问中犯罪嫌疑人的认罪率基本上能维持在70%以上，被追诉者侦查终结时的整体认罪率达到了90.4%。[1] 多数受访刑事侦查人员反映，在自己办理过的所有刑事案件中，没有口供的情况下侦查终结的案件即所谓的零口供案件在5%以下。而作为高认罪率的保障，刑讯及变相刑讯在侦查实践中时隐时现，杜而不绝。根据一项对四个省七个监狱服刑人员的调查，犯罪嫌疑人在审前羁押阶段遭遇过直接刑讯逼供的比例为55.3%，遭受过间接刑讯逼供的比例是60.1%。[2] 虽然直接侵害犯罪嫌疑人身体的刑讯在数量上呈下降趋势。但是，变相刑讯的方式却不断推陈出新。侦讯人员也惯于采用威胁、引诱、欺骗以及其他影响犯罪嫌疑人供述自愿性的讯问手段。比如，无间断的长时间讯问、夜间的突击讯问即所谓的疲劳战术或车轮战术就是侦查人员惯用的

---

[1] 笔者曾经于2011年9月至2012年1月针对口供的获取与运用情况进行了5个月的专题调研。调研主要采取调查问卷、卷宗分析和座谈会的方式进行。其中，调查问卷发放了2000份，收回有效问卷1986份。在作文本分析时，在两个基层司法机关随机抽取了200多份卷宗。如无特别说明，本部分的事实和数据均来自于本次调研。

[2] 参见林莉红、尹权、黄启辉：《刑讯逼供现状调查报告——以监狱服刑人员为调查对象》，载《湖北警官学院学报》2010年第3期。

方式。收集线索→摸排嫌疑人→获取口供→根据口供收集其他证据，侦查机关已经习惯了这种"由供到证"的侦查模式。按照上述侦查方法，在通捕获嫌疑人之后，获取口供就会被视为案件侦破工作重要有时甚至是唯一的突破口。而且，在命案、贿赂案件、"两抢一盗"案件以及直接证据缺失、社会影响大、被害人家属反映强烈、领导批示或上级限期侦破的案件中，侦查机关对口供寄予的期望更大，因此，对口供的需求更为迫切，对口供的依赖也更为严重。

检察机关的审查逮捕或审查起诉工作以核查讯问笔录和提审被追诉者为中心，把口供作为决定批捕、起诉与否的主要依据，没有口供的案件一般不会、不愿、不敢作出逮捕或起诉决定。审阅以讯问笔录为中心的侦查卷宗是审查案件的基本方式，而讯问则是审查的必经程序，和询问证人、听取被害人意见等审查方式的可有可无不同，即使在批捕程序中，检察机关也均对犯罪嫌疑人进行了一次以上的讯问。调查结果显示，口供是审查意见书中出现频率最高的三种证据之一，几乎成为每一个刑事案件必须具备的证据种类。一方面，有口供的案件很少作出不捕不诉的处理。在 J 市 R 区随机抽选的100 起案件中，没有一起在有口供的情况下作了不起诉处理。而另一方面，无供案件的退查率、不诉率都较一般案件要高，或者说，在不捕不诉的案件中，缺少口供或翻供案件占有相当大的比例，如在 C 市 S 区，在不捕不诉的 134 名嫌疑人中，始终不供述罪行的为 57 人，占到了 42.5%。而且，出于对侦查工作和口供本身的认同，多数检察人员认为侦查机关获取的口供基本可信，对于翻供，通常是简单否定或"置之不理"。在抽样卷宗以刑讯为由的翻供案件中，没有一起被检察机关正式认定存在刑讯等非法取供行为，检察卷宗中甚至都不能反映出检察机关是否对刑讯存在与否进行过调查核实。侦监或审查起诉部门经常以犯罪嫌疑人的某次交代或者侦查机关的情况说明等否定犯罪嫌疑人受到了刑讯。

在审判阶段，法庭调查以公诉人强制讯问被告人为开端和基础，并以印证被告人供述或驳斥被追诉者辩解为主线。法庭调查伊始，首先由公诉人对被告人进行强制讯问，而下一步的证据调查活动如何进行，要视被告人如何回答而定。如果被告人认罪，之后的质证活动主要是对被告人有罪供述的印证，而如果被告人提出辩解或翻供，之后的质证活动则主要是对其辩解的驳斥。调查显示，被告人当庭认罪的案件在70%以上。部分法官反映，在自己承办的案件中，被告人的当庭认罪率甚至超过了90%。而且，受"案卷笔录中心主义"审判方式的影响，法官总是自觉不自觉地将庭前供述置于优先考虑和采信的地位，当庭前供述和庭上供述存在无法解释的冲突时，一般都是以庭前供述作为定案的根据。从案件处理结果看，口供对判决结果发挥着基础性的、不可替代的作用，"据供定罪"是刑事判决的常态。"据供定罪"主要有以下四种情形：一是除了口供之外，还有其他直接证据，并能相互印证；二是口供是案件中唯一的直接证据，其他证据都是间接证据，但与口供能相互印证；三是在有些共同犯罪案件中，可能只存在被告人供述这一种证据形式，但共同被告人的供述间能够相互印证；四是表面上除了口供还有许多其他证据，但在关键事实上其他证据无法印证口供，即实质上只有口供。而第一种情形极为少见。只要有被告人供述，不管是否当庭翻供，法院作出无罪判决的相当少见。98.1%的受访法官反映，有被告人供述在卷的案件作出无罪判决的比例在5%以下。

综上，实践中，公安司法机关仍具有浓厚的"口供情结"，侦查、审查起诉和审判工作多是围绕口供而展开，并将口供作为定案处理的主要依据，形成了口供中心主义的诉讼方式。在口供中心主义理念和诉讼方式的作用下，公安司法机关不自觉地放大了无供定案的诉讼风险：缺少口供，侦查机关不敢结案，检察机关不敢起诉，法院不敢定罪。尤其是在重罪案件或死刑案件中，缺少口供仍然能定罪量刑的案件屈指可数，习惯了"无供不录案"而又对冤案心有余悸的民众，始终担心"零口供"案件会成为法律的"赌局"。① 在这种情况下，虽然在各个诉讼阶段，被追诉者翻供——尤其是以刑讯为由的翻供——的案件占有一定的比例，但被告人的翻供很少被公安司法机关采信，对由非法之嫌的口供的排除更是承受着来自各个方面的巨大压力。

① 参见郑家侠：《"零口供"判死刑存在三大隐患》，载《潍坊晚报》2010年7月11日，A13版。

四、形式主义的证明要求

对于非法证据，司法者在作出排除与否的决定前，首先要考虑的是在具体案件中排除非法证据对实现证明标准和证明规则之要求的实际影响。尽管我国审查判断证据的方法，整体上仍然属于"自由心证主义之原则内"。①但是，出于对客观真实的追求和司法者"实践理性"的不信任，立法上不仅未明确自由心证，更是在相关司法解释中规定了大量的证明力评价规则，比如"证据的相互印证规则"、"孤证不能定案规则"、"口供补强规则"等，最终形成了公安司法机关对这些规则的"路径依赖"和运用证据上的严重的形式主义倾向。基于这种普遍存在的"法定证据情结"，有学者不无夸张地认为，我国现在实行的仍是以法定证明模式为主的证明模式。②形式主义的证明规则尽管在一定意义上增加了认证过程的直观性和事实认定的准确性，但却忽略了社会现实的复杂性及取证能力的有限性，削弱了司法者独立判断的能力，不当提高了事实认定的难度，客观上加大了排除非法证据的阻力。

注重证据之间的相互印证是我国长期以来形成的刑事司法传统。龙宗智教授将这种证明模式概括为"印证证明模式"，并归纳了印证模式的两大特点，即"将获得印证性直接支持证据视为证明的关键；注重证明的'外部性'而不注重'内省性'"。③印证模式是以证据之间的印证关系作为判断是否已经达到"证据确实充分"的标准，而认定案件事实必须达到全部证据相互印证的程度。当然，在实践中，印证既可以表现为全部认证、概括认证、关键认证、肯定型认证，也可以表现为部分认证、细节认证、普通认证、否定型认证。④印证模式不仅要求在每个关键事实环节上有相应证据，还要求该证据必须获得其他含有相同信息的证据的支持。不可否认，作为实践经验的总结和司法理性主义的产物，印证模式通过限制法官"心证"的

---

① 杨建华：《大陆民事诉讼法比价与评析》，三民书局 1994 年版，第 63—64 页。
② 参见马贵翔：《证明模式转换的必要性与现代证据规则》，载《证据科学》2009 年第 2 期。
③ 参见龙宗智：《印证与自由心证——我国刑事诉讼证明模式》，载《法学研究》2004 年第 2 期。
④ 张少林、卜文：《刑事印证之研究》，载《中国刑事法杂志》2010 年第 2 期。

自由度，可在同等条件下确保证据包含的信息内容的可靠性，并使得事实认定过程变得更加客观、更容易理解和把握。在西方典型的自由心证的证据制度中，也并不排斥使用印证的方法。因此，从一开始，印证——尤其口供与补强证据的印证——就被实务部门作为防范冤假错案的重要措施。① 作为一种"极其一般和朴素的感受"，人们通常认为，"若不是真犯，不可能供出如此详细的作案经过，能供出这么详细的作案经过的人无疑是个真犯"。② 这种认识并非绝对错误。无辜的人即使忍受不了审讯的压力承认了罪行，也很难讲出自己根本不知情的案件故事。而且，正是这个原因导致了轻信供述的诉讼情节和社会心理。所以，通过审查被追诉者能否展开作案细节以及供述的内容是否与现场状况及已经获取的间接证据相符，可以防范无辜的人"成为犯人"。

然而，印证规则在本质上只是规范自由心证的一种方法，不能代替司法者的主动能动性，片面强调印证至少会产生两大负面效应。

一是忽略对单个证据真实性的审查，导致虚假印证，甚至变相鼓励非法取证，乃至伪造证据，无中生有地锻造出证据之间的印证关系。印证增强事实认定可靠性的前提是，据以印证的单个证据必须真实。否则，虚假证据之间的相互印证只会增加错误认定事实的可能性，产生所谓的"错误累加效应"③。实践中，出现虚假印证的原因，一般都是采取影响陈述自愿性的手段收集口供或言词证据、故意伪造证据、被追诉者串供等。片面强调证据之间的印证必然导致很高的证明标准，如追求证据质上的"确实"和量上的"充分"、证据间的"环环相扣"、"结论的排他性和唯一性"。有论者甚至认为，"强调对案件主要事实的印证实质上就是否定完全运用间接证据认定案件主要事实的证明途径，而印证模式实际上是导致证明实践中依据间接证

---

① 吕青：《论相互印证：我国刑事诉讼证明模式的现实路径》，载《山东审判》2008 年第 2 期。
② 参见［日］浜田寿美男：《自白的心理学》，片成男译，中国轻工业出版社 2006 年版，第 101 页。
③ 参见林劲松：《刑事审判书面印证的负效应》，载《浙江大学学报》（人文社会科学版）2009 年第 5 期。

据不能定案的主要原因之一"。① 但是，受到主客观条件的限制，侦查机关一般很难搜集到符合印证要求的足够证据。为了满足定案证据质和量上的要求，为了摆脱间接证据不能定案的困境，尤其是为了保障结论的唯一性，完全排除其他人作案的可能，或者单纯地为了尽快地案结事了，侦查人员就会想方设法甚至不惜采取非法手段获取作为"印证之本"的口供，制造印证证据，隐瞒不一致的证据。对冤案进行实证研究后不难发现，实践中，无辜者之所以能够"讲出"符合现场或间接证据的犯罪过程，多数情况下都是在侦讯人员的"帮助"下"恢复了记忆"。虽然侦讯人员不可能再像古代官吏那样，对口供"文致其辞，轻重其字，必欲以款之情与法意合"②，但也极有可能"锻炼周内"，使口供符合已经掌握的线索或证据以及自己业已形成的对犯罪事实的心证。质言之，在刑事司法证明上，越是形式主义的要求，越是容易得到形式主义的满足。

二是降低对证据合法性的要求，不愿、不敢排除非法证据。"印证模式"凸显了对证据的量的要求。然而，取证能力不足是我国刑事侦查面对的突出问题。我国社会治理层面上的日常监控不仅在制度建设上严重不足，还存在认识不够、贯彻不力、方法老套、信息滞后等问题，导致我国缺乏证据特别是客观型证据常规化的生成机制。而犯罪手段则日趋智能化、隐蔽化、复杂化，侦查取证手段的信息化很难赶上犯罪手段的更新换代。尤其是基层公安机关，在侦破许多新领域犯罪时还主要依靠传统的"三板斧"："拉网式摸底排查—满天飞追捕抓人—长时间高强度审讯"，导致取证工作困难重重。在这种证据供需矛盾尖锐的背景下，法官很难作出排除非法证据的决定，尤其是当需要排除的是关键证据——有罪供述，排除之后将彻底破坏相互印证的有罪证据体系时。在这种情况下，司法者通常的处理方式有两种：（1）以证据的可靠性或证据之间的相互印证否定排除证据的正当性，以证明力的评价代替对证据能力的审查，无视非法证据排除规则。只要该证

---

① 阮堂辉：《"证据锁链"的困境及其出路破解——论间接证据在我国刑事诉讼中的独立定案功能》，载《中国刑事法杂志》2006 年第 4 期。
② 参见《宋会要》职官五之五十九"宁宗嘉泰元年臣僚言今日治狱之弊条"。转引自刘馨珺：《明镜高悬：南宋县衙的狱讼》，北京大学出版社 2007 年版，第 151 页。

据是真实的，即使非法也不予排除，而是将其证明力减等予以使用，并转化为量刑问题。[①]（2）只排除直接通过刑讯等非法手段获取的口供，采用重复供述，规避非法证据排除规则。只要被告人在侦查阶段或审查起诉阶段作过有罪供述，而且该口供又能够获得其他证据的印证，即使被告人确实受到过刑讯，法庭仍然可以将部分重复供述作为定罪的根据。

五、规则本身的缺陷

刑事诉讼法及《排除非法证据规定》初步诠释了非法证据的内涵和范围，建立了非法供述排除的具体的操作机制，划分了控辩双方在非法供述排除中的责任，明确了公检法三机关在排除机制中扮演的角色。然而，就规则本身而言，由于在适用范围、证明规则、适用程序以及配套制度等方面规定的仍然较为粗疏，非法供述的排除面临着多重制度障碍，其中，以下两个方面尤为明显：

（一）非法证据的范围

首先，根据《刑事诉讼法》第 54 条的规定，需要排除的非法言词证据，是"采用刑讯逼供等非法方法收集的犯罪嫌疑人、被告人供述和采用暴力、威胁等非法方法收集的证人证言、被害人陈述"。上述规定不仅将将犯罪嫌疑人、被告人供述与证人证言、被害人陈述非法的取得手段分开表述，还巧妙地使用了两个"等"字。然而，何为刑讯？何为暴力、威胁？如何理解"等"？非法供述排除规则中的刑讯逼供与刑法上的刑讯逼供罪的中刑讯逼供是否一致？如果一致，是否构成对非法供述排除的实体上和运作程序上的不当限制？如果不一致，又该由谁及如何确定刑讯的具体范围？"威胁、引诱、欺骗"是否触及排除规则？疲劳讯问、催眠、辱骂、恐吓、注射精神药物、故意不治疗嫌疑人的疾病、不让吃饭、非法羁押等是否属于刑讯或"等"的范围？是否应当区分非法证据与瑕疵证据，或者证据形式不合法与非法证据？这些问题在很大程度上取决于公安司法人员的裁量，这不仅大大降低了非法供述排除规则的刚性，也无法解决在各个阶段公安司法

---

① 李训虎：《证明力规则检讨》，载《法学研究》2010 年第 2 期。

人员对非法手段认识上的分歧，更遑论公安司法人员的独立性、权威性、中立性的缺失对上述判断的影响。而且，不管立法者改变非法言词证据的表述方式是不是对以"'威胁、引诱、欺骗'方式取得的犯罪嫌疑人、被告人的口供是否排除"等问题的故意回避，① 取消"威胁、引诱、欺骗"等传统表述，势必会使部分公安司法人员误以为所有的"威胁、引诱、欺骗"都不属于非法手段，进而加剧非法取证现象。正因此，有论者称这种变革"与司法实践中暴露出来的问题完全不相符"，是一种立法倒退。②

其次，虽然刑事诉讼法规定违法取得的实物证据也可以排除，但却作了四重限制，即要求：（1）取得方法明显违反法律规定；（2）可能影响公正审判；（3）不能补正或作出合理解释；（4）且仅限于违反法定程序收集的物证和书证，至于其他非法实物证据如违法使用技术侦查手段获得的视听资料等是否应予排除，立法未予明确。如此苛刻的要求表明，在客观真实观的支配下，立法及司法部门对待非法实物证据的态度没有实质性改变。从立法精神看，对于不合法的实物证据，采用是原则，排除是例外。即便是这样的例外，实践起来也几乎是不可能的。一方面，不合法实物证据的补正或合理解释具有很大的任意度，不管违法程度多么严重，在经过任意性很强的补正或合理解释之后，该证据就可以继续使用；另一方面，实物证据实践中很难被认定为不合法，几乎谈不上补正或合理解释问题。现行法律对强制措施的规定很不完善，除了逮捕以外，搜查、扣押、勘验、检查等许多强制措施均不受司法审查，都是侦查机关自行授权、自行启动、自我进行，相关记载也相当简略，而检察机关的侦查监督也流于形式，强制措施和侦查行为的不合法性很难被认定。

再次，派生证据及重复供述的可采性也是我国非法证据排除规则的一个盲点。从总体上看，现行非法证据排除规则并未涉及派生证据的问题。《死刑案件证据审查规定》第 34 条规定，根据口供，提取到了"隐蔽性很强"

---

① 参见汪海燕：《评关于非法证据排除的两个〈规定〉》，载《政法论坛》2011 年第 1 期。
② 陈宵、焦红艳：《刑诉法修正案草案：六大方面有待完善》，载《法制周末》2011 年 9 月 7 日。转引自网址：http://www.legaldaily.com.cn/zmbm/content/2011—09/07/content_2931317.htm?node=7571，最后访问日期：2011 年 11 月 25 日。

的实物证据，如其能与其他证据相印证，且排除非法取供可能性的，可认定有罪。据此，依合法供述提取到的物证、书证，结合其他证据，可以作出有罪认定。其话中之意似乎是，依据串供、逼供、诱供等非法方法获取的供述提取到的物证、书证不能作为认定有罪的根据。如果可以这样理解的话，上述条文也可算是调整非法供述派生证据的规则了，尽管适用的范围仅限于死刑案件。实践中，有些侦查机关采取非法取证手段，可能就是为了获取派生证据，如果一概认可派生证据的可采性，就不能使排除规则发挥震慑违法、保障人权的作用。而且，与实物证据不同，供述的获取带有相对的可重复性。在绝大多数认罪案件中，被追诉者的有罪供述尤其是审前供述都不止一次。而如果仅仅其中的某次供述的获得使用了非法手段，那么之后未直接采用非法手段获得的供述该如何处理？是绝对排除还是一概允许？抑或裁量排除？这就产生了所谓的重复供述排除问题。对于重复供述，若绝对排除，可能会超越供述排除法则救济的目的，加大其负面影响，提高追诉成本；若一概允许，就完全无视了非法手段的波及力，追诉机关可以在非法供述被排除后转而依赖受到非法手段影响的重复供述，实质意义上的"非法供述"依然可以在审判中使用，直接采取非法手段获取的有罪供述的排除将变得毫无意义。因此，重复供述的排除直接关系着供述排除法则的实施效果，是一个复杂但却必须回答的问题。但遗憾的是，刑事诉讼法及相关司法解释并没有明确重复供述的可采性。

最后，现有的非法证据排除规则排除的仅是形式上违法的证据。实践中，有些取证行为虽然没有违反明确的程序规定，但却侵犯了公民的宪法权利，或者采用该证据有可能严重影响诉讼公正。这些证据也应当在排除之列。决定是否排除一个证据的，"不应仅仅是其形式违法性，更应当是其破坏法律秩序的后果以及侵犯当事人权益的性质"[1]。在美国，法官在适用排除规则时，考虑的关键因素是警察的取证行为是否违反宪法，侵犯了公民的宪法权利。英国司法机关在早期判例中一再重申，[2] 法官可以排除控方提交

---

[1] 陈瑞华：《非法证据排除规则的理论反思》，载《法律适用》2006 年第 6 期。

[2] See, e. g., Kuruma Son of Kaniu v Reginam, (1955) 1 AllR 236 (PC); Jeffrey v Black, [1978] QB 490; R v Sang, [1980] AC 402.

的证据，只要该证据的采用可能使被告无法获得公正的审判。《1984年警察与刑事证据法》更是将诉讼公正性的评价明定为法官裁量排除的依据，证据的采纳将会对诉讼公正产生不利影响的，法庭就应拒绝采用。在德国，联邦最高法院和联邦宪法法院不仅不断以基本法的权利保障条款扩充非自主性证据使用禁止的范围，还发展出不以证据取得禁令为依据的自主性证据使用禁止，即单独衡量使用该种证据是否会侵害被追诉者的基本权利。而欧洲人权法院也早在 Funke 案、Saunders 案等判例中表示，纵使追诉机关不违法，也有可能基于公正审判条款导出证据使用之禁止。然而，在我国，以实质违法或诉讼公正为尺度评价非法证据的排除与否还有待时日。

（二）证据合法性的证明

由于刑讯逼供等非法取供现象的屡禁不止，刑事庭审中经常出现证据合法性的争议。但在《排除非法证据规定》实施之前，由于立法并未规定证据合法性的证明问题，对于合法性由谁证明，需要证明到何种程度，证明不了如何处理，各地在处理上非常混乱。以刑讯为由的翻供为例。一旦辩方提出这样的抗辩，公诉人通常的应对策略是，以原来的有罪供述对被告人进行质问，进而论证（大多数是只论无证）被告人是在撒谎和狡辩。而法院通常的处理方式则是，根据被告人翻供的理由，或者简单否定，要求辩方承担证明责任，并设置了很高的证明标准，有些法院虽然要求控方承担供述合法性的证明责任，但事实上只需要侦讯部门提供一份取供程序合法的书面证明。据笔者的调查，被法庭确认存在刑讯进而排除有罪供述的案件极为少见，[①] 法官一般都是以侦查阶段的有罪供述而非当庭陈述作为定案的根据。如在河北陈国清等人涉嫌故意杀人案中，4名被告人均在审判阶段以受到刑讯为由翻供，但承德市中级人民法院在判决书中对被告人的抗辩未置可否，只在判决依据中写道，"被告人曾供认在卷"。被告人翻供的其他理由更难

---

① 在被调查的53名法官中，50位认为被法庭确认的刑讯逼供在5%以下，还有4位在问卷中注明在自己办理的案件中未曾确认过刑讯逼供。笔者相信，如果本题的最低比例选项不是5%以下，而是3%、2%或者1%，则统计结果可能会更低。另有调查表明，辩方基于刑讯逼供的辩护意见被采纳率仅为8.7%。（参见陈瑞华主编：《刑事辩护制度的实证考察》，北京大学出版社2005年版，第125—128页。）而且，采纳了刑讯逼供辩护意见也不一定排除非法供述。

被法官采信，被告人及其辩护人也很少以讯问中受到"威胁、引诱、欺骗"等为由进行程序性辩护，进而提出排除非法供述的建议。只有像赵作海、佘祥林和杜培武等案件那样有真凶出现，或者像河南王亚辉案那样被告人"喝开水死"这样极端的情形出现之后，非法取供的认定才有了充分依据。

刑事诉讼法及《排除非法证据规定》部分地解决了以上问题。法律明确了控诉方对证据收集的合法性的证明责任，规定了辩方提出异议时的提供相关线索或证据的义务，建立了相对独立的证据合法性法庭调查程序，确立了证据合法性的证明标准。然而，在证据合法性的证明方面，现行非法证据排除规则依然存在一定的不足，表现在：

其一，严格的证明标准与证明手段局限性之间的矛盾。《排除非法证据规定》第11条要求，"对被告人审判前供述的合法性，公诉人不提供证据加以证明，或者已提供的证据不够确实、充分的，该供述不能作为定案的根据"。对于程序性事实的证明而言，证据确实、充分是一个很高的标准。刑事诉讼法改变了对证据合法性证明标准的表述方式，尤其是将"不能排除"存在非法取证情形也作为排除证据的充足条件，在一定程度上增强了标准的可操作性，减少"高标准低执行"的现象，虽然没有提高证据合法性的证明标准，却使该标准在掌握上更加严格。然而，与证明标准的严格相对的则是控方证明手段的局限性。依照法律，公诉人证明证据合法性的方式有，"向法庭提供讯问笔录、原始的讯问过程录音录像或者其他证据"，"提请人民法院通知有关侦查人员或者其他人员出庭说明情况"；或者"提交加盖公章并由有关讯问人员签名或者盖章的说明材料"。但问题是，在全程录音录像等配套制度普遍推行之前，以上证明手段的说服力是很让人怀疑的。一般而言，警察出庭不可能承认自己实施了刑讯等非法取证行为，通过文过饰非之后的讯问笔录等材料也很难看出非法取证的端倪。而且，即便采用全程录音录像，如果监督管理不到位，也还可能存在选择性录制、选择性提交等问题。所以，取证合法性的证明仍然是一个难题。

其二，辩方初步责任的性质及履行标准问题。根据《排除非法证据规定》的要求，"被告人及其辩护人提出被告人审判前供述是非法取得的，法庭应当要求其提供涉嫌非法取证的人员、时间、地点、方式、内容等相关线索或者证据"。而履行该责任的标准则是，"法庭对被告人审判前供述取得的合法性有疑问的"。上述规定事实上确立了辩方的"证据提出责任"。这的确可以防范辩方滥用申请启动排除程序权。然而，提出线索的要求尚可理解，但要求提供"证据"，对于讯问时无律师在场的被告人而言，稍显苛刻。如果法官掌握的较为严格，就是在实质上要求辩方承担审前供述非法的证明责任。而且，提出线索到何种程度才会使法庭对审前供述的合法性产生疑问也不好界定，在法官"重打击、轻保护"、"重实体、轻程序"、"重配合、轻制约"的理念改变以前，该初步责任可能会成为排除非法证据无法逾越的沟壑。对此，刑事诉讼法有所改进。一是在表述上由提供"相关线索或证据"，改为提供"相关线索或者材料"；二是取消了必须使法庭对证据的合法性产生疑问的要求；三是明确增加了职权启动方式，并且置于当事人申请启动方式之前。显然，这三个转变有共同的着力点在于，适当降低排除程序的启动门槛，尤其是辩方申请启动排除程序的门槛。然而，当事人虽然有权申请，但是否启动调查程序，最终还是由法院决定。因此，"提出相关线索和材料"到底是一种什么性质的责任，法院决定时需要遵循怎样的标准，符合标准时法院不启动调查程序辩方有何再救济措施，不回答这些问题，降低程序启动门槛的目标就不能真正实现。

其三，侦查、审查起诉阶段证据合法性的证明与确认问题。《刑事诉讼法》第54条第2款规定："在侦查、审查起诉、审判时发现有应当排除的证据的，应当依法予以排除，不得作为起诉意见、起诉决定和判决的依据。"显而易见，我国的非法证据排除规则是分阶段的排除。也就是说，不管是在哪个诉讼阶段，只要存在应当予以排除的非法证据，都应当予以排除，不能作为定案的根据。但是，法律并没有明确侦查、审查起诉阶段如何排除非法证据，需要依照什么样的程序。尤其是在证据合法性的证明与确认方面，由于程序主持者、参与者的不同，显然应当有别于庭审阶段。审前阶段证据合法性的调查是否采取听证程序，证据的合法性如何证明和确认，这些问题直接影响着非法证据排除规则在审前阶段的实施效果。

非法证据排除裁判及其说理问题初探

李　露[*]

非法证据排除规则在我国还是个新兴事物，自其引入到正式实施也不过三年时间，在实施过程中出现出了不少问题，裁判说理就是一项。2012 年刑事诉讼法再修改时，对"两个证据规定"中非法证据排除规则的不少内容作了确认、修改和调整，但对其裁判说理制度依旧未作规定，直到 2012 年《最高人民法院关于适用〈中华人民共和国刑事诉讼法〉的解释》（以下简称《司法解释》）第 246 条才作了笼统的规定，要求"裁判文书应当写明裁判依据，阐释裁判理由，反映控辩双方的意见并说明采纳或者不予采纳的理由"。然而，这对于实践操作远远不够。裁判说理本是树立法院司法公正形象、促使当事人服判息讼的好方法，但由于种种原因，法官总是倾向于只写"结论"不写"理由"，当事人无从理解法官的心证过程，加之社会公众普遍存在推定"司法不公"的心理，上诉、申诉乃至上访不断也便不鲜见。而非法证据排除往往涉及刑讯逼供、暴力取证等公众敏感的问题，因此其裁判说理也就更受关注，然而学界对此进行专门研究的却寥寥无几。为保障非法证据排除规则的顺利运行，减少因非法证据排除说理不足导致的上诉，笔者拟对其进行研究。

一、非法证据排除裁判说理的重要意义

裁判说理，是指判决意见书当中为导出判决结果而提供的具有分析和论

---

[*] 西南政法大学法学院 2011 级诉讼法学专业硕士研究生。

辩性质的文字。① 所谓非法证据排除裁判说理，是指法官在裁判文书中对当事人等提出的排除非法证据的申请明确表示是否同意，并且根据案件的具体事实和相关法律规定加以分析论证的活动。其使得非法证据排除规则不再只是停留于抽象的字面含义，而是走入个案中，将规则与形形色色的实际联系起来，将法官的心证过程、分析思维展现在被告人面前，从而促使其理解法律背后的含义。

非法证据规则是在全国冤案频现、司法公信力下降的背景之下出台，至今其正式实施也不过三年，尚处于探索阶段。在此阶段，笔者认为加强对其裁判说理的意义对推行非法证据排除规则、树立司法公信力有重大意义，具体体现在以下三个方面：

对法官而言，加强对其裁判说理可以提高法官对于非法证据排除规则的认识和说理素养，保障裁判合理正当，并降低职业风险。非法证据排除规则在我国实施年限尚短，包括非法证据排除范围等基本问题在实践中依然有很大争议，很多法官对于非法证据排除规则的认识也较为浅显。然而非法证据的排除与否对于被告人的刑事责任影响可能较大，要求裁判说理可以强迫法官思考案件的枝节、分析法律的含义并提高对非法证据规则的认识，从而保证裁判最低限度的正当性，防止法官仅凭直觉断案，减少被发回重审、改判和被告人上诉申诉造成的职业风险。

对控辩双方而言，加强对其裁判说理可以促使被告人接受判决、降低检察机关对于非法证据排除规则的抵触，并促使检察机关更好地监督和引导侦查机关未来的侦查行为。美国法学家约翰·P. 道森称，法官公布判决理由可以为将来提供一些指导，而且"还可以使败诉的人与社会人士对于判决心悦诚服"。② 通常而言，非法证据排除与否对于被告人的定罪量刑可能有较大影响，若是对其的裁判说理不充分，而只是简单地给出裁判结论，被告人（尤其是对于确实被刑讯的被告人）往往难以信服，常会引起上诉、申诉。同理，排除了非法证据的裁判文书虽然有利于被告，通常不会引起其上

① 秦前红，黄明涛：《法院如何通过判决说理塑造法院的权威——以美国最高法院为例》，载《中国刑事法杂志》2012 年第 3 期。
② ［美］哈罗德·伯曼编：《美国法律讲话》，陈若恒译，三联书店 1988 年版，第 16 页。

诉申诉，但却是对检察官起诉工作的否定，对侦查机关违法侦查行为的制裁，一旦法官作出排除的决定而不充分说明理由，就很可能遇到检察机关或侦查机关的不解、不满甚至抵触，进而引发抗诉。不服判并非是因为判决不利于自己，而是不理解法官裁判背后的理由。相反，对于能够理解的判决，即使是判决不利于自己，只要法官"辨法析理"，控辩双方也能"胜败皆服"。非法证据排除规则的实施是为了保障被告人的基本权利，规范侦查机关的侦查行为，只有充分说理的裁判才能让检察机关深刻认识到哪些证据不能在法庭上使用、哪些是非法的侦查行为，从而深化对非法证据排除的理解，使其未来能更好地对侦查机关的侦查行为进行监督和引导。

对公众而言，可以普及非法证据排除规则，树立司法公信力，推动程序意识从学界走向民众。网络的发展，使得裁判文书上网成为可能，裁判文书不再只是为诉讼当事方所知晓，而能为普通民众轻易获取。裁判文书是非法证据排除程序的最终成果的体现，是广大公众了解非法证据排除规则最为方便的形式，也是法院宣传其实施成果的最佳载体。通过加强非法证据排除规则的裁判说理，可以不断发展非法证据排除规则的内容，将其不断细化、深入。同时对国家机关违法行为进行裁判将打破公众"公检法一家"的印象，树立司法公信力，并进一步推动程序公正的观念从象牙塔走向民众。

二、非法证据裁判及其说理存在的问题及原因

（一）非法证据裁判及其说理存在的问题

2012 年《刑事诉讼法》第 54 条第 2 款规定："在侦查、审查起诉、审判时发现有应当排除的证据的，应当依法予以排除，不得作为起诉意见、起诉决定和判决的依据。"《司法解释》第 102 条第 2 款规定："人民法院对证据收集的合法性进行调查后，应当将调查结论告知公诉人、当事人和辩护人、诉讼代理人。"只看这两条规定，法律似乎并未明确要求法官在裁判文书中必须写明其对于非法证据排除申请所作出的最终决定（即是否排除）。换言之，通过口头或文书将调查结论告知控辩双方并且不将该证据作为定案依据似乎也是符合这两条规定的，但随后《司法解释》第 246 条规定："裁判文书应当写明裁判依据，阐释裁判理由，反映控辩双方的意见并说明采纳

或者不予采纳的理由。"非法证据排除申请属于辩方的辩护意见,法官应当在裁判文书中反映辩方意见并说明采纳或不予采纳的理由,那么自然应当对辩方提出的非法证据排除申请作出裁判并阐释理由。因此,结合上述 3 条规定,现行立法确立了对于非法证据排除申请法官应当在裁判文书中进行裁判并说理的原则,然而非法证据排除对于法官来说尚是新鲜事物,裁判文书说理不充分也一直是司法实践广为诟病的问题,在立法对于非法证据排除的裁判及其说理也没有作出明确而详细指导意见的情况下,司法实践中其将会呈现何种样态?

囿于非法证据排除的敏感性,笔者难以搜集到一线的判决,尽管"北京首例非法证据排除案"、"吉林首例非法证据排除案"、"酉阳首例非法证据排除案"① 等新闻标题不断见诸报端,"北京首例非法证据排除案"更被称为"刑事诉讼法预热第一案",但笔者无论是在北大法宝还是法院网站都不能找到相关的裁判文书。同时在北京第一中级人民法院("北京首例非法证据排除案"的审理法院)网站查找判决时,笔者发现该网站上传日期为 2012 年 5 月 8 日到 2013 年 5 月 21 日共 466 份刑事裁判文书中,所有皆为准许撤回上诉或者驳回上诉的维持原判/裁定的裁定、减刑裁定、假释裁定,② 而没有一份一审案件的判决书。对这种一面主动配合宣传、一面只将简单裁判文书上网的做法,笔者权作揣测:如此矛盾的做法实际上展现了法院矛盾的心态,法院乐于通过典型案例的方式来展现自己的公正形象,但法官目前却没有自信判决能够接受民众的检阅,而现在的裁判文书上网也尚未要求全部上网,因此法官往往更倾向于让简单裁判文书上网,以免被网民逮住痛脚。

基于上述原因,笔者只好通过已被公开的判决对非法证据排除的裁判说理问题进行管窥,这对于研究结果虽然会有一定影响,但笔者以为愿意被法官放上网的判决都是其所写判决中的佼佼者,也就是说,如果这些判决也存在问题,那么这些问题在普通判决中肯定也是存在的。

---

① 此三例非法证据排除案件报道时间分别为 2012 年 9 月、2012 年 12 月、2013 年 4 月,章国锡案二审判决时间为 2012 年 7 月 18 日,其中"北京首例非法证据排除案"在报道中已有判决结果,但依旧未能找到相应判决。
② 此三类裁定通常事实认定较为清楚,争议不大,裁判文书说理也极为简单。

以"非法证据"为关键词①全文搜索②北大法宝的刑事司法案例，有 68 条结果，排除重复的裁判、在出版物上发表的裁判、③ 发回重审的裁定、④ 辩方对证据形式、证据主体等提出异议的裁判，⑤ 关于非法证据排除申请的裁判有 41 篇，其中 2004—2008 年有 3 篇，2009 年有 3 篇，2010 年有 6 篇（其中 2010 年 7 月 1 日之后的有 4 篇），2011 年有 20 篇，2012 年有 9 篇。可以看出，总体而言，非法证据排除的裁判每年不断攀升，2011 年更是多达 20 篇，结合《关于办理刑事案件排除非法证据若干问题的规定》（以下简称《排除规定》）于 2010 年 7 月 1 日施行的背景，可能与其不无关系。

仔细分析判决内容，笔者发现随着时间推进，总体而言，非法证据排除裁判说理的水平不断上升，这是值得欣慰的。2008 年以前的判决对于非法证据排除的说理往往只有简单的一两句话，3 篇判决中就有 2 篇错误地将证明刑讯逼供的责任推到了被告人一方，另一篇则仅根据公安机关开具的未进行刑讯逼供的情况说明就认定不存在刑讯逼供。2009—2010 年，裁判说理的质量差别较大，有依旧将证明责任弄错的，有对非法证据排除申请不予理睬的，也有结合证据详细分析、论证的，⑥ 但总体而言，这两年的判决开始有了结合证据的意识，尽管大多数的裁判只结合了一项到二项证据来阐述。2011 年，裁判中开始出现了"非法证据排除程序启动"字样，绝大部分的裁判都结合了证据来说理，说理多为单独列段的方式，结合的证据也较之前丰富，同步录音录像、提讯证明、讯问人员证言等开始不断出现，公安机关出具的未刑讯逼供的情况说明的使用频率开始下降。2012 年的裁判较少，但说理水平普遍较高，结合的证据丰富多样，最终证据被排除的情形也开始

---

① 以"刑讯逼供"为关键词全文搜索为 0 条结果，但是奇怪的是笔者在某些判决中已经看到了"刑讯逼供"字样。
② 搜索日期为 2013 年 5 月 26 日，搜索方式为关键词搜索、全文搜索。
③ 排除此类判决书是因为其并非真正意义上的判决书，其更多的作用在于指导法官办案而不会真正送达给被告人。
④ 排除此类裁定是因为对于发回重审的裁定，二审法院一般不会详细说理。
⑤ 形式和主体（通常是针对鉴定资质）不合法的证据是否排除、何种情况下排除现在依旧存在争议，因此此处仅探究刑讯逼供、诱供、暴力取证、诱惑侦查等导致的非法证据排除申请的裁判说理。
⑥ 黄驰远受贿案：(2009) 浙甬刑二终字第 221 号。

出现，使用的说理字数也明显较以往多，有八九行。

尽管出现了上述令人欣慰的改变，但是这些裁判中依旧存在着不少的问题，总结如下：

其一，不予裁判。对于被告人提出的非法证据排除申请，法院最终未能明确作出的是否同意的决定。如符东辉等合同诈骗案，[①] 原审被告人符东辉上诉请求"启动非法证据排除程序，排除一审采信的非法证据"，但是二审法院在"经审理查明"和"法庭认为"部分对该请求只字未提。也许实际情况是符东辉虽然提起了申请，但是其没有提出侦查机关非法取证的线索，但即使是这种情况，法官也应当对于该请求作出回应，哪怕是仅仅声明没有启动非法证据排除程序，这是对于当事人权利的基本尊重，也是其行使程序性裁判权的体现。而且，如此不予裁判正好符合《排除规定》第 12 条，[②] 若此种做法是一审法院所为，则可以作为二审法院重新审查证据合法性的依据，倘最终改判，对法官自己的考评也有不利影响。

其二，只写裁判结论，不予说理论证。如李王绍等拐卖儿童案[③]中，法官对被告人苏效成提出的其在公安阶段的供述是刑讯逼供所致的辩护意见评议道："上海市人民检察院上海铁路运输分院经补充侦查，在庭审时出示了鉴定结论、证人证言等证据，证明被告人苏效成的供述并非非法取得。被告人苏效成及其辩护人对此表示异议。本院认为，公诉人提供的证据确实、充分，能够排除被告人审判前供述属非法取得。"被告人对于检察院所举示的证明证据合法性的证据表示异议，法官对于认证过程没有丝毫分析和解释就直接给出了认定审判前供述合法的结论。

其三，不对非法证据排除涉及的法律问题进行解释，只结合证据论证非法取证行为存在与否。如梁朋贩卖毒品案[④]中被告人提出"其系在公安机关

---

① （2010）宁刑终字第 113 号。

② 《排除规定》第 12 条规定："对于被告人及其辩护人提出的被告人审判前供述是非法取得的意见，第一审人民法院没有审查，并以被告人审判前供述作为定案根据的，第二审人民法院应当对被告人审判前供述取得的合法性进行审查。检察人员不提供证据加以证明，或者已提供的证据不够确实、充分的，被告人该供述不能作为定案的根据。"

③ （2010）沪铁中刑初字第 19 号。

④ （2011）云高刑终字第 1246 号。

的线人引诱之下参与犯罪"，法官评议道："经审查，与在案证据不相符，本院不予采纳"，仅审查证据，对于本来就有争议的引诱犯罪的法律容忍尺度等没有阐释。再如全裕斌等受贿案[①]中辩护人提出"侦查机关采取诱供手段获取上诉人全裕斌的供述"，法官评议道："经查，侦查机关在对上诉人进行讯问中，确实存在一些不规范行为，但尚不属于刑讯逼供和暴力、威胁等行为范畴，属于程序上的瑕疵，上诉人在侦查机关的供述不属于法律意义上的非法言词证据。虽然在讯问过程中存有瑕疵，但没有影响上诉人供述的真实性和自愿性。况且上诉人在一、二审庭审时的供述程序合法，在庭审时相同内容的供述可以补强原在侦查机关的供述。故本案证据程序合法、内容客观、真实"，引诱所得供述的确不一定程序违法，但对于程序违法与程序瑕疵的界限、哪些为侦查策略的合法引诱、哪些为超过限度的非法引诱，法官并未作阐释。

其四，与其他争议焦点并列，未体现出程序性裁判的特点。章国锡受贿案[②]的一审判决书是唯一一个将"程序部分"和"实体部分"分开论证的判决书，这点也受到了学界的一致赞扬，然而除此之外，上述 41 篇裁判都将非法证据排除作为辩方就定罪量刑提出的辩护意见之一，与罪名辩护、立功等定罪量刑情节一并评判，如刘某等盗窃、掩饰、隐瞒犯罪所得案[③]中，被告人刘某与其辩护人提出了应为职务侵占罪而非盗窃罪、没有"鼓动"其他被告人犯罪、未直接实施不构成共犯、供述乃刑讯而来的非法证据排除申请以及有立功情节 5 项辩护意见，法官最终亦排除了其提供刑讯时间所做的讯问笔录，但在对此 5 项辩护意见作出采纳与否的决定并说明理由时，法官依照的是该 5 项辩护意见所提出的顺序，而没有将非法证据排除与否的裁判作为实体性裁判的前提。

（二）非法证据排除裁判及其说理问题的成因

其一，无激励机制，法官说理无动力。首先，我国是成文法国家，裁判

---

① （2012）衡中法刑二终字第 19 号。
② （2011）甬鄞刑初字第 320 号，（2011）浙甬刑二终字第 288 号。
③ （2012）陕刑二终字第 00016 号。

文书并不会如同判例法国家那样可能长期为后人引用、为学者研究，即使该裁判对未来司法产生影响也不会显示法官所作贡献，法官自然没有动力。其次，裁判文书上网制度不完善使得并非所有法院会将裁判文书上网，在将裁判文书上网的法院中又并非会将所有裁判文书上网，法官精心制作的裁判无法被公众看见，而仅仅是在控辩双方翻阅后就被束之高阁、深藏档案室之中，法官自然不愿花大量精力去制作裁判并详细说理。最重要的是，裁判文书写作质量高低对于法官的工资、奖金、荣誉、晋升等并无影响，案结事了对法官考评影响更大，同时言多必失，因而法官更倾向于在裁判文书中对非法证据排除作出裁判并简单说理，针对可能上诉的被告人或检察官进行判后答疑。

其二，非法证据排除的裁判说理面临着现行审判制度的制约。首先，非法证据排除案件在实践中往往属于较为复杂、疑难的案件，需要交由审委会进行讨论裁决，然而审委会的裁决结果不一定与法官看法一致，即使一致法官也难以准确还原审判委员会成员的心证过程、其对非法证据排除标准的掌握及对于非法证据排除规则的理解，因而在说理时法官倾向于用直接引用法律条文而不对其阐释，使得说理难以透彻充分、显得缺乏针对性或避重就轻。其次，现在非法证据排除还面临着许多障碍，由于对于实体正义的过分追求，在排除与不排除之间法院通常会选择不排除的保守做法，很多情况下可能明显严重的程序违法审委会却决定不予排除，此时要对判决作出正当性论证在法官看来实在是一件难以完成的事，因此只好含糊其词。最后，我国的"超职权主义诉讼模式"、"威权传统"潜意识地影响着法官和法院领导，其习惯性地认为裁判理由对外宜简不宜详，只引用法条已经足以让被告人理解判决，因而不必结合案件具体情况对法条作出阐释和说理。

其三，对非法证据排除规则认识不足、裁判说理能力不足，法官往往不知如何说理。在实践中非法证据排除申请被提出的并不多，而其运行年限尚短，许多法官对其认识并不深，对于哪些证据应当排除、证明责任如何分配、证据应如何审查运用、引诱的界限、程序违法与程序瑕疵的界限等依旧尚存疑虑，法官难以对学界仍在争议的问题结合具体个案自圆其说，法院也很少对此进行培训和宣讲。而且实践中各级法院往往很少关注法官裁判能力包括裁判方法论以及裁判文书制作能力的训练，"忽视司法将社会和法律的价值判断转化为法律技术问题，从而起到解决纠纷，恢复社会秩序的纽带与桥梁的作用"[①]。同时非法证据规则属于程序性制裁方式，其裁判及说理跨越程序法、证据法和实体法，既要结合证据说明是否存在违法侦查行为，对于非法实物证据和引诱欺骗所得非法言词证据还要根据违法程度、所侵害权益的重要程度等[②]作出是否排除的决定，最后还要说明其对于定罪量刑的影响，这本身对于法官来说也是不小的挑战。

三、改进非法证据排除裁判及其说理的建议

针对非法证据排除裁判及其说理存在问题的原因，笔者认为改进非法证据排除裁判及其说理可从短期和长期两方面着手。

从长期来看，建立裁判文书全面上网制度、提高裁判文书制作对于法官考评的影响、提高法官法律素养、加强法官审判独立性、改变法官对于裁判文书宜简不宜详的惯性认识，可以根本上提高法官的裁判说理水平，促使诉讼当事者接受裁判，改变司法公信力下降的现状，但这毕竟是一个长期的过程，需要多种制度的合力才能发挥较好的作用。

从短期来看，加强法官对非法证据排除规则的认识、明确非法证据排除裁判及其说理的内容，可以迅速提高法官遇到非法证据排除案件时的裁判说理水平，方法简单、效果迅速、可操作性强。因此，笔者拟通过具体划分非法证据排除案件的类型、针对每一类型特点逐一说明法官需要着重说明哪些问题，通过细化说理内容来改进我国非法证据排除裁判及其说理，使其能更好地指导法官撰写裁判。

按照排除申请提出后法院审查决定的结果，笔者认为可以将案件分为四种类型：

---

① ［德］罗克辛：《德国刑法学总论》，王世洲译，法律出版社 2005 年版，"译者序"。转引自温登平：《论刑事判决说理的方法与准则》，载陈金钊、谢晖主编：《法律方法》（第 11 卷），山东人民出版社 2011 年版，第 251 页。

② 陈瑞华：《非法证据排除的中国模式》，载《中国法学》2010 年第 6 期。

（一）当事人提出申请、法院未予审查

根据 2012 年《刑事诉讼法》第 56 条第 2 款和《排除规定》第 6 条的规定，[①] 被告人提出非法证据排除申请时，应当提供非法取证的相关线索或材料，如讯问人员的名字、性别、模样、职务，讯问时间、地点，非法取证采取的手段方式、持续时间，此次非法取证获得的供述内容等，以此才能进一步对讯问人员是否非法取证进行调查，若是被告人虽然提出排除申请，但是无法提供线索或材料，则此时法院有权直接决定不予以审查。在这种情形下，由于被告人仅提出申请、未提出线索，对案件事实没有影响，法官可以直接在裁判文书中注明："被告人（及其辩护人）虽然提出了非法证据排除申请，但是由于未能提供非法取证的线索和材料，依据《刑事诉讼法》第56 条第 2 款，本院对证据合法性不予审查"，无须过于说理。如此记载，可以减少法官职业风险，在辩方以该排除申请未被审查为理由提出上诉时向二审法院显示自己所做的工作，减小被发回重新审判的可能性。同时，当事人及其辩护人、诉讼代理人在第一审结束后才发现相关线索或者材料，在第二审程序中申请人民法院排除非法证据时，其也可以成为证明自己确实是在第一审结束后才发现相关线索或材料而非故意隐瞒的证据，对当事人也有利。

（二）法院审查但未启动调查程序

若被告人或其辩护人提出了非法证据排除申请并提供了相应的线索或材料，此时法官应当对涉案证据合法性进行进一步审查，审查后若法官对证据合法性不产生怀疑，则不启动调查程序。

在此情形下，法官应当在裁判文书中载明："被告人（及其辩护人）提出了非法证据排除申请，并提供了××线索，本院审查后认为，该线索……证据合法性不存在疑问，因此未启动调查程序。"在说明本案没有启动调查程序时，法官首先需要阐明被告人提供的线索是什么，被申请排除的是哪份

[①]《刑事诉讼法》第 56 条第 2 款规定："当事人及其辩护人、诉讼代理人有权申请人民法院对以非法方法收集的证据依法予以排除。申请排除以非法方法收集的证据的，应当提供相关线索或者材料。"《排除规定》第 6 条规定："被告人及其辩护人提出被告人审判前供述是非法取得的，法庭应当要求其提供涉嫌非法取证的人员、时间、地点、方式、内容等相关线索或者证据。"

证据，然后针对性地说明为何在被告人提出涉嫌非法取证的人员、时间、地点、方式、内容等相关线索或者材料后，其对证据合法性依旧不产生怀疑，是被告人述说的被刑讯的证言明显不符合情理，还是提供的线索或材料过于模糊、无法取证等。

（三）启动了调查程序且证据最终被排除

根据 2012 年《刑事诉讼法》第 56 条至第 58 条的规定，被告人提供的线索经法官审查后，法官对证据的合法性产生疑问时，法官应当启动调查程序，此时由检察官对被申请排除的证据的合法性进行证明，并且证明应达到排除合理怀疑的程度，换言之，经过调查后，只要法官不能排除非法取证行为的存在，该证据就应当予以排除。

按照被申请排除的证据的类型，此时可以分为两种情况：一是非法言词证据的排除；二是非法物证、书证的排除。由于非法取证行为对言词证据真实性的影响远大于物证、书证，此二者采取的是不同的排除条件。

对于前者，强制排除。只要存在《刑事诉讼法》第 54 条规定的非法取证行为，就应当将通过该非法取证行为获取的言词证据排除，对此法官应作出明确的裁判，若是有多份供述的，排除哪一份或几份，哪些未排除需要予以说明，同时法官应阐明支持排除的理由，包括从哪些证据认定不能排除非法取证行为、这些证据各自证明了什么、通过该取证行为获取到的是哪些证据、对这些证据是如何审查判断等，若是涉及诱惑侦查、骗供、诱供等争议问题，法官还要分析这些行为合法与非法的边界，并进一步根据违法程度、所侵害法益的重要程度进行分析，并最终作出排除与否的裁判。

对于后者，裁量排除。法官首先需要说明该物证、书证的收集违反了何种法定程序，以及该违法行为对于证据可靠性的影响。其次，需要说明其严重影响了司法公正，其中包括对被告人权利侵犯的严重程度、造成了怎样的后果等。再次，需说明检察机关是否对该证据有补正或解释行为、采取的是何种补正或解释方式、解释理由是什么，若有且法官接受该解释或补正，则说明法官接受的理由是什么以及补正后证据的可靠性或证明力发生了怎样的变化；若虽有补正或解释但未能使法官信服或接受，则法官应阐明不接受的理由，指出其中该种解释或补正存在的矛盾或缺陷；若检察机关没有补正或作出合理解释，法官则应在裁判文书上有所记载，并作出排除该非法收集的证据的裁判。最后，考虑到非法证据排除对于定罪量刑的影响，法官应当对该证据被排除后被告人涉嫌犯罪是否依旧成立作出解答。若不成立，则依此作出无罪判决；若依旧成立，则应继续考察其对量刑的影响。另外，考虑到我国长久以来存在的"宁枉勿纵"的传统，对于被排除的，尤其是影响到定罪量刑的证据，法官宜对非法证据排除的法理、对使用非法证据作为定罪根据的危害作一定阐明，以降低公众对非法证据放纵犯罪的担忧、增强裁判的可接受性。

（四）启动了调查程序但证据没有被排除

根据对上述裁判的分析，笔者发现，实践中最终证据被排除的裁判说理往往更为充分。由于我国司法制度长期以来追求实体真实的强烈导向，法官往往并不愿意排除非法证据，因而在各种证据都迫使法官必须排除时，法官为了规避职业风险和展示公正形象，往往会更加用心说理、小心论证（如汤某国盗窃案①、张某庚故意伤害案②），以应对公诉机关可能的抗诉，然而由于因抗诉而被发回重审或改判的可能性较因被告人上诉而被发回重审或改判的可能性大，法官往往较为重视检察院抗诉，而不那么重视被告人的上诉，因而也就不那么重视启动程序但证据未被排除的裁判及其说理。

笔者认为，这种情况下的裁判说理更应当获得重视。一方面，对于能够提出详细的非法取证线索和材料并经过法官审查认为证据合法性存疑进而启动了调查程序的案件，笔者认为至少可以肯定，其中大部分被告人提出非法证据排除申请是有一定理由的，在法院启动程序给了其希望后，如果不充分说理，而是专横地直接给出结论，那么被告人对于司法机关乃至司法制度更不信任，进而引起上诉、申诉甚至上访。另一方面，很多被告人提出申请是源于对公安机关取证合法性的质疑，但这种质疑可能源于其对法律的理解偏差，将公安机关合法的取证行为也看作非法取证，这时只要详加说明就可以消除此种误解，促使其更容易地接受判决。对于这点，41篇裁判都做得不

---

① （2012）益法刑二终字第73号。
② （2012）淑刑初字第19号。

尽如人意，但杨宇冠教授在 2010 年与江苏省盐城市中级人民法院合作的"非法证据排除规则试点项目"中，D 市人民法院的判决就用了整整一页针对辩护人以侦查机关诱供为由提出申请进行了详细的解释，并取得了良好的效果。[①]

根据法律规定，启动了调查程序但不排除证据可能有两种情况：一是证据取得不存在违法性，即控方尽到了证明证据合法性的证明责任；二是证据取得存在违法性，但违法侵害并不符合我国非法证据排除的适用标准。

对于第一种情况，法官首先说明证据的取得不存在违法，之后围绕控方提出的证据进行分析，指出认定控方证据合法的依据是什么，并就被告人、辩护人提出的线索或材料进行驳斥。

对于第二种情况，法官首先需要明确该证据取得存在违法性，并对侦查机关的行为作出否定性评价；然后对该取证行为的违法程度进行分析，指出其尚未达到"可能严重影响司法公正的程度"，然后再具体分析该取证行为违反何种法定程序、对被告人权利侵犯的严重程度、造成了怎样的后果、对证据可靠性的影响以及为何其属于可补正的程序瑕疵；最后，法官需要说明侦查机关及检察机关是如何解释和补正的、法官接受该补正或解释的理由以及补正后的证据证明力或可靠性发生了什么变化，等等。

此外，需要注意的是，第二种情况仅仅只可能存在于物证、书证的排除（第一种情况既包括非法言词证据的排除，也包括物证、书证的排除），对于采用刑讯逼供等非法方法收集的犯罪嫌疑人、被告人供述和采用暴力、威胁等非法方法收集的证人证言、被害人陈述这类非法言词证据，只要不能排除其违法收集的可能性，则一律排除，无须考虑补正问题，因而也无须对其违法程度进行分析，说理只需围绕侦查机关是否实施了刑讯逼供、暴力、威胁等非法方法取证即可。

[①] 卞建林、杨宇冠主编：《非法证据排除规则实证研究》，中国政法大学出版社 2012 年版。

论反对强迫自证其罪原则的确立及其制度配套

——以贿赂犯罪为研究对象

王雄飞 *

反对强迫自证其罪作为我国政府已签署的联合国《公民权利和政治权利国际公约》① 中的一项重要内容，随着十一届全国人大第五次会议上修改刑事诉讼法决定的顺利通过，终于正式生效。如果说，本次刑事诉讼法的修改又一次见证了我国尊重和保障人权的发展，那么，反对强迫自证其罪原则的确立，无疑是这一进程中的最为闪耀的亮点。然而，正如许多学者所认为的那样，既然确认了反对强迫自证其罪原则，就应该删除新《刑事诉讼法》第118条中关于"犯罪嫌疑人对侦查人员的提问，应当如实回答"的规定，因为由反对强迫自证其罪原则与如实供述"义务"之间实有不相容的矛盾。笔者认为，从我国的立法和司法实践来看，反对强迫自证其罪原则的确立与如实回答条款的并存，并不存在难以解决的立法矛盾，而且有利于包括贿赂犯罪在内的客观上较为依赖口供的刑事犯罪的侦查。当然，反对强迫自证其罪原则的建立，还需要我国刑事诉讼制度和证明制度作出进一步的变革和完善，从而最大限度地实现打击犯罪和保障人权的平衡。

一、反对强迫自证其罪原则的确立

反对强迫自证其罪原则又称不被自证其罪原则、反对自我归罪原则，不必自我归罪原则，拒绝强迫自证其罪原则等，往往被称为"反对强迫自证其罪的权利"（right against self – incrimination ）或者"反对强迫自证其罪的

---

* 广东省广州市越秀区人民检察院检察长，法学博士，全国检察业务专家。
① 1998 年 10 月 5 日中国常驻联合国代表秦华孙代表政府签署后，一直等待全国人大常委会批准。

特权"（privilege against self – incrimination）。该原则的追溯可至罗马法的古老格言——"任何人无义务控告自己"，罗马法中也有"不得迫使任何人进行反对自己的诉讼"的规定。[①] 作为一项以维护人权为要旨的国际性刑事诉讼准则，反对强迫自证其罪的基本含义是指任何人对可能使自己受到刑事追究的事项有权不予陈述，不得以强制程序迫使任何人供认自己的罪行或者接受刑事审判时充当不利于自己的证人。[②]

（一）反对强迫自证其罪原则的基本内涵

1. 反对强迫自证其罪的前提是如实陈述义务

反对强迫自证其罪本是英美普通法上的一种证人特权，而之所以被称为特权，主要是因为这一原则是以有陈述或作证义务为前提，并以"藐视法庭罪"、"伪证罪"和其他程序性制裁为强制后盾。[③] 也就是说，只有在人的陈述涉及会使自己自陷于罪的事实时，才能够获得这一特权的保护，可以拒绝回答提问，否则行为人必须如实陈述。

2. 反对强迫自证其罪的核心是禁止物理、精神强制

反对强迫自证其罪原则所禁止的是以暴力、胁迫等方法强行违背被询问人自由意志获取有罪供述和其他证据的行为，主要是禁止物理强制和精神强制。[④] 前者主要是指采用暴力、虐待、使疲劳、使用药物等对生理上造成损害的行为；而后者则包括欺诈、催眠、胁迫以及以法律未规定的利益相引诱等一切损害行为意志自由的方法。随着人权保障要求的进一步强化以及反对强迫自证其罪原则的逐步完善，禁止强制还包括使用违反刑事诉讼法规定的强制措施和其他有损记忆力和判断力的一切方法。值得注意的是，司法实践中，讯问犯罪嫌疑人，对其宣讲刑事政策、宣传法律关于如实供述自己罪行可以从轻处罚的规定，通过思想工作让犯罪嫌疑人交代罪行，争取从宽处理，不属于精神强制，不属于强迫犯罪嫌疑人证实自己有罪。[⑤]

---

① 陈光中等主编：《联合国刑事司法准则与中国刑事法制》，法律出版社 1998 年版，第 271—273 页。
② 孙长永：《沉默权制度研究》，法律出版社 2001 年版，第 9 页。
③ 参见孙长永：《沉默权制度研究》，法律出版社 2001 年版，第 78 页。
④ 陈光中等主编：《联合国刑事司法准则与中国刑事法制》，法律出版社 1998 年版，第 274 页。
⑤ 郎胜主编：《中华人民共和国刑事诉讼法修改与适用》，新华出版社 2012 年版，第 117 页。

3. 反对强迫自证其罪的效果是抑制侦查讯问

反对自证其罪特权能够对侦查讯问产生不同程度的影响。在当事人主义诉讼模式的美国，一旦犯罪嫌疑人因可能自陷于罪而主张沉默，则侦查机关必须立即停止讯问，并不得再次讯问嫌疑人，除非嫌疑人基于自身利益放弃沉默，其"米兰达规则"即是如此；英国原则上也必须停止，但在特殊情况下，可以允许犯罪嫌疑人会见或咨询律师之后予以讯问，或者在律师有权会见之前继续讯问。对于职权主义诉讼模式的法国、德国等大陆法系国家，遇到犯罪嫌疑人因可能自陷于罪而主张沉默，侦查人员不必停止讯问，而可以"说服"嫌疑人放弃沉默权，然后再继续讯问。而日本、荷兰等国法律规定，犯罪嫌疑人因可能自陷其罪而主张沉默时，侦查人员不但不用停止讯问，而且犯罪嫌疑人必须听取讯问，负有"忍受调查的义务"，只是对警察所提的问题有权拒绝回答而已。[1]

（二） 反对强迫自证其罪和沉默权的关系

对于反对强迫自证其罪与沉默权的关系问题，学界的观点并不一致。有学者认为，两者之间有区别，主要表现在于"不被强迫自证其罪的特权"并不包含沉默的意思，而只是禁止"强迫"自证其罪；也有学者认为，两者基本一致，认为"反对强迫自证其罪在刑事诉讼程序中的直接体现和具体保障措施，便是各国刑事程序中关于沉默权的规定"[2]。笔者认为，两者既有联系又有区别。

1. 两者在本质上的趋同性

现代意义上的反对强迫自证其罪必然要求在个人成为犯罪嫌疑人和被告人时有权保持沉默，虽然沉默权有广狭之分，但狭义的沉默权[3]与反对强迫自证其罪不仅具有相同的形成基础，也具有相同的功效和精神；而广义的沉

---

[1] 参见孙长永：《沉默权制度研究》，法律出版社 2001 年版，第 82 页。

[2] 卞建林等：《英国对沉默权的限制》，载《比较法学》1999 年第 1 期。

[3] 狭义的沉默权"专指受到特定犯罪嫌和人和刑事被告人在整个刑事诉讼过程中对于来自官方的提问拒绝回答或者完全保持沉默的权利，沉默以及对于具体问题的拒绝回答原则上不得作为不利于嫌疑人和被告人有罪的证据；以物理强制或精神强制等方法侵害这一权利所获得的陈述，不得作为指控陈述人有罪证据的使用"，见孙长永：《沉默权制度研究》，法律出版社 2001 年版，第 4 页。

默权（包括证人在内的任何人在任何程序中，对于可能自陷于罪的提问有权拒绝回答）与反对强迫自证其罪更是具有性质和范围上的类同。

2. 两者在范围上的差异性

一是拒答范围不同。沉默权否定一切陈述义务，它意味着犯罪嫌疑人、被告人可以拒绝回答一切提问，也可以决定不为自己作证或辩解，而且无须说明理由；而反对强迫自证其罪则是以有陈述或作证义务为前提，只有对于可能使自己受到刑事追究问题才能拒绝回答，因而必须针对具体问题分别主张权利，并且要附具理由予以释明。二是适用范围不同。反对强迫自证其罪适用于一切带有强制性的调查程序，而沉默权主要是已经进入侦查或审判程序的犯罪嫌疑人或被告人。①

总体而言，反对强迫自证其罪与沉默权虽然都以人权保障为宗旨，但显然在保障程度上有所区别。反对强迫自证其罪仅对有罪事实有拒答权利，且需要说明理由，其实质仅是如实陈述义务的例外规定。而沉默权以全面维护犯罪嫌疑人、被告人的供述自由为核心，侧重保障个人的人格尊严，不仅禁止强制陈述，而且还产生禁止不利评论和推定以及禁止从重判刑的附随效果，② 不但能够使犯罪嫌疑人、被告人可以沉默，而且从制度上确保其敢于沉默。

（三）反对强迫自证其罪原则的意义

1. 人权保障事业的重大进步

被告人在刑事诉讼中是诉讼主体而不是诉讼客体，这是法治国家的一个基本共识，这就要求在刑事诉讼的各项程序和各项制度中赋予、尊重和保障被告人包括人格尊严权、公正审判权在内的各种诉讼权利和诉讼利益，防止被告人单纯成为协助检察官追诉犯罪从而自我归罪的工具。而让被告人自证其罪恰恰就是成为协助检察官对自己定罪指控的一个工具，沦为了自我归罪的证明客体。因此，确立反对强迫自证其罪原则，承认被告人在刑事诉讼中

---

① 参见孙长永：《沉默权制度研究》，法律出版社 2001 年版，第 10 页。
② 虽然世界各国为平衡真实发现和程序正义两种价值取向，对沉默权不断进行限制，但沉默权对犯罪嫌疑人、被告人合法权利的保障作用始终处于人权保障的最前沿。

的独立的诉讼主体地位，允许和保障被告人能够与司法官员在庭前或庭上进行有效对抗，由强迫自我归罪证明的诉讼客体变为提出事实抗辩的诉讼主体，从而真正实现控辩双方在平等地位下的对抗。

2. 国际司法准则的有效衔接

反对强迫自证其罪原则规定最为权威性的文件是联合国《公民权利和政治权利国际公约》，其第 14 条第 3 项明确规定，"不被强迫作不利于自己的证言或强迫承认犯罪"。英美法系和大陆法系的部分国家也对反对强迫自证其罪作了规定。如美国宪法修正案第 5 条明确规定："在任何案件中，不得强迫任何人强迫自证其罪。"英国《法官规则》第 2 条和第 3 条规定讯问和提讯犯罪嫌疑人前应当告知："除非你自己愿意，否则你可不必作任何陈述，但是你一旦有所陈述，便将录供证据之用。"《日本国宪法》第 38 条第 1 款规定，"任何人都不受强迫作不利于自己的供述"；第 2 款规定："出于强制、拷问或胁迫的自白或者因长期不当羁押、扣留后获得的自白，不得作为证据"。《法国刑事诉讼法典》第 116 条规定："预审法官应告知被审查人，未经其本人同意，不得不对他进行讯问。"《德国刑事诉讼法》第 136 条规定："初次讯问开始时，要告诉被指控人所被指控行为和可能适用的处罚规定，接着应当告诉他，依法他有就指控进行陈述和对案件不予陈述的权利，并有权随时地，包括在讯问之前，与由他自己选任的辩护人商议。"所以，我国确立反对强迫自证其罪原则是与国际司法准则进行了有效衔接，同时也与世界主要法治国家人权保障的规定相一致。

3. 刑讯逼供问题的根本遏制

反对强迫自证其罪原则的确立，其目的在于最大限度地遏制刑讯逼供、暴力取证等非法取证行为，有力维护犯罪嫌疑人、被告人的合法权益。我国刑事诉讼法虽然明文规定严禁刑讯逼供和以威胁、引诱、欺骗以及其他非法的方法收集证据，但是在司法实践中，由于口供本身就具有其他证据形式无可比拟的证据价值，因此侦查人员向来十分倚重口供的作用。过分依赖口供定案的积弊正是刑讯逼供产生的根本诱因。笔者认为，从执法理念上强调司法人员文明办案固然重要，但从机制上找准问题的症结对症下药则是更为根本的对付刑讯逼供的良策。这其中，确立反对强迫自证其罪原则无疑是一项符合国际惯例和具有现实针对性的应对之策。

二、"如实供述"条款保留的理性考量

（一）如实供述条款的性质探究

从表面上看，如实供述条款的继续保留与反对强迫自证其罪原则看似难以自圆其说，因为如实供述义务的基础是有罪推论，犯罪嫌疑人、被告人因被要求如实回答讯问人员的提问而将沦为诉讼客体，其存在必然会合逻辑地的引起背离现代文明的诉讼结果。笔者认为，从法理层面和司法实践深入分析，如实供述条款的性质是一种指引性的刑事司法政策，其与反对强迫自证其罪原则之间并不存在难以调和的矛盾。

1. 如实供述的非义务性

从法理上看，义务是设定或隐含在法律规范中、实现于法律关系中的、主体以相对受动的作为或不作为的方式保障权利主体获得利益的一种约束手段。[①] 所以，义务的显著特征就是在任何情况下，义务承担者都不能自行放弃义务，即拒不履行法律义务，否则将受到法律强制。显然，我国《刑事诉讼法》第 118 条中关于"犯罪嫌疑人对侦查人员的提问，应当如实回答"的规定，无法被认定为"义务"条款。原因在于：一是缺乏法律责任或法律后果赋予其强制力保证，没有哪一条法律规定，如果犯罪嫌疑人或被告人违反如实供述义务就对其定罪或惩戒；二是司法实践中，正常情况下，从未出现过对违反如实供述义务者因其不履行义务而推定其有罪的情况；三是如果将如实供述作为嫌疑人、被告人的普遍义务，那么，义务生成的基础必然是有罪推定，而我国早已将无罪推定作为刑事司法的重要原则之一。所以，"义务"论显然不符合我国立法和司法实践的情况。

2. 如实供述的非权利性

权利是规定或隐含在法律规范中、实现于法律关系中的、主体以相对自由的作为或不作为的方式获得利益的一种手段。[②] 如上所述，如实供述并非

---

① 　张文显主编：《法理学》，法律出版社 1997 年版，第 116 页。
② 　张文显主编：《法理学》，法律出版社 1997 年版，第 115 页。

犯罪嫌疑人的义务，那么作为一种法律规范，考虑其附随的量刑从轻后果,[①] 同时按照权利义务的二分法，其是否可以被认定为犯罪嫌疑人的权利呢？笔者认为，从这一法律条款及其所体现的法律意义来看，如实供述也不能被认定为犯罪嫌疑人的权利。首先，从法条的字面来看，如实供述用"应当"予以规制，而"应当"的法律意义显然与权利的自由性特征向左；其次，权利设立的目的是能够针对权利主体以外的对象作出肯定的主张，而如实供述对于犯罪嫌疑人不论是否作为，却是直接针对犯罪嫌疑人本身，这与权利的目的性要求也不一致；最后，如实供述条款的法律规定，其隐含的意义实质是公安司法机关对犯罪嫌疑人的一种要求和期待，所以，难以符合犯罪嫌疑人权利的主体性规定。

3. 如实供述条款是指引性的刑事司法政策

笔者认为，如实供述条款实质上是一种指引性的刑事司法政策，是宽严相济刑事司法政策在侦查讯问过程中的具体表现。刑事诉讼法及其所规制的刑事诉讼实践往往直观地展现了一个国家核心刑事政策的面貌，而刑事政策本身就是由与犯罪作斗争的宏观的战略、抽象的方针、微观的策略、具体的方法以及与犯罪作斗争的艺术、谋略和智慧组成的一个多元、分层而又统一的样态存在体系。其关注现行刑事诉讼法的实定规范的实践效果，致力于对现行刑事诉讼的价值目标及由此而决定的刑事诉讼模式、构造以及相关的体制的合理性和合目的性的考察与评判。[②] 如实供述条款作为 1996 年刑事诉讼法保留下来的条款之一，无疑体现了当时刑事诉讼法立定之时的政策背景，反映了强职权主义诉讼模式中发现真实优于程序正义的价值选择。其作为一种指引即对行为人的行为起到导向、引路的功效，一方面，对于一个事实上无罪的人，当其无辜地陷入刑事诉讼程序中，法律指引其如实回答，是希望通过其陈述查清案件，以使当事人尽快涤清嫌疑，脱离刑事诉讼的困扰；

---

① 根据《刑事诉讼法》第 118 条第 2 款的规定，侦查人员在讯问犯罪嫌疑人的时候，应当告知犯罪嫌疑人如实供述自己的罪行可以从宽处理的法律规定。同时，根据《刑法》第 67 条第 3 款的规定，犯罪嫌疑人虽不具有自首情节，但是如实供述自己罪行的，可以从轻处罚；因其如实供述自己罪行避免特别严重后果发生的，可以减轻处罚。

② 梁根林：《刑事政策——立场与范畴》，法律出版社 2005 年版，第 19 页。

另一方面，对于事实上有罪的人，通过应当如实回答的法律指引，促使其如实供述犯罪事实，不仅能够使其本人获得法律上的从轻处罚，也能够最大限度节约司法资源，而即便行为人不如实供述，也不会产生法律强制的后果。

（二）如实供述条款保留对查办贿赂犯罪的现实效用性

基于犯罪构成的不同，同类证据在不同类罪中所显示出的证明力也是不同的，对于贿赂犯罪而言，犯罪嫌疑人、被告人口供则具有重要地位。口供是贿赂犯罪事实揭露的重要手段，口供证明不仅具有直接性、相对可靠性的优势，而且还能对其他证据产生较强的印证。"如实供述"条款的基本含义是犯罪嫌疑人、被告人应该如实供述自己的犯罪事实和情节。在从贿赂犯罪侦查到审判的整个过程，司法人员对该条款的引用率往往最高，因为这一条款有助于获取犯罪嫌疑人、被告人的口供。

1. 威慑作用

如实供述作为一种宽严相济的刑事司法政策，虽然在刑事诉讼法中缺乏相应的惩罚制度作为保障，但却能成为侦查人员在讯问犯罪嫌疑人、被告人以获得真实信息的正当理由。正因为其给了侦查人员一个法律政策依据，在一定程度上，特别是在价值导向上堵塞了犯罪嫌疑人拒绝回答或不如实供述的退路，所以，侦查人员在对嫌疑人进行讯问时，往往会明确告知这一法律规定，造成嫌疑人心理上的威慑，从而促使其如实回答讯问问题。

2. 激励作用

从《刑法修正案（八）》到本次刑事诉讼法修改，"坦白从宽"的刑事司法政策落实成为具有法律效力的正式的法律条文——"如实供述"从酌定量刑情节变为了法定量刑情节，犯罪嫌疑人可以通过自己的如实供述得到量刑上的从轻或减轻处理。由此看来，如实供述的权利色彩显然重于义务色彩，往往成为司法实践中侦查人员说服犯罪嫌疑人趋利避害交代问题的重要法律政策工具。

三、反对强迫自证其罪原则的制度配套

从世界各国的立法例来看，反对强迫自证其罪的原则被越来越多国家予以认同，但同时各种例外情形以及对因行使该项特权保持沉默进行不利推论

的规定也相伴而生。事实上，一味地强调反对强迫自证其罪，不加限制地允许犯罪嫌疑人保持沉默，必然导致刑事诉讼中打击犯罪和人权保障两种价值之间的失衡，特别是我国长期受职权主义的影响，贿赂犯罪从侦查到审判、从取证到证明已经形成了较为固定的模式，如果不通过建立相应的制度来设置缓冲地带，不但难以真正实现理念和行为上的转变，而且会给贿赂案件的办理带来较大困难。

（一）比较法考察

1. 明确规定反对强迫自证其罪的例外情形

反对强迫自证其罪原则的核心是禁止强制陈述（供述），但即便如此，很多国家还是规定了禁止强制陈述（供述）的例外情形。

第一，严重犯罪例外。即对于严重犯罪，被调查人不得以反对强迫自证其罪为理由拒绝陈述。英国《1987年刑事审判法》第2条规定，"严重诈骗案件侦查局"局长在侦查严重诈骗案件过程中，有权要求任何被调查人回答有关调查事项的任何问题或提供信息、提交文件，而且讯问之前，也无须向被调查人提出警告。爱尔兰对沉默权的限制主要源于打击恐怖犯罪的需要。其在1939年的《国事罪法》明确规定，被拘留的涉嫌参与非法组织的人有义务向警察当局全面报告与正在侦查的恐怖犯罪有关的特定时期的活动，拒绝回答相关提问或者作出虚假陈述时，以犯罪论处。[①]

第二，事实独近例外。即就特定事实，依据经验和常理，追诉方无法或者很难发现，而被追诉人却能够轻而易举地证明。如英国1849年《破产统一法》第117条规定：官方接受人有权就债务人的所有业务往来和财产对债务人进行讯问，债务人必须如实回答，如果做虚假陈述即构成伪证罪，而且债务人的回答可以在随后指控他的篡改账目诉讼中用作不利于他的证据。[②]澳大利亚成文法规定，司机有义务按照警察的要求提供姓名、地址和驾驶执照，

[①] 转引自孙长永：《沉默权制度研究》，法律出版社2001年版，第59页。

[②] 参见 Colin Tapper, CROSS &TAPPER ON EVIDENCE 432 (Butterworths, 9ed. 1999)，转引自孙长永：《沉默权制度研究》，法律出版社2001年版，第83页。

拒不提供者以犯罪论处。①

第三，公序良俗例外。即在涉及公共利益以及善良习俗时，不能主张反对强迫自证其罪的权利。如英国《1989 年儿童法》第 98 条规定，法院在审查关于照顾、监督和保护儿童的申请时，任何人不得以可能自陷于罪或者可能使配偶受到刑事追究为由而拒绝回答提问。

2. 普遍建立沉默权不当行使的不利推定

对沉默权的限制，即犯罪嫌疑人、被告人在特定情况下的沉默，允许法官作出不利于被告人的推定，其目的在于加大打击犯罪的力度，在一定程度上限制了反对强迫自证其罪特权的行使。

第一，特殊时机沉默的不利推定。即当诉讼满足一定条件时，被告人仍然保持沉默，法庭可以作出不利于被告人的推定。如新加坡《刑事诉讼法典》第 189 条规定，法官在确认控方提供的证据使得案件达到"表面上成立"时，应当要求被告人进行辩护，同时会警告被告人拒绝作证的不利后果。

第二，特殊情境沉默的不利推定。如 1988 年英国制定的仅适用北爱尔兰的《刑事证据（北爱尔兰）令》明确规定，嫌疑人没有或拒绝向警察就其身体上或衣服上或嫌疑人被发现时的场所存在的某些可疑物品或痕迹作出解释，以及嫌疑人没有或者拒绝向警察解释他为什么出现在犯罪场所附近时，可以就被告人的沉默作出适当的推定。②

第三，突袭辩护的不利推定。根据英国 1994 年《刑事审判与公共秩序法》第 35 条的规定，被告人在审判中就其在侦查时保持沉默的事实突然提出解释，但是可以合理地期待他早在审讯时就该作出相应的解释，法院可以就其在侦讯时的沉默作出适当的推定。

---

① Traffic Act 1990（NSW）S. 5，转引自孙长永：《沉默权制度研究》，法律出版社 2001 年版，第 85 页。

② 龙宗智：《相对合理主义》，中国政法大学出版社 1999 年版，第 418 页。

（二）我国贿赂犯罪证明配套制度的完善建议

1. 应当建立特定情形下的不利推定

综观国外立法例，要求犯罪嫌疑人作如实陈述的情形一般限于特定犯罪和特定情形，如果犯罪嫌疑人保持沉默，应当要求法官作出对犯罪嫌疑人的不利推定。根据我国贿赂犯罪侦查和审判的实践，对构成该罪的关键要件，即收送财物的事实，通过一般侦查方法取证困难甚至无法取得证据，只能根据犯罪嫌疑人口供加以证明或者印证，理应要求犯罪嫌疑人如实回答，否则应当作出对其不利的推定。在司法实践中，除贿赂犯罪嫌疑人、被告人主动供述有罪事实的情形外，还存在两种陈述形态：一是沉默或消极否认形态。即犯罪嫌疑人、被告人在整个诉讼过程中对指控事实不发表任何意见或对指控或怀疑单纯否认，并不附带新的主张。二是积极抗辩形态。即犯罪嫌疑人、被告人对检察官指控事实否认的基础上提出新的主张，并使得诉点事实变为争点事实。① 对于沉默或消极否认建立不利推定是世界各国的普遍做法，但就积极抗辩而言，建立不利推定的目的在于促使犯罪嫌疑人、被告人就控方存在证明困难的事实或有证据证实的有罪事实进行合理解释或提出辩解，但由于我国还未建立较为完善的配套制度，使得犯罪嫌疑人、被告人可以任意选择抗辩时机，从而给侦查、审判带来阻碍，所以，也应当建立抗辩时机不当的不利推定。笔者认为，应当就以下情形建立对贿赂犯罪嫌疑人、被告人的不利推定。

第一，有证据证明具有明显的利用职务便利，且行贿或受贿中任何一方嫌疑人已经作出明确的有罪供述。此时，另一方保持沉默或消极否认，应该允许事实裁判者作出对其不利的推定。

第二，有证据证明具有明显的利用职务便利，且有书证反映行贿人和受贿人之间具有不正常的大额财物往来。此时，行贿人和受贿人均保持沉默或消极否认，应该允许事实裁判者作出对其不利的推定。

第三，有证据证明具有明显地利用职务便利，且有视听资料显示行贿人和受贿人之间有财物交易，此时，行贿人和受贿人均保持沉默或消极否认，

---

① 参见《检察官证明责任研究》，中国人民公安大学出版社 2009 年版，第 217—222 页。

应该允许事实裁判者作出对其不利的推定。

第四，有证据证明具有明显的利用职务便利，且有第三人在场并明确证实行贿人和受贿人之间有财物交易，此时，行贿人和受贿人均保持沉默或消极否认，应该允许事实裁判者作出对其不利的推定。

第五，在侦查和审查起诉阶段始终保持沉默或消极否认，而在审判阶段突然提出抗辩，且该抗辩事实按照一般社会经验应当在侦查或起诉阶段提出，此时事实裁判者可以就侦查或审查起诉阶段的沉默或消极否认作出对被告人不利的推定。

2. 逐步完善贿赂犯罪证明模式

从我国的审判实践来看，刑事证明的关键在于获取能够相互支持的证据，即单一的证据不足以证明，必须获得更多的具有内含信息同一性的证据来对其进行支持。有学者将这种证明模式概括为"印证"证明。① 印证证明实质就是"客观真实"证明理念在诉讼证明实践中的具体体现，要求案件事实特别是关键事实上，证据间要有充分、直接的相互支持。这一模式虽然在事实判定上更为可靠，但要求所有贿赂案件一律达到印证的标准，显然难以符合司法规律。一方面，贿赂犯罪要求收受财物的关键行为有证据相互印证，就只能通过获取行受贿人的口供来予以满足，如此势必加重侦查机关对口供的依赖；另一方面，又赋予行受贿人反对强迫自证其罪的特权，使其可以拒绝如实供述保持沉默，大大增加侦查机关获取口供这一关键证据的难度。因此，对于贿赂犯罪证明，应当建立以印证证明为主，辅之以自由心证的科学证明模式。在穷尽证据收集手段之后，已获得的证据在印证性方面仍有欠缺，应当考虑单个证据的质量是否能够在司法人员的内心形成确定的心证，如果能够排除合理怀疑，应当作出确认犯罪事实的认定。

---

① 龙宗智：《印证与自由心证》，载《法学研究》2004 年第 2 期。

证人保护适用中的考量因素
——兼论刑事诉讼法新增保护措施的适用条件

潘金贵* 李冉毅**

一、问题的提出

长期以来，我国刑事诉讼中强调证人的作证义务却疏于对证人的保护，导致实践中打击报复证人的现象时有发生。证人缺乏保护是导致证人出庭率低的重要原因之一。正如丹宁勋爵所言，"每个法院都必须依靠证人，证人应当自由地、无所顾虑地作证，这对执法机关来说是至关重要的"，"假如案件一结束，证人就要受到那些不喜欢他作证的人的报复，那么还能指望证人自由地和坦率地提供他们应当提供的证言吗？"[①] 此次刑事诉讼法修改，证人保护制度在立法上得到了正式确立，如果在司法实践中能够得到切实的贯彻执行，必将极大地有利于解决我国刑事诉讼中证人不敢作证、不愿作证的问题，提高证人出庭率，推动庭审程序的正当化。

然而，从可操作性的角度而言，如何准确判断证人是否存在保护的必要、在何种前提条件下适用相应保护措施，则是执行证人保护时必须考量的要素，也是证人保护实施中最为棘手的问题。目前学界对此问题鲜有论及，故此本文将着重讨论影响证人保护适用的各项因素，并在此基础上对刑事诉讼法新增保护措施的适用条件进行尝试性设定。

---

* 西南政法大学法学院教授，西南政法大学证据法学研究中心主任。

** 西南政法大学刑事诉讼法学硕士研究生。

① ［英］丹宁勋爵：《法律的正当程序》，李克强等译，法律出版社 2011 年版，第 20 页。

二、证人保护适用中的主要考量因素：兼从比较法角度的考察

（一）域外证人保护适用中的主要因素略考

在一些法治较为发达的国家和地区，采取证人保护措施主要是以证人受到现实的威胁为前提的，其相关法规少有对各项证人保护措施的适用条件作明确的解读，但会列出若干与证人相关的事项供证人保护的决定者参酌。例如，在澳大利亚，在决定哪些证人可以纳入证人保护体系的问题上，负责国家证人保护计划的澳大利亚联邦警察委员会必须考虑《1994 年证人保护法》规定的条件：（1）证人是否有犯罪记录（特别在暴力犯罪方面），该记录是否表明如果将证人纳入保护计划会对公众构成危险；（2）证人的心理和精神检查和评估结果是否影响将他纳入保护计划的适当性；（3）证人相关证据和证言所涉及的案件的严重程度；（4）相关证据和证言的性质和重要性；（5）是否存在其他可行的方法保护证人；（6）证人所受到的危险的性质；（7）该证人和其他已经被纳入保护计划的证人的关系的性质；以及其他可能会被该委员会考虑的事项。[1] 总的来说，澳大利亚证人保护法规对实施证人保护的参考事项规定的比较具体，有关于证言价值、证人安全情况的考量，也有对证人参与保护计划适格性的评估。这些虽不能说已详尽了影响证人保护适用的各项因素，但已足够证人保护决策者逐项细致参酌。特别是对证人参与保护计划适格性的评估，充分体现了证人保护决策者在启动证人保护措施时的谨慎态度。与此规定类似，南非《1998 年证人保护法》将"在证人的性格、境遇、家庭或者其他亲属关系的情况下，证人调整自己以适应保护的可能性"与"对该证人保护所可能牵涉到的费用"两项细微的环节纳入证人保护决定者考虑的事项，[2] 足见其立法对证人保护的人文关怀精神。而俄罗斯证人保护法规所述，查明"被保护人因参加刑事诉讼程序而

---

① 何家弘主编：《证人制度研究》，人民法院出版社 2004 年版，第 170 页。
② 参见廖明：《南非〈1998 年证人保护法〉译介》，载《证据学论坛》（第 3 卷），中国检察出版社 2003 年版，第 533 页。

存在有被杀害、对其施加暴力、毁灭或损坏其财产的现实危险的信息",①
此规定是以证人受到侵害的现实危险性作为评估是否采取证人保护措施的基
本要素。

在具体探讨适用证人保护措施的各项影响因素时，已实施 10 余年的我
国台湾地区证人保护法规有较大的借鉴价值，其要求检察官或法院在核发证
人保护书时，应参酌"证人或其有密切利害关系之人受危害之程度及迫切
性；犯罪或流氓行为之情节；犯罪或流氓行为人之危险性；证言之重要性；
证人或与其有密切利害关系之人之个人状态；证人与犯罪或流氓活动之关联
性；案件进行之程度；被告或被移送人权益受限制之程度；公共利益之维
护"② 定之。从中可以看到，我国台湾地区实施证人保护所参酌之因素层
次性较强，从可以明见的受危害程度到各项可以反映证人身处危境大小的
因素，以及纳入其中的证言价值大小与对公共利益的利弊，这些事项大多
易于调查明晰，将其作为衡量有无必要采取一项保护措施的标尺是比较妥
当的。

（二）我国证人保护适用中的主要考量因素设计

虽然域外一些国家的证人保护立法对影响证人保护的考量事项有着缜密
的设计，但考虑到我国证人保护制度仍在不断完善之中，而且短时间内也难
以像一些发达国家那样投入充足的资源实施专门的证人保护计划和项目，所
以，我们在采取证人保护措施之时，并不需要按照他们那样融入一些与保护
计划实施效果相关的因素。当下，我们在采取证人保护措施之时，应当以证
人面临的现实危险为主线，通过考察一些主要的因素来确定证人面临危险的
程度，以此来判断是否应该适用某类保护措施。另外，在采取证人保护措施
之时，也应将证人所提供证言的重要性作为考量的因素。综合之前的考察，
我们认为，我国在采取证人保护措施的决策过程中，以及设定具体保护措施
的适用条件时，应主要考量以下几项影响因素：

---

① 参见《俄罗斯联邦关于被害人、证人及其他刑事诉讼程序参加人国家保护法》，潘效国译，载
《环球法律评论》2009 年第 4 期。
② 参见我国台湾地区"证人保护法"第 6 条。

1. 证人受侵害的程度及其迫切性

证人是否已经受到侵害，以及受侵害的程度是对侵害人实施惩罚的最主要依据，同时也可以据此判断证人是否存在继续被打击报复的危险。在司法实践中，证人受到的侵害主要来自几下几个方面：其一，语言威胁，使证人或其近亲属生活在恐惧之中；其二，蓄意捣乱，打乱证人安宁的生活原状，整日麻烦缠身；其三，骚扰侮辱，使证人身心俱疲；其四，暴力殴击，伤人毁物。[①] 这些侵害方式虽然程度各异，但都或多或少对证人的身心造成创伤或财产造成损失。针对证人这种"被害人"化的无辜遭遇，我国刑事立法始终强调严厉打击此类侵害证人的行为。修改前后的刑事诉讼法均明确指出："对证人及其近亲属进行威胁、侮辱、殴打或者打击报复构成犯罪的，依法追究刑事责任；尚不构刑事处罚的，依法给予治安管理处罚。"对此，刑法和治安管理处罚法进一步明确了侵害证人应负的法律责任。[②] 根据侵害证人行为的性质和证人遭受的危害结果，司法、行政机关即可依法对侵害者予以相应的制裁，以此来震慑打击报复证人的不良分子，对证人进行一种"安抚性的事后保护"。

在追究侵害者责任的同时，证人保护机构可以根据证人受侵害的程度和继续受到侵害的迫切性来决定是否采取相应的保护措施。因为此时证人已经暴露在外，其继续遭受侵害的可能性较大，如果不采取一定强度的保护措施，证人很有可能从之前的被威胁、侮辱等精神侵害转化成被殴打之类的肉体侵害。现实中也不乏从"扬言报复式"的威胁到最后实施打击报复的案例。[③] 另外，在侵害者不明或在逃时，证人仍旧处于一种比较危险的环境之

[①] 欧阳顺乐：《证人出庭作证四题》，载《法学》1998 年第 3 期。

[②] 根据《刑法》第 307 条的规定，以暴力、威胁等方法阻止证人作证的，处 3 年以下有期徒刑或者拘役；情节严重的，处 3 年以上 7 年以下有期徒刑；《刑法》第 308 条规定：对证人进行打击报复的，处 3 年以下有期徒刑或者拘役；情节严重的，处 3 年以上 7 年以下有期徒刑；《治安管理处罚法》第 42 条规定：对证人及其近亲属进行威胁、侮辱、殴打或者打击报复的，处 5 日以下拘留或者 500 元以下罚款；情节较重的，处 5 日以上 10 日以下拘留，可以并处 500 元以下罚款。

[③] 其中比较典型的案例：1997 年，山东省日照市胡秀娟因在 3 年前对刘桂安强奸案（未遂）出具了证言，刘桂安在出狱后对其扬言报复："不是你作证，我怎么会去坐牢！我早晚要收拾了你！"胡秀娟和丈夫因此事分别找过村治保主任、村委会和镇派出所寻求保护，但都未果。第二年 7 月，胡秀娟和 8 岁的儿子均被刘桂安杀害。参见《证人自身难保，谁还敢来作证》，载《当代法学》1999 年第 1 期。

中，而此时采取专门的保护措施可以防止证人遭受二次侵害。因此，我们可以综合考察证人已经受到侵害的程度以及其他使之可能再次受到侵害的因素来确定是否有必要采取一种补救性的保护措施。

2. 案件的类型

案件的类型无论在立法和理论研究中都被作为判断是否对证人进行保护的主要标准之一。新《刑事诉讼法》第 62 条专门强调公、检、法三机关应对在"危害国家安全犯罪、恐怖活动犯罪、黑社会性质的组织犯罪、毒品犯罪等案件"中因为作证而人身安全面临危险的证人采取保护措施。之所以如此，一般认为，这些特定类型的犯罪案件，由于案件关系国家安全、公共安全，或者犯罪性质恶劣、组织性强，证人遭到打击报复的可能性大，后果也可能更严重，甚至具有生命危险。[①] 有学者也指出："证人恐惧刑事被告报复，于组织犯罪案件，较一般刑事案件更为严重。犯罪组织有延续性及持续性，未必因一成员受刑之执行，而削减组织对社会或证人之威胁性，此与一般案件不同。犯罪组织为维持组织之继续存在，更有可能对证人恐吓。"[②] 也有学者根据国外的调查报告得出结论："证人担心自己受到恐吓的程度与犯罪案件的严重程度成正比，因此，我们应该把证人保护的主要力量集中在严重的犯罪案件中，特别是暴力犯罪和有组织犯罪。"[③] 相对而言，有组织犯罪案件中对证人的恐吓具有一定的组织性和计划性，较易达到阻止证人作证的目的。而且这些犯罪往往带有暴力性质，恐吓证人的破坏性强，证人无论是受到暗示、威胁还是侵害，都会造成极度恐慌的心理，甚至在一个群体、社区造成恐惧，影响潜在证人的作证。[④] 在美国，其"证人保护计划"也正是始于有组织犯罪控制法的颁布，充分反映证人在一些性质严重的案件中作证，其所处危境可见一斑。凡此种种，皆可印证我国刑诉法列举几类严重犯罪为证人保护主要参考因素之缘由。

尽管刑事诉讼法相关规定也同时强调了"人身安全面临危险"这一条

---

① 郎胜主编：《刑事诉讼法修改与适用》，新华出版社 2012 年版，第 136 页。
② 王兆鹏：《组织犯罪防制条例评析》，载台湾大学《法学论丛》（第 28 卷）第 1 期。
③ 何家弘主编：《证人制度研究》，人民法院出版社 2004 年版，第 156 页。
④ 参见何家弘主编：《证人制度研究》，人民法院出版社 2004 年版，第 178 页。

件，但作为适用证人保护措施的基本前提，"证人面临危险"在大多数情况下不是一眼可见的，而是需要通过其他因素来对之进行判断，此处所强调的"人身安全面临危险"便是基于此类案件的性质作出的推断。故此，完全可以根据案件的性质确定一些"使证人受侵害更具可能"的案件种类，以此作为采取某些特定保护措施的前提条件。

3. 犯罪人的人身危险性及人身受限制程度

人身危险性是一项隶属刑法学领域的概念，通说是指犯罪人再次实施犯罪的可能性。不过，考察行为人的人身危险性并不只是对刑罚之适用有所助益，在刑事诉讼进程中，羁押之必要性也可据犯罪嫌疑人、被告人的人身危险性大小以判断。关于人身危险性的评价因素纷繁复杂，学界至今也未形成统一的标准，[1] 但如果我们将其作为判断犯罪人打击报复证人可能性的一项依据，只需择其部分核心评价因素。总的而言，我们可以将犯罪人犯罪后的行为表现作为主要考察对象。之所以如此，一来证人保护决策者并非刑事法官，把握太多因素难免会生困惑，反而拿捏不准；二来犯罪后行为表现能集中反映当前犯罪行为人的危险状态，在这里可以此代表错综复杂的人身危险性衡量标准，进一步判断其对于证人形成的危险。如果犯罪人在犯罪后有自首、立功、坦白交代、积极赔偿被害人的损失或退赃表现，则表明犯罪人具有悔罪心理，我们可以据此认为其人身危险性小；如果犯罪人犯罪后为逃避侦查而畏罪潜逃、嫁祸于人、积极销毁或隐匿犯罪证据，对自己的行为不以为耻、反以为荣，那么我们可以据此认为其并无悔罪心理，相比而言，其人身危险性较大。[2] 在后一种情况下，犯罪行为人对于指证其实施犯罪的证人心怀恨意，容易产生打击报复的动机，在此情形下，证人更可能处于危险之中。

通过考察犯罪人的人身危险性判断其侵害证人的内在动力，进而确定保

---

① 一般认为，犯罪人的人身包括两大方面：犯罪人的个人基本情况和犯罪人的行为表现。犯罪人的个人基本情况具体包括年龄、性别等生物性因素；兴趣、性格能力等心理性因素；家庭、学校教育、婚姻状况、职业等社会环境因素。犯罪人的行为表现包括犯罪前的行为表现、犯罪中的行为表现和犯罪后的行为表现。

② 王奎：《论人身危险性的评价因素》，载《政治与法律》2007年第3期。

护措施的适用，这固然无可厚非。然而还需要兼顾考虑的是，犯罪人是否还具有侵害证人的能力。如果犯罪人已经被采取最严厉的强制措施或是被判处监禁刑，同时也无法指使他人对证人进行威胁、恐吓和打击报复，那么就可以不采取或解除保护措施，或是降低保护强度。反之，就需要对证人的安全多加注意。

4. 证人的个人情况

在对证人采取保护措施时，除了考虑一系列使证人陷入危险处境的外部因素外，也需从证人自身角度出发考察证人保护的必要性。通常情况下，我们可以从证人的年龄、证人的意愿、自我保护能力、心理状态、证人的可靠性等因素对证人的自身情况进行综合考量。

在证人年龄方面，一些国家特别强调对未成年证人的保护，例如在德国，其对于证人在审判中有正当理由不宜与被告人当面质证的，尤其是未满16岁的未成年人以及性侵害案件受害人，可以通过录音、录像作证，利用有线电视系统在其他密室进行询问等。[①] 对未成年人的保护条件相对放宽，是考虑到未成年人的身心发育还未成熟，更容易受到刺激和伤害。

在证人的意愿方面，主要强调保护机构不能只考虑如何运用权力开展证人保护工作，也应该关注证人对于被保护的内心需求。尤其是对多次主动寻求保护的证人，保护机构应给予重点关注，可适当放宽保护措施的适用条件。反之，有的证人为了行动上的便利或一些隐私情况而不希望时刻处于被保护之中，保护机构可酌情考虑降低保护强度，当然，此时需要考虑到证人的自我保护能力。相比而言，具有一定防御能力，特别是因为职业需要或个人爱好有过诸如习武、从军经历的证人，其自我保护能力较一般人强。此外，基于自身财力雄厚而雇请保镖保护的证人，也可以归属于自我保护能力较强一类。

在证人心理状态方面，需要考虑的是证人目睹案件情况以及作证给证人正常心理造成的冲击，应该承认"刑事犯罪行为及现场的出现，都在一定

---

① 参见雷小政：《证人保护技术化：是穿盔甲还是秀时尚》，载《科技日报》2011年9月22日第6版。

程度上破坏了证人正常稳定的心理结构"，使证人"形成心理障碍，其心理状态和外在表现出现反常、偏差"。① 一般情况下，证人心态受到的影响与其目睹案件的严重程度成正比，但是心理素质因人而异，有的时候一起简单的入室盗窃案件也会令其一些目击证人长久心存恐惧。所以，对心理状态不稳定的证人予以额外关注，通过外部的保护措施消除其内心的恐惧，可以使其无顾虑地作证，也体现了证人保护制度人性的一面。值得强调的是，这里所说的心理状态不稳定也包括熟人作证产生的心理矛盾。从人际交往的角度看，中国人生活在一个熟人社会中，一个人很难离开特定的工作圈和生活团体。一个与犯罪人同处于一个生活圈或熟识的证人，不会轻易去指控熟人犯罪，否则将难以生活下去。对于这类证人，保护机构可以根据其主动申请而保密其身份信息，从而化解其心理矛盾，减少因作证对其正常生活造成的影响。②

在证人的可靠性方面，主要强调证人作证的动机不能存在恶意。当然，这并不是要求证人必须准确无误地描述所见所闻，而至少不能故意捏造、扭曲事实以陷害被追诉人或是给案件的侦破平添阻碍。在刑事诉讼中，证人可能会为了己方利益而向司法机关提供不实的证言，在这种情况下，不仅案件事实的查清变得扑朔迷离，更严重者会导致冤假错案的发生，因此，如实作证也被强调为证人作证义务的应然要求。而证人受保护的权利正是来源于其对作证义务的履行，两者是相辅相成的，如果证人不履行如实作证的义务，就可视其自行放弃被国家保护的权利。

5. 证人证言的重要性

将证人证言的重要程度纳入证人保护的考量因素，主要基于两点考虑：其一，一般情况下，拒不认罪的犯罪嫌疑人、被告人更倾向于对知晓自己犯罪事实的关键证人进行威胁、恐吓和打击报复；其二，当证人证言成为定罪不可或缺的证据且被告人对其有异议时，从保障被告人基本的质证权和查明事实真相的双重目的出发，我们需要证人与被告人"面对面交流"，此时，

---

① 马振川、陆志强：《证人心理的形成及表现》，载罗大华主编：《中国法制心理科学研究文萃》（下），群众出版社 2006 年版，第 882 页。

② 参见王刚：《论我国"隐蔽作证"制度的建构》，载《中国刑事法杂志》2005 年第 4 期。

证人的信息、容貌将暴露于被告人的视野之内，其危险系数将大幅提升。

对于前者，保护机构关注的是证人所述内容的价值会给证人带来的潜在危险。其中，一些试图掩饰自己犯罪行为的嫌疑人会尽力毁灭一切不利于己的线索，这时熟知案情的证人就成为他们重点打击的对象。特别是有组织犯罪中的"污点证人"，他们对犯罪组织内部的组织结构、具体行动计划有一定的了解，掌握很多局外人无法知悉的罪证，不仅可以为警方侦查破案提供很多有价值的线索，而且可以成为检察机关强有力的控方证人。[①] 利用此类证人证言来破案定罪，犯罪一方可能极力阻挠或泄愤报复，证人受到侵害的风险更大。

对于后者，主要考虑到有的保护措施，如隐名作证、庭下作证和隐蔽作证，都会或多或少影响到被告人的知悉权、对质权、保释权等合法权利的有效行使，而其中对质权的缺失可能影响到法官到对证据事实的准确甄别。所以有学者指出，"证人保护不应以'尽善尽美'为目标，而是应当'适可而止'，否则会有'得知桑榆失之东隅之嫌'"。[②] 正因如此，对证人的保密性保护不能是无止境的，当证人证言备受争议且与事实发现存在莫大关系时，我们需要被告充分了解指证其犯罪的证人，并且使之在法庭上对不利于己的证言进行有效质证。欧洲人权法院也强调"当隐名证据是惟一的有罪证据或对案件起决定作用时，有罪判决不能成立"，以此将证人隐名保护的适用限制在必要限度内，从而获得被告于证人利益的平衡。[③] 但当证人信息因为作证的需要而被暴露时，保护机构须额外考虑证人是否会因此陷入被打击报复的危险之中，必要时需采取强度更大的保护措施。

6. 其他影响因素

除了以上五项影响证人保护适用的主要因素外，还有一些易于掌握的情况值得我们参考。在共同犯罪案件中，其他行为人的到案情况可以作为衡量证人安全系数的一项指标；犯罪行为人对证人的了解程度可以作为具体采取

[①]　胡隽：《论我国打击有组织犯罪中证人保护制度的完善》，载《中国人民公安大学学报》（社会科学版）2011 年第 3 期。

[②]　何挺：《证人保护与被告人基本权利的冲突与平衡》，载《中国刑事法杂志》2007 年第 3 期。

[③]　向燕：《人权保护视野下的证人隐名制度》，载《证据科学》2008 年第 3 期。

何种保护措施的参考事项；以及将采取证人保护措施对证人带来的负面影响作为限制保护强度的依据等。

通过初步考察影响证人保护的各项因素，可以明确，证人存在现实危险的状态并不是臆想而来的，而是通过一些直接或间接与之相关的情况反映出来。所以我们在决定是否需要采取证人保护以及采取何种保护措施的时候，只有仔细考量各类与证人保护存在关联的事项，才能确保对证人保护措施的适用作出正确的决策。从实践价值的角度讲，对各项相关因素的考量过程本身就是实施证人保护的决策过程，任何一项保护措施的采取都应该经过这样一个深思熟虑且及时的考评环节。这样既可以避免动辄采取保护措施造成的司法浪费，又能防范决策者踌躇不决而使证人受到伤害。总体而言，我们可以用两项基本原则去总结证人保护的决策过程：一是必要性原则。从诉讼经济角度的出发，一项保护措施只有在证人确实处于危险之中或能保证证人顺利作证之时，才有必要采取。二是公正原则。从实体公正和程序公正的角度出发，对于那些有碍事实发现或有损被告人重大诉讼权利的保护措施，应当予以限制或变更。前述所探讨过的各项影响因素，基本上都是在遵循必要性原则和公正原则的前提下提出的。

三、刑事诉讼法新增保护措施的适用条件：以"隐名作证"为例的分析

考量影响证人保护的各项因素，不仅可以在动态中把握证人的即时危险状况以及保护措施的适当性，也可以为各项证人保护措施的启动设定一个静态的标准。也就是说，在具备哪些条件下应该对证人采取相应的保护措施，是可以在规范层面上予以明确的。新刑事诉讼法规定了数项证人保护措施，也统一规定了这些保护措施的适用条件，即"对于危害国家安全犯罪、恐怖活动犯罪、黑社会性质的组织犯罪、毒品犯罪等案件，证人、鉴定人、被害人因在诉讼中作证，本人或其近亲属的人身面临危险的"。我们认为，这样规定有两项缺陷：其一，条件限定的过于狭窄，新刑事诉讼法对证人的保护单单是从案件的类型出发，并且加以"人身面临危险"进行限制，这样会导致实践中保护机构为推诿责任而机械地执行标准，对其他案件中面临潜在

危险的证人置若罔闻；其二，对各项证人保护措施的适用条件没有大致的区分，保护机构可能会因为判断偏误或其他原因而不当适用保护措施。鉴于此，本文在对前述各项影响证人保护之因素考察的基础上，以"隐名作证"这项最基本的保护措施为例，就保护措施的适用条件进行探讨，同时也对刑事诉讼法新增的另外几项保护措施的适用条件作初步设定。

（一）"隐名作证"的适用条件

"隐名作证"是新刑事诉讼法规定的首项保护措施，即"不公开真实姓名、住址和工作单位等个人信息"，具体是指办案机关在办理案件的过程中对有关个人信息予以保密，包括在起诉书、判决书等法律文书上使用化名等以替代真实的个人信息。[①] "隐名作证"是唯一不需要考虑经济成本的保护措施，因而在证人保护实践中要求最低、运用最广。正因为如此，限定"隐名作证"的适用条件是很有必要的，通过严格把关"隐名作证"的启动标准，可以避免其在诉讼中被无限制使用。

在一些国家，"隐名作证"的适用受到了严格了限制，例如葡萄牙，作证证人只有同时符合"在一些特定的严重犯罪中或相关犯罪分子所犯八年及以上监禁刑的集团犯罪中提供证言；自身或密切关系人生命、人身、自由、财产面临严重威胁；其可信度不值得怀疑；证言和陈述起到了相应证明作用"[②] 的条件时，其身份信息才能在诉讼过程中被保密。然而，这样的要求又过于严苛。将"隐名作证"限制在一些严重的犯罪案件，并且同时要求证人人身、财产等权利面临严重威胁和证言起到证明作用，势必极大限缩隐名保护的范围，无法全面发挥"隐名作证"的保护功效。作为投入最少、操作最易的保护措施，隐名保护理应与专门保护、更名迁居等保护措施的适用条件有所区别，如果条件设置过高，则与这些高强度保护措施的启动标准并无二致，如此不利于保护机构准确抉择。因此，我们认为，在没有与重大利益冲突的情况下，"隐名作证"应当作为适用条件最宽，适用率最高的一项证人保护措施。

---

① 郎胜主编：《刑事诉讼法修改与适用》，新华出版社 2012 年版，第 137 页。
② 《葡萄牙证人保护法》，杨家庆译，载《中国刑事法杂志》2005 年第 3 期。

　　任何一项保护措施皆有利弊之处，"隐名作证"之利在于保护证人的安全与隐私，鼓励证人勇敢的作证；其弊在于有损被追诉方的辩护权、质证权等合法权利，有碍实质真实的发现，有违程序公开原则。从"隐名作证"的利弊两个层面出发，我们可以通过肯定要件和否定要件的双向设置确定"隐名作证"的适用条件。肯定要件为"隐名作证"发挥其优势的地方，即证人因为作证而使人身、财产面临危险，正常生活受到重大影响。具体而言，前文论及的一些影响证人保护的因素可以对之细解。例如，证人在有组织犯罪案件中作证，其往往身处危险之中；拒不认罪、毁灭证据的犯罪嫌疑人，对知情证人恐吓、打击报复可能性较大等。否定要件为阻碍"隐名作证"适用之理由，在法庭审理阶段，当证人证言成为定案的关键证据时，需要被告方对证人"面对面"质询，以便法官查明案件事实，至此"隐名作证"不再具有适用的条件。根据肯定与否定的双重标准，以及在所有证人保护措施中的最宽条件标准，我们可以按照如下模式设定"隐名作证"的适用条件——

　　只要符合以下条件之一者，人民法院、人民检察院、公安机关在诉讼过程中应当对证人的身份进行保密：

　　（1）证人在危害国家安全犯罪、黑社会性质组织犯罪、恐怖活动犯罪、毒品犯罪以及其他暴力犯罪等案件中提供证言；

　　（2）犯罪嫌疑人、被告人畏罪潜逃，且有毁灭证据与恐吓证人的初步证据的；

　　（3）同案其他证人已经遭到威胁、侮辱、殴打或打击报复；

　　（4）证人因为作证产生心理障碍，或是强烈要求身份保密的；

　　（5）未成年人作证的；

　　（6）其他需要不公开个人信息的情形。

　　但存在下列情况的除外：

　　（1）证人信息已经被披露；

　　（2）证人故意提供虚假证言；

　　（3）证人证言是唯一的直接证据；

　　（4）证人证言与被告人供述的主要犯罪事实存在矛盾之处且无法排除的；

（5）不同证人的证言之间存在矛盾的且无法排除的；

（6）因证人证言为定案的关键证据需要证人出庭当面接受询问的。

（二）其他保护措施的适用条件

1. 隔离式"隐蔽作证"

准确地说，"隐名作证"属于"隐蔽作证"的一类保护措施，其内涵远不及"隐蔽作证"所涵盖的范围。"隐蔽作证"包括对证人身份信息保密、对证人容貌遮蔽、对证人声音改变等使证人不直接看见被告人的隔离方式，"隐蔽作证"在被害人作证人的案件中有着重要作用，尤其是未成年被害人和性犯罪案件的被害人，他们因为已经收到伤害而对被告人有畏惧心理，采取隔离措施可以避免他们直视被告人而遭受二次伤害或产生作证顾虑。[①] 这种"隔离式"的作证方法也被称作狭义的"隐蔽作证"，新刑事诉讼法规定的第2项保护措施即为此类。而我们只重点讨论"隐名作证"的适用条件，主要基于两点考虑：一是在被告人不了解证人的前提下，隔离式的"隐蔽作证"是在证人出庭作证时对"隐名作证"的延续，以防止证人的身份信息为被告人所知晓；二是在被告人了解证人的情况下，"隐蔽作证"之适用主要从稳定证人的心理状态出发，尽量为其创造一个平和的作证环境。同样，我们在设置隔离式"隐蔽作证"的适用条件时，只需考虑这两个方面即可。也即，当"'隐名作证'的证人需要出庭作证且不是必须要暴露其容貌和声音时，或者证人面对被告人存在心理障碍时"，应当对其采取隔离式"隐蔽作证"。

2. 禁止特定人员接触证人

对于新《刑事诉讼法》第62条规定的第3项保护措施"禁止特定的人员接触证人、鉴定人、被害人及其近亲属"而言，其并不能对证人起到实质性的保护作用。倘若犯罪行为人真有恐吓、打击报复证人之意，并不是形式上的一声禁令可以阻止的。如果是通过限制或剥夺行为人的人身自由来防止其接触证人，那又是对羁押权力的僭越。所以，我们认为，"禁止接触证

[①] 参见彭琼琳：《隐蔽作证制度研究》，载徐静村主编：《刑事诉讼前沿研究》（第8卷），中国检察出版社2010年版，第61页。

人"只能在"特定人员"未被完全剥夺人身自由的情况下作为其必须履行的一项义务得以适用。例如，我们可以明令禁止未被逮捕的犯罪嫌疑人、被告人极其亲友接触证人，禁止已被逮捕的犯罪嫌疑人、被告人的亲友接触证人等。

3. 专门性保护措施

"对人身和住宅采取专门性的保护措施"主要从两个方面展开：一是对重点危险证人的人身或者住宅的贴身保护，这是立法主要的意旨；二是对作证后无法在当地居住的证人进行必要的身份更换、工作安排、居住安排、生活保障等后续工作，这是对法条的扩大化解释。两者的主要区别在于，贴身保护持续时间有限，只是一种暂时性的保护措施，随时会根据案件的进展和诉讼的终结而终止；而更名、迁居等一系列保护措施带来的保护状态是持续存在的，也可以说这些措施的采取会带来一劳永逸的结果，但由于投入成本太大、证人或多或少会有些抵抗情绪，所以在实践中应当谨慎采取，设置较贴身保护更高的适用条件。

证人的贴身保护主要适用于人身安全受到严重威胁的重点证人，而且是有着遭受危险的"即时的"可能性。例如，有组织犯罪案件中或黑社会犯罪等案件中的证人，或者其他重大犯罪案件中的证人，在诉讼过程中遭受到不明身份人的恐吓和威胁，或者已经受到了一定的侵害。[①] 这个时候证人的身份信息已经暴露在外，采取隐名保护等低强度保护措施已经无济于事，只有及时采取贴身保护措施，才能避免证人遭受第二次侵害。另外，在证人未遭受侵害的情况下，如果其身份信息已经被外界知晓，我们可以参照"隐名作证"适用条件中几项使证人面临"即时"危险的情形设定贴身保护的适用条件，即"证人在危害国家安全犯罪、黑社会性质组织犯罪、恐怖活动犯罪、毒品犯罪以及其他暴力犯罪等案件中提供证言；犯罪嫌疑人、被告人畏罪潜逃，且有毁灭证据与恐吓证人的迹象；同案其他证人已经遭到威胁、侮辱、殴打或打击报复"。贴身保护毕竟只是短暂的，如果犯罪一方在当地势力极大，证人在长时间内面临被打击报复的危险，或是已经被采取贴

---

① 何家弘主编：《证人制度研究》，人民法院出版社 2004 年版，第 188 页。

身保护的证人仍持续不断地遭受恐吓、骚扰，保护机构就应当对证人采取更换姓名、安排住所、工作等一系列保护措施。

结　语

法律的生命不在于颁布，而在于有效地实施。刑事诉讼法典的规定毕竟是较为原则的，研究证人保护适用的考量因素，并无限制证人保护适用之意，而是为了使该项制度在实践中能够更具有可操作性，能够真正有效地发挥其功能。综合我国刑事司法的种种因素，可以预见，对于证人作证的相关制度能否真正贯彻执行至少在相当长的一段时间内不能盲目乐观。立法所作的努力无疑值得充分肯定，但只有司法对立法的尊崇和贯彻才能使立法具有生命力。当然，随着我国法治建设的不断进步，我们也有理由相信，一切都会好的！

论刑事诉讼中的新闻记者拒证特权

王剑虹*　　　　林诗蕴**

2006 年 4 月 24 日，我国台湾台北地方法院开庭审理"股市劲永秃鹰案"。该案之被告为时任金融监督管理委员会金融检查局局长的被告人李进诚，其案由为贪污治罪条例之图利罪与刑法泄密罪。① 在审理该案的过程中，检察官请求传唤联合报社记者高年亿到庭作证，其目的在于查明被告人李进诚是否在劲永公司被搜查之前将金管局所制作的"劲永公司内部调查签呈"这份机密文件交给高年亿，并由高年亿随后披露于报端，致使劲永公司的股价连续下跌，从而让其余被告人由此获利。而被告人李进诚则声称其并未向高年亿透露此项信息，故也申请传唤高年亿，要求其当庭说明消息来源。证人高年亿在被检方诘问时则主张记者有拒证特权，坚决不透露劲永案件报道的消息来源，而台北地方法院则认为高年亿记者的消息来源与本案案情有极为密切的关联而依台湾地区"刑事诉讼法"第 193 条之规定连续 3 天各裁罚高年亿新台币 3 万元。

此案经媒体报道后引起社会大众的广泛关注，其中的焦点则主要集中于新闻记者在诉讼中有无拒证特权的争议。所谓拒证特权是指在法定情形下，特定公民享有的拒绝作证或制止他人作证的权利。② 从学理上划分，拒证特权包括基于职业的拒证特权，基于身份的拒证特权以及基于公共利益的拒证

* 西南政法大学副教授，法学博士，主要研究方向为刑事诉讼法学，证据学。本文系重庆市教育委员会 2011 年度人文社会科学青年课题"拒证特权制度研究"（11SKC06）的阶段性成果。

** 女，西南政法大学硕士研究生。

① 王兆鹏：《辩护权与诘问权》，元照出版社 2007 年版，第 243 页。

② 何家弘：《证人制度研究》，人民法院出版社 2004 年版，第 216 页。

特权，而记者拒证特权则属于基于职业的拒证特权，即记者就其新闻信息之来源享有拒绝作证的特权。新闻记者是否应当享有拒证特权，如享有该特权，则其范围如何，特权有无例外，则都是应当厘清的问题。本文将从记者拒证特权的价值分析入手，兼比较其他国家就此问题的有关立法与实务，并对我国立法对此问题之立法提出建议。

一、记者拒证特权之价值分析

（一）记者拒证特权之正面价值

1. 新闻记者特权的实现有助于实现媒体对政府的监督

新闻在维持信息自由流通、保证健康的民主方面扮演着重要角色，它通常被视为对政府进行监督的一种有效手段。赋予记者拒证特权有利于实现新闻媒体的监督功能。新闻媒体在现代民主社会中的重要功能之一即为社会监督，而要实现此功能新闻媒体就必须能向社会大众提供充分的新闻资讯，从而使社会公众在了解资讯的基础上能有机会就此展开讨论并由此而形成公意，实现对政府的监督。而赋予记者就新闻来源的拒证特权，一方面有助于记者通过充实其新闻来源为公众提供更为充足的信息资讯；另一方面在某种程度上这种特权也使记者面对某些外来的干预具有一定的防御能力，在一定意义上确保新闻的客观与中立，从而实现新闻媒体的社会监督功能。

2. 新闻记者拒证特权的实现有助于维护记者与匿名新闻提供者的信任关系，从而防止新闻来源的枯竭

如果记者没有拒证特权，他们就没有能力向消息源承诺为其身份保密，由此公众就无法获知那些对他们有很大益处的极为重要的信息。记者拒证特权的核心价值在于维护新闻自由。众所周知，新闻媒体存在的命脉在于有充足的新闻事件及充分的新闻来源。而充足的新闻来源则往往通过与一定的新闻提供者建立良好的信赖关系得以实现。但绝大多数新闻来源的提供者对于一些敏感性新闻事件则是不愿公开自己的身份的。如果新闻记者不能给予其一定的保密承诺，那么大部分了解某些敏感新闻事件内幕的人士可能会选择不向记者提供相关的新闻线索，这可能导致的一个直接后果就是新闻来源的枯竭。而匿名信息源确信自己能够通过匿名方式获得保护时，他们会更愿意

与新闻媒体对话，由此，新闻媒体就能够使公众更好地了解重要信息。

（二）记者拒证特权之负面效应

赋予新闻记者拒证特权虽然具有一定的正面价值，但其相对也会产生一定的负面效应：

1. 记者拒证特权的存在可能会妨碍某些诉讼目的之实现以及限制被告的部分权利

诉讼的目的之一在于发现真实，实现正义。而新闻报道常涉及侵犯隐私权、名誉权等问题。如果赋予新闻记者以绝对的拒证特权，确保新闻消息的来源完全不被披露，则可能导致司法公正审判的功能无法完全实现。同时对于被告（尤其是刑事被告人）来说，如记者能够以保护消息来源为由而拒绝作证，那么被告人就无法与相关证人就某些问题进行对质，其对质询问权就难以得到保障。

2. 过分强调记者的拒证特权也可能导致假新闻的泛滥

一方面，对于新闻提供者而言，其可能另有用心地为记者提供某些不实的新闻线索，通过记者的报道而实现其特定目的（如报复、诽谤等），而记者的拒证特权则无疑为此提供了最大的方便。另一方面，对于记者而言，也不排除有小部分记者可能会为了报复或牟取某种私人利益而虚构不实新闻，并进而通过主张记者拒证特权来规避其虚假报道的责任。

由上分析可见，作为一种制度，记者拒证特权的存在既有其正面的功能，又有负面效应，二者的矛盾主要表现在新闻自由与司法正义的冲突。如何平衡这种冲突就成了记者拒证特权在立法与实务中的主要难题，下文将从国外有关立法与实务为切入，对此问题展开讨论。

二、国外有关记者拒证特权之立法与实务

（一）美国的记者拒证特权之立法与实务

1. 联邦法层面

记者拒证特权这一概念来源于美国宪法第一修正案中"国会不能立法……剥夺……新闻自由"。记者拒证特权是记者维持自身独立性的一种重

要方式——它防止记者被强迫成为政府官员的代言人或是掌权者的奴仆。"新闻自由"条款赋予了新闻不受政府侵犯的权利。因此，媒体的活动无须受制于政府的控制。记者拒证特权就是记者保持自身相对于政府的独立性的重要方式。记者知道如果没有拒证特权，他们的活动会受到监视；在法院强制他们披露（信息来源）时，他们的信息源也无法保密。最终的结果就是：记者的新闻收集活动将受制于政府和司法机关。这在很大程度上会限制记者活动的范围，尤其是当一名记者想要规避法律问题，远离罚款甚至是监禁等处罚的时候。

另外美国于 1975 年制定联邦证据法，联邦最高法院也曾就证人拒证特权于立法草案中提出过详细规定，共涉及 13 个条文、9 种拒证特权。但因为在国会审查时对有关拒证特权问题产生了较大的争议，为了避免因证人拒证的争议使整部联邦证据法的立法受到延迟，故未通过有关证据特权的具体规定，而仅在《联邦证据法》第 501 条规定：有无拒证特权的问题应由法院应依照普通法原则处理。而依美国普通法原则，因业务秘密之拒证特权主要有律师、医生及牧师三类，对于新闻记者的拒证特权则未明确规定。而在实务中，美国联邦最高法院于是 1972 年就 Brandzburg V. Hayes[①] 一案所作的判决则为实务中处理新闻记者拒证特权争议的重要依据。

此案事实上是结合三个争点相同之案件，其中案由之一是肯塔基州某新闻媒体记者 Paul Brandzburg 于 1969 年 11 月 15 日在其报道中描述两名该州居民生产大麻毒品的过程，并宣称两名毒贩 3 周即赚入 5000 美金，同时该报道还附有一张制毒的照片，并说明 Brandzburg 同意不泄露二人身份。该报道见报后，该州大陪审团立即进行调查，并传唤了 Brandzburg。该记者到庭后拒绝回答有关素材来源的问题，其拒绝的根据则主要在于该州关于记者特权的州法、州宪法及联邦宪法修正案第 1 条中有关新闻自由的条款，但其主张最后被州上诉法院所驳回。在 1971 年 1 月，Brandzburg 发表了一篇关于在肯塔基州法兰克福市的毒品使用情况的报道，大陪审团再一次寻求他的证词。该报道的一部分也是基于匿名的承诺才得到的。Brandzburg 要求撤销大

---

① 408 U. S. 665（1972）.

陪审团的传唤，并拒绝出庭，上诉法庭再一次拒绝了他的特权主张。[①] 本案最后被上诉至联邦最高法院，而联邦最高法院则以 4 票同意，1 票附议，4 票反对的方式，通过 White 大法官所拟定的裁判，[②] 否定了记者在大陪审团面前主张拒证特权的权利。不过大法官们彼此看法则具有相当的分歧，共有以下几种见解：

（1）以 White 为首的多数派 4 位大法官认为，如果记者就其业务所知悉事项没有拒证之权利，则会妨碍新闻资讯的流通，这种看法仅是一种臆测。记者与其他公民一样都应承担作证的义务。虽然强迫记者作证的确可能产生一定的负面效果，但是其对于实现追诉犯罪并实现司法正义则具有相当的积极意义。同时美国联邦宪法修正案第一条也并未明确提及要赋予新闻记者拒证特权。所以记者不应当享有向大陪审团拒证的特权。

（2）Powell 大法官则在其协同意见书中认为：法院应当依照个案权衡新闻自由及公民在刑事诉讼中作证之需要，从而决定记者是否在某一个案享有拒绝作证的特权。当事人如果以骚扰新闻记者为目的来传唤记者作证，则记者可以请求法院撤销传唤。[③]

（3）以 Stewart 为首的 3 位大法官之反对意见则认为：基于新闻自由对民主社会的重要性，应承认记者的拒证特权，但此特权并非是完全绝对的，在符合以下条件的情况下才可以强迫新闻媒体从业人员作证：其一，存在着极大可能的理由相信新闻记者掌握有与案情有明显关联的信息；其二，此信息无法以其他比侵害新闻自由更为轻微之方式取得；其三，此信息中包含着特殊重要的利益。[④]

（4）Douglas 大法官的反对意见则认为：除非记者本身涉及被调查之犯罪，否则记者享有绝对的拒证特权。[⑤]

虽然联邦最高法院在此案中否认了新闻记者可以依据联邦宪法修正案之

---

① 牛静：《新闻记者保护消息来源的法律困境》，载《新闻界》2007 年第 5 期。
② 林孟皇：《新闻自由与媒体特权——以新闻记者的刑事诉讼上特权为中心》，载《台湾本土法学》2007 年第 7 期。
③ Brandzburg V. Hayes, 408 U. S. 665, 709 – 710（1972）（Powell, J. Concurring）.
④ Brandzburg V. Hayes, 408 U. S. 665, 743（1972）（Stewart, J. Disstenting）.
⑤ Brandzburg V. Hayes, 408 U. S. 665, 712（1972）（Douglas, J. Disstenting）.

规定来主张拒绝证言权，但是其判决也指出如果立法者认为记者应当有拒绝说出其消息来源的权利，那么则可以通过法律明确加以规定，各州也可以通过立法或解释州宪法的方式来赋予新闻记者拒证特权。

2. 各州法层面

虽然美国的联邦法对新闻记者的拒绝作证特权基本持否定态度，但是因为 Brandzburg 案中仍有五位大法官认为新闻记者可以有条件或无条件地享有拒证特权，故这些意见也对各州的立法及判例产生了一定的影响。目前美国一共有三十一个州及哥伦比亚特区制定了《媒体人员保护法》（shield laws），并在其中确认了新闻记者的拒证特权。[①] 同时，有些州虽然没有《媒体人员保护法》但却通过本州的有关法典（如宪法或法院程序规则）等方式来对此问题加以规定。如美国加州宪法第 2 条有关言论和新闻自由的条文中就明文规定受雇于报社、杂志、期刊、新闻组织协会或无线服务等新闻媒体的发行为、编辑、记者及其他从事有关新闻工作的受雇人，原则上拥有拒绝消息来源的权利。另外加州证据法中也规定记者在行使拒证权时，享有藐视法庭罪的豁免权。[②]

各州就记者拒证特权的立法形式虽有一定的差异，但其内容则基本相同，主要包括以下问题：（1）主体问题，即哪些新闻媒体受到保护。（2）保护范围问题，即哪些消息受到保护。（3）程序问题，即拒证特权的实现通过何种程序得以实现。（4）例外问题，即拒证特权行使的例外情况。（5）拒证特权的放弃问题。不过从总体上看，美国大多数州的对于新闻记者的拒证特权均是相对的保护，即新闻记者虽然享有一定的拒证特权，但是在一定条件下仍应透露其消息来源。如有的州就抽象地规定，如记者拒绝作证将产生司法不公，则记者不得作证。

另外，在实务方面，Powell 大法官所主张的个案权衡方法及 Stewart 大法官等人所主张的三项标准也成为各州在审理相关案件时所采取的主要判断

① Anthony L. Fargo, The Journalist's Privelege For Nonconfidential Information in States Without Shield Laws, 7 Comm. L. & Policy, 256 (2002).
② 林孟皇：《新闻自由与媒体特权——以新闻记者的刑事诉讼上特权为中心》，载《台湾本土法学》2007 年第 7 期。

方法。

（二）其他欧洲国家有关的记者拒证特权之立法与实务

在欧洲大陆，也有许多国家对记者拒证特权问题通过立法予以明确：

1. 德国

德国在 1964 年至 1966 年间各邦所制定的新闻法就明文规定了新闻工作者享有拒证特权以及禁止没收的特权，后来因为德国联邦宪法法院判决各邦无权制定拒证特权的权限，故此类权利从特别的传播法规改为一般的刑事诉讼法。[①] 2002 年修正的德国刑事诉讼法对新闻记者拒证的主体及范围作了明确规定，如第 53 条第 1 项第 1 句第 5 款规定："（1）下列之人有拒绝证言权：……5. 现在或曾经职业性的参与出版品、广电节目、电影报道或作为资讯之用的报道或意见形成之人"同条项第 2 句规定："第一句第五款所称之人，得拒绝证言，针对稿件与文件之作者或投稿者，或是特定消息提供者之人别，以及关于其活动所做成之通知，关于通知之内容，以及自行取得资料完整与因业务上原因所察觉之物。"同条项第 3 句则规定："这仅适用于稿件、文件、通知及资料之编辑部分，或是编辑上处理之资讯及沟通事物。"[②] 另外，德国刑事诉讼法也特别强调了有关记者拒证之例外，如《德国刑事诉讼法》第 53 条第 2 项则规定："……第一项第五款所指人员就其自行参与草拟之资料及相关题材之陈述，如系有助于犯罪之厘清或属于下列犯罪行为之调查事项，并有致犯罪事实之探知或被告居留地之调查难以突破或益增重大困难者，撤销其拒绝证言权：1. 危害和平、危害民主国家或叛国罪、危害国安罪等犯罪行为（刑法第 80a、85、86、87、88、95 及 97a、97b、98—100a）；2. 刑法第 174 条至第 176 条，第 179 条规定对性自主决定之犯罪行为；3. 刑法第 261 条第 1 项至第 4 项规定不法获取财物之洗钱及隐匿犯罪行为。证人对于其证言可能致使相关稿件、资料或其他情资或依第 1 项第 5 款规定所定相关活动之报道或其内容之撰稿人曝光时，亦得为拒绝

[①] 张永明：《新闻传播之自由与界限》，永然文化出版股份有限公司 2001 年版，第 226—227 页。

[②] 吴絮林：《新闻消息来源之隐匿特权初探——评九十年四月二十四日台北地方法院九十四年度瞩诉字第一号裁定》，载《全国律师》2007 年第 2 期。

陈述。"① 同时，值得注意的是，德国新闻记者的拒证特权范围并不及于记者自己所收集到的相关材料，除非此材料与新闻来源者所提供的资料有着不可分割的关系，如果强迫记者公开自己所收集的材料则会直接导致信息提供者的身份曝光，在此种情况下记者对自己所收集的相关材料才享有拒证特权。

2. 意大利

意大利于 1963 年制定的第 69 号法案承认，新闻记者有保守有关其消息来源的行业秘密的权利，但《意大利刑事诉讼法典》第 200 条第 3 项规定："第一款和第二款的规定适用于在职业登记册中注册的职业记者，他们有权对在职业活动中取得依赖性消息的来源保密。但是，如果上述消息对于证明犯罪来说是必不可少的并且其真实性只能通过核实消息来源的方式加以确定，法官则命令该记者指出向其提供消息的人。"② 即意大利记者拒证特权也非绝对的，而要受制于打击犯罪的需要。

3. 法国

法国也在其刑事诉讼法典中明确规定了记者拒绝作证的特权，《法国刑事诉讼法》第 109 条规定："……任何记者作为证人作证时，就其从事记者活动而收集到的消息，有不披露消息来源之自由。"③

由上述分析可见，西方绝大多数国家在立法及实务中对新闻记者的拒证特权持肯定态度，同时，这些国家也确认新闻记者的特权不是绝对的，而是要受到某些因素的限制，如控制犯罪、公正审判，等等。

三、我国记者拒证特权之立法完善

我国刑事诉讼法规定："凡是知道案件情况的人，都有作证的义务。生理上、精神上有缺陷或者年幼，不能辨别是非、不能正确表达的人，不能作证人。"由此可见，我国的现行立法尚无有关对证人拒证特权问题的规定，不过目前我国司法界和理论界虽然对证人的拒证权有所提及，如毕玉谦教授

---

① 陈佑治：《刑事诉讼法上关于职业秘密拒绝证言权之探讨》，载《法学丛刊》第 201 期。
② 程宗璋：《论新闻取材来源隐匿的法律问题》，载《新闻与传播研究》2002 年第 3 期。
③ 《法国刑事诉讼法典》，罗结珍译，中国法制出版社 2006 年版，第 108 页。

主持起草的证据法草案、樊崇义教授主持起草的"中华人民共和国刑事证据法"（草案）及徐静村教授主持的刑事诉讼法的修改稿中均规定了有关证人拒证的内容，由此足以证明目前学术界已经关注到了有关证人拒证特权的问题，但值得注意的是，学界对记者拒证特权仍未予以足够的重视，上述三个立法草案中均未明确提及记者拒证特权问题。但从长远来看，我国有必要考虑有关新闻记者拒证特权的问题，因为立法需要有一定的前瞻性，目前我们正迎来一个高速发展的信息化社会，而传播技术的发展呈现出日新月异的态势，立法必须对此具有前瞻性的考虑。同时，确立新闻记者特权也是促进新闻事业发展的需要。中国的传媒业改革的方向是"事业单位，企业化管理"的运作模式，大众传媒在行业上被划分为信息产业，这使得传媒业不得不面临市场竞争的生存压力；[1] 同时传媒业的竞争在某种意义上可以说是一种信息资源的竞争，因此，维系传媒与信息来源之间的关系显得非常重要，而新闻记者的拒证特权则在此方面有着极为关键的作用。具体而言，新闻记者拒证特权的基本内容应包括以下几个方面：

（一）记者拒证特权之主体

记者拒证特权之主体可以概括地界定为新闻记者，但对新闻记者一词之内涵则需进一步明确。美国的 Alexander 教授认为，记者是指"受雇于新闻媒体中，为将资讯传播于公众而从事新闻采访工作之人"。[2] 但是在实践中除了采访记者之外，在新闻媒体中从事编辑或播报的人员均可能直接或间接获悉有关新闻来源提供者之身份，故为了充分维护记者与新闻信息提供者之间的信任关系，新闻媒体中之编辑或其他有机会获知新闻来源的相关人员均应纳记者拒证特权的主体范围。换言之，此处所指之新闻记者，不仅包括负责采访、撰稿的新闻工作者，而且包括负责审稿等的编辑人员及其他主管人员，而单纯对新闻稿件进行校对的有关人员则不属于享有拒证特权的新闻记者。同时，还有一点也应明确，享有拒特权的新闻记者不应当仅限于现职的

---

[1] 李立景：《论记者拒证特权与消息来源保密的义务》，载《行政与法》2007年第7期。

[2] Alexander . Laurence, "looking out for the watchdogs：A legislative proposal limiting the news gathering privilege to journalists sources and information", Yale law and policy review, 2002：130.

新闻记者，对于某些离职的新闻记者对其任新闻记者期间所知悉的新闻来源同样享有拒绝作证的特权。

（二）记者拒证特权之行使

对于记者拒证特权的行使问题，首先在立法上应给予新闻记者选择陈述或拒绝陈述之权利。如果新闻记者在个案中认为披露某个新闻的来源有利于实现比保护其来源更高的社会价值，那么记者则选择就此问题在法庭上作证，但是记者本身则必须承担因此而导致的社会批评及可能导致的信任关系的破裂等消极后果。

（三）记者拒证特权之例外

对于记者拒特权之法制化还需明确这样一个问题，即记者拒证特权应为一种相对的权利，其行使也有某些例外的情况，即在某些特殊的情况下，记者的拒证特权要受到一定的限制，这些例外的情况应当包括：

1. 假新闻之例外

记者拒证特权之主要目的在于维护记者与新闻来源者之间的信赖关系，但如新闻来源提供者故意向记者提供假新闻或信息，那么记者与其之间的信赖关系一开始就是不存在的，则记者就没有必要为了维持二者之间的信赖关系而行使其拒证特权。同时，在某些情况下，新闻来源之提供者甚至可能出于某种不良目的而故意向记者提供不实信息而对他人的名誉或隐私造成伤害，而记者可能沦为某些人的传话工具，甚至会因新闻侵权而成为被告，那么此时记者应当是可以放弃拒证特权的。

2. 记者涉案的例外

记者涉案可能会出现两种情况：一是记者故意以新闻报道为手段进行犯罪而成为涉案人员；二是记者因为报道过失而被控犯罪。对于前者，因记者将新闻报道作为进行犯罪的一种方法，可以说这种记者早已违反了新闻从业人员的职业伦理，其所进行之报道与新闻自由或媒体监督无任何关系，所以对于这种情况记者不应当享有拒证的特权。而对于后者，如记者因为报道过失而被控诽谤等罪名而成为涉案人员，则情况略为复杂。如果新闻提供者系出于恶意而故意向记者提供假新闻或假信息，而记者则在毫无防备的情况下或无任何过失的情况下成为新闻提供者的犯罪工具，此时记者则可以放弃拒证特权而在法庭上就新闻提供者的身份作证。如果新闻提供者并非出于恶意而向记者提供新闻，而记者则因没有充分对此新闻进行查证核实而导致报道失实甚至构成犯罪，那么此时记者可以就新闻提供者之身份拒绝作证。

3. 记者目击的例外

如果记者本身为某个犯罪的目击者，那么记者在此时与普通的目击证人并无区别，同时此时记者作证既不会破坏其与新闻提供者之间的关系，又有助于司法真实的发现，故此时记者不能主张拒证特权，而必须承担作证的义务。

4. 涉及生命立即危害及国家安全的例外

从价值角度来进行权衡，如新闻记者拒绝披露新闻消息来源可能会造成他人生命受到立即的危害或对国家安全产生极大的危害，那么此时记者则不应再享有拒证特权。

我国台湾地区另案监听之证据排除问题探讨

卢映洁[*]

一、台湾地区"通讯保障及监察法"之概述

通讯监察（一般称监听），系政府机关为了确保社会秩序或人民安全，依法律授权截取他人通讯内容的一种强制处分措施。因为通讯监察措施定对于尚未存在之对话，预测其可能关于特定犯罪而予以监察，并且监听的电话线路或网络除了供被告使用之外，无关之第三人也可能使用，亦即监听内容及交谈对象有不确定性，实施过程对受监察人有不透明性及实施时间较长，以致使通讯监察措施相较于搜索或扣押，更具有不当侵害人民秘密通讯及隐私权之危险，因此，以通讯监察作为侦查之手段时，应践行更为严格之正当程序，如此才能避免通讯监察不当，致侵害人民之基本权利。[①]

台湾地区于 1999 年制订施行"通讯保障及监察法"（以下简称"通保法"），于 2006 年、2007 年对部分条文予以修正。依整部"通保法"的规定，通讯监察之核准及实施，应遵守下列原则：

（一）辅助性原则

刑事诉追透过国家机关以侵害人民基本权利之手段为之，应该严格遵守最小侵害原则，以兼顾人民权利保障。是以"通保法"第 2 条及第 5 条第 1 项分别规定："通讯监察，除为确保国家安全，维持社会秩序所必要者外，不得为之。前项监察，不得逾越所欲达成目的之必要限度，且应以侵害最少之适当方法为之"；"不能或难以其他方法调查证据，得发通讯监察书"。

---

* 台湾中正大学法律系教授。

① 吴巡龙：《监听偶然获得另案证据之证据能力》，载《月旦法学教室》第 47 期。

（二）列举重罪原则

实施通讯监察，必须被告或犯罪嫌疑人符合该法第 5 条所列举之重罪。

"通保法"第五条所列举的有：

1. 最轻本刑为 3 年以上有期徒刑之罪。

2. 台湾地区"刑法"第 100 条第 2 项之预备内乱罪①，第 101 条第 2 项之预备暴动内乱罪②或第 106 条第 3 项③，第 109 条第 1 项、第 3 项、第 4 项④，第 121 条第 1 项⑤，第 122 条第 3 项⑥，第 131 条第 1 项⑦，第 142

---

① 台湾地区"刑法"第 100 条："（第 1 项）意图破坏国体，窃据国土，或以非法之方法变更国宪，颠覆政府，而以强暴或胁迫着手实行者，处七年以上有期徒刑；首谋者，处无期徒刑。（第 2 项）预备犯前项之罪者，处六月以上五年以下有期徒刑。"

② 台湾地区"刑法"第 101 条："（第 1 项）以暴动犯前条第一项之罪者，处无期徒刑或七年以上有期徒刑。首谋者，处死刑或无期徒刑。（第 2 项）预备或阴谋犯前项之罪者，处一年以上七年以下有期徒刑。"

③ 台湾地区"刑法"第 106 条："（第 1 项）在与外国开战或将开战期内，以军事上之利益供敌国，或以军事上之不利益害中华民国或其同盟国者，处无期徒刑或七年以上有期徒刑。（第 3 项）预备或阴谋犯第一项之罪者，处五年以下有期徒刑。"

④ 台湾地区"刑法"第 109 条："（第 1 项）泄露或交付关于中华民国国防应秘密之文书、图画、消息或物品者，处一年以上七年以下有期徒刑。（第 2 项）泄露或交付前项之文书、图画、消息或物品于外国或其派遣之人者，处三年以上十年以下有期徒刑。（第 3 项）前二项之未遂犯罚之。（第 4 项）预备或阴谋犯第一项或第二项之罪者，处二年以下有期徒刑。"

⑤ 台湾地区"刑法"第 121 条第 1 项："公务员或仲裁人对于职务上之行为，要求、期约或收受贿赂或其他不正利益者，处七年以下有期徒刑，得并科五千元以下罚金。"

⑥ 台湾地区"刑法"第 122 条第 3 项："对于公务员或仲裁人关于违背职务之行为，行求、期约或交付贿赂或其他不正利益者，处三年以下有期徒刑，得并科三千元以下罚金。但自首者减轻或免除其刑。在侦查或审判中自白者，得减轻其刑。"

⑦ 台湾地区"刑法"第 131 条第 1 项："公务员对于主管或监督之事务，明知违背法令，直接或间接图自己或其他私人不法利益，因而获得利益者，处一年以上七年以下有期徒刑，得并科七万元以下罚金。"

条①，第 143 条第 1 项②，第 144 条③，第 145 条④，第 201 条之一⑤，第 256 条第 1 项、第 3 项⑥，第 257 条第 1 项、第 4 项⑦，第 298 条第 2 项⑧，第 300 条⑨，第 339 条⑩，第 339 条之三⑪或第 346 条之罪⑫。

---

① 台湾地区"刑法"第 142 条："（第 1 项）以强暴胁迫或其他非法之方法，妨害他人自由行使法定之政治上选举或其他投票权者，处五年以下有期徒刑。（第 2 项）前项之未遂犯罚之。"

② 台湾地区"刑法"第 143 条第 1 项："有投票权之人，要求、期约或收受贿赂或其他不正利益，而许以不行使其投票权或为一定之行使者，处三年以下有期徒刑，得并科五千元以下罚金。"

③ 台湾地区"刑法"第 144 条："对于有投票权之人，行求、期约或交付贿赂或其他不正利益，而约其不行使投票权或为一定之行使者，处五年以下有期徒刑，得并科七千元以下罚金。"

④ 台湾地区"刑法"第 145 条："以生计上之利害，诱惑投票人不行使其投票权或为一定之行使者，处三年以下有期徒刑。"

⑤ 台湾地区"刑法"第 201 条之一："（第 1 项）意图供行使之用，而伪造、变造信用卡、金融卡、储值卡或其他相类作为签账、提款、转账或支付工具之电磁纪录物者，处一年以上七年以下有期徒刑，得并科三万元以下罚金。（第 2 项）行使前项伪造、变造之信用卡、金融卡、储值卡或其他相类作为签账、提款、转账或支付工具之电磁纪录物，或意图供行使之用，而收受或交付于人者，处五年以下有期徒刑，得并科三万元以下罚金。"

⑥ 台湾地区"刑法"第 256 条："（第 1 项）制造鸦片者，处七年以下有期徒刑，得并科三千元以下罚金。（第 2 项）制造吗啡、高根、海洛因或其化合质料者，处无期徒刑或五年以上有期徒刑，得并科五千元以下罚金。（第 3 项）前二项之未遂犯罚之。"

⑦ 台湾地区"刑法"第 257 条："（第 1 项）贩卖或运输鸦片者，处七年以下有期徒刑，得并科三千元以下罚金。（第 2 项）贩卖或运输吗啡、高根、海洛因或其化合质料者，处三年以上十年以下有期徒刑，得并科五千元以下罚金。（第 3 项）自外国输入前二项之物者，处无期徒刑或五年以上有期徒刑，得并科一万元以下罚金。（第 4 项）前三项之未遂犯罚之。"

⑧ 台湾地区"刑法"第 298 条："（第 1 项）意图使妇女与自己或他人结婚而略诱之者，处五年以下有期徒刑。（第 2 项）意图营利、或意图使妇女为猥亵之行为或性交而略诱之者，处一年以上七年以下有期徒刑，得并科一千元以下罚金。（第 3 项）前二项之未遂犯罚之。"

⑨ 台湾地区"刑法"第 300 条："（第 1 项）意图营利，或意图使被略诱人为猥亵之行为或性交，而收受、藏匿被略诱人或使之隐避者，处六月以上五年以下有期徒刑，得并科五百元以下罚金。（第 2 项）前项之未遂犯罚之。"

⑩ 台湾地区"刑法"第 339 条："（第 1 项）意图为自己或第三人不法之所有，以诈术使人将本人或第三人之物交付者，处五年以下有期徒刑、拘役或科或并科一千元以下罚金。（第 2 项）以前项方法得财产上不法之利益或使第三人得之者，亦同。（第 3 项）前二项之未遂犯罚之。"

⑪ 台湾地区"刑法"第 339 条之三："（第 1 项）意图为自己或第三人不法之所有，以不正方法将虚伪数据或不正指令输入计算机或其相关设备，制作财产权之得丧、变更纪录，而取得他人财产者，处七年以下有期徒刑。（第 2 项）以前项方法得财产上不法之利益或使第三人得之者，亦同。"

⑫ 台湾地区"刑法"第 346 条："（第 1 项）意图为自己或第三人不法之所有，以恐吓使人将本人或第三人之物交付者，处六月以上五年以下有期徒刑，得并科一千元以下罚金。（第 2 项）以前项方法得财产上不法之利益，或使第三人得之者，亦同。（第 3 项）前二项之未遂犯罚之。"

3. "贪污治罪条例"第 11 条第 1 项、第 2 项之罪①。

4. "惩治走私条例"第 2 条第 1 项、第 3 项或第 3 条之罪②。

5. "药事法"第 82 条第 1 项、第 3 项③或第 83 条第 1 项、第 4 项之罪④。

---

① "贪污治罪条例"第 11 条第 1 项："对于第二条人员，关于违背职务之行为，行求、期约或交付贿赂或其他不正利益者，处一年以上七年以下有期徒刑，得并科新台币三百万元以下罚金。"第 2 项："对于第二条人员，关于不违背职务之行为，行求、期约或交付贿赂或其他不正利益者，处三年以下有期徒刑、拘役或科或并科新台币五十万元以下罚金。"

② "惩治走私条例"第 2 条第 1 项："私运管制物品进口、出口者，处七年以下有期徒刑，得并科新台币三百万元以下罚金。"第 3 项："第一项之管制物品，由行政院依下列各款规定公告其管制品项及管制方式：一、为防止犯罪必要，禁止易供或常供犯罪使用之特定器物进口、出口。二、为维护金融秩序或交易安全必要，禁止伪造、变造之各种货币及有价证券进口、出口。三、为维护国民健康必要，禁止、限制特定物品或来自特定地区之物品进口。四、为维护国内农业产业发展必要，禁止、限制来自特定地区或一定数额以上之动植物及其产制品进口。五、为遵守条约协议、履行国际义务必要，禁止、限制一定物品之进口、出口。"第 3 条："（第 1 项）运送、销售或藏匿前条第一项之走私物品者，处五年以下有期徒刑、拘役或科或科新台币一百五十万元以下罚金。（第 2 项）前项之未遂犯罚之。"

③ "药事法"第 82 条第 1 项："制造或输入伪药或禁药者，处十年以下有期徒刑，得并科新台币一千万元以下罚金。"第 3 项："因过失犯第一项之罪者，处三年以下有期徒刑、拘役或科新台币五十万元以下罚金。"

④ "药事法"第 83 条第 1 项："明知为伪药或禁药，而贩卖、供应、调剂、运送、寄藏、牙保、转让或意图贩卖而陈列者，处七年以下有期徒刑，得并科新台币五百万元以下罚金。"第 4 项："第一项之未遂犯罚之。"

6. "证券交易法"第 171 条①或第 173 条第 1 项之罪②。

7. "期货交易法"第 112 条③或第 113 条第 1 项、第 2 项之罪④。

8. "枪炮弹药刀械管制条例"第 12 条第 1 项、第 2 项、第 4 项、第 5

① "证券交易法"第 171 条："（第 1 项）有下列情事之一者，处三年以上十年以下有期徒刑，得并科新台币一千万元以上二亿元以下罚金：一、违反第二十条第一项、第二项、第一百五十五条第一项、第二项、第一百五十七条之一第一项或第二项规定。二、已依本法发行有价证券公司之董事、监察人、经理人或受雇人，以直接或间接方式，使公司为不利益之交易，且不合营业常规，致公司遭受重大损害。三、已依本法发行有价证券公司之董事、监察人或经理人，意图为自己或第三人之利益，而为违背其职务之行为或侵占公司资产，致公司遭受损害达新台币五百万元。（第 2 项）犯前项之罪，其犯罪所得金额达新台币一亿元以上者，处七年以上有期徒刑，得并科新台币二千五百万元以上五亿元以下罚金。（第 3 项）有第一项第三款之行为，致公司遭受损害未达新台币五百万元者，依刑法第三百三十六条及第三百四十二条规定处罚。（第 4 项）犯前三项之罪，于犯罪后自首，如有犯罪所得并自动缴交全部所得财物者，减轻或免除其刑；并因而查获其他正犯或共犯者，免除其刑。（第 5 项）犯第一项至第三项之罪，在侦查中自白，如有犯罪所得并自动缴交全部所得财物者，减轻其刑；并因而查获其他正犯或共犯者，减轻其刑至二分之一。（第 6 项）犯第一项或第二项之罪，其犯罪所得利益超过罚金最高额时，得于所得利益之范围内加重罚金；如损及证券市场稳定者，加重其刑至二分之一。（第 7 项）犯第一项至第三项之罪者，其因犯罪所得财物或财产上利益，除应发还被害人、第三人或应负损害赔偿金额者外，以属于犯人者为限，没收之。如全部或一部不能没收时，追征其价额或以其财产抵偿之。（第 8 项）违反第一百六十五条之一或第一百六十五条之二准用第二十条第一项、第二项、第一百五十五条第一项、第二项、第一百五十七条之一第一项或第二项规定者，依第一项第一款及第二项至前项规定处罚。（第 9 项）第一项第二款、第三款及第二项至第七项规定，于外国公司之董事、监察人、经理人或受雇人适用之。"

② "证券交易法"第 173 条第 1 项："对于前条人员关于违背职务之行为，行求期约或交付不正利益者，处三年以下有期徒刑、拘役或科或并科新台币一百八十万元以下罚金。"

③ "期货交易法"第 112 条："有下列情事之一者，处七年以下有期徒刑，得并科新台币三百万元以下罚金：一、未经许可，擅自经营期货交易所或期货交易所业务者。二、未经许可，擅自经营期货结算机构者。三、违反第五十六条第一项之规定者。四、未经许可，擅自经营杠杆交易商者。五、未经许可，擅自经营期货信托事业、期货经理事业、期货顾问事业或其他期货服务事业者。六、期货信托事业违反第八十四条第一项规定募集期货信托基金者。七、违反第一百零六条、第一百零七条或第一百零八条第一项之规定者。"

④ "期货交易法"第 113 条第 1 项："期货交易所、期货结算机构及期货信托事业之董事、监事、监察人、经理人、受任人或受雇人，对于职务上之行为，要求期约或收受不正利益者，处五年以下有期徒刑、拘役或并科新台币二百四十万元以下罚金。"第 2 项："前项人员对于违背职务之行为，要求期约或收受不正利益者，处七年以下有期徒刑、拘役或科或并科新台币三百万元以下罚金。"

项①或第 13 条第 2 项、第 4 项、第 5 项之罪②。

9. "公职人员选举罢免法" 第 88 条第 1 项③，第 89 条第 1 项、第 2 项④，第 90 条之一第 1 项⑤，第 91 条第 1 项第 1 款⑥或第 91 条之一第 1 项之罪⑦。

---

① "枪炮弹药刀械管制条例" 第 12 条："（第 1 项）未经许可，制造、贩卖或运输子弹者，处一年以上七年以下有期徒刑，并科新台币五百万元以下罚金。（第 2 项）未经许可，转让、出租或出借子弹者，处六月以上五年以下有期徒刑，并科新台币三百万元以下罚金。（第 3 项）意图供自己或他人犯罪之用，而犯前二项之罪者，处三年以上十年以下有期徒刑，并科新台币七百万元以下罚金。（第 4 项）未经许可，持有、寄藏或意图贩卖而陈列子弹者，处五年以下有期徒刑，并科新台币三百万元以下罚金。（第 5 项）第一项至第三项之未遂犯罚之。"

② "枪炮弹药刀械管制条例" 第 13 条："（第 1 项）未经许可，制造、贩卖或运输枪炮、弹药之主要组成零件者，处三年以上十年以下有期徒刑，并科新台币七百万元以下罚金。（第 2 项）未经许可，转让、出租或出借前项零件者，处一年以上七年以下有期徒刑，并科新台币五百万元以下罚金。（第 3 项）意图供自己或他人犯罪之用，而犯前二项之罪者，处五年以上有期徒刑，并科新台币一千万元以下罚金。（第 4 项）未经许可，持有、寄藏或意图贩卖而陈列第一项所列零件者，处六月以上五年以下有期徒刑，并科新台币三百万元以下罚金。（第 5 项）第一项至第三项之未遂犯罚之。"

③ "旧公职人员选举罢免法" 第 88 条第 1 项："候选人违反第四十五条之二第一款规定接受捐助者，处五年以下有期徒刑；违反第二款或第三款规定接受捐助者，处一年以下有期徒刑、拘役或科新台币十万元以下罚金。"

④ "旧公职人员选举罢免法" 第 89 条第 1 项："对于候选人或具有候选人资格者，行求期约或交付贿赂或其他不正利益，而约其放弃竞选或为一定之竞选活动者，处三年以上十年以下有期徒刑，并科新台币二百万元以上二千万元以下罚金。" 第 2 项："候选人或具有候选人资格者，要求期约或收受贿赂或其他不正利益，而许以放弃竞选或为一定之竞选活动者，亦同。"

⑤ "旧公职人员选举罢免法" 第 90 条之一第 1 项："对于有投票权之人，行求期约或交付贿赂或其他不正利益，而约其不行使投票权或为一定之行使者，处三年以上十年以下有期徒刑，得并科新台币一百万元以上一千万元以下罚金。"

⑥ "旧公职人员选举罢免法" 第 91 条第 1 项第 1 款："有下列行为之一者，处一年以上七年以下有期徒刑，并科新台币一百万元以上一千万元以下罚金：一、对于该选举区内之团体或机构，假借捐助名义，行求期约或交付财物或其他不正利益，使其团体或机构之构成员，不行使投票权或为一定之行使者。"

⑦ "旧公职人员选举罢免法" 第 91 条之一第 1 项："意图渔利，包揽第八十九条第一项、第二项、第九十条之一第一项、第九十条之二第一项、第二项或第九十一条第一项各款之事务者，处三年以上十年以下有期徒刑，得并科新台币一百万元以上一千万元以下罚金。"

10. "农会法"第 47 条之一①或第 47 条之二之罪②。

11. "渔会法"第 50 条之一③或第 50 条之二之罪④。

12. "儿童及少年性交易防制条例"第 23 条第 1 项、第 4 项、第 5 项

---

① "农会法"第47条之一："（第1项）农会之选举有左列行为之一者，处三年以下有期徒刑，得并科三万元以下罚金：一、有选举权之人，要求、期约或收受财物或其他不正利益，而许以不行使其选举权或为一定之行使者。二、对于有选举权之人，行求、期约或交付财物或其他不正利益，而约其不行使选举权或为一定之行使者。三、对于候选人行求、期约或交付财物或其他不正利益，而约其放弃竞选或为一定之竞选活动者。四、候选人要求、期约或收受财物或其他不正利益，而许以放弃竞选或为一定之竞选活动者。（第2项）犯前项之罪者，所收受之财物没收之。如全部或一部不能没收时，追征其价额。"

② "农会法"第47条之二："（第1项）农会聘任总干事，自办理理事候选人登记之日起，有左列行为之一者，处三年以下有期徒刑，得并科三万元以下罚金：一、理事或理事候选人要求、期约或收受财物或其他不正利益，而许以聘任或不聘任者。二、对于理事或理事候选人行求、期约或交付财物或其他不正利益，而约其为聘任或不聘任者。三、对于遴选合格之总干事候聘人员行求、期约或交付财物或其他不正利益，而约其放弃接受聘任者。四、遴选合格之总干事候聘人员要求、期约或收受财物或其他不正利益，而许以放弃接受聘任者。（第2项）预备犯前项之罪者，处一年以下有期徒刑。（第3项）犯第一项、第二项之罪者，其预备或用以行求、期约、交付或收受之财物，不问属于犯人与否，没收之。如全部或一部不能没收时，追缴其价额。"

③ "渔会法"第50条之一："（第1项）渔会之选举有左列行为之一者，处三年以下有期徒刑，得并科三万元以下罚金：一、有选举权之人要求、期约或收受财物或其他不正利益，而许以不行使其选举权或为一定之行使者。二、对于有选举权之人行求、期约或交付财物或其他不正利益，而约其不行使选举权或为一定之行使者。三、对于候选人行求、期约或交付财物或其他不正利益，而约其放弃竞选或为一定之竞选活动者。四、候选人要求、期约或收受财物或其他不正利益，而许以放弃竞选或为一定之竞选活动者。（第2项）犯前项之罪者，所收受之财物没收之。如全部或一部不能没收时，追征其价额。"

④ "渔会法"第50条之二："（第1项）渔会聘任总干事，自办理理事候选人登记之日起，有左列行为之一者，处三年以下有期徒刑，得并科三万元以下罚金：一、理事或理事候选人要求、期约或收受财物或其他不正利益，而许以聘任或不聘任者。二、对于理事或理事候选人行求、期约或交付财物或其他不正利益，而约其为聘任或不聘任者。三、对于遴选合格之总干事候聘人员行求、期约或交付财物或其他不正利益，而约其放弃接受聘任者。四、遴选合格之总干事候聘人员要求、期约或收受财物或其他不正利益，而许以放弃接受聘任者。（第2项）预备犯前项之罪者，处一年以下有期徒刑。（第3项）犯第一项、第二项之罪者，其预备或用以行求、期约、交付或收受之财物，不问属于犯人与否，没收之。如全部或一部不能没收时，追缴其价额。"

之罪①。

13. "洗钱防制法"第9条第1项、第2项之罪②。

14. "组织犯罪防制条例"第3条第1项后段、第2项后段③、第6条④或第11条第3项之罪⑤。

15. "陆海空军刑法"第14条第2项⑥、第17条第3项⑦、第18条第3

---

① "儿童及少年性交易防制条例"第23条："（第1项）引诱、容留、媒介、协助或以他法，使未满十八岁之人为性交易者，处一年以上七年以下有期徒刑，得并科新台币三百万元以下罚金。以诈术犯之者，亦同。（第2项）意图营利而犯前项之罪者，处三年以上十年以下有期徒刑，并科新台币五百万元以下罚金。（第3项）媒介、收受、藏匿前二项被害人或使之隐避者，处一年以上七年以下有期徒刑，得并科新台币三百万元以下罚金。（第4项）前项收受、藏匿行为之媒介者，亦同。（第5项）前四项之未遂罚之。"

② "洗钱防制法"第9条第一项："检察官于侦查中，有事实足认被告利用账户、汇款、通货或其他支付工具犯第十一条之罪者，得声请该管法院指定六个月以内之期间，对该笔交易之财产为禁止提款、转账、付款、交付、转让或其他必要处分之命令。其情况急迫，有相当理由足认非立即为上开命令，不能保全得没收之财产或证据者，检察官得径命执行之。但应于执行后三日内，声请法院补发命令。法院如不于三日内补发或检察官未于执行后三日内声请法院补发命令者，应即停止执行。"第2项："前项禁止提款、转账、付款、交付、转让或其他必要处分之命令，法官于审判中得依职权为之。"

③ "组织犯罪防制条例"第3条："（第1项）发起、主持、操纵或指挥犯罪组织者，处三年以上十年以下有期徒刑，得并科新台币一亿元以下罚金；参与者，处六月以上五年以下有期徒刑，得并科新台币一千万元以下罚金。（第2项）犯前项之罪，受刑之执行完毕或赦免后，再犯该项之罪，其发起、主持、操纵或指挥者，处五年以上有期徒刑，得并科台币二亿元以下罚金；参与者，处一年以上七年以下有期徒刑，得并科新台币二千万元以下罚金。"

④ "组织犯罪防制条例"第6条："非犯罪组织之成员而资助犯罪组织者，处六月以上五年以下有期徒刑，得并科新台币一千万元以下罚金。"

⑤ "组织犯罪防制条例"第11条第3项："公务员泄漏或交付前项检举人之消息、身份数据或足资辨别检举人之物品者，处一年以上七年以下有期徒刑。"

⑥ "陆海空军刑法"第14条："（第1项）意图破坏国体、窃据国土，或以非法之方法变更国宪、颠覆政府，而以强暴或胁迫着手实行者，处十年以上有期徒刑；首谋者，处死刑、无期徒刑或十年以上有期徒刑。（第2项）预备犯前项之罪者，处一年以上七年以下有期徒刑。"

⑦ "陆海空军刑法"第17条第1项："有下列行为之一者，处死刑或无期徒刑：一、将部队或第五十八条第一项或第五十九条第一项之军用设施、物品交付敌人者。二、为敌人从事间谍活动，或帮助敌人之间谍从事活动者。三、擅打旗号或发送、传输电信授意于敌人者。四、使敌人侵入军用港口、机场、要塞或其他军用设施、建筑物，或为敌人作向导或指示地理者。五、强暴、胁迫或恐吓长官或上官投降敌人者。六、为敌人夺取或纵放捕获之舰艇、航空器或俘虏者。"第3项："预备或阴谋犯第一项之罪者，处一年以上七年以下有期徒刑。"

项①、第 19 条第 3 项②、第 20 条第 5 项③、第 22 条第 4 项④、第 23 条第 3 项⑤，第 24 条第 2 项和第 4 项、⑥ 第 58 条第 5 项、⑦ 第 63 条第 1 项之罪⑧。

（三）关联性原则

通讯监察之手段与犯罪侦查之目的间需具有关联性，即"通保法"第 5

---

① "陆海空军刑法"第 18 条第 1 项："意图利敌，而有下列行为之一者，处死刑、无期徒刑或十年以上有期徒刑：一、毁坏第五十八条第一项或第五十九条第一项之军用设施、物品，或致令不堪用者。二、损坏或壅塞水陆通路、桥梁、灯塔、标记，或以他法妨害军事交通者。三、长官率部队不就指定守地或擅离配置地者。四、解散部队或诱使溃走、混乱，或妨害其联络、集合者。五、使部队缺乏兵器、弹药、粮食、被服或其他重要军用物品者。六、犯第六十六条第一项或第四项之罪者。"第 3 项："预备或阴谋犯第一项之罪者，处六月以上五年以下有期徒刑。"

② "陆海空军刑法"第 19 条第 1 项："以前二条以外之方法供敌人军事上之利益，或以军事上之不利益害中华民国或其同盟国者，处死刑、无期徒刑或十年以上有期徒刑。"第 3 项："预备或阴谋犯第一项之罪者，处六月以上五年以下有期徒刑。"

③ "陆海空军刑法"第 20 条第 1 项："泄漏或交付关于中华民国军事上应秘密之文书、图画、消息、电磁纪录或物品者，处三年以上十年以下有期徒刑。战时犯之者，处无期徒刑或七年以上有期徒刑。"第 2 项："泄漏或交付前项之军事机密于敌人者，处死刑或无期徒刑。"第 5 项："预备或阴谋犯第一项或第二项之罪者，处五年以下有期徒刑。"

④ "陆海空军刑法"第 22 条第 1 项："刺探或收集第二十条第一项之军事机密者，处一年以上七年以下有期徒刑。战时犯之者，处三年以上十年以下有期徒刑。"第 2 项："为敌人刺探或收集第二十条第一项之军事机密者，处五年以上十二年以下有期徒刑。战时犯之者，处无期徒刑或七年以上有期徒刑。"第 4 项："预备或阴谋犯第一项或第二项之罪者，处二年以下有期徒刑、拘役或新台币二十万元以下罚金。"

⑤ "陆海空军刑法"第 23 条第 1 项："意图刺探或收集第二十条第一项之军事机密，未受允准而侵入军事要塞、堡垒、港口、航空站、军营、军用舰船、航空器、械弹厂库或其他军事处所、建筑物，或留滞其内者，处三年以上十年以下有期徒刑。战时犯之者，加重其刑至二分之一。"第 3 项："预备或阴谋犯第一项之罪者，处二年以下有期徒刑、拘役或新台币二十万元以下罚金。"

⑥ "陆海空军刑法"第 24 条第 1 项："投敌者，处死刑、无期徒刑或十年以上有期徒刑。"第 2 项："不尽其应尽之责而降敌者，处一年以上七年以下有期徒刑。"第 4 项："预备或阴谋犯第一项之罪者，处六月以上五年以下有期徒刑。"

⑦ "陆海空军刑法"第 58 条："（第 1 项）毁坏军用机场、港口、坑道、碉堡、要塞、舰艇、航空器、车辆、武器、弹药、雷达、通信、信息设备、器材或其他直接供作战之重要军用设施、物品，或致令不堪用者，处无期徒刑或七年以上有期徒刑。情节轻微者，处五年以下有期徒刑。（第 2 项）因过失犯前项之罪者，处三年以下有期徒刑、拘役或新台币三十万元以下罚金。（第 3 项）战时犯第一项之罪者，处死刑或无期徒刑；犯第二项之罪者，加重其刑至二分之一。（第 4 项）第一项、第三项前段之未遂犯，罚之。（第 5 项）预备犯第一项之罪者，处三年以下有期徒刑、拘役或新台币三十万元以下罚金。战时犯之者，加重其刑至二分之一。犯前四项之罪，情节轻微者，得减轻其刑。"

⑧ "陆海空军刑法"第 63 条第 1 项："意图损害军事利益，非法输出、干扰、变更、删除军事电磁纪录，或以他法妨害其正确性者，处一年以上七年以下有期徒刑。"

条第 1 项之明文规定："有相当理有可信其通讯内容与本案有关。"换言之，若无法释明实施通讯监察之场所或设备系供犯罪嫌疑人进行犯罪之用，不得仅因犯罪嫌疑人与该人熟识，即对之实施通讯监察。

（四）法官保留原则

通讯监察之许可，需由法院核发通讯监察许可书。依"通保法"第 5 条第 2 项规定，"前项通讯监察书，侦查中由检察官依司法警察机关声请或依职权以书面记载第十一条之事项，并叙明理由、检附相关文件，声请该管法院核发"；"法院于接获检察官核转受理申请案件，应于二十四小时内核复。审判中由法官依职权核发。法官并得于通讯监察书上对执行人员为适当之指示"。此法官保留原则系历经 2007 年 7 月公布的大法官会议释字第 631 号释宪案[①]，宣告原来由检察官许可并核发通讯监察许可书之规定为违宪，而修法形成现行规定。

（五）书面许可原则

为了使通讯监察的实施有明确的依据及界限，依"通保法"第 11 条规定："通讯监察书应记载下列事项：案由及涉嫌触法之法条、监察对象、监察通讯种类及号码等足资识别之特征、监查处所、监察理由、监察期间及方法、声请机关、执行机关等项目。"

（六）一定期间原则

"通保法"第 12 条规定，除涉及国家安全之通讯监察，每次不得逾 1 年外，对第 5 条所列举之重罪实施之通讯监察，每次不得逾 30 日；又有继续监察之必要者，虽得于期限届满前，重新声请，但期限届满前，已无监察

---

① 大法官会议释字第 631 号释宪内容如下："宪法"第 12 条规定"人民有秘密通讯之自由"，旨在确保人民就通讯之有无、对象、时间、方式及内容等事项，有不受国家及他人任意侵扰之权利。国家采取限制手段时，除应有法律依据外，限制之要件应具体、明确，不得逾越必要之范围，所践行之程序并应合理、正当，方符宪法保护人民秘密通讯自由之意旨。1999 年 7 月 14 日制定公布之"通讯保障及监察法"第 5 条第 2 项规定——"前项通讯监察书，侦查中由检察官依司法警察机关声请或依职权核发"，未要求通讯监察书原则上应由客观、独立行使职权之法官核发，而使职司犯罪侦查之检察官与司法警察机关，同时负责通讯监察书之声请与核发，难谓为合理、正当之程序规范，而与'宪法'第 12 条保障人民秘密通讯自由之意旨不符，应自本解释公布之日起，至迟于 2007 年 7 月 11 日修正公布之"通保法"第 5 条施行之日失其效力。

之必要者，应即停止监察。

（七）事后通知原则

实施通讯监察时，虽不能通知受监察人，然执行结束后，为使受监察人得知受通讯监察，以便事后对通讯监察是否违法有请求救济之机会，依"通保法"第15条及"通保法施行细则"第22条之规定，执行机关应于通讯监察结束后，以书面通知受监察人。

二、另案监听所得证据是否排除之问题探讨

"通保法"第5条第5项规定："违反本条规定进行监听行为情节重大者，所取得之内容或所衍生之证据，于司法侦查、审判或其他程序中，均不得采为证据。"此系2007年条正新增，有关未取得通讯监察许可书等重大违法通讯监察情形，所取得的通讯监察内容以及由此通讯监察衍生所得的证据是予以排除的，亦即无证据能力。

但是，在台湾司法实务上另外产生问题的是，因为侦查机关事先无法预测或控制受通讯监察者谈话对象及内容，因而常常于合法通讯监察过程中偶然得知他案的通讯内容，此"另案"可能系"通保法"第5条所列举可以通讯监察之罪名，也可能不是可以通讯监察之罪名；有可能与原声请通讯监察之案件有关联性，也可能没有关联性。此时检察官得否另以该等通讯监察所获取之资料作为追诉"另案"之证据，则"通保法"无明文规定。

对此，台湾文献有主张[①]，"刑事诉讼法"上所使用的证据，其证据能力之有无，与证据是否在该案诉讼程序中合法取得，并没有必然的关联。正当法律程序原则系禁止违法取得证据，而非限制必须藉由本案侦审程序取得证据。因此，除非可以证明侦查机关恶意利用本案搜证而规避法定正当程序，否则虽系本案通讯监察或者搜索、扣押过程所得之他案证据，并没有不能提出使用的道理。而"通保法"列举重罪原则系限于法条所列重罪才能通讯监察，此规定是属于通讯监察的"发动门坎"，而非"使用通讯监察数

---

① 吴巡龙：《监听偶然获得另案证据之证据能力》，载《月旦法学教室》第47期。

据门坎"。再参酌台湾"刑事诉讼法"第152条规定："实施搜索或扣押时，发现另案应扣押之物亦得扣押之，分别送交该管法院或检察官"，此即"另案附带扣押"之规定。由此可知，"刑事诉讼法"并没有禁止由本案合法搜证程序而偶然或意外发现之他案证据的使用。

申言之，通讯监察与搜索、扣押均为搜集证据之强制处分，通讯监察得否类推适用搜索、扣押之规定，端视通讯监察与搜索扣押在法律评价上是否相似。台湾文献上认为，[①] 通讯监察之犯罪有重罪限制，其规定较严格，似不应完全类推适用"另案附带扣押"之规定，而应限缩类推适用之范围，亦即本案的监听程序若无其他不法情形，其偶然取得关于另案之证据是在合法监听中意外获得，此"另案"系得监听之犯罪或与通讯监察书上所载罪名有密切关联者，应有证据能力。

再参考台湾文献上对于德国另案监听之证据能力问题探讨的介绍，[②] 对于合法监听时偶然发现另案证据是否应加以排除，德国学说与实务有下列四种不同见解。

1. 无限制说。此说认为搜索与监听均系干预隐私权的强制处分，故可类推适用德国刑诉法第一百零八条为依据（相当于台湾"刑事诉讼法"第152条"另案附带扣押"规定），应该允许作为证据。

2. 部分限制说。此说为目前德国学界通说，此说认为《德国刑事诉讼法》第108条系基于假设上可再声请搜索票重复干预受搜索人，并防止证据灭失所作之便宜规定，《德国刑事诉讼法》第100条（a）严格限制得监听之罪名，故非该条所列之罪者，不能符合通讯监察之要件，应不得类推适用。对于合法监听时偶然发现另案证据，如系《德国刑事诉讼法》第100条（a）所规定之罪名，使得对被告使用。但对于被告以外之第三人，若发现可得监听罪名之另案证据，应否禁止，学界仍有不同意见。有基于人民权利保障而采否定见解者，有认为非全部私生活范围均受绝对保护而采肯定见解，亦有区分该第三人是否为讯息传递人、提供人，或为完全无关

---

① 吴巡龙：《监听偶然获得另案证据之证据能力》，载《月旦法学教室》第 47 期。
② 江舜明：《监听界限与证据排除》，载《法学丛刊》第 172 期。

之第三人，如系讯息传递人、提供人，或为完全无关之第三人，如系讯息传递人、提供人，对之有证据能力，若系完全无关之第三人，则应禁止该证据使用。

3. 相对禁止说。德国最高法院对于合法监听时偶然发现关于另案之证据，以与通讯监察书所记载之罪名是否具有关联性，作为是否排除标准。例如，以被告甲、乙、丙三人涉嫌参与窃车集团，对之实施监听，并以监听所得资料作为证据起诉窃盗罪及参与犯罪组织罪，法院认为参与犯罪组织罪部分证据不足，而以窃盗罪判刑。虽窃盗罪并非得监听之罪名，德国最高法院仍以窃盗罪与所监听之犯罪组织罪嫌有关联性而持肯定见解。

4. 绝对禁止说。此说认为监听具有隐密性质，对隐私权之侵害及滥用可能性较搜索为甚，故监听偶然发现关于另案之证据，因非原来调查之罪嫌，不符监听要件，不论是否属于《德国刑事诉讼法》第 100 条（a）所列得监听之罪名，无论是对被告或第三人，均不能作为证据，目前此说仍是少数说。

综上，德国学说及实务采折中见解，合法监听时偶然发现另案证据，另案若系得监听之罪名，或与通讯保障监察书所记载之罪名有关联性，应认为有证据能力。此外，于合法实施监听时，意外发现另案谈话内容，不论另案是否属于《德国刑事诉讼法》第 100 条（a）所列得监听之罪，亦不论另案与通讯监察书所记载之罪名有无关联，均得作为侦查另案的依据。执法人员监听后以之作为依据讯问被告或证人而取得之自白、证言，除非另有强暴、胁迫、诈欺而别有证据排除原因外，原则上有证据能力。

三、另案监听所得证据是否排除之台湾司法实务见解发展及本文评析

（一）2009 年之前台湾地区"最高法院"对于另案监听所得证据是否排除之见解歧异

1. 台湾地区"最高法院"97 年度台非字第 549 号判决（赌博案）

依"通保法"规定之程序要件而言：（1）查侦查中所核发通讯监察书

中所载案由及涉嫌触犯之法条为"贪污治罪条例"第 11 条第 1 项或第 5 条第 1 项第 3 款，唯本件起诉之案由、事实均为"赌博"乙节。其一，本件监听超出原来核定之罪名范围，属"他案监听"，此种监听行为，明显已规避法定程序之事前审查之违法监听行为。本案在侦查程序中，以犯罪嫌疑人涉嫌贪污罪嫌而声请监听，然事实上系要监听尚不具被监听要件之被告所涉之他案，即起诉之赌博案件。其二，监听之重罪原则，系以法定刑度及列举罪名，唯本件系"赌博"罪嫌，系违反重罪原则。经审酌人权保障及公共利益之维护，尚难认其违法取得之监听具有证据能力。其三，综上，此部分或监听超出原来核定之罪名范围，属"他案监听"，或因本案监听系属附带监听不同对象，且非属"通保法"第 5 条所列之重大犯罪，并未重新声请监听，故应无证据能力。

2. 台湾地区"最高法院"97 年度台上字第 1370 号成判决（违反著作权法）

按证据之取舍，为事实审法院之职权，倘其采证认事并不违背证据法则，即不得任意指为违法。原判决已于其理由六说明本件通讯监察书系就以吴某潭为首之太阳会所涉违反枪炮弹药刀械管制条例及组织犯罪防制条例之案件，所为之合法监听后，发觉杨某彬涉及违反组织犯罪条例之罪，而予监听时，始发现杨某彬与上诉人、王某文之本件犯行；该通讯监察书之核发程序，既未见有何故意违反法律规定之情形，执行机关据以执行，且嗣故就该监听所取得之相关证据，自具有证据能力。

（二）2009 年后台湾地区"最高法院"对于另案监听所得证据是否排除之见解趋于一致

1. 台湾地区"最高法院"99 年度台上字第 982 号判决

本案依法定程序监听中偶然获得之另案证据，则因其并非实施刑事诉讼程序之公务员因违背法定程序所取得之证据，当亦无"刑事诉讼法"第 158 条之四之适用。此种情形，应否容许其作为另案之证据使用，现行法制并未明文规定。基于与"另案扣押"相同之法理及善意例外原则，倘若另案监听亦属于"通保法"第 5 条第 1 项规定得受监察之犯罪，或虽非该条项所列举之犯罪，但与本案即通讯监察书所记载之罪名有关联性者，自应容许将该"另案监听"所偶然获得之数据作为另案之证据使用。

2. 台湾地区"最高法院"01 年度台上字第 1383 号判决

有侦查犯罪职权之公务员，依"通保法"规定声请核发通讯监察书所取得之录音内容，为实施刑事诉讼程序之公务员依法定程序取得之证据。又于本案依法定程序执行通讯监察中偶然获得之另案证据，其并非实施刑事诉讼程序之公务员因违背法定程序所取得之证据。此种情形，应否容许其作为另案之证据使用，现行法制并未明文规定。基于与"另案扣押"相同之法理及善意例外原则，倘若另案通讯监察亦属于"通保法"第 5 条第 1 项规定得受监察之犯罪，或虽非该条项所列举之犯罪，但与本案即通讯监察书所记载之罪名有关联性者，自应容许将该"另案监听"所偶然获得之数据作为另案之证据使用。

（三）本文简析

在 2008 年之前有关另案监听所得证据是否排除的问题，台湾地区"最高法院"的见解明显分歧。例如 97 年度台非字第 549 号判决，是认为该件赌博案乃监听超出原来核定之罪名范围，属他案监听，系一种违法监听。由于"列举重罪原则"是"通保法"的保障之核心，此系立法者于立法时就通讯保障及社会法益所为之衡量结果，而本件被告等涉嫌侵害著作权案件，如依法定程序声请，自无法获得本件监听证据，本件赌博案通讯监听之内容既为违法取得，不具证据能力。然而，同一年度的台湾地区"最高法院"97 年度台上字第 1370 号判决却是认为只要是合法监听之下获得的另案证据，不应加以排除。不过，在 2009 年之后吾人可见到台湾地区"最高法院"的见解趋于一致，认为可依循"另案扣押"相同之法理，并且只要进行监听者系合法监听，并且不是恶意以本案之监听而欲取得另案之证据，即依善意例外原则，所取得之另案证据，不需加以排除。

本文认为，通常本案监听中得到的另案证据，是本案所附随衍生之犯罪，与本案通讯监察书所载之犯罪事实息息相关。而且侦查有高度不确定性，开始监听时，没有人能预见将来是否能够搜集足够证据起诉原来通讯监察书所载之犯罪。所以在德国有关联性扩充之见解，另案若与本案之犯罪是有关联性时，另案监听所得之证据仍有证据能力。然而，何谓关联性，仍属不明确，况且依台湾地区"最高法院"后来的统一见解，只要本案是合法监听，偶然获得之另案证据一律有证据能力，又太扩大另案监听所得证据之使用范畴，例如在前揭赌博案之原来的本案是贪污罪，违反著作权案之原来的本案是违反组织犯罪条例，本案与另案毫无关联。倘依台湾地区"最高法院"后来的统一见解，皆会符合本案合法监听以及依善意例外原则，另案监听所得证据一律不会被排除，将会导致"通保法"的"列举重罪原则"几乎被推翻。而在台湾有文献表示①，另案扣押之法理基础在于"假使再次干预亦受允许"原则，亦即有充分理由相信若向法官声请搜索扣押此另案之物，必定会准许。同理，另案监听所得证据是否有证据能力，端视倘若向法官声请对于另案的犯罪核发通讯监察许可书，是否必定会准许，也就是说，倘若对于另案的犯罪独立声请是必定会准许核发通讯监察许可书的情形，则现在另案监听所得证据有证据能力；反之则否。因此，若另案的犯罪罪名并非属通保法所列举的重罪，即使独立声请是不可能会获得核发通讯监察许可书，故另案监听所得证据应无证据能力，不得作为论断另案犯罪成立的证据。

四、结语

随着科技的发展，可供犯罪侦查的手段或设备亦日益更新，但越高科技的手段或设备对于人的基本权利侵害越剧烈，因此，法律规定的设计是希望在追诉犯罪与人权保障之间寻得平衡。另案监听所得证据是否有证据能力此一问题，在台湾"通保法"上未明文规定应如何处理，台湾地区"最高法院"虽已发展出一致的见解，但让人感觉过度往犯罪侦查的实效角度倾斜，以至于形成如同通保法的适用漏洞。期盼对此问题的再次提出，使人能再度思考此一问题的解决之道。

---

① 杨云骅：《通讯监察"违反令状原则"以及"另案监听"在刑事证据法上之效果——评台湾地区"最高法院"九八年度台上字第一四九五号、九七年度台上字第二六三三号及九七年度台非字第五四九号三则判决》，载《台湾法学杂志》第 141 期。

附录："通讯保障及监察法"全文

第 1 条	为保障人民秘密通讯自由不受非法侵害，并确保国家安全，维护社会秩序，特制定本法。
第 2 条	通讯监察，除为确保国家安全、维持社会秩序所必要者外，不得为之。 前项监察，不得逾越所欲达成目的之必要限度，且应以侵害最少之适当方法为之。
第 3 条	本法所称通讯如下： 一、利用电信设备发送、储存、传输或接收符号、文字、影像、声音或其他信息之有线及无线电信。 二、邮件及书信。 三、言论及谈话。 前项所称之通讯，以有事实足认受监察人对其通讯内容有隐私或秘密之合理期待者为限。
第 4 条	本法所称受监察人，除第五及第七条所规定者外，并包括为其发送、传达、收受通讯或提供通讯器材、处所之人。
第 5 条	有事实足认被告或犯罪嫌疑人有下列各款罪嫌之一，并危害国家安全或社会秩序情节重大，而有相当理由可信其通讯内容与本案有关，且不能或难以其他方法搜集或调查证据者，得发通讯监察书。 一、最轻本刑为三年以上有期徒刑之罪。 二、"刑法"第一百条第二项之预备内乱罪、第一百零一条第二项之预备暴动内乱罪或第一百零六条第三项、第一百零九条第一项、第三项、第四项、第一百二十一条第一项、第一百二十二条第三项、第一百三十一条第一项、第一百四十二条、第一百四十三条第一项、第一百四十四条、第一百四十五条、第二百零一条之一、第二百五十六条第一项、第三项、第二百五十七条第一项、第四项、第二百九十八条第二项、第三百条、第三百三十九条、第三百三十九条之三或第三百四十六条之罪。

	三、"贪污治罪条例"第十一条第一项、第二项之罪。
	四、"惩治走私条例"第二条第一项、第三项或第三条之罪。
	五、"药事法"第八十二条第一项、第三项或第八十三条第一项、第四项之罪。
	六、"证券交易法"第一百七十一条或第一百七十三条第一项之罪。
	七、"期货交易法"第一百十二条或第一百十三条第一项、第二项之罪。
	八、"枪炮弹药刀械管制条例"第十二条第一项、第二项、第四项、第五项或第十三条第二项、第四项、第五项之罪。
	九、"公职人员选举罢免法"第八十八条第一项、第八十九条第一项、第二项、第九十条之一第一项、第九十一条第一项第一款或第九十一条之一第一项之罪。
	十、"农会法"第四十七条之一或第四十七条之二之罪。
	十一、"渔会法"第五十条之一或第五十条之二之罪。
	十二、"儿童及少年性交易防制条例"第二十三条第一项、第四项、第五项之罪。
	十三、"洗钱防制法"第九条第一项、第二项之罪。
第5条	十四、"组织犯罪防制条例"第三条第一项后段、第二项后段、第六条或第十一条第三项之罪。
	十五、"陆海空军刑法"第十四条第二项、第十七条第三项、第十八条第三项、第十九条第三项、第二十条第五项、第二十二条第四项、第二十三条第三项、第二十四条第二项、第四项、第五十八条第五项、第六十三条第一项之罪。
	前项通讯监察书，侦查中由检察官依司法警察机关声请或依职权以书面记载第十一条之事项，并叙明理由、检附相关文件，声请该管法院核发；检察官受理申请案件，应于二小时内核复。如案情复杂，得经检察长同意延长二小时。法院于接获检察官核转受理申请案件，应于二十四小时内核复。审判中由法官依职权核发。法官并得于通讯监察书上对执行人员为适当之指示。
	前项之声请经法院驳回者，不得声明不服。
	执行机关应于执行监听期间，至少作成一次以上之报告书，说明监听行为之进行情形，以及有无继续执行监听之需要。法官依据经验法则、论理法则自由心证判断后，发现有不应继续执行监听之情状时，应撤销原核发之通讯监察书。
	违反本条规定进行监听行为情节重大者，所取得之内容或所衍生之证据，于司法侦查、审判或其他程序中，均不得采为证据。

第6条	有事实足认被告或犯罪嫌疑人有犯"刑法"妨害投票罪章、"公职人员选举罢免法"、"总统副总统选举罢免法"、"枪炮弹药刀械管制条例"第七条、第八条、"毒品危害防制条例"第四条、掳人勒赎罪或以投置炸弹、爆裂物或投放毒物方法犯恐吓取财罪、"组织犯罪条例"第三条、"洗钱防制法"第十一条第一项、第二项、第三项、"刑法"第二百二十二条、第二百二十六条、第二百七十一条、第三百二十五条、第三百二十六条、第三百二十八条、第三百三十条、第三百三十二条及第三百三十九条，为防止他人生命、身体、财产之急迫危险，司法警察机关得报请该管检察官以口头通知执行机关先予执行通讯监察。但检察官应告知执行机关第十一条所定之事项，并于二十四小时内陈报该管法院补发通讯监察书；检察机关为受理紧急监察案件，应指定专责主任检察官或检察官作为紧急联系窗口，以利掌握侦办时效。 法院应设置专责窗口受理前项声请，并应于四十八小时内补发通讯监察书；未于四十八小时内补发者，应即停止监察。 违反本条规定进行监听行为情节重大者，所取得之内容或所衍生之证据，于司法侦查、审判或其他程序中，均不得采为证据。
第7条	为避免岛内安全遭受危害，而有监察下列通讯，以搜集外国势力或境外敌对势力情报之必要者，综理岛内情报工作机关首长得核发通讯监察书。 一、外国势力、境外敌对势力或其工作人员在境内之通讯。 二、外国势力、境外敌对势力或其工作人员跨境之通讯。 三、外国势力、境外敌对势力或其工作人员在境外之通讯。 前项各款通讯之受监察人在境内设有户籍者，其通讯监察书之核发，应先经综理岛内情报工作机关所在地之高等法院专责法官同意。但情况急迫者不在此限。 前项但书情形，综理岛内情报工作机关应即将通讯监察书核发情形，通知综理岛内情报工作机关所在地之高等法院之专责法官补行同意；其未在四十八小时内获得同意者，应即停止监察。 违反前二项规定进行监听行为所取得之内容或所衍生之证据，于司法侦查、审判或其他程序中，均不得采为证据。

第 8 条	前条第一项所称外国势力或境外敌对势力如下： 一、外国政府、外国或境外政治实体或其所属机关或代表机构。 二、由外国政府、外国或境外政治实体指挥或控制之组织。 三、以从事国际或跨境恐怖活动为宗旨之组织。
第 9 条	第七条第一项所称外国势力或境外敌对势力工作人员如下： 一、为外国势力或境外敌对势力从事秘密情报搜集活动或其他秘密情报活动，而有危害国家安全之虞，或教唆或帮助他人为之者。 二、为外国势力或境外敌对势力从事破坏行为或国际或跨境恐怖活动，或教唆或帮助他人为之者。 三、担任外国势力或境外敌对势力之官员或受雇人或国际恐怖组织之成员者。
第 10 条	依第七条规定执行通讯监察所得数据，仅作为国家安全预警情报之用。但发现有第五条所定情事者，应将所得资料移送司法警察机关、司法机关或军事审判机关依法处理。
第 11 条	通讯监察书应记载下列事项： 一、案由及涉嫌触犯之法条。 二、监察对象。 三、监察通讯种类及号码等足资识别之特征。 四、受监察处所。 五、监察理由。 六、监察期间及方法。 七、声请机关。 八、执行机关。 九、建置机关。 前项第八款之执行机关，指搜集通讯内容之机关。第九款之建置机关，指单纯提供通讯监察软硬件设备而未接触通讯内容之机关。 核发通讯监察书之程序，不公开之。

第 12 条	第五条、第六条之通讯监察期间，每次不得逾三十日，第七条之通讯监察期间，每次不得逾一年；其有继续监察之必要者，应附具体理由，至迟于期间届满之二日前，提出声请。 第五条、第六条之通讯监察期间届满前，侦查中检察官、审判中法官认已无监察之必要者，应即停止监察。 第七条之通讯监察期间届满前，综理岛内情报工作机关首长认已无监察之必要者，应即停止监察。
第 13 条	通讯监察以截收、监听、录音、录像、摄影、开拆、检查、影印或其他类似之必要方法为之。但不得于私人住宅装置窃听器、录像设备或其他监察器材。 执行通讯监察，除经依法处置者外，应维持通讯畅通。
第 14 条	通讯监察之执行机关及处所，得依声请机关之声请定之。法官依职权核发通讯监察书时，由核发人指定之；依第七条规定核发时，亦同。 电信事业及邮政事业有协助执行通讯监察之义务；其协助内容为执行机关得使用该事业之通讯监察相关设施与其人员之协助。 前项因协助执行通讯监察所生之必要费用，于执行后，得请求执行机关支付；其项目及费额由交通部会商有关机关订定公告之。 电信事业之通讯系统应具有配合执行监察之功能，并负有协助建置机关建置、维持通讯监察系统之义务。但以符合建置时之科技及经济上合理性为限，并不得逾越期待可能性。 前项协助建置通讯监察系统所生之必要费用，由建置机关负担。另因协助维持通讯监察功能正常作业所生之必要费用，由"交通部"会商有关机关订定公告之。
第 15 条	第五条、第六条及第七条第二项通讯监察案件之执行机关于监察通讯结束时，应即叙明受监察人之姓名、住所或居所报由检察官、综理岛内情报工作机关陈报法院通知受监察人。如认通知有妨害监察目的之虞或不能通知者，应一并陈报。 法院对于前项陈报，除认通知有妨害监察目的之虞或不能通知之情形外，应通知受监察人。 前项不通知之原因消灭后，执行机关应报由检察官、综理岛内情报工作机关陈报法院补行通知。 关于执行机关陈报事项经法院审查后，交由司法事务官通知受监察人。

第 16 条	执行机关于监察通讯后，应按月向检察官、依职权核发通讯监察书之法官或综理岛内情报工作机关首长报告执行情形。检察官、依职权核发通讯监察书之法官或综理岛内情报工作机关首长并得随时命执行机关提出报告。 第五条、第六条通讯监察之监督，侦查中由检察机关、审判中由法院，第七条通讯监察之监督，由综理岛内情报工作机关，派员至建置机关，或使用电子监督设备，监督通讯监察执行情形。侦查中案件，法院得随时派员监督执行机关执行情形。
第 17 条	监察通讯所得数据，应加封缄或其他标识，由执行机关盖印，保存完整真实，不得增、删、变更，除已供案件证据之用留存于该案卷或为监察目的有必要长期留存者外，由执行机关于监察通讯结束后，保存五年，逾期予以销毁。 通讯监察所得数据全部与监察目的无关者，执行机关应即报请检察官、依职权核发通讯监察书之法官或综理岛内情报工作机关首长许可后销毁之。 前二项之数据销毁时，执行机关应记录该通讯监察事实，并报请检察官、依职权核发通讯监察书之法官或综理岛内情报工作机关首长派员在场。
第 18 条	依本法监察通讯所得数据，不得提供与其他机关（构）、团体或个人。但符合第五条或第七条之监察目的或其他法律另有规定者，不在此限。
第 19 条	违反本法或其他法律之规定监察他人通讯或泄漏、提供、使用监察通讯所得之数据者，负损害赔偿责任。 被害人虽非财产上之损害，亦得请求赔偿相当之金额；其名誉被侵害者，并得请求为回复名誉之适当处分。 前项请求权，不得让与或继承。但以金额赔偿之请求权已依契约承诺或已起诉者，不在此限。
第 20 条	前条之损害赔偿总额，按其监察通讯日数，以每一受监察人每日新台币一千元以上五千元以下计算。但能证明其所受之损害额高于该金额者，不在此限。 前项监察通讯日数不明者，以三十日计算。
第 21 条	损害赔偿请求权，自请求权人知有损害及赔偿义务人时起，因二年间不行使而消灭；自损害发生时起，逾五年者亦同。

第 22 条	公务员或受委托行使公权力之人，执行职务时违反本法或其他法律之规定监察他人通讯或泄漏、提供、使用监察通讯所得之数据者，岛内应负损害赔偿责任。 依前项规定请求国家赔偿者，适用第十九条第二项、第三项及第二十条之规定。
第 23 条	损害赔偿除依本法规定外，适用"民法"及"国家赔偿法"规定。
第 24 条	违法监察他人通讯者，处五年以下有期徒刑。 执行或协助执行通讯监察之公务员或从业人员，假借职务或业务上之权力、机会或方法，犯前项之罪者，处六月以上五年以下有期徒刑。 意图营利而犯前二项之罪者，处一年以上七年以下有期徒刑。
第 25 条	明知为违法监察通讯所得之数据，而无故泄漏或交付之者，处三年以下有期徒刑。 意图营利而犯前项之罪者，处六月以上五年以下有期徒刑。
第 26 条	前二条违法监察通讯所得之数据，不问属于犯人与否，均没收之。 犯人不明时，得单独宣告没收。
第 27 条	公务员或曾任公务员之人因职务知悉或持有依本法或其他法律之规定监察通讯所得应秘密之数据，而无故泄漏或交付之者，处三年以下有期徒刑。
第 28 条	非公务员因职务或业务知悉或持有依本法或其他法律之规定监察通讯所得应秘密之数据，而无故泄漏或交付之者，处二年以下有期徒刑、拘役或新台币二万元以下罚金。
第 29 条	监察他人之通讯，而有下列情形之一者，不罚： 一、依法律规定而为者。 二、电信事业或邮政机关（构）人员基于提供公共电信或邮政服务之目的，而依有关法令执行者。 三、监察者为通讯之一方或已得通讯之一方事先同意，而非出于不法目的者。
第 30 条	第二十四条第一项、第二十五条第一项及第二十八条之罪，须告诉乃论。

第 31 条	有协助执行通讯监察义务之电信事业及邮政机关（构），违反第十四条第二项之规定者，由交通部处以新台币五十万元以上二百五十万元以下罚锾；经通知限期遵行而仍不遵行者，按日连续处罚，并得撤销其特许或许可。
第 32 条	军事审判机关于侦查、审判现役军人犯罪时，其通讯监察准用本法之规定。 前项通讯监察书于侦查现役军人犯罪时，由军事检察官向该管军事审判官声请核发。军事审判官并得于通讯监察书上，对执行人员为适当之指示。执行机关应于执行监听期间，至少作成一次以上之报告书，说明监听行为之进行情形，以及有无继续监听之需要。军事审判官依经验法则、论理法则自由心证判断后，发现有不应继续执行监听之情状时，应撤销原通讯监察书。 违反前三项规定进行监听行为所取得之内容或所衍生之证据，于司法侦查、审判或其他程序中，均不得采为证据。
第 33 条	本法施行细则，由"行政院"会同"司法院"定之。
第 34 条	本法自公布尔日施行。 本法修正条文自公布后五个月施行。

司法实践

非法吸收公众存款罪的理论与实务探讨

卢 君*

当前，我国经济社会的发展已经逐步摆脱金融危机的影响渐渐走上正轨，但金融危机的余温仍存。在金融融资形势仍然严峻的情形下，一方面是众多企业尤其是小微企业"贷款无门"，另一方面是社会闲散资金游离却"投资无门"，于是，民间资本融通中非法吸收公众存款问题日渐突出起来。近年来，非法吸收公众存款犯罪呈现高发、频发态势，既严重干扰了社会经济秩序，又直接损害了广大人民群众的利益，在社会上造成不和谐因素。如何规制非法吸收公众存款行为，又不影响正常民间融资，已成为学者和司法界共同关心的热点问题。在司法实践中，也确实存在一些理论和法律适用上的误区需要认真厘清，以慎用刑法手段，准确、适当地处理民间金融借贷行为，维护好我国的金融秩序。

一、实证考察：非法吸收公众存款罪样本案例的分析

[案例 1] 2008 年 11 月，冉某某、王某某等人虚报注册资本成立重庆某科技发展有限公司。后因获知重庆某县欲将山鸡养殖作为支柱产业予以扶持，遂前往成立农民专业合作社，并成立分社及宣传部，以"出资成为社员、按月领取红利、无风险"的模式吸收不特定人员存款。截至案发之日，涉及存款人 400 余人，资金 1000 万余元。

[案例 2] 2010 年 8 月，刘某某、张某某等人被任命为广州市某医疗科技有限公司重庆分公司的负责人后，下设六个业务部，层层任命经理、主管、员工，以投资医用中心制氧系统为名，承诺高额回报，吸收不特定人员

---

* 重庆市江北区人民法院院长。

存款。截至案发之日，涉及存款人 120 余人，资金 200 万余元。

[**案例 3**] 2011 年 5 月，魏某某等人为吸收资金发展旅游观光项目，成立了四川某农业开发有限公司及重庆分公司，下设四个市场部，以投资旅游项目，承诺高额回报，吸收不特定人员存款。截至案发之日，涉及存款人 100 余人，资金 190 万余元。

[**案例 4**] 2010 年 10 月，邵某某等人成立重庆某科技有限公司，下设多个团队，推销所谓的"V6"、"V8"技术套件和"商户宝"技术模块，并采用承诺定期定额返利、PV 积分保底返利以及配发上市公司原始股份等高额返利方式吸收不特定人员存款。截至案发之日，涉及存款人 240 余人，资金 500 万余元。

近年来，非法吸收公众存款的典型案例不断见诸报端和网络，牵涉范围之广、涉案金额之大，吸人眼球。21 世纪新闻网曝光的浙江台州"玫琳凯"女老板陈某某涉嫌非法吸收公众存款近亿元①，再次将人们的目光吸引到对非法吸收公众存款犯罪的关注上来。根据近 3 年来重庆市江北区人民法院受理并审结的非法吸收公众存款犯罪的典型案例来看，非法吸收公众存款犯罪呈现以下几个特征：

（一）犯罪潜伏期长

非法吸收公众存款是一个渐进的过程，从各种形式的公开宣传到取得不特定群众的信任，再到非法获取公众存款，不是一蹴而就的。行为人为吸收到存款，有时需要采取经营公司的形式，至少要使公司经营形式上正常。比如案例 1 中的冉某某，为达到非法吸收公众存款的目的，以虚报注册资本的方式成立了重庆某科技发展有限公司，后又以养殖山鸡为由、以联营为名义面向不特定对象吸收存款。从 2008 年 11 月公司成立到 2009 年 10 月其被捕前，其已向 413 名被害人非法吸收存款 1000 万余元。

（二）犯罪手段隐蔽性和迷惑性强

为取得公众的认可，披上"合法"的外衣，有的行为人会以合法注册

---

① 《浙江女老板非法吸收公众存款近亿元，最高月息 3 角》，载 21 世纪新闻网：http://news.21cn.com/caiji/roll1/2012/11/08/13564562.shtml，访问日期：2012 年 11 月 9 日。

的公司作为犯罪工具，以参与合法项目作为幌子，引诱投资者上钩，案例 1 即是行为人采取成立"农民专业合作社"，吸引不特定人员联营及分红的手段实施非法吸收公众存款犯罪。还有的行为人以响应国家号召、投资项目为名，承诺高额回报，邀约不特定对象参与投资项目，如案例 3 中，行为人未经相关部门批准，采取发放资料、邀约参加活动考察等方式，宣传投资某旅游观光项目的利润前景，承诺高额回报，最终非法吸收 100 余人资金 190 万余元。还有的行为人利用高科技概念向存款人描述美好的投资前景，引诱其出资，如案例 4。当然，司法实践中也有的行为人是本身就在正常经营公司运作，但因资金周转困难，而向不特定对象公开非法吸收存款的。这些行为人犯罪手段多样，有的还掌握了一定的专业知识，欺骗性强，况且行为人承诺的利息收益远远高于银行存款收益，吸引力非常大。

（三）涉及存款人众多，尤以老年人居多

由于行为人犯罪手段多样化，欺骗性和迷惑性强，况且此类犯罪潜伏期较长，一旦案发，存款人数众多，且金额巨大。如案例 1 中，存款人高达 413 名，案例 2 中存款人有 120 余人，案例 3 中存款人有 100 余人，案例 4 中存款人有 240 余人。在重庆市江北区人民法院近 3 年审理的非法吸收公众存款案件中，存款人为老年人的所占比例奇高，约占 90%。老年人大多贪图小利，对社会复杂事情缺乏理性判断，缺乏风险意识和心理承受能力，容易受欺骗。而且老年人从众心理严重，往往难以意识到自己被欺骗，还到处宣扬行为人高额利息的承诺，吸引更多的老年人"自愿上钩"。

（四）犯罪后果严重，易激发群体矛盾

非法吸收公众存款罪在立法上属于破坏社会主义市场经济秩序类犯罪，它一方面侵犯了国家的金融管理秩序，造成大量社会资金脱离国家监管；另一方面侵犯了公民的个人财产权益，给广大存款人造成较大的财产损失，犯罪后果严重。同时，如上所述存款人尤其是受害的老年人居多，在行为人被捕后，有的存款人难以接受这个事实，反而认为是司法机关打击行为人才让存款人收不到高额利息的。如案例一中的存款人甚至联名要求法院判处行为人无罪，释放行为人，让其继续经营公司。存款人在法院受理案件后和案件

判决后，多次信访上访，以各种方式向法院施加压力，甚至提出不合理的要求，使得法院很大一部分精力是放在接待存款人和反复向上级机关汇报信访接待情况上。

二、理论争鸣：对非法吸收公众存款罪的深入探讨

实践中，非法吸收公众存款罪与合法民间借贷融资行为经常纠缠不清，招致刑法适用扩大化或者执法不严的非议，非法吸收公众存款罪的司法适用已成为近年来社会关注的焦点。[①] 围绕该罪的适用问题，诸如该罪的概念及特征要件、何为"非法占有目的"、"公众的范围"等，长期存有较大争议。2010 年 12 月 13 日颁布的最高人民法院《关于审理非法集资刑事案件具体应用法律若干问题的解释》（以下简称《解释》）对上述问题予以了解答，但仍存在一些问题未得以解决，理论界对非法吸收公众存款罪仍在进行深入探讨。

（一）存款人地位之考量

非法吸收公众存款案的处理与广大存款人的利益息息相关，存款人在案件中的地位是否是受害人，值得研究。有人认为，非法吸收公众存款的行为既侵犯了国家的金融管理秩序，也侵犯了个人的财产权益，存款人也应当视为受害者。同时，我国的民间借贷有深厚的民意基础和社会基础，已经被社会大多数群众认可，广大存款人从根本上讲也没有破坏金融管理秩序的目的，其内心真正意图只是想要获取高额利润。再加上存款人在非法吸收公众存款案中，确实因为行为人的行为受到了物质上的损失，因此，存款人应当视为受害人。

笔者认为，非法吸收公众存款案中的存款人不应当作为受害人。理由在于：第一，国家从防范金融风险的需要出发，通过中国人民银行法、商业银行法等法律法规，对金融业实行严格的市场准入制度，规定只有经过中国人民银行批准设立的金融机构才能从事金融业务。吸收公众存款和发放贷款是

[①] 刘健：《非法吸收公众存款罪之辨析——兼评〈最高人民法院关于审理非法集资刑事案件具体应用法律若干问题的解释〉》，载《法治研究》2012 年第 3 期。

特许经营的事项，而不是任何其他公民或机构可以从事的，这应当是任何公民都应当知晓的常识。第二，存款人参与非法吸收公众存款行为，在性质上属于参与法律禁止的破坏社会主义市场经济秩序的行为，其行为本身具有不正当性。第三，将存款人赋予被害人的法律地位，则在对被告人作出有罪刑事判决的同时，应判令被告人对存款人的损失予以退赔。如损失追回可能鼓励存款人继续参与类似活动，损失无法追回则导致存款人将以判决为依据继续用法律内外的各种方式向政府讨要损失，带来诸多副作用。① 比如，将其列为受害人后，存款人是否可提起附带民事诉讼继而申请法院强制执行，这将引起一系列难以解决的法律问题。第四，从非法吸收公众存款罪在刑法体系中的位置上来看，其属于破坏社会主义市场经济秩序罪，在立法意图上法律也没有将存款人纳入受害人之列。

（二）借贷合同效力之界定

所有的非法吸收公众存款案件中，被告人与存款人间均签订了正式合同，对双方的权利义务责任进行了详细约定。当被告人的行为被认定为犯罪后，该合同的是否有效？

《最高人民法院公报》认为，民间借贷涉嫌或构成非法吸收公众存款罪，合同一方当事人可能被追究刑事责任的，并不当然影响民间借贷合同的效力。该公报所载案例的裁判理由为：单个的借款行为仅仅是引起民间借贷这一民事法律关系的民事法律事实，并不构成非法吸收公众存款的刑事法律事实，因为非法吸收公众存款的刑事法律事实是数个"向不特定人借款"行为的总和，从而发生从量变到质变。当事人在订立民间借贷合同时，主观上可能确实基于借贷的真实意思表示，不存在违反法律、法规的强制性规定或以合法形式掩盖非法目的。②

笔者认为该种观点有待商榷，应以认定合同无效为宜。理由如下：

第一，非法吸收公众存款案件所涉的借贷合同系以合法形式掩盖非法目

---

① 张珩：《非法吸收公众存款罪的难点问题》，载《中国刑事法杂志》2010 年第 12 期。
② 《民间借贷构成非法吸收公众存款罪并不当然影响民间借贷合同效力》，载《中华人民共和国最高人民法院公报》2011 年第 11 期。

的，且违反了强制性规定。根据我国《合同法》第52条的规定，有以合法形式掩盖非法目的或者违反法律、行政法规的强制性规定等情形之一的，合同无效。首先，该借贷合同系以合法形式掩盖非法目的的情形。表面上看，该合同形式合法，但实际上双方均藏有非法目的。借款人非法吸收公众存款、扰乱金融管理秩序的目的比较明显，而实践中存款人大多数情况下对借款人非法吸收公众存款的行为也是明知的。事实上，借款人为吸收存款，往往多次举办规模较大的考察、聚会活动，存款人亦有呼亲唤友、结伴参加的特点，金融部门、媒体对非法吸收公众存款行为的警示、宣传工作也一直在进行，很难说存款人对于对方无选择的公开、任意集资行为没有察觉，故只能推定存款人为了获得高额回报，实际上对借款人的违法行为持一种放任的态度，其目的非法，其行为同样扰乱了金融管理秩序。其次，该借贷合同违反了行政法规的强制性规定。中国人民银行于2002年1月31日发布的《关于取缔地下钱庄及打击高利贷行为的通知》，对于高利借贷行为不予法律保护。同时，《非法金融机构和非法金融业务活动取缔办法》对非法吸收公众存款的行为也是明确禁止的，属于行政法规打击对象，故该借贷合同应当视为违反了法律、法规的强制性规定，应认定为无效。

第二，认定合同无效有利于更好地维护金融管理秩序。《合同法》第58条规定，合同无效后，因该合同取得的财产予以返还，有过错的一方赔偿对方因此所受到的损失。据此，不论合同的效力如何，存款人收回本金均有法律依据，但在利息收入上有所区别。合同无效时，存款人没有利息收入；合同有效时，约定的利息如未超过同期银行贷款基准利率的4倍，按约定计算，超过的按4倍计算。如认定合同无效，存款人无法通过合同获得额外收益，其本金还可能遭受损失。那么，存款人通过借贷获取高额利息的目的自然难以实现，在很大程度上可以遏制高利借贷行为的发生，客观上起到了维护金融管理秩序的作用。目前，由非法吸收公众存款引起的借贷活动崩盘，借款人跑路或破产增多，留下严重的社会问题，认定此类借款合同无效更符合当前形势，更有利于这些社会问题的后续解决，维护社会稳定。

（三）对"公众"的认识

从非法吸收公众存款罪的罪状描述来看，"公"与"众"系存款来源的两大特征。从《解释》第1条的规定来看，"公"应为公开、不特定之意。所谓公开与不特定，从字面上很好理解，但从司法认定的角度出发，何种"公开与不特定"的程度才属于非法吸收公众存款罪犯罪构成中的必备要件，《解释》没有详述，仅提示性的规定，"未向社会公开宣传，在亲友或者单位内部针对特定对象吸收资金的，不属于非法吸收或者变相吸收公众存款"。以该规定为原点进行引申，可以得出这样的结论：向社会公开宣传，在非亲友及单位外部针对不特定对象吸收资金的，属于非法吸收或者变相吸收公众存款。如此，如何界定"亲友"就显得极为关键。"亲"比较容易界定，不管是血亲还是姻亲，二者之间总须找到一丝某种家族的联系。难点在于"友"的界定上。"友"，两个人刚见面一认识即可互相称为朋友。实践中，被告人往往采取召开座谈、组织考察等方式与存款人拉近距离，搞好关系，二者间的关系定义为朋友并不为过。由此可见，《解释》并未完全解决"不特定对象"的范围问题。

按照通常的理解，3人以上方为"众"。须有3人以上的不特定对象，才能称之为公众。根据《解释》的规定，非法吸收公众存款罪的入罪"门槛"包括吸存数额、吸存对象、损失数额等。以个人非法吸收公众存款的入罪标准看，数额在20万元以上或者存款对象30人以上的，均可能构成犯罪。即非法吸收公众存款罪的成立不以实际吸收众多人数的存款为必要条件，只要吸收金额20万元以上即可。但笔者认为，《解释》中的前述规定有违非法吸收公众存款罪的立法精神。在部分案件中，被告人仅吸收了1人或2人的存款，就达到了20万元，如追究刑事责任不太恰当，缺乏理论依据；但放纵该行为又有违法律规定，有放纵之嫌。笔者认为，应正视当前的社会经济环境，切实贯彻宽严相济的刑事政策，对"公众"应作限制性解释，从严掌握立案标准。应当从目前的吸存数额、吸存对象、损失数额三者居其一即可追究刑事责任，改为同时具备方能追责，缩小追究刑事责任的范围。

三、实践分析：司法实践中认定非法吸收公众存款罪的疑难问题

除了在理论上对非法吸收公众存款罪有诸多探讨，在具体司法实践中，法院适用此罪名也遇到很多疑难问题需要进一步研究。

（一）主、从犯认定

现阶段的非法吸收公众存款案件，被告人均以合法公司的外壳示人，从董事长、总经理到部门经理、业务员，层次分明，各司其职。公司员工往往数十上百人，是否全部作为共犯追究刑事责任，在不同地区做法有所不同。我院审理的案件中，根据所负职责可将涉案嫌疑人分为四类：（1）公司高层，往往潜伏幕后指挥犯罪，实际控制公司运营；（2）中层管理人员，管理一定数量的业务员，统筹、指导并参与具体工作，就所在部门有较大管理权限；（3）基层业务员，直接与出资群众接触，宣传公司业务，吸存资金；（4）辅助人员，包括收取资金开具收据及维护办公设备等后勤人员。从故意犯罪理论考察，前三类人员系直接故意，积极希望犯罪结果的发生。第四类人员未直接参与非法吸收公众存款活动，部分人员明知公司所从事的活动，为获取工资或提成收入仍对他人的犯罪行为予以帮助，放任犯罪结果的发生；部分人员不明知公司所从事的活动，犯罪结果的发生违背其意志。对于犯罪结果持希望或放任态度的人员，均有追究刑事责任的理论依据。但如对所有涉案人员，特别是仅按照公司安排被动从事活动、领取较低报酬的基层业务员，均追究刑事责任，则显得打击面过大。

笔者认为，对于相关人员应分门别类予以不同处理：第一，对于公司高层及中层管理人员，因其对犯罪起组织、领导、决策作用，要坚决予以打击。其中，高层人员一般应认定为主犯，中层人员根据其所起的具体作用，可考虑认定为从犯。第二，对于基层的业务员，因迫于生计，为谋取高额业务提成而按照安排宣传集资，其本人从一定程度上讲也是受害人，可根据宽严相济的刑事政策，本着教育与挽救的原则，不追究刑事责任。但对于作用特别突出，所涉资金、人数巨大的业务员，也应该追究刑事责任，只是在处理上可认定从犯，予以从宽。第三，对于辅助人员，应具体考察从事的活

动。如从事会计、出纳等较为关键的工作，因其相对接近公司的核心层，对于公司的运营模式、经营活动比普通员工有更强的认知，主观恶性大于一般工作人员，可考虑认定从犯追究刑事责任；如从事电脑维护、清洁卫生等边缘性的工作，如无确实充分的证据证明其对公司的犯罪活动有认知，则不应追究刑事责任。

（二）证明标准

非法吸收公众存款案件的审理过程中，被告人吸存资金的基本事实及存款人的人数比较容易查明，难点是吸存金额的计算。客观事实是被告人因为接触的存款人多、金额大，让其说清楚到底吸存了多少资金既不现实，也不可能。这就需要从其他证据入手。笔者发现存在这样两个问题：一是存款人无法找到，部分金额的认定缺乏被害人陈述这一关键证据；二是被告人吸存资金时就已经扣除了部分利息，但在相关的合同、单据上没有反映，出资人出于私利也不予说明，使得实际存款金额难以认定。

笔者认为，依据刑事诉讼法规定，作出有罪判决须达到证据确实、充分的证明标准。案件中，如果能够找到每位存款人并取证，每位存款人也都能如实陈述自己实际缴存的金额，自然可以构建完美的证据体系，但此种情况近乎仅存在于理想状态。证据确实充分并不等于要求与案件事实有关的每一个细节面面俱全，只要相互印证的证据足以形成完整的证据链，就可以认定①。在言词证据缺失或存在矛盾的情况下，首先要重视书证的运用。被告人吸存资金后，或是留有合同副本、收据存根，或是自制有明细清单。这些书证结合被告人对吸存资金这一基本事实予以认可的供述，即使欠缺存款人的陈述，仍然可以认定犯罪事实的存在。第二，当前述书证亦缺失、多个言词证据间存有矛盾时，则应综合评判，采信能够得到印证的证据；当相关证据为"一对一"的孤证时，则本着"有利于被告人"的司法原则予以评判。

（三）案外因素

前文已经提到，老年人占据了被害群体的绝大多数。该类人群资金有

---

① 天津市人民检察院第二分院课题组：《涉众型经济犯罪司法难题对策研究》，载《法学杂志》2010年第6期。

限，单笔投资数额不大，必然出现受害群体庞大的情况。而老年人勤俭节约的特性，又使得其具有损失不追回誓不罢休的韧劲。该类案件，存款人反复集体上访、缠访的特点非常突出。虽然存款人群众基于生效裁判是法院所作、相关问题就应由法院负责解决的态度，将信访的压力集中到法院，但要想解决信访问题，仅靠法院一家是绝无可能的。追回损失是化解该类信访案件的重中之重，但可惜的是法院本身无法支付赔偿款项，能够采取的追款措施也十分有限，指望法院弥补损失既不现实也不可行。

对此，笔者建议，应当将法院剥离出解决信访纠纷的机构行列，尤其是对这类并非法院判决原因引起的信访案件。法院应当独立公正的审理案件，对于因不服从法院判决而引起的涉诉信访，法院应当做好当事人的服判息诉工作，但不能把法院作为追回损失的责任主体。但是，法院仍然应积极配合党委、政府的相关工作部门做好群众的说服教育和法制宣传工作，以指导群众知法、懂法、守法，以免受到不必要的损失。

四、案外思考：合法引导民间融资，创新思路化解矛盾

非法吸收公众存款案件频频发生，且在经济规模越大的地区规模就越大，这一现象绝非偶然，实际上蕴藏着深厚的社会经济原因。当前我国社会经济发展发展遭遇瓶颈障碍，资金流动性不足和流动性过剩同时存在，民间借贷在这种背景下艰难发展着。如不加以正确引导、规范，实业者资金链一旦断裂，就将引发巨大的社会矛盾，近年来，温州数个大型民企借贷崩盘就是触目惊心的实例。近年来，国家在温州设立金融综合改革试验区，对民间资本的投资、融资、借贷进行探索的实践，其目的就是要合理理性地引导民间融资，但对非法融资的行为国家还是坚持原则，予以坚决禁止。因此，各地各级法院在适用非法吸收公众存款罪时，要秉持更加谨慎认真的态度，对民间借贷一律采取"堵"的方式并不明智，而应采取疏通的方式，合理限制民间借贷的条件和范围，严格适用非法吸收公众存款罪，不扩大化，保障合法民间借贷的生命力。

此外，面对非法吸收公众存款行为已经造成的严重社会问题，各地各级政府应当积极创新思路，采取措施尽力挽回损失，化解社会矛盾。事实上，

出资群众的不满主要集中在追回资金太少这一焦点问题上，而追回损失并非法院的职责范围所在。实践中，被告人吸存大量资金后，主要用于提成、返利、投资、经营等。司法机关介入后，一般均采取查封公司、冻结资产、控制犯罪嫌疑人、遣散其他人员等措施，即使破案，所追回的资金也寥寥无几。因此，各地各级政府应当高度重视，对虚报注册资本成立"空壳公司"的行为提高警惕，从源头上杜绝非法吸收公众存款行为的发生；成立应急处理小组，在公安机关接到群众举报后立即启动应急机制，尽可能挽回损失。对于部分案件中，非法吸收存款行为人确因资金吃紧才从事非法吸存行为的，若其所经营公司已正常运转，前期投入也逐渐产生效益，建议政府相关部门可成立工作组暂时接管，资金缺口采取政府补贴一点、群众自愿投入一点的方式弥补，确保经营活动不停滞，公司正常运作。

论"排除合理怀疑"证明标准在中国
刑事司法的适用

么　宁[*]

2012 年 3 月 14 日第十一届全国人民代表大会第五次会议通过了《关于修改〈中华人民共和国刑事诉讼法〉的决定》，修正后的刑事诉讼法对证据制度的修改在一定程度上吸收了《关于办理死刑案件审查判断证据若干问题的规定》、《关于办理刑事案件排除非法证据若干问题的规定》的相关内容，并且将"证据确实、充分"界定为"定罪量刑的事实都有证据证明；据以定案的证据均经法定程序查证属实；综合全案证据，对所认定事实已排除合理怀疑"。据此，我们可以将新刑事诉讼法规定的证明标准解读为"排除合理怀疑"式的证明标准。作为一名实务工作者，笔者更为关注的是"排除合理怀疑"的证明标准与"犯罪事实清楚，证据确实充分"有何异同？在中国现有条件下引入这一标准需要注意哪些问题？为此，有必要对"排除合理怀疑"证明标准的中国式实践进行深入分析和探讨。

一、"排除合理怀疑"证明标准的域外实践

（一）"排除合理怀疑"证明标准的含义及源起

排除合理怀疑（beyond reasonable doubt）作为普通法系国家的刑事诉讼证明标准，是指"全面的证实、完全的确信或者一种道德上的确定性；这一词汇与清除、准确、无可置疑这些词相当。在刑事案件中，被告人的罪行必须被证明达到排除合理怀疑的程度方能成立，意思是，被证明的事实必须

＊　西南政法大学诉讼法学专业博士研究生，重庆市人民检察院公诉二处处长、检察员。

通过他们的证明力使罪行成立"。① 排除合理怀疑的证明标准是证据裁判原则在普通法国家的具体体现，相对于大陆法系国家的内心确信（conviction intime）而言，排除合理怀疑不强调以个人的确信状态作为裁判的标准，而是更倾向于排除那些具有公共正当性的怀疑、"不掺杂个人情感的超然性"或者"非个人化"的证据标准。② 也有的学者认为："合理怀疑之认知必须建立在一般正常之人的社会经验上，申言之，当理性、谨慎之第三人对于具体个案之事实，客观上依照符合平均值水准之科学技术或调查方针，仍然足以使人怀疑尚有其他反对事实之存在，而其程度显然得以推翻经由证据评价所产生之事实。简言之，合理怀疑由三项特征组合而成：其一，自理性而谨慎之第三人观点出发；其二，使用具有平均值水准之技术或调查；其三，足以使人怀疑仍有其他反对事实存在。"③

作为指导事实裁判的证据准则，排除合理怀疑并不像大陆法系国家的证明标准那样明确地规定在成文法典中，因此要探寻这一表述的源起也只能从判例和学者论述中搜寻依据。英国最早在判例法上确立排除合理怀疑的证明标准是在 18 世纪的初期，但那时仅适用于死刑案件，而对其他案件并未做如此要求。在其他的刑事案件中，最初使用的证明标准乃是对被告人的定罪量刑必须有"明白的根据"。嗣后，又交替使用过各种不同的用语，旨在表示"信念"的不同程度。1789 年在都柏林所审理的谋逆案件中，才将信念程度落在"疑"（doubt）字上，形成了一直沿用至今的排除合理怀疑的刑事证明标准。④

（二）"排除合理怀疑"证明标准的司法适用

19 世纪后期，排除合理怀疑作为普遍接受的证明标准而广泛适用于刑事案件中，尽管其在美国宪法条文中没有作出规定，但联邦最高法院在1970 年的 Inre Winship 案中认为，宪法第五、第十四修正案的正当程序保障

① Black's Law Dictionary, 757. 7th. Ed. 1999, West Group, St. Paul, Minn.
② 参见［美］米尔吉安·R. 达马斯卡：《比较法视野中的证据制度》，吴宏耀、魏晓娜等译，中国人民公安大学出版社 2006 年版，第 212—217 页。
③ 参见黄瀚义：《程序正义之理念（二）》，元照出版公司 2010 年版，第 104 页。
④ 汤维建、陈开欣：《试论英美证据法上的刑事证明标准》，载《政法论坛》1993 年第 4 期。

包含了：除非将指控之罪的每个构成要素证明到排除合理怀疑的程度，否则不得裁定被告人有罪。① 由此，陪审团成员们作为事实裁判者进行有罪与否的判断时适用排除合理怀疑的证明标准具有了宪法上的约束力。

那么在司法个案中，陪审团是如何适用排除合理怀疑的证明标准的呢？正如有的学者所言，"由于陪审团裁判无须提供理由，人们事实上几乎无法对它提出批评。甚至于，即使陪审团的裁判事实上缺乏有效推理规则的支持，也不足以影响其终局效力。因此，就上述意义而言，在其裁判过程中，普通法的事实裁判者事实上享有异乎寻常的自由"。② 怎样才能达到排除合理怀疑的证明标准，也就成为存在于陪审团成员心目中的一个神秘课题。

为了进一步明确排除合理怀疑的证明标准在司法实践中的适用，我们不妨从最近一起典型案例的公开报道中寻找相关答案。例如，在美国轰动一时的凯西·安东尼（Casey Marie Anthony）涉嫌弑女案。③ 2011 年 7 月 5 日，佛罗里达州一个由 7 名女性和 5 名男性组成的陪审团作出裁判，认定凯西·安东尼被指控谋杀其女儿的罪名不成立，只认定其构成向执法人员撒谎的轻罪。④ 这一宣判让舆论为之哗然，因为之前大多数的人都倾向于凯西·安东尼就是故意杀害其 2 岁幼女凯丽的凶手。指控凯西·安东尼的检察官向陪审团展示了两幅画面：一是凯西·安东尼在凯丽失踪的那个月里进出夜店寻欢作乐的景象；另一幅则是凯西·安东尼在凯丽失踪被人发现的前一日在身体上刺青（Bella Vita）的画面。由此，检察官指出唯一能从凯丽死亡中获得

---

① 赖早兴：《美国刑事诉讼中的排除合理怀疑》，载《西北政法大学学报》2008 年第 5 期。

② 汤维建、陈开欣：《试论英美证据法上的刑事证明标准》，载《政法论坛》1993 年第 4 期。

③ 2008 年 6 月 16 日，时年 22 岁的凯西·安东尼在与父母发生争执后带着 2 岁大的女儿凯丽离家出走。此后一个月中，凯西的母亲辛迪曾多次打电话给女儿说要见外孙女，但都被凯西以各种理由拒绝。7 月 13 日，凯西的父亲乔治接到拖车场打来的让他们取走凯西汽车的电话。在取车时，乔治发现汽车的后备厢里虽然只有一袋普通的垃圾却散发出强烈的腐尸味。察觉到事情不对的辛迪于 7 月 15 日正式向当地警局报案，称外孙女凯丽失踪。警方发现诸多疑点后认为凯西谋杀了自己的女儿，并提出一级谋杀罪名指控。2008 年 12 月 11 日，警方在凯西家中附近的树林中发现了用塑料袋包裹的凯丽的遗骸，其身体已经严重腐烂，面部还粘着一块胶布。检方利用收集到的毛发证据和气味分析测试，指控凯西先是用氯仿杀死了凯丽，放在后备厢几天后又将其埋在家宅附近的树林中。参见 http：//wenku. baidu. com/view/0bb018ef0975f46527d3e12c. html? from = related，2011 年 9 月 23 日访问。

④ 参见 http：//www. nytimes. com/2011/07/06/us/06casey. html? pagewanted = all，2011 年 9 月 23 日访问。

利益的人就是凯西·安东尼。此外，检察官还强调了凯西·安东尼自 2008 年 6 月 16 日以来所说的谎言，其中包括时为单亲母亲的她向自己的父母亲虚构了一个叫 Zanny 的保姆，并声称她们和自己富有的男友（实际上也并不存在）一同在佛罗里达州杰克森威尔，由于保姆遭遇车祸住院，所以他们要待上一段时间。① 简而言之，凯西·安东尼有作案动机，有事后妨害司法调查的行为，其异常表现使得犯罪嫌疑集中到她身上。

　　然而，究竟是什么样的"合理怀疑"使陪审团成员排除上述不利于凯西·安东尼的证据从而作出无罪判决呢？首先，控方指控凯西·安东尼的全部证据均为间接证据，没有直接证据将凯西·安东尼与其女儿凯丽的死亡关联起来此外，也没有一名证人能够证明凯西·安东尼与凯丽的死亡之间的联系。其次，法医学证据也是脆弱不堪的，因为凯丽的尸体高度腐败而导致尸检鉴定无法说明她的死亡时间和死亡原因。最后，在刑事调查中，凯西·安东尼被指控用来藏匿凯丽尸体的轿车后备厢内没有被检验出凯西·安东尼的 DNA，也没有检验出被控用来谋杀的三氯甲烷。因此，"尽管控方试图把凯西·安东尼肖像化为一名通过杀害女儿来追逐花天酒地生活的冷酷骗子，但上述疑点得以使凯西·安东尼的辩护律师在陪审团成员脑海中形成了合理的怀疑"。②

　　从上述新闻报道的相关证据中来看，陪审团成员的怀疑是完全合理的，至少是符合司法证明的标准的。在笔者这样的实务工作者看来，凯西·安东尼涉嫌弑女案如果放到当今中国的司法环境中，正是属于标准的"事实不清、证据不足"的案件：只有作案动机和案发后的异常表现，但既查找不到作案凶器也不明确死因，作案手段完全不清楚。现实中很难想象有哪个公诉机关敢于将这样的案件起诉到法院去接受审理，通常这样的案件属于定罪的证据不确实、充分，无罪的证据也不确实、充分，属于标准的应当作出存疑不起诉决定的案件类型。从这个角度而言，美国检察官起诉凯西·安东尼

---

① 参见 http：//www.cbc.ca/news/world/story/2011/07/05/casey - anthony - verdict. html，访问时间：2011 年 9 月 25 日。

② 参见 http：//www.cbc.ca/news/world/story/2011/07/05/casey - anthony - verdict. html，访问时间：2011 年 9 月 25 日。

案件的做法是国内同行断然无法效仿的。①

二、我国现行证明标准的理论与实践

我国刑事诉讼法规定的证明标准是"犯罪事实清楚，证据确实、充分"，国内理论界对这一标准的研究观点有"客观真实说"、"法律真实说"、"相对真实说"等，② 这些学说围绕客观真实究竟是证明的目的还是一种标准、有哪些操作性标准可以适用于证明活动等问题展开了研究。还有的学者指出，"我国司法实践中采用的证明标准分为五个层次：第一，'铁证'或者'铁案'的证明标准，全案证据证明被告人实施了指控的犯罪事实的概率为100％；第二，'案件事实清楚、证据确实、充分'的标准，概率在90％以上；第三，'基本案件事实清楚、基本证据确实、充分'的标准，概率在80％以上；第四，'案件事实基本清楚、证据基本确实、充分'的标准，概率为70％以上；第五，'虽有疑点、也能定案'的标准，概率为60％以上"。③ 这一观点实质是以盖然率的高低层次作为判断事实形成心证的基准，"在理论上有些微盖然率、低度盖然率、优越盖然率及高度盖然率之分类。如对于盖然率尽可能作百分比之量化，些微盖然率系低于低度盖然率之证明程度，大部分系本于征兆、疑虑或嫌疑之情形下所产生之心证，其证明程度学在百分之十以下；至于低度盖然率系指经由表面证据所得证明之程度在百分之二十至三十左右；而优越盖然率乃指经由优越之证据所得证明之程度在百分之五十至六十左右；至于高度盖然率则指经由有力之证据所得证明之程度在百分之八十至九十五以上之要求"。④

---

① 美国起诉、审判阶段的证明标准不同也是类似案件能够起诉的原因之一，因为排除合理怀疑的证明标准是刑事案件作出定罪裁决所要求的，而提起大陪审团起诉书和检察官起诉书只需要有合理根据即可。此外，起诉书是关于构成所指控罪行的基本事实的清楚、简要和明确的书面陈述，不需要有正式的起始、结论和其他不必要的内容，还可以在一条罪状中声称被告人犯罪的手段尚不清楚，或者说明被告人通过一种或数种特定的手段犯罪。参见《美国联邦刑事诉讼规则和证据规则》，卞建林译，中国政法大学出版社1996年版，第22—39页。

② 参见孙长永、黄维智、赖早兴：《刑事证明责任制度研究》，中国法制出版社2009年版，第261—264页。

③ 何家弘：《认定错判无须铁证》，载《检察日报》2011年7月21日第3版。

④ 黄瀚义：《程序正义之理念》（二），元照出版公司2010年版，第103页。

笔者认为，我国刑事诉讼法规定的证明标准具有以下特点：一是证明标准的同一性。侦查终结、提起公诉、判决的证明标准均为"犯罪事实清楚，证据确实、充分"，从文字表述上来看，三者是完全同一的。二是强调证明的客观性。证据确实也好，充分也好，都是描述的一种客观状态而非主观认知，也就是强调证据不仅要符合客观真实而且要足以充分证明客观事实。三是尺度掌握的随意性。在《关于办理死刑案件审查判断证据若干问题的规定》和《关于办理刑事案件排除非法证据若干问题的规定》出台之前，证明标准的掌握尺度并没有全国统一的界限，什么叫清楚，怎样才确实、充分，只要处理同一案件的侦查、起诉、审判掌握的尺度同一即可，很容易造成具体把握上的随意性。

从实践中掌握的情况来看，我们把握"犯罪事实清楚，证据确实、充分"的证明标准也会随着时代变迁、地域不同而产生很大的差异。以某甲运输毒品案为例。①

某甲，男，22岁，缅甸人。2010年12月30日，某甲受另一缅甸人指派，采取贴身藏毒的方式运输毒品至云南省瑞丽市目瑙路4号，在交接过程中被公安机关当场从其胯部查获海洛因1041.5克（纯度62.9%）。侦查人员讯问某甲时聘请了一名从事中缅边境贸易的商人为其提供缅甸语翻译，但未进行同步录音录像。此外，侦查机关提取毒品的笔录载明是从某甲的胯部提取到3块海洛因，但该份提取笔录系中文书写，没有翻译在场，某甲在提取笔录上用缅甸文字签名捺印，同时提取过程也未拍照录像。某甲作了两次有罪供述以后翻供，辩称自己不明知所携带的物品是毒品，毒品也不是从其胯部提取而是从其腰部挎包内提取；同时还称其听不懂汉语，更无中文阅读能力。

这起案件先后被移送A、B两省司法机关处理，其中：A省在审查时认为某甲在侦查环节仅有的两份有罪供述无法使用，因该翻译不具备资质证书以证明其通晓缅甸语，同时讯问现场也无同步录音录像资料佐证某甲与侦查人员沟通无碍，某甲称其听不懂汉语的辩解得不到有效排除，从而导致某甲

---

① 渝公禁刑诉字〔2011〕第37—41号。

有罪供述的客观性、内容真实性存在重大疑问。此外，毒品藏匿方式作为推定犯罪人主观明知的重要情节，缺乏充分证据证明。经查证，某甲确实不具备中文阅读能力，其在中文制作的提取笔录上签名时并无翻译在场（此时姑且不论该翻译是否有资质证书），且无视听资料佐证毒品系从某甲隐私部位提取。因此，毒品海洛因是从某甲何处提取也存在疑问。A省司法机关认为证明某甲的有罪供述和提取笔录均存在重大瑕疵，证明某甲犯罪的证据达不到确实、充分的定罪标准，不能认定某甲构成运输毒品罪。B省司法机关认为，缅甸语翻译人员不需要资质证书，只要某甲作过两次有罪供述即可认定其构成运输毒品罪；至于毒品提取笔录未经翻译即交由某甲签名，也不影响毒品是从某甲隐私部位提取的客观事实。因此B省司法机关认为现有证据已经达到了确实、充分的证明标准，可以认定某甲的行为构成犯罪。

从A、B两省对同一案件的不同处理意见来看，A省掌握的证明标准显然比B省更严格，但究竟谁的认定更符合客观真实，大约很难得出一个"正确"的结论，毕竟掌握的证明标准严格与否和认定结果是否符合客观真实并没有必然因果关系：证明标准再严格，结论也有可能出错；证明标准不严格，结论也未必不正确。① 但有一点是可以肯定的，在认识能力和水平同等的情形下，适用较为严格的证明标准能够尽量避免冤枉无辜。

三、现行证明标准与"排除合理怀疑"证明标准的区别与联系

"犯罪事实清楚，证据确实、充分"的证明标准较之"排除合理怀疑"的证明标准，二者既区别又联系。修正后的刑事诉讼法仍然是以"证据确实、充分"证明标准为基础，通过明确三项条件对"证据确实、充分"进行细化和解释以便司法实践操作。因此，从立法本身来看，修正前后的刑事诉讼法在证明标准概念上具有前后一致性，并没有冲突和矛盾。关键立法引入了"排除合理怀疑"这一概念，其与修正前的"证据确实、充分"证明

---

① 这一观点是就个案的证据适用而言：10年前的证明标准远不如现在掌握的尺度严格，但是也有正确认定的个案。现在的证明标准尽管严格得多，但是仍然有冤假错案的发生。因此，个案的证明标准严格与否，并不必然保证实体认定结果的准确度。

标准仍然有所区别。

（一） 适用的前提不同

排除合理怀疑的证明标准需要建立在几个前提之上：第一，坚持证据裁判；第二，对公诉犯罪事实坚持严格证明；第三，坚持正当程序；第四，坚持司法独立。而我国还缺乏严格意义的上述前提条件。我国司法实践中对真实发现的追求具有一种"绝对化"倾向，正当程序如果不足以发现事实真相就会被忽略。社会公众舆论对于冤假错案的理解也是来自于事实真相有重大错误，由此牵连出来的程序不正当问题才会引人关注。反之，如果发现了事实真相而程序不正当，以普通民众的心理接受程度很难将其视为错案。我国目前适用事实清楚，证据确实、充分的证明标准是严格忠于事实真相的标准，如果把我国的证明标准变更为"排除合理怀疑"的证明标准，在其他条件不变的情况下，很难判断距离发现真相和正当程序的目标是更为契合还是渐行渐远。

（二） 强调司法人员主观性的程度不同

"犯罪事实清楚，证据确实、充分"的证明标准强调的是主观反映客观真实的结果，更为注重的是证明结果与真实真相一致的客观性。因此，从这个意义上讲，这种证明标准的确体现了实事求是的精神：无论当时的认识条件有多少局限性，无论这种认识需要循环往复上升多少次，只要客观真相尚未被发现，那么一旦时机成熟，我们就可以再重新认识。对真相孜孜以求的执着和压倒一切的热爱正淋漓尽致地体现在"犯罪事实清楚，证据确实、充分"的证明标准中。这就可以解释为什么我们的审判监督程序没有启动次数的限制，而且五条启动条件中前两条都是关于事实证据认定的。①

相比较而言，"排除合理怀疑"的证明标准更注重的是内心的一种信

---

① 参见《刑事诉讼法》第 242 条："当事人及其法定代理人、近亲属的申诉符合下列情形之一的，人民法院应当重新审判：（一）有新的证据证明原判决、裁定认定的事实确有错误，可能影响定罪量刑的；（二）据以定罪量刑的证据不确实、不充分、依法应当予以排除，或者证明案件事实的主要证据之间存在矛盾的；（三）原判决、裁定适用法律确有错误的；（四）违反法律规定的诉讼程序，可能影响公正审判的；（五）审判人员在审理该案件的时候，有贪污受贿，徇私舞弊，枉法裁判行为的。"

念，强调的是认识的主观性。无论普通法国家的法官们殚精竭虑地用多少种妥当的形式来描述这一要求，至少有一点是毋庸置疑的，他们是告诉陪审团成员们需要在自己的内心形成怎样一种心理状态，而不是苛求他们再现已经消逝的真相。这一证明标准体现了自由心证的基本原则，实行以主观性为特征的内心确信原则，虽然表述方式和大陆法国家的"内心确信"不同，但按照自由判断原则来进行证据的证明力评判与案件事实的认定，以达到裁判者的内心确信即排除合理怀疑作为证明的标准与目的，二者在这一点上是相通的。[①]

（三）实践操作性不同

"犯罪事实清楚，证据确实、充分"的证明标准的可操作性相对较低，是指仅仅根据这一表述难以得出如何去做的结论。它只告诉人们最后的要求是怎样的，却并没有告诉证明主体需要运用何种方法去达到这一要求，从其文字表述中也难以揣摩出何种方式较为妥当，因此事实和证据的认定问题在司法实践中往往比法律适用问题更为复杂和常见。根据我国学者的研究成果和实践中掌握的情况来看，"印证证明模式"是达到我国证明标准通常采取的做法。实务中通常的操作方式是：证据和证据之间相互印证，形成锁链，能够得出具有唯一性、排他性的结论。应当看到，这一标准实际上涉及法律专业知识、职业经验和生活阅历等内容的综合运用，具有相当高的难度，因此操作起来更为不易。[②]

"排除合理怀疑"的证明标准则不然，其表述本身就是教导运用这一标准的主体如何去做，如何在自己内心形成一种什么样的心理状态。也正因如此，这一证明标准的可操作性相对较大，例如美国路易斯安那州的 Dan L.

① 参见龙宗智：《证据法的理念、制度与方法》，法律出版社 2008 年版，第 191—194 页。
② 正因如此，所以实践中即使一名法学专业毕业生也往往需要三年或者更长时间的实践经历才能独自完成相对较简单的案件的事实和证据审查工作。

Bright 谋杀案。① 该案的唯一证据就是现场目击证人 Freddie Thompson 对被告人的辨认，此外警方既没有发现被控用于作案的枪支，也没有 DNA 鉴定或其他证据予以佐证。1996 年该州奥尔良教区陪审团判处被告人 Dan L. Bright 一级谋杀罪成立并处死刑，之后在上诉法院认为指控证据不够充分而以二级谋杀罪改判被告人终身监禁，2004 年州最高法院认定案件证据不足并发回重审。同样的证据情况放到中国——没有物证或痕迹鉴定、DNA 鉴定，被告人始终否认在场并且有其妻子、朋友印证，只有被害方一名证人案发后数周进行的辨认指证被告人，难以想象这样的案件会被提起公诉，更难以想象哪个法院能够判处死刑。事实上，对于当街持枪杀人致死这样性质恶劣的案件而言，即使多个证据能够锁定被告人作案，只要作案动机、目的、凶器、现场遗失财物的去向等任何一个疑问没有解决，都达不到适用死刑的现行证明标准。因此，"排除合理怀疑"较之"犯罪事实清楚，证据确实、充分"显然有更大的可操作空间。

四、适用"排除合理怀疑"证明标准需要注意的问题

通过分析比较，不难发现"犯罪事实清楚，证据确实、充分"的证明标准与即将适用的"排除合理怀疑"证明标准确有一定差异，未免南橘北枳，特提出以下几点在司法实践中可能出现和需要注意的问题。

（一）针对案件不同重点把握合理怀疑

由于不同类型案件的特征、犯罪构成要件不尽相同，需要关注的证据重点也不尽相同，因此在司法实践中适用"排除合理怀疑"的证明标准需要针对不同案件的不同重点进行具体把握。对此，我们可以借鉴有的学者提出之"拼图理论"：具有证据资格而经由践行法定调查证据程序后之各该证据，由审判者本于各该证据分别评价其所得证明之程度，以构成要件要素事

---

① 1995 年 1 月 29 日晚，被害人 Murray Barnes 在新奥尔良的一间酒吧外被一名男子持枪击中身亡，当时 Barnes 和他的侄子 Freddie Thompson 以及朋友 Kevin Singleton 刚在酒吧庆祝了 Barnes 赢得酒吧超级碗杯球赛奖金 1000 美元，三人出来正准备开车离开时，Barnes 突然遇袭身亡。后警方通过唯一的目击证人 Freddie Thompson 的辨认，找到被指认为凶手的被告人 Dan L. Bright。参见 875 So. 2d 37，2002 - 2793（La. 5/25/04）。

实之推演为中心，借以拼凑出原来事实之图像。而各构成要件要素事实根据
"主体事实"、"行为事实"、"客体事实"、"侵害事实"不同，又有评价方
法和范围的区分。"主体事实"之证明可以由供述证据而来，亦可自非供述
证据而来。唯在与主体不可分之身份或特定关系之证明上，有时必须透过非
供述证据为之；"行为事实"则大部分透过供述证据加以证明，除该非供述
证据得借由法定调查程序呈现案发时之行为外（如录像带），行为人之行为
事实，通常必须借由供述证据加以证明，单以非供述证据有时并无法证明有
行为事实之存在，仍然必须透过供述证据之相互印证，始得推演出行为事实
之存在；"客体事实"则通常应由非供述证据加以证明；"侵害事实"则是
就行为人之行为所造成法益侵害之结果加以评价，用以归责于行为主体。[①]
简而言之，即司法实务人员在认定案件事实时，需要根据不同的案件事实要
素把握不同的证明重点，如死刑案件需要在犯罪行为、手段、后果、犯罪人
身份等多个事实关键点上排除合理怀疑，[②] 因为死刑的严酷性和不可挽回性
要求司法者在适用这一极端刑罚时需要更多的审慎和克制。近期媒体报道的

---

① 参见黄瀚义：《程序正义之理念》（二），元照出版公司 2010 年版，第 94—100 页。
② 参见《关于办理死刑案件审查判断证据若干问题的规定》。

一起"死囚"枪决 9 年后复活的离奇案件再次向所有的司法人员敲响了警钟。① 该案在没有任何客观证据将被告人直接和案件事实关联起来的情况下，凭借一名所谓同案人指证和若干来源于该同案人的传来证据定案并判处被告人死缓。该同案人检举后逃往外地冒他人之名犯案，司法机关未发现其身份虚构情况和遗漏的前一重罪而对其判处死刑并予以执行，导致前一案件被判处死缓的被告人面临申诉艰难"死无对证"的境地。尽管现在该案结局如何尚不得而知，但这起案件中已经暴露出来的疑点是难以得到合理解释的，正如被告人辩护律师所言，"指证被告人的同案人在一边逃跑的同时还一边忙着写举报信检举同案，而且特地在逃跑之前将作案经过告诉多人唯恐旁人不知晓等"，这些都是违背常理的蹊跷之处。因此对于死刑案件而言，"排除合理怀疑"证明标准认定案件事实的过程需要符合逻辑和经验规则，由证据得出的结论为唯一结论。

此外，在一些特殊案件如受贿犯罪、毒品犯罪和金融犯罪等案件中，运用证据证明的侧重点又有所不同。例如毒品犯罪的主观明知、金融诈骗犯罪中的非法占有目的，这些属于被告人主观意志范畴的内容往往是通过两类证

---

① 1997 年 7 月 26 日，被害死者李某的尸体在襄阳县（今襄州区）襄东加油站门口花池内被发现。当地派出所接到群众马某、郑某东、韩某、王某等人报案，称李某系被张某华、徐某二人共同杀害，消息来源是张某华逃走前告知、并且逃走后也从外地打来电话说，他和迎旭小学教师徐某因练胆量，把李某杀害，并抛尸。警方查明：死者李某是张某华的朋友，双方还是传销上下线的关系。徐某则是张某华的初中同学，迎旭小学音乐教师。张某华曾数次提出将其销售的纸品送到学校代销，被徐某谢绝。此后，张湾派出所又接连收到张某华的两封"举报信"称：7 月 24 日晚 9 点多钟，他和徐某、李某三人在他家喝酒，徐某用绳子勒李某的脖子，他则抱住李某。过了 20 分钟，徐某用锤子砸李某的头部。然后，他们开雄风摩托车抛尸。徐某把李某拖下来，放在路边，并用尖刀戳尸体的脸、颈、腹部。他们把血衣、刀子等扔在路边，将车放在枣阳市的一家摩托车修理铺，后搭乘公车回家。两封"举报信"均是用空白信用社储蓄存款凭条写的，还画图标明了抛尸地及存放摩托车的位置。在信中，张某华将杀人和毁尸的主要责任都推给了徐某。当地司法机关据此将徐浩捉获并判处徐某死缓，而张某华则一直负案在逃。2000 年下半年，张某华冒充其亲属"唐某某"之名，在宜昌市珍珠路多次实施抢劫，并将其中两人捅成重伤，直至 2001 年 8 月 19 日被警方擒获。宜昌市中级人民法院一审以抢劫罪和敲诈勒索罪，数罪并罚，判处"唐某某"死刑。"唐某某"认为量刑过重，提起上诉。2002 年湖北省高院二审维持原判，宜昌市中院于 2002 年 6 月 6 日对"唐某某"执行了死刑。2009 年，湖北省检察院启动调查。后查明：在湖北宜昌，抢劫犯"唐某某"从被抓获、羁押、审查起诉、审判，直至最终被验明正身、明正典刑，司法机关都没有发现他原来并不是唐某某，而是名叫张某华。参见 http://news.163.com/11/0920/15/7EDG2V7800011229_2.html，2011 年 10 月 4 日访问。

据来固定：一是从被告人的客观行为推定；二是被告人自己供述。前者需要以司法解释或者座谈会纪要的形式界定数种可供司法参照的模式，后者虽然变化多端但却最受司法人员青睐甚至效力还往往高于前者。因此，这类型案件中把握合理怀疑的重点特别需要注意的是，其主观明知的有罪供述是否具备自愿性，其辩解是否具有合理性。

（二）防止法律认识与社会公众观念脱轨

我国的事实裁判者是专业法官及其决策机构，相较普通法系的陪审团而言拥有更为强的法律专业素养和更敏锐的判断能力，由于认识主体的不同自然也会得出不同的结论，但如何使我国的司法人员在适用"排除合理怀疑"证明标准时不至于和社会公众观点发生过大的偏差，却是值得引起重视的问题，避免让法官觉得"合理"的裁判在公众评价中成为"不合理"。

例如北京的"无尸不起诉"案件。[①] 该案在犯罪嫌疑人自愿有罪供述与证人证言高度印证的情况下，因为查找不到尸体痕迹、不能查明被害人的死亡原因甚至不能排除被害人存活的可能性，由此作出存疑不起诉决定。从证据角度而言，司法机关在证明标准上的审慎无可厚非。事实上，司法实践中因为没有查找到被害人尸体而不能认定犯罪的案例还有很多，如果主观故意还可以凭借客观行为推定定案，那么死亡的客观结果是无法推定的，所以没有尸体则不能定案是司法实践中的常态。但也有例外，如发现的人体组织经过检验鉴定系人体关键器官，缺损即无法存活的；又如现场遗留大量被害人血迹足以证明被害人死亡的。总而言之，认定死亡结果需要客观证据证明被害人已死亡，如果仅凭言词证据，即使多名被告人供述亲自将尸体分尸抛弃，如果无关键部位尸块组织，也难以定案。但这显然与社会公众观念有一定冲突：犯罪嫌疑人自己都供述杀了人，却因为没有尸骨而不能被认定为有

---

① 2001 年，北京女子高某红的 14 岁女儿婷婷失踪。她的前夫刘某生前留下证言，称女儿和继母李某不和，继母抱怨婷婷报考空姐花钱太多。事发当晚他很晚回家，李某告诉他女儿跟朋友出去了，彻夜未归。2009 年继母李某的儿子范某涉嫌盗窃被拘留，为了立功检举了母亲杀人。2009 年 4 月，婷婷的继母李某承认同一名男子杀死婷婷并埋尸，但警方在"埋尸"地点未找到尸骨。2010 年 10 月，检方因"构成故意杀人罪的要件事实缺乏必要证据"决定不起诉，参见 http://news.163.com/11/0916/05/7E25AK4N00011229.html，2011 年 10 月 4 日访问。

罪，那么这是否会带来某种不良的示范效应？①

为避免类似冲突的发生，在适用"排除合理怀疑"证明标准时应当充分考虑一般民众的观念。尽管职业法官的思维方式较之普罗大众更为专业化、法律化，但涉及事实认定问题仍需依据正常阅历人士之社会经验。法律人的职业谨慎足以防范其受事件发生之高概率影响而贸然认定不利于被告人之事实，但也容易较一般常人产生更高的事件发生之概率要求，在某种程度上就会形成法律人思维与一般民众思维的"脱轨"，例如前文所提的北京"无尸不起诉"案件。在坚持依法独立行使审判权、检察权的同时，我们的司法人员除了谨慎地作出决定以外，是否还有别的途径可以吸纳公众意见？当然，司法应当独立于民意，但是如果在现实条件下超前的法律观念无力带动社会观念前进，反而使自己走到社会公众的对立面，这种局面无论如何也是不值得欣喜的。值得注意的是，司法实践中已经出现听取并吸收公众意见的尝试，例如 2001 年最高人民检察院下发《人民检察院办理不起诉案件公开审查规则（试行）》规定，对于拟作不起诉处理的案件进行公开审查应当听取侦查机关、犯罪嫌疑人及其辩护人、被害人及其诉讼代理人的意见，还可以邀请公民、人大代表、政协委员、特约检察员及专家、记者等参加。这种公开审查的活动主要是为充分听取侦查机关和案件当事人的意见，作为检察机关决定起诉与否的参考。该内容虽然没有为刑事诉讼法修正案吸纳，但仍然不失为司法实务部门的一次有益探索。

（三） 完善裁判文书的证据评议

"排除合理怀疑"证明标准强调的是事实裁判者的主观心态，如果在裁判文书上将这一内心推演过程细化成公开表达的文字语句，完善裁判文书对证据的分析评议，加强事实认定的说理性内容，会带来显而易见的好处。

首先，完善裁判文书的证据评议有助于增强判决的说服力。目前裁判文书对于如何采信刑事证据的综合证明力缺乏详细说明，往往只罗列认定事实

---

① 截至 2011 年 10 月 5 日，该条新闻有网易跟帖 2092 条，41799 人参与，多数观点认为无尸不起诉会带给犯罪分子一种示范效应，参见 http：//comment. news. 163. com/news_ shehui7_ bbs/7E25AK 4N00011229. html。

的证据摘录内容，表明是否采纳控辩双方的质证意见，最后直接得出认定事实的结论。其中，最核心、最重要也是公诉机关和诉讼参与人最为关心的证据分析评议过程，在裁判文书中难以见到踪迹，偶有表述也语焉不详。以至于控辩双方对隐藏于法官内心的真意捉摸不透，对判决结果不服的也抓不准判决认定事实的依据何在，导致在二审程序中很难进行有的放矢的法庭抗辩。

其次，完善裁判文书的证据评议有助于促使审判机关主动接受外部监督。裁判文书缺乏证据评议不仅是判决缺乏说服力的问题，更多的还是证据评议不公开、不透明的问题。一起刑事案件的证据需要经过法庭举证质证，但真正能够决定证据是否被采信还需要经过合议庭评议、审判长会议、刑事审判庭会议、审判委员会会议等若干环节。通常而言，后几种证据评议环节中的报告文书材料中，法官对每个证据及全案证据的评议分析较之最后的裁判文书更为详细充实得多，判决书更像是此类报告的删减版。其实这些被删减的评议分析过程反映的是司法人员如何形成事实认定及法律适用意见的过程，相对于仅公布结论而言，将如何形成并产生最终裁判结论的过程置于公众视野之中，不失为审判机关主动接受外部监督的有效做法。

最后，完善裁判文书的证据评议还有助于形成社会公众的法律观念。当前一些热点案件中涌现出社会公众对刑事裁判的负面评价，一方面说明社会公众对司法公正日益关切，另一方面也说明刑事裁判不为社会公众理解和接受。要改变这种局面就需要强化沟通和交流，而不是故步自封画地为牢。在裁判文书中详细阐明证据分析评议的过程，说明认定事实的依据和理由，使存在于法官内心的思维判断转化为直面社会公众的交流，将在很大程度上提高社会公众对刑事裁判的认可度，逐步培养并提高社会公众的法律观念。

从一件无罪命案反思我国司法人员
心证过程的规制*

黄维智**

引子：形成内心确信的无罪命案

2006 年 2 月 28 日，犯罪嫌疑人诸某雇请的保姆曾某某在其位于 C 市的暂住房内死亡，后经法医鉴定，曾某某系外力阻塞呼吸道导致机械性窒息死亡。本案经公安机关侦查终结后，以犯罪嫌疑人诸某涉嫌故意杀人罪移送审查起诉。

移送时的主要证据有：（1）案件受理文书，证实案件发案、立案以及破案情况（此案由房东送其母回家发现异常后报案）。（2）现场勘查笔录，证实现场情况。死者被三床棉絮包裹后放置于诸某平时睡觉的按摩床，但该床从平时放的客厅（其母证明此点）移至犯罪嫌疑人诸某的卧室；所有门窗没有被破坏的任何痕迹，房屋为相对封闭的空间。（3）出租车司机、其母亲胡某某及其单位财务、成渝客运站工作人员等证实，案发当天，犯罪嫌疑人诸某带母亲到其母亲的单位领了当月退休工资，并将其母亲送至亲戚家；后嫌疑人赶至成渝客运站坐客车离开 C 市，并告知其母亲自己找到工作到外地打工。（4）证人邱某某证实案发当天早上看到发案房间内有一女子呼救，后面有一男子拉扯，但因隔着纱窗无法辨认那对男女，但能证实纱窗上被该女子抠了一个洞。上述证人证实的细节均能得到现场勘查、犯罪嫌疑人供述的印证。（5）尸检报告，证实死者死亡原因系外力阻塞呼吸道导

---

* 本文为 2009 年全国哲学社会科学"十一五"规划项目课题《心证形成过程研究——以刑事诉讼程序为主线》的部分成果（项目批准号 09BFX075）。

** 四川省金堂县人民检察院，法学博士。

致机械性窒息死亡，并证实死者死于 2006 年 2 月 27 日或 28 日，但准确时间无法确定。（6）毒化鉴定，证实死者胃内没有检查到安眠药或者毒鼠强等成分。（7）犯罪嫌疑人供述。其供述多次且完全一致，称其是想强奸保姆，在保姆的感冒药里放了安眠药二三十片，后发现保姆因服用便口吐白沫，其欲对受害人施暴时被害人反抗，并在窗户旁呼救，其将受害人拉到床上后发现被害人死亡，便将被害人尸体包裹后移至自己的卧室，和其母亲取了工资后逃离。自始至终否认其掐过被害人颈部等处，坚持认为被害人是因安眠药过量死亡。（庭审中也如此供述）（8）DNA 鉴定。证实死者的身份，并且证实被害人阴道拭子未查见人精子。（9）犯罪嫌疑人前科材料。证实诸某系累犯，其前罪系以相同方式强奸家中保姆，并于 2001 年被以强奸罪判有期徒刑四年，2005 年 4 月释放，以及其他品格证据。（10）保姆死亡后，诸某离开 C 市前当邻居问及保姆下落时其告诉邻居保姆出走。（11）其前妻的证言。证实嫌疑人有偷偷给其喂服安眠药后进行性行为的习惯，诸某也以相同方式迷奸过他人，这也是他们离婚的重要原因。（12）同监舍服刑人员在诸某被无罪释放后，向司法机关反映，诸某在监舍向多名服刑人员谈过作案的全过程，以及其"喜欢"岁数大的女人和"迷奸"的方式"做爱"。（案件抗诉后，得知此情况，侦查机关通过对几名同监舍的服刑人员进行询问得到证实，并将此证据收集固定后提交给上级检察机关）

2009 年 5 月 28 日，犯罪嫌疑人诸某在西双版纳被挡获归案。本案经公安机关侦查终结后，以犯罪嫌疑人诸某涉嫌故意杀人罪移送检察机关审查起诉，检察机关受理后，在审查起诉期间两次退回公安机关补充侦查。后经 C 市检委会讨论研究决定：以强奸罪（未遂）起诉被告人诸某。法院不公开审理了此案，庭审中被告人诸某的供述与其在公安机关的供述一致，称其是为了强奸保姆曾某某，给她喂安眠药过量致其死亡后逃离。9 月 16 日，法院经审理后，认定公诉机关指控本案被告人诸某犯强奸罪事实不清、证据不足。据此宣判被告人诸某无罪。检察院于 9 月 20 日收到一审判决书，经检委会讨论研究决定依法提请抗诉，并于 9 月 28 日依法向省人民检察院提请抗诉。而后省院以"事实不清、证据不足"的理由撤回抗诉。

对于上述无罪命案，笔者事后通过与办案法官和省检察院公诉部门办案人员的个别交谈中了解到，他们均内心能够确信本案肯定系诸某所为，但是鉴于目前证据原因只能按照"罪疑从无"来处理，主要原因就是诸某供述的致死原因和尸体检验的死因不一致，为司法人员内心能够确信的案件却作出完全相反的判决，内心已经确定的案件却在判决中找出种种理由来论证案件证据不足，原因就在于司法人员心证没有受到应有的规制，司法人员的心证过程①是否应当受到规制是不争自明的，但是应当如何通过规则、法则和原则的完善②来规制司法人员的心证过程就是本文讨论的主题。

一、通过品格证据规则规制心证

虽然我国相关法律没有明确规定品格证据在审查案件中的作用，但在司法实践中，品格证据对证明案件事实的影响是存在的，其对刑事案件承办人的心证过程的影响也是明显的。诸某强奸案中，在检察机关退回补充侦查期间，承办检察官要求侦查人员收集几份诸某涉及强奸行为的相关品格证据。一是被告人前妻的证言证实："我和诸某在滨江路开了一家中餐馆，当时有个女服务员。有天那个女服务员在哭，说是可能被强奸了，因为下身在流血，说晚上突然就想睡觉，不知道谁干的。我当时就估计是诸某干的，因为他随身揣有安定，但是诸某不承认。"二是其前妻还证实："诸某就喜欢这种方式（让人服用安眠药后）过性生活，他对我也喜欢这样。他有时候弄的菜我吃了就晕的很想睡觉，而且也经常发现我吃了饭迷迷糊糊的时候他和我发生性关系。这也是我们离婚的重要原因。"三是前案判决，其曾因强奸保姆获刑。基于这一系列品格证据，公诉部门承办人在分析案件时认为：公安机关收集到的被告人以往的品格证据和其变态心理方面的证据，从另一角

---

① 在刑事诉讼过程中的侦查人员、检察官、法官均有自己对案件的思考、判断和决定，这一系列过程笔者认为可能作为广义的司法人员的心证过程，他们均应当受到规制。

② 虽然近期出台了我国今年出台的《关于办理刑事案件排除非法证据若干问题的规定》和《办理死刑案件审查判断证据若干问题的规定》的"两个证据规定"中，确定了证据裁判原则、内心确信的证据标准、有限的直接言词规则、意见证据规则等一些证据规则，一方面这些规则现阶段对司法人员的影响甚微，另一方面这些规则中的规定不够完善，没有能够有效规制司法人员的心证过程和对不当心证进行救济。

度侧面佐证了被告人的变态倾向，也能加强整个证明过程的可信度。但是本案在判嫌疑人无罪时，判决书并未对此品格证据的适用或不适用作任何评价，其对法官的心证影响无从得知。如果确立品格证据规则，那么必然对此品格证据的适用或不适用作出评价并阐述理由。从案例中可以看出，虽然我国刑事诉讼法上未规定品格证据及其适用相关原则，但在司法实践中，承办人员都将此类证据作为影响其心证形成的一类证据，并在一些案件中发挥着重要的作用。如本案中公诉人就认为诸某的有关品格证据是证明此次案件的重要证据之一，然而由于未明确相关的适用原则，导致这些证据对心证形成过程的影响无法彰显，在一些案件中错误适用品格证据导致错误心证结论时无法及时救济。

所谓品格，从英美法的界定来看，"品格"包括声誉、行为倾向、以前发生的特定事件。① 总的说来，英美国家对品格证据的态度是以不接受为原则，以接受为例外。② 由于我国刑事诉讼法未明确规定品格证据及其运用，故在刑事诉讼法中暂未涉及品格证据的使用规制。而在刑法中，有几点体现了品格证据的使用。③ 必须承认，多数情况下，品格证据和特定案件事实之间的关联性较弱，因此，对品格证据的使用都非常谨慎。鉴于我国与英美国家庭审制度上的显著差异，以及品格证据与案件事实之间关联性较弱的特点，应当对品格证据采取中立态度：既非一概排除品格证据，也非无条件予以接受。因此在证据规则中应规定采纳品格证据的基本原则——"对特定

---

① Murphy, P. , Murphy on Evidence, Blackstone Press, 2000, p. 131.

② 美国《联邦证据规则》和《统一证据规则》第 404 条（a）规定，除了列举的情况以外，"某人的品格或者品格特征的证据，不能用以证明在某特定场合的行为与其品格或者品格特征相一致"，而英国的情况是，"起诉方在审判中不可提出此类证据（指品格证据）"。黄上元、吴丹红：《品格证据规则研究》，载《国家检察官学院学报》2002 年第 4 期。

③ 如关于累犯制度的规定和毒品犯罪再犯的规定。同时在《人民检察院办理未成年人刑事案件的规定》中，多处涉及在办理未成年人刑事案件应当考虑"品格证据"。如该规定第 7 条规定"人民检察院办理未成年人刑事案件，应当考虑未成年人的生理和心理特点，根据其在校表现、家庭情况、犯罪原因、悔罪态度等，实施针对性教育"；2000 年最高人民法院审判委员会通过的《关于审理未成年人刑事案件的若干规定》中也涉及采用"品格证据"的问题，第 21 条规定："开庭审理前，控辩双方可以分别就未成年被告人性格特点、家庭情况、社会交往、成长经历以及实施被指控的犯罪前后的表现等情况进行调查，并制作书面材料提交合议庭。必要时，人民法院也可以委托有关社会团体组织就上述情况进行调查或者自行进行调查。"

事实的证明可以采纳品格证据，但需谨慎采纳"。笔者认为目前可以在两个方面应用。一是与性犯罪有关的事实证明上，被告人的性犯罪前科品格证据可以作为间接证据，印证其构成犯罪。即使对品格证据有严格要求的美国联邦证据法典，也规定了在性犯罪问题中的一些特殊情况下，可以适用被告人的品格证据用以证明案件事实。因此，笔者认为在我国当前的司法实践中，在品格证据制度及其相关制度未完全建立起来的情况下，可考虑允许被告人的性犯罪前科作为认定被告人实施性犯罪的间接证据——允许承办人在心证形成过程中，考虑品格证据并作为自己心证形成的基础。结合诸某案中，笔者认为，检察官和侦查人员可以以被告人前妻"诸某曾经实施过类似强奸手段"的证言作为证明被告人构成强奸罪的补强证据。虽然这一证据不足以单独认定被告人构成犯罪，但这一证据可以成为承办人心证形成过程中由认定被告人构成故意杀人罪到认定其构成强奸罪这一心证"拐点"的重要依据，是其口供的重要补强证据。二是品格证据涉及的事实类型如与待证明案件事实的类型相似，则品格证据可用于证明被告人主观认识因素和意志因素。应当注意：品格证据不能够单独使用，主要是作为其他证据的补强证据适用。

二、通过自白证据规则规制心证

被告人的有罪供述又称自白，对自白证明力有无及程度的判断，无相应的法律标准和规则为指导，属于自由心证决断的范畴，因而，司法人员享有更大的自由裁量余地，不同案件及不同司法人员可能对自白的判断有较大出入。自白的真实可靠性由自白相关的内外部因素所决定，基于客观因素并运用相应的方法可以对自白证明力的状况即自白的可靠性状况作出判断。在自白证据能力的认定中，自白的真实可靠性依赖于对自白的外部条件和环境（即侦讯过程中的行为方式是否存在暴力、威胁、欺骗等直观、感性的因素）加以判断，以此认可自白的证据能力。但自白经由证据能力的审查而转入证明力的审查阶段以后，由于影响自白可靠性的外部环境和条件，已在自白证据能力的认定中得到过滤，故对自白证明力的判断所依据的外部因素虽然不可忽略，但已非考虑重点，而应关注对自白本身的情形以及被告人个人情况等内部因素的把握。根据司法实践的经验，在自白证明力的判断上，主要可以考虑以下几个方面，[①] 事实上对以下方面的遵循也是心证形成的规制和救济。

其一，自白的经验法则和事理法则所起的作用。对自白实际真实性的评估，长期以来积累的经验法则和人类具有的事理法则可以起到相应作用。从自白的内容上判断是否存在违反经验法则和逻辑法则的情况，以确定其内容的真实性。例如，对犯罪动机作出的承认，从经验法则上看过于牵强；所承认的犯罪过程违反常识；所交代的犯罪方法在物理学上属于不可能实施的情况等。因而可以以自白的内容不合理、不合常规而否定其证明力。在诸案中，诸某"扭曲的性取向"证据能够强化证明其供述的犯罪动机是可信的。

其二，自白是否具有明确性、具体性和逼真性，尤其有无"暴露秘密"的陈述。真正的犯罪人，如果真诚作出自白，该自白具有明确和具体的特征，并且具有非犯罪体验者无法陈述的逼真性。尤其是侦讯人员尚未获悉部分的自白，其后又被调查确认时，该自白的证明力较高。"暴露秘密"系判断自白的证明力的重要因素。如根据被告人的自白发现被害人的尸体，根据诱拐犯的自白查明并救出人质时，这些自白所包含的秘密被证实，实际上反映出自白本身具有充分的证明力。在诸案中被害人尸体的摆放位置、包裹物等细节和隐蔽情节均与其被挡获时的供述一致，应当说其供述是真实可信的。

其三，自白的时间及一贯性。对于自白证明力的判断，不仅需要考察自白的内容，还需要考察自白的经过、自白的时间以及自白的一贯性问题。多次自白的内容具有不变性、一贯性，表明自白主体主观心态具有稳定性，倾向于排除外界因素的干扰，自白的内容更具有可靠性，自白证明力更有保障。如果对于重要内容的自白以记忆不清或不准为由多次改变自白，或前后自白内容出现明显矛盾，自白的证明力也就存在疑问。自白时间的早晚对自白证明力也存在一定影响。就一般经验而言，较早时期的自白尤其在逮捕等

[①] ［日］石井一正：《日本实用刑事证据法》，陈浩然译，五南图书出版公司 1989 年版，第 308—309 页。

强制措施采取后立即作出的自白，自白受内外因素的影响较小，显然较诉讼的后期作出的自白可靠性更大。当然这种情况也非一概而论，也存在后者可靠性大于前者的情形，而且自白的时间点也只是判断自白证明力的因素之一，还需综合其他因素考虑。须指出的是，对于自白的时间以及是否具有一贯性的判断，不可以侦查卷宗的自白笔录为依据，有效的方法是回复侦查阶段的讯问与供述情况。对于笔录未能记录的被告供述，应根据侦讯人员的证言和法庭上的供述加以补充，据此判断自白的一贯性。当然，自白无一贯性，或者自白有时有变化的现象，并非一定表明自白证明力存在问题。对于真正犯罪人而言，犯罪行为的细节有时也丧失正确的记忆，有时则可能故意虚假的供述交织于自白之中，使得自白的一部分发生变化，这并非意味着该自白具有不自然的特征。只要自白的主要内容未存在实质性的改变，尤其对犯罪记录未有变化，仍不可据此否定自白的证明力。在诸案中，诸某被挡获时以及后来多次在侦查机关的供述、在审查起诉环节、庭审中均作了前后一致的稳定的有罪供述，因此应当说除致死方法外的所有供述均是真实可信的。

其四，自白的动机、原因。被告自白的动机、原因与自白的证明力密切相关。如果被告人基于真诚悔罪、自责等道德动机而作出的自白，这一自白实际上属于一种自发和自然的自白，即通常所说的积极自白，该自白不仅具有证明力，而且具有较强的证明力。如果被告人的自白并非出于上述动机，而在于替人顶罪或受过，或在侦讯人员不法或不当的取供行为如暴力威胁、引诱等情形下，出于趋利避害的动机而作出的自白，则自白的证明力就存在较大疑问，至少其可靠性程度将减弱。当然，侦讯人员侦讯行为对自白证明力的影响，实际上又回到自白证据能力的判断上。应该指出，在自白证据能力的判断中，对侦讯方法、手段与自白的真实性、任意性关系已作出结论，而对自白证明力的判断，侦讯人员取证方法的这一外部因素实际上已经不再是考量的重点，因为这一外部因素对自白证明力的影响在自白证据能力的考察中实际上已被排除，重点在于被告人本人作出自白的动机。自白的动机犹如自白的任意性一样，藏于被告人的内心深处，同样较难正确把握。法庭可资利用的信息，除自白内容、被告人讯问时的具体情况外，被告人的基本情况如家庭环境、受教育程度、一贯表现和品行等可以成为有用的信息，而且被告人向亲朋、熟人的告白也是判断的重要线索。总之，对自白动机的了解和判断在渠道上是多样的，司法人员的经验实际上具有重要作用。在诸案中，诸某被挡获后，知道事情败露无法掩饰的情况下作出的有罪供述，其虚假可能性是不存在的。

依上述因素或方法对自白证明力所作出的结论，增大了对自白证明力判断上的可靠性，但这些因素本身具有较大的或然性，因案因人又有实际的差异，且对这些因素的判断仍然是法官自由心证的结果，法官的判断并不存在一种绝对的标准，不同法官对同一自白证明力的判断也可能迥然不同，判断的主观性和任意性不可避免。故法庭仅凭对上述因素的判断决定自白证明力的有无及程度，实际上并不能令人放心，采取相应的法律规制手段在更大程度上保证自白的可靠性和定案的准确性是必要的。从司法实际情况看，所运用的最重要手段是自白补强规则。① 我国新《刑事诉讼法》第 53 条规定，只有被告人供述，没有其他证据的，不能认定被告人有罪和处以刑罚。该条规定既是我国对待自白证据价值的总的原则，也是对自白证明力的一种保障和规制。它强调被告人的自白只有与其他证据相结合才可作为定案依据，也就是说自白须由其他证据加以印证，才具有证明力，这实际是从法律上对自白的证明力给予保障。也许有人认为该条属于自白补强规则，因为只有自白，没有其他证据，不能以自白定案。自白可靠性的保障基于其与全案事实、其他证据的相互印证，被告人自白所证明的事实反映在全案事实之中更具有可靠性。

自白补强规则对自白可靠性（证明力）的保障是一种实质性的有效保障，这一保障所起的作用在于对补强证据的要求。而对补强证据的要求在当

---

① 这点在大陆法系传统国家尤为突出。如《日本刑事诉讼法》第 319 条规定："不论是否被告人在公审庭上自白，当该自白是对其本人不利的唯一证据时，不得认定被告人有罪"，其 "包括对起诉的犯罪自认有罪的情形"。而在英美法系国家，自白指法庭外的陈述，法庭内的陈述无所谓补强证据问题。如果被告当庭承认有罪，法官可以仅根据其自白定罪。但对法庭外的自白，因为受强制的可能性较大，需要有证据补强。此外，共犯的自白也不能作为定罪的唯一证据，需补强后方可。如我国 "台湾地区刑事诉讼法" 第 156 条第 2 款规定："被告或共犯之自白，不得作为有罪判决之唯一证据，仍应调查其他必要之证据，以察其是否与事实相符。"

前刑事司法立法和实践中都不甚明确，笔者认为可以借鉴其他司法辖区对此的一般性做法以对司法人员心证形成进行规制和救济。补强证据功能的发挥，一方面既要对自白的真实性起到保障作用，另一方面又不可因对补强证据证明独立性的要求而削弱补强证据的运用以及自白价值的发挥。最好的规则不是要求补强证据确立犯罪事实，而是这项实质性的独立证据将倾向于确立被告人陈述的真实性。也就是说，补强证据所证明的对象不应是犯罪事实，而应该是针对性更强的被告人自白内容的真实性本身。这是一种对补强证据在功能认识上的转变，它要求补强证据直接对自白内容进行印证，即补强证据对自白内容进行印证，通过补强证据对自白内容中的各个片段和环节的验证与补强，实现对自白内容真实性的证明，而非以补强证据反映的犯罪事实的状况来证明自白的真实性。这种补强证据证明方法的运用实际上提高了补强证据的利用率，使自白存在补强的可能性。这种方法的主要优势是避免当有时涉及犯罪事实模式的严重问题时，它的灵活性允许防止在不准确自白基础上的定罪——这种方法在达到补强要求的真正实际目标的有效性上较犯罪事实规则更容易适用，也更不会导致偶尔的不合理结果。补强证据运用方法的这一改变，所起作用是由对自白的从严运用到从宽运用，但补强证据在无犯罪事实模式的障碍下得以充分运用，又保证了运用自白定罪的准确性。

补强证据对自白真实性的保障，除在于补强证据证明方法的有效性以外，补强证据本身的品质是关键因素。补强证据能力主要反映在证据本身具有的初步可靠性上。无论实物还是言词的补强证据，对自白的补强主要取决于其自身的可信赖性。只要某一证据具有初步的可靠性就可成为补强证据。如果有足够的独立证据存在，独立动机和自白在决定犯罪是否已经达到排除合理怀疑的程度上可以一并考虑。通常只要求有较弱的补强证据，既可以是直接证据，也可以是间接证据。在日本，按照日本学界的观点，补强证据只需具备与自白相印证而证明犯罪事实的证明力即可。比如，被害人报案与自白之间，对于犯罪的时间和被盗的数量存在差异时，该被害人报案仍然可以作为补强证据。补强证据证明力的强度与自白的证明力相辅相成。补强证据的证明力强，则自白的证明力可能较弱，反之亦然。在诸案中，其中目击证人的证言、现场勘查笔录以及后来其狱友的证言等，应当说均是口供的补强证据，且无论是从补强的量上还是补强的质上，均已经到达了证明其口供中自愿性，以及其作案动机、手段等方面的真实性的目的。

三、通过传闻证据规则规制心证

被告人诸某的供述承认被害人系其因意图强奸而致死，但坚称系安眠药过量致死，这与被害人的死亡鉴定结论不符，甚至与毒化鉴定相矛盾，这一问题自始至终没有能够通过讯问从其供述中得到突破①，但在诸某被判无罪后，同监舍服刑人员证实诸某曾经给他们说过作案的过程，其确实给被害人喂了安眠药，但人确实是由其掐颈致死。同监舍多名服刑人员认为（从其叙述的细节和得意的表情等方面判断）诸某所言肯定是事实。此传闻规则明显带有个人的意见，是否可以在案件抗诉时作为证据使用，是否应当予以排除等涉及意见证据规则，省检察院公诉部门在撤抗时并未对这系列的带一定意见的传闻证据进行分析和说明，从司法实践中对意见规则的态度可见一斑。意见规则是规范证人作证范围的证据规则，如在英美证据法上作为一般原则，证人只应就他曾经亲身感知的事实提供证言，而不得就这些事实进行推论。在司法实践中由于意见规则的缺失对司法人员心证形成过程的规制带来不足主要表现在：

其一是意见规则的缺失，无法规制证人证言中主观臆断对侦查人员、检察官、法官的心证形成过程的影响，更无法对侦查人员、检察官、法官的心证受其影响下产生的错误心证过程进行及时的救济。意见规则确立的一个根本原因就是限制证人主观上感觉和评论对司法人员心证的影响。毕竟一般证人的主观言论与专家证人或者鉴定人以其专业知识为基础就某一特定问题发表的主观言论不一样，前者的主观感觉或者评论虚假的可能性极大，极易对承办人员的心证过程造成不正确的影响。而由于我国并未规定意见规则，对于证人这种主观感觉和评论是否采信，完全依照承办人自己的主观判断。这

---

① 诸某供述的给受害人服用安眠药死亡客观分析有两种可能性：一是本次作案根本没有给受害人服用，二是可能买到了假药导致尸检没有检查出安眠药成分。由于时间久远无法对此问题通过其他证据证明和排除。

必然增加了承办人心证过程不准确或者不恰当的风险。意见规则的缺失，使得对承办人心证过程的在这一方面的规则无法实现。

其二是意见规则的缺失，无法规制证人证言对侦查人员、检察官、法官的心证预判产生的负面影响。侦查人员、检察官、法官大部分都有各自的预判，即所谓的心证原点。众所周知，刑事诉讼中言词证据和物证、鉴定结论、勘查笔录等是一个案件证据构成的主体，而当前我国刑事物证技术手段仍处于发展阶段，案件的侦查对于言词证据的依赖是相当明显的，因此，言词证据质量的好坏直接关系到整个案件的审理。[1] 首先，侦查人员对于案件的侦查一般始于报案或者举报，这些都会涉及证人证言之类的言词证据，而侦查人员对于案件的预判一般也始于此，由于没有意见规则的规制，从而使得证人一些主观上的意见或推测的事项随意为侦查人员所采纳，这极大地增加了侦查人员心证预判错误的可能性。预判的错误继而会直接导致整个心证过程不准确或者错误。其次，在审查起诉阶段，由于侦查人员所取的证人证言附于卷宗之中，而检察官一般不会亲自询问证人，因此证人证言中一些主观上的意见或推测的事项也会随之呈现在检察官的眼前，并成为其产生预判的重要依据。[2] 没有意见规则这种理念的建立，检察官的预判也会受到这些主观色彩极其深厚的意见或者推测事项的影响。最后，在我国法庭审理阶段，法官面对与检察官同样的情况，其一般也不会亲自询问证人，而是庭审过程中听取检察官宣读的证人证言作为自己心证预判的基础之一，在没有意见规则规制的情况下，这必然会影响到其预判的准确性，继而影响到其心证形成的走向。

其三是意见规则的缺失，无法规制证人证言对侦查人员、检察官、法官的关于案件定性的心证过程产生的负面影响。据笔者实证调查及对侦查人员、检察官、法官的个别交流，证人最容易产生主观上的意见或推测的事项

---

[1]　如在笔者工作的部门，在内勤分发案件时，各承办都会问一名是否有目击证人。对于有目击证人的案件因为有现场目击证人的证言，故都会认为案件的事实审查起来会相对简单一些。从这个现象可以看出当前办理刑事案件中对于言词证据的依赖。

[2]　笔者与多位从事公诉工作的同事进行过交流。一般来说大部分会选择首先看被告人供述，而对于有现场目击证人的案件，很多时候会首先看现场目击证人的证言，因此可以说在这些情况下，检察官（公诉人）心证原点（预判）的形成，很大程度上建立在对证人证言浏览的基础之上。

是关于被告人的客观行为的描述。如系证人主观上的臆断，这一证据是完全违背意见规则的，但是由于我国并没有意见规则对于这种证据予以排斥，很可能被作为案件定性的重要依据。意见规则的缺失，对规制和救济心证过程的影响可见一斑。

关于意见证据规则，在 2002 年 4 月 1 日起实施的《最高人民法院民事诉讼证据的若干规定》第 57 条规定："出庭作证的证人应当客观陈述其亲身感知的事实……证人作证时，不得使用猜测、推断或者评论性的语言。" 2002 年 7 月 20 日实施的《最高人民法院关于行政诉讼证据若干问题的规定》第 46 条规定："证人应当陈述其亲历的具体事实。证人根据其经历所作的判断、推测或者评论，不能作为定案的依据。"可见，我国诉讼立法上对于证人的意见持明确的否定态度，"不得"、"不能"的用词，其否定性非常明确。虽然刑事诉讼中无有关此问题的明确规定，但从诉讼统一性角度看，刑事诉讼中证人证言的采纳同样应受以上规定的指导。况且，刑事诉讼法的有关规定也表明了这一精神。我国刑事诉讼法对"意见证据"可否作为证人证言使用没有明文规定。但根据刑事诉讼法只有"知道案件情况的人"才有作证的义务，证人应"如实地提供证言"等规定，证人证言的内容应限于证人所了解的案件情况，与案件无关的事实，或者证人对案件事实的分析、判断或猜测、幻想等，都不能作为证言的内容。在我国，学理上认为，证人不能对案件事实的有关情况进行分析判断。但问题是，证人的"亲身感知"或者"经历"最终要通过证人的陈述表达出来，证人的"表达"过程是经过其大脑的加工之后而进行的。在司法实践中，有时证人的意见或推测的事项与其"亲身感知"、"经历"的事实难以一一区分。尤其是证人根据日常生活中的常识就自己感知的案件事实作出的简单推测、判断更是难以区分，法律对此情况应予以考虑。如果一概排除，则会限制到证人对感知的案件事实的全面陈述。我国有的学者认为：把普通证人所作的判断性陈述划分为体验性判断（即证人依据自己所体验的事实作出的识别与判断）与意见性判断（即不是依据自己所体验的事实，或不完全依据所体验的事实，而是依据人们的知识、经验或科学原理作出的判断）两种，认为前者具有证据价值而后者没有证据价值。我国台湾学者陈朴生认为："证人，系将自己知觉所体验之事实，提出报告，作为证据，属于体验供述之一，其特殊性在其所陈述者，系自己所体验之过去事实，并非提供由体验分离之单纯意见。"应该说，体验性判断与意见性判断是可以分开的，但仅就体验而论，有时体验本身就离不开推测或意见。所以，一概排斥证人的猜测或者评论有悖于意见证据的要求。从我国的司法实践及司法人员的现状角度看，一概排除证人的推测不利于刑事诉讼的顺利进行。所以，笔者认为，在我国刑事诉讼中，应允许证人就其所经历的事实进行推测的事项提供证言。换言之，证人的体验与其判断的事实或意见难以区分时，其证言具有可采性。结合诸案中其同监舍的多名狱友的证言看，虽然有个人认为诸某的谈论是真实的意见，但是他们向司法机关反映情况主要是出于"把一个强奸杀人犯放纵了天理难容"，因此该证言一方面应该属于体验性判断而具有证据价值，另一方面其应当是真实可信的，在该案中也是对诸某口供的补强证据之一，省检察院公诉部门在决定是否支持抗诉时也应当把这些证据予以一并考虑。

四、通过证明标准规制心证

法官的心证形成是一个过程，而在这一过程中应有一个点，这个点将用来衡量程序终结时负证明责任的一方是否说服了法官，以使法官作出有利于其的认定。"如果说证明评价仅仅限于检测证明是否成功，即法官可以否认个案中的某个事实已经被证明，那么证明尺度（有时也称证明标准、证明额度或证明强度）则是一把尺子，衡量什么时候证明成功了；证明尺度也决定对某个具体内容的法官心证，它决定着法官必须凭什么才算得到了心证。"① 证明标准对心证合理性的保障作用就在于它提供了一种心证比较判断的基础。它是由法律预设的要求法官作出有罪认定时应达到的标准，法官不能自行改变它，而只能根据预设的标准衡量和判断自己的心证是否达到了法律要求的高度。而法律对证明标准的设置是综合判断的结果，在诉讼机制

① 参见［德］汉斯·普维庭：《现代证明责任问题》，吴越译，法律出版社 2000 年版，第 90—91 页。

内，法官对心证是否达到法律要求的证明标准的判断可能因当事人上诉受到审查。在德国，"关于法官是否能正确看待证明尺度的抽象的度，或者法官是否意识到心证对客观实在的要求（当然这对法官是高要求），或者法官是否意识到心证只要求一定的可信度（当然这对法官是低要求）"是可上诉的，也就是说，"法律概念'心证'是否被（法官）正确认识了"是要受到检验的。这样，证明标准也就成了心证形成的内在约束，没有达到法定证明要求的心证可能被撤销。同时，法律职业群体内部经长久共同作业不可避免会形成一些关于证据达到何程度视为已实现法律要求的证明强度的共通看法，也就是所谓"沉默的知"①，它是使法律要求的证明标准从抽象规定落实于实践的重要保证，同时它也构成了对个体法官事实判断的现实约束。裁判者的自由心证不能建立在主观猜测之上，必须有其客观基础，而且必须达到严格的证明标准，才能作有罪裁判。这实际上是通过证明标准来规制心证的形成，进而达到发现真实与抑制主观随意性的平衡。

我国刑事诉讼的证明标准在立法上表述为"证据确实、充分"。"证据确实、充分"的要求在刑事诉讼中是不言而喻的，司法人员所需要了解的是如何衡量与把握"证据确实、充分"。由于"证据确实、充分"这一要求本身并未包含较为具体的、可供操作的衡量方法与尺度，因此就证明标准而言，可以说它是缺乏实际效用的"空洞概念"。② 当前证明标准不明确，在司法实践中导致的如本案中的问题并非孤本。本案被告人诸某对其欲强奸保姆的犯罪事实一直供认不讳，仅是对本案被害人的死因供述与尸体报告不符合的矛盾无法排除——是否应对被告人判处无罪，或者说法官依据的证明标准到底是什么，值得反思。诸某案进入审查起诉环节后，承办人针对本案存在的主要问题，两次退回公安机关补充侦查，并就相关专业问题请教了法医、现场勘查人员等。承办人在综合全案证据情况后并经处内主诉检察官会多次讨论和检委会讨论决定后认为：本案证据存在一定瑕疵，对于公安机关移送审查起诉时认定的故意杀人罪，从犯罪动机上看是不准确的。根据犯罪

① 参见王亚新：《社会变革中的民事诉讼》，中国法制出版社2001年版，第55页下注。
② 参见龙宗智：《确定无疑——我国刑事诉讼的证明标准》，载《法学》2001年第11期。

嫌疑人的犯罪动机应当认定涉嫌构成强奸罪，致人死亡是强奸罪的加重情节。从证明标准而言，可能判处死刑的案件需要最严格的证明标准"确信无疑"，"确信无疑"一般情况既是定罪标准又是量刑标准，但是对于结果加重犯其加重情节的证明可以在基本事实确定无疑的情况下，适当降低证明标准以减轻公诉人的证据负担（加重情节的证据瑕疵可以在量刑时予以考虑适当从轻），因此本案以强奸罪（未遂）对被告人诸某提起公诉。即本案检察官在其心证形成过程中，也是充分考虑了本案的相关证据，从而在进行事实认定有利于被告人的前提下，对本案作出了与公安机关不一致的认定。并且对本案的定性，检察机关也是通过了主诉检察官会议以及检委会两次讨论得到了一致的意见。同样的证据，在法院会得到完全不同的结论，最终法院对本案定性为无罪，其中一个重要的原因是，我国当前关于证明标准的规定模糊、空洞，不具操作性。由于其存在的缺陷，对承办人心证形成过程不仅无法起到其应有的作用，同时还带来了一些问题。

第一，证明标准的模糊性和不可操作性，导致其成为承办人规避其心证过程缺陷的工具。证明标准的作用就在于：既定的标准一旦确定，就应当按照这个标准判定有争议的案件。诸某案由于客观证据存在的瑕疵，使得此案件变为了疑难案件，在这种情况下，证明标准将是决定承办人心证形成过程走向的关键。而由于没有一个切实可行的证明标准，使得个别承办人在面对疑难、复杂案件时，不是依据现有证据进行充分的分析，而是以案件未达到当前我国刑事诉讼法规定的证明标准为理由，作出与客观事实不符的法律事实认定。这使得证明标准不但不能充分地规制和救济承办人的心证形成过程，反而成为承办人规避其心证缺陷的工具，将本来应当由承办人承担的心证形成责任，转嫁到证明标准上来。

第二，证明标准的模糊性和不可操作性，导致无法对承办人不正确的心证过程及结论进行及时的救济。一项标准要想发挥实际作用，其前提是其明确、准确和具有可操作性。证明标准对保持刑事诉讼各环节承办人心证质量的一个重要作用，是以证明标准为标尺，衡量有罪认定（或无罪认定）是否正确，并倒推心证形成过程，对其中可能存在的错误进行及时救济。正如诸某案中，如果有一个明确、可操作的心证证明标准，则至少可认定被告人构成强奸罪（未遂）。首先，被告人从被抓获到当庭的供述均承认其想强奸被害人，而其供述得到了证人的一定印证，虽然其死因与其供述无法吻合，但是认定其强奸罪的证据应当是达到了"内心确信"或者说排除合理怀疑的程度。本案法官最终认定其无罪的原因，在于其在心证形成过程中，过多地考虑到了死因与供述矛盾无法排除这个重要结论，并以判处死刑的证明标准来指导自己的整个心证形成过程。在这个过程中，法官的预判和临时心证是：要么被告人构成故意杀人罪，或者强奸（致人死亡）[①]，要么即为无罪。由于一个重要矛盾存在，且无法合理排除，导致其将已经达到了定罪证明标准的心证形成过程也忽视了（司法实践中被告人的自愿供述可能为真实或者部分真实，导致其他证据难以与口供完全印证是较为普遍的情况——关于被告人供述问题前文已经论述）。由于没有一个准确、可操作的证明标准，导致最终无法对法官的这一心证瑕疵进行救济。

第三，证明标准的模糊性和不可操作性，导致承办人无法准确地控制和把握自己的心证形成过程。这一问题，在诸某案中也能得到充分的体现。在本案的办理过程中，由于关于受害人死亡原因的证据存在矛盾，且无法合理排除，使法官在认定本案事实时，心证过程存在多次的反复和纠结。其在罪与非罪的问题上，始终无法得出肯定的结论。证明标准的模糊性，导致其无法准确地控制和把握自己的心证过程。在与其交流过程中，办案法官自己也承认，自己的临时心证得出的结论是有罪，后又觉得好像未能达到有罪的证明标准，因此其临时心证就在有罪、无罪之间来回徘徊。

证明标准一旦确定，裁判者就有责任按照既定的证明标准评价证明结果，认定有争议的案件事实。法官在诉讼中可能正确地适用了证明标准，也可能错误地适用了证明标准，如果适用证明标准错误，势必影响到认定案件事实的正确性。当案件中的证据相当充分、证明力很强，很容易使裁判者形成待证事实存在的内心确信时，裁判者一般不会为证据的证明力是否已达到证明标准感到困惑；而当虽然有一些证据证明案件事实存在，这些证据也有

---

① 笔者认为强奸致人死亡的死亡系加重情节，对加重情节的证明标准应当低于基本事实的证明标准。

一定证明力，或者主张事实的一方虽然提出了强有力的本证，但本证的证明力为对方提出的反证所削弱，本证证明力虽然强于反证但无压倒性优势，裁判者倾向于相信待证事实存在但又无十分把握时，往往会对证明力是否已达到证明标准犯愁。在此情势下，正确把握证明标准对正确认定案件事实关系极大。适用证明标准时把握分寸感是极其重要的，掌握得过严或者过松都会造成认定事实错误。

应当看到，评价裁判者是否正确适用证明标准是存在诸多困难的，其困难至少来源于以下四个方面：其一，裁判者形成心证的过程具有相当大的内在性和封闭性。即便裁判者在判决书中说明心证的理由，也只是对心证的形成作大概的说明，外人很难窥其全貌。这无疑给研究裁判者的心证造成了相当大的困难。其二，对法官是否正确适用证明标准进行评价是由局外人进行的，而局外人并未亲历审判过程。裁判者对证据的结论是在审判过程中形成的，是亲身感受当事人陈述、举证、质证、辩论的结果。尤其是，证人陈述或被质询时，其言语、表情均可能对裁判者产生影响。其三，即使大家都适用同一证明标准，由于证明标准本身所具有的内在性和非精确性，不同裁判者实际掌握的宽严尺度仍可能存在较大差异。其四，证明结果是用一定的证明标准去衡量特定案件中各种证据的证明力的结果。不幸的是，不仅证明标准本身具有一定的弹性，而且对证据证明力的评价也是难以精确测度的，不同裁判者对同一证据证明力大小评判出现差异是相当正常的，在多种证据组合后的总体评价出现差异更是不可避免了。

当然，存在上述困难并不意味着无法对法官的心证过程和证明标准的适用进行研究。以何种方法、何种标准评价、确认原审法官认定事实时适用证明标准是否正确显然是一个值得探讨的问题。有人主张以第三者控制的模式来验证法官适用证明标准是否正确，即当一个有理性的第三者从既定的证据中能够获得待证事实存在或不存在或真伪不明的心证时，审理案件的法官也应当获得同样的心证，否则，法官一定是在评价证据或把握证明标准时出了差错。也有人反对适用这种模式，认为这将导致由局外人来裁判案件，否定法官的自由心证。笔者认为，第三者控制模式还是有其合理性的。自由心证是让法官本着其良心和理性认定事实。在这一过程中法官须作为一个有理性的人行事，杜绝任何任意、偏执。如果根据案件中已有的证据，任何一个有理性的人都会认为案件事实已经得到证明或证据明显不足，审理案件的法官却执意拒绝认定事实存在或者轻率地认定事实存在，其认定事实的正确性就大可质疑了。

因未能恰如其分地把握证明标准造成对事实的错误认定有两种基本形态：一种是在证据已具有较强的证明力，且相当充分的情况下，因法官对证明标准掌握过严而未认定本应认定其存在的事实；另一种是在证据证明力明显不足的情况下，因对证明标准掌握过松而轻率地认定了有争议的案件事实。对后一种认定事实错误，法律中有明确规定，根据我国新《刑事诉讼法》第 225 条，原判决认定事实不清、证据不足的，二审法院可以在查清事实后改判；也可以裁定撤销原判，发回原审法院重新审判。对第一种因适用证明标准错误的情形，法律中虽未作出明确规定，但实际上是认定事实错误的一种形态。实践中也是作为应当提出抗诉的理由。如果认定，也应当作为撤销原判决的理由，只是二审法院、再审法院在此情形下应当依据已符合证明标准的证据径行认定案件事实罢了。这两种适用证明标准错误的情形可视为左右两个极端，两端之间还有若干中间地带，这些中间地带应属于法官自由裁量权的范围。由于证明标准本身固有的模糊性和一定程度的主观性，处于两端之间恐怕就很难说是适用证明标准错误了。

五、通过经验法则、逻辑法则规制心证——应当如何排除证据间矛盾

本案从证据上分析，存在的主要问题有：在被害人曾某某的死亡原因上，客观鉴定的结论与被告人供述之间存在的矛盾，成了本案中影响到最后判决的矛盾之一；关于被告人诸某的犯罪经过，仅有其供述，缺少充分的目击证人和其他证据予以佐证，证人邱某某的证言仅能证实看见对面有一女子喊救命，有一男子在抓扯，但对该男子和女子无法辨认；上述问题不仅是本案自始至终存在的，同时也是使承办法官难以建立"内心确认"的关键症结所在。公诉人从诉讼的角度考虑，认为本案可以以强奸罪对被告人诸某提起公诉，在形成心证过程中主要思维路径是：一是作为相对于故意杀人罪较

轻的强奸罪，在证据的证明标准上要求相对要低。二是本案虽然存在证据瑕疵，但综合全案证据材料，能够证实案发当天，被告人诸某因意图强奸被害人曾某某，其本人对强奸的主观故意也予以承认，况且强奸罪中被告人对于死亡结果的主观方面是故意还是过失并不影响强奸罪本身的成立。另外，根据证人证言以及尸检报告等方面证据可以证实案发时被害人遭受到了来自被告人的暴力行为。被告人诸某虽然对于被害人的死亡原因存在辩解，但其对于现场情况以及被害人尸体位置和状态的描述等细节与现场发现的情况吻合，证明其身处案发现场的高度可信性。同时被告人诸某对于与被害人之间发生的拉扯也承认，这一点与证人邱某某证实的内容在时间和地点上能够吻合，一定程度上可以弥补证人邱某某无法辨认被告人和被害人的缺陷。三是通过现场勘查和证人证言等证据能够排除外人进入现场作案的可能性。四是公安机关收集到的被告人以往的品格证据和其变态心理方面的证据，从另一角度侧面佐证了被告人变态倾向，也能加强整个证明过程的可信度。五是被害人死亡后，邻居问及其保姆下落时称保姆回老家，根据经验法则和逻辑法则，任何理性的人在自己卧室里面有尸体时还撒谎，肯定与被害人的死亡之间有不可告人的关系。而在法院的判决书中没有对上述问题进行详尽分析，更没有注意到经验法则和逻辑法则的运用，这是司法实践中较为普遍的现象。

"自由心证的真义，乃在于利用经验法则的科学方法，并依机能的原理，把非合理的要素完全排除在外，发现足以使一般人信服的真实。"① 内在约束的最重要方面非经验法则莫属。实际上，法定证据制度不过是将个别性经验法则固定化使之成为一般评价标准，但经验法则数量上的无限性、盖然性程度上的差别性使将其固定化、单一化的努力不可能成功，由司法人员根据实际情况选择经验法则无疑是人类理性发展的自然结果。但既然为经验法则，就不能是法官个人的私知，它必须具有某种普遍性，也就是说，它必须具有知识的公共性。因而，经验法则不能是个别人的个别性经验，它必须

① 参见曾华松等：《经验法则在经界诉讼上之运用》，载《民事诉讼法之研讨（六）》，三民书局有限责任公司1997年版，第182页。

具有可重复性，可以为一定群体内的人们所重复并证明为有效。当然，群体的范围可能很大，也可能仅为少数专业人士所掌握，这要视经验法则的属性而论。这种反复为人们证明有效的规则作为判断根据可以有效保障心证的正确性，而经验法则的公共性也保证了心证的可接受性。而裁判者本身的种族、生活经历、教育背景、所掌握的知识各有不同，如何保证裁判者在进行判断时遵循一般的知识而不是完全凭借其个人的主观判断，则成为经验方法运用必须要解决的核心难题。另外，鉴于经验法则具有归纳法的不完全性以及存在例外的可能性，经验法则在适用个案事实认定时，有可能与案件实际发生的事实不能保持完全一致；法官在案件事实认定中应当允许对经验法则认定案件事实的不利一方当事人提出异议，这是防止经验法则适用出现失误的救济性保障，这一点在国外的立法中有所反映①。在案件事实认定过程中，法官所利用的经验属于一种社会化了的常识性经验，已不再是法官自身所特有的经验。"人的行为之了解，原则上便不得以行为人或其相对人分别具有之独特的经验为其了解基础，而应以社会上之共同经验，或至少应以其相互间所默契者为其了解基础。""申言之，在人的行为之了解上，必须以人类共同的社会生活经验和思考方式为基础。"②"经验常识是以特定社会生活经验为基础并经多次验证之后逐渐形成的一种确定性知识。"③

在实践中，对于哪些案件事实的认定方法应当符合经验法则，在理论上难以一一列举，但对于哪些案件事实的认定方法不符合或者违背经验法则则是能够直接作出判断的。但是可以从反面来规范司法人员对经验法则思维方法的运用，对案件事实认定是否违反经验法则，也可以从以下方面进行判

---

① 例如，《德国民事诉讼法典》第 445 条第 2 款以及第 561 条第 2 款规定："根据一个经验法则，法官以自由的证明评价方法，从确定的案件事实中推出有争议的主张的真相，他将这一主张视为已经得到证明，其结果是，给另一方当事人保留进反证的机会，法官的这一行为被视为是对事实确认，对上告法院都有约束力。"

② 参见黄茂荣：《法学方法与现代民法》（第 5 版），法律出版社 2007 年版，第 251 页。

③ 参见吴宏耀、魏晓娜：《诉讼证明原理》，法律出版社 2002 年版，第 22 页。英美法系国家陪审团作为事实审的主体对此体现得相对较为充分。因为民众普遍认为，案件中的事实问题一如当事人在法庭上说的是真话还是假话等——是只凭借普通人的社会生活经验就可以得出结论的。

断：① 其一是未采纳高度盖然性的经验法则一般可以视为违反经验法则，有特别理由和依据的例外。认定案件事实需要采纳高度盖然性的经验法则而未采用，则有可能会导致不合理的结果发生，一般可判断案件事实的认定违反经验法则。如借助于成熟、公认的科学方法能够提供可靠的定量分析鉴定结果（DNA 鉴定等）的，在未有其他可能造成其判断失误或相反证据使之产生疑点的情形下，一般应当予以采纳。其二是在评价证据认定案件事实时，未考虑其他证据，根据经验法则的要求其他证据应该予以考虑，否则有可能会出现相反事实认定的，可视为违反经验法则。其三是因忽略了经验法则，对证据的证明价值产生过大或过小的评价，可认定违反经验法则。在心证形成过程中，经验法则是一个连接事实的非常重要的桥梁，认定案件事实没有相关经验法则，将无法理解证据的证明力，也无法利用证据来解释及说明与案件事实之间的关系，其结果则是不可能对认定的案件事实提供充分的理由。经验法则在案件事实认定中可比作为"方向标示牌"，而不是"道路本身"；它是一种具有导游性质的地图而非现实的道路，是一种内在的拘束。② 因此适用经验法则时，应当注意该法则所由生之具体基础与背景，尤应留意有无特别情事存在，才能为合理正确之判断。

在案件中针对证据矛盾的排除问题上，逻辑法则相对于经验法则其作用可能较为次要。但是"一般推理过程往往依靠思维中内在的逻辑，逻辑法则主要起的是事后检验的作用。与经验法则相比，这种作用更具形式性、补助性的性质。"③ 在司法实践中对证据的判断很大情况下依赖于由经验所生成的直觉，除非疑难问题，正常的人类思维不是按部就班地根据经验法则推出结论，逻辑法则往往发挥着事后检验论证的功能。逻辑是推理的体系，反映推理的方法与规律。逻辑方法是依据逻辑进行推理，并据以引导经验在思

① 参见曹鸿阑：《违背经验法则之研究——以事实认定为中心》，载《民事诉讼法之研讨》（四），第 120—122 页。
② 参见张淳淙：《论错误刑事确定裁判及其救济方法》，我国台湾地区"司法院"1998 年研究发展项目研究报告，第 171 页。
③ 参见王亚新：《刑事诉讼中发现案件真相与抑制主观随意性的问题》，载《比较法研究》1993 年第 2 期。

维中运行从而实现有效证明的方法。① 逻辑规则是从已知事实推导未知事实时必须遵循的思维规律。只要推理的前提为真，那么严格遵循逻辑规则，就能得出真的结论。司法证明就是从已知事实推出未知事实的活动，应当遵循逻辑规则。通过逻辑对办案人员心证过程的约束，可以提高裁判的可预测性，体现司法的公正。就使得证据评价和事实认定具有了客观性，也使不同主体在案件事实认定上存在相同判断，因此可以使公众对裁判有预期性。

具体而言，为达到对心证形成过程进行规制和救济，逻辑判断中所需遵守的基本原则有以下具体内容：第一，同一律原则。同一律是指在同一思维中，一切思想必须与自身保持同一。详言之，同一思维过程，必须保持概念自身的同一，否则就会犯"混淆概念"或"偷换概念"的错误；在同一思维过程中，必须保持论题自身的同一，否则就会犯"转移论题"或"偷换论题"的错误。该规律在于确保思维的确定性。第二，矛盾律原则。矛盾律是指两个互相矛盾或者互相反对的命题不能同真，必有一假（互相矛盾的既不能同真，也不能同假；互相反对的，不能同真，可以同假）。第三，排中律原则。排中律是指两个互相矛盾的命题不能同时为假，必有一真。或者可以这样说：任何一个命题必定或者为真或者为假，非真即假。这就是所谓的"二值原则"。该规律在于保障思维的明确性。充足理由律则指在同一思维和论证过程中，一个思想被确定为真，要有充足的理由，具体要求：对所要论证的观点必须给出理由；给出的理由必须真实；从给出的理由必须能够推出所要论证的论点。否则会犯"没有理由"、"理由虚假"、"推不出来"的错误。就诸案而言，无论是根据经验法则（诸某在受害人尸体在其住家还向邻居撒谎等证据分析）还是根据逻辑法则（房屋没有被破坏、证人证言、现场勘查等）均能够得出其应该是案件的真凶。

六、通过阐述心证过程规制心证

诸案中承办法官宣判无罪的主要理由是：一是公诉机关的指控证据仅能证明曾某某遭受暴力侵害死亡，但不能证实曾某某因何原因遇害、被何人所

---

① 参见龙宗智：《证据法的理念、制度与方法》，法律出版社 2008 年版，第 26 页。

害、何时死亡。现场没有被害人遭受性侵害的体征，没有服毒、药的痕迹及残留痕迹，没有他人接触曾某某身体留下的 DNA 证据，房间没有暴力入侵等痕迹。二是言词证据不确实、充分且没有形成证据锁链，故不能确定致死曾某某的作案人为本案被告人诸某。仅有被告人诸某的有罪供述，系孤证，不能采信。证人邱某某的证言不能证实呼救女子就是曾某某。被告人诸某的品格证据与本案不具有直接的关联性。综合以上情况，法官认为本案的指控事实得不到指控证据的有利支撑。针对上述几点判决理由通过上述的证据展示不难发现，法院判处无罪的理由难以让人信服，主要表现在：一是被害人死亡原因、死亡时间，尸检已经证明，房间没有暴力入侵等痕迹正好说明作案的应当是熟人，由于是强奸未遂自然现场没有被害人遭受性侵害的体征，受害人系谁所害已经通过被告人供述等证据予以证明；二是本案言词证据应该说是非常充分，包括被告人供述、多名无利害关系的证人证言，而且证据间已经形成锁链；三是证人邱某某的证言不能证实呼救女子就是曾某某，但是通过与诸某的供述吻合能够说明呼救女子就是曾某某。被告人诸某的品格证据与本案也是具有直接的关联性。笔者认为：法院的判决对于本案的证据认定和事实评价上存在断章取义，主观的割裂证据对于事实的连续证明作用，在法律上的认识上存在机械化理解等。如果不完善判决书理由说明制度，我国的自由心证仍有传统意义上的"秘密"之嫌。具体而言，当前我国刑事判决书存在以下问题：

第一，判决理由与心证脱节。我国刑事判决书中判决理由与心证过程脱节这一问题是比较突出的。我国现在绝大多数判决书在阐述判决理由方面存在以下几个问题：首先，缺乏对证据的分析论证，造成认证不清，证明过程不清。其次，缺乏对控辩双方在事实问题上不同看法的分析辩驳，导致控方或者辩方对判决事实难以信服。最后，在总结性说理判决部分重视认定，忽视论证说理，造成分析不透，说理不足，削弱了判决的说服力和公信力。[①] 如在诸案中私下里法官表示他能够确信该案件系诸某所为，但是判决书中又分析说证据不足。

[①]　参见龙宗智：《证据法的理念、制度与方法》，法律出版社 2008 年版，第 424—425 页。

　　第二，证据罗列为主，缺乏证据分析，缺乏排除证据之间矛盾的分析过程，无法对法官心证过程中的"拐点"进行规制和救济，心证的一般形成过程是先形成预断，在预断形成后的走向包括：临时心证形成、临时心证受阻、临时心证阻断、心证形成。而在这个过程中关于事实判断、法律判断"拐点"的形成，直接导致了临时心证受阻、临时心证阻断，并产生新的临时心证。在"拐点"的形成上，证据之间的矛盾是一个重要原因，而对证据之间矛盾予以排除和分析的过程，也正是新的临时心证形成的过程。但是遗憾的是，在我国当前的判决书中，未能很好得到充分的体现，也使得无从让旁观者感觉到"拐点"形成→临时心证受阻→临时心证阻断→新的临时心证形成这个心证过程。因此，更不用说在了解这个过程的基础上对法官的心证过程有针对性地进行规制，并对心证过程可能出现的偏差进行救济。任何案件的证据都会存在矛盾，不存在证据矛盾的案件是不存在的。"证据间的印证是相对的、有限的，而证据间的矛盾是绝对的、无限的，诉讼证明正是在矛盾与印证的并行与交互作用中实现其功能。要保证个案证据确实充分，以准确判定案件事实，不仅要关注证据间的印证，而且必须正视与解决矛盾。而要把握诉讼证明的规律，也必须研究证据间的矛盾。"① 因此，判决书中缺少对证据矛盾的分析，是我国当前判决书存在的一个重大问题，这不利于对法官心证形成过程和心证结论的规制与救济。

　　怎样才能在判决书中展开法官心证形成的过程，以便于对心证过程的规制和救济呢？笔者认为要做到以下几个结合：一是证据列举与证据分析相结合。在通常的刑事判决书中，我们不难发现这样的固定格式："上述事实，有被告人供述，被害人陈述、证人证言、鉴定结论等证据在案佐证，足以认定。"如果说案情简单，特别是适用简易程序的案件，在判决书中采用这种证据列举的方式倒也无可厚非。问题是大量刑事案件的案情并非一目了然，有的案情甚至很复杂，在这种情况下，如果为了图省事而机械地采用一般列举的方式，则可能会前后矛盾，漏洞百出。比如被告人的供述自始至终否认犯罪事实，被告人的供述与被害人的陈述等证据肯定就是矛盾的。又如被告

---

① 参见龙宗智：《证据法的理念、制度与方法》，法律出版社 2008 年版，第 359 页。

人在公安机关交代了犯罪事实，而在庭审中又翻供，法官最后定案的依据究竟是被告人前后哪一种供述？法官又为什么要舍此证据而取彼证据？这些问题，法官都有义务在裁判书中详加阐明，特别是，法官们应该将自己对证据的选择取舍，对证据的评价，根据何种证据认定据以作出裁判的事实基础的推断过程展示出来。

二是正面论证与反面驳论相结合。法官在判决书中也应该体现其居中裁判，针对控辩双方举证而进行认证、论证的职业活动过程。法官"对控辩双方所持事实方面的不同意见，就其重要之点，应当有依据的进行反驳，从而进一步显示法官心证形成的过程和理由"[①]。具体到法官在判决书中展开其心证的过程而言，就要求法官做两方面的工作。一方面，首先，法官在对证据采信的情形下，要正面展开论证，说明为什么在不同种类证据中要采纳此种证据，如鉴定结论和书证均用以证明同一情况但证明结论不同的情形。或者要说明在同种证据中只采纳此证据而不采纳彼证据的理由，如针对同一证人在不同场合证言不同的情形。其次，法官对不予采纳的证据也应当作出说明，或者是因为证据来源不合法，或者是证据不真实，或者是证据与本案无关，总之，要阐明不予采纳的原因。另一方面，法官要兼顾控方证据和辩方证据，有的放矢地作出说明。法官在判决书中往往注意对控方证据的罗列和分析，而忽略了辩方证据。与控辩式的庭审方式相一致，法官在判决书中就应该克服这种"一边倒"的现象，而应该体现其中立特点，要兼顾控辩双方的证据罗列及说明。特别是对于辩方证据的采信作出详细说明，既是辩论原则在判决书中的延伸，又是保护被告人诉讼权利的具体体现。

三是一般展开论证与特殊展开论证相结合。从判决书的客观性、公开性的角度出发，在判决书中将法官的心证过程展现的越充分越好。但是，如果不分繁简、难易，对所有认定的证据、事实都均衡用力，则难免使判决书失之冗长繁杂，并造成法官在时间和精力上的过大负担。因此，对于相当多的案件的多数证据，只需用以说明该证据证明了什么情况，其心证的展开程度为达到使人能明白根据这些证据认定了什么事实即可。但是对于一些案件中

---

① 参见龙宗智：《刑事庭审制度研究》，中国政法大学出版社 2001 年版，第 429 页。

的关键证据，也即对判决结果有重大影响的证据，则应该说够说透。而司法实践中，这些证据往往又是当事人双方争议最大，法官认定难度很大的证据。如刑事案件中的关键证据即为对定罪量刑有重大影响的证据。所谓有"重大影响"，是指该证据的采纳与否将影响到罪与非罪，此罪与彼罪，罪重与罪轻的认定，这些都是需要特别予以展开说明的地方。

四是证据说明与事实认定分析相结合。证据是认定事实的基础，在判决书中对证据进行说明也是法官展开心证过程的基本要求。这种说明包括很多方面。如《最高人民法院关于适用〈中华人民共和国刑事诉讼法〉的解释》第69条规定："对物证、书证应当着重审查以下内容：（一）物证、书证是否为原物、原件，是否经过辨认、鉴定；物证的照片、录像、复制品或者书证的副本、复制件是否与原物、原件相符，是否由二人以上制作，有无制作人关于制作过程以及原物、原件存放于何处的文字说明和签名。"如果判决书中对于这些证据复制件的制作过程不作说明，也会让人产生"来源不明"的印象。总之，凡是法律有规定必须明确的证据问题或当事人对证据有可能表示怀疑的方面，都有必要在判决书中加以说明。但是，"判决书不应仅是将法院采信的证据展览在众人眼前，而要将各证据串联起来，形成一道紧密相扣的证据锁链，令人对判决书认定被告人有罪确认无疑"。因此，仅仅对证据进行说明还远远不够。因为各个采信的证据是单一的，而认定的事实却是对证据反映情况的综合。法官是怎样由单一情况形成综合事实的内心确信的？由证据形成事实的逻辑线索是怎样展开的？诸如此类最能反映法官心证形成过程的问题，都需要我们在判决书中一一作答。笔者认为，尤其是对于以下几种案件，更应该对事实认定进行透彻分析。一是缺乏直接证据，只能依靠间接证据推断的案件。二是虽有直接证据，但被告人全盘否认或全盘翻供的案件。三是原始证据不多，证据多为传闻证据的案件。因为传闻证据往往不如原始证据可靠，而且传闻证据离最初的证据来源越远，可靠性通常也越差。因此在主要是以传闻证据推断的情况下，就更应该将推断的过程展现出来。四是只有部分被告人请辩护人的共同犯罪案件。司法实践表明，请了辩护人的被告人在证据的收集、辩护的方式等方面都要明显优于未请辩护人的被告人。相应地，为了减轻罪责，在共同被告人互相推诿的情况下，请了辩护人的被告人推卸责任的理由就可能比未请辩护人的被告人充分得多。这样，就可能给法官认定事实带来一定的难度。因此，在这种情况下，就应该对认定的事实展开论证，尤其是对于未请辩护人的被告人的认定事实，更应该条分缕析地论证清楚。

全面分析上述案例，不难发现笔者认为法院对于诸案的判决是错误的，当然仅仅是笔者个人的看法而已，如果能够引发共鸣、达成共识，根据我国法律规定还是可以启动再审对错误予以纠正的；如果不能够达成共识，至少可以引发对司法实践中如何通过规则规制刑事司法人员心证过程的讨论和争鸣。

司法证明机理的基本问题及实际运用

胡建萍*

司法证明机理的概念来自于我国学者封利强对美国证据法学家约翰·威格莫尔 20 世纪初所著《司法证明科学》一书中的 principles of judicial proof 一词的翻译，它指的是对证据事实进行处理的科学而精密的过程。[①] 如今，尽管威格莫尔早已逝去，他的《司法证明科学》也曾经不被关注且被埋没和遗忘了很多年，在我国更是没有什么影响，[②] 但当它重返法律人视野并被重新认识时，它的现实价值却令人折服。本文意在借助司法证明机理的学说和理念，并以疑难案件为标本，剖析案件事实认定过程中的证明机理问题，寻找科学而精细的司法证明方法。

一、基本问题

（一）司法证明机理的价值目标在于寻求实质公正

司法公正是法治社会的核心话语，而司法公正无疑是建立在事实公正基础之上的，即必须竭力寻求纠纷的事实真相。而寻求事实真相的过程往往并不容易，因为大多数案件的证据都不会如法官所愿全部摆在案前，就像打碎的花瓶，就算有不少或偶尔有些碎片但往往也都杂乱无序，残缺不全，有时还真假难辨。日本 20 世纪 50 年代有一部叫《罗生门》的影片很深刻揭示了司法的尴尬。在这部围绕究竟是谁杀了人而展开的故事里，只有法官出于

---

* 四川省成都市中级人民法院副院长。
① 参见封利强：《司法证明机理——一个亟待开拓的研究领域》，载《法学研究》2012 年第 2 期。
② 目前尚无这本书的中文译本，而且 1937 年出版的英文版在国家图书馆和国内多位知名大学法学院也没有收存。

职业需求才在努力追求案件事实真相，而那些真正经历了事实真相的当事人却出于各自不同的目的在法庭上讲述着截然不同的故事。可以说，法官在司法过程中遇到的首要和最大难题无疑是发现事实真相，这是一个世界性的司法难题，破解这道难题使证据学成为一门显学。但从现代证据制度的主要内容和研究成果看，这种研究大多还是围绕证据制度和大量证据规则进行，而规则更多地在于证据可采性和可信性的法律规定和程式化规制。这虽然可以起到保障证据真实性、安全性的目的，特别是在案件事实无法查清的情况下不至于使裁判者束手无策拖延案件或者拒绝裁判，但在追求实质正义特别是疑难案件的客观真实方面却显得力不从心和过于机械而呆板。其结果是并不能或者很大程度上不能满足司法追求实质真实的价值取向，不能帮助法官摆脱司法证明的现实困境。所以，如果说证据制度和证据规则是通过作用于证据外部从而最大限度地保障和实现事实认定之形式正义的话，证明机理则是着眼于证据内部的规律性和关联性，通过对证明过程的科学化和精细化构筑，使客观事实真相最大限度得以还原，追求实质正义的终级价值。不同国家的证据制度、证据法和由此决定的证据规则有可能不同，但追求事实真相的价值取向不应当有别，所以司法证明机理完全可能相通，"只要审判依然是为解决法律纠纷寻求真相的理性活动，证明机理便会永远存在"。① 这是国外司法文明成果可以为我所用的道理所在，它预示着司法证明机理将成为和应该成为我国证据学研究和发展的关注点和新取向。

（二）司法证明机理的要义是注重证据群的集合证明效益

尽管每个案件的证据数量、形式和证明力有可能不同，但大多会形成一定数量的"证据群"：证据群中的单个证据，有的是能够证明整个事实过程的直接证据，有的则是证明某个事实片段的情况证据；有的是证人证言等主观证据，有的则是物证、书证、鉴定结论等客观证据。面对每个案件可能存在的证据群和证据群中单个证据的不同内容和证明力，以及由人的思维特征

---

① John. H. Wigmoue, the principles of judicial proof, little, Brown, and company, 1913, pp. 14 – 15. 转引自封利强：《司法证明机理——一个亟待开拓的研究领域》，载《法学研究》2012 年第 2 期。

所决定，单个证据事实进入思维视野的时间先后不同而对形成心证的影响有所不同的特点。司法证明机理更加注重证据事实判断模式的整体性而不仅仅是对单个证据的简单分析和孤立判断。它的核心就是研究分析全部证据和它们的逻辑次序以及各自证明的事实之间的关系和关联，整体性地评价证据，最终形成证明整个案件事实的证据群综合证明力。威格莫尔设计的证据分析图式法①提供了按综合分析证据群思路对复杂案件进行科学而精细处理的框架和精密分析方法。这种见树木更见森林的证据群综合分析方法产生的综合证明作用显然高于孤立分析单个证据还原事实真相的作用，而它产生的偏差和错误也将远远小于孤立和不完全、不精细分析证据所可能产生的偏差和错误。

（三）司法证明机理的核心是逻辑推理及相关知识的综合运用

如果说证据法研究和涉及的主要是法律问题的话，证明机理涉及或主要涉及的并不是法律问题和法律知识，而是其他领域也同样和普遍运用的方法和知识，至多可以说是司法方法与司法技术问题，因而是一种跨学科的知识运用，主要解决纠纷裁判者如何利用已经获得的证据来挖掘和发现不可能重现的案件之客观真实事实。逻辑推理正是一种有效发现事实真相的理性方法和认知手段。一个案件无论已有的证据多或少，这些证据都不能自动证明案件事实，而只是作为论据和分析判断的对象。逻辑推理的方法作为一种黏合剂，将这些杂乱堆积的或许还是残缺不全的证据拼合起来，形成完整的案件故事，以证成或证伪某个事先的假设或待证事实。就像英国哲学家特文宁教授所指出的那样：证明案件事实的"框架是论证，过程是证明，其引擎是根据信息进行的推理"②。我国学者王进喜也认为"证据科学应当有一个一般化的理论模型，这就是立足于证据的推断"③。至于主要运用哪种逻辑推理方法完成证明，威格莫尔认为主要是归纳逻辑普遍原则的直接适用，演绎推理在这里退居二线，因为司法证明过程是一个相对开放的系统，不可能有

---

① 用方框和箭头构成的图示方式，来反映证据间的相互关系，并在图式的链条中判断证据的相关性、可信性和证明力。

② 王进喜：《证据科学的两个维度》，载《政法论丛》2007年第6期。

③ 王进喜：《证据科学的两个维度》，载《政法论丛》2007年第6期。

一个永恒为真的前提；我国学者李树真则认为这种逻辑首先应当是一种侧重于实质推理的实质逻辑。因为证明过程是一个通过零散的证据片段来认知整体案件事实的过程，它同时要受到价值评判标准的约束，是一种求真求善的过程。① 西方最近的法律论证又提出了归纳推理和演绎推理之外的第三种推理，即似真推理方法，② 并认为法庭审理中双方当事人或律师根据各自收集的不同证据对同一事实争点提出不同解说的过程就是似真推理的典型，审判过程中用得最多的论证在本质上都是似真推理。总之，在把证据群中各种证据有效黏合起来并让它们各自发挥作用，最后综合描述出案件事实真相的司法证明过程中，逻辑推理发挥着核心和纽带作用。

除了逻辑推理外，构筑证明机理还离不开其他知识的运用，包括法官经验和常识，证人和被告人心理学、社会学知识、数学概率③等知识的综合运用，甚至人工智能在不久的将来都完全可能成为法官认定案件事实的辅助工具。因为证明机理本质上不是法律问题而是方法和技术问题，引入其他知识可以而且才能够深化和丰富证明领域的研究视野和手段，充分运用其他学科的研究成果来构建理性而科学的司法证明认知机理，为解决司法领域的证明难题服务。

（四） 司法证明机理与证据的可采性是密切相关的问题

两者在认定案件事实过程中发挥着各自重要而独特的作用。前者是对证据事实进行处理的自然过程，发挥的是一种争论性的说服功能，是当事人或

① 李树真：《思考在证据拿来之后——威格摩尔证明表格的逻辑化倾向及启示》，载《政法论丛》2008 年第 6 期。笔者对这个观点持有疑义，因为实质推理离不开价值判断，而在发现事实真相的过程中应当不允许法官作应然性的价值判断，而是要努力追求实然性的客观真实，这与适用法律不同，后者不可避免地要渗入法官的价值判断。

② 似真推理又被称为溯因推理、推定推理或合情推理。它的逻辑表达式是：在通常情况下，如果 X 是 F，则 X 是 G；由于，a 是 F；所以，a 是 G。似真推理的特征是，如果前提真，结论似然为真，如果出现新的证据作为推理前提，则原告的推理结论完全可被推翻。参见 ［美］道格拉斯·沃尔顿：《法律论证与证据》，梁庆寅、熊明辉等译，中国政法大学出版社 2010 年版，第 111 页。

③ 20 世纪 50 年代后，贝叶斯定理开始成为证据学者进行分析判断的重要工具。贝叶斯定理是概率理论中一个基本知识点，是由贝叶斯创造的以主观性为特征的数学概率理论，用于分析原有的概率和新证据加入后概率的变化及决策方式。参见卞建林、王佳：《西方司法证明科学的新发展》，载《证据科学》2008 年第 2 期。

其律师的思想交锋和打动法官及陪审员的心灵感动过程。而后者则是法律设计的程序规则，是一种人为的法则。从它们的关系来说，可采性规则解决的是证据的合法、安全性和准入的问题，是证明机理的前提和基础，只有符合可采性标准并被法官宣布采纳的证据才可能进入证明机理发挥作用的范围和领域，从这个意义上说，证据的可采性只是完成了证据的初步且属形式上的证明和过程。而证明机理才是完成证明事实任务的实质过程和最终力量，因而它具有绝对重要的地位和作用。从时间顺序来看，必须是先有保证证据安全可靠的可采性判断前阶段，再有证明案件事实真相的证明机理发挥作用的后阶段，而后者才具有最终的证据价值目标。但是，在现代证据制度下，可采性规则的研究领域十分活跃而且几乎已经构建起一套包括关联性规则、传闻规则、非法证据排除规则、意见规则、最佳证据规则等诸多规则在内的一系列理论研究和法律体系。在我国的证据法和司法实务中，也形成了客观性、关联性和合法性"三性"之证据可采性判断标准。而证明机理问题的研究则可以说十分薄弱，威格莫尔的《司法证明科学》一书出版当时就没有引起关注和重视，他死后更是几乎被遗忘。这也许和英美法系主要由陪审团认定事实的传统审判制度有关，法律和法官必须保证进入陪审团头脑的证据是安全可靠的，以免错误的信息影响陪审团并使其作出错误的判断。加之由于证明机理涉及的主要是自由心证和内心确信的过程，难以进入法律范围而具有可认识、可研究性和可操作性。大陆法系国家包括我国虽然定案机制不一样，但遵循的理念也大致相同，即注重证据的形式审查。所以，证据法学家们试图找出一种从外部控制和评判证据的理论及制度来构建现代证据制度的框架。但是，这种努力遇到了极大挑战和质疑，某种程度上使司法公正陷入了危机和困境。当英美法系国家随着陪审团参与陪审案件的大大减少，大陆法系国家本来就不太热衷于明确区分证据可采性和证明力而更加倾向于整体判断，两大法系国家越来越走向融合并更加注重实质正义的时候，当裁判者认定事实的形式正义与实质正义在法庭审理中不断发生冲突，法官们从开始庆幸依靠证据规则来帮助自己摆脱事实真伪不明状态下无法作出裁判的困境，到后来以规则了断纠纷虽然有据可依但可能存在实质不公的更大风险时，威格莫尔理论被重新认识和挖掘，而且越来越受到关注。随着研究的深入，特别是实证研究的加入，证据理论研究的两大领域必将形成，"证据理论正在从一个关注规则解说的领域转变为一个关注证明过程的领域"。① 后者或将占据更加重要的地位。

（五） 司法证明机理是一种证明过程而不是证明规则

在现代证据制度下，与证据的可采性即证据能力问题相对应的是证据的可信性即证明力问题。可采性解决证据的资格问题，是实现事实公正的程序保障；可信性解决证据的证明力问题，是决定案件真相是否能得到最终证明的问题。司法证明机理实际上也主要扮演着还原案件事实真相的角色，从这一点看，研究证明力与证明机理的目的和它们实际发挥作用的领域是相同的，二者仿佛就是一回事。但实际上它们的着眼点和发挥作用的方式是完全不同的。第一，讲证据的证明力一般是从单个证据本身的角度来分析它的证据价值和其可信度的，是对证据本身的静态评价和判断，所以叫证据的证明力或可性信；而证明机理是指由多方证明主体或多个证据的"证据群"共同参与进行证据与证据间的推理和论证活动，从而发挥证据的综合证明作用，这是一种动态的理性思维活动，所以叫证明机理或证明原则。第二，证据的可采性和证明力的核心是规则。前者在于建立一套人为的法则来保证证据的客观、关联和合法；后者虽然少但实际上也不排斥从法律上建立相应的规则，一方面帮助和指引法官正确评价证据证明力的大小，另一方面意在防止法官自由判断证据证明力的空间过大而人为加以限制。从这点来说，二者都是证据法的重要内容，换句话说，以可采性规则和证明力规则为主要内容的证据裁判原则构成了现代证据法的基石。当然，在现代证据制度下，特别是英美法系国家，证据的可采性规则远远多于证明力规则，因为现代世界各国均推崇法官自由评断证据的原则，立法认为不能也不好给裁判者施予过多的约束和限制。而证明机理如前所述主要不是法律规则问题，它是一种司法方法和司法技术，是对证据事实进行处理以还原事实真相的思维过程，无法用规则来规制，是跨学科知识在司法证明领域的综合运用。尽管法律和司法

---

① ［美］理查德·莱姆伯特：《新证据学：对证明过程的分析》。转引自封利强：《司法证明机理——一个亟待开拓的研究领域》，载《法学研究》2012 年第 2 期。

解释有时也对推定问题作出规定，但主要涉及允许和限制其运用的规定。①

二、实战运用

威格莫尔证明图式为我们建构具体案件特别是事实疑难案件的证明机制开启了一扇有益的视窗，提供了一个可资借鉴的思路，但它产生的时代距证据法学研究和实践充分发达的今天毕竟已经近一个世纪，而且威氏证明图示尽管是他理论中最有价值和最有特点的内容，但同时也可以说是最烦琐，最难理解和最难运用于实践的，② 虽然看起来很美但实际上还在书桌上，并没有被实务者拿走。再有，威氏理论受其时代所限也不可避免地存在明显缺陷，它"显得有点儿怪异而且也不系统化"；它建构了一种把大量证据链接成推论网络的方法，但并没有提供所需要的逻辑分析和评价方式。③ 更为重要的是，作为不同国家的学者和面对不同的法律及法律人，它所提供的东西与我国的司法实践和法官的思维特点、方式，以及运用的方法、技术都存在相当的差异。为此，笔者借此理念和证据法研究领域相关理论研究成果，结合中国司法实践和法官分析证据的思维特点及实践经验，以刑事疑难案件为标本，尝试建构一个以非形式逻辑的叙述方式为主且简单适用又便于把握的具体案件证明机理。

笔者建构的证明机理的基本框架和逻辑路径包括以下要点：一是厘清诉请内容和法律关系，凸显待证事实；二是科学整理证据，形成有机联系的证据群图和流程图示；三是直接判断单个证据，将简单案件排除于继续证明之外；四是深度分析证据，对事实真伪不明案件做不能认定犯罪处理而排除于继续证明之外；五是科学严谨推理和综合运用相关知识，完成对疑难案件的

---

① 最典型的是最高人民法院、最高人民检察院、公安部《关于毒品犯罪案件适用法律若干问题的意见》中关于被告人主观明知的认定问题。

② 威格莫尔证明图示最显著的特征就是符号和图示的组合。采用了25种表征不同意义的符号，通过符号推断出证据之间的关系和辨析出对案情有重大影响的事实，图示建立步骤最为重要的就是建立一份各个证据主张的明细。他为一个杀人案件列出的证明明细就达62条之多且建立这样的明细并不容易。参见王佳：《司法证明科学的新视野——威格莫尔证明图示研究》，载王进喜、常林主编：《证据理论与科学：首届国际研讨会论文集》，中国政法大学出版社2009年版。

③ 参见［美］道格拉斯·沃尔顿：《法律论证与证据》，梁庆寅、熊明辉等译，中国政法大学出版社2010年中文版，第329、238页。

事实证明过程。①

以下以一个实践中的刑事证明难案来详细演示证明机理发挥作用的过程。

（一） 指控犯罪及待证事实的确定

某年 5 月 6 日，被告人乘坐航班从中国 C 城市到马来西亚吉隆坡，5 月 11 日 23 时许，其又乘坐航班从马来西亚吉隆坡返回 C 城市。在抵达 C 城机场并领取行李后，被告人选择无申报通道通关。机场海关旅检关员在对其进行查验时，通过安检设备发现其携带的棕色行李箱内有隐藏物，经反复寻找查看，最后从行李箱的夹层中查获两包包裹完整的黄色粉末状物体 900 余克。经鉴定，该粉末状物体含海洛因、咖啡因成分，海洛因含量为 75%。

公诉机关指控被告人的行为构成走私毒品罪。被告人辩称夹带有毒品的旅行箱是受他人委托所带，里面所装物品是食品和服装，自己并不知道箱内藏有毒品，也不知道通关时需要申报，自己的行为不构成走私毒品罪。辩护人认为被告人不明知旅行箱内藏有毒品，公诉机关提供的指控证据无法认定被告人主观上明知旅行箱内藏有毒品的事实，其行为不构成走私毒品罪。

本案控辩双方对抗的观点是被告人是否构成走私毒品罪，其焦点问题是被告人主观上是否"明知"其携带入关的箱内藏有毒品。因为根据刑法总则第 14 条关于故意犯罪的规定和犯罪构成要件理论，走私毒品罪是指行为人明知是毒品而非法运输、携带、邮寄进出国边境的故意犯罪行为，即该罪不仅要求行为人必须有走私毒品的客观行为，而且主观上还必须是明知的。被告人携带的旅行箱内被当场查获藏匿有毒品，其犯罪客观要件事实因证据非常充分而毋庸置疑，但其主观上是否明知箱内藏匿有毒品，却成为证明难点。因为是否"明知"属于主观心理活动不能直接查见，被告人又辩称自己不明知，而且这种罪还不能像某些其他犯罪如持刀杀人等往往从行为上就比较容易判断行为人的主观心态，很多已查实的毒品罪犯在被挡获时往往都以"受蒙骗"为由试图逃避打击。通过对相关法律问题和控辩内容的分析，

---

① 笔者对司法证明机理的建构路径作了详细的研究和描述，但由于本文篇幅所限，只能忍，点到为此，详细内容可以参见笔者其他相关文章。

可以发现本案的主要待证事实就是犯罪的主观要件是否具备，即被告人是否明知携带有毒品进关，而不是其他犯罪构成要件和整个犯罪过程。

（二）建构证据图式及有机联系的证据群

在明确待证事实的基础上，第二步就是梳理经过法庭质证并被采纳的控辩双方的各种证据。本案直接能够证明被告人行为时主观上是否明知携带毒品的证据除被告人供述外几乎没有，但可以判断其主观心态的行为证据却也不少，尽管它们十分零散。为了准确判断被告人的主观心态，借鉴威格莫尔证明图示的原理，对已审查并采纳的证据，按照它们之间的有机联系及逻辑关系和最终待证事实及中间待证事实的层级关系，精心梳理并构建以下证据图式并形成证据群和证明流程：

本案证据群图示

以下是对证据群图和证明流程的详细展示。

最终待证事实：被告人是否构成走私毒品罪。

1. 中间待证事实：被告人携带毒品进入 C 城市海关。证据：

a：现场挡获被告人及查获其携带毒品之各种证据。

2. 中间待证事实：支持被告人"明知"携带毒品进关的主要待证事实。

（1）次中间事实：被告人供述中与已查证的客观事实明显矛盾或自相矛盾的事实。证据：

b：在查获毒品前海关询问被告人时其称没有替他人携带物品的海关工作记录；查获毒品后再询问时被告人又称是帮广州朋友带的东西。

c：海关人员证实，被告人通过无申报快速通道时，旅检人员曾询问过其带的行李是否都是自己的，被告人回答是。

d：供述中有时称自己没有看到机场通道关于申报通道的警示标牌；有时又称警示牌在右边，自己在左边，所以没看到。

e：箱内有隐蔽性很强的夹层内藏有毒品，而被告人称箱内只有衣服。

（2）次中间事实：被告人提供的无法查证的事实。证据：

f：被告人提供了托他带物品之人 G 和 F 的手机号码，但该两个号码一直处于拨打不通的状态。

g：被告人提供了多次与 G 和 F 在腾讯聊天的情况及 QQ 号码，但因腾讯公司不保存聊天记录而无法提取其内容。

h：被告人专程受 G 之托去马来西亚接 G 的挪威朋友，而其在马来西亚待了 4 天却根本没有见到这个挪威人，故关于挪威人的情况没有任何查证线索。

（3）次中间事实：被告人情绪反应不正常的事实。证据：

i：被告人在机场查验过程中情绪镇定，而她只是一个 23 岁的女青年。

j：被告人在供述中称在马来西亚因害怕，故买了 5 月 7 日即到后第二天返回广州的机票（查获物品中确有该机票），但国内的 G 和 F 给她说不要冲动，要她等一等，被告人确实没有乘该班飞机回广州。

k：被告人去马来西亚的目的就是接挪威人，但对 G 给她说挪威朋友有事不来了的说法并没有产生任何怀疑和作出应有的反应。

l：没有证据反映被告人对不计成本和时间的路线设计表示过疑问和关注。

（4）次中间事实：被告人明知自己的行为应当作为而没有作为的事实。证据：

m：马来西亚航空公司提供的证据证明，该公司飞机上均要以中、英、马三国语言反复播报"运输毒品行为在中国是严重犯罪，将招致最高判处死刑的处罚，凡托运或手提物品内有别人物品者，请主动向海关申报"等内容。

n：被告人供称自己在飞机上听到了中、英文关于帮别人带东西要申报的广播，但没在意，也没看到机场海关口岸的为他人携带东西需要申报的告示牌，更没有证明她专门注意或找过警示牌的作为行为的证据。

（5）次中间事实：被告人往返马来西亚路线设计不合常理的事实。证据：

o：被告人供称国内的 F 给她买了三张机票，一张是广州飞 C 市的，两张是 C 市到吉隆坡的往返机票；证据证明被告人行程路确实如此。而客观情况是，广州到马来西亚吉隆坡的路线明显短于 C 城市到吉隆坡的路线，其机票成本也低于后者近一半。

p：被告人供称 F 告诉她因买不到广州到马来西亚吉隆坡的票，所以要绕道 C 市。

q：被告人的男朋友证实，二人聊天被告人谈到先到成都再转机到广州，自己不知道她为什么不直接飞广州。

3. 中间事实：支持被告人"不明知"携带毒品的主要待证事实。证据：

r：被告人供称自己对受人之托携带的箱内是否有毒品不明知的口供证据。

s：邓与 F 5 月 7 日至 9 日的来往短信书证，其中内容未提及毒品相关情况。

t：被告人的男朋友证实，从 2008 年开始两人住在一起，被告人在一家外贸公司作助理，知道其 5 月因工作去了马来西亚且两人通过网上聊天联系。

u：箱内装毒品的夹层十分隐蔽不易发现，所以被告人完全可能不知道箱内有毒品。

v：被告人系第一次出国，其一直供述在半年前担任黑人男子 G 的助理，并在 G 的安排下因公出差到马来西亚，帮她办护照和订机票的 F 告诉她广州飞吉隆坡的机票买不到了，所以买的成都到吉隆坡。

以上是笔者根据本案经庭审已采纳的控辩双方的所有证据，在高度概括证据内容和初步分析思考后，按照本案需要确定的最终待证事实、中间待证事实和次中间待证事实三个证明层次，以证据的证明内容为主要线索，对全部证据按逻辑关系进行梳理形成的证据群。这种排列和归纳完全不同于卷宗中主要以证据形式堆积各种证据及证明内容的方式。

（三）单个证据的直接分析判断

在构建以上证据群后，首先要做的就是对单个证据作直接分析和判断，看是否能够充分证明指控的犯罪事实或者证据明显达不到刑事案件证明标准，明显不能证明指控犯罪事实。按照这个思路，根据已经构建的证据群图示进行判断。本案最终待证事实，即私毒品罪的犯罪事实主要应当证明行为人客观上是否实施了走私毒品的行为和主观上是否明知自己携带的箱内有毒品。判断过程为：第一，被告人携带装有毒品的旅行箱进关的走私毒品的客观行为有海关当场挡获被告人并查获的毒品等大量证据充分证明，这个中间事实证据充分，容易认定，不需要再证明。第二，被告人主观上是否明知自己携带了毒品，这个中间事实没有被告人承认的直接证据证明，其他都是一些间接证据即情况证据，这些情况证据都只能直接证明一些事实片段和侧面，但是毕竟有较多这样的情况证据指向被告人主观上可能是明知的。但究竟能否认定为明知，比较疑难，需要进一步证明，直接判断不出属于认定被告人主观上明知的证据不足而存疑的状态，如果这时候就作出证据不足的认定有可能放纵犯罪。第三，虽然被告人供述一直辩称自己不知道箱内有毒品，辩护人也认为认定其主观上明知的证据不足，但其提出的理由和证据也不足以支撑自己的论点。通过对单个证据作较为直接的判断后，得出的结论是本案被告主观上是否明知自己携带毒品进关的事实认定比较疑难，需要应用推理等方法对证据群的综合证明力进行深入和综合判断。

（四）证据群综合证明力的分析判断

根据已经建立的证据图示和证明流程，围绕主要待证事实，结合似真推论方式分步进行推理和判断：

1. 被告人在关键问题上的供述有自相矛盾之处。一是海关检查时被告人称所带行李都是自己的，没有帮别人带；而当毒品被当场查出后又称箱子是帮广州的朋友带的，前后说法不一；二是在是否看见申报通道警示牌的问题上，虽然多次都供述自己没有看见警示牌，但其中一次说，警示牌在右边，自己在左边，所以没看到。这里有明显漏洞。被告人如果真的没看到警示牌，又怎么知道它在右边？这两个自相矛盾之处都很关键，因为帮别人带的行李在通关时要受到更为严格的检查，不走申报通道而走快速通道则可以蒙混过关，可以看出被告明显想逃避海关检查。按照似真推论的逻辑表达式，可以做这样的推断：在通常情况下，如果某人企图逃避海关检查，他一定有不想被检查的理由如走私。被告人明显想逃避海关的检查，所以，被告人一定有不想被检查的理由如走私。这里只能是一个似真的判断。根据被告人自相矛盾的说法还可以作这样的推断：通常情况下，如果一个人在被海关检查时说话自相矛盾，避重就轻，那他可能有某种隐情如走私。被告人在查出毒品前后对行李是否是自己的说法不一，避重就轻，所以被告人有可能有某种隐情如走私。综上，从 b、c、d、e 几个证据联系起来分析，被告人对携带毒品过关之事可能是明知的，除非她有合理解释的理由，但是没有。

2. 被告人供述提供的事实多为无法查证的事实。包括派她出国的 G 和 F 的手机都打不通，无法核实被告人说的情况；与 G 和 F 的聊天记录未能提取，无法核实聊天内容；专门去接的挪威人没有任何线索，无法核实被告人去马来西亚的目的；在马来西亚负责接待被告人的 C 也未能查到。总之，被告人供述的事实几乎都无法查证，如果说 G、F 无法联系可能是他们发现被告人出事后不会再和她联系的话，腾讯 QQ 聊天记录未能查到就有些蹊跷，因为一般情况下只要使用人自己不删除，聊天记录就有保存，被告人与其男朋友的聊天记录被查到就说明了这点。据此可以推断：通常情况下，如果被告人提供的线索都无法查找和核实，那他的供述是不可信的。本案被告人供述的整个过程几乎都不能查找到印证的线索，所以，她的供述包括自己不明知毒品的供述不可信。

3. 被告人在诸多问题上情绪反应不正常。第一，作为一个 23 岁又是第一次出国的女青年，在机场查验过程中面对海关严格的盘查询问，特别是当场采取破坏性手段才从箱子里检查出毒品时，居然很镇静。从心理学的角度看，如果不是有特殊的心理素质或者有充分的心理准备，不知道隐情的人一般不大可能是这样的表情，何况是被告人这样的涉世不深的女孩子。第二，被告人在供述中称在马来西亚因害怕，所以买了第二天返回广州的机票，但 G 和 F 给她说不要冲动，要她等一等，她才没有第二天回广州。这里"害怕"和"冲动"都显得有点蹊跷。按照被告人的供述，她去马来西亚是为公司办业务即接挪威人，正常的业务为什么会"害怕"，"冲动"又是指什么，都显得莫名其妙。第三，被告人称去马来西亚的目的就是接挪威人，但当 G 给她说挪威朋友有事不来了的时候，她并没有怀疑派她去马来西亚的真正目的，这也有些不合常理。所以，将 e、j、k 这几个证据联系起来看，被告人关于完全不知情的说法也值得怀疑。

4. 被告人在不主动申报情况下仍称自己不明知携带毒品的辩解缺乏说服力。有充分证据表明，航空公司在飞机上反复播报了替别人带东西应申报而且走私毒品是严重犯罪，可能招致判死刑，被告人也称听见了广播。但对这么重大以至于涉及可能严重犯法甚至丢命的事情居然可以"不在意"，好像与自己无关。如果被告人没有替别人带东西，而且还是对方专门买箱子就为装两件衣服这样的方式替别人带东西的话，不在意广播也符合情理。但被告人恰好就是这种很不正常地替别人带了箱子，还是"不在意"且不主动申报，就显得很不正常。通常在这种情况下，如果行为人真的不知情，就应该很敏感并积极申报，以免惹火烧身，招来祸事。而被告人的行为却相反。在这种情况下，被告人关于自己不明知带的箱里有毒品的辩解显得非常苍白而没有说服力。

5. 被告人往返马来西亚路线设计不合常理。本案的客观情况是，广州到马来西亚吉隆坡的路线明显短于 C 城市到吉隆坡的路线，其机票成本也低于后者近一半。被告人供称 F 告诉她因买不到广州到马来西亚吉隆坡的票，所以要绕道 C 市。这个理由粗看是个理由，但仔细分析漏洞也比较大，一是即使买不到票也不可能是常态，而被告人称 F 是一次性把三张票都买好了给她的，故票不好买的理由就难以使人相信，被告人相信这个理由也就不符合情理；二是根据 C 市近年来查获的走私毒品犯罪中多为绕道 C 城市和其他城市的共同特点，可以推论：通常情况下，不合理地绕道涉及走私毒品或走私其他物品；本案被告人往返广州与马来西亚绕道 C 城市系不合情理地绕道，有可能也是走私毒品犯罪。

6. 被告人提供的其与 F 的来往短信未提及毒品相关情况和其男朋友关于被告人在一家外贸公司作助理，5 月因工作去了马来西亚等证据。这些证据对证明被告人是否明知携带毒品的辩护意见基本上没有证明作用。

（五）综合证明力判断结论

经过对证据的精细梳理并形成证据群图示，在此基础上深入分析诸多间接证据，笔者的判断是：虽然没有证据直接证明被告人主观上对携带毒品是明知的，但是根据诸多间接证据证明的事实，被告人知道或者推论其应当知道箱内有毒品的认定是能够成立的。这里最关键的是，尽管每个证据能够证明的中间事实都可能是似真的而非绝对真实，但如果若干个似真判断都指向同一待证事实，其证据的综合证明力就会大于单个证据的证明力，形成证据链，共同证明待证事实。

三、结论

司法证明机理有助于法官摆脱事实认定难的司法尴尬和避免司法远离实质正义的危险，在保障程序正义的同时，以理性的努力寻求实质正义；客观事实是一种实然状态，但发现和揭示客观事实的观念和方法却可以是应然的，司法证明机理正是一种确保实然再现的应然方法；某些案件事实具有隐蔽性和不好收集证据的特点，在这些类型的案件中，司法证明机理更能发挥其重要作用；司法证明机理对我国证据学研究和司法实践来说是一个新概念和新的视野，但并不意味我国法院和法官没有这方面的司法实践，对法官的智慧进行总结和提升，构建符合我国司法实际的司法证明机理值得努力和探索。

监听资料转化为定罪证据的程序问题

曾学愚*　　　林世雄**

引子：案例与问题

广西某市某县查获一起重大运输毒品案件，嫌疑人通过车站的安检后在候车室与上家碰头，由上家帮他办理了行李包托运手续并将行李包放上车厢，后将行李托运单交与嫌疑人，嫌疑人上车后被抓获，并在其行李包内查获毒品海洛因一块（净重470克）。这是一起典型的"人货分离"案件，嫌疑人狡辩自己进入候车厅时已经过安检，行李包内没有任何违禁品，办理行李托运手续后行李包就在车厢里，不知道谁往自己的行李包里放了毒品，自己与这块毒品没有任何关系。本案中，出现了"人包分离"的间隙，确实不能排除其他人将这块毒品放入嫌疑人行李包的可能，且由于是专业毒犯经过精心谋划所为，毒品外包装上没有留下任何指纹、毛发、皮屑等微量物证，无法得出嫌疑人即为罪犯的唯一结论。但是，该嫌疑人是侦查人员根据有关线索锁定已久的对象，之前就对其进行了电话监听，根据监听到的通话内容，完全可以证实该嫌疑人就是运输此块毒品的行为人。那么，这些监听获取的资料能否成为本案定罪的关键证据呢？

一、修改后的刑事诉讼法为通过监听获取的资料作为定案证据提供了法律依据

监听是指未经当事人同意，侦查机关根据法律的规定，通过技术手段对

---

　*　广西壮族自治区人民检察院党组副书记、副检察长。
　**　广西壮族自治区人民检察院检察委员会委员，法律政策研究室主任。

犯罪嫌疑人或相关人的电话或口头交流的言词信息进行截取的一种侦查手段。① 目前国内的研究者大多认为监听是一种技术侦查手段。② 监听作为一种合法的侦查措施，其法律依据主要是 1993 年颁布的《中华人民共和国国家安全法》③、1995 年颁布的《人民警察法》④、1989 年最高人民检察院、公安部颁布的《关于公安机关协助人民检察院对重大经济案件使用技侦手段有关问题的通知》⑤ 这些法律法规及文件，间接解决了在侦查各类案件中使用监听措施的合法性问题，但在 1996 年刑事诉讼法的修改中，并没有将这些规定吸收到刑事诉讼法修正案中来。不难看出，上述法律法规及文件仅适用于侦查环节，对于审判环节可以将监听资料直接作为证据使用的规定，直至 2010 年 7 月 1 日实施的"两高三部"《关于办理死刑案件审查判断证据若干问题的规定》中才出现⑥。可见，长期以来，监听措施在侦查环节和审判环节的脱节，导致了在侦查环节通过合法程序取得的第一手有利资料进入不了审判环节，不能直接用于指控犯罪，成为采取监听侦查措施的一个硬伤。2012 年 3 月刑事诉讼法的修改，以专章的形式对技术侦查措施作出了规定，并且打破了以往通过监听获取的资料不能直接作为证据使用的局面，修改后的《刑事诉讼法》第 150 条第 3 款规定："采取技术侦查措施获取的材料，只能用于对犯罪的侦查、起诉和审判，不得用于其他用途"；第 152 条规定"依照本节规定采取侦查措施收集的材料在刑事诉讼中可以作为证据使用"。这些规定，一方面在基本法层面给了技术侦查措施一个合法的地位，作为技术侦查措施之一的监听得以成为法定的侦查措施，"赋予监听以合法性，从法理上可视为不得强

---

① 李明：《监听制度研究——在犯罪控制与人权保障之间》，法律出版社 2008 年版，第 10 页。

② 参见杨迎泽、李麒：《电话监听证据研析》，载《证据学论坛》（第 1 卷），中国检察出版社 2000 年版，第 385 页。

③ 《中华人民共和国国家安全法》第 10 条规定："国家安全机关因侦察危害国家安全行为的需要，根据国家有关规定，经过严格的批准手续，可以采取技术侦察措施。"

④ 《人民警察法》第 16 条规定："公安机关因侦查犯罪的需要，根据国家有关规定，经过严格的批准手续，可以采取技术侦察措施。"

⑤ 在以前的法律规范性文件中，都使用的是"技术侦察"一词，新刑事诉讼法使用的是"技术侦查"一词，两词词义一致，为了避免造成误解，本文统一使用"技术侦查"。

⑥ 《关于办理死刑案件审查判断证据若干问题的规定》第 35 条规定："侦查机关依照有关规定采用特殊侦查措施所收集的物证、书证及其他证据材料。经法庭查证属实，可以作为定案的根据。法庭依法不公开特殊侦查措施的过程及方法。"

迫自证其罪原则适用的一种例外，从而获得法理正当性"；[①] 另一方面立法赋予了通过技术侦查措施获取的资料进入庭审程序成为定罪证据的通行证，意味着监听措施获取的资料的证据能力的取得，避免了以往将监听录音"转化"为言词证据的"迂回"办案方式。

二、监听资料作为定罪证据的认定程序

通过技术侦查措施获取的资料如何在法庭上依法定程序出示并质证，从而成为据以定罪的合法证据，这是修改后刑事诉讼法给我们提出的新问题。本案中侦查机关通过监听措施获取的资料（以下简称"监听资料"）如何转化为定罪证据的相关程序，很值得探讨。

（一）监听资料的证据类型应属视听资料

修改后的刑事诉讼法规定的证据种类有八种，对于监听获取的资料作为证据属于哪种证据类型，有如下几种观点：书证说——认为监听获得的资料是通过其截获记载的内容来证明案件的事实，符合书证的特征，因此为书证。言词证据说认为，监听获取资料的内容是犯罪嫌疑人或有关人员的对话，属于对案件情况的陈述，因此应根据说话的对象不同分别为被告人供述和证人证言、被害人陈述等言词证据。视听资料说认为，监听获取的证据是以声音、图像或者其组合感性地、动态地再现来证明案件事实的运动和过程，其信息的存储、传输、显示也都采取电子手段和模拟信号方式进行，其本质是利用特定的记录方式，借助一定的技术设备以声音、图像方式还原被记录的信息，是一种电子证据，符合视听资料的特征。

以上各种说法均不无道理，但我们倾向于第三种说法。监听获取的资料为音像证据，与书证、言词证据最根本的区别在于信息形式的不同以及再现记录内容所需要的设备不同。音像证据的信息形式是动态的声音和图像，根据记录信息的方式不同选用相应的技术设备来再现案件真实情况；书证的信息形式是静态的文字、图像和符号，只需要借助于人脑的文字处理系统直接反映待证案情；言词证据的信息形式是人的陈述，是通过语言来再现大脑对

---

① 张鲲、王黎：《监听与不得强迫自证其罪原则冲突的消解》，载《人民检察》2012 年第 20 期。

案件事实的反映。^① 以这个标准来对各种证据进行分类，监听获取的资料更符合视听资料这种证据类型。

（二）可在庭前会议上就监听资料的合法性问题了解情况、听取意见

修改后的《刑事诉讼法》第182条第2款规定，"在开庭以前，审判人员可以召集公诉人、当事人和辩护人、诉讼代理人，对回避、出庭证人名单、非法证据排除等与审判相关的问题，了解情况，听取意见。"此规定被认为是构建了中国特色的庭前会议程序雏形。^② 对于监听资料的合法性，法庭可以通过组织庭前会议的形式听取控辩双方的意见。对监听资料的合法性证明在于是否排除证据，我国刑事诉讼法对非法证据的排除规则是非法言词证据绝对排除，其他非法证据相对排除^③。对监听资料的非法证据排除应适用相对排除规则，一方面监听资料属于视听资料证据；另一方面因监听资料证据是在通过技术侦查手段秘密获取的，一般不存在采用刑讯逼供或暴力、威胁等非法方法收集的问题。"两高三部"《关于办理死刑案件审查判断证据若干问题的规定》第28条明确规定："具有下列情形之一的视听资料，不能作为定案的根据：（一）视听资料经审查或者鉴定无法确定真伪的；（二）对视听资料的制作和取得的时间、地点、方式等有异议，不能作出合理解释或者提供必要证明的。"因此，对于监听获取的视听资料证据，也是在可能严重影响司法公正且不能补正或者作出合理解释的情况下，才予以排除。对于能补正或作出合理解释的监听资料证据，办案机关可在庭前会议上进行解释，对可作出补正的在会议后及时进行补正。在开庭之前法官仅仅听取当事人对非法证据的意见，并不作任何实质性处理，但这并不意味着法官无所作为，对于当事人提出与证据非法相关的线索与材料，"法官在听取双

---

① 参见张斌：《视听资料研究》，中国人民公安大学出版社2005年版。
② 参见《构建中国特色"庭前会议"程序——就新刑诉法第182条第2款专访陈卫东教授》，载《检察日报》2012年4月1日第3版。
③ 修改后的《刑事诉讼法》第54条规定："采用刑讯逼供等非法方法收集的犯罪嫌疑人、被告人供述和采用暴力、威胁等非法方法收集的证人证言、被害人陈述，应当予以排除。收集物证、书证不符合法定程序，可能严重影响司法公正的，应当予以补正或者作出合理解释；不能补正或者作出合理解释的，对该证据应当予以排除。"

方意见的基础上，判断当事人提供的线索或材料是否能够引起对证据合法性的怀疑，以决定在庭审中是否进行证据合法性的审理"。①

（三）为保护特定人员的安全，监听资料可以通过"模糊"举证的方式进行质证，必要时可"庭外核实"

作为定罪的证据必须经过控辩双方的质证，查证属实。在我国的刑事诉讼法中，既没有对视听资料，也没有对技术侦查获取的证据如何质证作出特别规定，因此适用质证的一般规定，但符合其他特殊规定的，适用其他特殊规定。一般来说，质证是在法庭开庭审理中的法庭调查程序中进行，即使不公开开庭审理，质证的证据也应当为控辩双方所知悉并提出质证意见，经过合议庭审查。但在实践中，对于一些社会危害性极大、涉案人员危险性极强的案件，如危害国家安全犯罪、恐怖活动犯罪、黑社会性质的组织犯罪、重大毒品犯罪案件等，司法人员出于保护证人、被害人、线人等特殊人员安全的考虑，仅对证据的内容进行举证，对于某些可能对上述人员的安全带来隐患的信息，不进行公开。这一做法在"两高三部"《关于办理死刑案件审查判断证据若干问题的规定》中得到了支持。②

修改后的刑事诉讼法对司法实践中的上述做法予以了肯定，并作了更为详细的规定。修改后的《刑事诉讼法》第 62 条规定："对于危害国家安全犯罪、恐怖活动犯罪、黑社会性质的组织犯罪、毒品犯罪等案件，证人、鉴定人、被害人因在诉讼中作证，本人或者其近亲属的人身安全面临危险的，人民法院、人民检察院和公安机关应当采取以下一项或者多项保护措施：（一）不公开真实姓名、住址和工作单位等个人信息；（二）采取不暴露外貌、真实声音等出庭作证措施……"这一条所保护的对象是特定的人，而不是特定的证据种类，也就是说这些人不管通过怎样的证据形式提供了指控前述特定犯罪的证据，都应当受到这些特殊保护，所提供证据的种类不仅限于言词证据、鉴定意见证据，对于通过监听取得的视听资料中所涉及的这些

---

① 参见马贵翔、胡巧绒：《论证据合法性的证明——兼评修改后刑诉法关于证据合法性证明的规定》，载《人民检察》2012 年第 15 期。

② 李明：《监听制度研究——在犯罪控制与人权保障之间》，法律出版社 2008 年版，第 10 页。

诉讼参与人，也应受到同等的保护。因此，对于在这些特定案件中通过监听获得的视听资料证据，可以通过"模糊"举证的方式进行质证，以保护特定人员的安全。比如，在监听获得的视听资料中出现的证人，为保护他们的安全，可以在举证中不公开其真实姓名、住址和工作单位等个人信息，采取不暴露外貌、真实声音的方式，但侦查机关应当对不公开、不暴露的原因进行说明，公诉人和合议庭审查理由是否成立。对于其他通过监听获取的证据，如在侦查贪污贿赂犯罪案件中监听获取的视听资料证据，当中不出现需要保护的人的，应当采取通常的方式进行质证。

此外，检察机关可以向法庭作出不公开质证的建议，其依据是2012年10月16日修订的《人民检察院刑事诉讼规则（试行）》第266条第2款的规定——"对于使用技术侦查措施获取的证据材料，如果可能危及特定人员的人身安全、涉及国家秘密或者公开后可能暴露侦查秘密或者严重损害商业秘密、个人隐私的，应当采取不暴露有关人员身份、技术方法等保护措施。在必要的时候，可以建议不在法庭上质证，由审判人员在庭外对证据进行核实。"同时，该项规定中的"由审判人员在庭外对证据进行核实"为监听资料的质证方法提供了"路径"选择。笔者认为，"必要的时候"应是指采取不暴露有关人员身份、技术方法等保护措施后使得审判人员难以确信技侦收集材料的合法性、真实性，或者采取不暴露有关人员身份、技术方法等保护措施后仍然无法防止严重后果出现时，通过技侦手段收集的资料无须经过庭审举证、质证程序，而由审判人员应在庭外对证据进行核实后确定其效力。然而对于"庭外核实"的程序，修改后的刑事诉讼法并没有作出具体规定，"使得法官庭外核实时是否允许控辩双方在场成为一个具有争议的问题"。[①] 对这一争议，可以考虑让辩方签订保密协议后在场。

（四）监听资料可采性审查

所有证据在法庭上进行质证的目的都是被采信为定罪量刑的依据。具有证明能力、能够被采信为定罪依据的证据，必须具备证据的"三性"，即客观性、关联性和合法性，因此监听资料证据要成为定罪证据需进行三方面

---

① 戴仕俸：《检察机关技侦权探析》，载《中国刑事法杂志》2012年第11期。

审查：

第一，监听资料的客观性审查。视听资料较容易被伪造、增删、篡改、破坏的，监听获取的视听资料证据的内容的客观真实性，是我们采信的前提问题。对于司法人员，都有审查视听资料真实性的义务，必须结合视听资料的原始性和完整性来进行综合认定。对于有经过增加、删改、编辑、剪辑等伪造、变造痕迹，或者出现自相矛盾、内容前后不一致或不符合情理的，要提取原始录音，必要时要请有关专家进行鉴定[1]，以确保资料的真实性。

第二，监听资料的关联性审查。监听获得的视听资料证据的内容要能直接或间接证实案件的事实，与犯罪事实或被告人具有本质的联系性。对于关联性的界定、多大程度上的关联才能采信等问题，没有立法上的量化和明确标准，只能靠人们的经验法则、生活常识、直观判断、逻辑推理等进行判断，属于司法人员通过自由裁量内心确认的内容。[2] 在侦查中也许截取了很多监听资料，但并不是所有资料都能作为证据使用。有些资料与案件无关，如日常生活中的对话；有些可能与案件有关，但不能证明案件事实，仅作为侦破案件的线索，这些资料不能证明案件事实，但可能涉及被监听对象的隐私，不适宜公开，即使是不公开开庭审理，也没有必要扩大知晓范围。因此，公诉人庭前要认真审查资料内容，甄别与案件的关联性，找出与案件事实具有事实上或逻辑上联系的部分，不放过能证实犯罪事实的证据，也尽可能将对被告人及有关人员隐私权的侵害降到最低限度，最大限度地保护他们的合法权益。

第三，监听资料的合法性审查。对于监听获取的视听资料，不但要审查其内容，还要对取得的程序是否合乎法律的规定进行审查，具体来说，就是要审查监听程序的审批、实施主体、实施对象、实施案件的性质、实施时间等是否合法，以及制作、存储、复制的形式是否合法。

对于监听程序的合法，根据修改后的刑事诉讼法要求：只有对危害国家

---

① 《关于办理死刑案件审查判断证据若干问题的规定》第27条第2款规定："对视听资料有疑问的，应当进行鉴定。"

② 蒋平、杨莉莉：《电子证据》，清华大学出版社、中国人民公安大学出版社2007年版，第165页。

安全犯罪、恐怖活动犯罪、黑社会性质的组织犯罪、重大毒品犯罪或者其他严重危害社会的犯罪案件以及重大的贪污、贿赂犯罪案件、利用职权实施的严重侵犯公民人身权利的重大犯罪案件立案后，经过严格的批准手续方能采取监听措施；审批时必须确定采取监听措施的适用对象，每次批准的有效期为3个月，需延期的也须经过批准，每次延期不得超过3个月。司法人员要根据以上要求及将要出台的有关解释来认定程序的合法性。

对于视听资料证据表现形式合法性的判断，在"两高三部"《关于办理死刑案件审查判断证据若干问题的规定》中要求：应当载明制作人的身份，制作的时间、地点和条件以及制作方法；是否为原件，移送的视听资料是复制件的，是否附有制作过程和原件存放地点的说明；是否有制作人签名或者盖章。司法人员要根据以上要求审查监听资料证据的形式合法性。对于可能严重影响司法公正且不能补正或者作出合理解释的监听资料证据，由审判人员依法进行非法证据排除。

（五）监听资料具有直接证明效力

监听资料作为定罪证据使用的目的是发挥其证明力。监听资料对认定犯罪的主观直接故意和客观事实都具有十分重要的作用，在一些危害国家安全、毒品、贿赂等疑难案件中，这些资料往往成为认定犯罪的关键。本案例中，监听资料即成为认定嫌疑人运输毒品犯罪行为的关键证据。那么从证据学角度，其对认定案件的法律事实和定罪量刑来说，证明力该如何判断？我国刑事证据规则对证据证明力大小的一般原则是：原始证据优于传来证据，直接证据优于间接证据。那么，监听获取的视听资料证据属于什么性质的证据，决定了其证明力的大小。首先，监听获取的视听资料来源于侦查机关通过技术手段对案件犯罪嫌疑人或相关人的电话或口头交流的言词信息截取，是直接来源于案件的一种原始证据；并且是在未经当事人同意的情况下秘密进行的，当事人意思表示的真实性比较可靠，恶意作伪证的可能性较小，与案件的关联性和可信度都较强，对证明案件事实能起到主要证据的作用。其次，对于监听获取的视听资料是直接证据还是间接证据问题，不能一概而论，应分不同情况来判断。区分直接证据和间接证据的标准要看是否能直接证明案件事实，由于现在人们的沟通联络方式大多通过有线或无线技术方式进行，监听获取的视听资料能完整反映客观事实，直接证明案件事实的可能性是比较大的，但也可能有一些反侦查能力比较强的犯罪嫌疑人，尽量不使用电话联络，或者在电话中使用暗语，这些资料就可能不能完全证明案件事实，只是间接证据，对案件事实的证明起到次要作用，需要与其他证据相互佐证来证明案件事实。通常情况下，监听获取的视听资料证据可信程度及证明力是比较高的，但也不排除其成为间接证据需要与其他证据相互佐证以证明案件事实的情形，即便是间接证据，由于其原始证据的性质，其证明力亦高于其他间接证据。

论约购类诱惑侦查及其合理控制

叶衍艳*　　　李崇涛**

一、问题的提出：从四类约购案件的发、破案经过说起

2012 年 5 月 3 日，群众肖某报案称发现有人在网上卖发票，"准备先和他聊聊，看他卖什么票、怎么卖，再来反映情况抓他"。次日，肖某报称对方已通过快递方式向自己出售发票 320 份，公安机关根据其提供的信息和材料将卖方龚某抓获。法院以出售发票罪判处龚某有期徒刑 8 个月。

实践中上述发、破案情况普遍存在。以北京市某区（以下简称"A区"）为例，2012 年检察院起诉的出售发票、出售非法制造的发票、倒卖伪造的有价票证、伪造公司（企业）印章案①（以下简称"四类案件"或"四类犯罪"）共计 193 件，呈现出以下共性：（1）发案起因相似。共有188 件系举报人约购违禁品后报案，占 97%。（2）破案方式相似。188 件约购案中，108 件由约购者配合民警实施"控制下交付"并现场抓捕嫌疑人，占 57%；80 件系约购者提供信息后，民警将邮寄送货的嫌疑人抓获归案，占 43%。（3）举报人身份相似。上述约购案中，约购者均系不具备民警或协警身份的普通群众，但都如同"好市民"② 一般，自发性地向嫌疑人约购违禁品并积极报案、配合破案。此外，部分约购者可能长期与侦查机关合

---

* 北京师范大学刑事法律科学研究院 2012 级刑事诉讼法博士研究生，北京市海淀区人民检察院公诉二处副处长。
** 四川省检察院公诉三处助理检察员。
① 本文研究的伪造公司（企业）印章案，仅限伪造印章后出售牟利的案件。
② 香港自 1973 年推行"好市民奖励计划"，鼓励市民举报犯罪行为、协助警方防止或侦查罪案、逮捕罪犯及挺身作证，并于每年 6 月、11 月颁奖。参见香港特区警务处网站：http://www.police.gov.hk/ppp_sc/03_police_message/gca.html.访问时间：2013 年 5 月 24 日。

作，甚至有犯罪分子多次作案碰巧遭遇同一个"好市民"。如 A 区检察院 2012 年 8 月收案审查起诉的嫌疑人江某伪造公司印章案系周某约购并举报，但江某 2010 年 9 月所犯伪造企业印章罪，即由该周某约购破案。

现象的戏剧性不免引发疑惑，与侦查机关长期合作的"好市民"是不是特情或者线人？尽管侦查人员在被问及时笑而不答，但职业举报人现象下的"诱惑侦查"滥用问题已经引起社会的广泛关注。

"诱惑侦查"概念源自英美法系国家的"警察圈套"，国内定义为侦查人员暗示或诱使侦查对象犯罪，并在犯罪行为实施时或结果发生后拘捕犯罪人的一种侦查取证方法，具有主动性、欺骗性和诱导性的特点。类似手段用于行政执法领域被形象地称为"钓鱼执法"，并因 2009 年上海孙中界事件为社会大众熟知。① A 区"四类案件"的嫌疑人因此屡屡向检察官申诉称自己遭遇了"钓鱼执法"，某辩护律师则戏称其委托人被"钓鱼司法"。客观来讲，A 区"四类案件"的办理确属采取了"诱惑侦查"手段：（1）个案中虽表现为先接报、后倒查的"回应型侦查"，但公安机关借助职业举报人寻找对象约购破案，大量侦查取证工作在犯罪行为发生前已经开展，实质与"主动型侦查"无异；（2）职业举报人隐瞒身份、假购违禁品而促成犯罪，无疑存在欺骗与诱导。

多年来，"诱惑侦查"在刑事诉讼立法上近似空白而实践中被普遍采用，直到 2012 年《刑事诉讼法》（以下简称"新刑诉法"）第 151 条的规定才初步将其纳入法治轨道。面对"诱惑侦查"手段中最具普遍性、代表性的约购破案方式，司法实践的当务之急在于厘清问题和成因，认识新刑诉法带来的机遇和挑战，进而探索对其合理控制的可行路径。本文将围绕公、检、法三机关如何创新工作机制展开探讨，以期推动约购类"诱惑侦查"制度的细化与完善。

① 2009 年 10 月，刚到上海上班两天的 18 岁青年孙中界好心开车搭载他人，却遭遇"钓鱼执法"，并被认定为非法营运。激愤之下，孙中界用菜刀剁掉左手小指以证清白。

二、问题表征：约购破案引发的实体法处理困境

（一）不关注被告人犯意产生过程的有罪判决

学界将"诱惑侦查"分为"机会提供型"与"犯意诱发型"，并在肯定前者、否定后者的问题上已基本达成共识。关于二者如何区分的观点主要有：一是立足嫌疑人角度的主观说，考察其是否自有犯意；二是立足侦查机关角度的客观说，考察侦查行为是否规范、是否过度、是否提供了高于一般社会正常情形的诱因或机会；三是主客观混合说，即同时关注上述两方面的问题。[①] 2012 年《公安机关办理刑事案件程序规定》（以下简称《公安规定》）第 262 条规定"隐匿身份实施侦查时，不得使用促使他人产生犯罪意图的方法诱使他人犯罪"，即采用了主观说的评判方式。以此考量 A 区"四类案件"可以发现：

1. 多数案件能够认定嫌疑人自有犯意，一般表现为两种情况：（1）嫌疑人现场兜售或同时向举报人以外的人出售同类违禁品。如前述龚某在网上出售发票被抓获后，民警在其家中发现了大量快递单据，均系向举报人出售发票的同日发出。经走访收件人查明，部分快件系嫌疑人出售的发票，其自有犯意显露无疑。（2）嫌疑人存货观望，利用以往发布的出售信息"守株待兔"。在案证据不仅包括嫌疑人用于长期出售相关违禁品的广告，还有查获的待售存货，可认定其自有犯意。[②]

2. 少数案件认定嫌疑人自有犯意的证据不足或不符合法理，但 A 区检察院、法院未充分关注和评判犯意产生过程，最终无一例外地作出了起诉决定和有罪判决。如：（1）嫌疑人按照买家需求临时进货，除出售给举报人的违禁品外没有待售存货。认定其自有犯意的证据仅限于名片、路边"牛皮癣"或网上信息等小广告，但大多不能显示形成时间。如果嫌疑人辩称自己"早就不做了，因举报人约购游说才重操旧业"，办案人员只能回避该

---

① 此外还存在"两分说"。四种观点的具体内容及评析，参见孙长永主编：《侦查程序与人权保障》，中国法制出版社 2009 年版，第 393—403 页。

② 2008 年《全国部分法院审理毒品犯罪案件工作座谈会纪要》指出：对已持有毒品待售的犯罪者，采取特情贴靠、接治而破获的案件，不存在犯罪引诱。

问题。（2）嫌疑人兜售此物，举报人约购彼物。如丁某出售非法制造的发票案，丁某在路边兜售办假证，举报人却约购假发票，丁某遂从他人处取得假发票并向举报人出售，被设伏的民警当场抓获。嫌疑人自有的"此罪"犯意，当然不能为引诱其犯"彼罪"的侦查行为正名。

（二）不能够在刑法理论上自圆其说的未遂认定

《刑法》第 23 条第 1 款规定："已经着手实行犯罪，由于犯罪分子意志以外的原因而未得逞的，是犯罪未遂。"A 区 193 件"四类案件"中，前三类（均以"出售"行为作为犯罪客观要件）认定有犯罪未遂情节的比例高达 91.4%，理由多为约购案件的违禁品不可能流入社会，构成"不能犯未遂"；伪造公司（企业）印章案则均认定既遂，理由是嫌疑人被抓获时"伪造"的罪行已经完成。

抛开学界在"不能犯的可罚性"、"不能犯与未遂犯的区别"等问题上的争论，通说认为：犯罪行为"没有得逞可能的"构成"不能犯"，"有得逞可能而未实际得逞的"构成"未遂犯"。但是何谓"得逞"，理解有三：一是着眼于犯罪意图能否实现；二是关注犯罪行为能否完成；三是强调犯罪结果能否发生。但是，三者均在运用于约购案时存在短板。

第一种观点认为，约购案的嫌疑人在"警察圈套"下不可能实现犯罪意图。其局限性较为明显：（1）实践层面上，不排除约购后警方的抓捕工作可能失败，也不排除抓获邮寄送货的嫌疑人时，赃款已被挥霍。嫌疑人牟利的犯罪意图均有实现可能；（2）理论层面上，犯罪"得逞"应系"故意的意志因素"而非"犯罪意图"的实现，如行为人绑架前女友父母以逼迫其保持恋爱关系，无论该意图能否"得逞"，都与绑架罪既遂的客观状况无关。

有司法工作者持第二种观点，认为"犯罪在警方的控制下随时可以终止，根本没有可能真正完成犯罪行为，故只能认定犯罪未遂。"[1] 但是：

---

① 黄维智：《控制下交付法律问题研究》，载《社会科学研究》2007 年第 2 期。

（1）如何区分犯罪交易行为是否完成，学界尚无定论；① （2）对于现场抓获嫌疑人的约购案，该观点并无实际意义。除特殊情况外（如嫌疑人临时警觉而逃跑），设伏民警可自由掌握在嫌疑人到达交易地点时、正在交易时或交易完成离开时实施抓捕，从而在"交易行为是否完成"的问题上要风即风，要雨即雨。

A区检察院、法院对出售类约购案件运用第三种观点，认为嫌疑人售出的违禁品因系举报人约购而不可能流入社会，因而其希望、放任发生的危害结果不可能发生。但是，以"犯罪结果"能否发生作为判断"行为犯"既、未遂的标准，是一种偷换概念的逻辑谬误，在刑法理论上难以自圆其说。②

（三）未考虑"数量引诱"情节的定罪、量刑结果

A区"四类案件"的交易数量一般由举报人提出确定，该数量在嫌疑人有罪无罪、③ 罪轻罪重的问题上显得至关重要。如汪某、高某倒卖伪造的有价票证案中，某公司取得某套邮票的发行权后，发现二嫌疑人可能在倒卖该邮票，遂派员工邵某购回20套，经鉴定系伪造。后邵某到公安机关报案，民警安排其再次约购假邮票11套，并在"控制下交付"时将二嫌疑人抓获归案。侦查机关移送审查起诉时认定二嫌疑人出售假邮票31套共计5332枚，票面数额累计6398.4元④，但问题在于：（1）被害公司购买邮票用于

---

① 学界观点较多，如：（1）买卖双方是否达成意思一致；（2）违禁品是否进入交易环节；（3）有否实施有偿转让违禁品的行为；（4）行为人是否实际交付违禁品，并结合贩卖行为是否真正的、实质意义上的完成来考量。参见于志刚：《毒品犯罪及相关犯罪认定处理》，中国方正出版社1999年版，第130页；张穹主编：《刑法各罪司法精要》（修订版），中国检察出版社2002年版，第751页；王作富主编：《刑法分则实务研究》（下），中国方正出版社2010年版，第1575页；张建、俞小海：《贩卖毒品罪未遂标准的正本清源》，载《法学》2011年第3期。
② 约购类案件的既未遂认定问题，此前在贩毒案中已受到广泛关注。鉴于毒品的严重危害性，最高人民法院最终提出"以利于依法严惩犯罪为原则，具体判定产生争议、把握不准时认定为既遂"。参见最高人民法院刑事审判庭：《刑事审判参考》（总第67集），法律出版社2009年版，第212页。A区司法机关对约购破获的出售发票、出售非法制造的发票、倒卖伪造的有价票证案统一以未遂认定，有可能同样是在避而不谈刑法理论的基础上，出于某种需要的考虑。笔者将在下文探讨。
③ "四类犯罪"均有一定数量的立案追诉标准，这与"无论数量多少，都应当追究刑事责任"的毒品犯罪存在本质区别。
④ 根据《关于公安机关管辖的刑事案件立案追诉标准的规定（一）》第29条的规定，倒卖的假邮票"票面数额累计五千元以上，或者数量累计一千枚以上"属于"数额较大"，应予立案追诉。实践中一般又以立案标准的5倍作为"数额巨大"的标准。

鉴定，何需 20 套之多？（2）在二嫌疑人已经构成犯罪、侦查机关可将其直接拘捕到案的情况下，民警安排被害公司再次约购假邮票 11 套的理由何在？"人赃俱获"的心理压力或许利于取得口供，但难免有"数量引诱"、"重复引诱"扩大嫌疑人罪行之嫌。

我国立法对"数量引诱"缺乏规定，2008 年《全国部分法院审理毒品犯罪案件工作座谈会纪要》（以下简称《毒案纪要》）将其定义为"行为人本来只有实施数量较小的毒品犯罪故意，但在特情引诱下实施了数量较大的毒品犯罪"。A 区"四类案件"中，部分案件的约购数量明显不符合交易常理，也不具备必要性，但司法机关极少考虑"数量引诱"问题。犯罪者沦为"提线木偶"，其罪行轻重由约购者（当然包括背后的警方）随意控制，无疑与刑法学"罪、责、刑适应原则"相悖。

三、原因探析：司法机关多重需求的平衡

（一）公安机关：基于破案需要的现实选择

1. "两个极端"产生的破案需要

"四类案件"存在"两个极端"：（1）该类案件缺乏被害人且具有隐蔽性、瞬时性等特点，侦查机关一般难以发现犯罪行为，不约购则破案极难；（2）嫌疑人大多普遍撒网、多次作案，但又缺乏毒品犯罪分子的警惕，一经约购则破案极易。后者是侦查机关青睐约购破案的内在动力，前者可作为"不得已而为之"的外化借口，共同服务于破案需要。

2. "一个政策"造成的现实选择

A 区刑事案件年均基数较大，公安机关基于加大打击犯罪力度的政策，又以"破案数年增长率高于 9%"考核各刑侦部门，此外还会开展"经济犯罪大会战"等专项突击活动。较之发案不受控制、破案存在难度的"两抢一盗、伤害强暴"等普通刑事案件，打击假章、假发票贩子明显更具优势：一是该类现象普遍存在，属于取之不尽、用之不竭的"待破案件数据库"；二是其发、破案可控制性较强，更利于完成破案指标。办案部门为此广布线人待需而动，但是为了规避特情建档审批程序的麻烦，以及出于对刑事诉讼法尚未明确授权的顾虑，侦查人员不得不为职业举报人披上"好市民"的

外衣。此外，部分地区公安机关的考核方式已细化至轻罪、重罪案件数量分类考察。该机制可能导致"诱惑侦查"进一步滥用，增加约购数量往往成了办案人员完成重罪案件任务指标的有效手段。[1]

（二）检察院、法院：寻求平衡效果的无奈之举

1. 配合公安机关打击犯罪，一般不明确评判"诱惑侦查"行为

A 区检察院、法院对于公安机关借"群众约购举报"之名行"诱惑侦查"之实的行为持默认态度，一般未要求侦查人员出具书面材料专门说明情况，也未在定罪量刑时对"诱惑侦查"的事实论证分析。部分案件可能出现争议的，检察院、法院往往对犯意产生过程和"数量引诱"问题尽量回避，一般不予直接评判。原因主要在于：（1）立足个案办理，侦查机关移送审查起诉的"四类案件"符合相关犯罪构成要件，应予定罪处罚；（2）立足整体危害，"四类犯罪"所售违禁品多用于贪污、职务侵占、诈骗等违法犯罪行为，应予严厉打击；（3）立足"互相配合"的工作关系，对于公安机关"不得已而为之"且已普遍采用的约购破案方式，应予支持肯定。

2. 变通处理保障人权，尽可能认定犯罪未遂并对被告人从轻处罚

面对嫌疑人关于"被钓鱼"的申诉、辩解或上诉理由，以及出于对"侦查机关可以随意确定交易数量和案件既未遂状态"的忧虑，作为追求"案结事了"的司法工作者和追求程序法治理念的法律人，检察官和法官逐渐形成默契，通过认定犯罪未遂并对被告人从轻或减轻处罚，从而变相达到罪、责、刑适应的实际效果。这种"高举法锤、轻轻落下"的做法，既有助于抚平犯罪分子遭遇"钓鱼司法"的心理创伤，也有利于实现司法官员追求公平正义的自我安慰。寻求平衡效果已属无奈之举，是否符合刑法理论

---

[1] 考核因素影响破案手段是一种普遍现象。如四川省成都市检察院经实证研究发现，在城市中心区域、近郊及远郊区域，贩卖毒品案件中使用"诱惑侦查"措施的比例呈现出逐渐下降的地区差异。主要原因在于上级公安机关给城市中心区域公安机关下达的办案目标数量基数较高，侦查人员不得不采用非常规手段。参见薛培、郑家明：《贩卖毒品案件中的诱惑侦查：默认现实抑或法律规制》，载《中国刑事法杂志》2012 年第 3 期。

则不便深究。①

四、合理控制：侦、诉、审工作机制的探索与制度完善

"诱惑侦查"在新刑事诉讼法中迈出了从无到有的一大步，但要实现制度完善与合理控制，立法现状还只是法治进程的一小步。新刑事诉讼法在侦查专章中新设的"技术侦查措施"一节共有五个条文，其中第151条分两款规定了"隐匿身份侦查"与"控制下交付"。其缺陷在于：（1）整体结构失衡。按照学理划分，"秘密侦查"可分为"背靠背"的"秘密监控"（技术侦查）与"面对面"的"乔装侦查"（隐匿身份侦查），其中后者涵盖了"特情侦查"、"卧底侦查"和"诱惑侦查"。至于"控制下交付"，本质上应归为"技术侦查"的范畴，但在其他类秘密侦查的实践中也被广泛运用。② 新刑事诉讼法的规定，无疑使"乔装侦查"、"诱惑侦查"处于"技术侦查"的附属地位。（2）内容宽泛粗放。立法者对"乔装侦查"仅仅是笼统授权，对"机会提供型诱惑侦查"也只是间接肯定，二者的适用范围、权力控制、制度保障等问题均未涉及。③ 因此，为避免"诱惑侦查"权力滥用、监督乏力，以规范约购类"诱惑侦查"措施为起点，逐步加强对"诱惑侦查"制度的细化与完善，是实现对其合理控制的有效路径。

（一）建立管理有序、取证全面的侦查机制

刑事诉讼法修改前，特殊侦查手段散见于人民警察法、国家安全法及公

---

① "对案件折中处理、对法学原理不作深究"似乎是司法机关徘徊于应然与实然之间的普遍处理方式，如《毒案纪要》第六部分（特情介入案件的处理问题）同样呈现出"基本概念混淆化、具体分类笼统化、犯意引诱合法化、诱惑侦查保密化、定罪处罚谦抑化"的缺陷。参见黄维智、王永贵：《试论我国毒品案件中诱惑侦查的适用与监督》，载《四川大学学报》（哲学社会科学版）2011年第2期。

② 所谓"背靠背"，即侦查人员与侦查对象之间没有直接接触，侦查人员也没有通过积极的行为影响侦查对象，因此干预的是公民的隐私权；"面对面"，则是指侦查人员或者其指使的人与犯罪嫌疑人相互交往，赢得其信任后开展侦查活动，干预的是公民的自治权。参见程雷：《秘密侦查比较研究》，中国人民公安大学2008年版，第19—43页；程雷：《刑事诉讼法〈修正案〉中的隐藏身份实施侦查与控制下交付》，载《中国检察官》2012年第4期。

③ 如学界曾主张将"诱惑侦查"限于具有严重社会危害性且隐蔽性强、组织严密、采用一般侦查行为无法获取证据的毒品犯罪、有组织犯罪、危害国家安全和侵害知识产权的犯罪，但立法者仅以"为了查明案情"和"在必要的时候"作为适用条件。参见徐静村：《诱惑侦查的应用与控制》，载《人民检察》2011年第4期。

安机关内部文件，但大多过于宽泛。新《刑事诉讼法》第 151 条作出 "可以隐匿身份实施侦查，但不得诱使他人犯罪" 的规定后，学界提出禁止的仅仅是 "犯意诱发型诱惑侦查"。① 易言之，"机会提供型诱惑侦查" 已纳入法定侦查手段的范畴。

但是，授权与限权总是硬币的两面。"诱惑侦查" 措施在刑事诉讼制度 "名正言顺" 的同时，也被套上了限制权力滥用的枷锁。依照新《刑事诉讼法》第 151 条及《公安规定》第 262 条的规定，启动 "诱惑侦查" 必须具备以下条件：（1）为了查明案情；（2）在必要的时候；（3）经县级以上公安机关负责人决定。因此，隐藏于 "好市民" 身份下的职业举报人约购方式必须作出调整，否则辩护人可依据新《刑事诉讼法》第 54 条第 1 款的规定，以 "侦查取证行为不符合法定程序并严重影响司法公正" 为由，申请排除非法收集的违禁品等物证、书证。建立管理有序、取证到位的侦查工作机制，已成为公安机关的当务之急。具体包括：

1. 对于不具备警员身份的 "编外" 约购人员，要建立县级以上公安机关统一登记、建档、备案的管理制度

派出所和其他刑侦部门不再自聘职业举报人，需要实施约购类 "诱惑侦查" 时应提出申请，由县级公安机关统一安排。后者应加强对约购人员的培训、管理并完善奖惩机制，对于约购人员诱人产生犯意、违规取证或 "两头渔利" 包庇犯罪分子的，应通过拒发报酬、扣除保证金、解聘或追究刑事责任等方式进行处罚。

2. 对于刑侦部申请实施 "诱惑侦查" 的，要建立严格的审批程序

审批表应围绕 "诱惑侦查的必要性" 陈述以下申请理由：（1）是否具备怀疑侦查对象犯罪的基本线索；（2）约购行为是否属于最有效的取证破案手段；（3）拟约购的违禁品种类、数量及理由；（4）其他需要说明的情况。该申请最终应由县级公安局副局长以上的负责人审核决定。

---

① 万毅：《论诱惑侦查的合法化及其底限——修正后的〈刑事诉讼法〉第 151 条释评》，载《甘肃社会科学》2012 年第 4 期。

3. 对于具体实施的约购类"诱惑侦查"行为，要进一步探索提供合法性证明的有效方法

因交易过程一般比较隐蔽，一旦嫌疑人提出"约购者诱人犯罪"的异议，约购者的解释往往会陷入"单对单"的窘境。A 区公安机关为此在抓获嫌疑人后，一般会及时对其家中进行搜查，并检查其电脑、手机、网络账户中储存的电子数据，努力查获嫌疑人存放的待售违禁品、发布的出售广告或以往的交易信息，用于推定其自有犯意。但是，如果搜查时一无所获，或嫌疑人辩称"本来早就不做了"，该推定难免缺乏依据。标本兼治的做法无疑是调取或制作能够反映约购经过的客观证据：（1）通过短信、QQ、电子邮件等文字信息约购的，调取相关记录；（2）通过电话商谈方式约购的，用手机保存通话内容；（3）现场约购交易的，用"录音笔"等工具录音。直接、客观的"约购经过记录"不但利于准确认定嫌疑人如何产生犯意并向实行行为转化，还能促使约购者自觉规范言行，严守"机会提供型诱惑侦查"的底线。相关记录在约购时自然形成，所需装备费用不高且可以反复使用，更利于节省警力和降低办案成本。至于录音材料的合法性，因其是对依法开展的"秘密侦查"活动进行记录，本质与搜查、讯问、称量毒品时的录像无异，可作为证据直接使用。

（二）形成监督有力、处理规范的诉、审机制

新刑事诉讼法实施后，不断增强的辩护权必然会增加"诱惑侦查"案件的指控风险，法院的判决也需要更加谨慎。如新《刑事诉讼法》第 187 条第 1 款规定："公诉人、当事人或者辩护人、诉讼代理人对证人证言有异议，且该证人证言对案件定罪量刑有重大影响，人民法院认为证人有必要出庭作证的，证人应当出庭作证。"然而，作为"四类案件"关键证人的约购者一旦出庭作证，即可能面临如下询问：（1）交易数量由谁提出？（2）如果当时你提出购买 80 份发票，对方是否会同意？（3）也就是说，如果你提出购买 80 份，被告人就只会卖给你 80 份？（4）你为什么不购买 80 份，而

要购买 500 份?① 当约购者不慎作出类似"只约购 80 份，对方就不构成犯罪"的回答，辩护人即可得出"约购者故意陷人入罪"或"本案存在数量引诱情节"的结论。

一定时间内，法院或许会对辩护人提出的"关键证人出庭"、"非法证据排除"等请求间接回避，或是直接以"证人没有必要出庭"、"相关线索不足以认定本案可能存在非法取证情形"、"侦查行为已得到合理解释，不影响司法公正"等法定理由驳回辩护人申请，使其积极性止步于现实的无奈。调整办案思路，加强审查监督，规范案件处理方式，是检察院、法院合理控制约购类"诱惑侦查"措施的应有之举。具体包括：

1. 审查约购程序的启动是否合法

"六部委"《关于实施刑事诉讼法若干问题的规定》和《公安规定》要求，技术侦查的批准文书应当附卷供辩护律师查阅、复制。笔者认为，"隐匿身份侦查"、"诱惑侦查"虽无此专门规定，但可参照执行。实践中法、检可与公安机关协商建立以下机制：（1）报请批准逮捕时，公安机关应随案移送实施"诱惑侦查"的审批文书复印件，检察机关侦监部门对其合法性进行初审；（2）审查起诉和审判阶段，如果辩方提出异议，检察机关公诉部门和法院可调取审批文书用于审查评判。鉴于保护约购人员的需要，相关文书可分别存入检察、审判内卷而不作为证据使用；（3）审查应以"必要性"问题为重点，即根据涉案罪名的特性和具体案情，用常识、常理判断侦查机关实施约购类"诱惑侦查"是否必要。对明显可采取一般侦查手段破案并收集证据的案件，如果侦查机关不能作出合理说明，可认定不具备"必要性"。

2. 审查约购行为的实施是否合法

重点在于：（1）是否诱人产生犯意。一方面，要注重根据查获的其他违禁品存货、近期交易信息等证据，评判嫌疑人是否已自行实施或着手准备犯罪；另一方面，要着重审查约购者与嫌疑人接洽商谈的记录，判断约购者的

---

① 根据《关于公安机关管辖的刑事案件立案追诉标准的规定（二）》第 68 条的规定，非法出售普通发票 100 份以上或者票面额累计在 40 万元以上的才立案追诉。

言行是否仅限于为嫌疑人提供了犯罪的机会。（2）有无"数量引诱"情节。可根据嫌疑人的罪行严重程度和其他情况，判断约购的违禁品数量是否必要。除嫌疑人主动提出交易数量外，要将实际约购数量与审批表所载约购方案进行对比。如果发现约购者未经批准而随意提高实际约购数量，应进一步审查其证言中是否作出合理解释。

3. 规范约购案的处理方式

具体包括：（1）在案证据不能排除约购者诱人犯罪的嫌疑时，检察院、法院应当分别作出不批捕、不起诉决定和无罪判决；（2）涉嫌"重复引诱"，或单次约购数量明显超出交易行情、突破原定方案时，若公安机关无法作出合理说明，对超出的数量可不予认定，或对嫌疑人从轻量刑处罚。如果违禁品总量略高于实践中掌控的加重量刑标准，一般不在该幅度内处罚。

需要特别说明的是，上述举措需要分阶段逐步落实。约购类"诱惑侦查"活动的规范必然增加公安机关办案成本，如果巨大的考核压力迫使其放弃"四类案件"而另觅他处打法律的擦边球，改革的结果反而迎来了一种"后约购时代"[1]，不但使法治进程陷入了"拆东墙补西墙"的囹圄，还可能破坏了"惩罚犯罪"与"保护人民"之间原有的价值平衡，造成"四类犯罪"的泛滥并进一步导致诈骗、职务犯罪和危害税收管理类犯罪滋生。循序渐进的步调无疑是降低负面影响的最佳途径：一是在当地关于执行新刑诉法的法、检、公、司联席会上确立"依法正确行使特殊侦查措施"的议题，既明确改革形势，又给予公安机关充分的调整过渡期；二是司法实践中，可从明显诱人犯罪、约购数量明显不合理、辩方异议尤为激烈的个别案件着手，逐步加大审查力度，逐渐提高规范要求，及时通报公安机关并与之协调，从而形成改革合力。

（三）整合原有的零散规定，制订统一、公开的专门性规范文件

上述工作机制逐步成熟后，可尝试在法律规范的层面将相关做法制度

---

[1] 孙中界事件发生后，上海迫于强大的舆论压力而叫停"钓鱼执法"。有学者对这种"非左即右"的做法可能带来的执法困境进行反思，提出了"后钓鱼时代"的概念。参见桑本谦：《"钓鱼执法"与"后钓鱼时代"的执法困境》，载《中外法学》2011 年第 1 期。

化。新刑事诉讼法颁布前，涉及约购类"诱惑侦查"的规范性文件主要有二：一是 1984 年公安部制定的部门规章《刑事特情工作细则》，用于规范特情使用，但对外保密；二是最高人民法院 2008 年公布的《毒案纪要》，用于统一"特情引诱毒品案件"的处理策略。公、检、法三机关可适时废止或修订原有的零散规定并加以整合，最终通过联合发布司法解释、会议纪要等方式，形成统一、对外公开的专门性规范文件，从而弥补立法现状的不足。①

结　语

在对"钓鱼执法"群情激愤的今天，形同"钓鱼司法"的"诱惑侦查"尚未引起社会激烈反响。原因或许在于，以孙中界事件为代表的"钓鱼执法"冤枉了无辜的良民，而"诱惑侦查"的对象似乎罪有应得。但在强调人权保障的语境下，程序法治理念已被提升至前所未有的高度。公、检、法三机关应当以规范约购类"诱惑侦查"措施为起点，努力通过工作机制的完善弥补立法现状的不足，共同推动新刑事诉讼法"诱惑侦查"制度在实践中起航前行。

---

① 有学者提出应将两大类"秘密侦查"手段全面整合，但笔者认为，不妨先以约购类"诱惑侦查"为试点进行探索。参见程雷：《秘密侦查立法宏观问题研究》，载《政法论坛》2011 年第 5 期。

搜查证特定性研究

薛竑*　　　张自柱**

引　言

公民人身、财产的安全与完整以及住宅不容侵犯作为公民享有的、最基本的人权，已为世界各法治国家承认，并且已成为国际社会普遍认可和遵行的共识。但是权利从来不是绝对的，个人权利的边界止于他人权利开始之处。为了保障公共利益，法治国家的法律往往允许执法人员在满足特定条件的情形下，利用公权力对公民个人的人身、财产安全等权利进行必要的干预。比如在侦查程序中，为查获犯罪嫌疑人和犯罪证据所采取的强制行为必然导致个人权利与国家权力之间的冲突。丹宁勋爵曾经指出："人身自由必定与社会安定是相辅相成的……每一社会均须有保护本身不受犯罪分子危害的手段。社会必须有权逮捕、搜查、监禁那些不法分子。只要这种权力运用适当，这些手段都是自由的保卫者。但这种权力也可能被滥用，而如果它被人滥用，那么任何暴政都要甘拜下风。"① 如何寻求公民个人权利与政府执法利益之间冲突的平衡，就成为世界各法治国家立法与实践追求的目标。搜查证特定性要求的产生与发展，实质上就是公民个人权利保障与政府执法利益之间冲突平衡的演变过程。

搜查证的特定性在西方国家经历了数百年时间的发展，时至今日已经相当成熟。当今世界各法治国家，不论是强调公民个人权利保障的英美法系国

---

　*　法学博士，西南政法大学法学院副教授。

　**　法律硕士，广东君言律师事务所律师。

① ［英］丹宁勋爵：《法律的正当程序》，李克强等译，法律出版社 1999 年版，第 109 页。

家，还是强调政府职权的大陆法系国家，都普遍认同了这一先进的制度设计。搜查证的特定性要求也已经不负众望，在控制侦查权、保障人权方面发挥了积极显著并且令人瞩目的作用。我国在构建社会主义法治国家的进程中，势必要在政府执法利益和公民个人权利保障之间画出一道清晰而明亮的界限，以便将当下过于强大的政府执法权力限制在必要和合理的范围之内，从而为公民个人权利的保障腾出应有的合理空间。借鉴各法治国家成功的立法、司法和执法经验，自然是后法治化国家最经济、便捷和理性的选择。当然，法律移植成功前提是必须对意欲移植的法律制度进行全面而深入的研究，把握其运行的基础，并加以适当的改造，使之适应本国的法制土壤，从而避免出现"橘生淮南则为橘，生于淮北则为枳"移植失败的尴尬局面。本文对搜查证的特定性展开了深入的研究，从其历史起源到当今世界各国的立法状况着手，比较考察了世界各国对搜查证特定性的规定，在反思我国现行通用搜查证缺陷的基础上，剖析了隐藏在缺陷背后深层原因，结合当前我国的具体国情，探讨我国确立搜查证特定性的合理可行路径。

一、搜查证特定性的解读

搜查证，是证明搜查合法性的法律文书，既是进行搜查的前置条件，也是执行搜查的合法通行证。搜查证不仅仅是一份简单的法律文书，它还在更深层次上意味着政府执行合法搜查的法理基础涉及私人财产与人身自由、政治自由之间的紧密联系。[1] 未经合法有效搜查证的授权，任何人不得搜查公民的人身、财产或者住宅。纵观各法治国家的立法，我们不难发现，合法有效的搜查证通常必须满足实质要件、程序要件以及形式要件三方面的基本要求。搜查证特定性正是这三要件最完美的表达。

（一）搜查证特定性的内涵

"正义必须实现，而且要以看得见的方式实现。"阿沃瑞法官在1912年的贝勒斯上诉案中如是表达。[2] 搜查证的特定性是搜查程序中以"看得见的

① 杨开湘：《刑事诉讼与隐私权保护的关系研究》，中国法制出版社2006年版，第137页。
② 徐亚文：《程序正义论》，山东人民出版社2004年版，第9页。

方式"实现正义的不可或缺的重要规则。搜查证的特定性就是要求搜查证必须记载搜查的理由，详细描述搜查的范围，需要搜查的对象以及搜查证的有效期限①。特定性要求的目的在于禁止签发通用令状，以防止漫无边际的强制侦查，特别是搜查和逮捕②。

1. 搜查理由特定

搜查理由，作为搜查证实质要件的通俗表达，是侦查机关实施强制搜查必要性与合理性的正当根据。从证据学角度而言，搜查理由也就是有证据证明被搜查的特定物品与犯罪活动有关，并且在被搜查的地方将会发现这些物品。从程序法治的角度来审视搜查理由，搜查证是公权力对被搜查对象的私权利进行合理干预的一种司法裁判文书，而搜查理由则是此种司法裁判文书得以签发所依据的正当根据。搜查理由特定，也就是搜查理由的具体化，即意欲实施搜查行为的主体必须在申请签发搜查证之时提供明确、具体并且正当的搜查理由。法治国家强调搜查理由特定，旨在限制政府执法机关无正当理由随心所欲启动搜查权，从而保障公民免受政府非法搜查行为的侵扰。同时，强调搜查理由的特定性，也旨在充分保证被搜查人的知情权，便于相对人事后申请司法救济。

2. 搜查范围特定

搜查范围，是指执行搜查的主体行使搜查权的空间范围，即可能隐藏罪犯或者犯罪证据的人的身体、物品、住所和其他有关地方。搜查范围的特定，实质上确定了执法机关行使搜查权所能触及的边界。搜查范围的特定化，旨在将搜查权的行使限制在合理的范围之内，避免执法机关实施拉网式搜查，从而将搜查可能对民众造成的侵扰降低到最低限度。实践中，搜查的范围主要包括：人身、住宅、汽车、计算机虚拟空间等。搜查证要尽量作出具体的描述，使得执行搜查的侦查人员能够明确授权搜查的范围，以免任意扩大搜查的范围。

---

① 高峰：《刑事侦查中的令状制度研究》，中国法制出版社 2008 年版，第 45 页。
② 孙长永：《侦查程序与人权——比较法考察》，中国方正出版社 2000 年版，第 29 页。

3. 搜查对象特定

搜查对象是指通过搜查所要发现的犯罪证据或所要查获的犯罪嫌疑人。因为搜查通常伴随着扣押，是对公民财产权的严重侵犯，因此，对于所要搜查扣押的物品必须进行充分的特定描述，防止侦查人员进入场所后实施探寻式、地毯式的搜查以及随随便便地将可能与案件有关的所有不加区分地扣押。

4. 搜查证有效期限特定

为了保证签发搜查证所凭借的证据和信息的新鲜性，各国法律均规定了搜查证的有效期限，并且在令状上严格限制执行搜查任务的时间，一旦超出时限，搜查证即告无效。各法治国家不但立法规定了搜查证的有效期限，而且可以依据具体情形在搜查证中特别记明。搜查证的有效期限从搜查证记载的签发时期开始算起。

5. 其他事项特定

搜查证的特定性要件还应当包括签发人、申请人、执行人的特定记载。不仅方便搜查相对人在遭受不合理搜查时申请权利救济，而且能够在签发人、申请主人和执行人之间进行责任分配。错误地搜查之后，可以清晰明确地知晓错误发生于哪个阶段，能够达到保护依法行事的人员，维护执法的权威的目的。

在禁止夜间搜查的国家，法官如果认为有必要，可以特殊授权进行夜间搜查。还有其他一些事项，法官认为需要特别予以说明的都可以在搜查证中注明。

（二）搜查证特定性的功能

令状就像整个司法裁判制度一样，将政府与人民之间具有宪法意义的"政治关系"纳入了"技术化"的程序处理系统，[①] 以规范侦查行为、维护个人权利。搜查证的特定性作为令状原则的重要组成部分，更是将令状原则权利制衡和人权保障的理念展现得淋漓尽致。

功能是指某一事物通过其运行而对其他事物产生影响的客观能力，是一

---

① 孙长永主编：《现代侦查取证程序》，中国检察出版社 2005 年版，第 263 页。

种中性的事实判断。而所谓法律功能，是指法律作为体系或部分，在一定的立法目的的指引下，基于其内在的结构属性与社会单位所发生的，能够通过自己的活动（运行）造成一定客观后果，并有利于实现法律价值，从而体现自身在社会中的实际特殊地位的关系。① 在此语境下，搜查证特定性在侦查程序的功能主要体现在控制侦查权和维护执法权威两个方面。

1. 控制侦查权，保障犯罪嫌疑人的合法权益

令状原则发展到今天，特别是搜查证特定性的不断成熟，毫无疑问，其首要功能是控制侦查权和保障人权，二者是手段与目的的关系。公民的权益通常可能会受到两种力量的侵害：一是民间力量，二是国家权力。对于前者通过法律防范或制裁，对后者进行权力控制。② 因此，控制侦查权是保障人权的重要手段。搜查证的特定性作为控制侦查权的有效举措，其控权功能体现在以下几个方面：

首先，搜查证的特定性有效限制侦查人员的自由裁量权。特定性要求对搜查证详细记载被搜查的人、物以及地点，还包括执行搜查的时间和搜查证的有效期。侦查人员在执行搜查行动时只能严格按照搜查证记载的事项进行，杜绝任意性搜查，从而将侦查人员的自由裁量权限制在最小的范围内。搜查对象的特定化描述，使得执行搜查的人员不能"为了寻找电视机而打开住户的抽屉"。"要防止滥用权力，就必须以权力约束权力。"③ 搜查证特定性的事前审查机制，对侦查人员滥用搜查措施起到抑制的作用，由于"可能事由"的存在以及在搜查证中的具体叙述，这样对侦查人员产生一种心理压力，在申请搜查证之前进行有效的侦查以证明搜查的必要性和合理性。以美国实务为例，警察为取得令状通常需要一天的时间从事文书准备工作，再加上在法院等候令状签发的时间，最后法院常常只用 5 分钟即签发。从某种意义上来说，对侦查人员搜查行动的事先审查是通过"正当法律程序"而不是法官进行的。④ 为满足搜查证特定性的要求，侦查人员为达到持

---

① 付子堂：《法律功能论》，中国政法大学出版社 1999 年版，第 35 页。
② 孙笑侠：《法律对行政的控制——现代政法的法理解释》，山东人民出版社 1999 年版，第 3 页。
③ ［法］孟德斯鸠：《论法的精神》（上册），张雁深译，商务印书馆 1995 年版，第 154 页。
④ 王兆鹏：《美国刑事诉讼法》，北京大学出版社 2005 年版，第 96 页。

证搜查的目的，必须认真地描述被搜查的地点以及意欲搜查扣押的证据，并采取适当的措辞对其进行充分的描述。

其次，搜查证的特定性能够避免警察作伪证。侦查人员为了证明其搜查行为的正当化，总会找出各种理由。搜查证的特定性能够避免侦查人员为满足"可能事由"的标准采取一些过分热情的举动。搜查证的特定性记载固定了侦查人员在申请搜查证时所提交的材料和理由，这就为侦查人员事后利用搜查后所获得的材料证明其搜查行为的正当制造了客观障碍。另外，侦查人员处于免责的考虑，通常也不会产生作伪证的动机。

最后，搜查证的特定性有助于公民申请权利救济。搜查证的特定性记载包括签发搜查证的根据和执行搜查证的具体事项，这不但是对警察自由裁量权的限制，而且使被搜查人能够清晰了解忍受搜查行为的原因以及需要忍受的范围等事项。公民从搜查证中所获取的信息作为将来申请权利救济的主要依据。因为再完备的事前审查也不能有效监督审查之后的执行问题，所以搜查证的特定性记载为法院对搜查证的事后审查提供了依据，确定了事后审查的范围，成为双方争议的明细焦点。而且如果没有搜查证的特定性记载，事后司法审查的效果也值得怀疑。①

2. 维护执法权威，保护侦查人员的利益

谈到搜查证的特定性，人们首先想到的就是其控制侦查权，保障被搜查人权益的功能。但是，将控制侦查权视为搜查证特定性的唯一功能，显然是对此制度功能的严重误解。众所周知，法律的功能有显性功能和隐性功能之分，搜查证特定性原则发展的过程，在某种意义上可以说是法律的显性功能与隐性功能不断交替的过程。在 17 世纪通用搜查证被废除之前，搜查证的授权功能一直作为显性功能存在。但是自从搜查证的特定性原则确立之后，通用搜查证被认为是违法无效的，搜查证才由授权命令向限权根据转化，本来处于隐性地位的控权功能逐渐转变成显性功能。此时作为隐性功能的授权功能同样不能忽视，其主要体现以下方面：

---

① Catherine Hancock , State Court Activism and Searches Incident to Arrest, 68 Va. L. Rev.（1982），p. 1093.

首先，特定搜查证一般被推定为合法有效。如果被搜查人对该搜查行为的合法性提出异议，则应当承担举证责任，否则其主张不会被法官采纳。虽然搜查证的特定描述费时而且令人畏惧、沮丧、迷惑，却能最大限度地提高警察办案的细心程度，增加异议人证明其主张的难度，并且能够有效防止"无理缠诉"，使执法机关的法律权威得以维持。即使搜查证在特定化性描述上存在一些缺陷，侦查机关也往往可以根据"善意例外"相抗辩，有效地维护法制运行的稳定性。

其次，搜查证的特定性要求不但体现了搜查证签发的严肃性，而且也明确了搜查证参与人（签发者、申请者、执行者以及被搜查人）的权责范围，尽可能地避免争议。这对于保护侦查人员的个人合法利益意义重大。因为，如果侦查人员严格依照搜查证的特定性描述进行搜查活动，即使出现意外，也能够主张身份豁免，避免侦查人员因为职务行为而导致个人利益的损失。

最后，搜查证对参与人员的具体描述，已经体现了权力制衡和正当法律程序的精神。如果一个国家的司法体制是健康并值得信赖的，那么经过特定化的搜查证本身就代表着法律的权威。对于理性人而言，确信是由证明过程决定的，承认是由说服效果决定的。也就是说，在服从某一决定之前，人们必须考虑作出该项决定的正当化前提。这是搜查证特定性的实质要求之一。通过搜查证中对搜查的具体理由与依据的充分表达，吸收了搜查相对人的不满。我们都知道真正的权威并不单纯仰仗强力，法律是否被普遍遵守也不仅仅取决于国家的物理性制裁。权威来源于确信和承认。搜查证的特定性记载将搜查的原因、范围、时间、以及方式清晰明了的告知相对人，晓之以情动之以理，自然而然地树立执法的权威性。

搜查证的特定性所具有的双重功能应当区别对待，控制侦查权作为主要功能，维护执法权威作为次要功能。但是这并不等同于控制侦查权在位阶上要高于维护执法权威，应当依据具体的情形选择。在控制侦查权的功能基本实现的基础上，允许向维护执法权威适当倾斜。过分地强调特定性要求的控制侦查权功能，会导致对搜查证制度的片面化、简单化的理解，会将我国搜查证制度引向歧途。清醒地认识搜查证特定性的功能，两者是相辅相成，相应而生的，共同诠释法律的自由、正义、人权等系列价值。

（三）搜查证特定性的价值

价值所表达的是一种主体与客体之间，人与事物之间的需要与满足的关系，评价与被评价的关系。那么法律价值就是在作为客体的法律与作为主体的人的关系中，对一定主体需要的满足状况以及由此所产生的人对法律性状、属性和作用的评价。法律价值包括自由、正义、效率、平等、安全、人权等诸多内容。搜查证特定性的存在、作用与发展变化所体现的法律价值主要体现在自由、正义和人权等方面。由于篇幅原因，本文仅对以上三个主要价值进行讨论。

1. 自由

受西方自由主义法律传统的影响，自由处于法律价值最核心的部位。自由预设了个人具有某种确获保障的私域，亦预设了他的生活坏境中存有一系列情势是他人所不能干涉的。[①] 但是自由并非绝对，正如卢梭所言"人生来自由，但却无往而不在枷锁之中"，自由一直受到多方面的限制，其中来自国家公权力的限制最为主要。法律的目的在于保护和扩大自由，因此必须对统治者所施用于群体的权力要划定一些他所应当受到的限制，而这个限制就是他们所谓自由[②]。自由和权利的脆弱性表明仅有宪法或者法律的宣告是远远不够的，没有有效救济措施的保障，任何庄严宣告的自由和权利都是不可靠的，甚至是虚伪的[③]。在自由文明的社会，对自由进行强有力的保障莫过于在法律上创设一种正当的法律程序对政府官员履行职责的方式进行有效的约束。

理想的刑事诉讼价值观应对安全与自由采取兼容并蓄的态度，极力保持两者的均衡而不是任意偏废一方，同时应具备适当的弹性范围。搜查作为重要的侦查手段，为了查获犯罪嫌疑人，寻找犯罪证据，必然侵犯公民的人身、财物与住宅等隐私领域，侵犯公民的自由。搜查证的特定性毫无疑问是搜查程序中公民个人自由的有力保障，它在公民个人权利与国家权力之间画

---

① ［英］哈耶克：《自由秩序原理》（上），邓正来译，三联书店1997年版，第6页。
② ［英］约翰·密尔：《论自由》，许宝骙译，商务印书馆1959年版，第1—2页。
③ 薛竑：《人身保护令制度研究》，法律出版社2008年版，第144页。

出了一条清晰的界限。同样，这也是政府为控制犯罪而行使的权力与侵犯公民个人自由之间的清晰界限。最重要的是，搜查证的特定性为政府出于更大的公共利益考虑侵犯公民个人自由时确定了明确的准则。

公民个人自由包括人身自由和财物自由。对于前者搜查证特定性要求指明被搜查人的个人身信息，非经法定程序不得对公民个人进行搜查，公民的住宅不受不合理的侵犯。而对于后者搜查证特定性要求具体描述被搜查扣押的物品，未经特定描述的物品不受搜查。自由的历史在很大程度上是程序保障的历史。世界各国基于各种原因，对公民自由的保护程度有所不同，但都立法规定了公民的人身，财物、住宅不受非法搜查。保护公民的自由，不仅体现在宪法等纲领性法律的宣告，而且在刑事诉讼法乃至具体的执法守则中都明确规定了搜查证的特定性要求，为防止侦查人员恣意滥用自由裁量权提供足够的程序保障。

2. 正义

正义有实体正义和程序正义之分。搜查证特定性作为正当法律程序的一项要求，程序正义是其价值目标的首要内容。程序正义的原则主要有两个，即"任何人都不应当成为自己案件的法官"和"当事人有陈述和被倾听的权利"。[①] 根据程序正义的价值内涵，侦查程序中的搜查行为必须依照正当的法律程序进行，因为侦查特别是强制性侦查措施会涉及对公民的基本权利的侵害。搜查相对人有权利被告知与搜查相关的事项，因此，无论是英美法系国家还是大陆法系国家大都规定搜查证必须满足特定性要求，必须告知相对人搜查证的详细内容，包括搜查理由、范围以及时间等事项。并且搜查证的特定性描述保证了搜查相对人获取足够的信息，以便相对人可以对搜查行为提出质疑，便于遭受不合理搜查的相对人申请权利救济。

程序正义，作为一种高成本的正义，与实体正义会有一定的距离。虽然不意味着纠纷得到彻底的解决，但搜查行为的结果是否正确有时不是以客观标准来衡量，而是充实和重视程序本身以保证结果得到接受为其共同的精神

---

① 徐亚文：《程序正义论》，山东人民出版社 2004 年版，第 10 页。

实质。① 正义只有通过良好的法律程序才能实现。从公正价值角度出发，搜查证的特定性要求在限制公权力、保障人权的同时，可能会导致惩罚犯罪效率的降低。而效率价值要求尽可能地降低打击犯罪的成本，快速侦破案件，这难免会影响到公正价值的实现。当公正与效率发生冲突时，根据各个时代的特定社会、历史条件、以效益作为衡量的标准和尺度来正确处理公正与效率的关系，是十分必要的。② 各国在授权进行搜查行动的同时都会规定严格的程序限制，同时兼顾侦查的效率，比如对于监听等技术侦查令状，各国普遍放松对令状的特定性要求，以保证侦查活动的效益。

搜查证的特定性要求就是在公正与效率的冲突中应运而生。过去存在的通用搜查证片面追求侦查活动的效益，授予侦查人员"去任何想去的地方进行搜查"的权力，从而导致天平过分地倾向"效率"一端。搜查证的特定性在规制搜查行动的过程中，侦查人员只能对搜查证记载的人或者地点进行搜查，从而将搜查行为限制在特定的范围之内。这不但切实保障了程序正义的实现，而且也避免了因搜查违法而导致司法资源浪费和执法效率低下。

3. 人权

人权保障与惩罚犯罪并列为现代刑事诉讼的两大理念，历来为世界各国所重视。我国宪法也明确规定了"国家尊重和保障人权"，但在刑事诉讼过程中不可避免地会造成对人权的侵扰。搜查行为的实施必须借助于物理强制力，这就对公民的人身、财产等权利造成了直接的侵扰。根据搜查指向对象的不同，可以分为对人搜查和对物搜查。对人搜查主要涉及对公民人身权利和隐私权的侵犯，对于财产权利的侵犯往往是在紧随其后的扣押程序。对物搜查，则因其指向的对象是被搜查人的物品，搜查的过程可能直接侵犯财产权。而在所有的搜查中，搜查公民住宅所占的比例最高，③ 也是侵犯公民权利最为严重的一种。为此，本文以对住宅的搜查为例，探讨搜查证特定性的

① ［日］谷口安平：《程序正义与诉讼》，王亚新等译，中国政法大学出版社1996年版，第6页。
② 赵玥：《司法令状规则的经济分析：公正、效率、效益价值相结合的法律规则》，载《商场现代化》2008年第17期。
③ 吴红耀、苏凌主编：《刑事搜查扣押制度改革与完善》，中国人民公安大学出版社2011年版，第375页（图3）。

人权价值。

众所周知，住宅与外界相对隔离、用于家庭生活的私密空间。公民的人身权、财产权及隐私权等诸多宪法性权利无不维系于此。在自由的社会中，每个人都拥有一个明确区别于公共领域的确获承认的私域，而且在此私域中，个人不能被政府或他人差来差去。① 这一点不但为世界各国的立法所承认，也为《世界人权宣言》等国际公约所认可。《世界人权宣言》第 12 条规定：任何人的私生活、家庭、住宅和通信不得任意干涉，他的荣誉和名誉不得加以攻击。人人有权享受法律保护，以免受这种干涉或攻击。② 尽管住宅是承载着公民各种自由的最基本的私域，但不可否认在打击犯罪和维护社会公共利益的召唤下，国家公权力对公民住宅权进行适当的干预，侦查人员进入公民住宅进行搜查就具有了显而易见的必要性和正当性。

在侦查程序中，国家权力的运用具有普遍性、任意性和强制性的特点。③ 维护社会公益固然有着很强的说服力，这仅仅表明侦查人员侵入公民住宅时，其行使权力的目的或动机正当，但这并不意味着为达成目的而采取的手段也正当。现代刑事诉讼不允许以不择手段、不问是非、不计代价的方法来发现真实，为防止侦查权力过度干预人权必须设置有效的程序控制和引导侦查权的行使，以保障民众的基本人权不受非法侵害。搜查证的特定性不仅要求说明搜查的原因，而且明确限定了搜查的范围、时间等，有助于签发人员及搜查相对人判断侦查人员所进行的搜查是否有理有据以及是否超过搜查证规定的限度。而不具有特定性的搜查，在执行过程中完全依赖侦查人员的自由裁量权，不受约束的侦查人员很可能恣意擅断，随意行使搜查权。特别是我国侦查程序存在"侦查便宜主义"倾向，对于政府强制侦查权利的适当行使，绝不能寄希望于具体侦查人员的"善意"或道德操守，而必须"依法限权，以权制权"。④

---

① ［英］哈耶克：《自由秩序原理》（上），邓正来译，三联书店 1997 年版，第 264 页。
② 载 http://baike.baidu.com/view/22902.html。
③ 龙宗智：《侦查程序中的人权保障——〈侦查程序与人权〉读后》，载《中外法学》2001 年第 4 期。
④ 孙长永：《侦查程序与人权——比较法考察》，中国方正出版社 2000 年版，第 8 页。

（四）搜查证特定性的历史沿革

法律就像一条小溪，我们要想认识它，不是看它都经过哪里，而是看一看它的源头在哪儿。如果不追根溯源，仅仅依靠对相关法律的梳理，就很难了解其中的真谛①。研究搜查证的特定性必须对其进行历史考察与分析，不但要知其然而且要知其所以然。

通过对相关历史文献的分析，特定性搜查证起源于英国。虽然英国早在14世纪就出现第一部关于搜查扣押授权的立法，即授权旅馆主人可以对住客进行检查，以发现非法携带入境的钱币。但是直到17世纪上半叶，"通用搜查证"（general search warrants）仍然被广泛地运用。此种搜查证是由行政官员签发，不具有"合理根据"这样的实体要件，也不具有特定性这一形式要件，更没有载明需要搜查的人或地点。

1640年以后，随着星座法庭的废除，英国法制得到了一些发展，开始认识到通用搜查证的负面影响。此种认识表现在两个方面：一是下议院认为1629年由星座法庭签发的针对议会议员的通用搜查证侵犯了被告人的权利；二是议会也逐渐认识到了此类通用搜查证不受欢迎。② 1694年，国会认为通用搜查证代表着国家权力对公民权利的严重侵犯，使得任何人的住宅都可以任人出入，其私人财产也处于政府的搜查扣押风险之中，因此国会拒绝延长到期的《1662年印刷法》。③ 在此过程中，马修·黑尔（Matthew Hale）法官起到了重要的作用。黑尔认为，在刑事诉讼中搜查有其必要性，只有经过申请人宣誓证明"合理的根据"的存在，只有在对事实进行审查之后才可以签发。并且令状应当满足特定性要求的形式要件，特别是必须明确对象的名字或加以特定描述。④ 否则，就构成了通用搜查证，这只能证明搜查人员权力的表面合法性，与无证搜查没有区别。通用搜查证虽然丧失了法律依据

---

① 吴红耀、苏凌主编：《刑事搜查扣押制度改革与完善》，中国人民公安大学出版社2011年版，第66页。

② N. Lesson, The History and Development of the Fourth Amendment to the United States Constitution, The Johns Hopkins Press（1937），p. 32 – 33.

③ 高峰：《刑事侦查中的令状制度研究》，中国法制出版社2008年版，第24页。

④ 刘方权：《从授权到限权——搜查令功能研究》，载《昆明理工大学学报》（社会科学版）2009年第5期。

但仍作为惯例得以延续下来。

1763 在著名的 Wilkes v. Wood 和 Entick v. Carrington 案中，通用搜查证的合法性不再受到维护。Wilkes 案中，国务大臣最初并不清楚应该逮捕谁，于是他签发搜查证授权 4 名信使逮捕印刷厂的所有人并扣押其文件，之后信使发现 Wilkes 是诽谤政府出版物的作者，并将其逮捕，然后搜查了他的住宅并扣押了他全部的私人文件。Wilkes 在获释后，分别对执行令状的信使和负责监督令状执行的副国务大臣 Wood 提起诉讼。针对信使的诉讼中，法官认为根据不具名的普通搜查证所实施的住宅搜查行为是非法的，是对个人自由的剥夺。① 在 Entick 案中，信使凭借国务大臣签发的通用令状逮捕了被告人 Entick，并搜查了他的住宅，扣押了他所有的文件。通用令状虽然记载了被告人的名字，但它授权信使扣押了被告人的全部文件，因此该案的法官一直认为这个令状是非法的、无效的。② 后来下议院通过了两个谴责通用搜查证的议案，宣布通用搜查证非法，由此产生了特定性令状（specific warrant）。但通用搜查证并未从此绝迹，仍然被用于某些领域的搜查。按照特定性搜查证的要求，只有法官才有权基于足够的怀疑签发搜查证，而且搜查证上必须载明搜查和扣押的具体范围。如今，英国以制定法的方式确认了搜查证的特定性原则，如《1984 年英国警察与刑事证据法》。

美国法与英国法存在着渊源关系，但北美殖民地对于通用搜查证的反抗却明显迟于英国。尽管在 18 世纪中期，北美殖民地已经出现了使用特定性搜查证的个案，但其他绝大多数殖民地依然实行协助令（writs of assistance）之类的通用搜查证。1760 年英王乔治三世去世，他执政时期签发的协助令失效，按照惯例须重新更换。1761 年，一些波斯顿商人开始反对英国政府签发新的协助令，并聘请 James Otis 代表他们对协助令的合法性提起司法审查③。Otis 在法庭上宣称协助令是独裁者最恶劣的武器，是对英国人民自由和法律基本原则的最大破坏，它将每个人的自由交在那些职权卑微的官员手中。他认为令状必须是特定的，而且经"合法的程序

---

① Wilkes v. Wood, 19 Howell's State Trials 1153（1763）.

② Entick v. Carrington（1765），19StTr. 1029（C. P.）.

③ 高峰：《刑事侦查中的令状制度研究》，中国法制出版社 2008 年版，第 30 页。

和宣誓"，在证明了"合理的怀疑"之后才能签发。这就是著名的 Paxton 案件。尽管该案中波斯顿商人败诉了，但 Otis 在波士顿就协助令所发表的演讲，被认为是美洲人民第一次公开反抗英国的殖民统治①。

马萨诸塞作为第一个采用特定性搜查证的殖民区，通过了几个法案将特定性搜查证作为搜查扣押的传统型模式。例如，特定性搜查证要求白天执行搜查，并且必须在搜查证中明确作为搜查目标地具体场所和意欲搜查的人或物。特定性令状的发展过程较为缓慢，虽然 1764 年马萨诸塞州已经将特定性令状推行到了绝大多数执法领域，但是特定性令状在其他殖民区的发展并不理想。独立革命胜利以后，尽管有的州宪法明确禁止使用通用令状，特定性令状的使用率以及使用特定性令状的州的数量均得以增长，但通用令状仍然存在。

令人吃惊的是，美国《独立宣言》并未明确提到特定性令状的签发和使用问题。但是在 1776 年至 1787 年，几乎每个州都通过类似的法案确定公民不受任意搜查和扣押的权利。例如，弗吉尼亚州、宾夕法尼亚州和马萨诸塞州的《公民权利宣言》都规定任何人的人身、住宅、文件、财产都有不受不合理搜查和扣押的权利。通用令状是对前述权利的侵害，不得再签发。后经过麦迪逊的努力，通过《美国联邦宪法第四修正案》（The Fourth Amendment）规定："个人的人身、住宅、文件和财产不受不合理搜查和扣押的权利，不得侵犯，而且，除非存在合理根据、以宣誓或代誓宣言保证并具体记载拟欲搜查的地点和拟欲扣押的人或物，否则不得签发司法令状。"② 立宪者旨在确保搜查扣押以可能事由作为正当依据，并以特定性要件来限定其范围，当然，独立的司法审查机制尤为重要。特定性令状经过美国的确认和改良，将特定性要求上升到宪法性条款的高度，从而产生了现代意义上的令状主义。

---

① Thomas v. Davids, Recovering the Original Fourth Amendment, Michigan Law Review, VO1. 98: 560.

② The right of the people to be secure in their persons, houses, papers, and effects, against unreasonable searches and seizures, shall not be violated, and no Warrants shall issue, but upon probable cause, supported by Oath or affirmation, and particularly describing the place to be searched, and the persons or things to be seized.

"二战"以后，日本刑事司法开始引进、吸收美国法的一些做法，特别是将令状主义"照搬"到其法律制度中。日本《宪法》第35条中加入了令状主义的要求，该条第1款规定"任何人的人身、住宅、书信和所有物有权免受侵入、搜查和扣押。除非在第33条的场合，拥有基于正当理由签发的，明确记载搜查场所和扣押物的令状[①]"。并且在日本刑事诉讼法中对搜查证的特定性加以更细化的规定。随着两大法系的不断融合，典型的大陆法系国家法国、德国和意大利也将令状主义或多或少地引入本国刑事诉讼之中。搜查证的特定性不但在世界范围内得到各法治国家和地区的立法确认，而且也为国际法院所认可，如欧洲人权法院在2004年一个判例中明确提出，令状不仅要确定搜查的范围和扣押的对象，还应当分别载明搜查和扣押的具体理由[②]，以满足《欧洲人权公约》第8条对权利的保护。

二、不同法系搜查证特定性考察

（一）英美法系

1. 英国

1984年《英国警察和刑事证据法》将搜查分为逮捕前搜查、逮捕附带搜查、逮捕后搜查以及对于场所的有证搜查四大类，前三类无须搜查证。[③]有证搜查由警察向治安法官以书面形式提出申请，申请书应当记载颁发令状的所有内容，其中包括：警察提出申请的理由以及签发令状的法律依据；拟进入并搜查的场所以及尽可能细致的被搜查的对象情况；还必须说明欲扣押之物并不包含享有法律特权保护的材料以及被排除材料。如果有非警方人员参加搜查、扣押活动，也应写明。关于搜查场所，不能以"搜查可发现拟扣押物品的任何场所"加以记载，被搜查人不必是知其姓名并加以记载的人，只要持有拟扣押物品，与案件无关的人也可以加以搜查。被搜查物品可

---

① 《日本国宪法》第35条。
② 孙长永主编：《现代侦查取证程序》，中国检察出版社2005年版，第251页。
③ 孙长永：《侦查程序与人权——比较法考察》，中国方正出版社2000年版，第97页。

以使用诸如"电子产品"之类的一般条款加以记载，但宜更为准确。另外申请书应由书面告发加以支持，警察宣誓之后还应回答治安法官提出的问题。

1984年《英国警察与刑事证据法》第8条详细规定了治安法官可以签发令状的理由，但法官应该明白仅有警察所存在合理的根据并不充分，治安法官应独立地作出是否存在合理根据的判断，以免沦为受警察摆布的"橡皮图章"。治安法官签发的应当是特定令状，英国搜查证必须写明申请人的姓名、签发的日期和法律依据，具体指明要搜查的场所，并尽可能指明要寻找的人和物品。萨尔门法官认为："搜查证永远应当把签发的理由说出来"，将签发搜查证所依赖的合理根据和法律依据在令状中列明十分必要。对于搜查的人、物品和场所描述的特定性标准英国法要求达到可行的（practicable）①标准。可见，搜查证特定化要求达到能够确认将搜查的对象最大可能性。

对于有效期及执行时间，1984年《英国警察刑事证据法》规定后经2005年《英国严重有组织犯罪和警察法》修改，场所搜查应当在签发搜查证后一个月内的合理时刻执行而且只能使用一次。而"合理时刻"根据英国法的规定，通常是指屋主或其他人可能在场的白天时间，在屋主或其他人可能正在睡眠的夜间时刻，不得进行搜查。出于侦查目的而不得已的情形例外。因此英国适用于场所搜查的搜查证没有列明有效期或执行期间的特定性要求。

2. 美国

依据美国法，搜查证应当具体记载拟欲搜查的地点和准备扣押的人或物。众所周知，要求搜查证中将搜查或扣押的对象予以特定化的目的是控制搜查人员的自由裁量权的需要，但是特定化到什么程度才是符合美国宪法第四修正案的要求呢？按照美国联邦及各州法院判例的解读，令状的特定化要求（particularity requirement）并不需要达到事无巨细的程度。美国法院认为：搜查证所达到的特定化程度足以使执行搜查证的警察清楚地知道将要搜

---

① 1984年《英国警察和刑事证据法》第15条。

查的地方和扣押的物品，即使该警察事先并未接触过本案。①

关于搜查场所，美国法院对房屋并不要求绝对的、技术上准确的描述。令状的具体描述必须使执行搜查证的官员通过合理的努力确认和辨明目标地，即便是他向附近的邻居打听过，也不影响搜查证的特定性。② 对城市住宅搜查的搜查证，要比乡村住宅更加详尽的描述。对公寓楼或有多住户的住宅楼进行搜查，搜查证必须注明被搜查人的姓名和房间的门牌号。对汽车的搜查证，必须写明该汽车的驾驶证号或汽车的商标、驾驶人的姓名等。对人的搜查证，必须写明被搜查人的姓名，或其他诸如身高、肤色、体重之类的事项，以便搜查人员能够准确地判断出被搜查人。③ 如不知道被搜查人准确的全名，可以写明别名、部分姓名，或者不写；哪怕是写错，只要结合被搜人的其他相关信息能够将他与其他人区别开也是充分有效的特定化描述。④ 关于扣押的物品，美国联邦法院早在 1927 年就表明，令状应当载明所要搜查扣押的物品，不能给执行令状的官员留下任何自由裁量的空间⑤。

美国《联邦刑事诉讼规则》第 41 条（c）规定，令状应命令警官在 10 天之内搜查令状中列明的人或地点，发现特定的物品。令状应当在白天执行，除非签发令状的法官在令状中适当说明了合理的原因，并准许在白天以外的其他时间执行令状。令状中应指明执行完毕后令状应归还给哪位联邦治安法官。第 41 条（h）规定，白天是指执行时间地时间的上午 6 点至晚上 10 点。⑥ 据此，法官所签发的搜查证应列明令状的签发日期以及夜间执行的特别授权及其合理原因。值得注意的是，美国法要求在搜查证中指明执行完毕后令状应当归还的给哪位联邦治安法官，突出了搜查证的事后审查功能。

3. 我国香港特区

我国香港特区现行法律制度中最主要的两部分为不与香港基本法相抵触

① ［美］史蒂文·L. 伊曼纽尔：《刑事诉讼程序》，中信出版社 2003 年版，第 50 页。

② Lyons v. Robinson, 783 F. 2d737 (8th Cir. 1985).

③ See U. S. v. Ferrone, 438 F. 2d 381 (3d Cir. 1971).

④ State v Albert (1977, App) 115 Ariz 354, 565 P2d 534.

⑤ See Marron v. United States, 275 U. S. 192, 196 (1927).

⑥ 《美国联邦刑事诉讼规则和证据规则》，卞建林译，中国政法大学出版社 1998 年版，第 93—95 页。

的香港法以及香港现行的成文法。前者多为普通法判例，后者则比较多的体现与香港法例中。由于普通法和成文法的双重影响，搜查证（香港称为搜查手令）制度一方面受到传统判例根深蒂固的影响，另一方面遵从现今大量成文法例的指导。香港特区法律仅规定入室搜查需要搜查手令。

香港法院判例认为，一项搜查手令应当写明下述事项：（1）与搜查相关的被指控的犯罪，以免误导阅读者对被控犯罪性质的认识；（2）仅能授权搜查和扣押那些能够使裁判官合理地相信是所实施的犯罪的证据的场所或物品；（3）必须将搜查与扣押的对象具体列明，使得这些财产的所有者或占有者能够清楚地理解，而且，如果必要的话，使得这些所有者能够就可允许搜查的限制获得法律建议。① 在众多成文法中，香港《警队条例》第50条第7款规定了由裁判官签发手令的权力。裁判官如在任何人作出誓言后觉得有合理因由怀疑在某一场所有与犯罪相关的证据材料，可以授权任何警务人员进行必要的搜查和扣押。原则上讲，手令中使用的术语必须足够具体以保证建筑物的所有者能够获知可以允许的搜查范围，手令必须清楚地指出被搜查的处所以及极为具体地指出要搜查的物品和与签发该手令相关的犯罪。② 只有在有合理的根据和构成犯罪的证据时才能授权搜查并没收物品。

（二）大陆法系

1. 德国

在德国，搜查证同样要求贯彻特定性的要求，但《德国刑事诉讼法》对此并未规定，而是德国宪法法院判例的要求。③ 这种要求来自比例原则，国家对公民隐私领域的干涉不可超过必要限度，且由法官确定对搜查的必要限制。搜查证应当以书面形式作出，为了避免对公民基本权利过度或恣意地侵犯，还应当在可能的情况下明确注明以下事项：第一，被搜查人所犯嫌疑之种类，又称"案由"，即被搜查人涉嫌违反的罪名。其作用是为了表明警察为了什么案件而发动搜查行动。第二，搜查的地点与范围。对这一事项的

---

① Re Ip and Willis（1990）1HKLR154.

② 赵秉志主编：《香港刑事诉讼程序法》，北京大学出版社1996年版，第50页。

③ 孙长永：《侦查程序与人权——比较法考察》，中国方正出版社2000年版，第108页。

记载旨在防止漫无节制地扩大搜查范围，对被搜查人造成过度侵害。因此，应在搜查证状中载明究竟是搜查住宅、身体还是车辆或者行李。第三，搜查的对象，即警察希望找到的嫌疑人、物品或者证据。注明搜查对象的目的在于防止警察滥用搜查手段代替侦查。搜查对象的记载必须明确和特定，而不是作概括式的记载，以防止不当扩大搜查范围。如果在进入搜查场所后遇到多人，但却无法确定何者为被搜查对象，则只能对在场者采取一般的确认身份的措施，而不能逐个进行身体检查。[①]

至于搜查证的有效期间，德国法并未作出明确的规定，联邦宪法法院出于司法监督的目的，宣布搜查证签发 6 个月以后将自动失去效力。[②] 德国法规定了除特殊情形外不得进行夜间搜查，并且科学地规定了"夜间"的起止时间：从 4 月 1 日至 9 月 30 日，夜间是指从晚上 9 时至次日凌晨 4 时的期间；而从 10 月 1 日至 3 月 31 日，夜间是指从晚上 9 时至次日凌晨 6 时的期间。因此德国法并没要求在搜查证中明确其有效期和关于夜间执行的特别声明。

"在所有法官所为之搜索命令中，只要是在可能的情况下，并且不会妨害刑事诉追事项时，则均需将所犯嫌疑之种类及所要寻找之证据叙明之。如果搜索之裁定并未对所犯罪行之内容加以试之记载，而只是代以法律上非难的标准时，则此尚不符法治国家的最低要求。"[③] 由此可以看出，德国搜查证的特定性要求在不妨害刑事追诉的前提下，遵循比例原则，犹如法谚"警察不可用大炮打麻雀"一样，对公民权利造成的侵犯与追求的侦查目的之间必须保持均衡，尽可能将所要搜查的证据描述明确。

2. 日本

"二战"后，令状原则被引入日本并且日渐发达。日本宪法在规定"任何人的住所、文件及其所持物不受侵入、搜查或押收"的同时，规定根据法官签发的明确规定搜查场所以及押收物品的令状进行搜查和押收。侦查机

---

① 吴红耀、苏凌主编：《刑事搜查扣押制度改革与完善》，中国人民公安大学出版社 2011 年版，第 106 页。

② 孙长永主编：《现代侦查取证程序》，中国检察出版社 2005 年版，第 349 页。

③ ［德］克劳思·罗科信：《刑事诉讼法》，吴丽琪译，法律出版社 2003 年版，第 345 页。

关为侦查的必要，需要以书面形式向法官请求签发搜查证。搜查证请求书必须写明：要扣押的物品，或者要搜查的场所、身体或物品，请求者的官职、姓名，犯罪嫌疑人的姓名、罪名以及犯罪事实的提要。确有必要在日出前或日落后进行搜查扣押时，必须注明主旨以及理由。此外，请求时还必须提交认为可能是犯罪嫌疑人所犯罪行的资料，由接到请求的法官根据材料判断搜查扣押的必要性以及合理性决定是否签发。

鉴于令状特定性的要求，日本《刑事诉讼法》第 219 条规定，搜查证应当记载犯罪嫌疑人的姓名、罪名，应予搜查的场所、身体或物品，应扣押的物品，有限期间（原则上为 7 日）及该期间经过后不得着手执行并应当将令状退回的意旨，以及签发的年月日和法院规则规定的其他事项，由法官记名，盖章。① 关于所要搜查的场所，因为明确搜查场所的物理范围是保护公民的住宅不可侵犯权利的基础，所以必须明确描述场所的地址。根据日本法院的判例，对于场所的表述，需要在合理的解释下可以进行特定程度的记载，而且只要达到这种程度就是足够了。② 要尽量以搜查场所的地理位置、建筑物的物理性结构以及管理形态等为标准加以特定。但对于同一人所有的数个房间可以一并记载，对于公寓或者其他可个别划分的场所，应当按照占有人具体写明。

关于所要搜查扣押的物品，要尽量对每一项都作出具体记载。但因为扣押物品的情况下，在搜查阶段常常不能明确被搜查扣押物的具体特征，因此在某种程度上采取概述性记载的方式也是不得已的办法。但即使在这种情况下，也要尽量揭示物品的形状、内容等，努力加以特定化。实务中还可常见在列举物品之后，以"与其他与本案件相关的一切物品"。如以"会议记录、斗争日记、指令、通信类、联络文书、报告书、笔记以及其他与本案件有关的一切物品"的方式记载，判例认为，这种列举的方式有利于限定扣押物，因此是有效。③

关于所要搜查的人及其罪名，不清楚犯罪嫌疑人的姓名时，可以用相关

---

① 《日本刑事诉讼法》，宋英辉译，中国政法大学出版社 2000 年版，第 27 页。
② 最决昭 30. 11. 22 刑集 9. 12. 2484。
③ 最决昭 33.7.29 刑集 12.12.2776。

的人体特征、社会关系等代替，甚至可以仅仅载明犯罪嫌疑人不明，只要结合其他信息能够准确定位所要搜查的场所，确定所要扣押的物品。对于搜查证中记载的罪名，可以使用杀人、盗窃等构成要件的一般名称，还应当明确指示违反的法条。①

3. 我国台湾地区

我国台湾地区自 2001 年修法后确立了成熟的令状主义制度，将检察官搜查证签发全改由中立的法官签发。台湾"刑事诉讼法"修改后规定，检察官与司法警察官认为有搜查之"必要"或"相当理由"时，可以书面形式向法官提出签发搜查证的声请，其中，司法警察官在提出声请前应报请检察官许可。为保障公民的个人权利不被任意侵犯，搜查证的特定性原则强调侦查人员的搜查必须在限定的范围内进行。如果该搜查证对被搜查的对象限定不明确，该搜查是无效的，哪怕侦查人员已经取得了搜查证状。依据第 128 条规定，搜索票应记载下列事项：案由、应搜索之被告、犯罪嫌疑人或应扣押之物。但被告或犯罪嫌疑人不明时，得不予记载；应加搜索之处所、身体、对象或电磁记录；以及有效期间，逾期不得执行搜索及搜索后应将搜索票交还之意旨。搜查证由法官签名。法官可以在搜查证上，对执行人员进行适当的指示。②

对于搜查证上记载事项特定性要求的解读，有几点需要注意。关于案由，应当具体注明所涉嫌的罪名已经触犯的法律条文。不清楚被搜查人的姓名时可以不予记载，但应当结合其他相关信息以指定被搜查人。如果仅记载某公寓之地址，可否连同该公寓的地下室、车库等附带空间一并搜查？实务界认为，此类附带空间在客观上与被搜查人有密不可分之关系，所以持肯定态度。依理推测，若与搜查证记载之标的有密不可分之处所，亦属该搜查证所得搜查之范围。关于有效期间的记载，法官必须慎重地作出恰当的决定，以免过长有损法官保留之功能，过短妨害侦查之目的。至于记载于搜查证的适当指示，是法官依据个案情形坚固公共利益在执行方式上的自由裁量权，

---

① 彭勃：《日本刑事诉讼法通论》，中国政法大学出版社 2002 年版，第 104 页。
② 我国台湾地区"刑事诉讼法"第 128 条。

如指示可以在夜间进行搜查。①

关于搜查证上记载的应扣押物一项，必须事先加以合理的具体特定与明示，方符合明确界定搜索之对象与范围的要求，以避免搜索扣押被滥用，而违反一般性搜查的禁止原则。所谓应扣押物，指可为证据或可没收之物，不以有事实足认其存有者为限，只需根据一般经验法则、逻辑演绎或归纳可得推测其存有者（如以违反著作权法案件之光碟烧录、复制类型为例，其应扣押之物，可记载为"与侵害著作权有关之光碟片、烧录机、电脑、标签、说明书、包装等证物"），搜索票应记载的事项如失之空泛，或只为概括性的记载，违反合理明确性的要求，其是否导致搜索所得的证据不具有证据能力的效果，则应依法视个案情节而权衡斟酌以判断。

（三）不同法系搜查证特定性的主要原则

1. 法律保留原则

所谓法律保留原则，是指在实施搜查等强制处分措施以干预公民基本权利时，必须有法律明确的授权依据方可为之，并且应当严格遵守法律规定的各项条件。综合比较上述两大法系的主要国家和地区的法律体系，刑事搜查制度的确立，皆体现于成文法中。具体而言，关于搜查制度的法律保留原则分为两个层次：

一是宪法意义上的法律保留。宪法性法律文件均明确规定了公民不受非法搜查的权利以及采取搜查措施所需要满足的条件，如《美国宪法第四修正案》规定个人的人身、财产和文件不受不合理的搜查和扣押，《日本宪法》第35条也明确规定任何人的住所、文件及其所持物不受侵入、搜查或扣押，并且以令状主义的方式规定了采取搜查措施的严格法律要件。另外，美国和日本宪法均明确规定了搜查证的特定性要求，这就将搜查证的特定性上升到宪法性高度，充分保证这一要求得到有效的实施。

二是刑事诉讼法意义上的法律保留。在刑事诉讼法中对搜查的适用条件和具体程序作出了详细的规定。尽管国家宪法授予国家机关发动某项强制措施的权力，但是如果对这种权力不加以严格的限制，这种授权对于控制国家

---

① 王兆鹏：《刑事诉讼法讲义》，元照出版有限公司2008年版，第158页。

权力的滥用将没有任何意义，法律保留原则的必然形同虚设。因此，即使是以判例法为主的英美法系国家也对搜查措施的启动条件、启动程序等在制定法中均予以严格的规定，明确规定了有证搜查制度，同时明确规定了搜查证特定性。通过对意欲搜查扣押的对象和物品进行特定性的描述，达到限制侦查人员的自由裁量权，控制侦查权力的目的。

2. 比例原则

比例原则，被视为现代公法领域的"帝王条款"，是指任何旨在限制公民基本权利的措施必须符合法律的规定，并使用适当的、必要的手段，以便对公民权利的干预被控制在尽可能小的范围内。学界普遍认为比例原则包含三项子原则：妥当性原则、必要性原则和均衡性原则。具体到刑事搜查措施的比例性时，必须平衡犯罪的严重性、嫌疑的程度、收集证据的措施可能带来的价值与对所涉及的人的侵犯等因素。

基于妥当性原则的要求，为实现搜查的目的，同时防止滥用搜查措施，域外对搜查证的特定性均要求明确记载所涉嫌罪名，以及采取搜查行动的理由及法律根据，以此证明采取搜查措施是为了发现犯罪证据或查获犯罪嫌疑人。基于必要性原则和均衡性原则的要求为限定侦查人员的搜查范围，将对公民基本权利的侵犯减小到最低限度，各国均要求对搜查范围、搜查对象予以特定，防止"在火柴盒中寻找大象"等乱翻、乱搜行为的发生。另外，域外普遍规定禁止夜间搜查，如果夜间搜查确有必要时，也必须有明确的授权。

三、我国现行搜查证制度的反思

（一）我国搜查证制度的立法现状

我国有关搜查证的相关法律规定主要见于刑事诉讼法、《公安机关办理刑事案件程序规定》（以下简称《公安规定》）以及《人民检察院刑事诉讼规则（试行）》（以下简称《检察规则》）中。我国法律规定，进行搜查，必须向被搜查人出示搜查证。[①] 搜查证由侦查机关负责人签发，其中公安机

---

① 《刑事诉讼法》第 136 条。

关进行搜查由县级以上公安机关负责人批准，[①] 检察机关进行搜查由检察长签发搜查证。[②] 需要指出的是，《检察规则》有规定搜查前应当了解被搜查对象的基本情况、搜查现场及周围环境，确定搜查的范围和重点，明确搜查人员的分工和责任。[③] 虽然这项规定暗合搜查证特定性的部分要求，但并没有体现到搜查证的文本中去，与搜查证特定性具有实质性的差别。

根据公安部的规定，搜查证为两联文书，正本在搜查时需出示给被搜查人，存根附于卷宗。正本记载事项包括：首部为文书的制作机关、文书标题和文书字号。正文依次填写侦查人员姓名、搜查对象的名称，包括人、物品、住处或其他有关地方的名称。尾部为所应加盖的公安局局长人名章和公安局印章，并填写签发的时间。存根包括：搜查证的发文字号、案件名称、案件编号，犯罪嫌疑人姓名、住址、单位及职业，搜查的原因、搜查的对象、批准人、批准时间、办案人、办案单位、填发时间和填发人等 12 项内容。[④]

侦查人员在需要搜查时，只要在搜查证的空白处填写执行搜查人员的姓名和被搜查者所居住的县市、乡村以及被搜查者的姓名，经领导批准即可。例如公安局使用的搜查证的具体格式是："根据《中华人民共和国刑事诉讼法》第×××之规定，兹派侦查人员＿＿＿＿对＿＿＿＿＿＿＿＿＿＿＿＿进行搜查。"我国搜查证没有任何特定性的描述和记载，因此，无论从实质要件还是形式要件分析，均属于通用搜查证。我国特定搜查证制度从清末修律以来，从无到有，历尽曲折，不断后退，最终又归于虚无。可见，我国从传统上对特定搜查证缺少必要的重视，对于惩罚犯罪与保障人权的权衡中，往往是惩罚犯罪占据上风。

（二）我国现行搜查证制度的缺陷

搜查证的功能不仅体现在证明搜查行为的合法性，更主要的功能应该是公示权力行使的内容，限制搜查人员的自由裁量权。学界已经认识到无论在

---

① 《公安机关办理刑事案件程序规定》第 217 条。
② 《人民检察院诉讼规则（试行）》第 221 条。
③ 《人民检察院诉讼规则（试行）》第 222 条。
④ 潘利平：《我国搜查证制度的立法缺陷及其完善》，载《人民检察》2004 年第 6 期。

立法涉及上还是执法实践中过多强调了搜查证的授权功能，而对于其控制侦查权，保障人权的实质功能未予充分的关注。我国现行搜查证属于通用搜查证，对搜查对象、范围、手段、时效等关键要素，不是没有规定就是规定得太过笼统而缺乏必要的特定化描述，从而留给搜查人员广阔的自由裁量空间。实务中，出现搜查人员任意侵入公民住宅乱翻乱搜、一证多用的混乱局面，甚至持"空白搜查证"进行搜查的行为也时有发生。

1. 搜查证特定性的立法缺失

我国关于搜查证的记载事项规定的过于简单，其缺乏特定性要求主要表现在以下几个方面：

一是缺乏对搜查理由的特定描述。搜查证是合法执行搜查的依据，但是我国侦查机关使用的搜查证中没有载明搜查的具体理由以及特定的搜查地点等信息。被搜查人在遭受强制搜查时，根本无从获知搜查的具体理由。虽然侦查机关的呈请搜查报告书以及搜查证的存根具有对搜查原因的说明，但这两种文书归档于侦查内部卷，不仅搜查相对人无法获悉报告书的内容，即便是行使侦查监督功能的检察机关也无法对此进行审查。另外，这两种文书也仅仅写明了犯罪嫌疑人的犯罪事实原因，没有记载采取搜查措施能够发现犯罪证据的理由。不在搜查证中明确记载执行搜查的理由，堵塞了搜查相对人了解案件事实的渠道，不符合正当法律程序的内涵。

二是缺乏对搜查范围的特定描述。搜查范围包括执行搜查的地点和意欲搜查的人身、物品，即犯罪证据或者犯罪嫌疑人可能存在的地方。为保护被搜查人的权益，搜查证理应具体描述上述地点，避免执行搜查的人员任意扩大搜查范围和对象。我国搜查证对搜查范围的描述太过笼统，以填充式的记录作为对搜查范围的描述，如对张三以及其住所进行搜查，未对住所予以限定，如记明住所的具体的地址、房屋结构和用途等。

三是缺乏对搜查扣押对象的特定描述。我国现行法只规定搜查的目的是寻找犯罪证据和查获犯罪嫌疑人，未对意欲通过搜查获得的证据材料或者犯罪嫌疑人进行特定性描述，没有记载该证据材料的名称、犯罪嫌疑人的性别、年龄等特征。我们知道，仅仅记载嫌疑人的姓名可能导致发生扣错人的现象；没有具体描述证据材料的特征不可避免地会扩大搜查范围，使与本案无关的物品遭到非法搜查，甚至扣押。

四是缺乏对搜查证有效期限的特定描述。搜查时间包括两方面的内容，执行搜查的时间和搜查证的有效期限。如上所述，其国家一般都禁止夜间搜查，而且为避免"库存搜查证"明确规定了搜查证的有效期限。而我国立法对此完全没有规定。

我国搜查证制度规定得如此宽松，实务中仍然没有得到有效的执行。有学者通过对公安机关8年间所签发的187份搜查证存根进行分类研究发现：一是搜查证主要通过记载搜查对象姓名的方式来明确搜查对象，缺乏其他更为细致的描述；二是存在数量不少的根本没有记载搜查对象的"空白搜查证"。[1]

因此，基于以上分析，我们有相当理由认为，即使是有证搜查，搜查人员可以对被搜查人的住所、人身进行彻底、多次的搜查，完全不用对搜查的对象进行区分。搜查范围扩大到所有可能发现证据的领域，扣押物品的种类也扩大到所有可能与犯罪有关的物品。至于搜查证执行时间，则根据搜查的需要而定，虽然没有准确数据可供分析，我们从新闻媒体处也可获得大量夜间搜查的例子。

2. 我国采用通用搜查证的原因

改革开放以来，我国的刑事诉讼法制保持了良好的发展态势。刑事诉讼法经过两次修订，保障人权的诉讼目的得到一定程度的彰显。但作为保障人权重要举措的搜查证特定性为什么迟迟得不到立法的承认呢？细数原因，包含以下几个方面：

第一，我国传统侦查构造的影响。从理论上分析，我国侦查程序的构造以纠问侦查观为基本前提。此种侦查观把查明实体真实作为侦查的目的，而侦查相对人的人权保障相对而言受到一定的忽视。侦查机关和犯罪嫌疑人不是对等的关系，而是上位对下位的关系。为了查明案件的实体真实，赋予侦查机关广泛的自由裁量权，尤其是动用强制侦查措施的权力掌握在侦查机关

---

[1] 刘方权：《从授权到限权——搜查令功能研究》，载《昆明理工大学学报》（社会科学版）2009年第5期。

手中。对于人权的保障，却沦为形式化。在案件实体真实与正当法律程序的冲突中，案件实体真实无往而不胜。同时为了强调实体真实的重要性，达到"事实清楚，证据确凿"的证明标准，侦查机关通常会选择高效的强制侦查手段，而越是高效的侦查手段对公民基本权利侵犯的可能性与严重性往往就越大。我国刑事诉讼法将搜查这种严重侵犯公民基本权利的行为，仅作为一般侦查手段予以规定而不属于强制措施的范畴。

自古以来，国家本位思想和重实体轻程序的诉讼传统给我国现代刑事诉讼深深地烙上了惩罚犯罪的印记。保障人权的诉讼目的往往得不到应有的重视。在侦查程序中，侦查机关的侦查活动几乎不受到任何监督制约。虽然法律笼统地规定了检察院的监督权，但这种事后的监督能否得到公安机关的采纳也是一个未知数。

我国侦查构造是以相信侦查机关有能力客观公正的查明实体事实为前提的，"人民警察为人民"的思想定位，塑造了侦查人员都是公正无私、能力超群的正义之士形象。在以惩罚犯罪作为主要诉讼目的诉讼理念下，为了快速有效地侦破案件、打击犯罪保护人民，对侦查权的限制自然是越少越好。例如我国的搜查证制度。我国现行法规定了持证搜查为原则、无证搜查为例外的搜查制度，这形似西方的令状主义，但是实质上却完全不同。我国搜查证由侦查机关自行签发，并且同时缺乏实质要件及特定性要求，完全是一种典型的通用搜查证。

第二，现实国情因素的制约。我国《宪法》第 1 条规定，中华人民共和国是工人阶级领导的、以工农联盟为基础的人民民主专政的社会主义国家。① 人民民主专政是指在人民内部实行民主，逐步扩大社会主义民主，发展社会主义民主政治；对境内外敌对势力和犯罪分子实行专政。而根据列宁的观点，专政是不受限制的、凭借暴力而不是凭借法律的政权。我国受前苏联观点的影响，犯罪一度被视为个人对统治秩序的反抗，是敌对势力、敌对分子对社会主义政权的严重破坏，必须进行暴力镇压。侦查机关作为国家的专政工具，行使对犯罪分子专政的职能，以便维护国家长治久安，保障人民

---

① 《中华人民共和国宪法》第 1 条。

安居乐业。这就使得侦查机关在打击犯罪的过程中，注重打击效率而轻视人权保障，侦查工作没有严格按照法律程序进行，搜查证仅仅证明搜查行动的表面合法性。

我国现阶段处于社会转型时期，各种社会矛盾突出，犯罪案件呈现出犯罪类型多样、犯罪规模升级和犯罪主体多元化的复杂特征，有效地打击犯罪显得愈加重要，而我国的警察队伍却面临着人员短缺和素质不高的双重压力。

理论和现实的因素共同造就了我国以惩罚犯罪为重的诉讼目的，搜查证作为搜查行动合法有效的证明文书，从一开始就体现其维护执法权威、保证侦查活动的功能。从这种功能定位出发，我国采用通用搜查证也是一种必然。

四、我国确立搜查证特定性的构想

鉴于我国现行法中没有确立搜查证的特定性，那么就面临着我国刑事诉讼中是否应当确立搜查证的特定性以及如何确立搜查证特定性的问题。笔者认为，我国刑事诉讼必须确立搜查证的特定性，而且应当立足于我国现实国情确立搜查证的特定性。

（一）我国确立搜查证特定性的必要性

1. 保障公民权利的必然要求

我国宪法明文规定了禁止非法搜查公民的身体和住宅，并且 2004 年将"国家尊重和保障人权"写入了宪法。我国刑事诉讼法为保障权利的实现规定了持证搜查为原则、无证搜查为例外的搜查制度，这是我国侦查程序人权保障功能的良好的表现。但这一制度在我国控制侦查权、保障公民权利的浪潮中只能算是沧海一粟，对于改善我国人权现状可谓杯水车薪。西方法谚有云"救济先于权利"，这意味着对于公民权利的保障，不在于宪法或其他法律规定宣告的权利的多寡，而更在于防止权利遭到侵害的救济程序的多少以及这些程序运行的有效性。

因此，笔者认为，为将我国宪法"国家尊重和保障人权"的庄严宣告落实到实处，让公民享有更多实实在在的权利，必须对保障公民权利的制度加以细化。搜查证的特定性要求不仅有利于准确打击犯罪，更有利于限制搜查人员的自由裁量权，防止其滥用侦查权。从另一角度看，搜查证的特定性也要求搜查人员严格按照搜查证的特定授权执行搜查任务，这能使被搜查人详细了解和预见搜查的理由和对象等相关事项，能够更有效地保障公民免受非法搜查。

2. 维护执法权威的必然要求

在我国侦查程序构造中，侦查机关享有广泛的权力，而这种权力鲜受约束。此种传统树立了侦查机关极高的权威，虽然能够充分保障侦查活动的顺利进行而有利于与犯罪行为作斗争，但是绝对的权威必然导致权力的滥用。近年来，随着依法治国的步伐不断前进，公民的权利意识也日益增强，侦查程序中侦查权力与公民个人权利之间的冲突也进一步加剧。依靠简单粗暴的执法方式必然会进一步恶化双方之间的关系，侦查机关的权威也难免受到怀疑和动摇。同时，由于犯罪形势严峻、警力不足，大量法律素质不高的人员充斥在侦查机关当中并扮演着重要的角色。这类人员多数没有正规的法律培训，执行工作当中难免会超越权力的边界。

维护执法的权威必然要求增强执法行为的信服力。传统的侦查构造向现代侦查构造转型已经是大势所趋。在搜查程序中，引入令状主义，通过中立的搜查证签发主体对搜查行为进行司法审查是对搜查行为合理性和必要性的最好诠释。但在我国现行体制下，这一改革构想显然无法在短期内实现。就目前而言，完善我国搜查证的可取之策，就是完善搜查证特定性，突出说理性要素的记载，从而维护执法权威。

3. 建设社会主义法治国家的必然要求

1997 年党的十五大提出了"依法治国，建设社会主义法治国家"的治国方略。1999 年九届人大二次会议通过了"建设社会主义法治国家"的宪法修正案。2004 年十届人大二次会议通过了"国家尊重和保障人权"的宪法修正案。自此以后，我国法治化进程中对人权保障的着墨更加浓厚。刑事诉讼法作为国家基本法律之一，理应是依法治国的重要依据。法治要求一切权力的行使必须受到法律的规范和制约，以防止其恣意行使。正如古希腊亚里士多德所言："法治应包含两重意义：已成立的法律获得普遍的服从，而大家所服从的法律又应该本身是制定得良好的法律。"① 那么，规制权力的法律本身不应当恣意，而应当符合理性和具有正当性。作为依法治国重要依据的刑事诉讼法自然应当具有正当性和合乎理性的要求。因此，刑事诉讼法的不断完善和进步是建设社会主义法治国家的题中之义。

为了使公民个人不遭受任意、无节制的侵犯，国家法治化进程中强调公民个人的诉讼主体地位，在通过立法不断提升公民个人主体地位的同时，通过立法约束国家追诉犯罪的职权，以法律的正当程序限制公权力的恣意行使。保障公民的人身权、财产权、隐私权等基本权利在刑事诉讼中不受任意的侵犯就是提升个人诉讼主体地位的有力表现。而这些权利的保障，只有宪法性的权利宣告远远不够，必须设置切实可行的具体措施以辅助其得以实现。对于搜查程序而言，严格规制侦查机关搜查权力的行使，妥善的办法就是立法规定具有司法审查意义的搜查证制度，搜查证的特定性要求在此就显得弥足珍贵。

（二）我国确立搜查证特定性的可行性

当某种制度最初确立的时候，人们的智慧及判断力所及的只是这一制度的必要性问题。通过一段时间的实践以后，人们才发现先前用以救济社会弊端的法律规则，反而增加了必须加以整治的社会问题。因此，移植一项法律规则必须首先仔细考察本国的制度背景，是否适合此种法律规则有效地运行，是否能够有效的发挥其立法目的。在我国刑事诉讼法确立搜查证的特定性要求时，必须对我国的法制环境进行分析。

1. 我国具备确立搜查证特定性的历史基础

自清末修律以来，受西方法治传统的影响，我国的立法文件中逐渐出现开始关注公民个人的基本权利的条款。

在革命浪潮不断高涨的形势下，清政府迫于无奈于 1908 年制定颁布了《钦定宪法大纲》。这是我国首部资产阶级性质的宪法性法律文件，虽然存有很大的局限性，但它首次将公民的财产、住宅不受非法搜查的权利予以宪法性宣告。此后，我国人民不受非法搜查的权利开始受到宪法性根本大法的

---

① ［古希腊］亚里士多德：《政治学》，吴寿彭译，商务印书馆 1965 年版，第 199 页。

保障。辛亥革命胜利之后，革命党人制定了《中华民国临时约法》，肯定了公民的财产和住宅权不受非法搜查。从此以后，无论革命成果遭到怎样的破坏，何人执掌政权，其宪法性文件都明文规定了公民的人身权、财产权、住宅权不受非法侵犯。例如袁世凯《中华民国约法》、曹锟 1923 年《中华民国宪法》以及 1947 年《中华民国宪法》等，虽然措辞有所不同，但至少宪法条款上并不减少对公民权利的保护。基于宪法性的权利宣告，这些时候均制定了一系列法律规则保障权利不受非法的侵犯。

1906 年，清政府制定《大清刑事民事诉讼法》（暂缓施行），首次规定了有证搜查制度，并且规定了搜查证的实质要件和程序要件。1911 年《大清刑事诉讼律》（草案）明确规定了搜查证的形式要件：搜查证应当记载将要搜查的处所、身体、物件以及将要扣押的物品和执行搜查的理由。法律的起草者开始意识到"刑律不善不足以害良民，刑事诉讼律不备，即良民亦罹其害①"。完善的刑事诉讼法是保障公民权利的有效武器。该草案虽然没有得到施行，但确立了搜查证的特定性要求，奠定了我国搜查证特定性的历史基础。国民革命胜利之后，1928 年制定的《中华民国刑事诉讼法》同样规定了搜查证制度，规定搜查证应记载应搜查之被告或应扣押之物以及应加搜查之处所、身体或物件。相对于前者，该法删除了关于搜查事由的记载，但依然保持着搜查证特定性的大部分内容。

综上所述，我国具备确立搜查证特定性的历史基础。

2. 我国具备确立搜查证特定性的法治基础

新中国成立以来，我国十分重视法制的建设。早在 1954 年，我国就公布实施了写满人民权利的宪法。十年"文革"浩劫，将新中国的法制事业破坏殆尽。十一届三中全会之后，我国法制重新得到了迅猛的发展。经过几次修正案的补充完善，我国将"依法治国"、"国家尊重和保障人权"写进宪法，这是我国法治建设的新开端，预示着我国法治事业开始向人权保障的方向迈进。我国现行宪法对公民的基本权利进行了庄严的宣告，非经法律，不得侵犯公民权利，如第 37 条规定"禁止非法搜查公民的身体"，第 39 条

---

① 张国华、李贵连编：《沈家本年谱初编》，北京大学出版社 1989 年版，第 248 页。

规定"禁止非法搜查或者非法侵入公民的住宅"。

刑事诉讼法几经修改，更是彰显了保障人权的诉讼目的。具体到搜查制度，刑事诉讼法规定了持证搜查为原则、无证搜查为例外的搜查制度。《检察规则》、《公安规定》和最高人民法院、最高人民检察院、公安部、司法部、海关总署《关于走私犯罪侦查机关办理走私犯罪侦查案件适用刑事诉讼法程序若干问题的通知》以及最高人民法院、最高人民检察院《人民检察院侦查协作暂行规定》等司法解释对搜查证的签发主体使用情况以及搜查证的内容等进行细化规定，进一步明晰了我国的搜查证制度。

除了制定法律、设置程序以保障公民权利和自由，国家还十分重视对公民进行普法宣传教育，普及法律常识，使全体公民增强法制观念。从1986年开始的党中央通知全国普法开始，每5年为制定的一个周期，通过这些年的法治建设和普法教育，健全了我国的法律体系，增强了国民的法律意识和权利观念。[①] 2011年，国家开始启动实施"六五"普法规划，通过深入扎实的法制宣传教育和法治实践，深入宣传宪法，广泛传播法律知识，提高全民法律意识和法律素质。法制的健全、公民权利意识的觉醒，意味着我国法治建设取得卓越的成就，已经具备确立搜查特定性要件的法治建设基础。

3. 我国具备确立搜查证特定性的实践基础

考虑到刑事诉讼体制的不同，有人认为包括搜查证特定性在内的令状原则并不适合我国的执法实践。笔者并不认同。搜查证特定性的确起源、发展于和我国迥异的英美法系国家，并通过分权的制衡保证制度的顺利运行，但是近代以来大陆法系国家对令状原则的引进，已经充分证明通过中立性相对欠缺的签发主体内部层级式的控权方式完全可以弥补令状控权功能的不足。我国和大陆法系国家一样，都具有对警察和检察官的信任传统。并且我国对于搜查证的签发确立严格的内部控制机制，如基层侦查机关申请搜查证需要"四级"审批，即侦查员提出，中队、大队和局领导审查并签字同意后交由刑警大队内勤签发搜查证。虽然没有英美法系国家中立性和权威性强大的法官作为审查签发主体也没有完备的非法证据排除制度，但是，大陆法系及我

---

① 薛竑：《人身保护令制度研究》，法律出版社2008年版，第207页。

国目前司法实践证明，确立搜查证特定性制度完全可行。

搜查证特定性原则的确立无法回避公正与效率的冲突问题。在强调人权保障价值的同时，决不能影响打击犯罪的效率。因此，需要指出的是，搜查证的特定性原则同样给侦查人员留下一定的自由裁量的空间，如"一目了然"、"善意的例外"，等等。这不仅有利于刑事诉讼活动的顺利进行，而且还能够保证执法活动的权威。同样，搜查证的特定性在一定程度也有利于提高诉讼效率。搜查证的特定性通过严格的要件来提高侦查机关实施强制搜查的质量，减少冤假错案的发生，以维持公正促进诉讼效率。因此，受制约的侦查权与高效率的侦查活动完全可以和谐相容。

另外，我国数十年以来法治教育的发展，各地皆设立有警察院校等政法类院校，为我国培养了大批的法律人才。目前我国各省市招警考试均要求大专以上学历，这些人才经受过专业的法律教育，具备一定的法治信仰，相信其完全能够胜任搜查证特定性工作。可见，我国确立搜查证特定性又具有了实践人才基础。

（三）我国确立搜查证特定性的路径

1. 搜查证特定性标准的确定

搜查证的特定性就是要求对涉及搜查的要素尽可能地加以明确描述，使之符合比例原则的要求。

第一，搜查理由的特定性标准。如果不在搜查证中充分说明进行搜查的理由以及搜查所依据的法律规范，那么被搜查人的知情权必然得不到满足，更无法达到使被搜查人信服的要求。正如英国有位大法官所说，"凭一纸不知所谓的手令进入私人地方进行搜查证据，简直比过去西班牙宗教法庭的迫害还不如，没有一个英国人愿意在这种法律之下活一小时"，[1] 侦查机关的执法权威自然会受到质疑。为了保障被搜查人的知情权和维护侦查机关的执法权威，搜查证必须明确记载搜查理由，增强搜查证的说理性要素。对于搜查理由的特定性描述应当达到的程度，笔者认为，首先，应当记载该搜查行动指向的犯罪嫌疑人以及该犯罪的事实要素；其次，应当准确罗列该搜查行

---

① 黄金鸿：《英国人权60案》，中国政法大学出版社2011年版，第17页。

动所依据的法律规范，包括实体法规范和程序法规范；最后，还应当记载基于何种合理根据认为执行此项搜查能够发现犯罪证据或查获犯罪嫌疑人，使被搜查人清楚明了的知道自己为何被搜查及该项搜查所依据的法律规定。

第二，搜查范围的特定性标准。对搜查范围的特定性描述合理与否取决于所要搜查的空间范围的性质以及侦查人员事前能够取得的关于搜查范围的具体方位信息，① 能够使执行搜查的人员确定所要搜查的范围。对场所的特定性描述，要求记明场所的地理位置、建筑物的物理结构以及管理形态等标准，需要具体到所要搜查的建筑物所在的街道、门牌号或者其他足以特定的事项，如果是多人居住的公寓楼，还应当具体到哪一间。对于搜查场所的特定化并不要求技术上的绝对精确，只要搜查人员根据搜查证的描述能够对搜查场所进行准确的定位，该份搜查证就是有效的，即使搜查证的记载有些许错误。对人身的特定性描述，要求写明被搜查人的姓名，如果不知道其姓名，应当写明其别名、大概年龄、种族，并对其外表进行具体描述，以排除他人受到不合理搜查的可能性。而对于汽车，一般要求载明车主姓名、型号、款式、颜色、驾驶证号码和位置等，即使某一项记载错误，只要能够准确定位唯一的搜查场所，该搜查证仍然有效。

第三，搜查对象的特定性标准。借鉴美国法判例的要求，对于搜查对象的描述要求清晰、明确、不含有歧义，② 不给执行搜查的人员留下自由裁量的余地。搜查证要尽量揭示所要搜查的物品的形状、所有者、内容等要素，并加以特定化。由于在侦查阶段常常不能明确确定物品的个别性特征，因此，特定性并不是要求确定性，在某种情形下进行概括式记载也是不得已的办法。例如，在美国诉阿帕姆③一案中，法院认为搜查证的对拟欲扣押的淫秽制品所作的如下描述已经最大限度地满足了特定性要求，即"无论使用什么方式或媒介，所有直观描述了具体性行为的物品"。鉴于搜查对象性质的不同，特定性标准的要求也不同：对于违禁物品考虑到其性质的特殊，特定性标准可以适当放宽；而对于涉及个人隐私的书信、文件等物品时，必须

①   Maryland v. Garrison, 480 U. S. 79（1987）.

②   U. S. v. Moetamedi, 46 F. 3d 225（2d Cir. 1995）.

③   U. S. v. Upham, 168 F. 3d 532（1st Cir. 1999）.

谨慎对待；介于这两者之间的物品，特定性描述只要能够和其他性质相同的物品区分即可。

第四，搜查证有效期限的特定性标准。犯罪形势复杂多变，如若不规定搜查证的有效期限，不但不利于犯罪事实的发现，还会造成对公民权利的侵犯。综合世界各国和地区的立法例，搜查证的有效期限原则上为 7 天，特殊情形下可以由签发人员加以特别授权延长。搜查证的有效期限应当从搜查证签发日开始起算。

第五，其他事项的特定性标准。搜查证应当明确记载搜查证的签发人、执行人。为保证公民的知情权以及其他合法权益，未在搜查证中列明的人员不得参与搜查行动。

作为签发主体的侦查机关负责人，认为有特殊情况需要进行特别指示的可以在搜查证中注明。

2. 搜查证特定性立法的完善

在我国现行的搜查制度中确立搜查证特定性，不可避免地涉及对现行法律的修订。当前，我国规定搜查制度的两部法律，一是宪法；二是刑事诉讼法。基于以上考虑，笔者认为，我国搜查证特定性的确立应当在我国当下两部法律所设定的搜查制度框架内进行，而不宜作过多的改革。

宪法作为国家的根本大法，起到提纲挈领的作用。宪法对于公民权利和刑事诉讼制度的规定多以笼统地宣告为主，没有对于司法制度和程序操作进行具体的规定。我国《宪法》第 13 条规定，公民合法的私有财产不受侵犯；第 33 条规定，国家尊重和保障人权；第 37 条和第 39 条分别规定了公民的人身和住宅不受非法的搜查。可以看出对于搜查证特定性所要保护的人权价值，我国宪法都有明文规定。因此，我国确立搜查证特定性要求符合宪法的精神。

我国新修订的《刑事诉讼法》第 134—138 条规定了我国的刑事搜查制度，其中第 136 条规定，进行搜查，应当向被搜查人出示搜查证，这是我国有证搜查制度的立法表现。笔者认为可以在此条第 1 款后增加 1 款，作为第 136 条的第 2 款，以明确搜查证的特定性要求。即："搜查证应当以书面形式作出，并记载以下事项：（一）案由；（二）应搜查的犯罪嫌疑人、第三人的姓名或应扣押的证据材料；（三）应加以搜查的场所、身体或者物品；（四）搜查证的有效期限，原则上为 7 日；（五）其他事项"。

这样一来，我国就可以在立法层面上确立搜查证的特定性，从而废除沿用至今的格式化的通用搜查证。同时，为使侦查机关及其工作人员准确地掌握搜查证特定性的要求，严格按照法律程序的规定进行侦查工作，必须完善与刑事诉讼法配套的其他规范性法律文件，比如《公安规定》、《检察规则》等，按照上文讨论的搜查证特定性的标准，对刑事诉讼法详细的解释，颁布切实可行的实施细则。

再完美的制度，如果得不到有效的执行，也不过是徒有其名。搜查证特定性的有效运行离不开严格的事前、事后审查机制。事前审查机制使不能满足特定性要求的搜查申请无法获得授权，就目前来说，可以继续沿用侦查机关内部的多级审批机制。而事后审查机制使持有不符合特定性的搜查证所执行的搜查行动之效力受到质疑。此种情形下，搜查到的证据能否作为定案的依据，有待进一步详细研究。

检察机关贯彻执行国家赔偿法
相关工作研究

重庆市人民检察院课题组[*]

国家赔偿法是公民权利的保证书，是推动国家法治文明的重要手段，对确保国家权力的正确行使，落实"国家尊重和保障人权"的宪法精神，具有非常重要的现实意义。国家赔偿法自1995年实施以来，发挥了很重要的积极作用，有力地维护了公民的合法权利，有效地促进了国家机关依法行使职权。但是，由于缺乏经验，且受"宜粗不宜细"立法思想的影响，该法条文非常粗糙，大多是原则性规定，导致争议不断。2010年4月29日，第十一届全国人大常委会通过了《关于修改〈中华人民共和国国家赔偿法〉的决定》，从国家赔偿理念、归责原则、赔偿程序、赔偿范围、赔偿费用管理等方面对该法作了大幅度修改。多年来，理论界对国家赔偿法的研究非常活跃，但主要围绕国家赔偿基本理念、归责原则、构成要件、赔偿范围、赔偿程序等宏观问题，对实务方面的研究则相对较少，而且偏重于审判机关贯彻执行方面的问题，对检察机关贯彻执行方面的研究更少。检察机关作为法律监督机关，是国家赔偿工作的重要参与者，开展检察机关贯彻执行国家赔偿法相关工作的研究，具有很重要的理论价值和实践意义。本文有针对性地选择了四个与检察机关贯彻执行国家赔偿法关系非常密切的问题展开研究，即刑事赔偿与错案责任追究之关系、刑事赔偿范围的基本框架、国家侵权精神损害赔偿以及修改后的国家赔偿法对检察机关法律监督工作的影响及

---

* 课题组成员：梁田，重庆市人民检察院党组成员、副检察长、检察委员会委员，课题组组长；谭金生，重庆市人民检察院检察员，重庆市检察业务专家；陈小彪，西南政法大学法学院副教授；马海生，西南政法大学民商法学院副教授。

对策。

一、刑事赔偿与错案责任追究之关系反正——兼议以错案责任追究为基础的刑事赔偿理念的缺陷

（一）问题的由来

在刑事赔偿工作中，经常会遇到这样一种现象：认为决定刑事赔偿就意味着发生错案，意味着需要追究原案承办单位和承办人的错案责任，即将刑事赔偿与错案责任追究混为一谈。我们认为，这种以错案责任追究为基础的刑事赔偿理念是不科学的。但是，这种不科学的刑事赔偿理念不仅为部分学者所接受，而且广泛流行于司法实务界，并在实践中导致诸多错误做法。主要表现为：把司法机关履行刑事赔偿义务作为刑事错案的标志，作为办案人员负错案责任的充分条件。只要司法机关履行了赔偿义务，就认定司法机关办了错案。至于司法机关向有关的当事人履行赔偿义务是否与办案人员的错误有因果关系，不被认真考虑。例如，重庆市人民检察院《2012 年度全市基层检察院工作目标考核指标》中规定："发生赔偿案件的……在控申部门考核加分后，应在相应业务工作考核中减去控申部门办理该案得分的 1.2 倍分值。"该规定的"潜台词"就是对决定赔偿的案件，原案承办部门应负一定的错案责任。

以错案责任追究为基础的刑事赔偿理念，是人们基于对修改前的《国家赔偿法》第 2 条第 1 款的片面理解而形成的，该款规定："国家机关和国家机关工作人员违法行使职权侵犯公民、法人和其他组织合法权益造成损害的，受害人有依照本法取得国家赔偿的权利。"此规定被认为是我国国家赔偿归责原则——"违法"归责原则的法律依据。尽管理论界从有利于保护受害人权益的角度，赋予了"违法"以最广义的扩张性内涵，但是在错案责任追究的强大压力之下，实务界不得不对"违法"作了最狭义的限缩性解释，即"违法原则更多地被严格解释为违反明确规定的法律规范，从而导致实际赔偿范围受到限缩"。[1] 而且在事实上形成了这样的逻辑：决定刑

---

① 沈岿：《国家赔偿法原理与案例》，北京大学出版社 2011 年版，第 98 页。

事赔偿就意味着存在司法机关和司法机关工作人员违法行使职权的情形，而在绝大多数情况下，违法行使职权的结果就是错案，因此追究原案承办人的错案责任也是理所当然的。最高人民检察院《刑事赔偿案件情况月报表》把赔偿申请分为错误拘留、错误逮捕、刑讯逼供造成伤害、刑讯逼供造成死亡、违法查封、违法扣押、违法冻结、违法追缴财产和其他9大类，其共同点就是这些情况都存在"错误"或者"违法"情形，推导出的可预期结论就是发生了错案。

我们认为，以错案责任追究为基础的刑事赔偿理念不仅在理论上站不住脚，而且在实践中产生了诸多问题。尽管因决定刑事赔偿而追究原案承办部门和承办人错案责任的情况在事实上寥寥无几，但还是对司法机关及其工作人员形成了强大的心理压力，既影响了司法机关依法给予国家赔偿的积极性，又影响了司法机关及其工作人员依法行使职权的积极性。2011年8月，全国各大媒体纷纷报道了河北省邯郸市和涉县两级检察机关和法院为一起一审判死缓二审发回重审的命案相互推诿，其根源就在于市县两级检察机关和法院都害怕承担国家赔偿责任，以及因此而来的错案责任追究。为树立科学的刑事赔偿理念，使国家赔偿法发挥其应有功能，有必要从理论上澄清刑事赔偿与错案责任追究之间的理性关系。

（二）以错案责任追究为基础的刑事赔偿理念的缺陷

如前述，"以错案责任追究为基础的刑事赔偿理念"是人们基于对修改前的《国家赔偿法》第2条第1款的片面理解而形成的。客观地说，这种理念在进一步促进司法机关依法行使职权方面，确实起到了一定的积极作用。但是，赋予刑事赔偿以错案责任追究之功能，却是刑事赔偿制度不能承受之重，不仅违背刑事司法基本规律，而且背离国家赔偿法的立法初衷，不利于公民、法人和其他组织合法权益的保护，其缺陷显而易见。这种缺陷主要体现在理论和实务两个方面。

1. 刑事司法结论的不绝对确定性折射出以错案责任追究为基础的刑事赔偿理念在理论上的非科学性和不合理性

"以错案责任追究为基础的刑事赔偿理念"包含两个预设前提：一是刑事司法结论具有唯一性，被改判或纠正就意味着原处理结论错误；二是改判或纠正后的刑事司法结论具有绝对正确性，就刑事赔偿案件而言，给予刑事赔偿的决定是绝对正确的。依此推论：由于决定给予刑事赔偿的结论是绝对正确的，因此如果决定给予刑事赔偿，那么就意味着原案处理结论是错误的。又因为原案处理决定是错误的，那么追究原案承办部门和承办人的责任就是理所当然的。然而，细细推敲起来，这两个预设前提都缺乏科学依据，违背了刑事司法基本规律。尽管从客观角度看，已经发生的事实是客观的，而且具有唯一性，但是从刑事司法基本规律角度看，刑事司法结论并非总是具有唯一性，相反它具有明显的不绝对确定性。刑事司法结论的不绝对确定性主要由三个方面的因素决定：

首先，构建案件事实的不绝对确定性。刑事诉讼的重要任务之一就是重构已经发生的客观事实，即按照一定的证据规则构建案件事实。而证明标准及证据证明力的确定存在一个惩罚犯罪和保护无辜的平衡难题，如果证据证明力要求达到的确信或认识程度高，意味着对被告人定罪的难度加大，那么，真正的罪犯逃脱惩罚的概率增大，但无辜被告人被错误定罪的可能性则相应缩小；如果要求达到的确信和认识程度低，那么，真正的罪犯逃脱惩罚的概率降低，但无辜被告人被错误定罪的可能性也相应增大。由此可见，构建案件事实的过程是不绝对确定的，往往随着证据证明力的变化而变化。因此，依照刑事诉讼程序认定的案件事实并不能总是与客观事实保持完全一致，甚至可能有很大的误差，导致错案发生。因为"无论一个社会奉行什么样的法律价值，也无论它采取什么样的程序来认定案件事实，认识错误总是难以彻底根除的"。[①]

其次，司法过程中发现和解释法律的必要性和不确定性。从某种意义上说，司法过程就是发现和解释法律的过程，而发现和解释法律具有明显的不确定性。发现和解释法律的必要性和不确定性，主要由以下几方面的因素决定：一是由于立法者的有限理性，立法时有意识地使用抽象、原则性的规定，甚至使用模糊的规定，从而导致了法律发现和解释的不确定性。如《国家赔偿法》第35条规定："有本法第三条或者第十七条规定情形之一，

[①] 宋英辉：《刑事诉讼原理》，法律出版社2003年版，第23—36页。

致人精神损害的,应当在侵权行为影响的范围内,为受害人消除影响,恢复名誉,赔礼道歉;造成严重后果的,应当支付相应的精神损害抚慰金。"要正确适用这一法律条文,就需要司法工作人员对"精神损害"、"严重后果"等法律术语进行必要的解释。二是法律条文由文字表达,以普通用语为基础,这就决定了需要解释。因为任何用语尽管核心意义明确,但总会向边缘扩展,使其外延模糊,需要通过解释界定法律用语的扩展边际;绝大多数用语总是具有多义性,需要通过解释明确法律用语应取何种含义;用语随着时代发展会产生新的含义,需要通过解释说明法律用语是否接受新的含义;许多法律用语也存在"言不尽意"的情况,需要通过解释揭示其未尽之意。例如"卖淫"一词,以往指异性之间的性交易,但随着社会的发展,有些人认为"卖淫"还应该包括同性之间的性交易,是否把同性性交易纳入"卖淫"一词的内涵,就需要司法机关和司法工作人员根据社会发展形势而定。三是法律发现和解释是一种创造性活动,而不仅仅是消极地、被动地发现立法者的愿意①,这也可以说明法律发现和解释的不绝对确定性。此外,随着社会形势的发展变化,对同一法律用语在不同情况下作出具有明显差异性的解释结论也是不足为奇的。可见,司法过程中发现和解释法律的必要性和不确定性是客观存在的。

最后,司法工作人员的个性素质差异。从法治运行过程中的人的因素来看,法治是法律人之治。② 在形成司法结论的过程中,由于司法工作人员的知识背景、司法经验和职业素养不同,对同一案件材料、法律原则和制度有着不同的理解,对公正本身有不同的感知以及相互沟通、传递方面的差异,也会导致司法结论的不绝对确定性。

基于对以上三个方面因素的分析,我们认为刑事司法结论的不绝对确定性必然存在,而且发生后一个司法结论否定前一个司法结论的情况也是常见的。而根据法治原则的基本要求,如果在法律上被认定为结论错误,就意味着对公民、法人和其他组织合法权益的侵犯,就应该承担一定的责任。刑事

---

① 张明楷:《刑法学》(第四版),法律出版社 2011 年版,第 33 页。
② 孙笑侠:《法治乃法律人之治》,载《法制日报》2005 年 11 月 16 日。

赔偿制度就是基于这一客观需要而建立起来的。因此，开展刑事赔偿工作，在刑事司法领域，其实是一种很正常的现象，符合国家赔偿法保护公民、法人和其他组织合法权益的立法意图，与错案责任追究并无必然联系，那种把刑事赔偿当作错案责任追究的充分条件的观点缺乏理论依据。

2. 以错案责任追究为基础的刑事赔偿理念在司法实务中的负面功能是非常明显的

以错案责任追究为基础的刑事赔偿理念，不仅在理论上站不住脚，而且在实践中的负面功能也非常明显，自1995年1月1日国家赔偿法实施以来的情况可以证明这一点。总体上看，其负面功能主要表现在以下几个方面：

首先，对司法机关及司法工作人员依法行使职权产生消极影响。国家赔偿法不仅有"保障公民、法人和其他组织享有依法取得国家赔偿的权利"之功能，而且还有"促进国家机关依法行使职权"之功能。其促进功能主要是"通过规定国家赔偿，以法律的形式规范国家机关及其工作人员在法律赋予的范围内依法行使职权，免除国家机关及其工作人员的部门或个人赔偿责任，使依法行使职权的国家机关工作人员消除后顾之忧，在法定权限范围内，积极、大胆地行使职权或采取有关措施，而不必担心后果"。[①] 而以错案责任追究为基础的刑事赔偿理念因其侧重于对司法机关刑事诉讼行为的法律评价，必然导致司法工作人员为尽量避免遭受不利的法律评价而采取消极行使司法权的态度。司法工作人员消极行使职权主要体现在两方面：一是消极行使管理职责范围内事务的职权，如检察机关尽可能地不批准逮捕犯罪嫌疑人，以防止因错误逮捕而带来的错案责任追究；二是消极履行国家赔偿义务，对该依法给予国家赔偿的不给予赔偿。我国司法实务界之所以不顾法学理论界的强烈批判，对"违法"作最狭义的限缩性解释，其实就是一种消极履行国家赔偿义务的行为，而其深层次的原因就在于司法机关希望尽量避免这种不利的法律评价。

其次，妨碍国家赔偿法保障和救济公民、法人和其他组织合法权益立法

---

① 江必新：《〈中华人民共和国国家赔偿法〉条文理解与适用》，人民法院出版社2010年版，第35页。

意图的顺利实现。从立法宗旨看，国家赔偿是国家对因受到公共职权行为的侵害的公民、法人和其他组织的合法权益实施的救济。因此，不应当把主要关注点放在评价司法机关的职权行为是否合法，而应当放在对公民、法人和其他组织合法权益所受到的损失是否应当由国家负责上。以错案责任追究为基础的刑事赔偿理念，事实上促使一些司法机关千方百计不承认自己的行为是违反法律的，国家赔偿法也就变成了"国家追究责任法"。这样也就人为地增加了受到损失的个人和组织获得赔偿的难度，也缩小了国家赔偿的范围，国家赔偿法在某种意义上更像"国家不赔法"。①

最后，不利于我国国家赔偿制度体系的进一步完善。以错案责任追究为基础的刑事赔偿理念，因其侧重于对司法机关和司法工作人员刑事诉讼行为的法律评价，导致赔偿义务机关为力图避免责任，而对刑事赔偿范围作更有利于自己的限缩解释，既不利于我国国家赔偿制度体系的进一步完善，也不符合世界各国国家赔偿制度的发展趋势。

事实上，由于我国国家赔偿归责原则——违法归责原则存在很大争议，并在司法实务中被一些司法机关引用而规避国家赔偿责任，为法学界所诟病，因此 2010 年 4 月 29 日第十一届全国人大常委会通过《关于修改〈中华人民共和国国家赔偿法〉的决定》，将原第 2 条第 1 款修改为："国家机关和国家机关工作人员行使职权，有本法规定的侵犯公民、法人和其他组织合法权益的情形，造成损害的，受害人有依照本法取得国家赔偿的权利。"文字表述上删除了修改前的"违法行使职权侵犯……"的提法，表明我国国家赔偿归责原则已由原来的单一的违法归责原则，向以违法原则为主，以过错及无过错原则为补充的多元化归责原则体系的转变，体现了"国家尊重和保障人权"的宪法精神。也就是说，违法已经不再是国家赔偿的必要条件，以责任追究为基础的刑事赔偿理念也就失去了最可靠的法律依据。

（三）刑事赔偿与错案责任追究之关系

客观地说，刑事赔偿与错案责任追究之间的差别非常明显，主要体现在以下四个方面：

---

① 马怀德：《国家赔偿问题研究》，法律出版社 2006 年版，第 76—77 页。

1. 两者的功能定位根本不同

刑事赔偿有两大核心功能：一是保障公民、法人或者其他组织被国家刑事诉讼行为所侵害的合法利益能够得到及时的恢复或补偿；二是通过免除司法机关工作人员依法行使职权时侵害公民、法人或者其他组织合法权益而带来的被追究责任的风险，从而保护职权行使者依法行使职权的积极性。而错案责任追究的主要功能是对司法机关工作人员违法行使职权，侵害公民、法人或者其他组织合法权益，并导致错案发生的行为，在法律层面上作出评价，并依法制裁违法行使职权者。

2. 两者调整的法律关系完全不同

"法律关系主体是法律关系参加者，即在法律关系中一定权利的享有者和一定义务的承担者",[①] 不同的法律关系中有不同的法律关系主体。刑事赔偿是国家因其司法机关和司法工作人员所实施的侵权行为给公民、法人或者其他组织造成损害而承担的一种责任，其调整的是国家与公民、法人和其他组织因国家刑事司法侵权行为而构成的权利义务关系，而不是司法职权的直接行使者——司法工作人员与公民、法人和其他组织之间的权利义务关系，其法律关系主体是国家与司法侵权行为的受害人。而错案责任追究是司法工作人员故意或者过失导致错案发生后，由国家向其追究法律责任或者纪律责任，调整的是国家与司法工作人员之间因违法行使职权而构成的权利义务关系，法律关系主体是国家和司法职权的直接行使者——司法工作人员。

3. 两者的责任主体、性质和形式不同

从责任主体看，刑事赔偿的责任主体是国家，而非司法职权的直接行使者——司法机关和司法工作人员。尽管我国《国家赔偿法》按照一定的规则，把职权行使机关确定为赔偿义务机关，但其责任主体仍然是国家。而错案责任追究的责任主体则是直接行使司法职权的司法工作人员，如检察官、法官。从责任性质看，我国刑事赔偿的责任性质属国家责任，即国家承担司法权被司法机关和司法机关工作人员错误行使的风险责任，它既不是司法机关责任，也不是司法机关工作人员责任。而错案责任追究的责任性质则属行

---

① 张文显：《法理学》，高等教育出版社 2003 年版，第 135 页。

为主体责任，即司法职权直接行使者——司法工作人员违法行使职权而承担的责任。从责任形式看，按照《国家赔偿法》第 32 条（修改前第 25 条）规定，刑事赔偿以支付赔偿金为主要方式，能够返还财产或者恢复原判的，予以返还财产或者恢复原判。此外，还有恢复名誉、赔礼道歉、消除影响等方式。而错案责任追究的责任形式则主要有刑事责任与纪律责任两种。

4. 基于不同的立场和目的，两者对"错案"的内涵界定也不相同

在刑事赔偿领域，"错案"是一个具有结果性质的概念，即只要刑事诉讼所追求的结果被证明是错误的，就认为发生了错案，其内涵相对广泛。如检察机关批准逮捕后犯罪嫌疑人没有被认定有罪，那么批准逮捕就是办了错案。而在错案责任追究领域，因为涉及对司法工作人员责任的追究，对"错案"内涵的界定要严格得多，不仅要求处理结果错误，而且还要求办案人员办案过程中有过错。因此，错案责任追究意义上的"错案"要比刑事赔偿意义上的"错案"的内涵要狭窄得多。这主要是因为两者的立场和目的相异。

尽管刑事赔偿与错案责任追究之间的差别非常明显，但并不意味着它们之间没有任何联系，这种联系主要体现在它们的原因行为具有一定的重合性。一般来说，刑事赔偿的原因行为有两大类：一是司法机关违法行使职权的行为，如违法拘留、刑讯逼供等；二是公民无辜被羁押，包括公民被逮捕后终止追究刑事责任以及因错判刑罚导致公民无辜被羁押等情形，即通常所说的"错案"。而错案责任追究的原因是在办理案件过程中因故意或者重大过失而违法行使职权导致案件处理错误，必须同时具备违法行使职权、处理结果错误和行为与结果有因果关系三个要素。因此，有些刑事赔偿案件，既有违法行使职权而侵犯公民人身权的行为，又有公民无辜被羁押的结果，如刑讯逼供导致无罪的人被追究刑事责任，这类情况既属刑事赔偿的范围，又属错案责任追究的范围，体现了其重合性。

（四）刑事赔偿与错案责任追究关系重构

由于刑事赔偿与错案责任追究之间有明显差别，因此把履行刑事赔偿义务作为刑事错案的标志，作为追究原案承办部门和承办人错案责任的充分条件，缺乏科学依据，理应取消这种不科学的直接关联，即不能把刑事赔偿一

概作为错案责任追究的充分条件，使两者保持适度分离。然而，刑事赔偿与错案责任追究也并非绝无任何联系，而且在实践中具有明显的关联性，因此使两者在实践中保持一定联系也是必要的。可以考虑建立刑事赔偿案件分析制度，即由刑事赔偿办案部门对决定赔偿的刑事案件进行客观分析，并根据具体情况提出处理意见。如属违法行使职权而侵犯公民合法权益的，应当提出追究责任的建议，并移送有关职能部门依法查处。

二、对我国刑事赔偿范围立法框架的理性解读

刑事赔偿范围是指行使侦查、检察、审判职权的机关以及看守所、监狱管理机关及其工作人员在刑事诉讼过程中，侵犯公民、法人或者其他组织合法权益造成的损害，依法应当由国家承担赔偿责任的范围。刑事赔偿范围是国家赔偿范围的重要组成部分，是刑事赔偿制度的重要内容之一，刑事赔偿范围的大小直接决定受害人取得国家赔偿权利和国家承担赔偿义务的范围大小，是判断国家是否"尊重和保障人权"的重要指标，直接体现了国家政治民主程度以及法治文明水平[1]。刑事赔偿范围历来是理论界的研究热点，也是司法实务操作中的难点。例如修改前的国家赔偿法对作存疑处理的案件应否给予国家赔偿没有明确规定，导致司法实务中围绕是否"错误"拘留或逮捕产生较大分歧，赔偿义务机关往往以程序不"违法"为由拒绝赔偿，而受害人则以结果"错误"——没有追究刑事责任为由要求给予赔偿。总体上看，世界各国刑事赔偿范围逐步扩大是大势所趋。[2] 刑事赔偿范围作为法律概念包括两层含义：一是刑事司法行为侵害的客体范围；二是刑事司法行为所造成的损害后果。国家赔偿法第三章第一节是在第一层含义上使用刑事赔偿范围这个概念，本文所讨论的刑事赔偿范围也是在第一层含义上，即刑事赔偿责任应界定在哪些侵权事项上。

（一）肯定性列举与否定性列举的关系

国家赔偿法第三章第一节采用列举方式明确规定了"刑事赔偿"的范

---

① 瓮怡洁：《论我国刑事赔偿的范围》，载《刑事司法论坛》2009 年版，第 98 页。
② 江必新：《国家赔偿法原理》，中国人民公安大学出版社 1994 年版，第 48 页。

围，具体包括应当给予赔偿的范围和不予赔偿的范围，即肯定性列举和否定性列举，也称积极事项和消极事项①。刑事赔偿范围的肯定性列举，主要根据刑事司法行为侵害的客体——人身权和财产权的分类，结合客体受到损害的具体类型加以规定。《国家赔偿法》第 17 条从人身权受侵害的角度，肯定性列举了刑事赔偿范围包括五个方面的内容：一是"违反刑事诉讼法的规定对公民采取拘留措施的，或者依照刑事诉讼法规定的条件和程序对公民采取拘留措施，但是拘留时间超过刑事诉讼法规定的时限，其后决定撤销案件、不起诉或者判决宣告无罪终止追究刑事责任的"；二是"对公民采取逮捕措施后，决定撤销案件、不起诉或者判决宣告无罪终止追究刑事责任的"；三是"依照审判监督程序再审改判无罪，原判刑罚已经执行的"；四是"刑讯逼供或者以殴打、虐待等行为或者唆使、放纵他人以殴打、虐待等行为造成公民身体伤害或者死亡的"；五是"违法使用武器、警械造成公民身体伤害或者死亡的"。《国家赔偿法》第 18 条从财产权受侵害的角度，肯定性列举了刑事赔偿范围包括两个方面的内容：一是"违法对财产采取查封、扣押、冻结、追缴等措施的"；二是"依照审判监督程序再审改判无罪，原判罚金、没收财产已经执行的"。刑事赔偿范围的否定性列举，主要从造成损害发生的原因角度，逐一列举了国家不承担赔偿责任的情形，即免除国家赔偿责任的抗辩事由。《国家赔偿法》第 19 条列举了国家不承担赔偿责任的六种情形：一是"因公民自己故意作虚伪供述，或者伪造其他有罪证据被羁押或者被判处刑罚的"；二是"依照刑法第十七条、第十八条规定不负刑事责任的人被羁押的"；三是"依照刑事诉讼法第十五条、第一百七十三条第二款、第二百七十三条第二款、第二百七十九条规定不追究刑事责任的人被羁押的"；四是"行使侦查、检察、审判职权的机关以及看守所、监狱管理机关的工作人员与行使职权无关的个人行为"；五是"因公民自伤、自残等故意行为致使损害发生的"；六是"法律规定的其他情形"。

可见，我国刑事赔偿范围的基本框架是肯定性列举和否定性列举相结合的单一列举模式。从形式逻辑角度看，应当能够清楚地划定刑事赔偿的范

---

① 马怀德：《国家赔偿问题研究》，法律出版社 2006 年版，第 152 页。

围，即非肯定性列举应当等于否定性列举，或非否定性列举应当等于肯定性列举，不应该存在所谓的第三领域①或灰色地带②。然而，无论在理论界还是实务界，围绕刑事赔偿范围而展开的研究和论争非常多，并导致很多学者的猛烈批判。其中，最有代表性的观点是：现有刑事赔偿范围的基本框架不利于实践操作，原因在于肯定性列举与否定性列举之间存在一些灰色地带或第三领域，赔偿与否，国家赔偿法没有明确规定；此外刑事赔偿范围否定性列举规定中有"法律规定的其他情形"这一开放性的兜底条款，而在肯定列举式中却没有规定，导致刑事赔偿范围界定的周延性不够。③ 客观地说，这些批判都具有部分合理性，确实存在一些应当给予国家赔偿的情形，而国家赔偿法没有明确规定。但是，有些所谓的争议其实是法律解释不当而造成的。因此，从法律解释学角度，准确理解国家赔偿法第三章第一节之规定，即《国家赔偿法》第 17 条、第 18 条（即肯定性列举）与第 19 条（即否定性列举）之间的关系，合理界定刑事赔偿的具体范围，对检察机关正确贯彻执行国家赔偿法，保障公民、法人和其他组织合法权益，具有十分重大的意义。

《国家赔偿法》第 17 条与第 18 条分别就行使侦查、检察、审判职权的机关以及看守所、监狱管理机关及其工作人员侵犯公民、法人和其他组织合法权益，依法应当承担国家赔偿责任的情形作出具体列举，应该属于对等的并列关系。关键在于如何理解《国家赔偿法》第 17 条、第 18 条与第 19 条之间的关系。对此，北京大学沈岿教授基于修改前的《国家赔偿法》第 2 条是概括性列举的立场，假设了三种不同的解释方案：④ 第一种解释方案：肯定性列举为"虚"，否定性列举和概括性规定为"实"。对此，在承认修改前的《国家赔偿法》第 2 条的概括性功能的前提下，杨小君教授认为：第一，国家赔偿法对国家赔偿范围的界定不能依靠肯定性列举的范围和否定

---

① 高家伟：《国家赔偿法律问题研究》，北京大学出版社 2005 年版，第 14 页。
② 杨小君：《国家赔偿法学》，工商出版社 2000 年版，第 279 页。
③ 张红艳：《对刑事赔偿范围的理性审视与反思》，载《河南教育学院学报》（哲学社会科学版）2009 年第 2 期。
④ 沈岿：《国家赔偿法原理与案例》，北京大学出版社 2011 年版，第 185—189 页。

性列举的范围相加而得。在肯定性列举和否定性列举之间存在一个国家赔偿法未明确规定的"第三领域"。第二，这个"第三领域"是否应纳入国家赔偿的范围，就得依据概括式规定来确定，而概括式规定本身是肯定性的，"把否定列举中没有被否定掉的行为、权益、事项等统统纳入了国家赔偿的范围。"第三，国家赔偿法中的肯定性列举，在混合模式中，应当是举例和导向的作用。① 沈岿教授对此有不同意见，认为这种解释明显有扩大国家赔偿范围的意向和价值取向，在总体上或许对受害人有益的。然而，从现行国家赔偿法的列举式规定内容看，若否定性列举为"实"、肯定性列举为"虚"，凡未明确在否定性列举范围之内的情形，都可通过第 2 条规定的解释，将其归入国家赔偿范围的话，将会得出与立法本意以及国家赔偿实践相悖的结论。第二种解释方案：概括式规定为"虚"，列举式规定皆为"实"。由于概括式规定较为原则和抽象，在确定其具体含义方面，还需要通过法律文本中的列举式规定进行配套的限定性解读。对此，皮纯协教授作了进一步解释："我国国家赔偿法除在第 2 条中对国家赔偿范围作了概括规定外，又在第二章第一节中对行政赔偿事项范围作了详细列举。列举的法律效果有二：一是明确具体赔偿事项的范围，便于实际操作，以减少纷争；二是对第 2 条概括规定予以限制，将行政赔偿事项范围仅限于侵犯人身权与财产权的违法行政行为上。"② 由此，国家赔偿法中的肯定性列举和否定性列举，都有进一步厘定概括式规定之意义的作用。《国家赔偿法》第 2 条中与国家赔偿范围相关的两个有待解释的问题：其一，国家机关和国家机关工作人员哪些违法行使职权的行为（原因维度）；其二，侵犯公民、法人和其他组织哪些合法权益、造成哪些损害（结果维度），都要通过挖掘肯定性列举和否定性列举的意义来解决。沈岿教授认为，这种解释方案在赔偿实务中较为流行，但却是机械、过分保守的，而且在事实上把《国家赔偿法》第 2 条的概括式功能彻底虚化了，使其在法律解释中没有实际意义可言，不利于在没有明显违背立法本意的前提下，顺应时势需要适度地扩张法定的国家赔偿范

---

① 杨小君：《国家赔偿法律问题研究》，北京大学出版社 2005 年版，第 14—15 页。
② 皮纯协、冯军主编：《国家赔偿法释论（修订本）》，中国法制出版社 1996 年版，第 90 页。

围，从而满足赔偿请求人正当的损害赔偿请求。第三种解释方案：概括式规定适度的拾遗补缺意义。这是一个折中解释方案，力图在"解释一"和"解释二"之间，探索出第三条道路，即在司法实务部门的"三步法"基础上，综合运用法律解释方法，既实现列举式规定适度的范围界定之功能，又实现第2条概括式规定适度的拾遗补缺之意义。

应该说，沈岿教授对第一种解释方案的批评是正确的，因为这种解释方案将导致国家赔偿范围明显超出了立法本意。例如，全国人大常委会法制工作委员会副主任胡康生在作《关于〈中华人民共和国国家赔偿法（草案）〉的说明》时，明确指出民事、行政审判中的错判赔偿、军事赔偿以及国有公共设施的致害赔偿，都不纳入国家赔偿的范围。而按照上述解释方案，"民事、行政审判中的错判赔偿、军事赔偿以及国有公共设施的致害赔偿"，都应当属于国家赔偿的范围。沈岿教授对第二种解释方案的批评有待商榷，基于我国社会主义法治还有待进一步完善，执法队伍素质和能力有待大幅提高的现实考虑，赔偿实务部门严格执行《国家赔偿法》第三章第一节的规定本身无可厚非，那种希望进一步扩大赔偿范围的意愿虽然可以理解，但是如果法律解释导致与立法本意相违背，就应该予以否定。而第三种解释方案的初衷是希望利用修改前《国家赔偿法》第2条之规定，适当解决刑事赔偿范围的不合理问题，对落实宪法"国家尊重和保障人权"规定具有促进作用，但是在我国社会主义法治体制还有待进一步完善的情况下，执行起来显然还有很大的障碍，因此具有一定的实践局限性。

其实，上述三种解释方案都有借助修改前的《国家赔偿法》第2条之规定，达到扩大国家赔偿范围的意图，造成国家赔偿范围过度扩张，与立法本意有根本冲突，因此并不可取。就刑事赔偿范围而言，这些解释方案还有意无意地忽略了一个关键性问题：《国家赔偿法》第17条、第18条与第19条之间的关系，而这个问题其实对界定刑事赔偿范围至关重要。基于修改后的《国家赔偿法》第2条已经没有太大的弹性和可解释空间，对国家赔偿范围的概括功能基本丧失的现实情况，在研究刑事赔偿范围的基本框架时，已经无须考虑《国家赔偿法》第2条的影响，对刑事赔偿范围起决定性作用的是国家赔偿法第三章第一节的规定，即第17—19条的具体内容。因此，准确界定刑事赔偿范围的关键在于如何正确理解《国家赔偿法》第 17 条、第 18 条与第 19 条（即肯定性列举与否定性列举）之间的关系。

在刑事赔偿范围研究中，论者们往往有意无意地把国家赔偿法第三章第一节中的肯定性列举（第 17 条、第 18 条）与否定性列举（第 19 条）看作对等的并列关系。如果这种观点是正确的，那么从集合概念角度看，必然推出这样的结论：非"肯定性列举"即"否定性列举"，而非"否定性列举"即"肯定性列举"，也就是说凡不属于《国家赔偿法》第 17 条、第 18 条之列的，都应当属于《国家赔偿法》第 19 条之列；凡不属《国家赔偿法》第 19 条之列的，都应当属于《国家赔偿法》第 17 条、第 18 条之列。而按照这种分析方法，必然导致所谓的第三领域或灰色地带产生，因为以上推论在事实上是不存在的。这也从反面论证了这样一个结论：肯定性列举（第 17 条、第 18 条）与否定性列举（第 19 条）不是对等的并列关系。既然如此，那么肯定性列举（第 17 条、第 18 条）与否定性列举（第 19 条）到底是什么关系？

如果仔细研究国家赔偿法第三章第一节中的具体内容，很容易发现肯定性列举（第 17 条、第 18 条）与否定性列举（第 19 条）其实属递进关系，即《国家赔偿法》第 19 条是对第 17 条、第 18 条的补充说明，相当于《刑法》第 13 条中的"但书"，是对第 17 条、第 18 条的例外规定。因此，界定刑事赔偿范围的基本框架是以肯定性列举（即第 17 条、第 18 条）为基础，以否定性列举（即第 19 条）为例外和补充的单一列举模式。具体说，《国家赔偿法》第 19 条前三项是对第 17 条前三项和第 18 条的补充说明，第 19 条后两项是对第 17 条后两项的补充说明，第 19 条第 6 项是对国家免责事由的兜底条款，防止因立法不周延而造成国家承担不应当承担的赔偿责任的情形出现。事实上，这种逻辑思维也正是国家赔偿实务中的具体做法。

基于肯定性列举（第 17 条、第 18 条）与否定性列举（第 19 条）属递进关系的逻辑前提，我们认为，在司法实务中可以采取"二步法"确定刑事赔偿范围。第一步：审查该事项是否存在于肯定性列举之中。若不在，则肯定不属国家承担赔偿责任之范围，应当予以排除。第二步：经审查，若该事项存在于肯定性列举之中，则应进一步审查其是否存在于否定性列举之中。若在，则属国家不承担赔偿责任之列，应当予以排除；若不在，则属国家赔偿之列，应当依法给予赔偿。例如：赔偿请求人以错误逮捕为由申请国家赔偿，刑事赔偿案件承办部门应首先审查其申请是否属于《国家赔偿法》第 17 条规定的情形，若不符合该条第 2 项之规定，则国家不承担刑事赔偿责任。其次，若符合第 17 条第 2 项之规定，则应进一步审查其是否存在第 19 条规定之列，若在，则国家不承担刑事赔偿责任；若不在，则国家应当承担赔偿责任。

（二）对国家赔偿法第三章第一节部分条款的具体解读

2010 年 11 月 11 日，最高人民检察院出台《人民检察院国家赔偿工作规定》，明确规定了人民检察院办理国家赔偿案件的具体程序。同时，该《规定》第 50 条还明确废止了《人民检察院刑事赔偿工作》，对检察机关刑事赔偿范围有较大影响。因此，有必要对部分可能产生分歧意见的具体条款，有针对性地进行解读。

1. 对"情节显著轻微，不认为是犯罪的"人采取强制措施，国家应否承担刑事赔偿责任

根据《刑事诉讼法》第 15 条第 1 项之规定，对"情节显著轻微、危害不大，不认为是犯罪的"，应当"不追究刑事责任，已经追究的，应当撤销案件，或者不起诉，或者终止审理，或者宣告无罪"，而"情节显著轻微、危害不大，不认为是犯罪的"实际上属于不构成犯罪的情形，符合《国家赔偿法》第 17 条第 2 项"对公民采取逮捕措施后，决定撤销案件、不起诉或者判决宣告无罪终止追究刑事责任的"情形，但是又属于《国家赔偿法》第 19 条第 3 项"依照刑事诉讼法第 15 条、第 142 条第二款规定不追究刑事责任的人被羁押的"情形，因此对"情节显著轻微，不认为是犯罪的"人采取强制措施，原则上国家不承担赔偿责任。立法者之所以把它与其他法律上无罪的情形区别对待的理由是："情节显著轻微"的行为虽然"不认为是犯罪"，但并非对社会没有危害性，因此当事人被羁押是"咎由自取"；此外，"不认为是犯罪"的结论往往是在侦查、起诉或审判等环节接近结束的时候得出的，并非一开始就可以获得，因此前期侦查羁押存在一定的合理性。然而，有学者认为这一规定值得商榷：一是"不认为是犯罪"的无罪，

与其他情形下的无罪都是法定无罪，应该同等对待；二是规定"不认为是犯罪"的羁押不赔偿，其理论根据是有"过"则赔、无"过"不赔，但是刑事赔偿责任奉行结果归责原则，不以羁押时是否有违法或过错为依据；三是这一规定容易成为司法机关规避赔偿责任的借口。① 客观地说，前两个理由很牵强，其实"情节显著轻微，不认为是犯罪"的无罪与"无辜"性质完全不同，前者无罪但有"过"，后者则无罪且"无辜"，因此法律上区别对待是理所当然。从归责原则来看，刑事赔偿也并非完全奉行结果归责原则，而是违法原则与结果原则相结合，且结果原则中的"结果"也并不等于"无罪"，而应该是"无辜"。不过，担心这一规定成为司法机关规避赔偿责任却有一定道理，因为只要司法机关证明当事人存在违法情形，就可以免除刑事赔偿责任。但是，我们认为，通过羁押合法性审查，应该能够防止司法机关以此为借口规避赔偿责任。例如批准或者决定逮捕，人民检察院应当严格按照《刑事诉讼法》第 79 条之规定执行，如果批准或者决定逮捕而不符合该条规定条件，对不符合"有证据证明有犯罪事实"、"可能判处徒刑以上刑罚"等条件的犯罪嫌疑人、被告人采取逮捕措施，后来被认定"情节显著轻微，不认为是犯罪"，人民检察院就应当承担赔偿责任。

2. 如何理解和适用《国家赔偿法》第 19 条第 5 项规定："因公民自伤、自残等故意行为致使损害发生的"之规定

根据《国家赔偿法》第 19 条第 5 项之规定，刑事诉讼过程中因公民自伤、自残等故意行为致使损害发生的，国家不承担赔偿责任。这一规定其实是对《国家赔偿法》第 17 条第 4 项的补充说明，也就是说对"刑讯逼供或者以殴打、虐待等行为或者唆使、放纵他人以殴打、虐待等行为造成公民身体伤害或者死亡的"，受害人一般"有取得赔偿的权利"，但如果是"因公民自伤、自残等故意行为致使损害发生的"，那么国家不承担赔偿责任。通常情况下，公民自伤、自残等故意行为是指犯罪嫌疑人、被告人、正在服刑的罪犯为达到某种目的，在没有任何外力强制或者胁迫的情形下，将自己弄

---

① 杨小君：《国家赔偿法律问题研究》，北京大学出版社 2005 年版，第 91 页。

伤弄残的行为。在认定公民自伤、自残等故意行为时，必须把握三点：一是公民自伤、自残等，应当是其故意所为。在司法实践中，犯罪嫌疑人、被告人、正在服刑的罪犯往往会出于不良动机，如出于取保候审、保外就医、监外执行等目的而故意采取自伤、自残等行为，与司法机关及其工作人员执行职务的行为无必然因果关系。二是公民自伤、自残等故意行为，既可以是自己实施，也可以是授意他人实施。三是对公民自伤、自残等故意行为，司法机关及其工作人员无过错。但是，如果公民自伤、自残等故意行为是司法机关及其工作人员违法行使职权造成的，即因司法机关及其工作人员有过错而导致公民自伤、自残等故意行为，以致发生损害的，就不能引用本规定而免责。例如，在刑讯逼供中，犯罪嫌疑人、被告人因不堪忍受肉体或者精神痛苦而自伤、自残甚至自杀的。对这种情形所造成的损害，就不能免除国家赔偿责任。因为在这种情形下，公民自伤、自残或自杀等故意行为是司法机关及其工作人员违法行使职权所造成的。对这种情形，应当按照《国家赔偿法》第 35 条之规定，适用国家侵权精神损害赔偿。在认定公民自伤、自残等故意行为是否司法机关及其工作人员违法行使职权所造成的过程中，还应当注意区别"违法行使职权"与工作作风和态度之间的区别，对仅仅因为不满司法人员的工作作风和态度而自伤、自残或自杀的，国家也不承担赔偿责任。此外，对司法机关及其工作人员怠于履行职责或者存在某种过失，使被监管人员或正在服刑的人员不堪忍受其他被监管人员或服刑人员的殴打和虐待而自伤、自残或自杀的，国家一般不承担赔偿责任，但是从维护社会稳定出发，可以根据具体情况给予适当补偿。

3. 检察机关依照《刑事诉讼法》第 173 条第 3 款之规定，错误移送有关主管机关没收违法所得的案件，是否属于《国家赔偿法》第 18 条第 1 项规定情形

《国家赔偿法》第 18 条第 1 项规定，行使侦查、检察、审判职权的机关以及看守所、监狱管理机关及其工作人员"违法对财产采取查封、扣押、冻结、追缴等措施的"，受害人有取得赔偿的权利。为了保证刑事诉讼活动的正常进行，刑事诉讼法赋予了司法机关对财产采取查封、扣押、冻结、追缴等措施的权力。对违法采取查封、扣押、冻结、追缴等措施的，国家应当

承担赔偿责任，一般没有多大争议。在司法实务中，争议较大的是：人民检察院根据《刑法》第 64 条，以"犯罪分子违法所得的一切财物，应当予以追缴或者责令退赔"① 为由，按照《刑事诉讼法》第 173 条第 3 款规定，错误移送有关主管机关没收违法所得的案件，人民检察院是否应当承担赔偿责任？错误移送包括两种情况：一是不应该移送处理而移送处理，如本来不属于违法所得，人民检察院错误地移送主管机关处理，结果主管机关作为违法所得而没收；二是移送对象错误，即应该移送给甲机关而错误移送给了乙机关。我们认为，对第二种情况，人民检察院移送对象错误，属程序上的错误，并不影响实体上对"违法所得"的"没收"结果，国家不承担赔偿责任。对第一种情况，人民检察院把"合法所得"错误认定为"违法所得"，并移送主管机关决定没收，属实体上的错误，国家应当承担赔偿责任。但是，关键在于如何适用赔偿程序，即是适用刑事赔偿程序还是行政赔偿程序？按照《国家赔偿法》第 9 条和第 21 条之规定，确定赔偿义务机关的基本规则是侵权实施者原则，即以侵权实施者为赔偿义务机关。就错误移送有关主管机关没收违法所得的案件而言，职务侵权行为的实施者有两个，即人民检察院和有关主管机关，从逻辑上讲可以采取共同赔偿的办法。但是修改后的国家赔偿法已经取消了共同赔偿，因此共同赔偿没有法律依据。其实，国家赔偿法在设定赔偿义务机关时，还遵循了一个重要原则，就是"责任递进转嫁原则"，即如果先后有数个国家机关侵权时，尽管前一国家机关实施了侵权，但是由于后一国家机关没有终止侵权，导致侵害得以继续，故前一国家机关的侵权责任应当一并转嫁给后一国家机关。如逮捕后存疑不起诉案件，尽管侦查机关刑事拘留也可能侵权，但是由于检察机关在批准逮捕时，没有终止这一侵权，因此侦查机关刑事拘留的责任一并转嫁给检察机关。基于此，我们认为，可以认定主管机关为赔偿义务机关，并据此确定具体的赔偿程序。但是，从维护社会和谐角度，检察机关作为关系人应当参与协调处理好此类案件。

---

① 事实上，对检察机关能否引用《刑法》第 64 条之规定处理"违法所得"，在理论界和实务界都存有较大争议，争议的焦点是如何解读"犯罪分子"。

三、国家侵权精神损害赔偿的三个关键词：国家侵权精神损害、严重后果、精神损害抚慰金

从立法角度看，新中国精神损害赔偿起始于《民法通则》第120条之规定："公民的姓名权、肖像权、名誉权、荣誉权受到侵害的，有权要求停止侵害，恢复名誉，消除影响，赔礼道歉，并可以要求赔偿损失。"有些学者认为，这也是我国国家侵权精神损害赔偿的法律渊源之一，不过在司法实践中引用该条款而获得国家侵权精神损害赔偿的案例却少见成功。1995年1月1日正式实施的《国家赔偿法》第30条规定："赔偿义务机关对依法确认有本法第三条第（一）、（二）项、第15条第（一）、（二）、（三）项情形之一，并造成受害人名誉权、荣誉权损害的，应当在侵权行为影响的范围内，为受害人消除影响，恢复名誉，赔礼道歉。"有些学者认为，这是国家侵权精神损害赔偿的法律依据。但是，由于该法条仅规定了赔偿义务机关"应当在侵权行为影响的范围内，为受害人消除影响，恢复名誉，赔礼道歉"，很难说得上是精神损害赔偿，因为"赔偿"往往与金钱和财产密切相关，所以绝大多数学者并不赞同。2001年，最高人民法院公布实施《关于确认民事侵权精神损害赔偿责任若干问题的解释》，进一步扩大了民事精神损害赔偿范围，并明确了精神损害赔偿的具体操作办法，使民事精神损害赔偿在司法实践中获得重大突破，也为国家侵权精神损害赔偿提供了宝贵的实践经验。2010年4月29日，第十一届全国人大常委会通过了《关于修改〈中华人民共和国国家赔偿法〉的决定》。修改后的《国家赔偿法》第35条规定："有本法第三条或者第十七条规定情形之一，致人精神损害的，应当在侵权行为影响的范围内，为受害人消除影响，恢复名誉，赔礼道歉；造成严重后果的，应当支付相应的精神损害抚慰金。"标志着精神损害赔偿正式进入国家赔偿制度体系，体现了"国家尊重和保障人权"的宪法精神，符合人类社会文明发展的时代要求，对完善国家赔偿法律制度体系具有里程碑式意义。但是，受实践经验不足和理论研究不够深入的影响，① 立法机关采

---

① 在《国家赔偿法》修改过程中，理论界和实务界均提出了自己的主张，分歧意见很大，因此全国人大常委会采取了一个折中的办法，即在立法上明确规定的同时，保留了法条的原则性立场。

取了原则性立场，即在把精神损害赔偿写入国家赔偿法的同时，保留了法律条文的可解释和可操作空间，留待理论界和实务界去探索，导致该法条原则性过强。因此，如何解释和适用这个法条，在理论界和实务界引起了很大的争议。论者们从不同的角度，对国家侵权精神损害赔偿进行了广泛而深入地研究，但是主要集中于精神损害赔偿的范围、基本原则、一般构成要件等。我们认为，要准确理解和适用《国家赔偿法》第35条之规定，首先应准确理解和把握"国家侵权精神损害"、"严重后果"和"精神损害抚慰金"这三个关键词的内涵和外延，只有准确理解和把握了这三个关键词的内涵和外延，才有可能构建符合时代发展潮流的国家侵权精神损害赔偿制度体系，把司法公平与正义落到实处。

（一）国家侵权精神损害

当今时代，"精神损害"是一个耳熟能详、妇孺皆知的词语。然而，要深究起来，似乎又很难解释清楚。正如古罗马思想家奥古斯丁在解释"时间"时一样。他说："时间究竟是什么？没有人问我，我倒清楚，有人问我，我想说明，便茫然不解了。"① 在法学界，"精神损害"一般属普通侵权法的研究范畴，并被国家赔偿法学所借鉴。为了表示区别，学者们往往采取不同方式，或加"在国家赔偿法的意义上"之类的限定语，或者干脆直接称"精神损害"，还有的称"国家侵权精神损害"。相比之下，"国家侵权精神损害"比较简洁明了，而且能够区别于一般"精神损害"，因此本文采"国家侵权精神损害"一词，用于专指"国家赔偿法意义上的精神损害"。

国家赔偿是国家为国家机关及其工作人员执行职务过程中侵犯公民合法权益造成的损害负责赔偿，是一种特殊的侵权赔偿责任。国家赔偿法也是特别的侵权法。因此，国家赔偿法与普通侵权法——也就是民法或私法的侵权法——有着千丝万缕的联系。历史上，国家赔偿法就是脱胎于普通侵权法，后者可谓前者的"母法"。在许多基本原理、理论和规则方面，二者具有共同性和相通性。② 基于此，我国国家赔偿法的基本原理、理论和规则等均借

---

① ［古罗马］奥古斯丁：《忏悔录》，周士良译，商务印书馆1963年版，第239页。
② 沈岿：《国家赔偿法原理与案例》自序，北京大学出版社2011年版。

鉴于普通侵权法。国家侵权精神损害赔偿作为国家赔偿法的重要课题之一，同样存在这种比较和借鉴的现象——把"精神损害"与"国家侵权精神损害"看作是一般与特别的关系，国家侵权精神损害赔偿理论一般直接或间接借鉴普通侵权法的研究成果。因此，要弄清楚"国家侵权精神损害"的内涵和外延，就必须先弄清普通侵权法中的"精神损害"是什么。

何谓"精神损害"？在普通侵权法领域，学理上的认识差异很大，论者往往基于不同的侵权损害分类标准，给"精神损害"作出不同的界定。例如，张新宝教授将损害分为财产损失、人身损害、非财产损失三类。财产损失又分为直接损失和间接损失；人身损害则包括死亡、伤残；而非财产损失有精神损害和社会评价的降低。因此，他认为"精神损害是指受害人因为他人的侵害而产生的精神方面的痛苦、疼痛和严重的精神反常现象",[1] 是非财产损害的一部分，不能与非财产损害画等号，因为名誉受损、死亡、伤残等非财产损害不属于精神损害。[2] 杨立新教授则认为"精神损害是指对民事主体精神活动的损害。侵权行为侵害自然人、法人的人身权，造成的公民生理、心理上的精神活动和公民、法人维护其精神利益的精神活动的破坏，最终导致精神痛苦和精神利益丧失或减损。精神损害的最终表现形式，就是精神痛苦和精神利益的丧失或减损"。[3] 张新宝教授的定义存在一个明显的逻辑错误，即精神损害的外延包括"严重的精神反常现象"，而事实上"严重的精神反常现象"是精神损害后果之一，并非精神损害本身。而杨立新教授的定义则在主体范围上，明显与我国现行国家赔偿法规定不相符合，不能直接用于界定"国家侵权精神损害"，但是其界定的内涵和方式却有可取之处。

有学者认为："在国家赔偿法的意义上，精神损害是指对自然人精神活动的损害。侵权行为侵害自然人的人身权，造成的自然人生理、心理上的精神活动和自然人维护其精神利益的精神活动的破坏，最终导致精神痛苦和精神利益丧失或减损。精神损害的最终表现形式，就是精神痛苦和精神利益的

---

[1] 张新宝：《侵权责任法原理》，中国人民大学出版社 2005 年版，第 54 页。

[2] 沈岿：《国家赔偿法原理与案例》，北京大学出版社 2011 年版，第 289—290 页。

[3] 杨立新：《新版精神损害赔偿》，国际文化出版公司 2002 年版，第 4 页。

丧失或减损。对于自然人而言，精神痛苦来源于对其身体的生理侵害或者对其心理的心理损害；而精神利益的丧失或减损，是指自然人维护其人格利益、身份利益的活动受到破坏，因而导致其人格利益、身份利益受到损害。国家侵权造成的精神损害出现在侵犯受害者人格权（包括物质性人格权和精神性人格权）的情形中。表现为受害人在权利尤其是人身权遭受侵害之后所产生的愤怒、绝望、屈辱、恐惧等情绪，这些情绪往往直接影响到受害人的日常工作和生活。"[1] 通过对比，可以清楚地看出这一定义主要借鉴了杨立新教授的观点，同时又把法人排除在精神损害的主体范围之外，但是没有从根本上体现出国家侵权精神损害的特殊性。其实，国家侵权精神损害与普通侵权法中的精神损害有很明显的区别，主要体现在三个方面：一是造成精神损害的侵权事由不同。根据《国家赔偿法》第 35 条之规定，只有侵犯公民人身权（包括生命权、健康权和人身自由权三项权能），才有可能造成"国家侵权精神损害"；而依照《最高人民法院关于确定民事侵权精神损害赔偿责任若干问题的解释》的规定，侵害自然人人格权（生命、健康、身体、姓名、肖像、名誉、荣誉、人格尊严、人身自由）或隐私利益和其他人格利益的，侵害亲子关系或者亲属关系的，侵害死者姓名、肖像、名誉、荣誉、隐私、遗体、遗骨的，侵害具有人格象征意义的特定纪念物品的，都有可能造成普通侵权法意义上的精神损害[2]，其范围明显要宽广得多。二是两者概念性质根本不同。国家侵权精神损害是且仅是国家侵权行为的损害后果，而普通侵权法意义上的精神损害，既可以是民事侵权的损害后果，也可以是民事权利本身受到侵害，如名誉权受损。三是两者受损害的主体范围不同。一般而言，在国家赔偿法领域，精神损害只能发生在自然人身上，而按照多数学者的观点，普通侵权法领域的精神损害主体不仅包括自然人，还包括法人和其他组织在内。

我们认为，国家侵权精神损害是指根据国家赔偿法的规定，国家机关及其工作人员在行使职权过程中，侵犯自然人生命权、健康权和人身自由权，

---

[1]　江必新：《〈中华人民共和国国家赔偿法〉条文理解与适用》，人民法院出版社 2010 年版，第 326 页。
[2]　张新宝：《侵权责任法原理》，中国人民大学出版社 2005 年版，第 57 页。

造成自然人生理或心理上的痛苦以及精神利益的丧失或减损。国家侵权精神损害具有四个方面的显著特征：第一，造成国家侵权精神损害的侵权事由只能由法律明确规定。依照《国家赔偿法》第 35 条规定，只有在自然人的生命权、健康权和人身自由权受到侵害的情况下，才有可能造成国家侵权精神损害，其他财产权等受侵害造成的精神损害，都不能称为国家侵权精神损害。第二，国家侵权精神损害的受害主体只能是自然人，法人和其他组织都不能成为国家侵权精神损害的受害主体，这与普通侵权法理论研究成果有很大区别，后者认为精神损害的受害主体不仅包括自然人，还包括法人和其他组织。第三，国家侵权精神损害是国家侵权行为的损害后果之一，而不是国家侵权行为的侵害对象，而普通侵权法上的精神损害既可以是侵权行为后果，也可以是侵权行为本身。第四，国家侵权精神损害的受害人只能是国家侵权行为所指向的对象，其他人都不能成为国家侵权精神损害的受害人，也不得因此而申请国家赔偿，而普通侵权法上的精神损害的受害人并不仅限于侵权行为所指向的对象。国家侵权精神损害的最终表现形式是精神痛苦和精神利益的丧失或减损。所谓精神痛苦，是指自然人因人身权遭受侵害后产生的诸如愤怒、恐惧、焦虑、沮丧、忧郁、绝望等不良情绪的概括。这种精神痛苦主要来源于自然人精神上的痛苦和生理上的疼痛，如《国家赔偿法》第 17 条规定的"刑讯逼供或者以殴打、虐待等行为或者唆使、放纵他人以殴打、虐待等行为造成公民身体伤害或者死亡的"等情形，就包含着自然人精神上的痛苦和生理上的疼痛。司法实务中，赔偿申请人因错误羁押而导致的精神抑郁，就是这种精神痛苦所产生的损害后果。所谓精神利益的丧失或减损，是指自然人为维护其人格利益、身份利益的活动受到破坏，因而导致其人格利益、身份利益受到损害，如名誉权、荣誉权、配偶权、亲属权、生育权、受教育权等受到损害。例如河南省商丘市赵作海杀人案，受害人赵作海因被错误羁押 10 多年，导致其妻子改嫁，三个儿子被他人收养，其实就是赵作海的名誉权、配偶权、监护权等人格利益、身份利益受到了损害。

在研究精神损害过程中，不少学者把精神损害与精神损害后果混为一谈，主要表现为把精神疾病等同于精神损害。其实，这是错误理解精神损害与精神损害后果之间关系造成的。两者具有明显的因果关系，前者为因后者为果，即一定程度的精神损害将导致诸如精神疾病之类的精神损害后果。例如，受害人某甲患抑郁症就是精神损害后果之一，是其精神受到损害的客观表象。不过，也有学者认为对因精神损害而患精神疾病的，既可以把精神疾病看作是精神损害后果，也可以把精神疾病直接看作是对健康权的损害，受害人除请求健康权损害赔偿外，还可以请求精神损害赔偿，理由是：第一，按照目前通行的健康标准，健康包括生理健康与心理健康，而为了与健康权和精神损害的界定保持一致，精神损害不应包括精神疾病；第二，精神疾病通常可以治疗，其治疗费用相对确定，受害人遭受的应是财产损害。[1] 在普通侵权法领域，这种观点或许有可取之处，但是在国家赔偿法领域，就非常值得商榷，因为按照《国家赔偿法》第 3 条、第 17 条规定，损害健康仅指对自然人的肉体损害，如殴打造成的身体伤害，并不包括所谓的心理健康内容，因此并不符合国家赔偿法的规定。

（二）严重后果

根据《国家赔偿法》第 35 条之规定，国家侵权精神损害只有造成"严重后果"，赔偿义务机关才"应当支付相应的精神损害抚慰金"，否则赔偿义务机关只能采取非金钱赔偿的救济方式，即"为受害人消除影响，恢复名誉，赔礼道歉"。因此，如何准确理解"严重后果"，对受害人能否取得精神损害抚慰金至关重要，对赔偿义务机关正确适用本条规定同样非常重要。

何谓"严重后果"？有学者认为，是指"造成严重的精神损害"[2]，即从纯精神的损害程度的角度，把精神损害后果解释成精神本身受到损害的程度，也就是纯精神的损害后果。从形式逻辑角度看，这样解释似乎也是站得住脚的。但是，关键在于法律是一门实践性很强的社会科学，对法律的解释应该符合实践性品格，否则就会把法律适用带入虚无缥缈的玄学境界，成为空洞的纯思维活动。事实上，上述解释就存在这样的问题，把精神损害后果引入了难以掌控和度量的尴尬境地，对社会产生的负面影响很大，导致一些

---

① 谢鸿飞：《精神损害赔偿的三个关键词》，载《法商研究》2010 年第 6 期。
② 沈岿：《国家赔偿法原理与案例》，北京大学出版社 2011 年版，第 297 页。

受害人在无凭无据的情况下，信口开河提出上百万精神损害赔偿，如著名的"处女嫖娼案"受害人提出 500 万元精神损害费。然而，从法律的实践性品格看，对法律的解释必须符合两个要求：一是解释结论必须具有可操作性，否则等于没有解释。把"严重后果"解释成纯精神的损害程度严重，就存在一个如何衡量的难题，而纯精神损害本身无法准确度量，因此这种解释难以符合法律实践性要求；二是损害后果必须具有可度量性。从法律角度看，无损害即无责任，因此要求侵害人承担多大的责任，受害人必须证明存在相应的损害结果，也就是损害结果必须是能够度量的。上述解释事实上把精神损害后果引入了一个无法度量的困局，即无法用货币财富来量化其损害后果，因为从本质上讲，纯精神是根本无法度量的，即便是世界上最伟大的物理学家也办不到。基于此，我们认为，把"严重后果"解释成"严重的精神损害"缺乏实践操作性。

其实，通过对《国家赔偿法》第 35 条的语法分析，完全可以换一个思维角度，把精神损害"后果"解释成基于精神损害——精神痛苦和精神利益的丧失或减损而导致的可以用货币衡量的直接损害结果，如受害人因精神损害而患抑郁症、伤害自己的身体，或者因诸如名誉权、荣誉权、亲权、婚姻权、生育权等人格利益、身份利益的丧失或减损而导致的直接损害后果，都属于精神损害造成的"后果"。在此，对纯精神的损害程度如何已经不再是法律关注的焦点，而是把精神损害转化成外在的可以进行具体量化的客观表象。这种解释的最大优点在于避开了纯精神损害的衡量难题，从而把纯精神损害转化成可以衡量甚至可以准确测量的客观外在的损害后果，并且如因精神受损而导致的精神失常、自杀、自残、影响正常生活等损害后果，基本上都可以通过医疗救助、丧葬、抚恤等方式来测量，大大增强了精神损害赔偿的可操作性。当然，解决衡量纯精神损害程度的问题，也可以采取其他的方式，如把这些因精神损害而导致的损害事件作为衡量纯精神损害程度的标准，但是这种解决办法也忽略了人与人之间的精神存在很大差异，有些人精神意志力很强，面对强大的环境压力而不为所动，而有些人精神意志力很脆弱，对环境压力适应能力弱，也就是说无法在精神损害后果与纯精神损害程度之间建立对等关系。其实，精神损害抚慰金的本质是对弱者的抚慰和扶助，而不是对等的损害赔偿。① 因此，从这个角度来看，应把精神损害赔偿问题转化成对因精神受损害而导致的后果的赔偿和抚慰问题，即把精神损害造成的"后果"解释成因精神损害而导致的可以用货币量化的损害事件，是符合精神损害抚慰金立法精神的。精神损害造成的"后果"具有三个方面的特征：一是客观性。精神损害造成的"后果"并不是虚无缥缈的东西，而是客观存在的具体表象，能够为人们所感知，如因精神受损害而自杀、自残、患抑郁症等精神疾病、因长期羁押而导致婚姻等基本权利被剥夺、名誉受损造成的直接经济损失，等等。二是后果的可度量性。基于精神本身具有的不可准确度量性，纯精神损害程度也具有不可度量性，但是精神损害后果在排除了纯精神损害之后，都具有一定的可度量性。如因精神受损害而自杀自残，造成的丧葬、抚恤、医疗、误工等一系列后果，都可以用一定数额的财富来具体度量。三是与货币财富之间的对应性。作为精神损害造成的严重后果，都可以通过一定的方式方法，转换成以货币为尺度的财富价值，如因精神受损害而导致的失眠、抑郁等精神疾病，可以用医药治疗所需要的费用来衡量，从而转化成对应的货币财富价值。

如前述，精神损害"后果"是自然人因精神损害而导致的可以用货币衡量的直接损害事件，包括因精神痛苦而导致的直接损害后果和因名誉权、荣誉权、亲权、婚姻权、生育权等被剥夺而导致的人格利益、身份利益的丧失或减损，前者如受害人因精神损害而导致患精神疾病、自杀、自残等，后者如长期被错误羁押而丧失婚姻、生育等人格利益等。但是，根据《国家赔偿法》第35条之规定，只有精神损害"造成严重后果的"，赔偿义务机关才"应当支付相应的精神损害抚慰金"，因此还必需进一步解决精神损害后果的程度问题，即如何认定精神损害造成"严重后果"。对此，无论是国家赔偿法还是普通侵权法，都没有给出明确的界定或列举。一般而言，精神损害"造成严重后果"是相对于精神损害没有造成严重后果而言的，是指精神损害造成的后果严重。对此，理论界和实务界从不同维度，进行了广泛

---

① 国家赔偿法之所以采用"精神损害抚慰金"一词而不是"精神损害赔偿金"，极有可能就是基于这方面的考虑。

而深入的研究。总体上看，主要从三个维度开展研究：

一是基于精神损害难以用金钱直接计量的现实，归纳出判定精神损害程度应考虑的几个因素。如最高人民法院江必新副院长认为，判定精神损害程度应从四个方面把握：[①]（1）一般认为，对维持生理机能所必需的物质性人格权益的侵害类型当中，对生命权的侵害，已"超出了正常生活所能容忍的界限的"程度，必然属于精神损害赔偿的范围。（2）对于身体、健康被侵害会带来肉体的痛苦，是否构成严重精神损害，主要取决于身体、健康被损害的程度。（3）对于人身自由权被侵害的情形，因该类人格权益很难外化且存在个体差异性，在确定是否达到严重标准时，应综合考虑侵害人的主权状态、侵害手段、场合、行为方式和受害人的精神状态等具体情节加以判断。（4）受害人所受精神损害能否由其他责任方式弥补。

二是详细列举精神损害造成"严重后果"的各种具体情形。如有的学者提出5类情形，应当认定属"造成严重后果"：[②]（1）受害人的名誉和隐私遭受严重侵害，且受害人因此而遭受生活、工作上严重不便，以致其在日常的生活、工作圈中无法自由、自然地生活下去，而消除影响、恢复名誉、赔礼道歉方式无法消除这些后果。最突出的就是隐私被职权行为所暴露，从而导致受害人名誉权被侵害的情形。（2）因职权行为导致公民身体残疾甚至死亡。残疾对人的精神无疑打击巨大，而死亡则给家属带来巨大的精神创伤。（3）公民因职权行为而长期丧失自由。长期遭受监禁，长期不能过正常人的生活而被迫在监视、训诫下过一种改造生活，必然会使受害人的精神产生一种监管体制化倾向，使受害人难以回归正常的社会生活。（4）受害人的家人因为职权行为而遭受巨大的精神打击而产生严重后果，比如佘祥林案中佘母因儿子遭受不白之冤而含恨早逝。（5）受害人因为侵权行为而出现精神上的疾病，其通常表现为受害人反常的精神状况，如失眠、消沉、冷漠、易怒、狂躁、迟钝，严重的则会出现精神病学上的临床症状。

---

① 江必新主编：《〈中华人民共和国国家赔偿法〉条文理解与适用》，人民法院出版社2010年版，第334页。

② 吴高盛：《国家赔偿法精解》，中国政法大学出版社2010年版，第205—206页。

　　三是借鉴域外司法实践经验。例如有的学者主张借鉴美国判例法精神，认为"如果一个神志正常、身体健康的人不能妥善对付案件中的情况所带来的精神压力，就可以认为存在严重的精神损害"，[①] 并归纳了9种具体情形：（1）国家机关和国家机关工作人员对侵权行为的主观心态为故意或重大过失；（2）侵害地点为公开场合，影响波及范围广；（3）侵害手段暴力残忍，难以被常人所接受；（4）侵害持续时间长，达到30天以上；（5）侵害造成被害人死亡、残疾或者造成永久性伤痕以致严重影响正常的工作和生活；（6）侵害造成被害人自杀自残，难以进行日常的生产生活；（7）非法限制或剥夺受害人人身自由5天以上；（8）公然侮辱受害人的姓名、肖像、名誉和荣誉，造成受害人社会评价降低；（9）其他严重侵害被害人人格利益的情况。

　　应该说，这三种研究方式各有千秋，优劣互见。第一种方式的优点是保持了灵活性，即凭借法官的自由裁量权，依据一定的标准来具体判断，适用性较强；但是，这种方式的实质是问题转嫁，也就是把问题的解决寄希望于法官的自由裁量权，判断的具体标准仍然没有解决。第二种方式的优点是可操作性很强，无论是法官、受害人还是其他公民，都能够根据标准确定精神损害是否造成了"严重后果"；但是，这种列举式缺乏灵活性，有可能穷举难尽。第三种方式的特点是概括加列举，先概括其核心内涵，再列举各种可能的具体情形，应该说最符合司法实践需要；但是，在概括其核心内涵时，采用了只能凭感觉把握的"一个神志正常、身体健康的人"标准，其实又把问题的解决方式模糊化了。

　　我们认为，国家侵权精神损害造成"严重后果"，是指国家机关及其工作人员在行使职权过程中，侵犯自然人生命权、健康权和人身自由权，导致自然人因精神受到损害而造成的一切可以用货币衡量的直接损害事件，如因错误羁押而精神受损害导致患抑郁症。一般而言，凡是能够用货币衡量的精神损害后果，都属于"严重后果"，具体可以分为以下7类：（1）因精神受损害而自杀的；（2）因精神受损害而自残的；（3）因精神受损害而患精神

---

① 贾丽芳：《论精神损害赔偿》，黑龙江大学2007年硕士论文。

疾病的；（4）因错误羁押而导致婚姻家庭关系破裂的；（5）生育、抚养、亲权、受教育权等基本权利被剥夺的；（6）公民的名誉权严重受损，丧失重大就业机会或者对生产经营造成严重影响，破产或者重大亏损的；（7）其他因精神受到损害而造成的一切可以用货币衡量的损害事件。第（1）、（2）、（3）项属于因精神痛苦而造成的"严重后果"；第（4）、（5）、（6）项属于精神利益的丧失或减损而造成的"严重后果"；第（7）项是概括性条款，明确规定了国家侵权精神损害造成严重后果的内涵，为保持法律解释的弹性而设置，可以避免因简单穷举而带来的法条僵化问题。

（三）精神损害抚慰金

由于精神损害所具有的无形性、难量化性及个体差异性等特点，使精神损害抚慰金数额的确定问题成为理论研究和实务操作中最为棘手的问题[1]，正如台湾学者黄立所言："基于精神上法益并无价格可言，自然无法作十分精确的损害均衡。"[2] 即便如此，基于精神损害后果的客观性，世界各国和地区从理论和实务两个方面进行了广泛探索，取得了丰硕成果。总体上看，英美法系由于没有公私法之分，国家赔偿实际上适用民事赔偿原则，因此精神损害赔偿并不会被排除在国家赔偿之外。而大多数大陆法系国家，如德国、意大利、比利时和奥地利的国家赔偿也使用民事法律。日本和韩国的国家赔偿法虽然处于民事特别法地位，但是日本和韩国均在其国家赔偿法中规定了精神损害赔偿条款，如《日本国家赔偿法》（1947 年）第 4 条和《韩国国家赔偿法》（1980 年）第 3 条都规定了精神损害赔偿。我国台湾地区"国家赔偿法"没有特别规定精神损害赔偿，但在第 5 条规定："国家损害赔偿，除依本法规定外，适用'民法'规定。"[3]

概括起来，世界各国和地区的做法大致可以分为四类：一是表格定额赔偿法。例如日本国家侵权精神损害赔偿采用此法，即将精神损害进行等级划分，制定固定的赔偿表格，对每个精神损害的级别确定不同的标准，法官在

---

① 沈岿：《国家赔偿法原理与案例》，北京大学出版社 2011 年版，第 297 页。
② 黄立著：《民法债编总论》，中国政法大学出版社 2002 年版，第 417 页。
③ 马怀德：《国家赔偿问题研究》，法律出版社 2006 年版，第 106 页。

审案时只要查表就可确定赔偿数额。这种方法的优点是简单易行，特别是定额化的思路很有借鉴意义，其缺点是过于死板，较少考虑被害人的个体差异，难以避免个案中处理结果不合理的情况。二是按日赔偿法。例如丹麦曾经规定，侵害人对躺在病床上的病人每日支付精神损害赔偿金 15 丹麦克朗，对其他病人每日支付精神损害赔偿金 7.5 丹麦克朗，后来分别提高到 25 和 10 丹麦克朗①。这种方法主要关注了受害人精神健康受损情况，并对住院和就诊的赔偿标准作了区分，以治疗时间来确定赔偿数额，具有一定的科学性。但是，对精神利益受损却未影响精神健康的情况没有规定，赔偿范围过于狭窄，而且容易导致一些受害人为取得更高的赔偿而有意延长住院和治疗时间。三是限定最高额赔偿法，即规定精神损害赔偿的最高限额，在此数额之下，由法官根据案件具体情况自由裁量。例如《埃塞俄比亚民法典》第 2116 条规定："精神损害赔偿数额不能超过 1000 埃塞俄比亚元"；1928 年《墨西哥联邦民法典》第 1916 条规定，精神损害赔偿额最高为其财产损失的 1/3；《哥伦比亚刑法典》第 95 条规定，赔偿数额不能超过 2000 比索。四是分类计算赔偿法。例如英国、法国和比利时等国家采用此法，即将损害按项目进行分类，再分别计算出赔偿数额，最后总计得出赔偿额。在法国，法院依案件的种类来确定精神损害程度的等级，通过判例归纳，明确项目的分类，依照不同的项目计算赔偿的具体数额和总数额②。对精神损害程度进行分级，确定不同的标准，充分考虑到了精神损害中的个体差异问题，比较科学，但其项目分类是通过判例积累归纳，对成文法国家的法官在具体适用中增加了难度，且每项均要进行计算，方法上略显烦琐。

在我国，精神损害赔偿数额的确定问题同样受到了高度重视，司法实务部门以及地方立法机关从普通侵权法角度，探索和积累了大量的宝贵经验，对确定国家侵权精神损害抚慰金数额具有重要的借鉴意义。例如，四川省高级人民法院《关于贯彻执行最高人民法院〈关于确定民事侵权精神损害赔

---

① 关今华主编：《精神损害赔偿数额的确定与评算》，人民法院出版社 2002 年版，第 162 页。
② 申政武：《论人格权及人格损害的赔偿》，载《中国社会科学》1990 年第 2 期。

偿责任若干问题的解释〉意见》中规定，侵犯物质性人格权利赔偿额最高不超过10万元，侵犯精神性人格权利的赔偿为500—50000元；上海市高级人民法院规定精神损害赔偿数额一般不超过5万元；广东省人大常委会在《实施〈消费者权益保护法〉办法》中规定：精神损害赔偿的起点为5万元；云南省在《消费者权益保护条例》中规定：经营者提供商品和服务给消费者造成精神损害的，除承担停止侵害等责任外，还应承担1万元以上的精神损害赔偿责任。综合起来，这些规定都采用对精神损害赔偿数额量化的办法，明确了赔偿"上限"和"下限"。

从上述情况看，当前对精神损害赔偿数额的确定问题，主要是从普通侵权法角度来进行研究的，而且是通过划定纯精神损害程度来设置相应的赔偿金额，但是由于纯精神损害在本质上是生理上或心理上的痛苦，具有浓厚的主观化色彩、难以用货币价值量化的特点，精神损害抚慰金数额的计算也变得很困难，而且根据纯精神损害程度来确定抚慰金的数额，容易产生同类案例赔偿金额相差悬殊的不公平现象，导致更多的社会矛盾和信访问题。为了避免纯精神损害程度量化难题，有必要把精神损害后果解释成除纯精神损害之外的其他后果，为精神损害抚慰金的计算找到客观的可以测量的实在依据。例如，某高三学生在暑假期间涉嫌抢劫被逮捕，后查明该学生没有犯罪事实。在被逮捕羁押期间，该学生被某名牌大学录取，但因为被逮捕不能如期到校报到注册而丧失就读名牌大学的机会。那么，该学生因被错误羁押而丧失受教育机会，属精神利益受到重大损害，赔偿义务机关应当就此支付相应的精神损害抚慰金。对此，可以通过测算其高三学习期间所有费用，作为精神损害抚慰金的基准数额，再综合其他可得利益的损失，最终确定精神损害抚慰金数额。

按照《国家赔偿法》第35条规定，国家侵权致人精神损害"造成严重后果的，应当支付相应的精神损害抚慰金"，也就是说，对国家机关及其工作人员在行使职权过程中，侵犯自然人生命权、健康权和人身自由权，导致自然人因精神损害而造成的严重后果，国家应当支付精神损害抚慰金。然而，从因果关系角度看，是否精神损害造成的一切"严重后果"，国家都应当承担赔偿责任呢？例如，甲在被错误羁押期间，其幼子乙被丙收养，后丙带乙外出旅游双双因车祸而亡，那么甲能否因丧子而要求精神损害抚慰金呢？我们认为，请求支付精神损害抚慰金应以精神损害导致的直接损害后果为限。上述案例中，甲可以因亲权被剥夺而请求支付精神损害抚慰金，但不能因乙遭遇车祸死亡而请求支付精神损害抚慰金。因为按照因果关系律，一切现象都会导致无穷无尽的后果，如果不作限定，那么永远也无法算清损害后果；再者，间接损害后果一般会有另外的原因掺杂其中，如果允许请求一概赔偿，那么对侵权人不公平。基于此，我们认为请求精神损害抚慰金应当以精神损害导致的直接损害后果为限，即国家仅对因国家侵权导致精神损害而造成的直接损害后果承担赔偿责任。

如前述，国家侵权精神损害造成的严重后果可以分为 7 类，而各类具体情况有很大区别，因此应当分类确定精神损害抚慰金。总体上看，对生命、健康（包括生理和心理）造成损害的，可以比较《国家赔偿法》第 34 条之规定，确定精神损害抚慰金数额：因精神受损害而自杀的，应当比较该条第 1 款第 3 项之规定，具体测定相应的精神损害抚慰金；因精神受损害而自残的，应当比较该条第 1 款第 1 条、第 2 项之规定，具体测定相应的精神损害抚慰金；因精神受损害而精神失常的，可以分暂时性能够治疗和永久性不能治疗两种情况，可以分别参照该条第 1 款第 1 条、第 2 项之规定，确定精神损害抚慰金数额。对因精神利益丧失或减损而造成的严重后果，可以参照普通侵权法相应规定和实践做法，确定相应的精神损害抚慰金；对造成婚姻家庭破裂的，可以根据其婚姻家庭破裂所造成的实际损失，以及重新组建家庭所需要的费用，共同来确定精神损害抚慰金数额；对生育权、抚养权、亲权、受教育权、名誉权、荣誉权等基本权利被剥夺造成的严重后果，如果属于能够计算出来的直接经济损失或者确定可得利益，应当以最终的直接损失总额为精神损害抚慰金的数额。例如，赵丁涉嫌贪污被批准逮捕，后因证据不足而撤销案件、赵丁被释放后外出打工，某企业正准备聘用赵丁时，突然发现赵丁曾涉嫌贪污被网上通缉，遂取消聘用决定。本案中，赵丁因错误被羁押而致名誉权受损，并丧失重要就业机会，对其本次找工作期间的直接经济损失，国家应当支付相应的精神损害抚慰金。

四、修改后的国家赔偿法对检察机关法律监督工作的影响及对策

2010 年国家赔偿法的修改对进一步完善我国国家赔偿制度体系，保障公民基本权利方面起到了很大作用，同时对检察机关的法律监督工作带来了诸多新挑战。

（一）《国家赔偿法》的主要修改内容

总体上看，国家赔偿法的修改幅度非常大，涉及的内容非常多。从条文上看，修改条文多达 21 条，占全部条文的 60%；新增条文 7 条，占全部条文的 20%。从修改内容看，广泛涉及国家赔偿的归责原则、赔偿程序、赔偿范围、证明责任、赔偿费用支付等方面。毫不夸张地说，这次修改是全面的系统性的，对国家赔偿制度体系的完善影响深远，充分体现了国家尊重和保障人权的宪法精神。具体来说，修改的主要内容有：

1. 归责原则有重大变化，赔偿理念进一步更新

修改前的《国家赔偿法》第 2 条第 1 款规定："国家机关和国家机关工作人员违法行使职权侵犯公民、法人和其他组织的合法权益造成损害的，受害人有依照本法取得国家赔偿的权利。"该款一直被理论界和司法界认为是我国国家赔偿归则原则——违法归则原则的法律依据，即只有国家机关和国家机关工作人员违法行使职权侵犯公民、法人和其他组织的合法权益造成损害的行为，国家才会承担赔偿责任，如果不违法即使造成了损害国家也不承担赔偿责任。在违法归责原则的背后，其实还隐含着深刻的国家赔偿理念——以错案责任追究为基础的国家赔偿理念，这在《国家赔偿法》修改前的实施过程中表现得特别明显，并导致赔偿义务机关千方百计规避赔偿责任。修改后的《国家赔偿法》第 2 条第 1 款规定："国家机关和国家机关工作人员行使职权，有本法规定的侵犯公民、法人和其他组织合法权益的情形，造成损害的，受害人有依照本法取得国家赔偿的权利。"删除了原条款中的"违法"二字，被学界解读为国家赔偿归责原则的重大改变，即变单

一的违法归责原则为有条件的结果归责原则,[①] 标志着国家赔偿理念也在进一步更新——不再以错案责任追究为基础,而是以尊重和保障人权为基础,这是落实宪法关于"国家尊重和保障人权"规定的具体体现,表明了国家法治建设的重大进步。

2. 赔偿范围有较大调整,当事人权益得到更合理保护

对比修改前后的国家赔偿法,一般认为国家赔偿范围得到了拓宽。就刑事赔偿部分而言,具体表现在四个方面:一是增加了赔偿义务机关的主体范围,把看守所、监狱管理机关纳入国家赔偿义务机关主体范围之列;二是增加了司法机关及其工作人员实施侵权行为的范围,即修改后的《国家赔偿法》第17条第4项增加了以"虐待行为"或者"放纵他人以殴打、虐待等行为造成公民身体伤害或者死亡的"情形,国家也应当承担赔偿责任;三是修改后的《国家赔偿法》第17条第2项规定:"对公民采取逮捕措施后,决定撤销案件、不起诉或者判决宣告无罪终止追究刑事责任的",受害人有取得赔偿的权利,较之修改前的规定,确实扩大了逮捕后可能承担国家赔偿责任的范围;四是明确了国家侵权精神损害抚慰金,进一步完善了国家侵权精神损害赔偿体系。修改后的《国家赔偿法》第35条规定:"有本法第三条或者第十七条规定情形之一,致人精神损害的,应当在侵权行为影响的范围内,为受害人消除影响,恢复名誉,赔礼道歉;造成严重后果的,应当支付相应的精神损害抚慰金。"从以上四个方面看,刑事赔偿范围确实有所扩大。然而,如果仔细地分析,也会发现在有些方面缩小了,主要表现为把依法拘留后作无罪处理的情况排除在国家赔偿范围之外。修改后的《国家赔偿法》第17条第1项规定:"违反刑事诉讼法的规定对公民采取拘留措施的,或者依照刑事诉讼法规定的条件和程序对公民采取拘留措施,但是拘留时间超过刑事诉讼法规定的时限,其后决定撤销案件、不起诉或者判决宣告无罪终止追究刑事责任的",较之修改前的规定"对没有犯罪事实或者没有事实证明有犯罪重大嫌疑的人错误拘留的",应当说受害人取得赔偿的权利有所限制。如依法拘留后既未逮捕又未超期羁押的情况,受害人就不能取得

---

① 李亚军:《国家赔偿法修改后检察机关面临的形势及对策》,载《人民检察》2010年第5期。

国家赔偿的权利。而修改之前，原条款虽然存在很大争议，但总体上是按照拘留后是否作无罪处理为标准来决定是否赔偿，这不能不说是对公民取得国家赔偿权利的限制。但是，从总体上看，刑事赔偿的范围更加合理了。

3. 国家赔偿程序进一步畅通，更有利于当事人取得国家赔偿权利

首先，取消了为学界诟病的"确认"程序。修改前的《国家赔偿法》第 9 条第 1 款规定"赔偿义务机关对依法确认有本法第 3 条、第 4 条规定的情形之一的，应当给予赔偿"；第 20 条第 1 款规定"赔偿义务机关对依法确认有本法第 15 条、第 16 条规定的情形之一的，应当给予赔偿"，均把"依法确认"作为当事人取得国家赔偿权利的前提条件，而国家赔偿义务机关往往以"未经确认"为由，阻碍当事人取得国家赔偿的权利。修改后的《国家赔偿法》第 9 条及第 22 条第一款均删除了"依法确认"，也就是说取消了确认程序，清除了当事人取得国家赔偿权利的一个重大障碍。其次，进一步细化和严格办案期限，促使赔偿义务机关依法及时赔偿。国家赔偿法修改后新增的 7 个条款，全部属赔偿程序部分，其中行政赔偿程序 2 条，刑事赔偿程序 5 条。修改前的国家赔偿法对赔偿程序仅作了原则性规定，没有具体的期限要求，办案程序也不明确，可解释余地很大，导致操作随意性很强，因此这次修改增加了大量程序性规定，以促进赔偿义务机关依法及时公正履行赔偿义务，保障赔偿请求人的合法权益。主要体现在以下几个方面：一是赔偿请求人递交申请书后，赔偿义务机关应当出具加盖本行政机关印章并注明收讫日期的书面凭证。二是要求赔偿义务机关作出赔偿决定，应当充分听取赔偿请求人的意见，并可以与赔偿请求人就赔偿方式、赔偿项目、赔偿数额依照本法关于赔偿标准的规定进行协商。赔偿义务机关作出不予赔偿决定的，应当书面通知赔偿请求人，并说明不予赔偿的理由。三是增加了人民法院赔偿委员会处理赔偿请求，采取书面审查的办法。必要时，可以向有关单位和人员调查情况、收集证据。赔偿请求人与赔偿义务机关对损害事实及因果关系有争议的，赔偿委员会可以听取赔偿请求人和赔偿义务机关的陈述和申辩；四是人民法院赔偿委员会应当自收到赔偿申请之日起 3 个月内作出决定。疑难、复杂、重大案件，经本院院长批准，可以延长 1 个月。

4. 合理分配举证责任，进一步平衡国家与公民之间的相互关系

修改前的国家赔偿法对人民法院赔偿委员会处理刑事赔偿案件应如何举证没有作出明确规定。因此，在一些刑事赔偿案件中，赔偿请求人和赔偿义务机关对于导致损害发生的原因各执一词，由于没有关于举证的规定，人民法院往往很难作出认定。修改后的《国家赔偿法》第26条明确规定："人民法院赔偿委员会处理赔偿请求，赔偿请求人和赔偿义务机关对自己提出的主张，应当提供证据。被羁押人在羁押期间死亡或者丧失行为能力的，赔偿义务机关的行为与被羁押人的死亡或者丧失行为能力是否存在因果关系，赔偿义务机关应当提供证据。"不仅明确了"谁主张谁举证"原则，而且从尊重和保障人权的角度，进一步明确了被羁押人在羁押期间死亡或者丧失行为能力的情况，由赔偿义务机关对其行为与被羁押人的死亡或者丧失行为能力是否存在因果关系提供证据，也就是说实行举证责任倒置原则，由赔偿义务机关承担举证责任。

5. 细化了赔偿费用管理制度，有效保障当事人合法权益

修改后《国家赔偿法》第37条第2—4款分别规定："赔偿请求人凭生效的判决书、复议决定书、赔偿决定书或者调解书，向赔偿义务机关申请支付赔偿金"，"赔偿义务机关应当自收到支付赔偿金申请之日起七日内，依照预算管理权限向有关的财政部门提出支付申请。财政部门应当自收到支付申请之日起十五日内支付赔偿金"，"赔偿费用预算与支付管理的具体办法由国务院规定"，不仅完善了赔偿费用支付机制，要求赔偿义务机关自收到支付赔偿金申请之日起7日内，依照预算管理权限向有关的财政部门提出支付申请，而且授权国务院制定赔偿费用预算与支付管理的具体办法，有力地保障了当事人依法及时获得赔偿的权利。

（二）修改后的国家赔偿法对检察机关法律监督工作的影响

国家赔偿法修改后，在国家赔偿理念、归责原则、赔偿范围、赔偿程序和赔偿费用管理等方面都发生了很大变化，对检察机关法律监督工作的影响也是非常全面的。综合起来，主要体现在以下几个方面：

1. 检察机关自侦案件风险加大，对侦查水平和举证能力形成考验

修改后的国家赔偿法对检察机关自侦案件的影响主要体现在三个方面：

一是拘留合法性的证明问题。修改后的国家赔偿法第 17 条第 1 项规定"违反刑事诉讼法的规定对公民采取拘留措施的"，受害人有取得赔偿的权利。照此规定，检察机关决定采取拘留措施后，决定撤销案件、不起诉或者判决宣告无罪终止追究刑事责任时，必须证明采取拘留措施的合法性。而按照修改后的刑事诉讼法第 163 条的规定，检察机关直接立案侦查的案件，只有符合"第 80 条第四项、第五项规定情形"时，才能决定拘留。但是，按照第 80 条第四项、第五项规定：对于现行犯或重大嫌疑分子，如果有犯罪后企图自杀、逃跑或者在逃的；有毁灭、伪造证据或者串供可能的，检察机关可以决定拘留，否则就是违法拘留。因此，检察机关在办理自侦案件中，如果采取拘留措施，就必须证明存在这两种情况，这对检察机关的侦查水平和举证能力形成强大挑战。二是办案期限的问题。修改后的《国家赔偿法》第 17 条第 1 项规定："依照刑事诉讼法规定的条件和程序对公民采取拘留措施，但是拘留时间超过刑事诉讼法规定的时限，其后决定撤销案件、不起诉或者判决宣告无罪终止追究刑事责任的"，受害人有取得赔偿的权利。这一规定对检察机关自侦案件的办案效率提出了更高要求，否则将面临成为赔偿义务机关的风险。三是对涉案财物的处理要求更高。在办理职务犯罪案件过程中，检察机关很有可能对涉案财物需要采取查封、扣押、冻结、追缴等措施，如果违法采取此类措施，或者采取此类措施后造成财产损坏甚至灭失时，都将导致刑事赔偿责任。因此，国家赔偿法修改后，检察机关办理自侦案件的风险加大，对侦查水平和举证能力也要求更高。

2. 逮捕标准把握难度加大，侦查监督工作面临更大压力

修改前的《国家赔偿法》第 15 条第 2 项规定："对没有犯罪事实的人错误逮捕的"，受害人有取得国家赔偿的权利，把是否有"犯罪事实"作为判断逮捕决定是否正确的标准，并把"错误逮捕"作为受害人取得国家赔偿权利的基本条件。而修改后的《国家赔偿法》第 17 条第 2 项规定："对公民采取逮捕措施后，决定撤销案件、不起诉或者判决无罪终止追究刑事责任的"，受害人有取得国家赔偿的权利，取消了"错误逮捕"规定，把"撤销案件、不起诉或者判决无罪终止追究刑事责任"作为受害人取得国家赔偿权利的条件，也就是说把案件最终是否追究刑事责任作为能否取得国家赔

偿权利的判断标准，是"结果归责"原则的具体体现。也就是说，凡经检察机关批准逮捕，最终决定撤销案件、不起诉或者判决无罪的案件，受害人都有取得赔偿的权利，完全改变了检察机关在刑事赔偿问题上的主动地位，将会导致更多的批准逮捕案件面临国家赔偿的风险。

3. 检察机关国家赔偿风险加大，公诉环节办案质量要求更高

对比修改前后的国家赔偿法相关规定，决定和批准逮捕是检察机关成为国家赔偿义务机关的前提条件，在这一点上没有任何改变。但是，除了取消了检法共同赔偿，改由法院单独赔偿之外，检察机关的赔偿范围在事实上是扩大了。根据修改后的国家赔偿法的相关规定，凡是经检察机关决定或批准逮捕后决定撤销案件、不起诉（包括存疑不起诉）或者判决宣告无罪（仅指一审判决），检察机关一律要承担相应的国家赔偿义务。修改前的国家赔偿法以"没有犯罪事实"为前提条件，而"没有犯罪事实"的判断标准很模糊，往往成为检察机关规避赔偿责任的理由。例如证据不足而作存疑处理的案件，有些检察机关就以"并非完全无辜"为由而拒绝给予赔偿。修改后的国家赔偿法采取列举式规定了应承担国家赔偿责任的情况，检察机关就不能再以"并非完全无辜"为由拒绝赔偿，证据不足而作存疑处理的案件，受害人有取得国家赔偿的权利。另外，侦查机关的国家赔偿风险进一步缩小，侦查机关仅对违法拘留或者依法拘留后超期羁押且最后决定撤销案件、不起诉或者判决宣告无罪终止追究刑事责任的情形，才承担国家赔偿责任。相反，对侦查机关依法拘留且检察机关批准逮捕后终止追究刑事责任的情况，检察机关对包括拘留在内的羁押期限一并承担国家赔偿责任，① 这也无形中加大了检察机关承担国家赔偿责任的风险。检察机关对此类案件是否承担赔偿责任，与公诉环节办案质量有非常密切的关系：如果检察机关决定不起诉，那么将直接面临承担国家赔偿责任的风险；如果审查后决定提起公诉，那么也将面临法院宣告无罪而承担国家赔偿责任的风险；如果审查后认为证据不足，决定退回侦查机关作撤销处理，检察机关同样面临承担国家赔偿责任的风险。

---

① 事实上，应否对包括拘留在内的羁押期限一并承担赔偿责任，在赔偿实务中有分歧。我们认为，基于结果归责原则的精神实质，应当一并给予赔偿。

检察机关公诉环节，无论作出哪种决定，都将使检察机关面临承担国家赔偿责任的风险，因此，修改后的国家赔偿法对检察机关公诉环节办案质量要求更高，法律监督责任进一步加大。

4. 检察机关赔偿监督责任大，法律监督能力面临新挑战

修改后的国家赔偿法扩大了检察机关对刑事赔偿实施法律监督的职责。第30条第3款规定："最高人民检察院对各级人民法院赔偿委员会作出的决定，上级人民检察院对下级人民法院赔偿委员会作出的决定，发现违反本法规定的，应当向同级人民法院赔偿委员会提出意见，同级人民法院赔偿委员会应当在两个月内重新审查并依法作出决定。"这是检察机关法律监督职能在刑事赔偿领域的进一步延伸，对有效保障公民、法人和其他组织合法权益意义很重大，也是我国宪法"国家尊重和保障人权"精神的又一具体体现。另一方面，该规定也对检察机关的法律监督能力和水平带来新的挑战。进入赔偿监督程序的案件，一般都比较复杂，而且在当前信访形势很不乐观的情况下，可能会给检察机关带来更多的涉检信访问题，因此检察机关必须进一步提高自身法律监督水平，更好地服务于和谐社会建设。

（三）检察机关应对修改后的国家赔偿法的措施

国家赔偿法修改后，既给检察机关的法律监督工作带来诸多新挑战，又给检察机关加强自身执法能力建设提供了新的强大动力。检察机关及检察工作人员要顺应时代发展潮流，更新执法观念，切实把"国家尊重和保障人权"精神贯穿执法各环节之中去。

1. 进一步革新执法理念，切实尊重和保障人权

2004年3月14日，第十届全国人民代表大会第二次会议通过宪法修正案，顺应了人类历史发展潮流，把"国家尊重和保障人权"写入宪法，符合马克思主义关于人的全面解放和发展的根本要求，同时为中国特色社会主义法治建设指明了方向。此后，全国人大对法律的制定和修改，都把"国家尊重和保障人权"作为根本要求。2008年10月23日，全国人大常委会法制工作委员会主任李适时，在向第十一届全国人大常委会第五次会议作《关于〈中华人民共和国国家赔偿法修正案（草案）〉的说明》时表示，"修改国家赔偿法，总的指导思想是以邓小平理论和'三个代表'重要思想为指导，落

实科学发展观，贯彻党的十六大和十七大精神，坚持实事求是和有法必依、有错必纠的原则，体现宪法规定的尊重和保障人权的精神，体现我们党以人为本、执政为民的执政理念。"[①] 我们认为，这不仅是修改《国家赔偿法》的总体原则，也应当是国家机关贯彻执行《国家赔偿法》的总体指导原则。检察机关作为国家的法律监督机关，作为维护人民根本利益的执行者，更应当进一步革新执法理念，把"尊重和保障人权"作为执法指导思想，唯此才能真正贯彻执行好《国家赔偿法》。一是对符合《国家赔偿法》规定的，检察机关要实事求是，该赔偿的要给予赔偿，绝不能非法限制甚至剥夺赔偿请求人的合法权利。二是要以贯彻执行修改后《国家赔偿法》为契机，认真研究在执法过程中如何落实"国家尊重和保障人权"，不断提高执法能力和水平，努力提升执法公信力；要坚决摒弃"重权力轻权利"、"重实体轻程序"、"重打击轻保护"的错误理念；坚持严格依法按规定办案，深入落实宽严相济的刑事司法政策；坚持严格、公正、文明、理性执法，树立实体与程序并重的执法理念，重视调查取证程序的合法性，坚决杜绝侵犯公民、法人和其他组织合法权益情形的发生。三是要坚决杜绝刑讯逼供、暴力取证、超期羁押、违法使用武器警械、滥用强制措施和违法对财产采取查封、扣押、冻结、追缴等侵犯公民、法人和其他组织的合法权益情形的发生。四是要防止刑事拘留和逮捕强制措施的滥用，严把拘留和逮捕关，慎用强制措施，避免为方便办案取证，先刑事拘留再审查，滥用强制措施，尽力减少涉赔涉诉风险。

2. 提高职务犯罪案件侦查水平，切实保障自侦案件办案质量

基于我国侦查机关的实际工作能力和水平，修改后的国家赔偿法对侦查机关保持了一定的倾斜，即除"违反刑事诉讼法的规定对公民采取拘留措施的，或者依照刑事诉讼法规定的条件和程序对公民采取拘留措施，但拘留时间超过刑事诉讼法规定的时限，其后决定撤销案件、不起诉或者判决宣告无罪终止追究刑事责任的"外，侦查机关采取拘留措施的，一律不承担国家赔偿责任。例如，对合法拘留以及合法拘留后超期羁押但未决定撤销案件、不起诉或者判决宣告无罪终止追究刑事责任的，侦查机关不需要承担国

___

① 江必新：《〈中华人民共和国国家赔偿法〉条文理解与适用》，人民法院出版社2010版，第412页。

家赔偿责任。但是，检察机关自侦部门也应不断提高职务犯罪案件的侦查水平，确保自侦案件的办案质量，特别是要强化证据固定能力。首先，要转变侦查模式，将侦查重心前移到初查阶段，为立案奠定坚实的证据基础，逐步将侦查模式从"由供到证"转向为"由证到供"，不断降低对口供的依赖程度，对侦查审讯实现由落后的粗放型向集约型、人海型向专家型、车轮战向速决战转变。其次，要提高侦查能力。切实提高侦查人员发现犯罪、突破犯罪、固定证据的能力，加强线索管理和初查工作，努力提高技侦水平，由单纯技术手段向综合技术手段转变；从单一的对人监控发展到对与犯罪嫌疑人密切相关任何信息系统的监控。最后，要严格规范侦查行为。严格依照法律规定的条件、程序和期限使用刑事拘留、逮捕等强制措施，在保证办案工作顺利开展的前提下，积极探索运用非羁押性强制措施。要做好全程同步录音录像工作，采取更加有力的措施，坚决遏制和防止刑讯逼供，暴力取证，放纵殴打、虐待等违法行为和涉案人员自杀死亡等办案安全事故的发生。

3. 准确理解和适用逮捕条件，把握好批捕时的司法审查关

"对公民采取逮捕措施后，决定撤销案件、不起诉或者判决宣告无罪终止追究刑事责任"是检察机关面临国家赔偿风险的重要来源之一。检察机关侦查监督部门在决定或者批准逮捕时，应准确理解和适用修改后的刑事诉讼法相关规定，确保审查逮捕案件质量。一是要遵循"尊重和保障人权"的刑事诉讼价值，准确理解和适用修改后的《刑事诉讼法》第79条之规定，全面提高审查逮捕质量。2012年3月14日，第十一届全国人大五次会议通过了《全国人民代表大会关于修改〈中华人民共和国刑事诉讼法〉的决定》，将"尊重和保障人权"写入刑事诉讼法，并通过一系列相关条文的修改增删，进一步加强了对犯罪嫌疑人、被告人基本人权和诉讼权利的保护，体现了我国刑事诉讼制度在尊重和保障人权方面向前迈进了一大步，标志着我国刑事诉讼制度价值取向的深刻调整和文明进步。[1] 侦查监督部门在审查逮捕工作中，要严格把握和准确适用逮捕措施，既要保障无罪的人不受刑事追究，也要注意保障犯罪嫌疑人、被告人的人格尊严、诉讼权利和其他

---

[1] 孙谦、童建明：《检察机关贯彻新刑事诉讼法学习纲要》，中国检察出版社2012年版，第7—8页。

合法权利，能够不逮捕的坚决不捕，可捕可不捕的尽量不捕；要特别谨慎对待"先批捕后补查"的问题，尽量避免逮捕后国家赔偿风险。二是准确适用修改后的《刑事诉讼法》第86条之规定，运用好审查逮捕中的司法审查权。该条规定："人民检察院审查批准逮捕，可以讯问犯罪嫌疑人；有下列情形之一的，应当讯问犯罪嫌疑人：（一）对是否符合逮捕条件有疑问的；（二）犯罪嫌疑人要求向检察人员当面陈述的；（三）侦查活动可能有重大违法行为的。人民检察院审查批准逮捕，可以询问证人等诉讼参与人，听取辩护律师的意见；辩护律师提出要求的，应当听取辩护律师的意见。"这不仅有利于保障犯罪嫌疑人的申辩权，而且有利于检察机关在决定是否批准逮捕时，认真审查侦查机关提请逮捕的理由以及犯罪嫌疑人、辩护人的辩护意见，以便在侦查机关与犯罪嫌疑人、被告人在决定机关审查时形成诉讼制衡，保证所作出的批准逮捕或者不批准逮捕决定的正确性，尽量避免错案发生，降低国家赔偿风险。三是建立和完善审查逮捕案件风险评估制度，准确掌控此类案件赔偿风险。在审查逮捕案件时，对孤证或证据确实单薄的案件，要严格审查事实证据，慎重对待，如不具备进一步侦查的可能性，应坚决作出不批准逮捕决定。在审查逮捕条件时，要注意审查逮捕的必要性，对采取取保候审、监视居住等强制措施可以避免社会危害性，无逮捕必要的，尽量不要批捕。这样一方面节约了诉讼成本，另一方面降低了批捕的风险。侦查监督部门还应树立全局意识，做好批捕和起诉工作的衔接，对每一件批捕的案件，都按照事实清楚、证据确实充分的起诉标准审查，对有补充侦查必要的案件，提出固定、补强证据的建议，引导侦查机关完善证据。

4. 完善检察引导侦查机制，全面提升审查起诉质量

一般而言，侦查机关在案件批捕之后，往往会出现"懈怠侦查"现象，错失收集关键证据的最佳时机，最终导致证据不完善，提起公诉很困难，因此如何建立和完善检察引导侦查机制，是提高公诉案件质量的一个重要途径。检察机关公诉部门应该加强研究，从实践角度总结摸索出一套行之有效的引导侦查机关查清事实、完善证据的工作机制，特别是要充分利用好退查机制，积极引导侦查机关把握正确的侦查方向，做好证据的收集固定工作，保证案件事实清楚，证据确实充分。在完善检察引导侦查机制，做好证据收

集固定工作的基础上，全面提升审查起诉质量，是降低逮捕案件赔偿风险的又一重要途径。一是要把好证据审查关。对证据的合法性、关联性和客观性进行全面审查。在合法性审查方面，应着力加大对非法证据审查和排除力度，特别是对通过刑讯逼供所取得的言词证据，应该坚决予以排除。同时还应强调证据的整体证明力，对于指向性不强、无法排除合理怀疑的案件，应该慎重起诉。防止"捕了必须诉"的错误思想。二是严格把握起诉标准。起诉标准应该等同或者接近审判标准，以确保提高有罪判决率，减少国家赔偿风险。如果起诉标准低于审判标准，无罪判决率就会上升，达不到降低国家赔偿风险目的。对达不到起诉标准的，也要及时作出不起诉或者退回侦查机关撤案，虽不能降低国家赔偿风险，但可以缩短羁押期限从而减少赔偿费用。三是提高出庭支持公诉质量。检察机关审查逮捕后，如果法院判决有罪，那么检察机关无赔偿风险，否则将直接面临赔偿风险。因此，提高公诉人出庭支持公诉的质量对降低检察机关国家赔偿风险也是非常重要的。四是准确适用不起诉。按照《刑事诉讼法》相关规定，不起诉主要包括相对不起诉、绝对不起诉和存疑不起诉等。而按照修改后《国家赔偿法》相关规定，对存疑不起诉将直接导致国家赔偿发生；"对于犯罪情节轻微，依照刑法规定不需要判处刑罚或者免除刑罚"而决定不起诉（即相对不起诉）的，国家不承担赔偿责任；而对依照刑事诉讼法第十五条第一项之规定作出的绝对不起诉，也属于国家不承担赔偿责任的范围。因此，公诉部门在审查起诉时，应当准确适用不起诉类型，清楚表明不起诉的理由，这对降低检察机关国家赔偿风险也很重要。

5. 有针对性地开展业务培训，大力提高刑事赔偿监督水平

修改后的《国家赔偿法》第 30 条第 3 款赋予检察机关刑事赔偿监督职责。对此，最高人民检察院《检察机关执法工作基本规范（2010 年版）》作了专门规定，细化了立案条件、办案程序等，增强了可操作性。但是，检察机关刑事赔偿监督是一项全新的业务工作，可以选编一些经典案例，并有针对性地开展业务培训，以提高检察机关刑事赔偿监督的能力和水平。

调研报告

从司法实践看逮捕标准的把握

——以重庆市人民检察院五分院为视角

陆　军[*]　　宋能君[**]

一、逮捕的目的、性质与条件

（一）逮捕的目的与性质

在我国刑事诉讼中，逮捕是法定的五种强制措施中的一种。逮捕是检察机关、法院对有证据证明有犯罪事实、可能被判处有期徒刑以上刑罚、采取其他强制措施不足以防止发生社会危害性的嫌疑人，决定实施的剥夺人身自由的强制措施。值得注意的是，在我国的语境中，逮捕的概念既包括剥夺嫌疑人人身自由这一强制措施，同时也涵盖了因这项强制措施所导致的羁押状态。逮捕后的羁押并不是一种法定的强制措施，而是由逮捕的适用所带来的持续限制嫌疑人、被告人人身自由的当然状态和必然结果。[①] 在本文中，如无特别说明，"逮捕"即用于指称一种强制措施，也用于指逮捕后的羁押。

逮捕就其本质而言，是强制措施的一种，它不是实体上的处分或裁决，而是作出实体处分或裁决的保障手段。其性质是程序上的强制方法。作为一种最严厉的强制措施，它在方式上虽有独特的内容，即暂时地完全剥夺了被适用对象的人身自由，但并不因此而改变其作为非实体处分或裁决的本质属

---

　*　重庆市人民检察院第五分院副检察长。

　**　重庆市人民检察院第五分院案件管理处处长。

①　陈瑞华：《问题与主义之间——刑事诉讼基本问题研究》，中国人民大学出版社 2002 年版，第200 页。

性。① 这一本质属性决定了它的适用不须具备实体处分所必须具备的严苛的前提条件，以避免因前提条件规定的过分苛刻而限制这一措施的运用，不利于其功能的发挥。就逮捕措施的适用目的而言，是为了防止被适用对象发生逃避侦查和审判的意外情形以保障诉讼的顺利进行。② 而将被逮捕的犯罪嫌疑人与罪犯直接联系的视同"认定犯罪"或视同"刑事处罚"的观念，正是以往逮捕条件与结案条件、起诉条件相混淆的客观反映。严格来说，它赋予了逮捕以保障诉讼进行之外的功能，有悖于逮捕措施的立法目的。就逮捕措施的适用阶段而言，逮捕适用于侦查阶段，且往往是适用于侦查初期，即初步掌握嫌疑人涉嫌犯罪，需要通过羁押嫌疑人以进一步查明其主要犯罪事实的情况。③

（二）一般逮捕的条件

2012 年 3 月 14 日，第十一届全国人大五次会议通过了《关于修改刑事诉讼法的决定》，修改后的刑事诉讼法已于 2013 年 1 月 1 日起施行，修改后的刑事诉讼法进一步明确了逮捕条件。原《刑事诉讼法》第 60 条第 1 款规定：对有证据证明有犯罪事实，可能判处徒刑以上刑罚的犯罪嫌疑人、被告人，采取取保候审、监视居住等方法，尚不足以防止发生社会危险性，而有逮捕必要的，应即依法逮捕。学界和司法实务部门普遍认为，该款规定的逮捕条件可分为三项——证据要件、刑罚要件和必要性要件，只有同时满足这三项条件才能批准或决定逮捕。其中，证据要件是启动逮捕的前提，即只要没有证据表明嫌疑人涉嫌了特定的犯罪，就不能对其予以逮捕。刑罚要件是指根据嫌疑人所涉嫌的犯罪，有可能需要对其判处有期徒刑以上的刑罚，即嫌疑人的罪行必须达到可能判处徒刑以上刑罚的程度，即使嫌疑人涉嫌了特定的犯罪，但没有证据证明可能需要对其判处徒刑以上的刑罚时，也不得予

---

① 陈卫东、刘计划：《谁有权力逮捕你——试论我国逮捕制度的改革（上）》，载《中国律师》2000 年第 9 期。

② 叶青、周登谅：《关于羁押性强制措施适用的公开听证程序研究》，载《法制与社会发展》2002 年第 4 期。

③ 陈卫东、隋光伟：《现代羁押制度的特征：目的、功能及实施要件》，载《中国司法》2004 年第 9 期。

以逮捕。必要性要件是逮捕的合理根据，即使相对人满足了上述两个条件，如果通过权衡逮捕和其他替代措施的控制力，替代措施已经能够防止发生社会危险性的，那么也不得对相对人实施逮捕。①

修改后的刑事诉讼法对一般逮捕的条件进行了修改，第 79 条规定：对有证据证明有犯罪事实，可能判处徒刑以上刑罚的犯罪嫌疑人、被告人，采取取保候审尚不足以防止发生下列社会危险性的，应当予以逮捕：（1）可能实施新的犯罪的；（2）有危害国家安全、公共安全或者社会秩序的现实危险的；（3）可能毁灭、伪造、隐匿证据，干扰证人作证或者串供的；（4）可能对被害人、举报人、控告人实施打击报复的；（5）企图自杀或者逃跑的。对有证据证明有犯罪事实，可能判处 10 年有期徒刑以上刑罚的，或者可能判处徒刑以上刑罚，曾经故意犯罪或者身份不明的犯罪嫌疑人、被告人，应当予以逮捕。被取保候审、监视居住的犯罪嫌疑人、被告人违反取保候审、监视居住规定，情节严重的，可以予以逮捕。与原规定的逮捕条件相比，证据要件、刑罚要件的规定没有变化，对"发生社会危险性，而有逮捕必要"的必要性要件进行了修改，作了较大幅度的细化，从司法规律的角度看，修改后刑诉法对逮捕的必要性条件的细化遵从了无逮捕必要推定原则和强制措施的比例原则，而且大大提高了逮捕必要性条件的可操作性，有利于减少司法恣意。②

二、从审查逮捕环节看逮捕证据要件的把握

（一）五分院辖区逮捕案件基本情况

2008 年至 2013 年 3 月，重庆市人民检察院第五分院（以下称"五分院"）及辖区③院受理审查逮捕案件 35212 件 47469 人。其中，受理公安机

---

① 孙长永主编：《侦查程序与人权保障——中国侦查程序的改革和完善》，中国法制出版社 2009 年版。
② 樊崇义、张书铭：《细化逮捕条件完善逮捕程序》，载《检察日报》2012 年 4 月 16 日第 3 版。
③ 五分院辖区包括渝中区、南岸区、九龙坡区、大渡口区、巴南区、江津区、永川区、綦江区、荣昌县共 8 区 1 县，面积 1.13 万平方公里，占全市总面积的 13.7%；人口 744.42 万，占全市人口总数的 23%。

关提请逮捕案件 34620 件 46787 人，批准逮捕 28237 件 37264 人，逮捕率为 83.31%；受理审查职侦逮捕案件 592 件 682 人，决定逮捕 562 件 641 人，逮捕率为 94.96%。逮捕后案件有起诉、不起诉、撤回起诉、移送他院等多种处理结果。其中，捕后起诉 27255 件 36259 人，占逮捕总人数的 95.66%，捕后不起诉 619 件 965 人，撤回起诉 10 件 16 人。

（二）典型案例分析

1. 唐某销售有毒、有害食品案

犯罪嫌疑人唐某在河北省石家庄市以 1.4 万元的价格从李某（另案处理）处购买奶粉 6.75 吨作为猪饲料的添加剂。唐某在明知该奶粉含有三聚氰胺的情况下，将其中 5 吨奶粉以 2.6 万元的价格销售给张某。张某在收到货后将该奶粉存放于重庆市南岸区的某仓库内，并将其中的 2.5 吨先后销售给重庆市万州区的杨某和重庆市垫江县的冯某、郑某、李某等人。经重庆市计量质量检测研究院检测，上述奶粉中的三聚氰胺的含量严重高于中华人民共和国卫生部、工业和信息化部、农业部、工商行政管理总局、国家质量监督检验检疫总局公告中的指标要求，为不合格产品。

本案报捕阶段，公安机关报捕了唐某和张某两人，经审查，存在的主要问题有：（1）唐某在销售奶粉前，就明知该奶粉是用于乳猪饲料，并且购货方购买了奶粉后，也均用于乳猪的养殖，不符合"销售有毒有害食品罪"要求的销售对象是"食品"这一条件。（2）最高人民法院、最高人民检察院《关于办理非法生产、销售、使用禁止在饲料和动物饮用水中使用的药品等刑事案件具体应用法律若干问题的解释》第 2 条规定："在生产、销售的饲料中添加盐酸克仑特罗等禁止在饲料和动物饮用水中使用的药品，或者销售明知是添加有该类药品的饲料，情节严重的，依照刑法第二百二十五条第四项的规定，以非法经营罪追究刑事责任。"据此，该案可考虑涉嫌非法经营罪。（3）本案中的张某在向下家出售奶粉后，因怀疑奶粉有问题而送到质检部门去检验而验出奶粉中三聚氰胺含量严重超标，由此案发。张某不具有主观明知性，不构成犯罪。正因为存在上述犯罪性质上的疑点，有部分办案人员曾主张不批准逮捕。但是，否定适用逮捕的主张事实上建立在人为拔高逮捕所需的证明标准的基础上。最终，侦监部门批准对唐某逮捕，对张某作出不捕决定。后该案移送检察机关审查起诉后以非法经营罪对唐某提起公诉，法院以非法经营罪判处唐某有期徒刑 3 年。

2. 唐某、熊某受贿案

职务犯罪侦查部门报捕时认定唐某利用担任某县人民医院院长的职务便利，与其丈夫熊某在医院住院部大楼装修过程中共同受贿 50 万元。

经侦监部门审查，认定唐某受贿证据较充分，符合逮捕条件，但在审查逮捕阶段讯问时，唐某对涉及熊某的事实全部翻供，认定熊某与唐某共同受贿的证据不足。本案现有证据要证实熊、唐二人共谋受贿的证据尚有欠缺，但由于两人均已翻供，如果对熊某作不捕决定，侦查工作将受到较大影响，因此最终对唐某、熊某作出逮捕决定。逮捕后，证实熊某与其妻国家工作人员唐某之间在犯意上有通谋的证据得到固定，证据形成锁链。本案通过采取逮捕措施保障侦查顺利进行，效果明显。采取逮捕措施可以说是对案件侦查的一个阶段性评价，不仅不是案件的终结，反而给侦查机关的进一步侦查留下了很大的空间。批捕阶段尚不需要做到案件事实完全清楚、证据确实充分，而只须证明有一定罪行。

在数据和案例背后，我们在办理逮捕案件的实际工作中总结出一些办案中常见的问题与现象：

第一，为确保案件逮捕后能够起诉，在执法办案中存在以起诉标准替代逮捕标准的偏差。相当一部分办案人员在审查逮捕时或多或少地会考虑案件批捕后能否提起公诉。"捕得了，诉得出，判得下"，成为在作出是否批捕决策时考虑的重要因素，这实质是在以起诉标准甚至审判标准替代逮捕标准。

第二，逮捕决策的重要性紧迫性与证据收集尚不完整之间的矛盾突出。审查逮捕工作处在检察机关打击刑事犯罪和诉讼监督的前沿，如群体性案件及社会关注的案件敏感性强，需要准确把握法律政策界限及打击面，及时作出决断和时间紧迫的矛盾突出；批准（或决定）逮捕事关重大，但由于案件尚处于诉讼的初始阶段，侦查尚不充分，批捕决定只能在此情况下作出，决断的重要性与证据不完整性之间的矛盾突出。

第三，不能正确评估逮捕风险，担心逮捕后如果作无罪处理可能带来缠访缠诉，或者错捕引起国家赔偿而该捕不捕。国家赔偿法修改后，一是将错捕赔偿修改为无罪结果赔偿，据此，捕后只要作撤案、绝对或者存疑不诉、判无罪，无论逮捕时是否符合法定条件，除有法定免赔情形之外，检察机关都要承担赔偿责任；二是取消了赔偿义务机关"确认"的前置程序，"确认"不再是赔偿请求人申请赔偿的必经程序。因此，修改后的国家赔偿法实施后，逮捕赔偿的风险进一步加大，由此可能带来的错案责任追究，让办案人员在作出捕与不捕决定时更加谨慎，甚至把关过严。

这些问题从微观上看涉及对逮捕条件的理解偏差，从宏观上看则是对逮捕的目的与性质认识不够全面，从而导致不能正确把握逮捕标准。

（三）实践中存在人为拔高逮捕证据标准的倾向

法律对于逮捕和提起公诉案件的证明标准的规定有很大的区别。逮捕的证明标准，包括三个要件：有证据证明有犯罪事实，可能判处徒刑以上刑罚，有逮捕必要。而对于能够提起公诉案件的证明标准，检察院应当"认为犯罪嫌疑人的犯罪事实已经查清，证据确实、充分"。可见，审查逮捕的证明要求相对于审查起诉而言略为单薄，它不需要排查每个证据的确实性，也不需要用大量的证据去查明全部犯罪事实，否则就拔高了逮捕的证明标准。逮捕的证明标准和公诉的证明标准的差异，体现着一定的递进性，公诉阶段所要求的证明标准高于审查逮捕阶段的证明标准。

但从主观方面来说，由于当前对批捕工作质量考核的指标主要有三个，即捕后侦查机关撤案率、捕后不诉率和捕后无罪率，这就导致部分侦查监督部门办案人员在审查逮捕时存有顾虑，担心自己批捕的案件达不到起诉标准而被侦查机关撤案、被起诉部门作不起诉处理或者被审批机关判决无罪，从而人为地拔高"有证据证明有犯罪事实"这一条件，将其等同于起诉阶段的"犯罪嫌疑人的犯罪事实已经查清，证据确实、充分"。在客观方面，对"有证据"这种状态的判断比较困难，尤其是在供证不一、翻供、不供，或只有间接证据的情况下，要判断是否属于"有证据"就更加困难。为了避免错捕的风险，在证据达不到"确实、充分"的情况下，承办人一般也会作不捕处理，造成一些刑事案件降格处理或流失。

（四） 准确把握逮捕证据标准应注意的两个问题

1. 不以起诉标准替代逮捕标准

逮捕质量应从多方面检验，提起公诉不是检验批捕质量的唯一标准。检察机关审查逮捕，主要是审查应否逮捕，可否逮捕，是否只有通过羁押才能保障诉讼顺利进行。因此，审查逮捕所要求的证明程度仅仅控制在有证据足以证明有一定罪行即可，而不需要在批捕阶段即查清全部犯罪事实，做到证据确实、充分。审查逮捕的重心应放在解决可羁押性问题上，也即是否不捕不足以排除潜在的社会危害性，而对于犯罪事实的证明程度不必要求过高，不必去查清犯罪嫌疑人到底犯有多少罪，有无漏罪，否则就超出了批准逮捕的证明标准。逮捕与起诉是刑事诉讼的两个不同环节，逮捕是一种保障刑事诉讼程序正常顺利进行的程序性措施，所要解决的问题是防止社会危害的继续发生，保证刑事案件顺利侦破。因此，通过对所获取的证据的审查，只要符合刑事诉讼法第 79 条的规定，就应批准逮捕。对于犯罪事实是否清楚，犯罪证据是否确实充分等问题，应留待逮捕后侦查工作进一步去解决。只要侦监部门依法履行了批捕环节的检察职责，就不能根据起诉环节的处理结果予以苛责。

2. 要根据不同类型职务犯罪的不同特点，准确把握逮捕条件

从侦查的角度看，职务犯罪案件大体可分为三类：第一类是贿赂等主要依据言词证据定案的案件。这类案件提请逮捕时定罪的证据往往还没有完全到位，如果因证据离构成犯罪尚有距离就一概不予逮捕，不仅与逮捕的第一个条件不符（即"有证据证明有犯罪事实"，而不是"有证据证明构成犯罪"），而且不捕后串供、翻供势所难免，侦查就难以进行下去。2008 年至 2013 年 3 月五分院及辖区职侦案件逮捕率比普通刑事案件逮捕率高 14.34 个百分点。自 2009 年 7 月 1 日正式实行职务犯罪案件审查逮捕上提一级，截至 2013 年 3 月，五分院共决定逮捕基层院报捕的职侦案件 420 件 465 人，其中受贿案件 303 人，行贿案件 37 人，贿赂案件人数占逮捕总数的 73.12%。这一特点体现出行、受贿案件的特殊性，因此，贿赂案件逮捕率较高。第二类是贪污、挪用和侵权犯罪案件，这类案件一般有书证和侵害结果作为证据，侦查重点是查明行为人及行为人的行为与结果之间的因果关

系。这类案件提请逮捕时定罪证据已基本到位，审查逮捕主要是看犯罪的严重程度和逮捕必要性情况。第三类是渎职类的过失犯罪案件，对于这类案件，要少用慎用逮捕措施，充分考虑是否有逮捕的必要。

三、从捕后轻缓化处理看逮捕必要性要件的把握

（一）五分院辖区逮捕案件轻缓化处理基本情况

2008 年至 2013 年 3 月，五分院辖区逮捕案件在审查起诉阶段作出不起诉决定 965 人，提起公诉后判处拘役、缓刑、免予刑事处分、单处罚金的被告人 7410 人，撤回起诉 16 人，无罪案件 6 人，轻缓化案件共 8419 人，占逮捕总人数的 18.34%（以下简称捕后轻缓化比例）。[①] 逮捕后作轻缓化处理的案件数量不少，捕后轻缓化比例较高。逮捕条件之一就是可能判处徒刑以上，捕后未能判处徒刑而是作轻缓化处理是否就意味案件本无逮捕必要则要具体分析原因。

（二）捕后轻缓化比例较高的原因

逮捕案件作轻缓化处理，有的是因不能正确掌握逮捕条件，从而造成不该捕而捕；有的是重配合轻监督，忽视逮捕必要性条件，将逮捕功能异化为以捕代侦、保障侦查顺利进行的手段；有的是对捕后引导取证、跟踪监督不力的问题，通常反映出逮捕质量不高。但另一方面，逮捕是在侦查初始阶段根据案件当时的事实证据作出的阶段性的判断，批准或者决定逮捕之后，随着案件的进一步侦查和审查，一些案件的事实和证据可能发生变化，犯罪嫌疑人人身危险性、犯罪嫌疑人与被害人之间的紧张程度甚至案件所适用的法律都有可能发生变化，从而出现最终处理结果与审查逮捕时所作的判断不相一致的情况，出现极少数案件捕后被不起诉或者作无罪处理，也是符合诉讼规律的。因此，对捕后轻缓化问题要具体案件具体分析。

1. 不能正确把握逮捕必要性条件造成不该逮捕而逮捕

一是对逮捕的必要性要件审查不够。一方面，审查逮捕阶段，一些办案

---

① 本文讨论的捕后轻缓化处理，包括逮捕后作出不起诉决定、逮捕提起公诉后判决拘役、缓刑、免予刑事处分、单处罚金，以及撤回起诉、宣告无罪的案件。

人员对侦查机关报捕的案件更多地考虑保障侦查工作的顺利进行，对逮捕必要性的证据审查不够重视，认为构罪即捕较为保险和稳妥，不愿过多对社会危险性的"可能"要件作出分析和研判。另一方面，侦查机关较偏重于对构成犯罪证据的收集，对于调查了解对犯罪嫌疑人采取取保候审是否足以防止发生社会危险性，是否会妨碍诉讼等情况往往不够重视，直接影响了对逮捕必要性证据的收集、固定，造成了报捕案件的逮捕必要性证据缺乏或薄弱的客观现状，这也使得审查逮捕阶段对逮捕必要性的审查因缺乏必要的证据基础而难以作出客观准确的判断。

二是未能在逮捕必要性审查中严格贯彻宽严相济刑事司法政策。尽管最高人民检察院《关于在检察工作中贯彻宽严相济刑事司法政策的若干意见》第 7 条要求严格把握"有逮捕必要"的逮捕条件，慎重适用逮捕措施，能用其他强制措施的尽量使用其他强制措施，但在具体执法过程中仍有把握得不准的情形。

三是由于逮捕必要性判断标准不统一导致难以准确把握。逮捕作为一种防患于未然的措施，其适用条件应当具有较强的操作性。修改后刑事诉讼法对逮捕必要性的明确和细化将增强把握逮捕必要性的可操作性，从立法层面既总结和肯定了司法实践中的有益经验，又进一步进行了修改和完善，有效增强了办案中准确把握逮捕必要性的可操作性。但另一方面，无论是原刑诉法还是修改后刑诉法，对于"可能"情形应如何准确界定，均未进一步明确证明标准，对什么是"可能实施新的犯罪的；可能毁灭、伪造证据，干扰证人作证或者串供的；可能对被害人、举报人、控告人实施打击报复的"的情形，其证据标准如何掌握，会因执法者的理解、经验不同而作出不同判断。如果对"可能"要求宽泛，就容易得出有逮捕必要的结论而逮捕较多，捕后"可能"轻缓化处理的案件也就较多。

2. 案件虽轻缓化处理但确有逮捕必要

一是案件虽轻缓化处理但在审查逮捕阶段由于犯罪嫌疑人人身危险性较大，采取取保候审、监视居住等方法尚不足以防止发生社会危险性而有逮捕必要。如廖某抢劫案，廖某在短时间内三次组织、邀约他人抢劫，在抢劫中使用钢管等作案工具，威胁殴打多名被害人，行为表现积极，作用地位突出，且其抢劫对象均是未成年在校学生，虽然廖某也是未成年人，但考虑到其行为的严重社会危害性及其人身危险性，基层院对廖某作出批准逮捕决定。同时，通过对廖某实施逮捕剥夺其人身自由也促使他认真反省自己的错误，起到一定教育作用。最终法院判决对廖某适用缓刑。

二是逮捕后证据、情节发生变化导致轻缓化处理。如杨某寻衅滋事案，批捕环节证人乔某和蒋某均证实杨某参与寻衅滋事，杨某则否认到过现场，遂对杨某批准逮捕。捕后证人乔某翻供否认杨某到了现场，证实杨某参与寻衅滋事的证据仅有蒋某一人证言，遂作存疑不诉决定。再如张某故意伤害案，被害人李某与杨某等人因琐事前往张某家找张某讨说法，路过刘某家院坝与张某的弟弟发生扭打，张某持菜刀将李某面部砍伤，将杨某手部砍伤。经某县公安局鉴定：李某的损伤程度为轻伤，杨某的损伤程度为轻微伤。该案在审查逮捕和审查起诉阶段被告人与受害人没有达成赔偿协议，受害人也没有谅解被告人，遂建议对被告人在有期徒刑6个月至1年之间量刑。后在法院审理该案过程中，被告人与受害人达成赔偿协议，受害人也向法院出具了谅解书，故法院判决对其适用缓刑。本案的法定、酌定情节在法院审理阶段发生变化，导致判决轻缓。

3. 极个别无罪处理案件由于不正确掌握逮捕条件而错误适用逮捕强制措施

如雷某盗窃案，雷某（自报姓名，系聋哑人）伙同其他两名同案人窜至某服装门市，盗走现金1335元。审查逮捕阶段，侦监部门根据嫌疑人自报的出生日期认为嫌疑人作案时年满18周岁，其行为涉嫌盗窃罪，对雷奇作出批准逮捕的决定。在审查起诉阶段，公安机关对犯罪嫌疑人雷某进行了骨龄鉴定，结论为雷某作案时年龄在16周岁左右，因此认定雷某达到法定刑事责任年龄的证据不足。经基层院检委会研究，对雷作出存疑不诉决定。本案侦监部门仅凭犯罪嫌疑人自报年龄，在无其他证据证明其实施犯罪时已达法定刑事责任年龄的情况下，作出批捕决定，导致捕后作存疑不诉。

综上可以看出，逮捕后轻缓化处理比例虽较高，但并不能简单以轻缓化处理结果来判断案件有无逮捕必要，也得不出逮捕案件轻缓化越低逮捕质量越高的结论。要根据案件的具体情况综合分析判断案件有无逮捕必要。

（三） 强化逮捕必要性审查应注意的问题

逮捕这一强制措施设置的主要目的是保障诉讼顺利进行，但对逮捕保障功能的过分强调，容易将其异化为打击犯罪的单一手段，执法过程中就会出现滥用逮捕措施的做法。逮捕这一严厉的强制措施，其适用剥夺了犯罪嫌疑人的人身自由，给他们的社会生活带来极为消极的影响，因此刑事诉讼法设置了逮捕必要性这一要件，目的是保障人权，控制羁押率。对逮捕保障功能的看重要求扩张逮捕的使用，这种扩张性与逮捕必要性控制逮捕适用的收缩性之间就存在矛盾，矛盾的实质则是对逮捕价值的取舍，是重打击和效率还是保护和公正。在审查逮捕工作中，正确理解和准确把握两者之间的关系，就是要遵循侦查工作规律，充分考虑逮捕对推进侦查工作的重要作用，在维护当事人合法权利与保障侦查活动顺利进行、依法打击犯罪之间找到平衡点，不能顾此失彼。

修改后的刑事诉讼法进一步明确规定了适用逮捕措施的三个条件，报捕的案件不符合任意一个条件都会导致作出不批准逮捕的决定，综合考虑逮捕的三个条件，以"逮捕必要性"最难把握。对侦查机关提请批捕的案件，都必须从行为的社会危害性、犯罪嫌疑人的人身危险性、保证诉讼的条件等方面，综合判断是否有逮捕的必要，坚持少捕慎捕；要积极建议侦查机关扩大取保候审等强制措施的适用，减少不必要的羁押。

对逮捕措施是否恰当的评价，要以审查逮捕时是否符合逮捕的三个条件为标准，不能简单地用捕后案件处理情况来考察衡量。要具体分析具体案情，如果逮捕时符合无逮捕必要条件，逃跑是因不捕后监管条件发生变化，或者嫌疑人主观因素发生变化等原因，就不能认为当初的不捕是错误的，更不能因此而忽视甚至放弃对逮捕必要性的审查。

在我国刑事诉讼法中，"社会危险性"不仅是采取逮捕或取保候审等措施的重要依据，也是"无逮捕必要"的直接标准。结合《人民检察院审查逮捕质量标准》，对无逮捕必要性可以从以下方面把握：

1. 罪行较轻、主观恶性较小，再犯的可能性不大。这是无逮捕必要性的基础条件。可以从以下方面考虑：犯罪情节较轻，或是初犯、偶犯，或具有法定从轻、减轻情节，对事实供认不讳，确有悔罪表现，愿意接受处罚的；有自首、立功表现的；过失犯罪；防卫过当、避险过当；因邻里、亲友等一般民事纠纷引发的犯罪，如毁财、伤害等案件；嫌疑人在犯罪后向被害人赔礼道歉、赔偿损失，取得被害人谅解的；犯罪中止、犯罪预备或未遂的；胁从犯和情节较轻的从犯；应当判处缓刑的；未成年人、老年人、残疾人、间歇性精神病人等特殊主体犯罪的，由于其年龄或行为能力等关系，其人身危险性一般较小；在校学生犯罪如果认罪态度好，有一定帮教措施的。另外，对应当逮捕的犯罪嫌疑人，如果患有严重疾病，或者是正在怀孕、哺乳自己婴儿的妇女，可以取保候审或者监视居住。

2. 能够保障刑事诉讼活动的正常进行，这是无逮捕必要性的必备条件。嫌疑人在当地有固定住所或固定工作单位，具备取保候审条件，有家庭亲友担保能够保证诉讼顺利进行的；嫌疑人系未成年人或在校学生，其家庭、学校或者所在社区以及居民委员会、村民委员会具备监护条件的；嫌疑人正在接受劳动教养、强制戒毒等行政处罚，人身自由已受限制，而案件事实清楚，可能适用简易审程序或在较短时间内可以审结的；未发现嫌疑人具有逃跑、自杀、报复、隐匿证据及毁灭证据的行为，或者通过其他人向被害人施加压力，干扰证人作证及串供可能的。

3. 要严格贯彻宽严相济刑事司法政策。审查报捕案件时，对交通肇事、轻伤害等案件，尤其是对以私益为侵害对象的轻微刑事案件，要注重做刑事和解工作。有的在审查逮捕阶段，嫌疑人有赔付能力而拒不赔付，影响被害人的救治，被害方反映强烈，甚至作出过激举动，可能带来维稳压力，这种情况下果断采取逮捕强制措施，有利于促使嫌疑人赔付，促使双方达成和解，化解社会矛盾，逮捕后还可根据案情适时变更强制措施。另一方面，在审查逮捕时，对这类案件，如果双方达成和解、经审查认为符合自愿、合法原则的，应依法从宽处理，一般可不予批捕。

四、从不捕案件看审查逮捕工作中的监督与配合

（一）五分院辖区不捕案件基本情况

2008 年至 2013 年 3 月，五分院及辖区基层院不批准逮捕 8738 人，其中，事实不清、证据不足 4173 人，无逮捕必要 3006 人，不构成犯罪 1559

人，不捕率 19.25%。其中，2008 年不捕率为 14.28%，2009 年不捕率为 17.91%，2010 年不捕率为 20.46%，2011 年不捕率为 25.65%，2012 年不捕率为 19.31%。总的说来，不捕率较高。

我们认为，保持一定的不捕率说明审查逮捕的监督作用发挥较好。首先，从法律赋予检察机关行使不批准逮捕（不予逮捕）权的立法本意来看，审查逮捕本质是对侦查活动的一种介入，其设立的目的之一就是避免滥捕，伤及无辜，通过审查侦查机关提请逮捕的案件，严把证据关、事实关来实现侦查监督的目的。其次，从不捕后复议复核情况来看不捕案件质量，即从公安机关是否对不捕案件提出复议复核，以及复议复核后是否改变不捕决定来进行评价。2008 年至 2013 年 3 月，公安机关对五分院及辖区基层院不捕案件提出复议复核的共 113 人，仅占不捕案件人数的 1.29%。对于提请复议复核的案件，检察机关改变原决定 1 件 2 人，其余均作出了维持决定，说明检察机关不捕决定的总体质量是好的。最后，若为了降低不捕率而将那些无逮捕必要的犯罪嫌疑人予以逮捕，势必导致执法偏差。如果那些无逮捕必要的嫌疑人被批捕，可能会使其受到不必要的交叉感染，不利于其改造。

（二）不捕率较高的原因

1. 掌握逮捕措施的尺度不一

侦查机关与检察机关对逮捕条件的理解和掌握不尽相同，侦查机关较为重视逮捕的第一个条件即"有证据证明有犯罪事实"，对"可能判处徒刑以上刑罚"和"采取取保候审尚不足以防止发生社会危害性"这两个条件的证据收集比较少，而检察机关越来越重视对逮捕措施适用的必要性进行审查。

[林某涉嫌盗窃罪案]　林某在一暂住屋内趁江某等二人熟睡之机，盗窃走了江某上衣口袋内的 1300 元现金和床头放的一张床单。

侦监部门审查后认为，该案嫌疑人林某和受害人是朋友关系，对受害人进行了赔偿，且认罪态度较好，受害人也表示不愿追究嫌疑人，不捕不会影响诉讼进行，故对嫌疑人林某作出无逮捕必要不捕的决定。

2. 执行宽严相济刑事政策不统一

侦查机关往往更注重打击，常构罪即报捕。侦查监督部门在审查案件过程中，在审查案件与事实的同时，对具有法定从轻条件的案件从宽处理，慎用逮捕强制措施，可捕可不捕的尽可能不捕。2008 年至 2013 年 3 月，作出不捕决定的案件中，未成年人 840 人，在校学生 214 人，两类人员占不捕总数的 12.06%。

[**朱某涉嫌抢劫罪案**] 犯罪嫌疑人朱某（15 周岁）伙同张某窜至万盛区某小区下面的巷子，采用持刀的方式抢走被害人黄某手机一部及人民币现金 2 元，共计价值 380 元。

侦监部门审查后认为，嫌疑人未满 16 周岁，抢劫的财产数额不大，没有对被害人造成危害后果，并具有自首情节，也获得了被害人及家属的谅解，故对犯罪嫌疑人朱某作出了无逮捕必要不捕的决定。

3. 职务犯罪案件审查逮捕权上提一级后对职侦案件的监督加强，导致职侦不捕率略有上升

2008 年至 2009 年 6 月，五分院辖区侦监部门受理职务犯罪报捕案件 127 件 163 人，决定逮捕 120 件 152 人，决定不捕 4 件 6 人，不捕率 3.95%，自 2009 年 7 月实行．职务犯罪案件审查逮捕权上提一级以来，截至 2013 年 3 月，五分院侦监部门受理辖区基层院提请逮捕职务犯罪案件 441 件 493 人，其中决定逮捕 420 件 465 人；决定不予逮捕 17 件 23 人，不捕率为 4.71%，不捕率略有上升。这反映出职务犯罪案件审查逮捕权上提一级后，对职侦案件的监督制约加强，更加注重是否有逮捕必要性的审查，逮捕决定更加慎重。

（三）正确处理监督与配合关系应注意的问题

1. 要树立捕与不捕都是依法履职的执法理念，正确看待不捕率

是否批准逮捕，应当用逮捕条件来衡量，取决的是案情本身和侦查机关的取证质量。在一个地区，一段时间内不捕率维持在一定比率是符合诉讼规律的。审查逮捕工作应该重视案件办理是否正确，树立质量意识。实践中，必须注意防止和克服三种倾向：一是为调整和控制逮捕率而任意改变或否定法定逮捕条件；二是违反法定程序审查案件，商请公安机关撤回提请批捕的，必须在与公安机关取得认识一致的基础上由公安机关主动撤回，对公安机关坚持报捕的，不能违反程序不予受理，而应依法及时受理，及时作出审

查决定；三是坚持"可捕可不捕的不捕"，防止因控制不捕率而造成滥捕。

2. 要正确处理促进侦查与监督制约的关系

既最大限度地支持配合侦查机关依法履行职责，使逮捕措施满足侦查工作的需要，有力地惩治犯罪，又最大限度地减少逮捕，切实保障人权，实现打击犯罪与保障人权、支持配合与监督制约的有机统一。一要破除"方便诉讼"、"构罪即捕"等思想，树立严格依照法定条件决定捕与不捕的观念。二要对证据材料稍有欠缺但确有逮捕必要的少数严重犯罪案件，符合附条件逮捕条件的，依法予以逮捕，并落实跟踪督促措施，如果发现侦查工作难以深入，案件难以构罪的，立即撤销逮捕，从而使逮捕措施既满足侦查重大案件的需要，又确保逮捕质量。三要加强对轻罪案件证明逮捕必要性的证据的审查，根据证据材料准确评估犯罪嫌疑人的社会危险性，特别是对未成年人的轻罪案件，更要加强对该未成年人犯罪后的态度、一贯表现及家庭、学校对案件的态度，是否愿意取保候审等证据的审查，坚持可捕可不捕的不捕。

五、提高逮捕案件质量应建立相关配套机制

(一) 建立侦查活动监督与引导侦查取证相结合机制

对在办理审查逮捕案件中，发现侦查机关侦查中普遍存在的、带有倾向性的问题进行分析总结，及时反馈和沟通，注重从宏观上加强引导，切实提高侦查取证质量。要共同加强对刑事政策的研究，统一执法思想和宽严尺度。要适时介入案件侦查，侦查监督部门要根据案情需要适时介入侦查，做到介入而不越位。对重大疑难、复杂或有较大影响的重大刑事案件，要适时介入公安机关的侦查活动，对案件证据中存在的问题和明显不符合逮捕条件的，提出补查意见和继续侦查建议，对不构成犯罪的案件或不应当追究刑事责任，建议公安机关作其他处理。

(二) 建立逮捕案件风险评估和结果总结机制

对涉众型案件、媒体关注的案件、相关方严重对立的案件以及缠访闹访等案件，要高度重视，建立健全审查逮捕环节执法办案风险评估机制，作出逮捕或者不捕等决策前，要进行风险评估，确保所办案件不会引发新的矛盾

和问题。特别是对涉及群众利益的案件、当事人双方尖锐对立的案件，要尽可能平衡各方诉求，依法审慎作出决定。

要定期对一段时间逮捕后作轻缓化处理的案件进行逐案分析。坚持实事求是，具体案件具体分析，注意区分哪些案件属于错捕、哪些属于办案质量不高、哪些属于客观情况发生了变化；区分哪些属于审查逮捕环节的问题、哪些属于其他环节的问题，深入剖析导致案件处理发生变化的情况，找准问题，分析原因，进一步规范审查逮捕工作，提高审查逮捕的质量和水平。

辩护律师调查取证权实证研究

郭 敏*

按照 1979 年刑事诉讼法，辩护律师只在开庭审判前很短时间内有阅卷、与被告人会见和通信的权利，没有真正的调查取证权。1996 年刑事诉讼法规定，自案件移送审查起诉之日起，公诉案件的犯罪嫌疑人委托的律师拥有"辩护律师"身份，即时起享有调查取证权。2012 年修订的新刑事诉讼法自侦查阶段开始就赋予了辩护律师调查取证①的权利，辩护律师享有更广泛的调查取证权。

新刑事诉讼法对辩护律师调查取证权的加强和完善在立法和理论上均有很大的进步。然而，法律的生命力在于遵守和实施。我国司法实践中辩护律师调查取证的实际情况如何呢？总的来说，实践中辩护律师调查取证的实际处境不容乐观。"会见难"、"阅卷难"、"调查取证难"被各地律师普遍抱怨为刑事辩护的"三难"。②

一、辩护律师调查取证实务调研概述

本文主要采用了问卷调查、访谈和参与观察这三种实证调查方法。

在问卷调查方面，笔者用时 3 个月（2012 年 8 月 1 日至 2012 年 10 月

---

* 西南大学法学院硕士研究生。

① 如无特别说明，本文所称"辩护律师调查取证"是指广义上的辩护律师调查取证，根据我国刑事诉讼法的规定，包括辩护律师向证人、被害人以及有关单位和个人调查收集与本案有关的材料，以及调取证据材料、保全证据材料、会见犯罪嫌疑人或被告人、查阅案卷材料、申请鉴定、申请强制取证等一系列活动。参见朱德宏：《辩护律师调查取证权研究》，中国检察出版社 2010 年版，第 4 页。

② 参见孙长永：《侦查阶段辩护律师辩护制度立法的三大疑难问题管见》，载《法学》2008 年第 7 期。

30 日），向全国 9 个城市的刑事辩护律师发放了调查问卷。为了满足所调研城市对地域代表性的要求，笔者参照政策上的划分将我国分为东部、中部、西部三个地区，依据东、中、西部的省份数比（11∶8∶12）①，在东部选择了 3 个城市（北京、南京、大连），中部 2 个城市（武汉、赣州），西部 3 个城市（西安、成都、重庆），共 8 个城市作为调研对象。由于在北京和南京的调研情况很不理想，笔者又在东部地区中增加了海口市作为调研对象。

问卷的发放与收回情况如下表。

表 1　调查问卷发放与收回情况

城市	发放问卷（份）	收回问卷（份）	收回率（%）	有效问卷（份）	有效率（%）
大连	30	28	—	27	96.43%
北京	3	3	—	3	100.00%
南京	10	10	—	10	100.00%
海口	27	27	—	26	96.30%
武汉	24	23	—	23	100.00%
赣州	26	26	—	26	100.00%
西安	25	25	—	25	100.00%
成都	25	25	—	24	96.00%
重庆	30	25	—	25	100.00%
总计：200	总计：192	96.00%	总计：189	98.41%

在调查时，为了尽可能全面地了解所调查城市的不同刑事辩护律师的调查取证实务情况，我们对所调查城市的知名刑事律师事务所、规模较大的律师事务所、规模较小的律师事务所的刑事辩护律师均有调查。为了尽可能地获得律师的真实回答，问卷采取匿名的方式进行调查。同时，笔者充分利用了熟人牵线搭桥的方式去联系调查辩护律师，所以，他们的作答是比较认真

---

① 目前，我国东部地区包括 11 个省级行政区，分别是北京、天津、河北、辽宁、上海、江苏、浙江、福建、山东、广东、海南；中部地区包括 8 个省级行政区，分别是黑龙江、吉林、山西、安徽、江西、河南、湖北、湖南；西部地区包括 12 个省级行政区，分别是四川、重庆、贵州、云南、西藏、陕西、甘肃、青海、宁夏、新疆、广西、内蒙古。

和诚恳的。

在访谈方面，笔者对一些有较丰富的刑事辩护经验的律师和几位有着丰富刑事辩护经验的大学教授进行了访谈。他们非常坦诚地回答了笔者访谈中的问题，并很详细地介绍了他们办理刑事案件时的调查取证实务情况。从访谈中，笔者获取了更为全面的信息。

在参与观察方面，笔者去了大连和赣州地区的律师事务所进行参与观察，以实习生的身份跟随一些刑事辩护律师去办理刑事案件，掌握了他们办理刑事案件中调查取证的一些实际情况。此外，笔者去旁听了大连、赣州、重庆地区一些法院的刑事案件庭审，对辩护律师在庭审过程中的举证质证情况进行了观察，了解了辩护律师在庭审中举证质证的实务现状。通过观察辩护律师在庭审中举证质证情况，可以较直观地看出他们调查取证的状况。

由于种种因素的限制（主要是许多律师不愿意接受调查），完成一份调查问卷实属不易。虽然笔者百般努力，四处求援，但是最终也仅收回 189 份有效问卷。此样本容量应当说是偏少的。不过，笔者还访谈了一些有丰富刑事辩护经验的律师和大学教授。他们不仅结合自身的实务经验回答了笔者访谈中的问题，而且还根据自己对行业的了解介绍了其他律师调查取证的实务情况。此外，笔者通过参与考察非常全面的掌握了一些律师在代理刑事案件中的具体调查取证实务状况。笔者的访谈和参与观察在一定程度上弥补了本研究因调查问卷样本容量少而带来的不足。所以，对本研究的样本充实性不必过于悲观。

虽然笔者尽力设法取得真实的调查数据，但是仍然不敢妄言所收集的数据就是百分之百真实的。不过，各个城市的问卷统计数据所反映的情况与笔者在该城市访谈中所获取的信息有着极高的吻合度，而且在具体答卷上，同一个城市的被调查律师对几个主要问题的回答几近一致①，这说明律师在问卷上给予了较真实的回答。因此，可以认为笔者所收集信息的真实性还是比较高的。

---

① 具体数据请见后文的实证数据分析。

二、辩护律师调查取证意愿与调查取证方式

通过本项调研笔者收集到了辩护律师调查取证意愿和取证方式的第一手数据，下面仅就辩护律师调查取证意愿和取证方式的现状作一数据分析和总结。

（一）调查取证意愿

辩护律师在代理刑事案件时是否会去调查取证？调查取证的意愿是否强烈？这是我们研究辩护律师调查取证实务必须首先了解的问题。

1. 实践中辩护律师调查取证意愿

图1　辩护律师调查取证意愿　（有效值 N = 189[②]）

如图1所示，在刑事辩护实务中，辩护律师"会"去调查取证的占23.28%；"尽量去调查取证"的占24.87%；"尽量不去调查取证"的占39.68%；还有12.17%的辩护律师在代理刑事案件时压根儿就"不会"去调查取证。不难看出，不会、尽量不去调查取证的比例高达51.85%。显然，我国辩护律师调查取证的意愿非常低。事实上接受访谈的辩护律师在回答这一问题时的普遍答案也是"尽量不去调查取证"。

那么，是什么原因导致这么多辩护律师"不会"或者"尽量不去调查取证"呢？

从图2中可以看到，律师选择"担心自己被追究刑事责任"的占61.22%，是选中率最高的选项，这说明辩护律师不去和尽量不去调查取证的最大顾虑是担心自己被追究刑事责任。接受访谈的律师对辩护律师尽量不

---

① 本研究总共统计的有效调查问卷样本为189份，此处是对所有统计样本的分析，分析的基数为189，所以有效值 N 为189。若无特别说明，在下文中注明的"有效值 N = 189"均是指以本研究的所有统计样本作为基数进行分析。

去或者不去调查取证的原因谈到最多的是《刑法》第 306 条，辩护人、诉讼代理人毁灭、伪造证据、妨害作证罪的规定导致辩护律师调查取证的风险极大（这也是他们实践中最大的顾虑），而现实中因调查取证受到《刑法》第 306 条制裁的辩护律师也有不少，这就更是加强了他们对辩护律师调查取证职业风险的担忧。

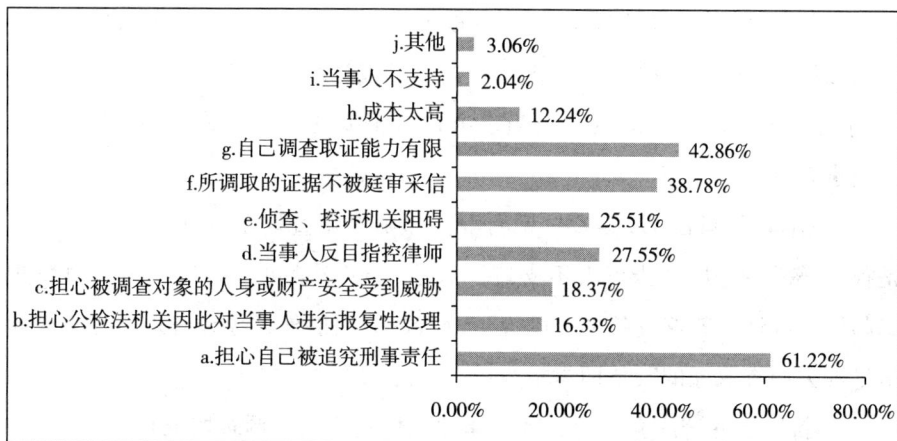

图 2　辩护律师不去和尽量不去调查取证的原因[①]　（有效值 N = 98[②]）

"自己调查能力有限（占 42.86%）"和"所调取的证据不被庭审采信（占 38.78%）"也是辩护律师不去和尽量不去调查取证的两大重要原因。接受访谈的律师告诉笔者，实践中辩护律师调查取证的能力很有限。在庭审实践中，法官很少对辩护律师调取的证据予以采信而成为判决的依据，辩护律师调查取证的努力往往成为无用功。既然如此，很多辩护律师就干脆不去或者是尽量不去调查取证了。

"当事人反目指控辩护律师"（占 27.55%）和"侦查、控诉机关阻碍"（占 25.51%）对辩护律师的调查取证意愿起了较大的负面影响。接受访谈的律师告诉笔者，刑事案件的当事人是比较危险的，他们对当事人反目指控

[①]　本图中的变量所占百分比之和大于 100%，这是因为本图的问题设置的是多项选择题所导致的。在下文中还有很多图中的变量所占百分比之和大于 100% 的情况，都是因为该图的问题设置的是多项选择题所导致的。

[②]　在图 1 中选择"不会"的频数为 23，选择"尽量不去调查取证"的频数为 75，两项合计频数为 98，所以分析辩护律师不去和尽量不去调查取证原因的基数为 98。

辩护律师是有一定担忧的。侦查、控诉机关百般阻碍辩护律师调查取证，这也是导致辩护律师不去或尽量不去调查取证的重要原因。

从上述数据分析可以看出，辩护律师不去和尽量不去调查取证的最主要原因是辩护律师对调查取证的阻力和职业风险的担忧，以及因司法实践中法官对辩护律师所调取证据的不采信。

此外，辩护律师对因他们的调查取证行为可能给被调查对象（"担心自己或被调查人的人身或财产安全受到对方威胁"占 18.37%）和当事人（"担心公检法机关可能因此对当事人进行报复性处理"占 16.33%）带来不利也有所顾虑。

"成本高"只占 12.24%，说明辩护律师对调查取证的成本问题顾虑不是很大。最后，从"当事人不支持"仅占 2.04%，可以看出当事人对辩护律师调查取证是普遍支持的。除以上分析的原因以外，导致辩护律师不去和尽量不去调查取证的其他因素极少。

2. 新刑事诉讼法实施后，辩护律师在侦查阶段的调查取证意愿

图 3 显示，超过一半接受调查的律师，在新刑事诉讼法实施后不会积极的在侦查阶段进行调查取证。通过访谈笔者得知，有很多辩护律师在观望新刑事诉讼法实施后的实际气候，如果"气候宜人"，他们将在侦查阶段调查取证，不然，他们将沉默。不论是会还是不会积极地在侦查阶段进行调查取证，辩护律师均有他们的理由。

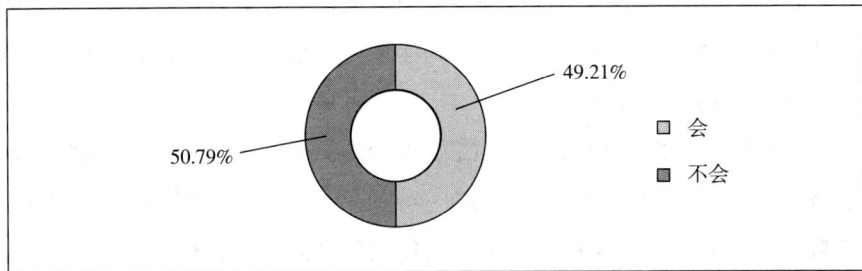

49.21%

□ 会

50.79%

■ 不会

图 3 新刑事诉讼法实施后律师会否积极在侦查阶段调查取证 （有效值 N = 189）

（1）辩护律师会积极在侦查阶段调查取证的原因。选择"会"积极在侦查阶段调查取证的辩护律师认为，《刑事诉讼法》赋予了辩护律师在侦查

阶段的调查取证权，那么，积极地在侦查阶段进行调查取证是辩护律师的职业道德和职责所在。辩护律师的基本职责是了解客观案情，为犯罪嫌疑人提供法律帮助，保障犯罪嫌疑人的合法权益，维护法律的正确实施。侦查阶段是调查取证的最关键时期，在此阶段积极的调查取证，竭力还原事实真相，收集当事人无罪、罪轻的证据，才能完成好自己的辩护职责，为当事人提供优质的法律服务，最大限度的维护当事人的合法权益。这也有利于克制侦查机关和司法机关的错误，减少冤假错案，进而实现司法正义，使有罪的人受到刑事追究，无罪的人免予刑事追究。只有这样，罪犯才能真正服法。也有辩护律师指出这是国家赋予辩护律师的权利，辩护律师应当珍惜。

（2）辩护律师不会积极在侦查阶段调查取证的原因。选择"不会"积极在侦查阶段调查取证的律师指出，新刑事诉讼法只是原则性地赋予了辩护律师在侦查阶段的调查取证权，而没有配套的保护和救济措施。辩护律师的调查取证将遇到很大的阻力和风险，所调查取得的证据也将普遍不被判决采纳。

第一，辩护律师最大的忧虑是职业风险。由于《刑法》第 306 条这个"达摩克利斯之剑"悬在头上，辩护律师调查取证存在很大的职业风险。而现实中辩护律师因调查取证受到侦查机关的阻扰、威胁、报复甚至刑事追究的情况已有较多的出现，有时侦查机关为报复相关辩护律师，还会在该辩护律师以后办理其辖区的其他案件时进行刁难，如此巨大的风险令辩护律师不寒而栗①。同时，有的当事人也是巨大的风险所在，调查取证环节极其容易成为当事人用以指控辩护律师换取立功的筹码，当事人反目指控辩护律师的案例在现实中已有不少发生。出于安全考虑许多辩护律师选择不去调查取证。

第二，辩护律师调查取证艰难。公安机关权力极大，且有不断膨胀的历史和趋势。虽然辩护律师制度设立超过 30 年，但是辩护律师在公安机关面

---

① 有一位辩护律师在问卷上写道："辩护律师调查取证，目前来说，仍然风险较大。如何防范风险，没有固定模式，很多是实践经验，这一点类似于中医把脉。比如，在对证人取证时，要有两位以上辩护律师共同调查取证，取证时尽量录音录像，注意提问方式、提问内容等。《刑法》第 306 条的规定是横亘在刑辩护律师前面的一道高压线。侦查机关的阻挠、当事人的善变，稍有不慎，就会把维护当事人合法权益的辩护律师带进深沟。"

前仍然孱弱不堪。尽管新刑事诉讼法有几个法律条文增加了辩护律师的权利，但在很长一段时间内，公安机关独大的状况仍难有大的改观。公安机关一当阻扰辩护律师调查取证，辩护律师没有任何有"约束力"的手段可以运用。此外，就目前而言，我国还没有相应的国民素质来辅助辩护律师这一权利的实施。比如，证人有作证义务，但是现实中证人出来作证的很少；又如，相关单位在现实中对辩护律师调查取证的配合也很不理想，等等。法律规定辩护律师向证人或者其他有关单位和个人调查取证需经得他们的同意，在实践中，辩护律师往往苦于调查对象的"不同意"而一筹莫展，只得无获而归。辩护律师自身调查取证能力有限也在一定程度上增加了他们调查取证的难度。如此艰难的历程，许多辩护律师不愿涉足。

第三，辩护律师调取的证据很难被法官采纳。接受调查的辩护律师普遍指出实践中法官基本很少采纳辩护律师所调取的证据。现行法律并没有明确规定辩护律师所调取证据的采信规则，在法官不采纳辩护律师调取的证据时没有相应的救济措施。面对千辛万苦调取的证据不被法官采信而变得一文不名，辩护律师却无计可施，这使辩护律师丧失了调查取证的动力。

第四，还有辩护律师认为任何法律规定的实行都有一个过渡期，他们选择暂时不去调查取证，等待辩护律师调查取证的实践环境"孕育"好了再行动。

3. 辩护律师调查取证意愿分析

从图 1 的数据中我们看到，在代理刑事案件时，辩护律师选择会去和尽量去调查取证的占比之和仅为 48.15%；图 3 的数据显示，有超过一半（占 50.79%）接受调查的律师，在新刑事诉讼法实施后不会积极的在侦查阶段进行调查取证；接受访谈的辩护律师也普遍回答笔者他们不会或者尽量不去调查取证，新刑事诉讼法实施后他们也不会有多大的改变。可见，我国辩护律师调查取证的积极性较低。

辩护律师调查取证的积极性低在客观方面的原因上文已有论述，同时下文将分析的辩护律师自行调查取证和申请调查取证困难也是导致辩护律师调查取证积极性低的重要客观原因，在此不赘述。

同时，辩护律师调查取证的积极性低也有主观方面的原因。很多辩护律师在主观上并没有强烈的寻求事实真相的心理，对于犯罪嫌疑人、被告人无罪、罪轻或者有减轻、免予处罚的事实他们也并没有很强的追逐心理。接受访谈的一些辩护律师跟笔者讲述了他们办理刑事案件的三准则：首先是保护好自己；其次是把钱挣了；最后才是为当事人办事。

辩护律师在代理刑事案件时，把自保放在很重要的位置是无可厚非的，因为只有保护好了自己才能为当事人提供法律服务。但是把追求经济利益放在比为当事人办事更优先的位置却是不符合律师执业道德的。

（二）调查取证方式

掌握辩护律师在代理刑事案件实务中调查取证的方式，可以研究辩护律师调取证据的主要途径和方法，让我们更清楚地了解辩护律师调查取证的实际情况，进而为研究辩护律师各种调查取证途径中存在的问题做好铺垫。

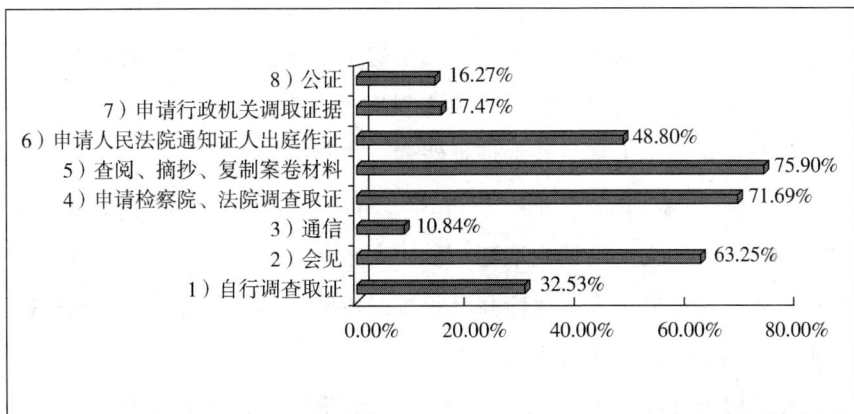

图4　辩护律师调查取证的方式　（有效值 N = 166[①]）

从图4中可以看出，在代理刑事案件实务中，辩护律师调查取证的方式主要是"查阅、摘抄、复制案卷材料"（占75.90%），"申请检察院、法院调查取证"（占71.69%），"会见"（占63.25%）和"申请人民法院通

---

① 在本次调查问卷第一问［代理刑事案件时，您会不会去调查取证？（单选）］中，选择了代理刑事案件时"不会"去调查取证的频数为23，这23位填写问卷的辩护律师对问卷中有关辩护律师调查取证实践中有关情况的问题不再作答，189份问卷中减轻23份还有166份，所以分析辩护律师调查取证实践中有关情况的样本基数为166，故分析此问题的样本有效值 N = 166。若无特别说明，下文中注明"有效值 N = 166"均指分析该问题的样本基数为166。

知证人出庭作证"（占 48.80%）。

访谈中辩护律师告知笔者，他们收集辩护材料的最主要途径就是阅卷。他们从案卷中去看控方的证据是否存在逻辑上的矛盾，若证据上存在逻辑矛盾就可以此打断控方指控的证据链。同时他们从案卷中去发掘侦查机关的调查取证是否存在违法取证的问题，若存在就可以此为据申请法院排除非法证据。他们设法从案卷中发掘证据线索，然后申请司法机关去调查取证，如果方便且必要也会自行调查取证。他们还努力从案卷中发掘对当事人有利的其他信息，如自首、立功、认罪态度好等情节。

辩护律师告诉笔者，若发现了有利于当事人的证据，他们会尽量地申请司法机关去调取，包括申请人民法院通知证人出庭作证，只有在紧急情况下或者申请没被批准而所发现证据又对案件十分重要时辩护律师才会自己去调取。尽量通过司法机关来调取证据主要有两方面的原因，一是申请司法机关调取的证据一般能被采纳判决依据，二是避免了辩护律师取证的风险。

辩护律师主要在会见时获取当事人对案件事实的陈述以作为辩护证据，同时通过会见从当事人那里获取证据线索，进而去调取证据。

辩护律师"自行调查取证"仅占 32.53%，这说明辩护律师在代理刑事案件时，去进行狭义上的调查取证①是相对较少的。接受访谈的律师告诉笔者，自行调查取证麻烦大、风险高且很难调取到证据，还有许多其他限制因素，所以他们尽量不会自行去调查取证。

此外，辩护律师也会在必要时申请行政机关调取证据（占 17.47%），以及通过公证（占 16.27%）和通信（占 10.84%）取得证据，不过这些途径使用的相对较少。

三、自行调查取证与申请调查取证

通过本项调研笔者收集到了辩护律师自行调查取证和申请调查取证实务情况的第一手数据，下面谨就辩护律师自行调查取证和申请调查取证的现状

---

① 有学者指出，根据我国刑事诉讼法的规定，狭义的辩护律师调查取证是指向证人、被害人以及有关单位和个人调查案件事实，收集与本案有关材料的行为。参见朱德宏：《辩护律师调查取证权研究》，中国检察出版社 2010 年版，第 4 页。

作一数据分析和总结。

（一）自行调查取证

从狭义的辩护律师调查取证概念上讲，辩护律师调查取证主要是指辩护律师自行调查取证。自行调查取证是辩护律师调查取证的核心组成部分。那我国辩护律师自行调查取证的实践情况如何呢？

1. 自行调查的证据种类

图5显示，辩护律师自行调查取证的证据种类主要是证人证言（占59.64%）和犯罪嫌疑人、被告人供述和辩解（占54.22%）。书证（占45.78%）和物证（占32.53%）也占据较重要的地位。鉴定意见（占28.31%），视听资料、电子数据（占22.89%）和被害人陈述（占22.29%）是辩护律师自行调查取证时相对收集较少的证据种类。可见，我国辩护律师自行调查取证的证据种类最主要的是言词证据。

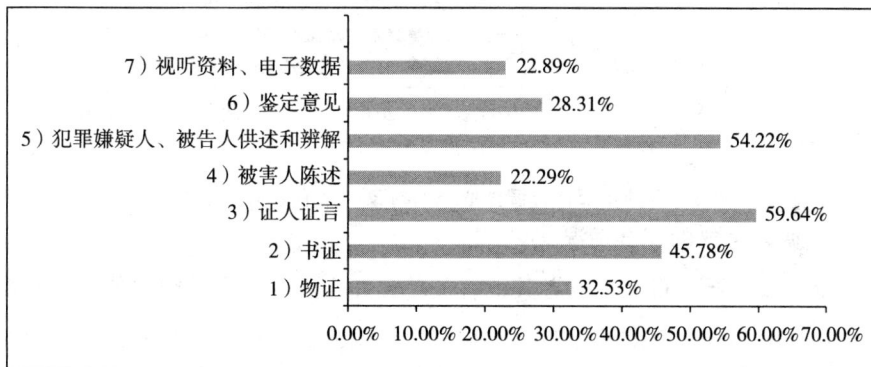

图5　辩护律师自行调查取证的证据种类　（有效值 N = 166）

2. 自行调查的对象

图6显示，辩护律师自行调查取证最主要的对象是"犯罪嫌疑人和被告人"（占58.43%）。这是比较好理解的，因为作为辩护律师当事人的犯罪嫌疑人和被告人是案件的直接参与人，辩护律师必然要把他们作为调取证据和获得证据线索的第一对象。"犯罪嫌疑人、被告人提供的证人"（占46.39%），"有关单位"（占45.18%）和"犯罪嫌疑人、被告人的近亲属"（占43.37%）也是辩护律师自行调查取证的重要对象。而"其他有关个人"（占15.06%），"被害人"（占13.86%），"被害人的近亲属"（占11.45%）和"被害人提供

的证人"（占 10.24%）是辩护律师自行调查取证比较少的对象。可以看出，辩护律师调查取证的对象主要是犯罪嫌疑人和被告人这一边的人和有关单位。接受访谈的律师告诉笔者，从犯罪嫌疑人和被告人这一边的人那里是最有可能获取对当事人有利的证据的，有关单位也相对比较好获取证据。辩护律师对被害人一方的人进行调查取证相对较少。有些辩护律师告诉笔者，向被害人一方的人取证要经司法机关批准，手续麻烦而且很多时候司法机关还不批准，同时被害人一方对辩护律师的调查取证也往往不配合，而且最重要的是从被害人一方很难获取对当事人有利的证据。

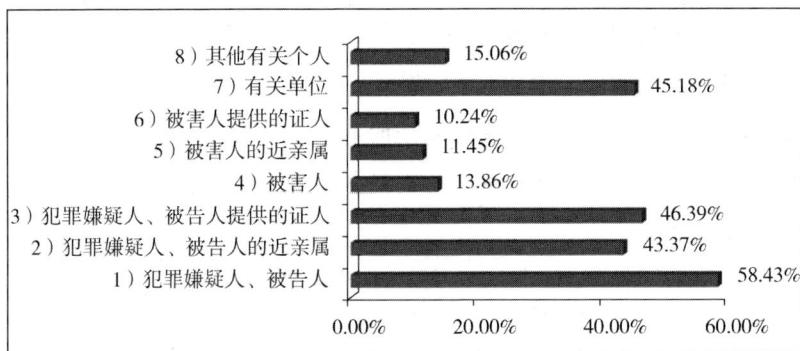

图6　辩护律师自行调查取证的对象　（有效值 N = 166）

3. 调查对象的配合情况

辩护律师要经得证人或者其他有关单位和个人的同意才能向他们调查取证，对被害人、被害人的近亲属及被害人提供的证人进行调查取证不仅要经得他们的同意，还得先经司法机关许可。我国辩护律师的调查取证不具有强制力，调查对象的配合情况对辩护律师的调查取证工作影响巨大。那在辩护律师调查取证的实务中，调查对象的配合情况如何呢？

图7显示，辩护律师向证人、其他有关单位和个人调查取证时经常遇到他们不同意接受调查，同意接受调查的较少。为了向证人、其他有关单位和个人调取证据，辩护律师往往得由当事人安排或者找自己的熟人介绍后方能进行调查取证工作。

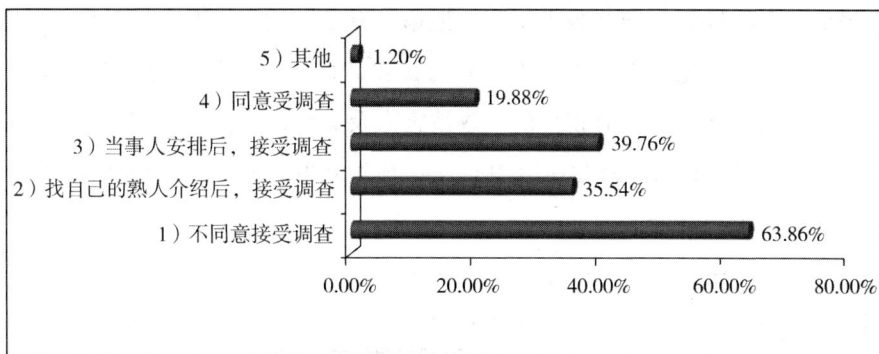

图7　辩护律师调查证人、其他有关单位和个人的配合情况 （有效值 N = 166）

图8显示，辩护律师向被害人、被害人的近亲属及被害人提供的证人调查取证时，能顺利调查的较少，往往会因司法机关不许可，尤其是被害人、被害人的近亲属及被害人提供的证人不同意而无法从被害人一方取得证据。

从上述数据分析中可以看出，在辩护律师自行调查取证的实务中，调查对象的配合情况是很不理想的。

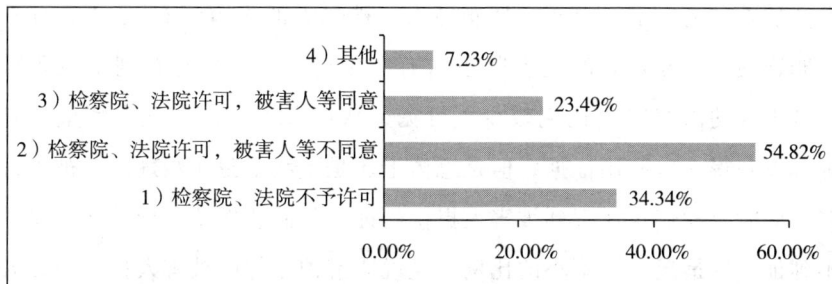

图8　辩护律师调查被害人、被害人的近亲属及被害人提供的证人的配合情况

（有效值 N = 166）

4. 获取证据的情况

辩护律师调查取证的目的是获取有利于当事人的证据，进而以此为据履行好辩护职责。辩护律师调查取证获取证据的情况是检验辩护律师调查取证工作成效的参数，也将对辩护律师履行辩护职责起重大的影响。实践中，辩护律师调查取证获取证据的情况如何呢？

图9显示，接受辩护律师调查取证的被害人及其近亲属对犯罪嫌疑人和被告人的仇视态度是比较浓重的，辩护律师向他们调查取证时他们最多的是

只提供对犯罪嫌疑人和被告人不利的证据。有较多被害人及其近亲属虽然也提供一些对犯罪嫌疑人、被告人有利的证据，但是主要提供对犯罪嫌疑人、被告人不利的证据。相对较少的一些被害人及其近亲属能比较客观的提供证据。可见，辩护律师从被害人及其近亲属那里获取有利于犯罪嫌疑人、被告人的证据是很有限的。

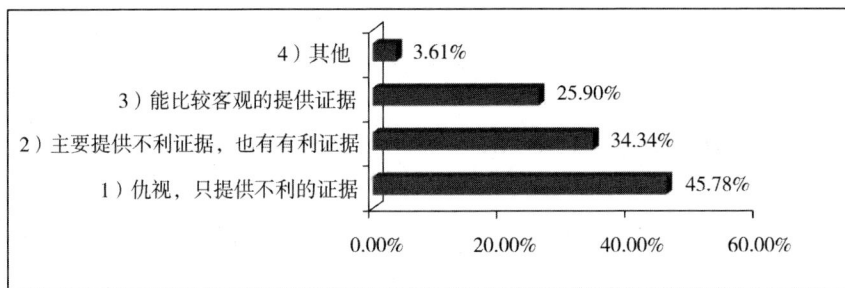

图9 辩护律师调查被害人及其近亲属获得证据的情况（有效值 N = 166）

图 10 显示，辩护律师对被害人所提供的证人进行调查所获得的证言比例最高的是"有利和不利于犯罪嫌疑人、被告人的内容都有"，"只有不利于犯罪嫌疑人、被告人的内容"也占有一定比例，"只有有利于犯罪嫌疑人、被告人的内容"占比例较少。可见，从被害人提供的证人那里，辩护律师可以获得一些有用证据，但是总体上还是不利于犯罪嫌疑人、被告人的居多。同时，我们也注意到被害人提供的证人不愿意作证，导致辩护律师收集不到证言的情况占了不小的比例。这说明辩护律师向被害人提供的证人调查取证的难度比较大。

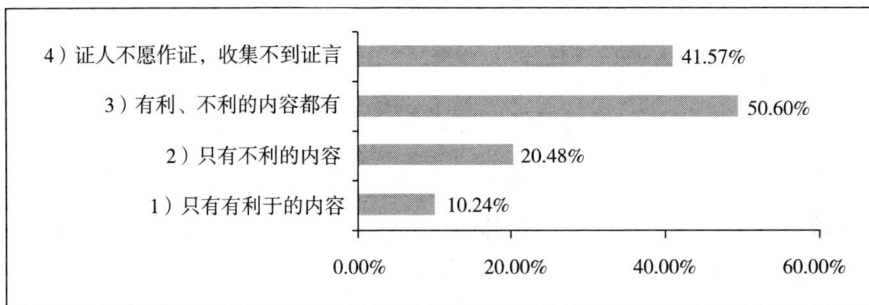

图 10 辩护律师调查被害人提供的证人获得证言的情况（有效值 N = 166）

图 11 显示，辩护律师向犯罪嫌疑人、被告人提供的证人调取的证言主

要是有利和不利于犯罪嫌疑人、被告人的内容都有，只有利于犯罪嫌疑人、被告人的内容相对要少，只有不利于犯罪嫌疑人、被告人的内容只占很小的比例。可见，从犯罪嫌疑人、被告人提供的证人那里，辩护律师可以获得相对较多有利于犯罪嫌疑人、被告人的证据。同时我们注意到，犯罪嫌疑人、被告人提供的证人不愿意作证，导致辩护律师收集不到证言的情况所占的比例（占 34.34%）虽然要比被害人提供的证人占的比例（占 41.57%）要低一些，但是仍占据了不小的比例，这说明辩护律师向犯罪嫌疑人、被告人提供的证人调查取证的难度也挺大。

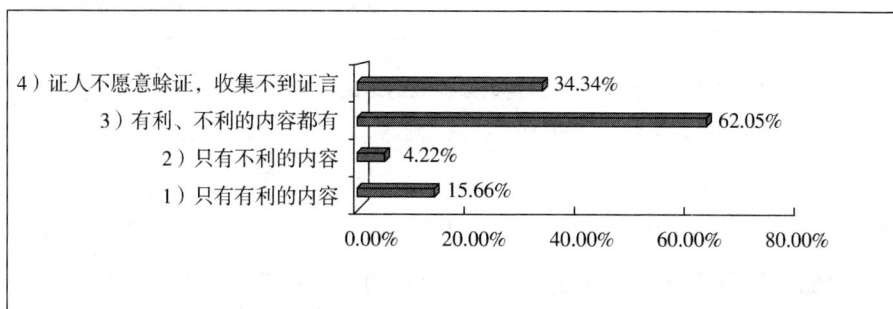

图 11 辩护律师调查犯罪嫌疑人、被告人提供的证人获得证言的情况 （有效值 N = 166）

从图 6 中我们看到，辩护律师向有关单位调查取证所占的比例是比较高的。在访谈中笔者得知，辩护律师向有关单位调查取证一般都是去调取对当事人有利的证据，若有关单位配合，辩护律师调取到的证据基本上是对犯罪嫌疑人、被告人有利的。实践中的难题在于有关单位经常不配合辩护律师的调查取证工作，导致辩护律师无法调取到证据，在图 7 的数据分析中也说明了这一点。

5. 自行调查取证遇到的难题

在辩护律师自行调查取证实务中，辩护律师除了遇到调查对象的不配合，有些需要司法机关批准而不被批准的难题外，还有很多其他的难题。

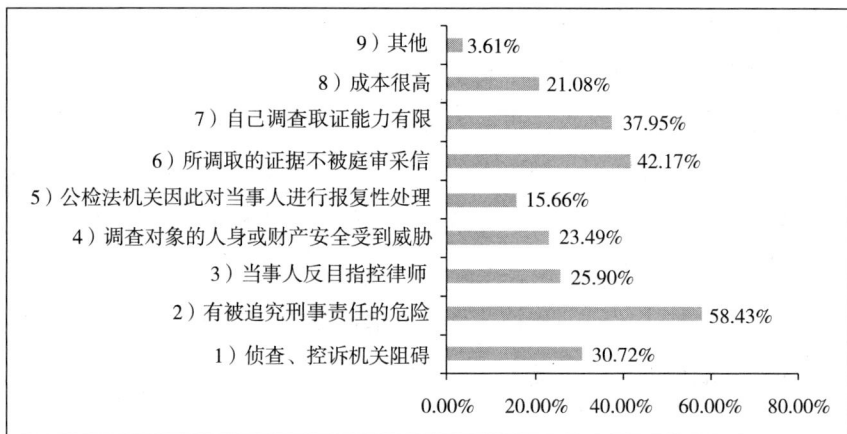

图 12 辩护律师自行调查取证遇到的难题（有效值 N＝166）

从图 12 中可以看到，辩护律师自行调查取证时遇到的最大难题是"有被追究刑事责任的危险"（占 58.43％）。接受访谈的律师告诉笔者，辩护律师自行调查取证的风险很大，尤其是向证人取证风险极大。证人向辩护律师所作的证言与向侦查机关或者在法庭上所作的证言经常不一致。一旦司法机关对证人前后证言不一致的行为追究责任，证人往往会说是辩护律师指使他们的。辩护律师一般难以拿出有利的证据来否定证人的指控，虽然事实上辩护律师没有指使证人改变证言，这时辩护律师的处境就极为危险。有被追究刑事责任的危险是辩护律师调查取证的最大障碍。

"所调取的证据不被庭审采信"（占 42.17％）是辩护律师自行调查取证遇到的第二大难题。通过与律师的访谈笔者得知，在庭审实践中，法官对辩护律师调取的证据往往是不信任的，法官很少对辩护律师调取的证据予以采信而成为判决的依据。

"自己调查能力有限"（占 37.95％）是辩护律师自行调查取证遇到的一个较大难题。接受访谈的律师告诉笔者，实践中辩护律师调查取证的能力很有限，一方面是辩护律师自身在调查取证上的业务能力有限，另一方面是受到侦查机关的阻扰、调查对象的不配合以及法律和实践中的其他限制，而使得辩护律师调查取证的力量极其微弱。

"侦查、控诉机关阻碍"（占 30.72％）也是辩护律师自行调查取证遇到的一个大难题。接受访谈的律师告诉笔者，侦查、控诉机关总是百般阻碍辩护律师调查取证。有辩护律师指出实践中辩护律师一旦调查取证，很多时候侦查机关马上就会采取相应行动来阻碍辩护律师的调查取证，比如：直接警告辩护律师的行为妨碍侦查机关执法；找辩护律师谈话；在办案过程中无故刁难辩护律师；通过律协来约束辩护律师等。

"当事人反目指控辩护律师"（占 25.90%）给辩护律师自行调查取证带来了不小的麻烦。接受访谈的律师跟笔者讲述了当事人的危险性。他们告诉笔者，很多刑事案件的当事人是比较危险的，辩护律师若不小心就可能会被当事人绕住而处于危险境地，当事人反目指控辩护律师的案例在实践中已经有不少了。不过，他们还说道，实践中当事人反目指控辩护律师在总体比例上还是不多的。

"调查对象的人身或财产安全受到威胁"（占 23.49%）也是辩护律师自行调查取证实践中遇到的一个难题。接受访谈的律师告知笔者，在有些案件中，调查对象向辩护律师提供证据，其人身或财产安全会受到被害人一方的威胁，有时甚至会受到侦查机关的威胁。

"成本高"（占 21.08%）相对占的比例不高，但这也是需要重视的一个问题。

"公检法机关因此对当事人进行报复性处理"（占 15.66%）虽然相对占的比例不高，但是公检法机关因辩护律师的调查取证而对犯罪嫌疑人、被告人进行报复性处理是违法的，哪怕是有一例也是不正义的。

除上述所分析的难题以外，辩护律师自行调查取证遇到的其他难题较少。

6. 自行调查取证现状分析

通过上面的数据我们看到，在实践中，辩护律师自行调查取证困难重重，其具体表现在以下几个方面。

第一，调查对象不配合。从图 7 中辩护律师调查证人、其他有关单位和个人的配合情况和图 8 中辩护律师调查被害人、被害人的近亲属及被害人提供的证人的配合情况中的数据中，我们看到调查对象对辩护律师自行调查取证的配合情况很不理想。

第二，辩护律师很难调取到有用的证据。综合图 9、图 10、图 11 的数据分析可知，辩护律师调查取证获取证据的情况不是很理想，主要表现为两个方面：一方面是调查对象不配合导致辩护律师只能取得很少的证据，另一方面在证据内容上辩护律师获取的有利于犯罪嫌疑人、被告人的证据相对是居少的。

第三，辩护律师调查取证过程遇到重重障碍。从图12的数据分析，我们看到辩护律师自行调查取证时遇到的最大难题是"有被追究刑事责任的危险"。此外，"侦查、控诉机关阻碍"也是辩护律师自行调查取证遇到的一个大难题。在实践中，虽然近年来辩护律师自行调查取证的情况有所改善，但是收集证据是律师工作中最难、恐怕也是最危险的。这要归结于两个原因：第一，警察和检察官倾向于将律师收集来的证据视为"无关紧要的"，因此他们用自己的立场和原因来制造障碍。第二，也是更重要的，律师调查取证的权利受到新刑事诉讼法第42条和《刑法》第306条的限制。① 近些年来，律师因办理刑事案件被公安、检察机关指控追究的事件屡有发生，然而，值得注意的是，辩护律师被追究的错案率高达70%左右，20%左右的人最终被判决有罪，而他们当中有超过20%的人正在申诉，考虑到另外一些因证据不足而远远超过了侦查、起诉期限的案件，错案比例高达80%，这一现实令人触目惊心。② 此外，从图12的数据分析我们还看到，辩护律师自行调查取证会遇到诸如"当事人反目指控辩护律师"，"调查对象的人身或财产安全受到威胁"，"成本高"，"公检法机关因此对当事人进行报复性处理"等之类的障碍。

第四，辩护律师所调取的证据不被法官采信。图12的数据显示，"所调取的证据不被庭审采信"是辩护律师自行调查取证遇到的第二大难题。实践中，法官对辩护律师所调取的证据往往持怀疑态度，辩护律师所调取的证据很难被法官采信而成为判决的依据。

---

① Marco Marazzi、陈有西：《中国法律职业状况研究报告》（下），2013年1月25日国际律师协会（IBA）发表，载 http://blog.sina.com.cn/s/blog_6b804b510101ixfd.html，访问时间：2013年1月26日。

② 田文昌、陈瑞华：《〈中华人民共和国刑事诉讼法〉再修改律师建议稿与论证》，法律出版社2012年版，第4页。

第五，辩护律师调查能力有限。从图 12 的数据我们看到，"辩护律师调查取证能力有限"是辩护律师自行调查取证遇到的一个较大难题。调查取证并不是辩护律师的专长，实践中辩护律师调查取证的业务能力很有限。我国又未确立私人侦探制度，辩护律师调查取证也难求外力相助。此外，辩护律师调查取证不具有强制力，因受到侦查机关的阻扰、调查对象的不配合以及法律和实践中的其他限制而使得辩护律师调查取证的力量极其微弱。

（二）申请调查取证

辩护律师申请调查取证依照我国刑事诉讼法的规定是指申请检察院、法院调查取证，以及申请法院通知证人出庭作证。图 4 的数据显示，这是当前我国辩护律师使用最多的调查取证方式之一。那么，辩护律师申请调查取证的实务情况如何呢？

1. 申请调查证据的种类

图 13 显示，辩护律师申请检察院、法院调查取证的证据种类主要是书证（占 48.80%）、证人证言（占 45.18%）、勘验、检查、辨认、侦查实验等笔录（占 44.58%）和物证（占 42.17%）。在必要时辩护律师也申请检察院、法院调取"视听资料、电子数据"（占 31.93%）、"鉴定意见"（占 28.31%）、"被害人陈述"（占 26.51%）、"犯罪嫌疑人、被告人供述和辩解"（占 21.08%）等证据。

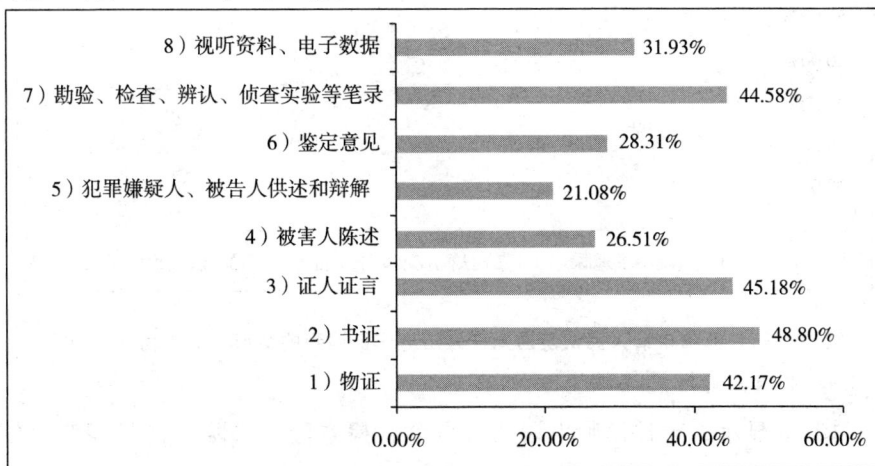

图 13　辩护律师申请调查证据的种类　（有效值 N＝166）

2. 司法机关的支持情况

图 14 显示，辩护律师申请调查取证时，检察院、法院经常找事由不予调取的占 69.88%，检察院、法院不予理睬的占 27.11%，法院、检察院积极调取的仅占 25.30%。可见，辩护律师申请调查取证获得司法机关的支持度不高。

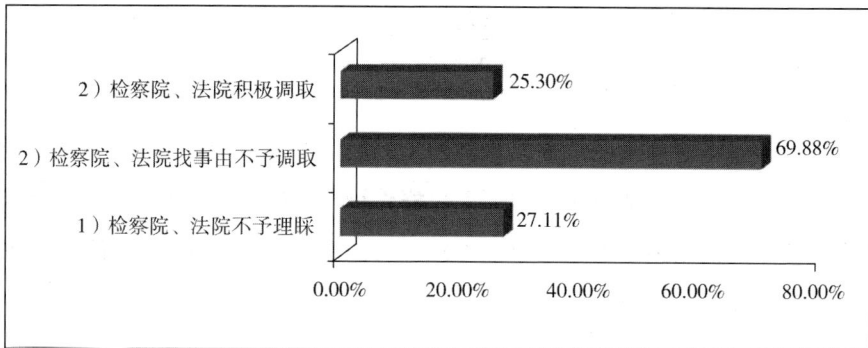

图 14　辩护律师申请调查取证时遇到的情形（有效值 N = 166）

3. 申请证人出庭遇到的情况

图 15 显示，辩护律师申请法院通知证人出庭，法院找事由不予批准的占 49.40%，法院不予理睬的占 21.69%，法院积极通知的仅占 38.55%。可见，辩护律师申请法院通知证人出庭作证是非常困难的。

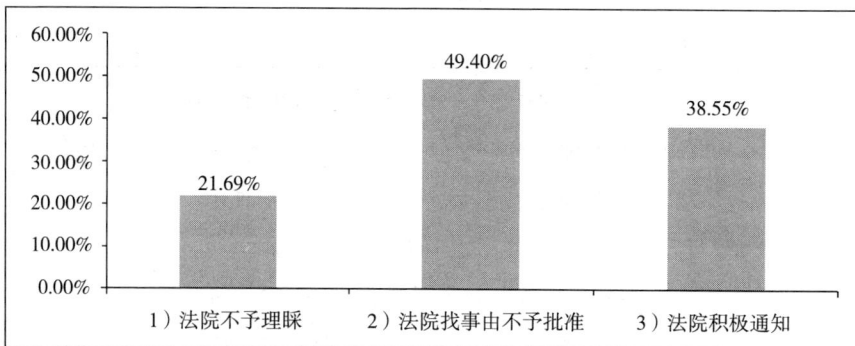

图 15　辩护律师申请人民法院通知证人出庭作证遇到的情形（有效值 N = 166）

4. 申请调查取证的效果

图 16 显示，辩护律师申请调查取证，检察院、法院往往只能获得较少的证据（占 51.20%），检察院、法院还经常敷衍了事（占 34.94%），

能收集、调取到较多的证据占的比例相对较低（占21.69%），能收集、调取到所申请的全部证据所占的比例非常低（占7.23%）。从图13、图15的数据分析，我们得知对于辩护律师申请调查取证的，司法机关会去调查取证的情况是较少的。可见，辩护律师申请调查取证所获取的证据是很有限的。

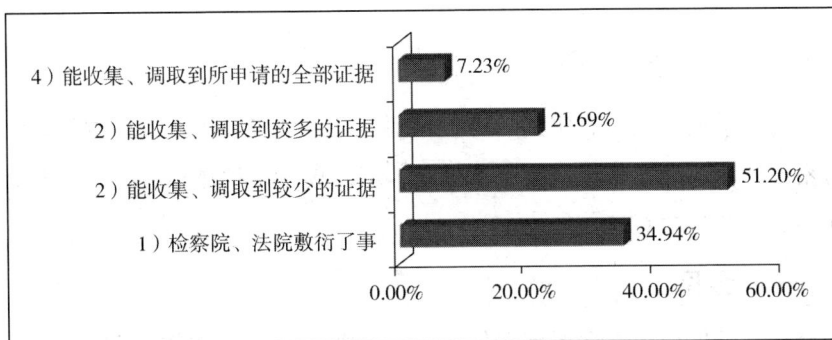

图16 辩护律师申请调查取证的效果（有效值N＝166）

5. 申请调查取证现状分析

（1）从图14、图16的数据分析可知，辩护律师申请调查取证是非常艰难的。这种申请权往往是形同虚设，要么是只申请无结果；要么是调查的材料和结果不答复、不告知；要么是你申请你的我干我的，根本不予理睬个别检察人员还说怪话，说什么"世界上哪有这么便宜的事，你得钱不出力，门也没有！"[①] 从图14、图16的实证数据我们看到，在实践中，辩护律师申请检察院、法院调查取证往往得不到支持，司法机关很少会积极去调取辩护律师所申请调取的证据；司法机关即使接受辩护律师的申请去调查取证，其所调取的证据也是很有限的。

（2）从图15的数据分析可知，辩护律师申请法院通知证人出庭作证非常困难，法院很少应辩护律师的申请而通知证人出庭作证。刑事审判中大量用事先由侦查机关获得的证人的书面证言作为定罪证据，而不让证人到庭当

---

① 樊崇义：《刑事辩护的障碍与困惑透视》，载《河南省政法管理干部学院学报》2001年第3期。

庭作证。根据一些公开的论文资料，我国刑事证人的出庭率，不到3%。[①] 最高人民法院副院长张军毫不避讳地说："证人出庭作证的比例现在有多大呢？也就是2%至3%，不超过5%。"究其原因，张军说，不是证人不想、不敢、不能出庭，而是公诉人和法官都不希望证人出庭，怕证人出庭与书面证言发生冲突。[②]

四、会见与阅卷

根据本项调研笔者收集到的辩护律师会见在押犯罪嫌疑人、被告人以及去检察院和法院阅卷情况的第一手数据，下面仅就辩护律师会见和阅卷的现状作一数据分析和总结。

（一）会见

会见是辩护律师办理刑事案件的必需程序，也是辩护律师了解案情的重要方式。通过会见，辩护律师可以收集到一些有用的证据，尤其是可以获得很多证据线索，为辩护律师的调查取证工作提供很大的帮助。那么，会见在我国的实践情况如何呢？

1. 会见难不难

图17显示，辩护律师持律师执业证书、律师事务所证明和委托书或者法律援助公函（下文简称"三证"）就能顺利会见在押的犯罪嫌疑人、被告人的占51.32%，会见难的占48.68%。可见，在司法实践中，辩护律师会见在押的犯罪嫌疑人、被告人难的问题还是比较严重。

---

① Marco Marazzi、陈有西：《中国法律职业状况研究报告》（下），2013年1月25日国际律师协会（IBA）发表，载 http：//blog. sina. com. cn/s/blog_ 6b804b510101ixfd. html，访问时间：2013年1月26日。

② 沈念祖：《法院副院长们的压力》，载《经济观察报》2012年5月19日，http：//www. eeo. com. cn /2012/0519/226678. shtml，访问时间为2012年11月28日。

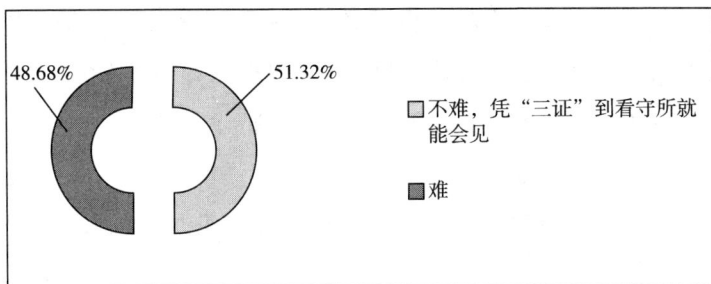

48.68%　　　　　51.32%

■ 不难，凭"三证"到看守所就能会见

■ 难

图 17　辩护律师会见犯罪嫌疑人、被告人难不难（有效值 N = 189）

就笔者调查的 9 个城市，会见在各城市的实际情况有很大的不同。虽然本研究中每个城市的样本数据基数小，但还是能看出一些问题。由于图 18 的统计数据显示在侦查之后两个阶段的会见比较顺利，下面仅就各城市侦查阶段的会见情况作以分析。

表 2　各城市辩护律师会见难度对比

城市	不难	比率	难	比率	有效值
大连	25	92.59%	2	7.41%	27
北京	2	—	1	—	3
南京	9	90.00%	1	10.00%	10
海口	14	53.85%	12	46.15%	26
武汉	11	47.83%	12	52.17%	23
赣州	4	15.38%	22	84.62%	26
西安	10	40.00%	15	60.00%	25
成都	10	41.67%	14	58.33%	24
重庆	12	48.00%	13	52.00%	25

表 2 显示，大连地区的辩护律师在侦查阶段会见在押的犯罪嫌疑人基本上是不难的。接受访谈的大连辩护律师跟笔者讲述了他们会见的具体情况，无须批准和看守所的事先安排（一些特殊案件除外），会见时带上"三证"去看守所，先作登记，然后排队（在来会见的辩护律师很多时需要排队，而经常是需要排队的），轮到了的辩护律师就去会见室会见当事人，没有派员在场（一些特殊案件除外），也没有监听。有的看守所的会见室在辩护律师和犯罪嫌疑人、被告人之间有玻璃隔开，辩护律师与当事人要通过对话进

行交谈；有的则是中间没有隔开物，辩护律师与当事人可以直接进行交谈。看守所还准备着免费午餐，辩护律师会见后可以在看守所吃午餐。

北京地区由于问卷数太少，无法对该市辩护律师在侦查阶段会见在押的犯罪嫌疑人的情况进行推论。

南京地区的辩护律师在侦查阶段会见在押的犯罪嫌疑人基本上也是不难的。

赣州地区的辩护律师在侦查阶段会见在押的犯罪嫌疑人基本上是比较难的。接受访谈的赣州地区辩护律师告诉笔者，他们会见在押的犯罪嫌疑人基本上是需要经过批准的，一般要等很长时间才能安排会见，会见时基本上会派员在场，在会见的时间和次数上也经常有限制。如果有关系和熟人，会见就会顺利得多。

武汉、海口、西安、成都、重庆五地的辩护律师在侦查阶段会见在押的犯罪嫌疑人都在不同程度上存在困难。

接受访谈的某市辩护律师跟笔者讲述了该市近几年辩护律师会见在押的犯罪嫌疑人、被告人的情况。该市前几年进行了大规模的打黑行动，在打黑期间辩护律师会见是非常困难的。涉黑的案件，在侦查阶段基本上是不让辩护律师会见在押的犯罪嫌疑人的，有少许案件辩护律师只能看到在押的犯罪嫌疑人但双方不能说话。有些涉黑案件，辩护律师在审查起诉阶段也很难会见在押的犯罪嫌疑人。非涉黑案件的会见也不容易，在侦查阶段辩护律师会见要办理一些手续，有的要等很长时间才会安排会见。辩护律师会见在押的犯罪嫌疑人时基本上都会派员在场，只有少量较小的案件辩护律师会见时不派员在场。派在场的警员会限制辩护律师跟犯罪嫌疑人的谈话内容，比如辩护律师若跟犯罪嫌疑人深入地谈论案情，派在场的警员会打断他们的交谈，不允许他们深入谈论案情等。

图18显示，辩护律师会见难主要是在侦查阶段会见难，在审查起诉和审判阶段辩护律师会见比较顺利。

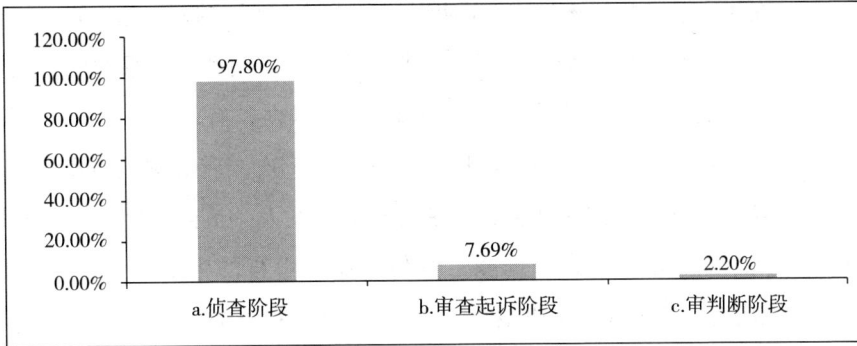

图18　在哪个阶段会见难（有效值 N = 91^①）

图19显示，辩护律师会见难的最主要表现在批准手续的烦琐上。笔者通过访谈得知，辩护律师会见在押的犯罪嫌疑人在有些地区得办理批准手续，在有些地区则是要办理变相的批准手续。辩护律师会见得向看守所提出会见申请，然后得等看守所发一张会见函才能会见，有时辩护律师要等很久才能拿到会见函。

辩护律师会见难还表现在侦查机关不批准会见，要等很久看守所才会安排辩护律师会见。看守所不安排辩护律师会见的情况在实践中也有，但是相比不是辩护律师会见难的主要表现。

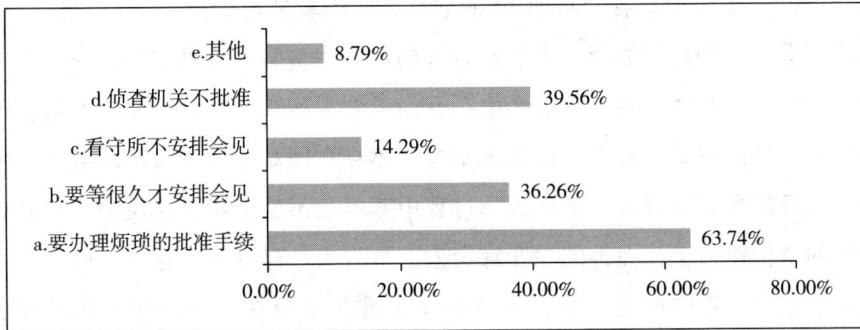

图19　辩护律师会见难的具体表现（有效值 N = 91）

2. 会见遇到的情况

图20显示，辩护律师会见在押的犯罪嫌疑人时遇到最多的情形是侦查

---

① 此次研究的189份问卷中，有91份问卷选择了"会见难"，所以研究会见难的问卷基数有效值 N = 91。图19同此。

机关派员在场（占 54.50%），这说明辩护律师会见时侦查机关派员在场还是非常普遍的。辩护律师会见在押的犯罪嫌疑人有时间和次数限制的情况也较多。时间限制有的是每次会见限制在 30 分钟以内，有的是 1 小时至 2 小时。在会见次数上，有的限制每阶段只允许会见 1 次，有的则是每阶段为 2 次至 3 次以内。有时辩护律师会见在押的犯罪嫌疑人会被监视监听。我们最后看到有 13.76% 的辩护律师选择了其他，他们填写的主要是"一般无限制"，这说明有一部分案件辩护律师会见在押的犯罪嫌疑人的过程是基本不受干扰的。

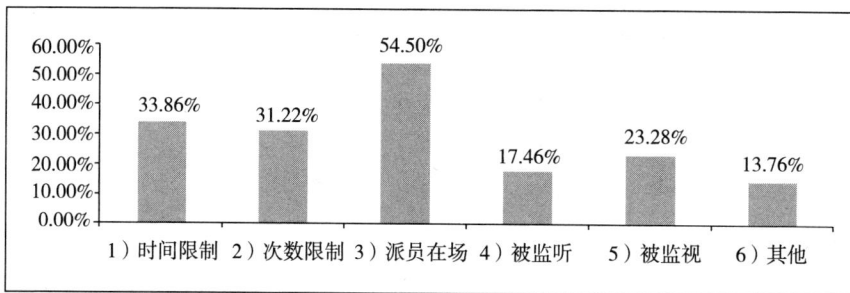

图 20　辩护律师会见犯罪嫌疑人一般会遇到的情形（有效值 N = 189）

3. 会见现状分析

（1）会见有所改善。从图 17 的数据，我们看到辩护律师持"三证"就能顺利会见在押的犯罪嫌疑人、被告人的已经占多数。可见，辩护律师会见难的问题已经有些好转。从表 2 中，我们看到大连和南京两个城市的辩护律师会见在押的犯罪嫌疑人、被告人基本上不存在困难。有些城市的辩护律师会见在押的犯罪嫌疑人、被告人的过程中基本上不受干扰。这说明我国有些城市的辩护律师会见在押的犯罪嫌疑人、被告人已经基本不存在障碍了。尤其是大连市的看守所还为会见的辩护律师准备了免费午餐，这是非常好的举措。

（2）会见仍存在很多问题。虽然辩护律师会见在押的犯罪嫌疑人、被告人的情况有些好转，但是仍存在很多的问题。表 2 的数据显示，在一些地方会见难的问题还比较严重。在实践中，刑事辩护律师经常在侦查阶段无法会见到自己的委托人，而且往往没有得到任何合理的解释。大部分案件，律师都需要取得公安机关的同意才可以会见当事人。另一个造成会见难的原因是侦查机关故意不告知嫌疑人家属和他的律师其嫌疑人已被拘留以及拘留地点。① 笔者在调研中发现，会见受侦查机关的某些所谓的专项行动影响很大，有些地方公安机关的特殊治安行动对辩护律师会见有很大的限制，甚至不让辩护律师在侦查阶段会见。在一些地方，辩护律师会见在押的犯罪嫌疑人时，侦查机关普遍派员在场并限制辩护律师和犯罪嫌疑人之间的谈话内容；存在不少辩护律师会见有时间次数限制的现象；辩护律师会见被监听的情况也还存在。此外，会见还存在一种现象：与侦查机关、检察机关及其他相关机关关系好的辩护律师往往可以较顺利地会见。

（二）阅卷

1. 阅卷的实践情况

阅卷是辩护律师办理刑事案的必需程序，是辩护律师了解案情的主要方式，也是辩护律师掌握控方控诉内容与控诉证据的最主要方式。从图 4 的数据分析我们得知，阅卷是我国辩护律师获取证据的最主要途径。

图 21 显示，在我国刑事诉讼实践中辩护律师阅卷总体上是不难的，大部分情况是能顺利地查阅、摘抄、复制到案卷的材料，重要证据都能看到。但还是存在一部分阅卷难的情况。

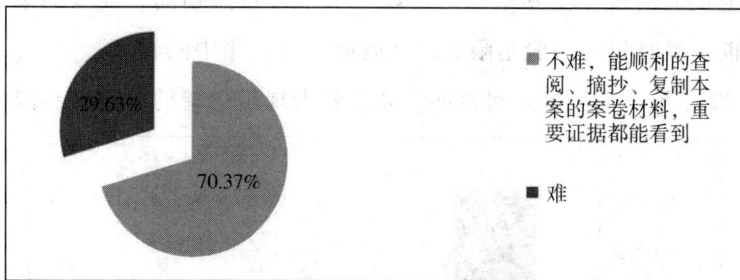

图 21　辩护律师阅卷难不难（有效值 N = 189）

从笔者所调查的 9 个城市来看，阅卷在不同城市的情况有所不一样。

---

① Marco Marazzi、陈有西：《中国法律职业状况研究报告》（上），2013 年 1 月 25 日国际律师协会（IBA）发表，载 http://blog.sina.com.cn/s/blog_ 6b804b510101ixf9.html，访问时间：2013 年 1 月 26 日。

表3　各城市辩护律师阅卷难度对比

城市	不难	比率	难	比率	有效值
大连	24	88.89%	3	11.11%	27
北京	3	—	0	—	3
南京	10	100.00%	0	0.00%	10
海口	22	84.62%	4	15.38%	26
武汉	13	56.52%	10	43.48%	23
赣州	15	57.69%	11	42.31%	26
西安	16	64.00%	9	36.00%	25
成都	13	54.17%	11	45.83%	24
重庆	17	68.00%	8	32.00%	25

表3显示，大连、南京、海口的辩护律师是能比较顺利阅卷的，重庆、西安的情况也比较乐观，武汉、赣州、成都的辩护律师阅卷相对要困难一些，但是能顺利阅卷的比例都要高于50%。北京地区由于问卷数太少，无法对该市辩护律师阅卷的情况进行推论。

笔者经过访谈得知，在一些重案要案的阅卷时间上会有限制，主要是限制在审查起诉即将结束或者审判阶段才能阅卷。还有一些城市在"特殊时期"阅卷的时间也会受到限制，比如某城市在打黑期间，涉黑的案件只能在开庭前一段时间（一般是限制在开庭前一周）集中阅卷。

图22显示，辩护律师阅卷难的最主要表现是阅卷的内容受到限制，重

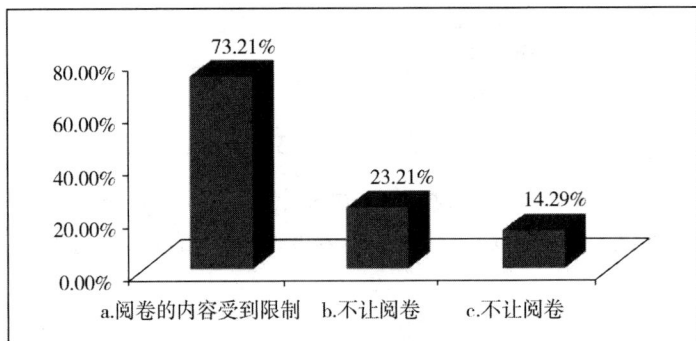

图22　辩护律师阅卷难的具体表现（有效值 N = 56[①]）

---

① 在189份问卷中有56份问卷选择了阅卷难，故统计辩护律师阅卷难的样本基数为56。

要证据看不到。有一部分辩护律师阅卷难表现为不让阅卷。辩护律师阅卷难还有一些其他的具体表现，比如司法机关在程序上为难辩护律师，在审查起诉阶段不让阅卷、摘抄、复制案件材料难，有的不让复印案件材料只让拍照等。

2. 阅卷现状分析

（1）阅卷大多不存在困难。从图21的数据，我们看到在我国刑事诉讼实践中辩护律师阅卷总体上是不难的，大部分情况是能顺利地查阅、摘抄、复制到案卷的材料，重要证据都能看到。可见阅卷难的问题已经有很大的好转。从表3中，我们看到大连、南京、海口的辩护律师基本上是能比较顺利阅卷的。这说明阅卷难在我国的一些城市已经基本解决。

（2）阅卷仍存在一些问题。虽然在我国刑事诉讼实践中辩护律师阅卷总体上是顺利的，但是从图21、图22和表3的数据分析我们看到，还存在一些阅卷难的情况。有的地方或者有的案件辩护律师阅卷的内容受到限制，主要证据看不到。在一些地方特别治安行动时，在临近开庭审理前的很短一段时间里才允许辩护律师阅卷。甚至还存在司法机关不让辩护律师阅卷的情况。有时司法机关在程序上为难辩护律师，有时辩护律师摘抄、复制案件材料难。复印案件材料的费用挺贵，许多地方法院要收取一元一张的复印费，而且不给律师开发票。也有收费更高的情况，2013年1月13日李庄在其实名认证微博上爆料称"近万页卷宗在法院复印每页3元，当事人仅此一项向法院付29000余元"。[①]

五、切实保障和规范辩护律师调查取证

通过上文的实证数据分析，我们发现辩护律师调查取证在实践中仍存在很多的问题。新刑事诉讼法在立法上的一些完善，有利于解决辩护律师调查取证实务中的部分问题，但是远不能解决辩护律师调查取证实务中的所有问题。我们仍需从多方面为辩护律师调查取证权的实现提供保障，规范辩护律

---

① 何光：《赣宜春中院被曝高价复印》，载《新京报》2013年1月15日，http：//www.bjnews.com.cn/news/2013/01/15/244394.html，访问时间：2013年1月18日。

师的调查取证行为。

（一） 司法保障

1. 对辩护律师申请调查取证的保障

从上文图 14、图 15、图 16 的数据分析我们看到，在实践中，辩护律师向检察院、法院申请调查取证或者申请法院通知证人出庭作证经常被他们无理由地拒绝，辩护律师申请调查取证非常的艰难。对此，律师们期待完善申请调查取证的具体事由及程序，明确规定司法机关应当履行调查取证的义务。

最高人民法院《关于适用〈中华人民共和国刑事诉讼法〉的解释》对辩护律师申请调查取证有了相对明确的规定。对辩护律师们期待的申请调查取证的申请和答复程序有了较明确的规定，但是仍未明确规定检察院、法院启动调查取证及通知证人出庭作证程序的事由和辩护律师申请调查取证的救济。该司法解释对司法机关启动调查取证及通知证人出庭作证程序的理由仅笼统地规定为"人民法院认为确有必要的，应当同意"，缺乏可操作性，可能在司法实践中成为一纸空文。1996 年刑事诉讼法的司法解释对司法机关启动调查取证程序的理由就有同样的规定，但因其操作性不强，致使在司法实践中被架空，缺乏对法院启动调查取证程序的约束力。

我国应当加强辩护律师申请司法机关调查取证及通知证人出庭作证的效力，在立法上可以采取两种立法方式。一种是明确规定对辩护律师调查取证的申请检察院、法院应当启动调查取证程序的具体事由，即明确规定检察院应当去调查取证的具体情形和"人民法院对辩护律师申请调查取证的'认为有必要的'"的具体情形，如果辩护律师申请司法机关调查取证符合这些情形的，司法机关必须去调取。另一种是明确规定检察院、法院拒绝辩护律师调查取证申请的具体情形，① 只有具备这些情形时人民检察院、人民法院

---

① 如《德国刑事诉讼法典》第 163 条 a 第 2 项规定：被指控人请求收集对他有利的证据时，如果它们具有重要性，应当收集。第 244 条明确了法院拒绝查证申请的具体情形：只有在因为事实明显，无收集证据的必要；要求查明的事实对于裁判没有意义或者已经查明；证据毫不适当或者不可收集；提出申请是为了拖延诉讼；或者对于应当证明的、对被告人有利的重大主张，可将主张的事实作为是真实事实来处理的时候，才允许拒绝查证申请。

才可以不去调查取证，否则都应当去调查取证。笔者认为我国可以采取第二种立法方式，可以具体规定如下：对辩护律师以书面形式提出调查取证申请，写明了需要收集、调取证据材料的内容、证人名单与住址或者需要调查问题的提纲，并能说明该证据和证人证言对辩方有利，检察院、法院就应当去调查取证，申请证人出庭作证的，法院应当通知证人出庭作证；只有在辩护律师申请调取的证据对案件判决无意义，控方已经查明，事实明显而无须证明，为了故意拖延诉讼，以及证据不可能收集的申请的情形下，法院才可以拒绝。

同时，需要设立辩护律师申请调查取证不能的救济制度。对于司法机关对辩护律师调查取证申请作出不准许、不同意的答复或者不答复，辩护律师不服的，可以通过适当的途径寻求救济，比如辩护律师有权要求复议或者向上级法院上诉，被告人向上级法院上诉的，二审法院审理后应当撤销一审判决，发回重审并责令相关司法机关去调查取证。

2. 庭审对辩护律师所调取证据的采纳

我们从上文图2、图3、图12的数据分析看到，辩护律师所调取的证据不被采信在实践中是很普遍的现象，这极大地挫伤了辩护律师调查取证的积极性，导致很多辩护律师不愿调查取证。司法实践中，在法庭证据调查程序上辩方的权利得不到平等对待，法庭对控方的偏向很严重，辩护律师在法庭调查阶段的举证行为经常得不到法官的重视，有时还会发生辩护律师因举证行为被法官轰出法庭的现象；在最终裁决上，辩护律师所调取的证据很难被庭审采纳作为判案的依据。律师们普遍认为新刑事诉讼法实施后这一问题仍将延续。对此，律师们期待在立法上完善采纳辩护律师所调取证据的实体和程序规定，在实践中法官能让律师充分的出示其所调取的证据，对符合法定条件的证据法官应当采纳为判决的依据。

我国应当在立法上完善法庭证据调查程序。明确规定辩护律师与控方有平等向法庭举证的权利，法官应当保证辩护律师所调取的证据得到充分的出示，法官应当认真对待律师提出的非法证据排除申请。法官应当尊重辩护律师的举证权，不能因辩护律师的举证行为，尤其是申请非法证据排除的行为，而将辩护律师轰出法庭。同时，在立法上要完善庭审对辩护律师所调取证据的采纳标准和程序。法庭对辩护律师提供的证据应当给予与控方提供的证据以平等的评价，法庭对辩护律师和控方提供的证据的采纳程序应当相同。在庭审实践中，法官应当保持中立的立场，平等对待辩护律师提供的证据，对辩护律师合法收集的符合事实并与案件有关联的证据，庭审法官应当予以采纳。

（二）司法行政保障

1. 侦查机关的保障

侦查机关作为我国的执法机关，负有依法执法、客观公正、维护正义的职责。然而，图2、图3、图12的数据分析却表明侦查机关并不尊重辩护律师的调查取证权，经常对辩护律师的调查取证行为进行无端甚至违法的阻扰，增加了辩护律师执业的风险，导致辩护律师调查取证步履维艰。侦查人员及侦查机关应当严格依法执法，客观公正地侦查案件，尊重辩护律师的调查取证权，在必要的时候还应为辩护律师的合法调查取证行为提供帮助。

2. 司法行政部门的保障

我国的司法行政部门包括中央司法部和各地方司法局，司法部设立了律师公证工作司来专门负责对律师、律师事务所和律师协会的监督、指导工作。从相关规定来看，我国司法行政部门主要是通过监督和指导的方式来对辩护律师执业提供保障。

据笔者调研所知，司法行政部门在实践中对辩护律师执业的监督、指导工作做得是不到位的。司法部颁布了一些部门规章，如《律师和律师事务所违法行为处罚办法》等来规范辩护律师的执业。这些规章在规范辩护律师执业上尚起着一些作用，但在保障辩护律师执业过程中的权利上起的作用甚小。在实践中，司法行政部门对辩护律师执业中的监督规范工作做得相对多一些，而在指导辩护律师执业上的工作相对欠缺，在保障辩护律师执业权利上的工作做的甚少。

我国当前对辩护律师实行的"两结合"管理体制①，司法行政机关的宏观管理是这套管理体制的核心。司法行政部门尤其是地方司法局应当履行好自己的职责，认真做好对律师、律师事务所和律师协会的监督、指导工作。新刑事诉讼法对辩护律师的调查取证权进行了完善，赋予了辩护律师享有更广泛的调查取证权。这就亟须司法行政部门做好对辩护律师调查取证执业行为的监督、指导工作。一方面，司法行政部门要严格依照法律法规对辩护律师调查取证的执业行为进行监督，对辩护律师违法的调查取证行为依法进行处罚，规范好辩护律师调查取证的执业行为。另一方面，司法行政部门要做好对辩护律师调查取证执业行为的指导工作，对辩护律师进行调查取证业务培训，组织辩护律师总结交流调查取证执业经验，创造条件组织辩护律师去域外交流学习。司法行政部门应当在保障辩护律师调查取证执业权利上作出积极工作，保障相关法律、法规及其本部门颁布的规章中赋予辩护律师的权利得到实现。

（三）行业协会的保障

律师协会作为律师的自律性组织，担当着"保障律师依法执业，维护律师的合法权益，组织律师业务培训，规范律师执业"等职责。据笔者的调研发现，在实践中，我国律师协会主要起的是管理职能，而在保障辩护律师执业上发挥的实践能效却很少。辩护律师在执业中若遇到障碍往往很少去请求律师协会的帮助，接受笔者访谈的辩护律师说道的原因是"请求律师协会的帮助，程序漫长，耗时又起不了多大用"。

律师协会在保障辩护律师职业上的缺位主要有两方面原因：一是律师协会作为一个行业协会，自身的力量很有限，在辩护律师执业遇到不法障碍时，律师协会无力为辩护律师扫除不法障碍，律师协会在现实中难以担当起保障辩护律师执业的重任。这是导致律师协会在保障辩护律师职业上缺位的客观原因，要解决这一制约因素得改革我国的辩护律师行业管理体制，赋予

---

① "两结合"的管理是指以司法行政机关的宏观管理为核心、律师协会的行业管理为主体、律师事务所的自律性管理为基础、政府宏观调控部门的调控管理为保障的一种管理体制。参见李芳：《锐意求新，再创辉煌——访第五届中华全国律师协会秘书长贾午光》，载《法律服务时报》2002年5月24日第6版。

律师协会更大的自治权和保障会员依法执业的权利，提高律师协会的社会地位；赋予律师协会在保障会员依法执业时与侦查、司法机关及其他部门组织平等的权利，使律师协会保障会员依法执业的行为对侦查、司法机关及其他部门组织、个人产生法律约束力。二是律师协会在保障辩护律师职业方面所作的实际工作很有限。这是导致律师协会在保障辩护律师执业上缺位的主观原因，要解决这一制约因素就得要求律师协会认真的履行好职责，做好辩护律师的"代言人"。

实践中，律师协会在保障辩护律师调查取证上做的工作很少，除了有少量调查取证方面的业务培训外，律师协会基本很少做其他的保障工作。新刑事诉讼法实施后，辩护律师的调查取证权得到扩展，律师协会应当在实践中加强对辩护律师的调查取证行为的保障工作。律师协会对辩护律师的调查取证行为主要应当做好如下保障工作。

第一，多渠道提升辩护律师调查取证能力。律师协会应当定期组织辩护律师进行调查取证的业务培训，组织辩护律师总结、交流调查取证的工作经验，为辩护律师联系培训机构（如高校、研究所、专业的培训机构等），为有意愿深造的辩护律师提供机会，创造条件组织辩护律师去域外交流学习；通过适当的方式对辩护律师调查取证能力进行考核，促使辩护律师调查取证能力真正得到提升。

第二，保障辩护律师调查取证行为的顺利进行。在辩护律师调查取证行为受到控方或者其他团体和个人的不法阻扰时，律师协会应当去与相关机关、团体和个人进行协调，通过有力的方式（如向相关机关的上级机关、法院申诉）为辩护律师的调查取证扫除障碍。

第三，维护辩护律师调查取证中的合法权益。辩护律师因调查取证行为受到不法侵害时，律师协会应当及时阻止不法侵害的继续进行，对于已经造成损害的，应当积极的为辩护律师寻找救济途径。辩护律师因调查取证行为陷入纠纷或者被刑事控诉时，律师协会应当积极调解辩护律师调查取证执业活动中发生的纠纷，对辩护律师应对刑事控诉应当提供援助，如提供律师援助、物质援助、监督控诉机关的控诉行为，保障辩护律师的合法权益。在通过各种合法途径均维护辩护律师合法权益不能的情况下，律师协会应当组织力量进行声援。

（四） 提高辩护律师的调查取证能力

从上文图 2、图 3、图 12 的数据分析，我们看到我国辩护律师调查取证的能力很有限，目前尚难以胜任调查取证的工作。

辩护律师应当敬业勤业，努力钻研业务，加强自身内功修炼，积极参加调查取证方面的培训及通过其他科学渠道学习掌握调查取证的技能，努力提高自身调查取证的业务能力。

辩护律师自修调查取证内功是提高辩护律师调查取证能力的一个方面，但是正如有学者认为：刑事取证本身是一种专业性很强的活动，并不是辩护律师的专长，辩护律师所擅长的是如何衡量和取舍证据的价值，或者根据已经收集到的证据依法提出犯罪嫌疑人、被告人无罪、罪轻和减轻的意见，实施刑事取证行为并不是其专长，就像一个优秀的公诉人往往难以成为一个出色的侦查员一样。[①] 为弥补辩护律师自身调查取证能力的不足，很多国家的做法是辩护律师聘请私家侦探来帮助调查取证，如法国、德国、意大利的辩护律师可以请私家侦探，美国有非常发达的私人侦探制度。[②] 私人调查业在我国已有一定的发展，我国已经存在大量合法的私人调查机构，这为辩护律师聘请私家侦探开展调查取证工作提供了现实可能。"在目前被告方取证能力不足，又没有其他更好办法的情况下，尽快规范具有证据调查功能的证据调查机构，对于提升被告方的取证能力不失为一种较为可行的选择。"[③] 新刑事诉讼法及其司法解释并未对辩护律师是否可以聘请私家侦探进行调查取证作出规定。在新刑事诉讼法赋予辩护律师更为广泛的调查取证权的背景下，我国有必要在立法上允许辩护律师聘请私家侦探进行调查取证，尽快出台规制辩护律师聘请私家侦探进行调查取证和规制私家侦探及证据调查机构的法律。

从上文图 7、图 8 的数据分析我们看到，在实践中，调查对象不配合而

---

① 张泽涛：《私人侦探在刑事诉讼中的运用及其规范》，载《法学家》2007 年第 6 期。

② 参见余为青：《侦查阶段辩护律师调查取证权的比较法考察》，载《中国刑事法杂志》2009 年第 3 期。

③ 宋强：《刑诉法的再修改——构建控辩平等的取证机制》，载《法学评论》2008 年第 2 期。

导致辩护律师调查取证不能的现象大量存在。对此有的辩护律师提出从立法上赋予辩护律师强制调查取证的权利。

我国的律师是"为当事人提供法律服务的执业人员"，律师不再是我国1982年《律师暂行条例》规定的"国家法律工作者"。辩护律师的职业行为不再具有国家公权的性质，辩护律师的调查取证权也就属于一种私权利，作为私权利当然不具有强制性，其行使得以调查对象的配合为前提。所以，律师提出赋予辩护律师调查取证的强制力，调查对象有配合义务的建议是不符合其权利性质的。新刑事诉讼法也未支持辩护律师调查取证权具有强制性的观点。

（五）规范辩护律师的调查取证行为

从上文图1、图3的数据分析我们看到，实践中辩护律师调查取证的积极性很低，很多辩护律师在代理刑事案件时压根就不会去调查取证。笔者通过参与观察也发现辩护律师极少会去调查取证。此外，笔者旁听了多省法院的刑事审判，大部分辩护律师除在辩护阶段中发表几条辩护意见外，在整个庭审中基本没做实质性工作，辩护律师基本不举证，也很少质证。这足以说明这些辩护律师压根就没有调查取证。

从上文图2和图3的数据分析中我们看到，导致辩护律师不愿意去调查取证有很多客观原因。但是，我们也看到很多辩护律师在代理刑事案件时把减少职业风险和追求经济利益放在首位，而把维护委托人的合法利益放在更次要的位置，这是辩护律师不愿意去调查取证的主观原因。

我国已经有很多相关的法律、法规和自律规则对辩护律师的职业行为进行规制，比如刑法、刑事诉讼法、律师法，司法部颁布的《律师和律师事务所违法行为处罚办法》，全国律师协会制定的《律师协会章程》、《律师职业道德和执业纪律规范》、《律师协会会员违规行为处分规则》、《律师办理刑事案件规范》等。这些法律、法规、自律规则对辩护律师调查取证的职业行为有相关的规定。但是，辩护律师执业实践中仍然是有很多的问题，而在调查取证上的问题是比较严重的。其缘由在于，一是这些法律、法规、自律规则本身就有不完善的地方，规则的漏洞被辩护律师、侦查机关及其他组织团体、个人别有用心地利用；二是法律、法规、自律规则没有得到严格遵守；三是辩护律师的职业修养不够，调查取证的业务水平有限，职业操守不够；四是社会"土壤"的不成熟，比如辩护律师的调查取证经常得不到调查对象的配合和司法机关的支持等。

规范辩护律师的调查取证行为，首先需要完善我们的法律、法规和自律规则，对辩护律师的不当调查取证行为进行科学规制。应当对辩护律师非法取证行为和不积极调查取证行为进行惩戒。明确规定对辩护律师不当调查取证行为给予惩戒的具体情形和惩戒的程序。其次，司法机关、执法机关和律师协会应当严格遵守规范辩护律师调查取证的职业行为的法律、法规和自律规则，对违反调查取证职业规范的辩护律师依法依规予以惩戒，但是司法机关、执法机关和律师协会不得滥用惩戒权。最后，辩护律师提高自身职业能力和修养，恪守辩护律师职业道德和职业纪律，履行好自己的职责。依法积极进行调查取证，勤勉尽责地收集犯罪嫌疑人、被告人无罪、罪轻或者减轻、免除其刑事责任的证据，尽职尽责地维护委托人的合法利益。

（六）完善对辩护律师不当调查取证行为的处罚规则

从图 2、图 3 的数据分析中我们看到，执业风险，尤其是被追究刑事责任的风险是辩护律师对调查取证的最大担忧。图 12 的数据显示有被追究刑事责任的风险是辩护律师自行调查取证中遇到的最大难题。律师们认为《刑事诉讼法》实施后，在侦查阶段进行调查取证的执业风险将更大。对此，律师们强烈要求废除律师伪证罪[①]，给予律师调查取证刑事豁免权。

我国对辩护律师不当调查取证行为的处罚，《刑法》第 306 条规定了律师伪证罪。律师伪证罪从诞生之日起就一直备受争议，该罪在内容上与《刑法》第 305 条和第 307 条的内容高度重复，如此特意针对律师的罪名，有执业歧视的嫌疑。在实体规定上该罪存在罪状模糊的缺陷，其中最核心的问题是"引诱证人违背事实改变证言或者作伪证"这一罪状的内容不明确，导致司法实践中办案机关对该条款的任意性和宽泛性解释。律师伪证罪最大的问题还是在于程序上：允许作为控方的公安机关和检察机关随时可以根据《刑法》第 306 条律师伪证罪追究律师的刑事责任，加剧了控辩双方力量的

---

① 《刑法》第 306 条规定的辩护人、诉讼代理人毁灭、伪造证据、妨害作证罪，简称为律师伪证罪。

失衡。① 从笔者的调研数据看到，因律师伪证罪带来的执业风险，是辩护律师不去调查取证的最重要原因，是辩护律师去调查取证遇到的最大难题，也是《刑事诉讼法》实施后辩护律师不会积极去调查取证的最主要缘由。律师伪证罪的实践结果是导致控方对律师的报复性起诉，我国刑事案件的辩护量小、质量低。②

　　理论界和实务界均有人主张废除律师伪证罪，笔者对此有不同的看法。我们必须承认这样一种事实，即在律师的执业活动中，确实存在少数害群之马，他们违反律师的职业操守，纯粹追逐畸形的经济利益，置律师的良心和社会责任于不顾，助纣为虐，在办案过中提供虚假证据，颠倒黑白，进行违法的辩护行为，对于这种情况，各国刑法中也都是要予以处罚的。③ 因此，我们对律师伪证罪应当存而慎用，在实体规范上澄清术语的模糊，在司法认定上合理地区分罪与非罪，还要在追诉程序上进行有针对性的改良。④ 在追诉程序上，应当由辩护律师所代理案件控方的上级机关或者其他无利害关系的公安、检察机关来承担对辩护律师伪证罪的控诉。应当考虑将全国律协提出的"设立我国律师执业案件追诉立案听证审查程序，只有经听证程序确认应予追诉，侦查机关始可对律师以《刑法》第306条立案追诉"⑤ 的建议纳入律师伪证罪的追诉程序。

　　我国对辩护律师的不当调查取证行为设置了惩戒制度，具体包括司法行政机关实施对律师的惩戒制度和律师协会对律师的惩戒制度。我们应当对律师的惩戒制度进行完善，充分发挥惩戒制度在规范律师调查取证行为方面的作用。

---

① 陈兴良：《为辩护权辩护——刑事法治视野中的辩护权》，载《法学》2004年第1期。

② 李淑娟：《对刑法第306条的理性反思》，载《前沿》2011年第16期。

③ 黎宏：《刑法第306条的困境及其解围》，载《检察风云》2010年第3期。

④ 李兰英、孙杰、［美］何霓：《刑法第306条存与废——倾听法律职业人的声音》，载《河北法学》2011年第10期。

⑤ 陈兴良：《为辩护权辩护——刑事法治视野中的辩护权》，载《法学》2004年第1期。

域外法制

美国刑事证据制度的若干问题研究

[美] 史蒂芬·沙曼*著　陈盛　王红霞**译

一、美国刑事程序的基础

(一) 英国的源头

英国移民定居北美，亦将英国的法律程序带入，其中最为重要的当属陪审团审判制度。在英国，陪审团经过了数世纪的发展，逐渐从纠纷解决及公民自治的习惯法机制发展为防止专制规则及法律的制度。

英国移民亦给北美带来了一种完全与欧洲其他地方不同的刑事案件审判方式。在欧洲大陆，陪审团早于中世纪后期便已废除。诉讼程序由一位受过专门法律培训的调查法官主导。调查法官负责全面询问证人、调查实物证据，并将书面证据汇集成卷，以用于确定被告是否有罪。在此制度下，被告往往被推定为有罪，法官也可下令对被告人实施酷刑以验证其所作的有罪推定。

在英国，陪审团审判系公开进行，唯有言词证据可用于证明被告人有罪。较之于欧洲大陆，英国的调查程序十分简单，却同样规定了极其严酷的刑事处罚，被判处重罪的罪犯将科处死刑。但陪审员带来了一种大众的、人性化的视角，这促使他们即便在被告人显然有罪的情况下亦时常宣告其免处死刑重罪。这种做法称为"陪审团废法"（jury nullification）。

随着美国《权利法案》的通过，对刑事被告人无罪推定的理念逐渐深入人心。法院亦开始承认刑事被告人在侦查及审判过程中享有沉默权。

---

* 史蒂芬·沙曼 (Stephen C. Thaman)，圣路易斯大学法学院教授。

** 陈盛，四川大学法学院法学博士生；王红霞，西南政法大学法学院 2012 级法学硕士生。

（二）美国刑事程序的发展

《权利法案》对美国刑事程序的发展产生极为深远的影响。美国联邦宪法第四修正案保障公民的人身、文件、住宅及财物不受"无正当理由的搜查及扣押"（unreasonable searches and seizures），搜查令须由法官签发，有"合理根据"（probable cause），且清楚说明需搜查的场所及需扣押的物品。第五修正案保障了"反对自我归罪"这一法定正当程序的权利，保护被告人不因同一罪行接受两次审判，即禁止双重危险。最后，第六修正案规定了被告人最为重要的审判权利，这构成了美国"对抗式"诉讼的基础：有权获得陪审团快速、公开的审判，有权获得辩护律师的协助，有权与控方证人对质或对其进行交叉询问以及有权请求强制证人出庭以提供辩方证词。

早期通过成文宪法来保障公民及作为刑事侦查或刑事指控对象被告人的重要权利，这使美国有别于无成文宪法的英国。但在美利坚合众国成立之初的大约170年里，联邦宪法对刑事程序几乎未有影响。原因主要有二：其一，在19世纪末之前，被告人不得对陪审团的判决提起上诉。无罪判决及有罪判决均具有终局性。唯有各州州长或联邦总统有权赦免或从宽处理，以避免某些被告人被判处死刑或长期监禁；其二，几乎所有的刑事案件均在州法院进行审判，而在20世纪60年代之前，美国联邦最高法院规定，《权利法案》仅适用于联邦法院而不适用于各州法院。因此，各州奉行各自的法典及宪法：有些州，刑事被告人的权利得到充分保障，有些州则并非如此。美国的非洲裔被告所接受的刑事审判，几乎均由白种人公民所组成的陪审团作出，且总在雷霆般的快速审判中依强迫自白及其他不可信证据判处死刑。[①] 而另一方面，对黑人擅用私刑或实施其他犯罪行为的三K党成员及其他白人种族主义者却总是在指控中脱罪。

20世纪50年代及60年代，美国爆发了民权运动，旨在推翻南部州区的种族隔离政策，保障美国黑人与白人享有相同的权利。这促使美国联邦最高法院作出大量判决，最终确保《权利法案》中的几乎所有刑事被告人保护条款对各州产生约束力。在此方面，美国联邦最高法院在首席大法官厄

---

① Brown v. Missippi, 297 U. S. 278 (1936).

尔·沃伦（Chief Justice Earl Warren）的带领下作出了很多重要的判决，赋予被告人接受律师辩护的权利，确保被告人在面对警察讯问时的反对自我归罪特权，要求排除执法人员违反宪法所获得的证据，明确规定警察在搜查时需有合理根据及搜查令状并严格执行。这些判决使美国联邦最高法院成为当时可能是最具影响力的最高法院。

但之于沃伦法院所作出的所有判例而言，颇具反讽意味的是，被告人可完全放弃或拒绝这些新近强化的权利。如被告人可准许警察对他的房间进行搜查，同意接受讯问，愿意进行无陪审团的审判且放弃联邦宪法第六修正案所规定的各种对抗式权利，甚至同意被法官判处有罪且科处死刑。

事实上，美国的刑事司法已演变成辩诉交易体制：被告人放弃接受陪审团公正审判的宪法性权利，以获得量刑折扣，或者事先约定的降级指控。刑法章节中严格的量刑设计与这样的制度完美匹配，因为如果检察官在量刑交易中所"建议"的刑期与法定最高刑期差距过大，则有罪者甚至某些情形下的无罪者都会认罪，以避免余生均在监狱度过。

二、犯罪调查中警察权力的限制

（一）对隐私权的侵犯

联邦宪法第四修正案旨在避免"无正当理由"或未经法官依合理根据授权而进行的搜查，以保护公民隐私权。此一修改案源于殖民地早期反对英国当局依未明确搜查地或扣押物的"一般令状"（general warrants）肆意搜查船只、住宅及商铺的行为。此前，极少有判例对该修正案进行解释，直至1886年博依德诉美利坚合众国案（Boyd v. United States）。这是一起以传票要求出具提单的商业案件。在此一案件中，美国联邦最高法院认为，以传票或警察搜查强制获取个人物品，无论私人性质或商业性质，均应视为第五修正案所规定的强迫自证其罪。案件的结果是：美国联邦最高法院判决，依第五修正案所规定的反对自我归罪特权对第四修正案进行解释，可认为搜查住所或其他地方以获取犯罪嫌疑人文件的行为是完全违法的。[①]

---

① Boyd v. United States, 116 U. S. 616 (1886).

之后，在 1914 年，美国联邦最高法院显然已厌烦警方的调查技术，遂判定：任何无有效搜查令而从公民住宅内获取的证据，均不得用于对该公民犯罪行为的指控。这是联邦最高法院对日后被称为第四修正案排除规则的第一次明确表述。联邦最高法院使用了强硬的措辞："国家刑律的执法人员倾向于通过非法搜查或强迫自白等方式获取有罪证据。后者（强迫自白）往往建立在对被告的非令状行为，侵犯了联邦宪法所保障的权利。法院判决未对此一倾向进行制裁的，则可随时依宪法提起控告。处于各种状况的公民也有权提起上诉以维护这些基本权利。"①

一如前述，美国联邦最高法院自 20 世纪 60 年代起方开始将联邦法院所提炼的规则强制适用于各州法院的实践。此外，美国联邦最高法院仅在 1961 年确立：任何违反联邦宪法第四修正案所获得的证据，均不得在州法院中用于指控被告。② 美国联邦最高法院发现，防止警察侵犯隐私权的其他方式，如民事诉讼、警察的纪律惩诫或者刑事追诉等，均无法有效阻止警察的非法行为。

此后，联邦最高法院又明确声明，违反宪法不仅将导致因违法行为而直接获得的证据被排除，亦将导致由该违法行为间接所获得的证据被排除。联邦宪法第四修正案的"排除规则"又获得了新的利器。这种派生证据的说法，便是"毒树之果"（fruits of the poisonous tree）。③

美国联邦最高法院引入"排除规则"的早期判例，在海外产生极大影响。时下，几乎所有的欧洲国家及拉美国家均在制订各自的证据排除规则中使用"毒树之果"的表述。

但随着持"法律与秩序"政见的总统赢得大选，他们所任命的联邦最高法院法官亦热衷于扩张警察的调查权而限制公民传统上的住宅及私人谈话的隐私权，隐私保护开始受到苛责。如随着 1968 年及 1972 年理查德·尼克

---

① Weeks v. United States, 232 U. S. 383 (1914) .

② Mapp v. Ohio, 367 U. S. 643 (1961) .

③ Wong Sun v. United States, 371 U. S. 471 (1963) . 该术语系由弗兰克福特大法官（Justice Frank-furter）在那和多纳诉美利坚合众国（Nardone v. United States, 308 U. S. 338 (1939)）案中首次提出。

松的当选、1980 年及 1984 年罗纳德·里根的当选，联邦最高法院开始出现许多极端保守的法官。他们逐渐推翻沃伦时代联邦最高法院所创设的判例。

改变隐私权保护的第一步，源自于 1967 年理查德·尼克松竞选总统前。在一起看似轻微的案件中，联邦最高法院判定，如果公民隐私权被合法侵犯（如持有有效的搜查令或者在例外情况下，如紧急事由），则只要可用于证明犯罪的构成要件，警察可搜查任何物品，甚至是私有财产或文件。这改变了一百多年来的一项限制：警察仅能搜查公民非法持有的物品，如赃物、犯罪工具或违禁品。①

在 1967 年所发生的另一起案件——卡兹诉美利坚合众国案（Katz v. United States）中，"第四修正案仅用于保护隐私权而非财产权"的理念得以扩展。在此一案件中，联邦最高法院判定，警察行为必须违反被搜查人的"隐私合理期待"（reasonable expectation of privacy），方构成第四修正案意义上的"搜查"。在判决中，联邦最高法院认为：公民使用电话，即使是在大街上可以看见的电话亭里，也享有"隐私合理期待"。因此，警察如果想截获这样的隐私交谈，则必须获得基于"合理根据"且经司法授权的搜查令。②

在此之前，联邦和许多州将窃听视为犯罪行为。但法院此前认为，如果没有非法进入房屋或者"入侵私人住宅"，则线路窃听或窃听器窃听（在私人场所听到自由交谈）便没有违反联邦宪法第四修正案。③ 卡兹案判决改变了这一情况，再次强调了"隐私权"而非"财产权"。

这一判决是尼克松政府的一个标志。此后，尼克松政府还颁布了一个综合法案以规范线路窃听。窃听法案与联邦宪法第四修正案所规定的普通搜查令并不相同。之于后者，任何警察均可获得搜查授权，甚至搜查令系由低级别的治安官所签发。而窃听法案则要求检察官须向联邦法官或州最高级别的审判法官申请窃听令状。令状必须依据"合理根据"，即正使用的既定手机或私人场所与一系列严重犯罪行为相关，且须载明无法通过其他较轻微侦查

① Warden v. Hayden, 387 U. S. 294 (1967).
② Katz v. United States, 389 U. S. 347 (1967).
③ Olmstead v. United States, 277 U. S. 438 (1928).

手段获得此些信息的理由。严格的证据排除规则禁止使用任何违反法案所搜集的信息。窃听令状的有效期为 30 日，但可依新的司法令状重新计算期限。① 尽管该法案在合法侵犯秘密交谈隐私上迈出了一大步，但它仍是其他国家的立法模版，比许多其他欧洲国家的类似立法给予更大的保护。

尽管搜查住宅通常需要搜查令，但也有例外。一个典型的例外便是紧急情况，即可能存在损毁证据的危险或迟延搜查可能对公民健康或生命造成危险。② 另有的正当例外是证据在当下并非"毒树之果"，因为案件中违反第四修正案的行为在时间上独立于随后的控告陈述。③ 故如果证据最终以合法的手段获得，即有"独立的来源"，则即便通过非法搜查查获，亦可能被承认。典型的例子是，警察非法发现证据，但没有收集，而独立获得有效搜查令的警察最终收集了这一证据。④ 最后，如果证据最终必然以合法的方式发现，则无论是否违法，非法收集的证据均可获采纳。⑤ 这一例外最容易受到操控。即便警察非法收集证据，但只要他们声称可通过扣押程序或对涉案车辆进行列单记录等便"可以"合法发现该证据，法庭也须予以采纳。这个学说又称为"假定的独立来源"。

法官在签发搜查令时出错的，如对搜查场所描述粗略或对"合理根据"的怀疑评估有误，美国联邦最高法院亦拒绝排除此一非法获取的证据。只要获得该搜查令的警察"善意地"相信搜查令完全符合联邦宪法第四修正案的规定，则获取的证据便可采。⑥ 联邦最高法院的依据是：排除规则仅用于制止警察而非法官的非法行为，或者用于整体保障司法程序的正当性。警察有误但"善意地"相信搜查令或扣押令有效的例外，目前已扩及适用于如下情形：警察（不是法官）自身违反了第四修正案，但并非有意或疏忽大

---

① 《美国法典》第 18 篇第 2510 条及以下。

② Brigham City, Utah v. Stuart, 547 U. S. 398 (2006).

③ 这是 Wong Sun v. United States 中的案例，Wong Sun v. United States, 371 U. S. 471 (1963)。该术语系由弗兰克福特大法官（Justice Frankfurter）在那和多纳诉美利坚合众国（Nardone v. United States, 308 U. S. 338 (1939)）案中首次提出。

④ 根据"独立来源"的案件：Murray v. United States, 487 U. S. 533 (1988)。

⑤ 此一例外被称为"不可避免的发现"。Nix v. Williams, 467 U. S. 431 (1984)。

⑥ United States v. Leon, 468 U. S. 897 (1984)；Massachusetts v. Sheppard, 468 U. S. 981 (1984).

意，而仅是不合理或"过失"。①

第四修正案的另一重大例外源于如下事实：被警察行为侵犯的权利主体可要求在针对其本人的审判中排除非法收集的证据"。② 该条规定所存在的问题是：警察侵犯公民权利而获取的非法证据，并未禁止用于指控权利未受侵犯的第三方。

窃听法案并不允许一般的警察搜查可容忍如此众多的例外。但依该法案，如果检察官未事先获得司法授权而截听会谈并声称此举系"紧急情况"，则必须在 48 小时内从法官处获得具有溯及力的授权，否则所获证据不得使用。但如果隐私权被侵犯的公民"允许"，则窃听、对住宅、车辆、财产或人身的搜查，均可在未有合理依据或未有司法授权的情况下进行。在普通的搜查中，联邦最高法院并不要求警察告知被搜查者其有权拒绝接受搜查。③ 在截听私人的会话中，无论通过电话或者在私人住宅或场所中，每位公民都将"承担风险"：会话的另一方可否会向警方泄露谈话的内容。因此，如果警方在犯罪嫌疑人处安插线人，则依窃听法案，警察无须令状便直接截获会话内容。这一"风险承担"理论亦适用于犯罪嫌疑人邀请警方线人或卧底进入其住宅的情形。该卧底侦查人员可随时记录他（她）所参与的谈话，而不视为违反第四修正案的规定。

对公民自由包括隐私权最大的威胁是：在紧急情况下颁布特别法以针对明确或暗含标签为"人民敌人"的公民，并给予少于普通公民的保护。在美国，这些特别法通常以"打击毒品犯罪"、"打击有组织犯罪"或尤其时下"打击恐怖犯罪"的名义而颁布。而如下的危险始终存在，即这些针对所谓"敌人"的特别程序逐渐可适用于普通犯罪活动的调查，并最终直接适用于普通公民。

此类与隐私权保护相关的主要法律有：1978 年所通过的、旨在规范截取外国机构或外国恐怖组织会话的《外国情报监视法案》（FISA）④ 以及在

---

① United States v. Herring, 129 S. Ct. 695 (2009).
② Rakas v. Illinois, 439 U. S. 128 (1978).
③ Scheckloth v. Bustamante, 412 U. S. 218 (1973).
④ 《美国法典》第 50 篇第 1801 条及以下。

2001 年 9 月 11 日恐怖袭击后很快通过的《爱国者法案》（Patriot Act）①。
《外国情报监视法案》授权总统可对从事恐怖活动的"外国机构"或个人下
令进行监听而无须法院批准，期限可达 1 年。对美国公民的私人谈话也可进
行截听，但必须由外国情报秘密监视法庭（the secret Foreign Intelligence Sur-
veillance Court）签发令状，有效期为 90 天至 120 天，这比一般的窃听时间
长出很多。2001 年以前，《外国情报监视法案》法庭签发令状的"首要目
的"是收集外国情报；而《爱国者法案》则通过修改法律，使截听谈话成
为外国情报搜集的唯一"重要目的"。如此一来，正常的执法动机便可能成
为附属理由。因无须提供"特定犯罪正在实施"这一合理依据，更多的美
国公民可能受到该制度的侵犯。

《爱国者法案》还明确允许出具秘密搜查令，规定：只要政府认为窃听
及秘密搜查不会妨碍正在进行的调查，则可扣留相关通知。

第四修正案还规范了被视为对人之"扣押"的逮捕行为。逮捕也必须具
有"合理根据"。与搜查一样，这里的"合理根据"，指犯罪已然实施的"一
般可能性"（fair probability）以及逮捕后被告系犯罪行为实施者的"一般可能
性"。② 但对公开场所的重罪逮捕以及逮捕人员所亲眼目睹之轻罪的逮捕，则
无须获得经司法授权的逮捕令。③ 但如果在被逮捕人家中实施逮捕，则无论
被逮捕人系重罪嫌疑犯还是轻罪嫌疑犯，都必须获得逮捕令，④ 除非有紧急
情况表明证据会被即刻毁灭、逮捕人员会受到伤害或犯罪嫌疑人会逃逸。

在美国，公民因逮捕及羁押而被剥夺自由。即便被逮捕者的罪行极为轻
微，当处最高刑罚仅为小额罚金，情况亦是如此。⑤ 公民一旦被逮捕，警察
便可在将其带回警局前对其进行搜查。即便此一逮捕系针对未有任何其他罪
证的轻微犯罪，情况亦是如此。⑥ 如果犯罪嫌疑人在其家中被逮捕，也可允

① 2001 年《爱国者法案》Pub. Law 107 - 156。
② Illinois v. Gates, 462 U. S. 213 (1983).
③ United States v. Watson, 423 U. S. 411 (1976).
④ Payton v. New York, 445 U. S. 573 (1980).
⑤ Atwater v. City of Lago Vista, 532 U. S. 318 (2001). 该案中，一名妇女因未给小孩系安全带而
被逮捕，其所涉罪名的处罚仅为 50 美元罚金。
⑥ United States v. Robinson, 414 U. S. 218 (1973).

许进行此类"逮捕附带搜查",但前提是搜查未超出犯罪嫌疑人可及的范围,亦即犯罪嫌疑人可能藏匿证据或工具的范围。① 如果犯罪嫌疑人系在交通工具中被逮捕,那么逮捕附带的搜查可扩展至该交通工具所到达的任何地方。② 联邦最高法院还认为,如果警察实际上想调查可能违反麻醉品管理法律的犯罪嫌疑人却没有拦截的合理根据,则可以轻微的交通违法行为为由拦截车辆。③

有学者将前述的"拦截借口"、因轻微交通违法行为而实施的逮捕羁押以及逮捕附带的搜查称为"种族画像法"的开端。此前,美国警察便曾有为查看是否能发现犯罪证据而基于公民的肤色进行例行拦截、扣押、搜查少数族群(尤其是非洲裔美国人)等,并由此受到批判且被提起民事诉讼。

一般而言,警察拦截并调查犯罪嫌疑人需有"合理怀疑"(reasonable suspicion)(略低于"合理根据"的标准)。如果警察有理由相信被拦截人配备武装且有人身危险性,则可简单拍打他(她)的外衣以查看是否携带武器。④ 根据与拦截借口及逮捕相关的规定,警察只要认为犯罪嫌疑人违反了道路交通法规,便可实施逮捕并进行全身搜查。

(二) 对警察讯问犯罪嫌疑人时的权力限制

尽管美国警察也如其他多数国家的警察一样,会偶尔使用暴力,或其他形式的强迫、威胁、欺骗或承诺以促使犯罪嫌疑人承认犯罪,但美国从未像18世纪以前的欧洲大陆那样,正式允许将酷刑作为证据收集的手段。即便是在1964年美国联邦最高法院决定将第五修正案的"反对自我归罪特权"适用于各州之前,⑤ 其亦对与各州审讯实践相关的诸多案件作出判决,推翻了以前述方式所获得的"非自愿"自白为基础的有罪判决。⑥

美国联邦最高法院最终认为,如果警察必须告知被羁押的犯罪嫌疑人其

---

① Chimel v. California, 395 U. S. 752 (1969).

② New York v. Belton, 453 U. S. 454 (1981).

③ Whren v. United States, 517 U. S. 806 (1996).

④ Terry v. Ohio, 392 U. S. 1 (1968).

⑤ Malloy v. Hogan, 378 U. S. 1 (1964).

⑥ 在布朗诉密西西比州(Brown v. Mississippi, 297 U. S. 278 (1936))一案中,警察为迫使美国黑人承认谋杀,竟对其实施酷刑。

有权保持沉默，有权与律师进行交谈，以及他们所说的任何言论都可能用于对其本人的指控，那么警察为促使非自愿性自白而使用的诸多心理或身体强迫就可能有所减少。据此，美国联邦最高法院在 1966 年米兰达诉亚利桑那州（Miranda v. Arizona）① 一案中，作出了改变讯问方式且影响了欧洲及拉美诸多国家之立法与判例的著名判决。在刑事诉讼领域，该案件确实是美国联邦最高法院所作出的最著名的判决。如果警察未向被羁押的犯罪嫌疑人告知其权利，以及如果被羁押的犯罪嫌疑人没有自愿放弃这些权利，那么犯罪嫌疑人的陈述就不能作为对其进行指控的证据。

在美国联邦最高法院的 9 名大法官中，有 5 名大法官投赞成票，并促成了米兰达判例的通过。但该判例并未受到法院保守派的欢迎。因此，随着保守派阵营逐渐成为多数，米兰达规则便延伸出诸多例外：第一，如果被告人在辩护中作证，并陈述了任何与警方违反米兰达规则所获取之陈述相矛盾的内容，那么检察官就可援引该违反米兰达规则的陈述对此进行质疑；② 第二，警察可在未向犯罪嫌疑人告知其米兰达权利的情况下与嫌疑人交谈，并使用因犯罪嫌疑人陈述而找到的任何实物证据或证人，将该陈述作为呈堂证据。③ 据此，警察仍可能违反法律，并从未被合理告知权利的犯罪嫌疑人处获取可用于指控该犯罪嫌疑人的有用信息。

遗憾的是，酷刑问题在最近的几年内又屡屡发生。最早是一些芝加哥警察，他们采用殴打、窒息、电击等酷刑方式获取被指控为谋杀犯之犯罪嫌疑人的自白。其中，有些犯罪嫌疑人实际被判处死刑。但"水刑"（waterboarding）才是最臭名昭著的一种酷刑，类似于中国古代的水淹酷刑（water torture）。在对"9·11"袭击事件的调查中，警察对关塔那摩湾看守所及其他地方的囚犯便使用此一酷刑。但反恐战争已将此削弱人权的行为引入侦查实践中。当"9·11"袭击事件所谓的主谋在纽约联邦法院接受审判时，法庭将不得不面对这些问题。

---

① Miranda v. Arizona, 384 U. S. 436（1966）.
② Harris v. New York, 410 U. S. 222（1971）.
③ Michigan v. Tucker, 417 U. S. 433（1974）；United States v. Patane, 542 U. S. 630（2004）.

三、美国陪审团审判的证据规则

(一) 简介

美国刑事诉讼中涉及证人及专家保护的原则性条款，规定于 1787 年的《美国宪法》中，还主要规定于 1791 年的《权利法案》：接受陪审团审判的权利（美国联邦宪法第六修正案），正当程序权（美国联邦宪法第五修正案、第十四修正案），获得快速、公开审判的权利以及对质并交叉询问对其不利证人的权利（美国联邦宪法第六修正案）。

直接言词原则系北美殖民地适用英国陪审团审判制度的结果，并作为公民的权利载入美国宪法。美国刑事审判制度禁止双重取证：初步调查所获得的证据以及精心准备的卷宗是审判的基础；也是法庭最终判决的基础。一般而言，唯一合法的取证只存在于公开的法庭审判中，由 12 名未受法律培训的平民组成陪审团，一致就被告人有罪或无罪作出判决。须对事实及罪责作出裁判的平民法官的出现，无可非议地催生了复杂的证据规则，以保障非专业的事实查明者所作出的最终判决系 "安全的决定"。在这个意义上，传闻证据排除规则便是对证人审前陈述的限制。

美国的审判中心与分散、非正式的刑事侦查程序紧密相连。在大多数案件中，刑事侦查由各市、县的警察机构及联邦体系内的 FBI 主导。在严重犯罪中，刑事侦查还须由行使司法权的大陪审团予以辅助。大陪审团系由 6—23 名非专业人士组成的古老的职权调查机构。一般而言，大陪审团是唯一有权强制证人出庭作证的。而在欧陆，此一权力由检察官及调查法官共同享有。因为未有机制以固定非正式调查机构所获得的证人证言，且刑事审判须严格保障对证人的对质询问权，这构成了美国刑法中证人保护诸多问题的基本背景。

(二) 初步调查中的证言保全

1. 证据开示规则的影响

与欧陆不同，美国未设承担查明真相之职责并在正式程序中揭露有罪及无罪证据的政府官员或机构。刑事侦查程序与审判一样，均为对抗式构造。

尽管违反起诉的正当程序故意扣留辩方的无罪证据，[①] 但控方并无必要调查无罪线索，因控方责任而导致可能的辩方证人消失并不能成为撤案的理由，除非证人能实际提供无罪证据。[②] 一般而言，发现并披露无罪证据的责任由辩方承担。

控方必须向辩方提供控方证人的身份、住所以及先前陈述的范围，尤其是有安全隐忧的证人。对此，一些州以"证据开示立法"（discovery statutes）予以规定，而未有此类规定的州则由判例法予以调整。在一些未有成文立法的州中，判例法相当严格。[③] 而在有证据开示立法的司法区内，控方通常必须按照正当程序的要求向辩方披露所有可能的无罪证据：包括被指控者的陈述、调查中搜集到的书证与实物证据以及将在审判中使用的专家证人报告等。[④] 在不同的司法区内，对刑事侦查过程中受询问证人之姓名、地址以及先前陈述的披露方式各不相同。

依据《美国联邦刑事诉讼规则》，辩方既无了解控方证人身份的权利，也无了解控方证人在早期所作出之陈述的权利。证人陈述的记录及录音仅在出庭作证后方需转交给辩方。[⑤] 而在加利福尼亚州，控方则必须至迟在审判开始前 30 日将所有控方证人的姓名、地址及先前陈述转交给辩方。[⑥] 在一

---

① Brady v. Maryland, 429 U. S. 545, 559 (1977).
② United States v. Valenzuela – Bernal, 458 U. S. 858, 863 (1982).
③ 比如德克萨斯州，一般来讲，就无权要求开示控方证据。Lerma v. State, 632 S. W. 2d 893 (Tex. App. 1982).
④ 《加利福尼亚州刑法典》第 1054 (1)（b, c, f）条。当辩方根据《联邦民事诉讼规则》第 16 (1)（A, C, D）条的规定向联邦法院提起动议要求开示这些证据时，辩方亦须根据《联邦民事诉讼规则》第 16 (1)（A）条的规定向控方披露类似证据。
⑤ 《联邦民事诉讼规则》第 16 (1)（a）条；《美国法典》第 18 篇第 3500 (a) 条。死刑案件的证据开示存在例外，即证据必须不迟于审判结束前 3 天开示。《美国法典》第 18 篇第 3432 条。但实践中，许多联邦法官均要求控辩双方在审判前交换证人的姓名和陈述。United States v. Cannone, 528 F. 2d 296, 301 (2d Cir. 1975).
⑥ 《加利福尼亚州刑法典》第 1054 (1)（a, d, e, f）条。类似规定参见《佛罗里达州刑事诉讼规则》第 3 章第 220 (b)（1）（A）（B）条；《伊利诺伊州修订法规（汇编）》（Ill. Rev. Stat. Ch.) 110A § 412 (a)；《俄亥俄州刑事诉讼规则》第 16 (B)（1)（e）条；《宾夕法尼亚州刑事诉讼规则》第 305 (B)（2)（a）条。

些州，证人的地址及电话可因安全因素的考量而不予披露。①

　　尽管诸如联邦法律系统及德克萨斯州法律系统设有证据开示的限制政策，允许控方在审前程序中对其证人的身份予以保密；但更为自由的证据开示规则则要求几近完全地披露证人的姓名、地址及陈述。从理论上来讲，这将允许被告人找到这些证人并与之交谈。在个别案件中，被告人也可能危及证人的安全。如下文所述，控方证人的身份必须在审判中方能揭晓。但在审判前，我们应考察在证人无法到庭的情况下庭审可采纳的审前证据类型。

　　2. 审前证人询问过程中的对质权及其例外

　　警察的侦查相对秘密，而大陪审团的起诉则绝对秘密。在此两种程序中，无论被告人还是其律师都无权参与对证人的询问。一般而言，如果证人无法出庭作证，则依上述程序所获得的陈述不得在法庭上使用。被告人可完全参与的两种主要审前调查程序分别为初审听证程序（the preliminary hearing）和法律授权的证据保全程序（deposition proceedings）。

　　初审听证程序系对抗型的听证程序。在此一程序中，控方有责任提出存在初步证据的案件（a prima facie case），以表明犯罪已然实施且受指控者有罪的"合理根据"。② 由于传闻可作为"合理根据"，③ 故提供证言的证人应符合"对质"需要进行交叉询问，以便在证人不能出席审判的情况下允许使用初审听证程序中的证人证言笔录。

　　证人在设有保障辩方对质权的类似审前程序机制中提供证言的情况是极为罕见的。极少数州允许辩方在未有法庭令状的情况下中要求控方证人提供证言。此外，如果控方或辩方可证明某证人对于审判不可或缺，但穷尽所有

---

① 《伊利诺伊州修订法规（汇编）》（Ill. Rev. Stat. Ch.）110A § 412（i）；《俄亥俄州刑事诉讼规则》第16（B）（1）（e）条。有时，在告知辩方律师不得将其泄露给被告人的前提下，这些信息可向辩方律师开示。《加利福尼亚州刑法典》第1054（2）条；《纽约刑事诉讼法》第240（50）条。

② 在另一受美国宪法第五修正案保证的、由大陪审团主导的指控程序中，证人证言由控方秘密收集，且不存在任何要求证人出席及对质的权利。

③ 《加利福尼亚州刑法典》第872（b）条。

可能亦无法使其到庭，则可使用该证人的书面证词（depositions）。① 如果证人实际无法出庭，那么证言笔录也可以使用。② 此一采纳书面证词的法理，在加利福尼亚州受害人生命受到威胁的严重重罪案中自然适用。③ 如果对将来可能无法到庭证人的调查不会影响有组织犯罪的认定，那么联邦法院仅在"出于公正考虑"的"非常情况下"会采纳有组织犯罪中该证人的书面证词。④

在初审听证程序中所作的陈述或者书面证词仅在证人无法出席审判时方具有可采性。证人"无法"出席审判，指证人死亡，或穷尽所有可能亦无法找到，或不在本州传票所能及的范围之内，或拥有作证特权（比如反对自我归罪的特权）。⑤ 不过，针对此类陈述或书面证词，虽然被告人不能像在初审听证程序或证据保全程序中那样行使对质权，但在确定陈述是否属于审判中可采的传闻时，"无法获得"的查证极为重要。

在加利福尼亚州严重重罪的起诉中，如果证人无法出席审判且有明确、有力的证据表明，其无法到庭系因其陈述所针对的一方当事人（也即受指控的一方）通过谋杀或绑架所致，那么该证人的书面证言、签名笔录、陈述证明或录音等在审判中便具有可采性。但该陈述必须是在可靠环境下作出，而非系获得承诺、受到劝说、威胁或强迫的结果。此外，该陈述还应获得其他证据的补强。⑥ 法庭认为，在这些情况下，受指控者实际已经声明放弃其对质"消失了的"证人的权利。

---

① 根据联邦法律，"书面证词"只在"非常情况下"（extraordinary circumstances）出于"公正"考虑（in the interests of justice）才允许使用。参见《联邦民事诉讼规则》第 15 条；《加利福尼亚州刑法典》第 1336 条。

② 《联邦证据规则》第 804（b）（1）条；《加利福尼亚州刑法典》第 1345 条。

③ 《加利福尼亚州刑法典》第 1335（b）条。但尽管如此，死刑案件中是不允许采纳书面证词的。参见《加利福尼亚州刑法典》第 1335（a）条。

④ 《美国法典》第 18 篇第 3503（a）条。针对在海外而无法经传票使其出庭的证人，法律有专门规定。《联邦民事诉讼规则》第 15（b）条；《美国法典》第 18 篇第 3507 条。参见《加利福尼亚州刑法典》第 1350 条。如果证人不能出席审判，那么法庭就可能会宣读其陈述。《加利福尼亚州刑法典》第 1362 条。

⑤ 《联邦证据规则》第 804（a）条；《加利福尼亚州证据法典》第 240 条。

⑥ 《加利福尼亚州证据法典》第 1350 条。美国联邦最高法院主张，只要该陈述所针对的被告致使证人无法出席审判系故意阻止证人作证，上述规定就适用。Giles v. California, 554 U. S. 353（2008）．

3. 传闻规则的弱化及再次强化

在英美法系的审判中，传统意义上的传闻禁止适用于所有表明待证事项之真实性的书面证言以及审判之外的任何言词或非言词的论述。[①] 如果依欧陆传统侦查卷宗的内容予以分类转化，则这些传闻将包括所有证人陈述、专家意见、照片、现场勘验报告、警察报告等。除非这些证据属于传闻规则的例外，否则均不可采。[②] 而传统的一些例外主要指依作出陈述的情境可推定为可靠，在此一情况下，无论证人能否出庭作证，陈述均可采：（1）陈述者在观察到事件或情况后当时作出的或随后即刻作出的、对该事件或情况的描述或解释；或在激情事件发生时或受该事件影响后所发表的讲话；[③]（2）用于描述在事件发生当时的身体状态、感情状态或意识的陈述；[④]（3）医生出于治疗目的而做的解释；[⑤]（4）商业记录；[⑥]（5）官方（公共）记录。[⑦]

另一类只在证人无法出席审判的情况下才具备可采性的陈述，包括：（1）陈述者在临终前所做的、有关其死亡情况的陈述；[⑧] 以及（2）不利于己方刑事或民事利益的陈述。[⑨]

《联邦证据规则》（FRE）对在"法庭认为某'实质可信之陈述'比其他可采证据的证明价值强，且采纳该陈述不会违背该规则的目标及一般公正"的前提下，关于任何传闻陈述的综合性例外，并因此而弱化了传闻规则的运用。[⑩]

超过半数的州都规定了此一综合性的例外。[⑪] 美国联邦最高法院在 20

---

① 《联邦证据规则》第 801（a）（c）条；《加利福尼亚州证据法典》第 1200 条。

② 《联邦证据规则》第 802 条；《加利福尼亚州证据法典》第 1200（b）条。

③ 《联邦证据规则》第 803（1）（2）条；《加利福尼亚州证据法典》第 1240 条。

④ 即《联邦证据规则》第 803（3）条所称的"当时存在的心理状态"；《加利福尼亚州证据法典》第 1250。参见《加利福尼亚州证据法典》第 1241 条：个人在行为时所做的、用于解释该行为的陈述。

⑤ 《联邦证据规则》第 803（4）条。

⑥ 《联邦证据规则》第 803（6）条；《加利福尼亚州证据法典》第 1270，1271 条。

⑦ 《联邦证据规则》第 803（8）条；《加利福尼亚州证据法典》第 1280；但根据《联邦证据规则》第 803（8）（b）条的规定，警察记录不属于此一例外。

⑧ 《联邦证据规则》第 804（b）（2）条；《加利福尼亚州证据法典》第 1242 条。

⑨ 《联邦证据规则》第 804（b）（3）条；《加利福尼亚州证据法典》第 1230 条。

⑩ 《联邦证据规则》第 804（24）、804（5）条。

⑪ Weinstein's Evidence. 1993. pp. 803—383—384；804—191—2.

世纪 80 年代及 90 年代支持了对传闻的此一扩张，即如果存在对陈述之可靠性的具体保障，则传闻陈述就是可采的。① 这种可靠性必须是根据陈述当时的情况来看系显而易见的，且无须其他证据证明的。② 美国联邦最高法院还指出，在诸如陈述者陈述内容对己不利的情况下，控方甚至无须证明陈述者无法出庭。③

有关联邦法院、密歇根法院及佛罗里达州法院判例法的研究表明，作为传闻法则弱化的结果，控方成功运用"兴奋状态下的陈述"、"出于治疗目的的解释"以及"综合性例外"等传闻例外，提出了受害人（通常是性犯罪案件中的未成年受害者）对犯罪情况及犯罪行为人身份的陈述。④ 最初要求谨慎适用的"综合性例外"，已成为采纳受害人陈述（通常为未成年受害者的陈述）、卧底线人陈述以及同案共犯陈述而经常使用的例外。然而，在大陪审团审判中，包含于证人及同案被告所提出证据之中的诸多此类陈述，却因缺乏对质而不可采。⑤

针对审前陈述，美国联邦最高法院在 2004 年又转变为几乎完全排除的态度——如果被告在审前没有质疑及交叉询问证人的机会，即便该证人已经死亡或因其他原因而无法出庭，该证人的证词也是不可采的，⑥ 从而终结了上述弱化传闻规则的实践做法。美国联邦最高法院指出："对质条款主要反对的是刑事诉讼的民事法律模式（the civil‑law mode of criminal procedure），尤其是此一模式将单方的调查视为证据，并用来反对受指控者……抛弃证据法调整庭外陈述的规则将降低对质条款在阻止甚至是最不能容忍的纠问实践方面的功能。"⑦ 如前所述，美国联邦最高法院曾经确实支持了加利福尼亚州在贾尔斯诉加利福尼亚（Giles v. California）一案中所确定的、采纳证人

① Ohio v. Roberts, 448 U. S. 56, 65–66 (1980).
② Idaho v. Wright, 497 U. S. 805 (1990).
③ White v. Illinois, 502 U. S. 346 (1992).
④ Swift, Eleanor. The Hearsay Rule at Work: Has it Been Abolished De Facto by Judicial Decision? 76 Minn. L. Rev. 473, 484–485, 491–492 (1992).
⑤ Raeder, Myrna S. Commentary: A Response to Professor Swift. 76 Minn. L. Rev. 507, 514 (1992).
⑥ Crawford v. Washington, 541 U. S. 36 (2004).
⑦ 同前引，第 50、51 页。

无法出庭时所做陈述的例外；也曾经许可在警察提出传闻陈述的主要目的并非为起诉准备的情况下（比如提出受害人向警察紧急求助是为了报告犯罪），使用某些传闻陈述。[①] 许多州也确定传统意义上的"临终陈述"不会被作为"非证言证据"（non – testimonial），[②] 且该"临终陈述"是可采的。美国联邦最高法院继在戴维斯诉华盛顿（Davis v. Washington）案中明确"证言证据"（testimonial）的含义之后，目前倾向于认定控方证人或受害人在犯罪报告中提出的"兴奋状态下的陈述"系"非证言证据"（non – testimonial），但可采。[③]

（三）美国有关证人保护的法律规则

1. 对作证的传统引诱方式

（1）控方承诺。为了粉碎有组织犯罪集团或是确保对有组织犯罪团伙中高级别领导者及有危险性罪犯的定罪，源于该犯罪组织成员的证词就是必需的，而诸多成员也系所起诉犯罪之潜在的共同被告人。检察官为了让此类人员作证其领导或同伙参与了犯罪，最普遍的引诱便是：在刑事指控案件中，基于他（她）（检察官）所享有之绝对裁量权的行使，同意不指控该潜在的证人犯有此一正在调查的犯罪，甚至同意不就其被怀疑曾参与过的其他犯罪行为提出指控。检察官也会通过向其保证降低指控或撤销指控来促使其承诺作证。如果该潜在的证人后来违反了其作证的承诺，他（她）就会在法律许可的最大范围内受到起诉。[④]

---

① Davis v. Washington, 547 U. S. 813 (2006).
② Harkins v. State, 143 P. 3d 706 (Nev. 2006); State v. Lewis, 235 S. W. 3d 136 (Tenn. 2007); State v. Jones, 197 P. 3d 815 (Kan. 2008). State v. Beauchamp, 796 N. W. 2d 780 (Wisc. 2011).
③ State v. Ohlson, 168 P. 3d 1273 (Wash. 2007); State v. Slater, 939 1105 (Conn. 2008); Clarke v. United States, 943 555 (D. C. App. 2008); People v. Johnson, 189 Cal. Rptr. 4 th 1216 (Cal. App. 2010).
④ 在里基茨诉阿达姆松案〔Ricketts v. Adamson, 483 U. S. 101 (l987)〕中，一名涉嫌以汽车爆炸方式谋杀正在调查亚利桑那州一桩腐败案之调查者的共同被告人，同意作证指控其同案被告人，作为交换条件，其答辩承认二级谋杀罪，同时被判处 20 年有期徒刑而非死刑。在他作证后，他的同伙被判有罪且处以死刑。但是上诉法院推翻了他们的有罪判决。在再审中该作为证人的被告人拒绝作证。美国联邦最高法院认为，该作为证人的被告人违反了辩诉交易中达成的协议，并允许对其予以审判。该被告人最终因此而被判处死刑。而最初针对两名被告人的案件随后则被撤销了。

　　此一促使黑社会成员证人作证之"交易"的弊端之一，系被告人有权了解针对证人之承诺或引诱的细节，并可在陪审团面前针对这些问题对证人予以交叉询问；从而在事实查明者眼中，这些证人的可靠性就会降低。① 除非上诉法院判决陪审团有可能基于对引诱的了解而作出了无罪判决或是较轻的判决；即便控方排除了引诱获得的证据，这也不能构成可改判的错误。②

　　（2）司法豁免权的承认。在联邦法院及大多数州法院，如果控诉必须的证人面对控方的任何引诱，均以反对自我归罪的特权为由，拒绝在大陪审团主导的案件侦查中或是在审判中自愿作证，那么控方就可提出证人的豁免权并强迫他（她）作证。最初，作证豁免权的范围非常广泛，甚至包括保护证人免予因正在调查的犯罪而受指控，或因其他任何与其证词相关之犯罪而受指控。③后来，联邦法院又将此一标准放宽至提供"罪行豁免"（transactional immunity）。但仅限于"使用豁免"（use immunity），也即防止在法院中运用该证词（testimony）或其衍生的证据。④ 墨菲案判决（Murphy decision）之后，国会便确定了现今给予证人严格保护的"使用豁免"豁免权规则。⑤

　　根据"衍生豁免"（derivative immunity）规则，证人仍可因完全独立于且根本不来源于其基于豁免权提供之证词的证据，而受到起诉。根据联邦法律规定，法庭应向已表明如下事项的检察官签发豁免令：其一，豁免请求已经高级别司法部官员的批准；其二，系美国司法部长作出请求并声称：根据其判断，所寻求的证词系"与公共利益有关"且证人基于反对自我归罪的特权已经拒绝或可能拒绝作证或提供其他信息。⑥ 大约一半的州仍提供更好的"罪行豁免"保护。

　　（3）认定藐视法庭的权力。若控诉有组织犯罪嫌疑人的可能证人并不

---

① Giglio v. United States, 405 U. S. 150, 153—154（1972）；Napue v. Illinois, 360 U. S. 264, 269（1959）.

② United States v. Bagley, 473 U. S. 667（1985）.

③ 此即康塞尔曼诉希契科克［Counselman v. Hitchcock, 142 US 547（1892）］一案中确定的所谓的"罪行豁免"（transactional immunity）。

④ Murphy v. Waterfront Commission, 378 U. S. 52（1964）.

⑤ 《美国法典》第 18 篇 6002 条。此一规则的宪法性规定系在卡斯提伽诉美利坚合众国［Kastigar v. United States, 406 U. S. 441（1972）］案中确定。

⑥ 《美国法典》第 18 篇第 6003 条。

牵涉任何犯罪行为，且不可能因撤销指控或降低指控或给予豁免权而被促使作证，那么强制他（她）作证的唯一传统手段便是借助法庭认定其藐视法庭的权力。因此，如果证人拒绝在大陪审团前作证，那么在刑事侦查或审判中，该证人证词唯一可强制取得的途径便是：由监督陪审团诉讼或审判法庭的法院将该证人置于民事藐视法庭及秩序罪中，并命令对其予以监禁直至他（她）同意作证；且在该证人继续拒绝作证的情况下，在大陪审团诉讼及法庭审判的整个过程中都可对其予以监禁。① 在藐视行为系证人出庭的情况下作出时，其亦可能因该藐视行为而被予以刑事处罚；且可在不经陪审团审判的情况下，由法官即刻判处多达 6 个月的监禁。②

2. 证人保护措施

（1）根据刑法对证人的保护。

《联邦刑法典》包含一系列旨在排除司法障碍的罪名，这些司法障碍系通过对证人进行威胁或使用暴力来阻止其在法庭上作证或提出其他证据而产生的。③ 另外，还有专门法规处罚使用致命性暴力或其他方式报复已作证之人的行为，以及出于同样动机破坏他人财产的行为。④ 如果有合理理由表明证人或受害人正在被骚扰或有必要防止或遏制《美国法典》第 18 篇第 1512、1513 条所列犯罪行为的实施，联邦法庭也可根据美国司法部长的请求，签发临时性限制命令以阻止此类骚扰。⑤

（2）隐瞒证人身份或下落。

第一，针对卧底线人的保密特权。

美国早就确立了不公开其卧底线人姓名的特权，以此来保护线人并保证

---

① 在联邦司法体系中，没有任何因此而被监禁超过 18 个月的案例。《美国法典》第 28 篇第 1826（a）条。

② 《美国法典》第 18 篇第 401 条。

③ 《美国法典》第 18 篇第 1512（a）（1—2）条。对杀害证人、受害人及报案人的处以死刑或终身监禁；对谋杀上述人员未遂的处以多达 20 年的监禁。使用其他恐吓手段、身体强制、威胁或腐败手段阻止作证的可被判处多达 10 年的监禁并处罚金。《美国法典》第 18 篇第 1512（b）条。其他对证人较轻微的骚扰会遭致最多 1 年的监禁或是罚金。《美国法典》第 18 篇第 1512（c）条。如果被告能够证明他只是使用了合法手段来激励真实的证言，那么这就是积极抗辩（an affirmative defense）。《美国法典》第 18 篇第 1512（d）条。

④ 《美国法典》第 18 篇第 1513 条。

⑤ 《美国法典》第 18 篇第 1514 条。

其能持续发挥效用。如果卧底线人的身份或其陈述内容与辩护有关且有助于辩护，或对决定罪行问题而言是必须的；那么该保密特权就必须作出让步。加利福尼亚州则存在规范申请披露卧底线人身份之程序的专门法律。① 辩方必须指明该线人系涉及受指控者有罪与否的关键证人。② 在辩方提出有理由的动议后，法官将在无辩方参与的、不公开的听证程序中决定是否披露该线人的身份。该听证程序③通常有检察官、线人自己④及委托他的警务人员参加。法官必须就披露线人身份的必要性是否比保持其秘密性的理由⑤更为重要作出决定。线人或许会被要求宣誓并接受询问，⑥ 且被告人可向法官递交书面问题。⑦ 该听证会被逐字记录并封存，以防止针对该法官决定而提起的上诉。⑧ 如果该线人系被指控犯罪的共犯，⑨ 目击犯罪或犯罪实施前一刻情景的证人，⑩ 或系关于罪行问题的"关键证人"，那么其身份就会被披露。⑪

　　一些法院允许卧底线人转变为告发同案犯的证人，从而在审前听证程序及排除证据的动议中戴上面具作证。⑫ 但审判阶段很少允许以假面目作证，因为这通常被认为是对交叉询问权的侵犯。⑬

---

① 《加利福尼亚州证据法典第1041、1042 条。《佛罗里达州刑事诉讼规则》第3 章第220（g）（2）条；《伊利诺伊州修订法规（汇编）》（Ill. Rev. Stat. Ch.）110A § 412（j）（ii）。
② 《加利福尼亚州证据法典》第1042（c, d）条。
③ 是否举行此一不公开的听证程序取决于法官的自由裁量。他们很少组织此一程序且会否决此类动议，但这并不构成自由裁量权的滥用。参见 In re Benny S., 281 Cal. Rptr. l（Cal. App. 1991）。
④ 在听证程序中，线人不需要作证（immer testify）。
⑤ 保持线人秘密性的原因诸如确保该线人在将来的调查中仍然有用。United States v. Whitney, 633 F. 2d 902（9th Cir. 1980），People v. McShann, 330 P. 2d 33, 35（Cal. 1958），as well as to protect him from acts of revenge. People v. Towler, l8l Cal. Rptr. 391, 396 Anm. 4（Cal. 1982）.
⑥ People v. Lee, 270 Cal. Rptr. 799（Cal. App. 1985）；United States v. Fixen, 780 F. 2d 1434（9th Cir. 1986）；People v. Darden, 465 N. Y. S. 2d 896（N. Y. 1983）.
⑦ People v. Galante, 192 Cal. Rptr. 184, 186（Cal. App. 1983）.
⑧ 《加利福尼亚州证据法典》第1042（d）条。
⑨ People v. McShann, 330 P. 2d 33, 35（Cal. 1958）.
⑩ 比较 People v. Garcia［67 Cal. Rptr. 110（Cal. 1967）］（目击证人总是相关的）与 People v. Lanfrey［251 Cal. Rptr. 189（Cal. App. 1988）］（法官因作为目击证人的线人不能给出证明无罪的证据而拒绝披露其身份）参见 United States v. Ayala, 643 F. 2d 244（5th Cir. 1981）.
⑪ People v. Viramontes, 149 Cal. Rptr. 607（Cal. App. 1978）.
⑫ Dierker, Robert H., Jr. Missouri Criminal Practice Handbook.（West's）. St. Paul, Minnesota. 1995, S. 206.
⑬ *Demleitner, Nora V.* Witness Protection in Criminal Cases：Anonymity, Disguise or Other Options. 46 Am. J. Comp. L. 641, 649 – 650（1998）.

第二，出庭证人的匿名权。

原则上来讲，辩方有权知晓控方证人的姓名及住址。然而，此类信息如何披露以及何时披露在不同司法管辖区的规定都是不同的。

为了保护证人，检察官将证据开示规则的限制性规定解释为保留证人的真实姓名。美国联邦最高法院主张：隐瞒线人的真实姓名，尤其是在该线人系控方证明被告有罪的主要证人的情况下，其属于可改判的错误（reversible error），因为这会妨碍辩方对该线人进行有效地交叉询问。① 但史密斯诉马里兰州（Smith v. Maryland）案并未明确使陪审团听取证人的真实姓名及住址系受指控者享有的绝对权利，而是将其置于依诸如证人个人安全等相关因素而予以衡量的内容。② 据此，多数法院都批准通过让匿名证人以假名或代号作证的方式来对其提供保护。除少数例外之外，受美国宪法第六修正案保障的对质权禁止永久性地不公开证人姓名，且没有任何允许永久性不公开证人姓名或拒绝面对面对质的情况。这些措施也被用于保护非关键或主要的控方证人。③ 只要证人的生命受到威胁，被告人获悉证人真实姓名、住址及工作地址的权利就不是绝对的。政府承担证明存在此一威胁的责任。④ 受害人权利运动致使一些州通过了保障受害人非因有令人信服的原因而不公开他（她）姓名及住址之权利的法律。⑤

第三，基于对证人的保护而不公开审判。

线人可能声称"自己一旦被出席法庭的人认出就会遭致杀害"。仅仅基于这样的担忧，法庭也不得在其作证时禁止公众听审，除非符合美国联邦最

---

① Smith v. Illinois，390 U. S. 129（1968）。法庭主张：审判中唯一存在的真正问题系上诉人与该控方证人的相对可靠性。前引，第 130 页。

② United States v. Rangel，534 F. 2d 147，148（9th Cir. 1976）。

③ Siegfriedt v. Fair 982 F. 2d 14，17（1st Cir. 1992）；United States ex rel. Abbott v. Twomey 460 F. 2d 400，401402（7th Cir. 1972）；United States v. Palermo 410 F. 2d 468，472（7th Cir. 1969）；Clark v. Ricketts 958 F. 2d 851，854855（9th Cir. 1991）；United States v. Rangel 534 F. 2d 147，148（9th Cir. 1976）；United States v. Ellis 468 F. 2d 638，639（9th Cir. 1972）；United States v. Varella 692 F. 2d 1352，13551356（11th Cir. 1982）。

④ United States v. Varelli，407 F. 2d 735（7th Cir. 1969）；United States v. Palermo 410 F. 2d 468，472（7th Cir. 1969）。

⑤ F. i.，《犹他州刑事被害人法案》（the Utah Crime Victims Act），Utah Code ann. S 77386（1）（1995）。引自 Demleitner（前引 93）第 663 页。

高法院确立的明确的、排除公众旁听刑事审判的四项标准：其一，要求不公开审判的一方当事人必须举出其可能受到损害的、重要的利益；其二，不公开审判系绝对必要的；其三，审判法庭必须考虑不公开审判以外的合理替代措施；其四，审判法庭必须给出明确的调查结果。① 在一些法院看来，法庭排除公众的参与必须有详尽的、安全受到威胁的报告；且法庭还必须考虑明显的、替代自动不公开审判的措施。② 其他法院则主张，保留卧底线人在某特定领域的效用足以成为在他（她）作证时不公开审判的理由。③

还有一些法院则选择在关键线人作证时，在审判参与者与旁听者之间树立一道屏幕，从而使旁听人员能够听到证词却看不到证人。这种做法已经获得了认同。④

第四，保护儿童证人的特殊程序。

近来，就儿童证人而言，直接言词原则与对质指控者的权利受到了相当程度的弱化。虽然这一现象并未扩展至如有组织犯罪案件证人的其他证人，其仍表明了该现象扩展至其他类型案件的趋势。在联邦法院，基于检察官的请求，如果儿童证人没有能力在审判中作证，那么该儿童证人的庭前证言（depositions）就可以录像带的形式提供。⑤ 虽然辩护律师有权对该儿童进行交叉询问，但如果被告人的行为将会妨碍该儿童如实作证，那么被告人可能会被禁止出席证据保全程序。⑥ 在加利福尼亚州，如果性犯罪受害人不满16岁或系智力有障碍的人，检察官就可请求对初审听证程序录像。⑦ 如果审判

① Waller v. Georgia, 467 U. S. 39 (1984)；Press－Enterprise Co. v. Superior Court, 464 U. S. 501 (1984). 美国联邦最高法院的这一标准在肯德里克诉国家（*Kendrick v. State*, 670 N. E. 2d 369 (Ind. App. 1996)）案中，也适用。
② Ayala v. Speckard, 102 F. 3d 649 (2d Cir. 1996). Okonkwo v. Lacy 104 F. 3d 21 (2d Cir. 1996)；Pearson v. James, 105 F. 3d 828 (2d Cir. 1997). At least 26 states provide for closure of trials upon a proper showing. *Demleitner* (note 93, supra), at 658.
③ People v. Martinez, 82 N. Y. 2d 436 (N. y. Ct. App. 1993). People v. Ayala (NY 7. 1. 97), 61 CLR 1321, 66 USLW 1080.
④ United States v. Jones, 965 F. 2d 1507, 1513 (8th Cir. 1992)；United States v. Lucas, 932 F. 2d 1210 (8th Cir. 1991). State v. Letcher, 772 S. W. 2d 795, 800 (Mo. App. 1989)；State v. Suarez, 867 S. W. 2d 583 (Mo. App. 1993).
⑤《美国法典》第18篇第3509（b）（2）条。
⑥《美国法典》第18篇第3509（b）（1）（B）（ⅳ）条。
⑦《加利福尼亚州刑法典》第1346（a）条。

法庭认为，进一步地询问该儿童会对其造成某种程度的情感伤害，以至于该儿童可被等同于"无法到庭"，那么该录像带就可被作为替代品①使用。

此外，还有诸多法律允许审判程序使那些总是令人害怕的、咄咄逼人的、对被告人面对面的对质归于无效。在庭审中，在被告人与儿童证人之间设立一道屏幕、允许被告人看到该儿童而防止儿童看到被告人的做法，被认为是对被告人面对面对质控方证人之权利的侵犯。② 然而，美国联邦最高法院并未就是否可以存在要求"眼睛对眼睛"对质的例外作出定论。③

两年后，美国联邦最高法院在一项性侵犯指控中，通过允许使用单向闭路电视询问儿童确立了此一例外。④至少有 25 个州规定了使用单向闭路电视询问儿童，且至少有 8 个州允许在作出决定时有特定情形的条件下，使用双向闭路电视。⑤ 根据加利福尼亚州使用双向闭路电视的规定，基于检察官的动议，作为性犯罪受害者的儿童，不论是在初审听证程序还是在审判程序中，抑或是在没有法官的庭外程序中，都可能受到陪审团或当事人通过双向闭路电视的询问。⑥ 该针对直接原则的例外，系法官在衡量受指控者权利、保护儿童证人的必要性以及司法查明真相的必要性之后自由裁量的范畴。⑦在审判前 3 天，申请者必须提出明确有力的证据表明，如果没有闭路电视这一机制，儿童证人就将"无法出庭"，因为：其一，存在针对儿童或其家人的、严重人身伤害的威胁；其二，犯罪使用了枪炮或其他致命武器；其三，犯罪施加了严重的人身伤害；其四，初审听证程序或审判程序中，受指控者

---

① 类似与《加利福尼亚州证据法典》第 1291 条及《加利福尼亚州刑法典》第 1346（d）条中的"先前陈述"（previous statement）美国至少有 37 个州存在类似于规定对询问儿童进行录像的、保存儿童证词的程序。相关法规的目录，参见 Maryland v. Craig, 497 U. S. 836, 852 (1990)。

② Coy v. Iowa, 487 U. S. 1012, 1020 – 21 (1988)。

③ 487 U. S. S. 1021. 威斯康星州最高法院主张，设立屏幕的做法应作为羞怯的儿童（the Coy）于审前作证（a pretrial deposition）的一种例外。被告人可在电视监控器上看到儿童证人，而当该录像带在庭审中展示时（when the videotape was place during the trial），陪审员是看不到屏幕的。State v. Thomas, 442 N. W. 2d 10, 13 – 14 (Wisc. 1989)。

④ Maryland v. Craig, 497 U. S. 836 (1990)。

⑤ 同上，第 864 页。

⑥ 参见《美国法典》第 18 篇第 3509（b）条；《加利福尼亚州刑法典》第 1347 条。

⑦ 《加利福尼亚州刑法典》第 1347（a）条。

或其辩护律师的行为将会妨碍该儿童作证。[1]在做决定前，法官可以询问该儿童并向其提出由当事人书面提交的问题。[2] 在联邦法律的类似规定中，此一例外并不限于性犯罪，且双向闭路电视在下列情况下是允许的：其一，该儿童因害怕而不能作证；其二，专家证人证实如果该儿童在法庭中接受询问将遭受情感上的创伤；其三，该儿童患有精神或其他方面的疾病；其四，初审听证程序或审判程序中，受指控者或其辩护律师的行为将会妨碍该儿童作证。[3]

在加利福尼亚州，如果有充分理由相信使用双向闭路电视将导致作为儿童的证人"无法出庭"，那么就可以使用单向闭路电视机制。[4] 根据州宪法，至少有两个州的类似法律规定因对质权被理解为"眼睛对眼睛"对质控方证人的权利而被宣告违宪。[5]

（3）联邦证人保护计划。

20 世纪 60 年代至 70 年代之间，多起针对有组织犯罪的指控都不得不被无限期搁置，因为案件的关键证人在出庭作证前总是遭致杀害。这类案件中大多数面临危险的证人均系转而反对其组织并愿意作证指控其成员的线人。久而久之，恐吓证人在家暴案中受到了更广泛的关注。在家暴案中，受害人（证人）受到的威胁来自于有虐待倾向的配偶或其家人。自 20 世纪 80 年代末，证人保护问题在团伙犯罪中变得尤为突出。要么是被告人自己要么是团伙中的其他成员，他们总是试图阻止证人（通常是无辜的受害者或局外人）作证。为此，他们或者采用包含略带隐晦地威胁在内的直接、非法的手段，或者通过在受团伙控制的区域内制造恐怖气氛。在后一情况下，即便证人没有受到任何直接的威胁，他们也会因感觉他（她）的家人受到威胁而拒绝作证。

---

[1] 《加利福尼亚州刑法典》第 1347（c）（3）条。
[2] 《加利福尼亚州刑法典》第 1347（c）（3）条。
[3] 《美国法典》第 18 篇第 3509（b）（1）条。
[4] 《加利福尼亚州刑法典》第 1347（c）条。
[5] "满足证人面对面的需要"《伊利诺伊州伊州宪法法案 I》第 8 条。（Art. I § 8 Ill. Const.）参见英联邦诉劳登［Commonwealth v. Louden，638 A. 2d 953（Pa. 1994）］案，该案的有罪判决因"仅仅是主观害怕并不足以限制'眼睛对眼睛'对质控方证人的权利"而被推翻。

为了获得有组织犯罪案中的证人证词，联邦证人保护计划的首次尝试便是 1970 年《有组织犯罪控制法案》（the Organized Crime Control Act of 1970）第五章所规定的部分内容。该法律的核心内容主要系为指控有组织犯罪团伙成员的证人提供安全住所。[①] 该法案被 1984 年《综合犯罪控制法案》所废除。1984 年《综合犯罪控制法案》为现今规定于《证人安全改革法案》[②]中的证人保护计划提供了框架结构。

新条款的目标仍系为了获得有组织犯罪案中的证人证词，以及保障该证人及其家庭成员在诉讼期间及诉讼后的安全。[③] 只要在有组织犯罪案的追诉中，总检察长认为有可能发生针对证人及其家庭的暴力犯罪，法律就应为该证人及他（她）的家庭成员提供包括如下内容的重新安置措施：其一，为受保护的人提供材料以确立新的身份；其二，住所；其三，送家具及新住所所需的个人财产；其四，基本生活开支；其五，协助就业；其六，"帮助该证人自立的其他任何必要服务"[④]。为了避免因重新安置及更换有犯罪背景之证人的身份而给公众造成危险，《美国法典》第 18 篇第 3521 条要求：总检察长在衡量侦查该案的必要性与他人及财产所面临的风险后，应得出结论"对该证人证词的需求比公众面临的风险更紧急"。

总检察长在对证人适用保护措施前，必须调查该证人是否有犯罪史。若有，总检察长必须对他（她）进行心理测评，并形成关于"该证人对所重新安置社区中人员及财产造成危险的风险程度"，以及"对该证人证词的需

---

① Pub. L. No. 91 - 452，§ § 501 - 04. 1. 该规定被 1976 年经《美国法典》第 18 篇第 3481 条废除，并被重新规定："美国总检察长有权租赁、购买、修建或重建受保护住房的设施；并有权为证人及任何旨在在针对被怀疑参与有组织犯罪活动的人提起之法律诉讼中成为官方证人的人，提供其他关涉其生命、安全、健康的保护措施。且只要根据其判断，该证人的证词或其自愿作证行为将会导致其生命或其家庭成员的生命或其家庭处于危险之中，总检察长就有权采取上述行为……"

② 《美国法典》第 18 篇第 3521—3528 条。

③ Lawson，Raneta J. "Lying，Cheating and Stealing at Government Expense：Striking a Balance Between the Public Interest and the Interests of the Public in the Witness Protection Program". 24 Arizona State L. J. 1429 (1992).

④ 《美国法典》第 18 篇第 3521 (a, b) 条。美国法警服务机构（Die U. S. Marshals Service）负责该计划的日常管理——文件、寻找住所及工作等。参见劳森（Lawson）前引注 121，第 1430 页，注释 7。

求是否比公众面临危险的风险更紧急"的书面评估报告。总检察长必须考虑该证人的犯罪记录、提供法律保护之外的替代性措施、从其他渠道获得类似证词的可能性、为该证人提供保护的需求、该证人证词的相对重要性以及对其的心理测评结果等事项。① 法律还要求总检察长参与制作了解该证人的备忘录。在此份备忘录中，该证人必须同意：其一，在任何相关的听证程序及审判程序中作证并提供其他必需的信息；其二，不实施任何犯罪行为；其三，采取一切必要手段避免被发现，以及遵守所有法律义务与契约义务（debts）。② 此外，法律还有单独规定，旨在确保受保护的证人不会利用其身份规避民事判决的履行、③ 不会借保护令侵犯其配偶对子女的抚养权；以及保障其未受保护的父母所享有的探视权。④

第一，作为作证引诱措施的证人保护。

伴随越来越多证人保护计划的生效，证人便开始在同意给出证词前，为获得保护计划的利益而讨价还价。证人坚持认为他们拥有获得完全的、法定可能利益的权利。还有些证人认为，他们有权在检察官将其排除出证人范围之后或是检察官拒绝履行所承诺的特定利益之后，重新被纳入证人保护计划。即便这些要求在一开始就获得了承诺且其确实系检察官几乎不受限制的自由裁量范围之内，法庭还是全部拒绝了证人的这些要求。⑤

第二，政府面对证人所受伤害及证人所致伤害时的责任。

尽管美国联邦最高法院在 1895 年就已确定保护控方证人系国家的职责

---

① 《美国法典》第 18 篇第 3521（c）（2）条。司法部执法行动办公室（The Office of Enforcement Operations of the Department of Justice）负责确定该证人是否系证人保护计划的合格对象，并负责该证人出席法庭的协调工作。参见劳森（Lawson）前引注 121，第 1430 页，注释 7。

② 《美国法典》第 18 篇第 3523 条。

③ 《美国法典》第 18 篇第 3523 条。

④ 《美国法典》第 18 篇第 3524 条。

⑤ Abbot v. Petrovsky, 717 F. 2d 1191, 1193 (8th Cir. 1983)；Garcia v. US, 666 F. 2d 960, 962 (5th Cir. 1982)；Doe v. Civiletti, 635 F. 2d 88, 89 - 90 (2d Cir. 1980)；Callas v. US, 568 F. Supp. 1129, 1393 (S. D. N. Y. 1984). 比较米勒诉美利坚合众国 ［Miller v. US 561 F. Supp. 1129, 1130 - 31 (E. D. Pa. 1983)］案，在该案中，针对检察官因疏忽而未能提供充分保护的申诉也被驳回了。参见劳森（Lawson）前引注 121，第 1436 页。

所在，^① 且其他法院也已授权那些未获得充分保护的证人可针对国家提起诉讼；^② 联邦上诉法院近来却作出裁决：国家并无职责保护在联邦诉讼中，生命因将来提供控诉证词而受到威胁的控方证人。^③ 批评者指出，政府应当有责任保护其证人，且不应凭借《联邦侵权求偿法案》的规定拒绝履行民事责任。^④ 另一方面，如果受保护的证人实施犯罪，法院并未赋予该犯罪行为的受害者以诉讼权。^⑤ 而且，在受保护的证人因系债务人而躲避其债权人时，国家也无义务作出补偿。^⑥

（四）刑事审判中的证明责任

在美国刑事审判中，所有受指控犯罪的每一构成要件都必须被"排除合理怀疑"地证明。^⑦ 虽然美国联邦最高法院主张：在普通的谋杀案审判中，如果被告人提出其当时处于"激情状态"的部分免责事由，以此将对其的指控降为自愿性非恶意杀人（voluntary manslaughter），国家是不能要求被告人提出优势证据（证明存在该降低指控的因素的。相反，控方将不得不排除合理怀疑地证明犯罪系谋杀而非相对较轻的杀人罪。^⑧

然而，在随后的案件中，美国联邦最高法院则允许要求被告承担责任证

---

① In re Quarles and Butler, 158 U. S. 532, 536 (1895)。
② 参见 Schuster v. City of new York, 154 N. E. 2d 534, 537 (N. Y. 1958)，在斯旺娜诉美利坚合众国 [Swanner v. United States, 406 F. 2d 716, 716 (5th Cir. 1969)] 案中，控方必须证明伤害更可能是由于证人的证词所致（it was more probable than not that the injury resulted due to the witness testimony）。
③ Piechowicz v. United States, 885 F. 2d 1207 (4 th Cir. 1989). at 1285. Hernandez v. Pomona, California 57 Cal. Rptr. 2d 406 (Cal. App. 1996).
④ *Harris, R. Jeffrey.* "Whither the Witness? The Federal Government's Special Duty of Protection in Criminal Proceedings after Piechowicz v. United States". 76 Cornell L. Rev. 1285 (1991), at 1286.
⑤ 当受保护的证人实施犯罪时，政府并无告知（warn）或赔偿其犯罪受害人的职责。Bergmann v. US, 689 F. 2d 789, 790 (8th Cir. 1982)（该案中，在证人离开纽约并定居以后，他在密苏里杀害了一名警察）。
⑥ Melo‐Tone Vending v. US, 666 F. 2d 687, 689 (1st Cir. 1981). 证人保护计划确立了一个基金会，该基金会每年会收到一百万美元。该资金系用于赔偿受保护证人所为犯罪行为的受害人。但该资金的使用却完全属于检察长自由裁量的范畴。《美国法典》第 18 篇第 3525 条。
⑦ In re Winship, 397 U. S. 358 (1970).
⑧ Mullaney v. Wilbur, 421 U. S. 684 (1975).

明新法条规定的、将谋杀降为一般杀害行为的"极端情绪紊乱"因素;① 在俄亥俄州的一起案件中，法院还认可：如果控方已提出案件系预谋杀害的初步证据，证明系正当防卫的责任就由辩方承担。② 这些都是对证明责任分配的实质性更改，因为美国法院最初的立场系：被告人承担证明责任仅限于在其作出"因精神失常而无罪"的答辩时，证明其精神失常。因为即便在此一情况下，对谋杀罪构成要件的证明责任仍由控方承担。③

后来，联邦及州的立法者都开始根据帕特森案的裁决重新界定涉及犯罪的要素，并开始将一些指控要素归为量刑情节而非与罪行相关的因素。这样做的原因在于：法官通常只是根据"优势证据"标准及民事法律证明责任来确定判决和处罚；且其并不受证据规则的约束，并且可以基于传闻、缓刑报告、警察报告等作出决定。

此一对陪审团认定事实（这些事实往往会对量刑总量产生重要影响，诸如被告人是否有前科，被告人在实施犯罪行为时是否使用了武器、是否造成了严重的人身伤害，被告人是否出售了数量特别巨大的毒品，被告人是否是基于特定的动机而实施犯罪等）之权力的削弱，最终导致美国联邦最高法院作出了一系列决定，以限制立法者"将某事实归为由法官裁判的'量刑情节'，而非归为由陪审团基于排除合理怀疑决定的要素"的权力。（有时也并非一种权力，而是立法者任意为之的行为）在阿普汉迪诉新泽西州（Apprendi v. New Jersey）案中，④ 美国联邦最高法院指出：除涉及被告前科及其犯罪记录之其他方面的事实以外，案件中导致最高刑罚的任一事实均系必须由陪审团基于排除合理怀疑而决定的事实。然而，美国联邦最高法院在此一问题上却拒绝走得更远——其并未确定任何可导致判处"强制性最低刑期"（the imposition of a mandatory minimum sentence）的事实都必须由陪审

---

① Patterson v. New York, 432 U. S. 197 (1977). 纽约州采纳了此一由《模范刑法典》第210节第3（1）（b）所规定的辩方式（this defense modeled on Section 210.3（1）（b）of the Model Penal Code）。

② Martin v. Ohio, 480 U. S. 228 (1987).

③ Leland v. Oregon, 343 790 (1954). 该案中，达致排除合理怀疑的证明责任由辩方承担。多数州将民事诉讼之中民事原告承担的证明责任归为提出"优势证据"的责任。

④ 530 U. S. 466 (2000).

团决定。① 美国联邦最高法院还指出，根据《美国量刑指南》及其他类似量刑指南（只要这些量刑指南在当时与《美国量刑指南》一样具有约束力），那些导致被指控犯罪的量刑将超出假定量刑范围的事实，也必须由陪审团决定。②

另外，可能判处死刑的谋杀案适用布克案（Booker）所确定的规则。法院主张：在此类审判中，任何可导致陪审团判处被告人死刑的加重情节，都必须由陪审团决定，且证明需达到排除合理怀疑的程度。③ 尽管多数州都要求由陪审团认定加重情节并将其与减轻情节相权衡，以决定是否判处被告人死刑，或是否判处被告人没有假释可能的终身监禁；斯卡利亚大法官（Justice Scalia）却持同意意见。他认为陪审团只要基于排除合理怀疑认定加重情节系真实的，随后的决定就应由法官来作出。而且，事实上许多州也采纳此一观点，并将陪审团的决定、有时甚至是陪审团对监禁而非死刑的选择，仅仅作为建议，从而将对监禁刑还是死刑的选择权交给法官。④

四、结论

理论上来讲，美国拥有最为民主、公开，且形式显而易见的刑事司法制度。来自犯罪发生地的陪审员们有权决定被告人是否有罪；且基于其废法的权力，他们也有权决定是否允许被告人（不论是否有罪）不受惩罚便重返社会。这类似于统治者所可能拥有的、赦免被定罪之重罪犯的权力。

美国的对抗式审判（即由控方和辩方举证、法官作为诉讼合法性的中立裁决者）系世界多数地区，尤其是拉美洲地区、欧洲及前苏联加盟共和国刑事诉讼改革的主要模式。甚至连陪审团也被少数国家再次引入，比如俄罗斯、西班牙以及日本、韩国及哈萨克斯坦类似陪审团的组织（更多公民与专业法官一同审判的组织）。

---

① Harris v. United States, 536 U. S. 545 (2002).
② United States v. Booker, 543 U. S. 320 (2005); Blakely v. Washington, 542 U. S. 296 (2004).
③ Ring v. Arizona, 536 U. S. 584 (2002).
④ Garden v. State, 815 A. 2d 327 (Del. 2003); State v. Gales, 658 N. W. 2d 604 (Neb. 2003); Oken v. State, 835 A. 2d 1105 (Md. 2003).

但由于辩诉交易程序及严厉的刑罚实践，美国的刑事司法制度已经遭到了扭曲。被告人惧于行使他们的权利，因为如果他们不接受检察官为在审判外解决案件而提供的大幅折扣，检察官就会以极端的惩罚相威胁。被告人也不得不放弃他们的上诉权，或是其他任何挑战属于辩诉交易内容的、随后量刑合法性的途径。从而，颇为讽刺的是，有学者将美国的辩诉交易与中世纪后期合法化的酷刑制度予以比较。最后，陪审团审判开始变得像是装扮某种制度的一道民主窗口，在该窗口背后，案件系秘密审结，有时甚至未经控方或辩方对事实的彻底调查。

刑事案件中以非法及违规手段获取的证据

——探求连贯性及一致性

［英］ 艾德里安·基恩* 著 王晨辰* 译

引 言

本文主旨系刑事案件中以非法及违规手段获取的证据。这是一个极为复杂的课题，世界各地的政治家及法学家均投入到对相关问题的讨论中，且此一讨论仍将持续。本文以批判的视角，研究传统理论原则的性质及特征，并揭示排除以非法及违规手段获取的证据的正当依据。本文还特别关注传统理论原则的相互关系、重合部分及实践运作方式。本研究表明，简单、独一的银色子弹无法攻破这些问题，但实现法律规定整体连贯性及判决一致性的最佳方法是一个全面复合的模式。笔者拟证明，此一模式有助于法律的合理化及简明化，但仍留给立法者及法官明确的选择空间——在何处准确画出中止程序及排除证据的界限。

（一） 前提考量

在论及理论原则之前，首先考量刑事诉讼程序及刑事审判证据规则的主要目的大有裨益。在英格兰，刑事诉讼程序规则最重要的目的系公正处理刑事案件。[①] 此一义务包括边沁（Bentham）所称的 "裁判公正"，[②] 也即释放

---

* 艾德里安·基恩 （Adrian Keane），伦敦城市大学法学教授，律师。
** 西南政法大学司法研究中心研究人员。
① R 1.1 （1），Criminal Procedure Rules 2012, SI 2012/1726.
② J Bentham, Rationale of Judicial Evidence, Specially Applied to English Practice （Vol 1） （1827） （reprinted 1978） 1.

无辜者及判处有罪者，[①] 但不仅限于此。在本文中，笔者拟将"释放无辜者及判处有罪者"这一发现真相的旨趣作为刑事诉讼程序及刑事审判证据规则的主要目的。如果以独立且不附条件的方式审视主要目的，则人们容易误入歧途并产生控辩双方平等对抗的印象。仅当将证明责任的范围、免除责任的证明标准及其正当理由结合起来，主要目的的本质方可明确。一般规定是，检察官负责证明被告人有罪，[②] 事实裁判庭则负责确认被告人有罪，且须达到较高的证明标准——确信被告人有罪，[③] 换言之，[④] 达到排除合理怀疑的标准。[⑤] 故而控辩并非平等：法律规定故意有所倾斜，通过增加起诉的难度支持辩方。其正当理由在于践行文明社会的理念，即宁可错放有罪之人，也不错判无罪之人。

正是基于此一重要背景，研究传统理论原则尤显必要，且这一传统理论原则可能是排除以不当手段获取的证据于刑事程序之外的正当依据。[⑥]

（二）可能性范围

不同的司法辖区适用理论原则的方式各不相同，且常常采用结合的方式。这一多样性是不同的历史、不同且不断演进的文化、社会政治的偏好及选择的当然结果，但详细阐释其所展现的可能性甚为必要。就救济而言，如果程序违法，[⑦] 则审判可能中止；或者如果审判不中止，则可能须排除证据。就排除规则而言，其可能是绝对严格的，也可能是弹性柔和的，这需要

---

① R 1.1 (2) (a), Criminal Procedure Rules, ibid. Cf Article 2, Criminal Procedure Law of the People's Republic of China, as amended on March 14, 2012 (hereinafter referred to as CPL, China, 2012)："……目的在于保证……惩罚犯罪和保障无罪的人不受刑事追究……"在此，我要感谢丹麦人权研究所提供的 2012 年《中华人民共和国刑事诉讼法》的英文译本对本文撰写的帮助。

② 据说，"黄金门槛"遍布整个英国刑事法：per Lord Sankey LC in Woolmington v DPP [1935] AC 462；and see also Article 49, CPL, China, 2012。

③ R v Majid [2009] EWCA Crim 2563.

④ R v Adey, unreported (97/5306/W2).

⑤ Woolmington v DPP; ibid; and see Article 53, CPL, China, 2012.

⑥ 本文中，"不当的"、"不当行为"及"不当地"将分别作为"不当的、非法的或违规的"，"不当行为、非法行为或违规行为"及"不当地、非法地或违规地"的简称。

⑦ 在英国，法官拥有防止案件进入起诉程序的自由裁量权：see Connelly v DPP [1964] AC 1254. 这一裁量权仅在少数案件中为实现公正价值而运用，如起诉旨在强迫或故意刁难辩方。See DPP v Humphreys [1977] AC 1.

权衡各种特定因素；其可能是法律规则，也可能是自由裁量权；其可能适用于特殊的证据类型，也可能适用于控方提出的任何证据；其可能适用于特殊人员采取不当行为的案件，最典型如警察或海关人员，[①] 也可能适用于任何人采取不当行为的案件；其可能适用于从被告或其住处获取证据的案件（最为常见），也可能适用于从任何人那里获取证据的案件；其可能广泛适用于所有的不当行为，也可能仅适用于某些特定的不当行为，如侵犯重要宪法权利的行为、侵犯《欧洲人权公约》所保障权利的行为。这一系列的规则数目庞大且高度细致化及技术化，其制约着审前程序，尤其制约着逮捕、搜查、扣押、讯问及辨认一类的侦查措施。证据可采性规则也有范围限制，或者至少应予明确哪些证据不因取证方式不当而须排除。[②]

一、证据排除的理论原则

评论法学派对典型的以非法或违规手段获取的证据进行了理论概述，这主要体现为一系列证据排除原则。其中最重要的是可靠性原则（the reliability principle）（所谓的）、完整原则（the integrity principle）、惩戒原则（the disciplinary principle）及救济原则（the remedial principle）。[③] 不同的评论法学家可能对每个原则的精确含义持不同意见，但不会对以下定义的主要内容产生分歧。

依可靠性原则（所谓的），如果某项证据因取证方式不当而存在瑕疵，则须予以排除。依尊严原则，法庭排除证据旨在使证据本身与不正当的取证方法相分离，并维护司法系统及刑事司法程序的尊严性或纯洁性。事实上，该原则还确认了公民享有法律所赋予的权利，且法律保障该权利不受侵犯，故而其与"基本权利原则"容易混淆。依惩戒原则，排除以不当方式获取的证据旨在"规制"或"惩罚"警察，并防止警察此后仍通过该方式获取

---

① 在警察或"傀儡"的案件（see, eg, Allan v United Kingdom（2002）36 EHRR 143）及秘密记者主动行动的案件（see R v Shannon［2001］1 WLR 51）中产生了诸多有趣的问题。

② See, eg, 1984 年《警察与刑事证据法》第 76 条第 4 款及第 6 款规定了不可采纳的供述所派生的证据，此一内容将在下文中作进一步研究。

③ See, eg, A Choo, Evidence（2ndedn, New York, 2009）at 169 - 70.

证据。最后，依救济原则，排除以不当方式获取的证据旨在救济权利受到侵犯的犯罪嫌疑人（尽管排除证据通常仅系救济的一部分）。[1] 有时，救济原则也称作"保护原则"。[2]

在适用原则过程中，通常会产生竞合。因此，适用可靠性原则通常也即适用了尊严原则、惩戒原则及救济原则。同样，适用尊严原则也即适用了惩戒原则及救济原则，但对取证方式不当而证据仍然可靠的案件，则显然不可能适用可靠性原则。本文的主要研究对象系惩戒原则、可靠性原则及尊严原则，因为这三项原则均可独立论证且独立适用，而无须援用其他原则。但颇受争议的惩戒原则是三项原则中最为薄弱的一项，因为存在该原则威慑性不足的实证证据。救济或保护原则可视为其他原则的附属。因为一旦问及为何援用救济原则，如果仅回答这一原则救济被告人所享有的权利，则无法令人完全信服。如果发问者进一步探究并询问为何被告人享有此些权利，则答案将回到可靠性原则、尊严原则或两者皆可。当然，救济或保护原则并不仅适用于特殊的被告人或某项应予排除的特殊证据，其可通过对将要发生的不当行为形成威慑效应而从广泛意义上保护犯罪嫌疑人，但这实则又回归到惩戒原则。此外，尊严原则也比救济原则更为宽泛。正如朱（Choo）在《程序违法及刑事程序中止》[3] 一文中所曾论及，尊严原则要求谨慎对待被告权利（此时将与救济原则产生竞合），但其所要求的范围实则更广，尤其还包括在第三人而非被告人权利受到侵犯时，维护司法系统尊严的必要性。举一个简单的例子即可说明：刑讯逼供被告人的妻子而获取的证据。

二、惩戒原则

惩戒原则仅以如下方式"规制"或"惩罚"警察，即警察以不当行为获取的证据不得用于起诉。故如果排除证据的正当依据不是可靠性原则、尊

---

① 对民事违法行为的传统救济是以损害赔偿或强制禁令的方式防止类似情形重现。在加拿大，非法搜查行为的救济可以损害赔偿的方式进行。See J Spiotto, 'Two Approaches to the Problem of Search and Seizure: The Canadian Tort Remedy vs. the United States Exclusionary Rule', Journal of Police Science and Administration Vol 1, Issue 1 (1973), 36.

② See A Ashworth, 'Excluding Evidence as Protecting Rights' [1977] Crim LR 723.

③ A Choo, Abuse of Process and Judicial Stays of Criminal Proceedings (New York, 2008), 116.

严原则或二者兼有之，那么唯一的正当依据即威慑力。这并不是贬低威慑的重要性，相反，威慑须视为最重要的政治目标。证据收集过程中不当行为的减少并不等于法庭不必处理涉及不当行为的问题，但其在某种程度上可减少法庭为处理该问题所投入的宝贵时间。因此，问题的关键在于惩戒原则的适用是否产生威慑力。遗憾的是，尚无充足证据表明惩戒原则的威慑功效。更为糟糕的是，还存在一些反面证据，如惩戒原则致使某些警察继续违规执法，并通过伪证掩盖其不当行为。

在美国，依联邦宪法第四修正案的规定，以非法搜查或非法扣押方式获取的证据不得在刑事审判中作为对被告人不利的证据使用，特殊情形除外。此一规定的宗旨系阻止非法搜查及非法扣押行为的发生。① 但实证研究表明，并不存在确切的证据显示该规定有助于达致此一目的。第一项研究表明，该规定并非一种有效威慑，有些警察甚至根本不受制于此。② 当然，最主要的原因可能是，该规定未明确警察的哪些行为违法。第二项研究表明，该规定仅具微弱的威慑力，原因可能是警察无法确定法律禁止哪些行为。③ 第三项研究得出，该规定作为一种威慑已获得实质性成功，但大量的警察伪证行为规避了对该规定的适用。④ 第四项研究则承认，随着时间的推进，警察行为发生变化的趋势将日益明显。该研究也对前述"该规定是一种无效威慑"的结论提出相应的质疑。⑤

一般而言，证据排除规则可能有助于防止个别警察重复特定的不当行为，甚至可能促使其审慎对待其他不当的取证行为。如果排除证据的裁判附带特定的司法惩戒，则效果更为明显。这一效果还可能受到地方性或全国性新闻报道的影响。但对于其他警察，甚至同一警署的警察，威慑效果则较

① See Pennsylvania Bd of Probation and Parole v Scott 524 US 357 (1998).

② J Spiotto, 'An Empirical Study of the Exclusionary Rule and Its Alternatives', The Journal of Legal Studies, Vol 2, No 1 (Jan 1973) 243 at 276 – 277.

③ C Heffernan and R Lovely, 'Evaluating the Fourth Amendment Exclusionary Rule: The Problem of Police Compliance with the Law (1991) 24 University of Michigan Journal of Law Reform 311 at 369.

④ M Orfield, 'Deterrence, Perjury, and the Heater Factor: An Exclusionary Rule in the Chicago Criminal Courts', (1992) 63 University of Colorado Law Review 75 at 130 – 132.

⑤ B Canon, 'Is the Exclusionary Rule in Failing Health? Some New Data and a Plea Against a Precipitous Conclusion' (1974) 62 Kentucky Law Journal 681 at 725 – 727.

弱；对于其他区域的警察，如果其已通过大量的媒体报道获知排除证据的裁判，则威慑效果可能微乎其微或根本不存在。

毋庸讳言，要求审判法官惩戒警察可能相当于要求一条鱼捕捉老鼠，其实猫更能胜任此项工作。此处所讨论的"猫"须对管理及人力资源领域非常熟悉。其可采取如下行动：最佳警察行为的培训；管理者的有效监督；通过有效的定期评估进行绩效管理；对警察的不当行为及警官的违法行为均适用严格的惩戒机制；在不当行为发展成犯罪行为时，启动刑事诉讼侦查程序；① 将评估及惩戒记录作为晋升依据（而非以定罪率作为"成功"的记录）；对犯罪嫌疑人（及其他人）的投诉启动警察系统的内部调查程序。最后，用另一动物作比喻，我们需要一只狗——一个警察力量之外的监督者，因为世界各国的经验及历史经验显示，警察自身不可信。解决方案是授权一个独立于警察力量之外的实体——政府或检察院，由其负责调查对警察严重不当行为的指控，也由其负责复议当事人提交的警方内部的处理结果。②

三、可靠性（不可靠性）原则

作为证据排除原则中的一项，"可靠性"这一称谓存在用词不当的问题。最佳称谓系不可靠性原则，因为以不当行为所获证据的不可靠性才是排除证据的正当依据。可靠性原则更适合作为不当获取之证据可采性原则中的一项，因为此时取证方式不会影响到证据的可靠性（或者被告核实证据可靠性的能力）。③ 这不仅是称谓问题或双关语问题——存在两个独立的原则或只是一枚硬币的两面。区分二者的重要性在于，不可靠性原则作为排除证据的正当依据已经获得广泛认同且无实质争议，但对不可靠性须达何种程度

---

① See Article 55, CPL, China, 2012.
② See, eg, 在英格兰及威尔士，2002 年的《警察改革法》成立了警察投诉独立委员会。该委员会不仅有此种调查权及复议权，而且还负有义务提高警察内部处理投诉机制的公信力，这一义务主要通过官方指导实现。更多的信息，包括详细的官方指导，请参见 http：//www. ipcc. gov. uk。
③ 这一原则呼应了一些学者所称的"犯罪控制模型"，因为其支持采纳控方证据，并以此协助控方完成证明被告有罪的任务。

尚存分歧。本文所称的"可靠性原则"却很少可以单独成为证据可采性的正当依据。[①] 事实上，将这一原则作为证据可采性的唯一依据极富争议，因为在权衡各种因素时，可靠性原则经常与尊严原则发生冲突。正如大法官奥尔德（Auld）在《英格兰及威尔士刑事法庭评论》（A Review of the Criminal Courts of England and Wales）[②] 一书中所言："不当取证行为影响到证据可靠性的案件当然毫无难点。但如果取证行为不当但证据似乎可靠且充分，则将产生问题。"

（一）不可靠性的含义

依不可靠性原则，如果证据具有相关性及可采性，但因为取证行为不当而导致证据不可靠，则应予以排除。排除证据可依据法律规定进行或由法官自由裁量。无论如何，该原则完全契合刑事司法的主要目的：不可靠的证据无法推进真相的发现。狭义的不可靠性原则可适用于此种"不可靠"的案件，但不能适用于其他为数众多的案件。因此，这一原则的范围须扩大至证据可靠性存在问题的案件，换言之，取证方式对证据的可靠性有实质影响的案件。[③] 如诱供的排除系基于供述不可靠的可能性，而非供述不可靠的确定性。事实上，不可靠性原则的外延宜进一步扩大。从最广泛意义上，该原则也须适用于取证方式侵害被告人核实证据可靠性能力的案件，因为此时警察违反了所谓的"言词原则"。[④] 如警察未有正当理由而不做讯问记录的，如果被告人否认已作有罪供述，则应排除被告人在讯问时所作的有罪供述，因为此时不存在核实被告口头证据可靠性的最佳证据。[⑤]

（二）侵犯陪审团的地位？

虽然不可靠性原则的适用有助于刑事司法主要目的的实现，但在陪审团审判的案件中这将产生司法不当僭越的问题，因为在正常情况下证据是否可

---

① 一个罕见的例子，参见 1984 年《警察与刑事证据法》第 76 条第 4 款及第 6 款（通过不可采的供述所取得的证据）。

② (2011) Ch 11, para 108.

③ Cf the wording of Art 69 (7) of the Rome Statute of the International Criminal Court.

④ "言词原则"针对将被告未作的有罪陈述归于供述的不当行为。"言词原则"的规定旨在预防这一行为的发生。

⑤ CfR v Keenan [1990] 2 QB 54.

靠应由陪审团裁判。常见的反驳观点是，如果一个案件中存在某些类型的不可靠证据，无论陪审团如何裁判证据的可采性，均将对事实裁判产生影响。即使不可靠的证据或可靠性存在疑问的证据均不予采纳，陪审团仍无法避免这些证据潜移默化的影响。此外，通常认为，对某些类型的证据因取证方式而可能产生的不可靠性问题，法官更有资格作出决定，如供述，这是因警察不当行为而排除证据的高发地带。较之陪审员，法官对取证方式①（或无不当行为时，取证情况）② 如何轻易影响供述的可靠性有更好的认知。证据的可采性在警察辨认程序中也经常受到挑战。对此类证据，较之陪审员，法官在判断违法行为如何污染证据方面更有经验。③ 此外，可靠性原则还有一个强力后盾，即虽然在司法适用中可靠性原则可单独成为排除证据的正当依据——排除证据可仅适用不可靠性原则，而无须其他原则佐证——但该原则还间接支持了其他证据排除原则。举例而言，即使排除证据的裁判并非出于支持司法系统的尊严性及纯洁性，其仍与尊严原则相契合并可视为支持这一原则。同样，即使排除证据的裁判并非旨在规制或惩罚警察④（或作为不赞成取证行为的标识⑤），其仍可能产生该效果（或可能视为不赞成取证行为的标识）。

（三）混淆的可能性：以英格兰为例

对不可靠性原则的适用，仍存在三个相互关联的问题有待进一步考量：不可靠性原则是适用于任何控方证据，还是仅适用于特定类型的控方证据？不可靠性原则的适用是由法律具体规定，还是由法官自由裁量，还是两者兼可？如果两者兼可，应选择哪种类型的证据由法律具体规定？举例而言，在

---

① See generally G Gudjonsson, The Psychology of Interrogations and Confessions. A Handbook (Chichester, 2003).

② 不应忽视如下事实：警察无不当行为时，供述的可靠性可能也存在问题，如犯罪嫌疑人易受影响、易受恐吓或智力低下（see R v Harvey [1988] Crim LR 241），或犯罪嫌疑人在讯问时受到毒品或药物的影响（see R v Sat – Bhambra [1988] 88 Cr App R 55）。

③ See further A Roberts, 'Pre – Trial Defence Rights and the Fair Use of Eyewitness Identification Procedures' (2008) 71 Modern Law Review 331.

④ Cf, in the context of s. 78, Police and Criminal Evidence Act 1984, per Watkins LJ in R v Mason [1988] 1 WLR 139; see also per Lord Lane CJ in R v Delaney (1988) 88 Cr App R 338 at 341.

⑤ CfR v Chalkley and Jeffries [1998] 2 All ER 155 at 178 – 80.

英国法中，既存在不可靠性原则适用于特定类型控方证据的法律规定，如被告人的供述（1984 年《警察与刑事证据法》第 76 条第 2 款 b 项），也存在不可靠性原则适用于所有控方证据并由法官自由裁量的规定（1984 年《警察与刑事证据法》第 78 条）。然而，如果这些规定旨在反映本文所称的不可靠性原则，那么法条本身存在缺陷且容易导致混淆。

依第 76 条第 2 款 b 项的规定，如果存在在当时情况下可能导致被告人供述不可靠的任何言语或行为，[①] 则法庭不得将该供述作为对被告人不利的证据使用，除非检察官能向法庭证明该供述（尽管供述可能真实可靠）并非以上述方式取得，且须达到排除合理怀疑的标准。这一规定的主要内容表明，其旨在践行不可靠性原则，但"尽管供述可能真实可靠"这一表述似乎与此相悖。但如果细致解读，这一规定可能并无矛盾之处。第 76 条第 2 条 b 款并不要求法庭排除真实的供述，而是排除可靠性存在合理疑问的供述，即使这一供述可能真实可靠。此处使用"可能"而非"是"似乎帮了个大忙，但这并不意味着问题得到彻底解决。依第 76 条第 4 款的规定，基于第 76 条第 2 款所排除的供述而获取的事实证据不予排除；依第 75 条第 5 款及第 6 款的规定，基于第 76 条所排除的供述而获取的事实证据，如果该事实证据仅由被告人供述派生，则不予采纳。第 75 条第 5 款及第 6 款的依据是，如果依公正裁判之利益，事实裁判庭不得直接获知相关信息，则其也不得间接获知相关信息。[②] 但后续发现的证据表明供述真实的，排除供述证据则不能以不可靠性原则为正当依据。如被告人向警察供述盗窃物品的藏匿地点，警察不仅在该地找到了盗窃物品，而且发现盗窃物品带有被告指纹。在此一情形下，排除基于被告人供述获取的事实证据的正当依据只能是其他原则，而不是可靠性原则。

关于自由裁量权，第 78 条规定："在刑事诉讼中，申请排除某一控方证据的被告人，如果能够证明法官采纳该证据将会使诉讼的公正性受到不利影响的，则法官就可以裁定该证据不具有可采性。"就措辞而言，其几乎不

---

① 关于"此种（such）"一词，第 76 条第 2 款 b 项并未涉及，参见 per Mance LJ in Re Proulx [2011] 1 All ER 57 at [46]。

② 参见刑事法修订委员会的少数派意见，11th Report, Cmnd 4991, at para 69。

涉及以不当方式获取的证据，故该条旨在践行可靠性原则。但该条催生出大量的判例法，其中某些上诉法院的判决涉及法条释义及法条正确适用的问题。奥默罗德（Ormerod）及伯奇（Birch）法官认为："起初，证据排除案件喷薄而出，包括明显以保护权利及惩戒警察为目的的案件。但自20世纪90年代，法庭执着于可靠性原则且态度日益坚定（原文如此），故而较少作出有惩戒警察或保护权利效果的证据排除决定。"① 这一观点颇具说服力。尼科尔斯（Nicholls）大法官在"R v Looseleyand Attorney General's Reference（No 3 of 2000）"② 一案中准确概括了"诉讼公正性"的主要目的：这一短语"主要针对实际审判行为的公正性问题，如证据的可靠性及被告核实证据可靠性的能力"。

权威观点清晰而明确地表明，虽然依第78条的规定排除证据有防止警察不当行为的效果，但裁判排除证据的目的不得是规制或惩罚警察。③ 是以，上诉法庭谴责警察无视法典规定④或遗憾警察故意公然违反法律规定⑤时，不能因此产生错误印象。在某些案件中确实存在警察恶意执法、故意无视法律或任意滥用权力的现象，⑥ 此时须排除可靠性证据。但这一现象相当罕见，且依第78条的规定此种行为几乎不可能被发现。

上诉法院所使用的一些措辞表明，第78条以尊严原则为依据，如其将1984年《警察与刑事证据法》第58条所规定的获得法律意见权描述为"公民最重要的基本权利之一"，⑦ 并指出这是"重大的实质侵权行为"⑧。但其并未明确表示适用尊严原则。如果实质侵权行为并未影响证据可靠性，则很

---

① D Ormerod and D Birch, 'The Evolution of the Discretionary Exclusion of Evidence' [2004] Crim LR 767, 779.

② [2001] 1 WLR 2060.

③ See per Watkins LJ in R v Mason [1988] 1 WLR 139, per Lord Lane CJ in R v Delaney (1988) 88 Cr App R 338 at 341 and per Auld LJ in R v Chalkley and Jeffries [1998] 2 All ER 155 at 178 – 80.

④ See per Hodgson J in R v Keenan [1989] 3 All ER 598 at 601.

⑤ See per Lord Lane CJ in R v Canale [1990] 2 All ER 187 at 190 and 192.

⑥ See Matto v Crown Court at Wolverhampton [1987] RTR 337. See also R v Nathaniel [1995] 2 Cr App R 565 and the dictum in R v Alladice (1988) 87 Cr App R 380. 如果警察恶意剥夺被告获得律师帮助的权利，则法庭可毫无困难地决定不采纳供述。

⑦ R v Samuel [1988] 2 All ER 135.

⑧ See per Saville J in R v Walsh (1989) 91 Cr App R 161 at 163 and R v Keenan [1989] 3 All ER 598.

少排除证据。① 但依上诉法院的大多数判决，出现难点症结时，重要的不是违反了法律规定，而是违反之后的影响。② 因此，在"R v Alladice"一案中，③ 虽然违反第 58 条的规定应视为对"公民重要的基本权利"的侵犯，但法官并无义务排除供述。这是因为被告人清楚知晓其所享有的律师在场权，且律师意见不会增加被告人对自己所享有之权利的了解。④

（四）原则的适用范围

依不可靠性原则，何种类型的证据须予以排除？证据排除规则的当然适用对象是被告人的供述，因为取证方式使得此类证据存在不可靠的风险。同样，这也适用于以刑讯或强迫方式获取的证据。⑤ 但鉴于不可靠性原则的适用完全符合刑事司法的主要目的，故而有充分理由认为其应适用于所有的控方证据。

（五）法律规定或自由裁量

不可靠性原则的适用须由法律规定还是由法官自由裁量？就裁判排除证据的程序而言，载体是成文规则还是自由裁量权可能并不重要。如 1984 年《警察与刑事证据法》第 78 条虽然正式确定以自由裁量的方式（"法庭可以"），但从严格意义上，该条并不涉及自由裁量权的行使。这是因为如果法庭决定采纳存在问题的证据，势必对程序的公正性造成不利影响，故而法官不能采纳该证据。是以，从逻辑上讲，法官不能行使采纳证据的自由裁量权。⑥ 但同样也应注意："每个案件的情况几乎均不同，即使案情类似，法官也可行使自由裁量权作出不同的裁判。因此不存在适

---

① See DPP v Godwin [1991] RTR 303 (evidence of a positive breath specimen obtained following an unlawful arrest).
② 对如何适用第 78 条这一问题，某些审判法官的观点与上诉法院法官截然相反。参见 M Hunter, 'Judicial Discretion: Section 78 in Practice' [1994] Crim LR 558.
③ (1988) 87 Cr App R 380.
④ See also R v Dunford (1990) 91 Cr App R 150.
⑤ 关于刑讯，参见下文的尊严原则。依 1984 年《警察与刑事证据法》第 76 条第 2 款 a 项的规定，以强迫方式包括刑讯手段获取的证据应予以排除，而无须考虑证据的不可靠性。
⑥ Per Auld LJ in R v Chalkley and Jeffries [1998] 2 All ER 155 at 178. See also per Lord Steyn in R v Hasan [2005] 2 AC 467 at [53]："采纳……将对程序公正性产生不利影响"的标准实际上等同于法庭依据公正性标准判断是否采纳证据。

用于疑难案件的统一规定，也无法将案件作分类处理。"① 可以说，在此一情况下，法律规定亦面临同样的问题，但又有显著差异。在自由裁量的情况下，上诉法院不会因为与审判法官的决定不一而推翻原判，除非依温斯伯里原则（Wednsbury principle），② 审判法官的决定极为不合理。换言之，任何一个理性的法官均不可能作出该项裁判；③ 或裁判理由不当，如未适用第 78 条所规定的证据核实或遵循旧版的业务守则④。仅当基于此一理由，法律规定方有优先性。

四、尊严原则⑤

适用尊严原则可导致中止程序或排除证据，区分这两种补救方式大有裨益。在此之前，首先须研究不当行为的类型及其他可能导致中止程序而非排除证据的情况。最后则转入对适用尊严原则排除证据及权衡各类因素后决定是否排除证据的研究。

（一）因程序违法而中止刑事诉讼程序

一般而言，在英格兰，中止程序是比排除证据更为有力的补救措施。在某些案件中，以不当方式获取的证据是对抗被告人的唯一证据或关键证据，如果在审前阶段排除该证据或在审判阶段有可能排除该证据，则将导致控方无法提交任何证据。此时，依 1967 年《刑事司法法》第 17 条的规定，法官可在被告人未受陪审团审判时作出无罪裁定，此一裁定的效果相当于被告人已受陪审团审判并被宣告无罪。以此类推，在陪审团审判过程中排除此种证据将不可避免地导致被告人被无罪释放。但无论何时中止程序，被告人都将不再受到最初预期的审判。中止程序确实不等于无罪释放，其仅仅是一项

① Per Auld J in R v Jelen (1989) 90 Cr App R 456 at 464 – 5.
② Associated Provincial Picture Houses Ltd v WednesburyCorpn［1948］1 KB 223.
③ See R v O' Leary (1988) 87 Cr App R 387 at 391.
④ See R v Miller［1998］Crim LR 209.
⑤ See generally A Ashworth, 'Exploring the Integrity Principle in Evidence and Procedure' in P Mirfield and R Smith (eds), Essays for Colin Tapper (Oxford, 2003). See also I Dennis, The Law of Evidence (London, 2007), 49 – 85.

要求起诉不再推进的命令。① 基于此一命令，检察官在司法实践中可能无法提供任何证据，而依前述第 17 条的规定这将导致无罪裁定。②

刑事法庭在何种情况下可适用中止程序这一强大的补救措施呢？现行的英国法确认了两种情况：③ 其一，被告人不可能受到公正审判的情况；其二，法庭的正义性及在特定情形下请求法庭审判被告人的礼节性受到冒犯的情况。④ 第一种情况超越了本文所讨论的范围。第二种情况要求权衡各种因素，这可能牵涉到惩戒原则及可靠性原则，但尊严原则显然是此一情况的理论基础。正如约翰·戴森（John Dyson SCJ）爵士在"R v. Maxwell"一案中所言⑤："……法官意在维护刑事司法系统的尊严。如果法官认为无论如何审判都将'冒犯法庭的正义性及礼节性'（per Lord Lowry in R v Horseferry Road Magistrates' Court, ex p Bennett… ［1994］1 AC 42 at 74）或'损害刑事司法系统的公信力及使刑事司法系统丧失信誉'（per Lord Steyn in R v Latif, R v Shahzad… ［1996］1 WLR 104 at 112），则应同意中止程序。"

在诱惑侦查案件中，中止程序似乎是当然救济措施。正如上议院在"R v Looseley and Attorney General's Reference（No 3 of 2000）"⑥ 一案中所述：警察行为导致国家创造犯罪，这一现象不正当且不可接受，在此一情形下起诉警察是对公众良知的冒犯。⑦ 此时，如果被告人能够证明存在诱捕行为，法庭即可中止程序或依 1984 年《警察与刑事证据法》第 78 条的规定排除证据。但原则上讲，最恰当的做法通常是中止程序而非排除证据。然而，仅对特定案件适用中止程序的做法又是错误的，因为案件的具体情况变化万千。在"Warren v Attorney General for Jersey"一案中，⑧ 戴森大法官主张，自由裁量权如何行使取决于案件的具体情况。在绑架案及诱惑侦查案件中，法官

---

① See Connelly v DPP ［1964］AC 1254，1347.

② See R v Thompson ［2007］1 WLR 1123.

③ R v Beckford ［1996］1 Cr App R 94.

④ Per Sir John Dyson，SCJ in R v Maxwell ［2010］UKSC 48.

⑤ Per Sir John Dyson，SCJ in R v Maxwell ［2010］UKSC 48.

⑥ ［2001］1 WLR 2060.

⑦ 但因非政府官员（如记者）诱捕被告而中止程序的，情况则大为不同。参见 Re Saluja ［2007］2 All ER 905 at ［81］。

⑧ ［2011］UKPC 513.

一般认为中止程序是权衡各种因素后的最佳选择，但不能因此将案件作固化的分类处理。在大部分案件中，法官是否同意中止程序并不取决于被告人是否未受到审判，而取决于执行权是否被滥用。

一如前述，法官在决定是否对第二种情况适用中止程序时须权衡各种因素。通常纳入考虑之列的因素有：侵犯被告或第三人权利的严重性；警察是否恶意为之或有不当动机；不当行为是否在紧急或必要情况下作出；是否可以对不当行为的责任主体进行直接制裁；被告所受指控之罪行的严重性。① 令人疑惑的是，这一清单中少了证据的可靠性及证据对案件的重要性，而此项因素比如上列举的任何一项因素更具重要意义。在诱惑侦查的案件中，此类考量因素的清单则更长、更详尽。② 但必须注意，如果适用尊严原则排除证据，权衡各种因素的做法则会导致法官产生司法偏好或司法偏见，故而判决结果可能与买彩票无异。然而，如果判决结果在很大程度上取决于个案的具体情况，这似乎又是不可避免的代价。

此外，还须注意一点，因程序违法而中止程序与仅因不可靠性而排除以不当方式获取的证据不同（关于 1984 年《警察与刑事证据法》第 78 条所规定之权力的主流观点），故无论取证方式如何，可靠证据均可采纳。奥尔德大法官准确概括了此一问题：③ "正如评论法学家所观察到的，④ 既然两种救济方式存在差别，那么在受到污染的问题证据并非控方的唯一证据或关键证据的情况下，如果法官仅适用中止公诉这一严格措施，而不适用排除证据这一普通措施，则显然不合理。"解决这一问题的有效方法是，确保适用中止程序的同时，不仅可以基于可靠性原则排除证据，而且可以基于尊严原则排除证据。

---

① A Choo, Abuse of Process and Judicial Stays of Criminal Proceedings（New York, 2008）132，作者评论，这是戴森大法官在 "Warren v Attorney General for Jersey" 一案中最有意义的阐释，同上 at ［25］。
② See R v Looseleyand Attorney General's Reference（No 3 of 2000）ibid.
③ A Review of the Criminal Courts of England and Wales（2001）Ch11at［109］.
④ The reference is to A Choo and S Nash, 'What's the Matter with Section 78' ［1999］Crim LR 929 at 933.

（二）排除证据

在不宜适用中止程序的情况下，依尊严原则，也可排除取证行为严重不当的证据，或仅可排除取证行为极为不当的证据。此外，适用尊严原则排除所有以不当方式获取的控方证据不应毫无限制，而罔顾不当行为的性质或严重程度。毫无疑问，适用尊严原则可排除取证行为侵犯重要诉讼权利的可靠证据。在罪行极为严重的案件中适用该原则也可排除关键性的或极为重要的控方证据，但此时可能仅存在较轻的、技术性的或偶然性的侵权行为，且该行为对犯罪嫌疑人的利益或证据的可靠性毫无影响或仅有些微影响。在此一情况下，适用尊严原则将阻碍刑事司法主要目的的实现，故须以某种方法限制该原则的适用。第一种方法是尊严原则仅适用于权衡各种因素后决定排除证据的案件；第二种方法是尊严原则仅适用于特定类型的不当行为，或以特定的不当行为获取的特定证据；第三种方法是兼采上述两种方法。

（三）各种因素的权衡及法律人的游戏

对以权衡各种因素的方式限制尊严原则的适用，加拿大和澳大利亚均提供了指导性判例。依《加拿大权利和自由宪章》（以下简称《宪章》）第24条第2款关于救济侵犯宪章权利或自由行为的规定，法官认为，取证方式侵犯了《宪章》所保护的权利或自由的，如果综合全案采纳该证据将使司法系统丧失信誉，则应予以排除。"R v Grant"一案①主张，《宪章》第24条第2款要求权衡各种因素，包括如下三项：（1）侵犯宪章行为的严重性；（2）侵犯宪章所保护的被告人利益的影响；（3）事实裁判中的社会利益。

在"Reg v Ireland"一案中，② 大法官巴里克（Barwick）如是描述澳大利亚权衡各种因素的做法："这种非法性或不正当性无论何时出现，法官均有排除证据的自由裁量权……在权衡各种因素时，必须考虑公共需求的对抗，且其重要性高于其他一切因素。一方面，对犯罪行为定罪量刑是公共需求；另一方面，保护公民不受不法或不公正的对待是公共利益的要求。可见，通过不法或不公正行为进行定罪量刑，代价巨大。"

---

① 2009 SCC 32.

② [1970] 126 CLR 321 at 335.

"R v Harrison"一案①是加拿大的一项重要判例，大法官麦克拉克林（McLachlin）说："《宪章》第 24 条第 2 款所要求的权衡各种因素是性质层面的，无法精确量化。"这在某种意义上是一个非常礼貌式的陈述。在某些案件中，关联性因素或大部分因素均倾向采纳或排除某一证据，如果判决结果与此相悖，则不甚合理。但在许多典型案件中，各种关联性因素背道而驰，形成强大的张力，此时鉴于因素的不可权衡性，判决结果则与彩票游戏无异。② 法官可以在权衡各种因素时创造不同的措辞，使这个或那个因素具有或多或少的重要性。更为糟糕的是，权衡因素的做法导致法官在无意或潜移默化中产生司法偏好或司法偏见：在面临困难抉择时，偏向尊严原则的法官肯定容易得出，保护公民特定权利所体现的公共利益高于采纳此种证据以追究特定犯罪所体现的公共利益。相反，偏向可靠性原则的法官容易得出，采纳此种证据所体现的公共利益高于保护特定权利所体现的公共利益。这也容易使法官作出模棱两可的声明：事实上，采纳或排除证据均可使司法系统丧失信誉。所有这些论述都是对法官进行近距离调查的结果。

"R v Harrison"一案本身就是一个很好的例证。本案中，一名警官因汽车前面无牌照而要求靠边停车，但后来该警官意识到这辆车注册于阿尔伯塔省（Alberta），因此无须在车前装置牌照。然而，鉴于面子问题，该警官继续拘留司机并对汽车进行搜查。他认为，在众目睽睽之下，如果不拘留司机，则会有损警察尊严。经搜查发现，车内装有 35 千克可卡因，市值在 250 万美元至 450 万美元之间。毫无疑问，无正当理由之拘留违反了《宪章》第 9 条的规定，搜查则违反了《宪章》第 8 条的规定。在最高法院中，多数派认为，审判法官采纳此一证据的行为是错误的，被告人应无罪释放。法官德尚（Deschamps）则持相反意见。如果将"R v Grant"一案所确立的三项因素适用于本案，则推理如下：依据第一项因素，多数派认为，违反

① 2009 SCC 34 at〔36〕.
② 在这个方面，有一个有趣的比较，由英国法发展出来的不利准则演进为特殊的责任倒置条款，这与《欧洲人权公约》第 6 条第 2 款所保护的无罪推定权利完全契合。仔细阅读 1998 年《人权法案》第 3 条的内容，被告所承担的是提出证据的责任，而非证明责任。See I Dennis, "Reverse Onuses and the Presumption of Innocence: In Search of Principle"〔2005〕Crim LR 901.

《宪章》的行为须极其严重，这种行为可能并非出于故意，但确实是对《宪章》权利的公然无视。德尚法官认为，本案中的拘留并非出于计划，也不是警察恶意而为之，这只是新进警官判断错误的结果；依据第二项因素，多数派认为，该行为对《宪章》所保护的被告利益的影响微不足道。德尚法官认为，该行为对《宪章》所保护的被告利益的影响极小：拘留时间很短且无身体强制的迹象，搜查对象是汽车而非公民、住宅或办公室；依据第三项因素，多数派和少数派的观点基本一致，但仍有细微差别。多数派认为，证据极为可靠且是该重罪案件的关键证据。德尚法官认为，证据不仅极为可靠，而且对该重罪案件而言极为重要。综上，多数派认为，采纳该证据将使司法系统丧失信誉；德尚法官则认为，无罪释放的判决将对司法系统的信誉产生长远的不利影响。

在澳大利亚的判例中亦可找到类似的例证。著名的"Bunning v Cross"案①涉及一项未经授权的酒精测试，高等法院的多数派支持采纳该证据。多数派认为，该案明显不存在"故意无视法律"的情况；但少数派认为，警察多次要求邦宁（Bunning）先生参加酒精测试，邦宁先生在多次拒绝无果之后最终同意参加测试，"以此认为邦宁先生自愿参加是不合理的，取证行为暗含了强迫因素"。至于酒驾罪本身，多数派认为，这虽然不是"最严重的犯罪之一"，但"澳大利亚立法者近年来对该罪关注颇多，且此一犯罪将高速公路上他人的生命置于危险境地"；但少数派认为，该项犯罪"虽然严重……但也没那么严重，故反对强迫取证并对公众予以司法保护的利益超过了执法利益"。

客观权衡相关因素可以使裁判结果更为确定吗？各种因素中唯一可以客观化的是犯罪的严重性，犯罪的层次可依各罪的最高刑罚构建。但仅权衡一种相关因素对解决问题的帮助不大。不确定性似乎是不得不付出的代价。

（四）基于特定权利的证据排除规则

以权衡各种因素的做法限制尊严原则的适用引发了裁判结果不确定及不

---

① ［1978］HCA 22.

一致的问题，这一问题无法完全消除，但基于特定权利的证据自动排除规则有助于缓和此问题。因此，依尊严原则，可以设置双重证据排除制度：对具有相关性及可靠性的证据，如果取证方式侵犯了一项或多项足以启动证据自动排除规则的特定权利，那么无论指控多么重要、多么严重，均适用绝对的、无条件的证据排除规则；权衡各种因素的做法则仅适用于取证行为侵犯其他权利的案件。显然，适用双重证据排除制度首先须解决一个问题，即确定何种重要权利足以启动证据自动排除规则。对此，存在各种不同的观点，但在英国，最简单的解决方式系援引《欧洲人权公约》。但正如其所言，一旦取证行为违反了直接转化为国内法适用的公约条款，即启动证据自动排除规则，这一做法值得商榷。①

基于特定权利的证据排除规则可导致任意且不合理的分类处理。在法律演进模式呈零散化、分离化的国家，这还将引发法律规定整体的不连贯性。英国法即为一个很好的例证。依上议院在"A v Secretary of State for the Home Department"② 一案中所作出的影响深远且一致性的判决，"在英国法院中，以刑讯方式获取的证据在刑事程序中不可作为对被告不利的证据使用，且不考虑刑讯的地点、主体或授权机关"，如今这已经成为一项宪法原则。③ 霍夫曼（Hoffmann）大法官则从损害司法程序的尊严及使司法系统丧失信誉的角度论及此一问题。④ 同样，卡森（Carson）大法官认为，"国家有责任通过不采纳以刑讯方式获取的证据来反对刑讯"，"允许采纳此种证据是对公众良知的冲击、对诉讼程序的滥用或贬低、对国家道义的侮辱"。⑤ 但这些大法官均不赞同将证据自动排除规则的适用范围从刑讯扩展至非人道或有辱人格的待遇，此一现象令人费解。正如一位学者所言，"……如果以

---

① A Choo, Evidence (New York, 2009), 186.

② [2006] 2 AC 221.

③ 一如前述，此时也可援用可靠性原则。但正如一位学者所观察到的，如果证据排除规则的理论基础不止一项，那么在适用性及范围上将产生诸多问题。参见 N Rasiah, A v Secretary of State for the Home Department (No 2)：Occupying the Moral High Ground? (2006) 69 Modern Law Review 995, at 999。

④ 同上，at [87]。

⑤ 同上，at [150]。

刑讯方式取得证据有违文明社会的价值，那么这也同样适用于以非人道方式取得的证据，尽管后者程度上稍轻"。①

"A v Secretary of State for the Home Department" 一案的判决与 1984 年《警察与刑事证据法》第 76 的规定有重合部分，但某些部分则不一致。依第 76 条第 2 款 a 项的规定，如果法庭认为被告的供述是或者可能是以强迫方式（包括刑讯及非人道或有辱人格的待遇）② 取得，则法庭须排除该证据，除非检察官能够证明该供述（尽管供述可能真实可靠）并非以此种方式取得。该条规定同时反映了刑事法修订委员会③及皇家刑事诉讼委员会④的观点，即以强迫方式（包括刑讯及非人道或有辱人格的待遇）取得的供述应自动排除，这是因为社会对以此种方式进行讯问深恶痛绝。但一如前述，依第 76 条第 4 款的规定，基于第 76 条第 2 款排除供述的事实不影响该供述所派生的事实证据的可采性。换言之，如果可靠的事实证据由以刑讯方式取得的供述而派生，则可予采纳。这一结论与上议院在 "A v Secretary of State for the Home Department" 一案中所作的证据不可采的笼统声明相矛盾。这一问题源于未能分解法律规定，第 76 条第 4 款的内容有二：事实证据由第 76 条第 2 款 a 项（以强迫方式取得的供述）所指不可采的供述派生；事实证据由第 76 条第 2 款 b 项（不可靠的供述）所指不可采的供述派生。第 76 条第 4 款的依据是可靠性原则及 "R v Warwickshall"⑤ 这一陈年旧案的判决理由："是否采纳供述作为证据取决于供述本身是否可靠……这一关于供述的原则并不涉及是否采纳事实证据的问题。对于事实证据而言，无论其是否由以刑讯方式取得的供述派生，还是通过其他途径取得，如果它真的存在，则将以一成不变的状态存在。故而供述是否真实不影响其所派生的事实证据。"⑥ 但在适用尊严原则排除供述的情况下，有一个强有力的判例认为，无论是采纳供述还是采纳由供述派生的事实证据，均将导致司法系统丧失

---

① See N Rasiah, ibid at 1003.

② S 76（8）.

③ See 11th Report（Cmnd 4991）at para 60.

④ See Cmnd 8092, para 4.132.

⑤ (1783) 1 Leach 263.

⑥ 参见刑事法修订委员会的观点，其支持维持此一规则，11th Report, Cmnd 4991, at para 68。

信誉。

审视欧洲人权法院的判例，此一问题更为复杂，欧洲人权法院在刑讯案件及受到非人道或有辱人格待遇的案件之间作了不合理的区分。在"Jalloh v Germany"一案中，① 欧洲人权法院大审判庭认为，以刑讯方式取得的证据应自动排除，但对是否自动排除以非人道或有辱人格的方式取得的证据则持保留态度。事实上，依《欧洲人权公约》第 6 条的规定，采纳此种证据确实侵犯被告权利。在"Gäfgen v Germany"一案中，② 大审判庭认为，以刑讯方式所取得的供述直接派生的有罪物证须予以排除；但物证系以非人道方式所取得的供述所派生的，如果不是为了保证定罪，则可采纳该物证。③

五、证明责任及证明标准

"在文明社会中，一般由控方承担有罪的证明责任，且须达到排除合理怀疑的证明标准"，本文开头已阐明该规则的正当依据。对证据是否以不当方式取得存在争议时，遵循此一证明责任及证明标准规则显得非常重要。当然，如果证据是对被告不利的唯一证据或主要证据，那么遵循上述规则尤为重要。如依 1984 年《警察与刑事证据法》第 76 条的规定，辩方仅须向法庭证明供述可能以强迫方式（或者其他可能使供述不可靠的方式）取得，法庭即有义务排除供述，除非检察官能够证明供述并非以强迫方式（或其他方式）取得，并达到排除合理怀疑的证明标准。④ 当然，如果被告人想在此一问题上获得胜诉，主动提供存在不当行为的证据将是明智之举。但证明责任不在被告而在检察官，故后者须使证明达致排除合理怀疑的标准。遗憾的是，1984 年《警察与刑事证据法》第 78 条规定了排除证据由法官自由裁量，但对证明责任及证明标准的问题则保持缄默。对取证方式存在争议时，

---

① (2007) 44 EHRR 32, ECHR.

② Application No 22978/05, 30 June 2008, [2010] Crim LR 865, ECHR.

③ See also Jalloh v Germany (2007) 44 EHRR 32.

④ 但法庭判断程序违法案件是否适用程序中止时，被告须证明审判不可能公正或接受审判对他而言不公平。see R v Telford JJ ex p Badhan [1991] 2 WLR 866, R v Norwich Crown Court, ex p Belsham [1992] 1 WLR 54 and R v Great Yarmouth Magistrates' Court ex p Thomas [1992] Crim LR 116.

被告人最多承担提出证据的责任，检察官则须承担证明责任并须达致排除合理怀疑的标准。这一结论的正当依据上文已有论述。但依据 "R（Saifi）v Governor of Brixton Prison"① 一案，第 78 条的措辞并未体现对此一结论的支持，第 78 条所缺失的内容表明，事实裁判或证明须达致的特定标准均须经过合意确定，即这是一个开放式的问题，须严格考量证据要素。②

中国《关于办理刑事案件排除非法证据若干问题的规定》（以下简称《规定》）中也存在类似的问题：被告人似乎须承担主要证明责任。依《规定》第 6 条，被告人及其辩护人提出被告人审判前供述是非法取得的，法庭应当要求其提供涉嫌非法取证的人员、时间、地点、方式、内容等相关线索或者证据。依《规定》第 10 条，经法庭审查，被告人及其辩护人未提供非法取证的相关线索或者证据的，被告人审判前供述可以当庭宣读、质证。但这很容易让人联想到一类案件，在正式讯问被告并作笔录之前，不当行为已在合法的拘留场所发生，此时实施不当行为的责任主体可以毫无困难地掩盖自己的身份及起初拘留犯罪嫌疑人的地点。

"A v Secretary of State for the Home Department"③ 一案为此种可能存在的不公正提供了更为有力的例证。在该案中，依 2001 年《犯罪与安全法》第 4 章关于反恐怖主义犯罪的规定，国务大臣拘留了上诉人。④ 上诉人将此案上诉至特殊移民上诉委员会（Special Immigration Appeals Commission, SI-AC）。上议院所面临的难题是：在未与英国官方机构合谋的情况下，外国官员以刑讯方式取得证据，特殊移民上诉委员会是否可以采纳该证据？一如前述，上议院一致认为，在英国法院（包括特殊移民上诉委员会）中，以刑讯方式获取的证据在刑事程序中不可作为对被告人不利的证据使用，且不考虑刑讯的地点、主体或授权机关。但上议院在证明标准问题上则存在严重的分歧。多数派认为，如果特殊移民上诉委员会在权衡各种可能性之后确认，证据是以刑讯的方式取得，则须排除该证据，但如果存在疑惑，则可采纳该

---

① ［2001］1 WLR 1134.
② See also Vel v Owen［1987］Crim LR 496. CfR v Keenan［1990］2 QB 54.
③ See also Vel v Owen［1987］Crim LR 496. CfR v Keenan［1990］2 QB 54.
④ 2004 年，上议院宣布第 4 章与《欧洲人权公约》相冲突。

证据。少数派包括 3 名大法官持不同意见，认为如果对证据是否以刑讯方式取得存在疑惑，特殊移民上诉委员会须排除该证据。宾厄姆（Bingham）大法官对多数派的反驳如下：此种结论实则要求被拘留者承担不公平的责任，因为在现实生活中，被告人永远无法承担这一责任。[1] 这不符合最基本的公平观念，其相当于蒙住一个人的眼睛，然后对他施加一个标准，而这一标准只有视力正常者方可达到。[2]

结　论

本文研究了排除以不当方式取得的证据所适用的一系列原则。这表明，如果要实现法律规定整体的连贯性及判决的一致性，法律须完善以下三点：其一，首先将本文所称的不可靠性原则及尊严原则写入法律；其二，同时适用证据自动排除规则及证据排除自由裁量规则；其三，不仅适用排除证据，而且适用中止程序并作出无罪裁定。这一复合模式无须太过复杂，相反，作为一整套方法，该模式须相对简明易懂。因为从广泛意义上，该模式适用于控方所提出的任何证据，无须考虑取证主体、是否取证自被告人或他人（除非侵犯了《欧洲人权公约》所规定的权利）、不当行为的性质。依此一模式，关于控方所提出的证据：

1. 如果取证方式侵犯《欧洲人权公约》所规定的权利，则自动排除该证据。

2. 如果取证方式或取证情况导致证据不可靠、使得证据可靠性存在实质问题或损害被告核实证据可靠性的能力，则排除该证据。

3. 如果法庭权衡取证方式及取证情况后认为，采纳证据将损害司法系统公信力及使司法系统丧失信誉，则法庭可自由裁量中止程序并作出无罪裁定或排除该证据（包括权衡各种不同的相关因素后作出中止程序或排除证据的决定，此点已由判例确认）。

---

[1]　[2006] 2 AC 221 at [59].

[2]　[2006] 2 AC 221 at [59]. 鉴于特殊移民上诉委员会的运行方式，被拘留者可能无法获知控方官员的姓名或身份，也无法看到公诉词或了解公诉词的内容，甚至无法与自己指定的辩护律师分析讨论。

此一模式还须补充如下两条规定：

4. 依第 2 点的规定，确定供述是否可靠或供述的可靠性是否存在实质问题时，须权衡供述所派生的事实证据。但如果供述依第 1 点或第 3 点的规定须予以排除，那么供述所派生的任何事实证据均须予以排除。

5. 如果辩方依第 1 点、第 2 点或第 3 点的规定提出取证方式存在问题，则须承担提出证据的责任。检察官则须证明证据并非以该种方式取得，且须达到排除合理怀疑的标准。

美国《联邦证据规则》的制定与修改

高一飞[*]　贺红强^{**}

美国是典型的普通法系国家，判例法是其最突出的特点。然而，判例法虽然鲜活灵动，但形散难以把握。就美国的证据法而言，其法典化的路程颇具启迪意义。本文以《联邦证据规则》的制定、修改和重塑为线索，梳理美国《联邦证据规则》的历史变迁。

一、《联邦证据规则》编纂前的准备

作为一个普通法系国家，美国法典化的进程充满了矛盾和反复。成文法的统一性、规范性，便于查找等特点显而易见，但与此同时，有人担心法典化会产生僵化的规则，还有人认为根据具体案件个别化的裁判才是实现正义的最佳途径。因此，美国《联邦证据规则》的制定过程并非一帆风顺，也经历了曲折的发展过程和长久的准备过程。

（一）美国证据法法典化前的研究报告

20 世纪早期，在美国制定一套标准的证据规则或一部证据法典是否合适还混沌模糊。然而，法典化的魅力使得美国在 20 世纪二三十年代不断探索证据法的法典化之路。这种探索集中体现为两个报告：一个是 20 年代联邦基金证据委员会出台的报告；另一个是 30 年代美国律师协会委员会草拟的报告。

1920 年，联邦基金证据委员会（the Commonwealth Fund Evidence Committee）成立，该委员会的主要工作是改革证据法。该委员会由证据法学家

---

  * 西南政法大学教授、博士生导师，美国丹佛大学博士后。

** 西南政法大学 2011 级诉讼法学专业博士研究生，广东医学院讲师。

和法官组成，由哈佛大学埃德蒙·摩根教授担任主席。该委员会提出了一个编撰证据规则的报告，但该报告饱受争议。联邦基金计划的支持者们反对该报告，将该报告的失败之处归咎于"律师的懒惰、无知和堕落"。[①] 一个评论家认为，该计划的失败在于他们不承认正在企图对既得利益进行重新分配。[②] 联邦基金计划建立在由执业律师给出的不太科学的意见组成的大量"经验的"证据的基础上。令人震惊的是，一些执业律师"在回答调查委员会关于改革的问卷时，都将建立统一的证据法典对他们客户诉讼利益可能的影响作为考虑因素"。[③] 在赖特（Wright）和格雷厄姆（Graham）教授看来，联邦基金计划唯一的贡献似乎只是对现代商业记录传闻例外的影响。因此，由上述情况可知，联邦基金证据委员会及其发布的报告对美国证据法的法典化进程影响极为有限，但这至少为法典化作了铺垫。

美国律师协会委员会（the American Bar Association Committee，也称为"威格摩尔委员会"）意在改进证据法。该委员会由迪恩·约翰·H. 威格摩尔教授担任主席。1938 年，该委员会发表了关于改革证据法的报告。该委员会公开承认"律师接受或反对修改证据法均出于自身利益考虑"，谴责了"特殊利益"的立法对证据法产生了不良影响，损害了整个证据法体系的士气。[④] 美国律师协会委员会最终赞同联邦基金报告中的大多数提议，也增加了许多新的提议，比如严格限制法律特权和保护证人的合法权益方面的规定。[⑤]

（二）美国法律协会制定《示范证据法典》

在经过长时间的是否法典化的讨论之后，在联邦制定统一的证据法的观

[①] See Charles Alan Wright & Kenneth W. Graham, Federal Practice and Procedure §§ 5001 – 09 (2006), at 149.

[②] See Charles Alan Wright & Kenneth W. Graham, Federal Practice and Procedure §§ 5001 – 09 (2006), at 150.

[③] See Charles Alan Wright & Kenneth W. Graham, Federal Practice and Procedure §§ 5001 – 09 (2006), at 150.

[④] See Charles Alan Wright & Kenneth W. Graham, Federal Practice and Procedure §§ 5001 – 09 (2006), at 153.

[⑤] Eileen A. Scallen, proceeding with caution: making and amending the federal rules of evidence, 36 Sw. U. L. Rev. 601, 604 (2008).

念占据了上风。1939 年，美国法律协会（the American Law Institute）开始致力于制定《示范证据法典》（Model Code of Evidence），希望为美国证据法的制定奠定基础。然而，美国法律协会内部又因为法典应该简单还是详尽而争执不下。以查尔斯·E. 克拉克法官（《联邦民事诉讼规则》的主要起草人）为代表的一派认为统一的证据法典应该尽量简洁；以威格摩尔为代表的另一派则认为应该尽量详细到超过 500 页。作为该项目的报告人摩根（Morgan）教授则不主张极端化，提出了折中的思路。

1942 年，《示范证据法典》终于出台，为美国联邦证据法法典化提供了参考的蓝本。然而，《示范证据法典》的反响褒贬不一。以威格摩尔为代表的批评者对《示范证据法典》提出了尖锐的批判。威格摩尔认为该示范法典太过简略，并没有包括证据法的所有领域，给予法官的自由裁量权过大。1944 年，加利福尼亚州律师协会的一个委员会也批评《示范证据法典》，声称该示范法典试图"摧毁司法管理结构的基础"。

摩根教授原本有这样一种预想，由法官、律师和法学教师组成的代表应该会赞成该议案。特别是考虑到委员会的常设的律师和法官应该会支持该议案，因为该群体是向议会提案的主体，如果议案被议会否决他们将承受不利后果。① 然而，尽管该示范证据法典非常杰出，但没有一个州采用该《示范证据法典》。1951 年，摩根教授似乎有点沮丧和迷茫，苦苦思索为什么他的《示范证据法典》可能会遭遇这种挫败。到底摩根教授制定的《示范证据法典》为何没能广为接受一直是个谜，部分学者认为原因是摩根教授没有像法学研究者那样充分考虑到司法界及律师界固有的保守性。虽然该《示范证据法典》在结构方面没有特别激进，但该《示范证据法典》比时代超前。② 虽然《示范证据法典》没有被直接采纳，但不能说这种努力徒劳无益，《示范证据法典》为统一州法委会（National Conference of Commissioners on Uniform State Laws，英文简写为"NCCUSL"，以下简称"统一州法委会"）制定统一的证据法体系提供了基础。

---

① Edmund M. Morgan, the Future of the Law of Evidence, 29 Tex. L. Rev. 587, 598 (1951).

② See Michael Ariens, Progress Is Our Only Product: Legal Reform and the Codification of Evidence, 17 Law & Soc. Inquiry 213, 234 – 35 (1992).

（三） 美国统一州法委会制定《统一证据法规则》

从 1949 年开始，统一州法委会着手制定一套证据法方面的统一体系（英文表述为 Uniform State Laws on Evidence，以下称为《统一证据法规则》）。但直到 1953 年，统一州法委会才正式通过《统一证据法规则》。统一州法委会把《统一证据法规则》的目标描述为"可接受性和统一性"，而不是"改革"。即使这样，《统一证据法规则》在当前的适用也并不广泛。目前，只有堪萨斯州和新泽西州部分采用了 1953 年版本的《统一证据法规则》。犹他州在 1971 年曾采用《统一证据法规则》，后又于 1983 年废止了《统一证据法规则》，而改采《联邦证据规则》。加州法律修订委员会采用《统一证据法规则》来注释《加州证据法典》的内容，但是仍然旨在编纂自己的判例法。①

《统一证据法规则》对 1975 年通过的《联邦证据规则》有很大的影响。咨询委员会（The Advisory Committee）注意到，《联邦证据规则》1975 年的版本大量列举了 1953 年《统一证据法规则》的内容。1974 年以前，共有 38 个州从技术上采纳了《统一证据法规则》。从 1974 年起实际上这些州在追随《联邦证据规则》。因此，《统一证据法规则》的影响比以前有明显的下降。如果说因为《联邦证据规则》对《统一证据法规则》的继受，两者之间内容较为雷同的话，《统一证据法规则》随后的修改则使两者差别较为明显。1995 年统一州法委会让一个新的起草委员会"在不受《联邦证据规则》语言的影响下对《统一证据法规则》进行全面审查和修改"。结果，1999 年版的《统一证据法规则》在许多重要方面偏离了《联邦证据规则》。

二、《联邦证据规则》 的制定

《联邦证据规则》自 1965 年开始起草，1969 年发表初稿征求意见，1971 年公布修订稿，1975 年由国会通过生效。证据规则主要是以案例为基础，将美国法院的判例法典化。

---

① Eileen A. Scallen, proceeding with caution: making and amending the federal rules of evidence, 36 Sw. U. L. Rev. 601, 606 (2008).

（一）《联邦证据规则》制定前的酝酿

美国国会在 1934 年颁布《规则授权法》（Rules Enabling Act），该法赋予联邦最高法院制定操作和程序规则的权利，这为联邦法院制定统一的证据规则提供了可能性。[①] 然而，并没有人愿意承担此项任务。原来负责起草《联邦民事诉讼规则》的民事诉讼规则咨询委员会（Civil Rules Advisory Committee）尽可能回避证据问题，只制定了两个"临时"证据法规则，也就是现在《联邦民事诉讼规则》中的第 43 条和第 44 条。这两条规则在 1938 年《联邦民事诉讼规则》生效时才发挥作用。民事诉讼规则咨询委员会在 1946 年开始考虑《联邦民事诉讼规则》的第一次修正，并对美国法律协会制定的《示范证据法典》进行审查。然而，民事诉讼规则咨询委员会实际上并不想插手棘手的证据法改革。该委员会推脱说，既然要对有关的证据规则进行改革，那么其他的委员会也应该一起参加。另外，曾经在 1946 年促使《刑事诉讼规则》生效的原刑事诉讼规则咨询委员会（Criminal Rules Advisory Committee）也不愿起草证据方面的特殊规则。该委员会的理由是，随着普通法的发展，联邦法院在刑事领域自然会建立一套统一的证据法。摩尔（Moore）教授认为"尽管该理论像春风一样诱人，但通过逐案发展构建理性的、综合的证据体系是很困难的"。[②]

学术界和司法界对联邦最高法院寄予厚望，希望由联邦最高法院制定统一的《联邦证据规则》。尽管 1953 年《统一证据法规则》为证据法的法典化改革提供了可能性，但学术界和司法界仍然把目光聚焦在联邦最高法院。但是，联邦最高法院并不想成为第一个吃螃蟹的人。1961 年，美国司法会（the Judicial Conference）批准任命了一个证据特别委员会，由该委员会出具报告，论证联邦法院制定统一证据规则的适当性和可行性。将近 9 个月后，该特别委员会向常设委员会提交了关于司法会的操作和程序规则的最后报告，结论是颁布统一的联邦证据规则不仅可行，而且非常值得。司法会批准了该报告，并且采纳了常设委员会的建议，即"证据规则咨询委员会应该

---

① The Enabling Act of 1934, 28 U. S. C. § § 2072, 2075（West 2007）.
② James WM. Moore et al., Moore's Federal Practice § § 9, at 40, 41（1996）.

由首席大法官从各职业中委任大约 15 名代表，并且特别强调要包括出庭律师和庭审法官"。①

（二）《联邦证据规则》的起草

在论证了建立《联邦证据规则》的必要性之后，联邦最高法院开始着手起草《联邦证据规则》。首席大法官厄尔·沃伦花了差不多两年的时间建立了咨询委员会，并最终任命艾伯特·E. 詹尼二世担任主席，爱德华·W. 克利教授担任报告人。联邦规则的初稿历经 3 年半时间完成，其中的大量工作是由克利教授完成的。《联邦证据规则》于 1965 年开始起草，1969 年发表初稿征求意见。1970 年，咨询委员会根据反馈意见修改了初稿，司法会认可了修改后的版本，并根据《1934 年规则生效法》将该草案提交给联邦最高法院。联邦最高法院并没有把该草案提交国会，而是在 1971 年把修订后的草案发回了司法会，以便在正式颁布前让公众对其进行充分评论。

司法会很快就收到了反馈意见。1971 年 8 月，美国参议院第一个对《联邦证据规则》草案发起攻击，7 名"保守派"参议员提出议案，要求限制最高法院制定规则的权力。司法部的反对声音更大，施压要求继续反复修改草案。司法会采纳了司法部大多数的修改建议。尽管道格拉斯大法官以《联邦证据规则》的内容违反《1934 年规则生效法》为由提出反对意见，联邦最高法院于 1972 年 11 月 20 日认可了《联邦证据规则》，并授权首席大法官将其提交给国会。

（三）《联邦证据规则》的通过

然而，《联邦证据规则》的诞生过程并不顺利，其通过的过程枝节横生。1972 年，"水门丑闻"爆发，当美国国会正在讨论包含扩大政府特权内容的《联邦证据规则》议案时，尼克松总统正在主张广泛的行政特权。因此，不恰当的时机使《联邦证据规则》在 1972 年"难产"。而且国会人员发现司法部人员存在不端行为，本身就对司法部的人员印象不佳，《联邦证据规则》草案修订时对司法部作出的大幅让步引起了国会人员的不快，这

---

① Charles Alan Wright & Kenneth W. Graham, Federal Practice And Procedure §§5006, at 180 (2006).

也间接影响了《联邦证据规则》颁布的进度。国会颁布了法规，规定《联邦证据规则》在得到美国国会的批准后才能生效，这避免了司法部根据《1934 年规则生效法》对《联邦证据规则》的潜在干扰。后来，争议的焦点又转向联邦证据规则的内容，特别是有关特权的规则几经争论。经过几度修改，美国国会颁布了《联邦证据规则》，并由福特总统于 1975 年 1 月 3 日签署了该规则使其成为法律。

1975 年的《联邦证据规则》以"条"（article）为基本单位组成。整个法典共 11 条，每一条规范一个基本的方面，下面细分为若干个规则（rule），规则下面有若干项。每一条下面的规则以条的顺序号为其顺序号的首位数字，在此基础上每一个规则单独编号。例如，第 1 条下面的第一个规则编号为 101，第二个规则编号为 102，第 2 条下面的第一个规则编号为 201，第二个规则编号为 202。1975 年的《联邦证据规则》共 11 条，62 个规则。

第 1 条是一般规定，或可称为"总则"，包括 6 个规则。101 规定的是《联邦证据规则》的适用范围；102 规定的是《联邦证据规则》的目的与解释；103 规定的是对于有关证据事项的裁决；104 规定了有关证据的预备性问题，包括证人资格、存在特权、以特定事实为条件的相关性、陪审团不在场情况下的听证、被告人的证言、证据的分量与可信度等问题；105 规定的是有限的可采性；106 规定的是书面或录音证词的剩余部分或相关部分。

第 2 条是司法认知规则。该条只有一个规则。规则 201 规定了规则适用的范围、事实的种类、任意采用、强制采用、获得听证的机会、司法认知的时间范围以及对陪审团的指示等内容。

第 3 条是关于民事诉讼和民事程序中推定的规定，共 2 个规则。规则 301 是关于民事诉讼和民事程序中推定的一般性规定；规则 302 是州法律在民事诉讼和民事程序中适用问题的规定。

第 4 条是对于相关性及其限制的规定。其中 401 对"相关证据"作了界定；402 规定了相关性和可采性的一般原则；403 规定了有相关性的证据由于可能导致偏见、混淆、浪费时间等原因而被排除；404 规定了品格证据

其他行为作为证据的可采性；405 规定了证明品格的方法；406 规定了习性
证据和日常实践作为证据的可采性；407 规定了事件发生之后采取的救济措
施作为证据的可采性；408 规定了让步和承诺作出让步的可采性；409 规定
了支付医疗费或类似费用的可采性；410 规定了答辩交流以及相关陈述的不
可采性；411 规定了责任保险的可采性。当前的规则 412—415 在 1975 年的
《联邦证据规则》中没有规定，属于修改中新增的内容。

第 5 条是关于特权的规定。第 5 条只有一个规则，规则 501 是关于特权
规则的总则性规定。具体的特权规则此处并无特别规定。现行《联邦证据
规则》的 502 规则属于在随后修改中新增的内容。

第 6 条是关于证人作证的规定，一共包括 15 个规则。601 是关于证人
作证能力的一般性规定；602 规定证人应当对其作证的事项拥有亲身感知的
知识；603 是关于宣誓和具结的规定；604 是关于翻译的规定；605 和 606
分别是关于法官和陪审员在其审判案件中作证资格的规定；607 是关于谁有
权对证人可信度提出质疑的规定；608 是关于证人的品格和行为证据的规
定；609 是证人曾被定罪这一事实可用于弹劾证人可信度的规定；610 是有
关证人的宗教信仰或观点能否用于弹劾证人的规定；611 是关于举证和询问
证人方法与顺序的规定；612 是关于书面记录用于提醒证人记忆的规定；
613 是关于证人先前的陈述是否可用于弹劾证人的规定；614 是关于法庭传
唤并询问证人的规定；615 是有关证人隔离的规定。

第 7 条是有关意见证据可采性的规定，一共包括 6 个规则。701 规定的
是外行意见的可采性；702 规定的是专家意见具有可采性的条件；703 规定
的是专家意见所依赖的基础；704 规定的是专家对于案件最终事实的意见是
否具有可采性；705 规定的是专家意见所依赖之资料的披露；706 是有关法
庭任命专家证人的规定。

第 8 条规定的是传闻法则。801 规定的是传闻的定义和传闻的豁免；
802 规定的是传闻可采性的基本原则；803 是关于无论传闻陈述者是否仍可
获得情况下传闻均具有可采性的规定，即传闻的第 1 类例外；804 是关于传
闻陈述者已经不可获得情况下传闻具有可采性的规定，是传闻的第 2 类例
外；805 是关于传闻中的传闻的规定；806 是关于传闻的陈述者可被弹劾的

规定。现行的《联邦证据规则》的 807 规则属于在随后修改中新增的内容。

第 9 条规定的是确认与辨认，包括 3 条规则。901 规定的是对于确认和辨认的一般要求；902 规定的是自我确认；903 规定的是文书的签署人是否必要亲自确认该文书之真实性的问题。

第 10 条是关于文书、记录和照片的规定，一共包括 8 个规则。其中，1001 规定的是文书、记录和照片的定义；1002 规定了对文书、记录和照片的原始性要求；1003 规定了复制件的可采性；1004 规定在满足特定条件的情况下其他有关书证内容之证据的可采性；1005 规定的是公共记录的可采性；1006 规定的是对于卷册数量较大的书证之摘要的可采性；1007 规定的是一方当事人对于文书、记录或照片以书面形式作出承认的可采性；1008 规定的是在有关书证内容之其他证据可采性问题上法庭和陪审团之间的职能分工。

第 11 条是混合性规定，共包括 3 个规则。1101 规定的是《联邦证据规则》的可适用范围；1102 规定的是规则的修订；1103 是关于各个规则在引用时标题的规定。

三、《联邦证据规则》的 35 年小修

《联邦证据规则》并不完美，在生效通过后，一些律师质疑《联邦证据规则》的部分条款，认为有的条款甚至达到荒谬的境地。但必须要承认的是，总体上来说，《联邦证据规则》实施的效果尚佳。因此，在正式颁布之后的 30 多年的时间里，《联邦证据规则》以小修小改为主。

（一）《联邦证据规则》的修改方式

国会是立法权的当然行使者，所以，国会有权直接修改《联邦证据规则》是毋庸置疑的。[①] 除此之外，《联邦证据规则》1102 规则还明确规定，对本证据规则的修正，可以根据《美国法典》第 28 编第 2702 条的规定进行。《美国法典》第 28 编第 2702 条规定了美国联邦最高法院制定程序规则与证据规则的权力。该条规定：（1）最高法院应当有权制定联邦地区法院

---

① See, e. g. , Fed. R. Evid. 413 – 415.

（包括治安法官进行的程序）和联邦上诉审理案件适用的操作与程序一般规则和证据规则。（2）这些规则不得删减、扩大或者修改任何实体权利。与这些规则冲突的所有法律在这些规则生效后不再有效。（3）这些规则可以规定联邦地区法院的裁定就本编第1291条规定的上诉目的而言何时不可更改。据此，"根据美国法律，国会委任最高法院为有关程序规则的制定和维护者，其中包括证据规则。最高法院又将这一差事指派给司法会（Judicial Conference），司法会现在承担着维持国会通过的所有程序性法典的任务。在司法会内部，这一差事又被委派给各个程序性规则的咨询委员会"①。从当前的实践来看，此种方式是《联邦证据规则》修改的最主要方式，修改的流程和程序依据《规则生效法》（the rule of enabling act）进行。

在制定《1934年规则生效法》时，美国国会实际上将操作和程序的制定权和联邦司法系统分享。该法案使美国司法会的制定规则的权力集中化，特别是美国司法会委员会（这就是所谓的常设委员会）关于制定操作和程序规则的权力集中化。除了证据规则委员会，司法会还批准任命了其他四个咨询委员会以协助常设委员会，即上诉规则委员会、破产规则委员会、民事规则委员会和刑事规则委员会。常设委员会审查五个咨询委员会的工作，并最终向司法会提出修改规则的议案，以便保持一致性并促进司法利益的实现。

咨询委员会由担任司法会主席的美国联邦最高法院首席大法官组建。每一个咨询委员会的主席都是联邦法官，而报告人通常是法学教授。成员包括法官、律师和学者，部分成员负责联络其他咨询委员会。例如，目前的证据委员会成员包含民事规则咨询委员会和刑事规则咨询委员会的联络员。咨询委员会成员的任期是3年或6年。咨询委员会负责根据法官、法院书记员、律师、教授、政府机构或其他个人和组织提交的意见提出修改《联邦证据规则》的建议。报告人对这些建议进行分析，然后在咨询委员会会议议程中进行推荐。咨询委员会每年在春季和秋季分别举行一次会议。如果咨询委

---

① 易延友：《证据规则的法典化——美国联邦证据规则的制定及对我国证据立法的启示》，载《政法论坛》2008年第6期。

员会认为修正案适当，委员会的报告人就编写两份材料，首先是一份关于拟议规则的初步草案，其次是一份"委员会记录"用来解释规则修改目的。这两份材料将在咨询委员会会议上讨论和表决。

1988 年，《1934 年规则生效法》进行多处修改。规则的制定过程向公众开放，目的是使这一进程更加透明，使拟修规则吸纳更多的公众评议。因此，每个咨询委员会和常设委员会在会议召开之前必须提前公告会议的时间和地点，包括在联邦登记册进行公告，充分保证感兴趣的人能够参加。咨询委员会和常设委员会的会议都对公众公开。如果公开会议的参加人数众多时，委员会可以出于公众利益决定剩下的会议全部或部分向公众关闭。委员会必须向公众说明关闭会议的原因。联邦法院网站设有专门版块，讨论联邦规则制定的内容，公布咨询委员会和常设委员会会议的通知和时间、规则草案和委员会记录，以及其他有价值的信息。

咨询委员会对拟议的新规则草案、修订的规则和委员会记录（主要是对拟议规则和修订进行解释）进行讨论。在审查之后，咨询委员会在提案公开之前可以向常设委员会或其主席提出建议。咨询委员会解释其提案，并公布少数人的意见或反对的意见。一旦常设委员会批准公开，提案就被送往各级法院和其他机构，并在联邦司法部门的网站上公布。在 6 个月的公众评议期间，咨询委员会将安排公众听证会，秘书长会在听证会前至少 30 天进行通知，有兴趣的人都可以参加。公众异议期满后，咨询委员会重新审视要修订的拟议规则，然后总结公众的意见。咨询委员会既可以决定对规则进行实质性的修改——这需要额外的公众评议期，也可以将提议的规则或修改提交常设委员会批准。咨询委员会的建议通常都附有"比较"报告，该报告概括了公众的意见并解释了最初的修正案公开后的任何修改意见。咨询委员会成员中希望将其少数意见记录在案的也可以将其意见提交给常设委员会。①

常设委员会可能会接受、拒绝或修改咨询委员会的提案。如果常设委员

---

① Eileen A. Scallen, proceeding with caution: making and amending the federal rules of evidence, 36 Sw. U. L. Rev. 601, 616 (2008).

会批准提案，会把提案连同相关材料一起送往司法会。如果常设委员对咨询委员会的提案作出重大修改，会将该提案连同常设委员会的指导意见一起发回咨询委员会。

司法会通常在每年 9 月的会议上对拟议规则和修订的规则进行讨论。如果司法会批准了拟议规则或规则的修订，这些提案就会被"迅速提交到联邦最高法院"。如果联邦最高法院接受这些提案，它就有权在每年的 5 月 1 日前向国会提交，以使该规则生效。然后，国会有法定的至少 7 个月的时间来处理最高法院提交的规则。如果国会不积极作出拒绝、修改或延期规则的行动，这些规则将会在提交提案那年的 12 月 1 日生效。

（二）《联邦证据规则》的修改过程

截至 1992 年，美国的证据规则的修正案才只有 6 个，正如前文所言，其主要原因是与《联邦证据规则》的修改程序相关。司法会承担着维持国会通过的所有程序性法典的任务，在司法会内部，将任务委派给各个程序性规则的咨询委员会。但证据咨询委员会多年缺位，1974 年证据咨询委员会在向国会提交了建议规则后，就被联邦最高法院解散。尽管有人多次呼吁重新建立证据咨询委员会，然而直到 1992 年证据咨询委员会才得以重建。因此，1992 年以前的修正特别少。证据咨询委员会重建后的两年，委员会发布了一份"对某些联邦证据规则的特别要求"。① 证据咨询委员会对《联邦证据规则》进行了全面审查，并对大量规则进行了评估，并陆续进行修改。

历数《联邦证据规则》的修改，这些修改既包括适应立法的变化而进行的修改，也包括为澄清某些用语的含义而进行的修改，还有为了解决各个巡回区法院判决不一致而进行的修改，以及一些纯粹的技术性修改。

《联邦证据规则》在诞生之后的 30 多年里只发生了很小的变化。从 1975 年开始，截至 2012 年 8 月，《联邦证据规则》的修改不少，但实质性修改有限。最引人注目的是条文增加了 6 条。1978 年新增了规则 412，本规则规定了性犯罪案件中被害人的性行为或者性癖好的可采性问题。该规则于

---

① Judicial Conference of the United States, Proposed Amendments to Federal Rules, 156 F. R. D. 339, 484 (1994).

1988 年、1994 年修订了两次。1995 年新增了规则 413—415，分别规范性侵犯案件中的类似犯罪、儿童性侵扰案件中的类似犯罪和涉及性侵犯或者儿童性侵扰的民事案件中的类似行为。规则 413—415 在性侵犯和性虐待儿童的刑事案件和因此类犯罪行为引发的民事案件中，允许被告过去因任何目的而为的性行为具有证据可采性，在讨论时这三条规则的争议很大。这些规则是《1994 年暴力犯罪控制和法律实施法》（Violent Crime Control and Law Enforcement Act）的一部分。《暴力犯罪控制和法律实施法》颁布时规定将413—415 条的生效日期延后，这是为了给司法会应对这些规则做准备。司法会对 413—415 条极力反对，司法会敦促国会不要修改该条，至少让法官有更大的灵活性排除这类的证据。国会中的美国律师协会的代表们还通过一项反对 413—415 规则的决议。然而，国会没有采纳这些建议，413—415 条最终还是通过了。规则 502 是在 2007 年 11 月新增的，该规则的内容是律师——委托人特免权与工作成果、对弃权的限制。1997 年 4 月新增了规则807，该规则是合并规则 803（24）和规则 804（b）（5）的结果。

（三）《联邦证据规则》的修改内容

除了条文数量上的变化之外，截至 2012 年 8 月，《联邦证据规则》还发生了如下实质性的变化：[①] 规则 101 关于《联邦证据规则》适用范围的规定于 1993 年进行修正，该次修正使本规则与《1990 年司法改良法》的规定一致。规则 103 关于证据的裁定于 2000 年进行修正，该次修改增加了现在的（b）款。规则 404 关于品性证据、犯罪或者其他行为的规定于 1991 年、2000 年和 2006 年进行了三次实质性修正。其中，1991 年增加了规则 404（b）（2），规定了关于检控方预先通知的内容；2000 年增加了 404 规则（a）（2）（B），规定了检控方可以提出关于刑事被告具有相同品性特点的证据。规则 407 关于事后补救措施的规定于 1997 年修正，该次修正增加了导致的"伤害或者损害"一语，以表明该规则仅仅适用于在引起诉讼的伤害事件发生后进行的改变。规则 408 关于和解提议与谈判的规定于 2006 年

[①] Staff of H. Comm. on the Judiciary, 109th Cong. , Fed. R. Evid. Historical Note vii – x（Comm. Print 2006）.

修正，该次修正新增的内容是禁止关于和解提议与谈判的证据用于以先前不一致陈述或者矛盾来进行弹劾；民事和解不能在随后的刑事案件中适用，对于民事和解谈判中的言行也是如此，但有一个例外，即"在刑事案件中提出该证据且该谈判与某公共机构运用其规则、调查或者执法权限而提出的索赔有关时除外"。规则 410 关于答辩、答辩讨论与相关陈述的规定于 1975 年修正，随后又于 1979 年被完全修改。规则 606 关于陪审员充任证人的能力于 2006 年进行修正，新增 606（b）（3）（C），规定可以适用陪审员的证言或者宣誓书来证明在"将裁决制成裁决书时，是否存在错误"。如果存在这样的错误，可以适用陪审员的证言或者宣誓书来进行必要的修正。规则 608（b）于 2003 年修正，规定外部证据不可用来证明证人的行为具体实例，以攻击或者支持证人的诚实品性。规则 609 关于使用刑事定罪判决进行弹劾的规定于 1990 年进行修正，第一个变化是去除了刑事定罪只能在交叉询问期间引用的限制；第二个变化是解决了规则 609 和规则 403 之间关于弹劾证人而非刑事被告人的关系模糊的问题。2006 年关于该规则的修正案规定当刑事定罪要求有不诚实行为或虚假行为的证据时，规则 609（a）（2）准许刑事定罪判决作为证据。规则 701 关于非专家证人的意见证言的规定于 2000 年修正，新增 701（C）规定，不是基于规则 702 范围内的科学、技术或者其他专门知识的证人可以以意见的形式作出证言。规则 702 关于专家证人证言的规定于 2000 年修正，增加了 702（d），规定专家将科学、技术或者其他专门知识的原理和方法可靠地适用于案件的事实是评估专家证言可采性的标准之一。规则 703 关于专家意见证言的基础的规定于 2000 年修正，新增了一段话，即"如果事实或数据本身不可采，则只有在法院确定其在帮助陪审团评价意见方面的证明价值严重超过了其损害效果的情况下，意见提出者才可以将其披露给陪审团"。规则 704 关于最终争点的意见的规定于 1984 年修正，新增了 704（b），规定在刑事案件中，专家证人不得就被告是否具有构成被指控犯罪因素或者辩护因素的精神状态或者状况陈述意见，这些事项仅由事实审判者认定。规则 705 于 1993 年修订，该规则和庭审中提供证言的方式相关，该规则的修改避免和联邦民事规则 26（a）（2）（B）和 26（a）（1）或联邦刑事程序规则 16 相冲突，这些规则要求专家意见的依据和理由应当披露。规则 801 关于使用于本规则的定义的规定于 1997 年进行修正，在 801（d）（2）增加一段话——"对于陈述必须加以考虑，但仅此不足以证明（C）项规定的陈述人授权；（D）规定的关系之存在及其范围；或者（E）项规定的合谋或者参与关系的存在"。规则 803（6）于 2000 年修正，该修正案规定，在某些情况下，没有对主要证人产生开支或不便，视为满足了规则 803（6）的基本要求。1997 年新增规则 804（b）（6），规定了因不法行为而失权的例外。根据该规定，用来反对因不法行为致使或者默许不法行为致使陈述人不能作为证人到庭，以防止陈述人到庭或者作证的当事人的陈述，不受反对传闻规则的排除。规则 902（11）是 2000 年新增的，这项规定使得国内常规活动档案不需要通过传统所要求的证言即可获得验真。规则 902（12）于 2000 年新增，这项规定使得国外常规活动档案不需要通过传统所要求的证言即可获得验真。①

四、2011 年《联邦证据规则》的风格重塑

如果说 1975 年至 2010 年的 35 年是《联邦证据规则》小修的阶段，那么，2011 年的风格重塑就是《联邦证据规则》的一次大改。但此次修改并非意在对《联邦证据规则》进行实质性修改。

（一）2011 年《联邦证据规则》改革的背景

《联邦证据规则》实施以来，促进了证据规则的确定性及运用的统一性，其法典化的目标总体来说是成功的。《联邦证据规则》也成了许多州制定证据规则的模板。虽然《联邦证据规则》的法典化进程对实践的贡献巨大，但该规则本身在起草技术方面也存在问题。该规则经过了修改和添加，也导致了各条款规则在风格、措辞上的不一致，容易产生歧义并导致困惑。

早在 1990 年，常设委员会主席法官罗伯特·基顿（Judge Robert Keeton）和德克萨斯大学教授阿兰·赖特（Alan Wrigh）致力于将联邦证据规

---

① See Advisory Committee Notes, http：//federalevidence.com/node/1335, last visited by August 10, 2012.

则的风格清晰、一致。① 2006 年，证据规则咨询委员会重提努力重塑《联邦证据规则》的话题。

2007 年秋，证据规则咨询委员会正式启动了《联邦证据规则》风格的重塑工作。重塑的指导方针是布莱恩·加纳（Bryan Garner）教授起草的《起草和编辑法院规则的指导方针》，该指导方针确立了清晰、可读、简洁、等基本原则，并就单复数的使用、时态、语态、句子长度、标点符号的使用、规则的结构、关系代词的使用等作了详细规定。2009 年 4 月，咨询委员会完成了规则重塑的起草工作，提交美国司法会操作与程序规则常设委员会（the Standing Committee on Rules of Practice and Procedure of the Judicial Conference of the United States）。2009 年 8 月，该常设委员会公布了整个草案并接受公开评论，公众提出意见的时间截至 2010 年 2 月 16 日。2010 年 6 月，操作与程序规则委员会批准了重塑后的规则，将其提交美国司法会审议。2010 年 9 月 14 日，美国司法会将审议后"重塑"规则草案提交最高法院。②

根据《规则生效法》（the rule of enabling act），美国联邦最高法院将考虑美国司法会的建议，决定是否将修正建议提交国会。最高法院建议对规则 408（a）（1）和 804（b）（4）进行细微修改。2011 年 3 月 31 日，美国司法会接受了最高法院的建议。2011 年 3 月 31 日，操作与程序规则常设委员会和美国司法会执行委员会代表司法会批准了该建议。2011 年 4 月 26 日，最高法院批准了对《联邦证据规则》的修正。按照惯例，如果国会在半年内没有提出进一步的修改意见，这一草案将自动生效。在 2011 年 12 月 1 日前，国会可以对该修正建议进行审查；如果国会没有采取行动，则该修正将于 2011 年 12 月 1 日生效。因国会没有采取任何行动，该修正内容已于 2011 年 12 月 1 日生效。

---

① Federal Rules of Evidence—2011 Amendment to Restyle the Federal Rules of Evidence, http：//federalevidence. com/Restyling, last visited by August 1, 2012.

② Federal Rules of Evidence—2011 Amendment to Restyle the Federal Rules of Evidence, http：//federalevidence. com/Restyling, last visited by August 1, 2012.

（二）2011 年《联邦证据规则》改革的内容

2011 年《联邦证据规则》的风格重塑的目的不是对规则进行实质性的改变。咨询委员会也试图避免风格重塑导致规则发生实质性的变化。如出现以下四种情况之一，则属于实质性变化：一是在任何联邦巡回法院的司法实践过程中，该变化可能导致在可采性问题上出现不同的结果。比如，在评估某一证据是否具有可采性时，要求法院的把握标准变严或变松。二是在任何巡回法院的司法实践过程中，在决定证据可采性的程序上，该变化可能导致不同的结果。比如，规定提出反对的理由只能在某一时段，或在某一证据可采性问题上是否必须举行听证。三是改变了规则的结构，以至于改变了法院、诉讼当事人对证据可采性问题的思考方式和争议方式。比如，将 104（a）规则和 104（b）规则合二为一。四是改变了所谓的"庄严的措辞"，而这种措辞早已广为人知并已固定化。[①] 在对规则不进行实质性改变的前提下，这次风格重塑工作主要分为两个方面：一是规则的表述方式更为清晰；二是语言表达更为统一。

重塑《联邦证据规则》的主要工作之一是对规则文字风格进行"重塑"，采用了清晰的表述方式。重塑前的《联邦证据规则》有诸多条文采用了冗长的表达方式，重塑工作中冗长的规则往往被分解，各个段落被冠以标题，《联邦证据规则》通篇还使用了"悬挂式缩进"模式。[②] 这些模式上的变化使得规则的结构更为清晰，层次更为分明，也使得条文更易理解。

重塑工作消除了诸多不一致、含混、冗余、重复之处以及已经不通用的词语，使《联邦证据规则》语言更加统一。重述工作的重要内容之一是使用同样的术语表达同样的含义。例如，不再交替使用"刑事被告人"（accused）和"被告人"（defendant），"刑事被告人"一律改为"刑事案件被告"（defendant in a criminal case）。再如，《联邦证据规则》614 规则在谈到法院对证人的询问时，使用了"interrogate"这个词。《联邦证据规则》613

[①] Federal Rules Of Evidence—2011 Amendment to Restyle the Federal Rules of Evidence, http：//federalevidence. com/Restyling, last visited by August 1, 2012.

[②] 何帆：《环球法讯》，载《人民法院报》2011 年 9 月 23 日第 8 版。

（b）在表述对方当事人询问证人的权利时，也使用了该术语。而《联邦证据规则》在当事人询问自己的证人时，使用的术语是"question"。此外，规则在询问证人时，还使用了"examine"这个术语，如《联邦证据规则》613 规则。在询问证人的情况下，这些术语到底有什么差别呢？这给中文读者对这些规则的理解带来了困难。这次规则重塑，完全用"question"这个词取代了"interrogate"，消除了上述困惑。此外，重塑后的规则还消除了一些已经过时的或者冗余的词语和概念。例如，《联邦证据规则》407 使用"disputed"这个更为常见、更易理解的词语替代了"controverted"这个词。[①] 重塑工作还大大减少了意义含混的表达。最典型的就是对"shall"的取代。"shall"在英文中有"must"、"may"等多个含义。这个词在清晰的书面英语中不再常用。重塑后的规则根据不同的背景，分别用"must"、"may"或者"should"取代了"shall"，以实现更为清晰的表达。此外，重塑规则还对许多表述采用了更为简洁明快的表达方式。例如《联邦证据规则》613 的标题从"Prior Statement of Witnesses"修改为"Witness's Prior Statement"；《联邦证据规则》615 的标题从"Exclusion of Witnesses"修改为"Excluding Witness"。[②]

（三）2011 年《联邦证据规则》改革的评价

在法律语言专家的帮助下，风格重塑后的证据规则表述更为平实，层次更加分明，更符合现代司法语言的要求。使用了浅近的语言和成熟的起草技术，在体例、用语、表达等方面都取得了重要的进步，对使用者来说是一部友好型的证据规则，实现了对《联邦证据规则》进行重塑的目标，与美国联邦最高法院制定的其他规则实现了最大限度的兼容。

《联邦证据规则》风格重塑工作自 2011 年 12 月 1 日完成后，许多巡回法院在判决意见中引用了风格重塑后的新规则，并特意表明风格重塑并没有影响《联邦证据规则》的运用。截至 2012 年 8 月 10 日，这类的案件如下：

---

① 王进喜：《美国〈联邦证据规则〉（2011 年重塑版）条解》，中国法制出版社 2012 年版，前言第 9 页。

② 王进喜：《美国〈联邦证据规则〉（2011 年重塑版）条解》，中国法制出版社 2012 年版，前言第 9 页。

第一巡回法院的肯尼诉汉德案（Kenney v. Head）案件；第二巡回法院的和合众国诉斯科特（United States v. Scott）案件；第二巡回法院的合众国诉科波拉（United States v. Coppola）案件；第五巡回法院的埃利斯诉合众国（Ellis v. United States）案件；第八巡回法院的合众国诉莫拉莱斯（United States v. Morales）案件；第八巡回法院的合众国诉维加（United States v. Vega）案件；第八巡回法院的合众国诉 United States v. Jean – Guerrier 案件；第九巡回法院的合众国诉 United States v. Solorio 案件；第十巡回法院的合众国诉欧文（United States v. Irvin）案件；第十一巡回法院的合众国诉伍德（United States v. Woods）案件；第十一巡回法院的合众国诉加西亚—赫尔南德斯（United States v. Garcia – Hernandez）案件；第十一巡回法院的合众国诉 United States v. McGarity 案件；联邦巡回法院的 In re MSTG, Inc. 案件。①

结　语

《联邦证据规则》自 1975 年生效时共有 62 个条文，经过多年的修正后，条文数量变化不大，现在也仅有 68 条。《联邦证据规则》虽历经多次修改，其基本框架和内容变化并不大，这一点颇耐人寻味。与各州的证据规则的变化和创新比较频繁相比，《联邦证据规则》的内容变动不多，目前的证据规则委员会对制定新规则和修改旧规则方面也相当克制。总体上来说，证据规则法典化在美国是个成功的范例，对证据规则力求法典化的国家有良好的借鉴作用。

---

① Federal Rules of Evidence—2011 Amendment to Restyle the Federal Rules of Evidence, http：//federa-levidence. com/Restyling，last visited by August 10，2012.

美国死刑量刑程序的二分式审查制度

吴宏耀[*]　　罗静波[**]

在美国死刑制度历史上，20 世纪 70 年代无疑是一个充满变数的动荡年代。在这一时期，美国联邦最高法院作出的若干的重大判例开启了美国现代死刑制度的改革序幕，也奠定了美国现代死刑制度的基础。这些重大判例包括 1972 年实质上废除各州死刑法的弗曼案[①]和 1976 年审查第一批新死刑法的格雷格案[②]等一系列判例。1972 年，美国联邦最高法院在弗曼案中判决乔治亚州的死刑法律违宪。这一判决事实上废除了当时 40 个州的死刑法律，因为尽管在弗曼案中，美国联邦最高法院只认定乔治亚州和德克萨斯州的死刑法违宪，但其他州的死刑法与这两个州的死刑法具有类似内容。然而在弗曼案中美国联邦最高法院并没有废除死刑本身，而是认为当时的死刑适用程序违反宪法第八修正案"禁止残忍和不寻常惩罚"条款。此后，各州纷纷制定新死刑法。1976 年，5 起关涉死刑的案件率先进入美国联邦最高法院的视野，并将 5 个州的新死刑法律置于美国联邦最高法院的宪法审查之下。格雷格案等系列案件，是美国联邦最高法院自弗曼案之后第一次对新死刑法律进行审查。在该系列案件中，美国联邦最高法院最终批准了其中 3 个州的新死刑法律，但判定另外两个州采取强制死刑的死刑法律违宪。在格雷格系列案件中，美国联邦最高法院将审查的焦点转向死刑的适用程序，并指出，新的死刑法律因具备以下特点避免了死刑适用中的任意和专断，从而保证了新

---

 * 法学博士，中国政法大学诉讼法学研究院教授。
 * 法学硕士，法国德尚律师事务所律师。本文系中国政法大学青年教师创新团队"死刑的程序控制"课题组阶段成果之一。
① Furman v. Georgia, 408 U. S. 238 (1972).
② Gregg v. Georgia, 428 U. S. 153 (1976).

的死刑法律能够符合宪法第八修正案的要求：这些共同点包括，定罪程序与量刑程序的分离；量刑程序进一步分为适格决定与选择决定两段。其中，死刑适格问题，即要求具备法定加重情节或其他具备相同功能的因素，其作为一道"门槛"限制了适用死刑的犯罪类型。选择决定则允许被告人提出任何与其量刑相关的减轻情节证据，是一个个体化裁量过程。

考虑到在我国正在推行的量刑程序改革中，定罪程序与量刑程序分离已经引起了各界的高度关注，同时，考虑到我国第一审死刑案件的量刑程序架构尚处于实践探索之中，本文试图以格雷格系列案为切入点，对美国联邦判例确立的二分式死刑量刑审查制度进行介绍，以期对我国死刑量刑程序改革提供必要的比较法参考。

一、格雷格系列案：美国现代死刑制度的宪法根基

1976 年，以格雷格案为代表的 5 起死刑案件进入了美国联邦最高法院的视野，并由此将乔治亚州等 5 个州新制定的死刑法律置于宪法审查之下。在格雷格系列判例中，美国联邦最高法院为美国现代死刑程序设定了一系列的宪法性要求。这些宪法性要求主要指向死刑的量刑程序。其中，为了保证死刑量刑程序的公正性，防止弗曼案所禁止死刑适用上的专断和随意，美国联邦最高法院确立了限制陪审团裁量权原则和个别化裁量原则。即：通过设置法定加重情节来引导陪审团的裁量权；通过在审判中采纳广泛的减轻证据实现个别化裁量。

（一）格雷格案：乔治亚州新制定的死刑法律合宪

在 1976 年的格雷格案中，格雷格被指控犯有携凶抢劫罪和谋杀罪。在乔治亚州的定罪量刑二分式程序中，陪审团首先认定格雷格的两项携凶抢劫罪名和两项谋杀罪名成立。在量刑阶段，法官指示陪审团对于每一项罪名，陪审团可以建议死刑或终身监禁；陪审团可以自由地评价和考量双方当事人提供的减轻情节或加重情节。但除非存在以下法律规定的情形之一，并且排除合理怀疑，否则不得判处死刑：（1）谋杀是在被告人实施其他死刑重罪时实施的；（2）实施谋杀是为了获得被害人的金钱或汽车；（3）谋杀"极其残忍、恐怖和不人道"。经过评议，陪审团最终认定被告人格雷格存在第

1 项和第 2 项法定加重情节，因此判决格雷格死刑。

美国联邦最高法院对乔治亚州的新死刑法进行了审查，结果以 7∶2 的投票结果认定乔治亚州的新死刑法符合宪法要求，并且弥补了弗曼案中的宪法缺陷。那么，什么是美国联邦最高法院所谓的宪法要求，乔治亚州的新死刑法又弥补了弗曼案的什么宪法缺陷？

美国联邦最高法院在格雷格案中提出了两点对死刑程序的合宪性要求：[1]第一，陪审团的裁量权必须加以充分地限制和指引，以防止裁量权行使的任意和反复无常；第二，必须进行个别化裁量，即必须考量特定犯罪行为的情节和被告人的品格和背景。

对于限制陪审团裁量权的要求，乔治亚州的新死刑法规定了防止裁量权任意行使的程序。首先是死刑审判的定罪量刑二分式程序，即死刑审判程序划分为两个阶段：第一阶段定罪程序中决定被告人的有罪无罪问题，第二阶段量刑程序中决定被告人的量刑问题。作为第二阶段的量刑程序又分两步进行。第一步，陪审团必须认定被告人存在至少一项法定加重情节（statutory aggravating circumstance）。这一阶段陪审团需要作出一个"适格决定"（eligibility decision），即适用死刑在本案中是否合适，合适的标准是死刑法规定的加重情节在本案中出现。只有当本案中存在至少一项法定加重情节时，陪审团才会接下来考量其他与量刑相关的证据以作出选择死刑还是终身监禁的决定，陪审团的这个决定称为"选择决定"（selection decision），因为陪审团在这一阶段将在考量所有与量刑相关的证据的基础上作出选择死刑还是终身监禁的决定。

根据美国联邦最高法院的判决意见，乔治亚州新死刑法所作的这些程序安排符合了宪法的要求，即充分地制约和指引了陪审团的裁量权，以及考量了所有与量刑相关证据以进行个别化裁量。作为适格决定的依据，乔治亚州新死刑法规定了 10 项法定加重情节，包括重罪犯罪记录、危害公共安全的故意、谋杀公职人员、谋杀手段残忍、不人道的、为逃避合法逮捕或羁押而实施的等情节。这些事实须由陪审团全体一致确信并达到排除合理怀疑的

---

[1] Linda E. Carter, Ellen Kreitzberg, Understanding Capital Punishment Law, 2003, 第 43 页。

程度。

只有当陪审团一致认为至少存在 10 项法定加重情节之一时，该案才是死刑适格的，陪审团才作出适格决定。随后陪审团进入量刑的选择决定程序，即作出死刑还是终身监禁的选择。如果说前一阶段的适格决定程序严格地限制了陪审团的裁量权，那么这一阶段的选择决定程序安排则对应了个别化裁量的宪法要求。为了保证选择决定的个别化，乔治亚州新死刑法允许陪审团采纳广泛的证据类型，不限于死刑法明文列举的证据。不同于前一阶段的适格决定，选择决定的陪审团裁量权几乎不受制约，陪审团可以考量控诉双方出示的几乎所有证据，且可以自由评价、权衡这些证据。

在美国联邦最高法院看来，乔治亚州的新死刑法符合两个宪法要求，即受制约的陪审团裁量权和个别化裁量。满足这两个宪法要求的程序安排包括量刑程序分两步进行，即：适格决定和选择决定；必须具备至少一个法定加重情节；考量广泛的证据以保证量刑的个别化。

（二）普罗菲特案：佛罗里达州新制定的死刑法律合宪

普罗菲特案[①]中，申请人普罗菲特因犯一级谋杀罪被判处死刑，佛罗里达州最高法院审查维持普罗菲特的死刑判决。普罗菲特主张佛罗里达州的死刑法违反宪法。在佛罗里达州的新死刑法下，初审法官作为量刑者必须衡量 8 项法定加重情节和 7 项减轻情节，以决定死刑应否使用。因此，初审法官需要关注犯罪的情节和被告人个人的品性。

在 1976 年的普罗菲特诉佛罗里达州案中，联邦法院同样以 7∶2 的投票认可了佛罗里达州的新死刑法的合宪性，且认为弥补了弗曼案中的宪法性瑕疵。佛罗里达州的新死刑法在很多方面与乔治亚州的新死刑法相似，但仍存在着一些重要的区别。

二者都设置了定罪量刑二分式程序，即在定罪程序之外设置了独立的量刑程序。佛罗里达州的新死刑法中也列举了决定死刑是否适格的法定从重情节，即必须具备其中之一。

---

① Proffitt v. Florida, 428 U. S. 242 (1976).

尽管在框架上存在相似点，二者的区别也十分显著。乔治亚州新死刑法规定的最终量刑者是陪审团，但佛罗里达州新死刑法中的陪审团的量刑决定只具有建议的效力，刑罚的最终决定者则是法官。佛罗里达州死刑法规定，即使陪审团决定终身监禁作为合理刑罚，法官仍然可以不顾陪审团的决定而判决适用死刑。

在量刑的选择决定阶段，乔治亚州的死刑法允许陪审团考量所有与量刑相关的证据，而且陪审团可以自由地评价和衡量这些证据，法律并不指示陪审团如何衡量其中的加重证据和减轻证据，这种立法模式被称为非衡量型模式（non - weighing）。与乔治亚州不同的是，佛罗里达州的新死刑法采取的是衡量型（weighing）的立法模式，即法律指示陪审团衡量加重证据和减轻证据，如果加重证据占优势，则选择死刑。

佛罗里达州的新死刑法规定陪审团的量刑决定非终局，仍可能受到法官的否决；法律对陪审团在衡量证据时作出指引。然而，这些程序因素在美国联邦最高法院看来都是符合宪法要求的。

（三）居雷克案：得克萨斯州新制定的死刑法律合宪

在居雷克案①中，申请人居雷克的谋杀罪名成立，死刑在二审中被维持，此后，居雷克向美国联邦最高法院主张得克萨斯州的死刑法违宪。得克萨斯州新刑法典将死刑谋杀限制在 5 类故意杀人的情形，并且采用了新的死刑量刑程序。新程序要求陪审团在认定被告人死刑罪名成立后回答三个问题。如果陪审团认为控诉方已经证明了这三个问题的答案都是肯定的，并且排除合理怀疑，那么可以适用死刑；如果答案是否定的，那么必须适用终身监禁。得克萨斯州刑事上诉法院指出"对社会的持续威胁"问题即意味着陪审团将考量各种减轻因素。

在同一时期的居雷克诉得克萨斯州案中，得克萨斯州的新死刑法在也被美国联邦最高法院认可是合乎宪法要求的。只是得克萨斯州的新死刑法相较于佛罗里达州和乔治亚州的新死刑法，存在很显著的区别。唯一相同的是，得克萨斯州的新死刑法也将死刑程序设置成定罪量刑二分式程序。

---

① Jurek v. Texas, 429 U. S. 262（1976）.

乔治亚州和佛罗里达州都在各自的死刑法中列举了若干法定加重情节，陪审团据此在量刑阶段中作出适格决定。这一法定加重情节要求使得可以适用死刑的案件类型范围得以缩小。但是得克萨斯州的新死刑法中并未列举法定加重情节，尽管如此，美国联邦最高法院还是认可了得克萨斯州新死刑法的合宪性，原因在于得克萨斯州新死刑法将这个缩小死刑案件范围的过程前移到了定罪阶段。得克萨斯州新死刑法将"可判处死刑的谋杀"限制为5类特殊的谋杀案件，即谋杀警察和消防员；在绑架、入室盗窃、抢劫、强奸或纵火过程中实施谋杀；为取得报酬而谋杀；逃离或试图逃离监狱时实施的谋杀；囚犯谋杀监狱工作人员。美国联邦最高法院认为，陪审团在认定死刑谋杀罪成立的同时，事实上已经认定了至少一项法定加重情节的存在，并且这些犯罪构成因素和法定加重情节一样，都需要陪审团一致认定该事实已排除合理怀疑。

当陪审团认定得克萨斯州死刑法中5项死刑谋杀罪之一成立后，死刑审判程序进入量刑阶段。得克萨斯州死刑程序中的量刑阶段与乔治亚州和佛罗里达州的量刑阶段程序大相径庭。首先，它不存在适格决定程序，与其类似的程序在定罪阶段已经解决。其次，得克萨斯州死刑审判的量刑程序中，法律并不赋予陪审团毫无指引的自由裁量权，而是提出了三个具体问题，陪审团通过回答这些问题决定量刑。这三个问题分别是：（1）导致被害人死亡的行为是否被告人故意为之，并且合理地期待将导致被害人或其他人死亡的结果；（2）被告人是否可能再次实施暴力犯罪行为而因此对社会构成持续威胁；（3）如果被害人有挑衅行为，导致被害人死亡是否被告人对挑衅行为的不合理应对。如果全体陪审团对上述三个问题的回答都是肯定的，那么应当适用死刑。如果对其中任何一个问题有10名陪审团的回答是否定的，那么应当适用终身监禁。

在居雷克诉得克萨斯案中，被告人主张得克萨斯州的这一特殊问题立法模式过于严格，限制陪审团充分考量与被告人相关的品格和背景的减轻证据。美国联邦最高法院不支持这一主张，认为第2）个问题（即将来危险性问题）实质上允许陪审团考量所有这些减轻证据以使得陪审团通过对被告人进行个别性裁量来回答他是否在将来会对社会构成威胁。

（四）伍德森案与罗伯茨案：北卡罗来纳州和路易斯安那州的强制死刑法违宪

在 1976 年美国联邦最高法院审查的新死刑法中，除了被其认可为合宪的乔治亚州、佛罗里达州和得克萨斯州的新死刑法外，美国联邦最高法院也撤销了两部其认为违反宪法的新死刑法。这两部被认为违宪的死刑法分别是北卡罗来纳州的新死刑法和路易斯安那州的新死刑法，违宪的理由都是其强制死刑立法模式。

在伍德森诉北卡罗来纳州案①中，申请人被认定成立一级谋杀罪并判处死刑，北卡罗来纳州最高法院审查维持原判。北卡罗来纳州在弗曼案之前的死刑法允许陪审团不受约束的自由裁量，但为了满足弗曼案中美国联邦最高法院的宪法要求，北卡罗来纳州的新死刑法采用了强制死刑来完全限制陪审团的裁量权。

在罗伯茨诉路易斯安那州案②中，申请人罗伯茨被指控的一级谋杀罪名成立，并在随后的审判中被判处死刑。罗伯茨主张路易斯安那州的死刑法违反宪法，因为路易斯安那州的死刑法强制适用死刑，而不考虑任何减轻情节。只要陪审团认定被告人在严格限制的 5 种杀人情形中有杀人的意图或者严重伤害的意图，即适用死刑。

弗曼案中，乔治亚州死刑法违宪的理由是陪审团不受约束的裁量权。北卡罗来纳州和路易斯安那州为了在新死刑法中纳入这一宪法要求，制定了强制死刑制度，即一旦死刑谋杀罪名成立，死刑自动适用，陪审团在罪名成立之后的刑罚裁量权完全被限制。关于死刑谋杀罪名的种类，路易斯安那州的死刑法只规定了 5 种死刑谋杀罪名，但北卡罗来纳州的死刑法中规定的死刑谋杀罪名范围则大得多。但美国联邦最高法院认为这种区别不具有宪法上的意义。

美国联邦最高法院认为强制死刑违宪的原因有二。首先，强制死刑并不是限制陪审团裁量权，而是将陪审团的量刑裁量权转移到了定罪阶段；其次，

---

① Woodson v. North Carolina, 428 U. S. 280 (1976).
② Roberts v. Louisiana, 428 U. S. 325 (1976).

强制死刑立法模式下，陪审团无法就被告人的背景和品格作个别化裁量。从美国联邦最高法院的判决意见中，我们可以推断，除了弗曼案的限制陪审团裁量权的要求，个别化裁量是另一个死刑法符合宪法要求的必要条件。

1976 年的这些新死刑法具有十分重大的意义，在弗曼案 1972 年废除各州死刑法后，各州对于新死刑法的立法模式并没有十分清晰的共识，而格雷格系列①案件则使得新死刑法的模式雏形初现。这些立法模式包括乔治亚州模式、佛罗里达州模式和得克萨斯州模式，这些模式各具特色，如乔治亚州的基本模式、佛罗里达州的建议陪审团和衡量型模式以及得克萨斯州的无法定加重情节和特殊问题模式。此后的死刑法基本上在此基础上制定。

二、美国死刑量刑程序中的二分式审查

根据格雷格系列案的要求，在适用死刑之前，除了需要认定被告人死刑罪名成立之外，还需要进行两次独立的不同决定过程：适格决定（eligibility decision）和选择决定（selection decision）。适格决定要解决的问题是：被告人是否可以判处死刑？选择决定要解决的问题是：被告人是否事实上应当判处死刑？

（一）美国二分式的死刑量刑程序

二分式程序（Bifurcation）在美国刑事审判程序中十分普遍。通常所称的二分式程序是指刑事程序中的分别解决定罪问题和量刑问题的二分式程序，亦即狭义的二分式程序。但对于死刑案件的审判程序来说，二分式程序的概念则要更加复杂，除了定罪和量刑的二分式程序外，更具有宪法意义的是将量刑程序划分了适格决定和选择决定的二分式程序。前者的功能是限制适用死刑的案件类型和被告人类型；后者的功能则是对本案中的特定被告人进行个别化的考量，决定实际适用的刑罚，终身监禁或者死刑。我们将这两类死刑案件中的二分式程序分别称为定罪—量刑二分式和适格—选择二分式，亦即广义的二分式程序。（见图 1）

---

① Gregg v. Georgia, Proffitt v. Florida, Jurek v. Texas，这些案件因具有功能上的相似性和时间上的相近性而称为 Gregg 系列案件。

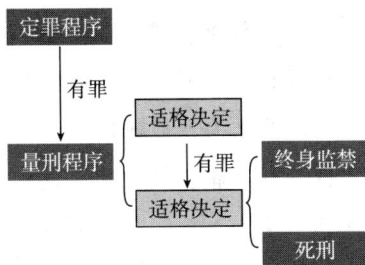

图 1　死刑二分式程序

（二）宪法性要求：定罪与量刑分离

从 1976 年的格雷格系列案件上看，乔治亚州、佛罗里达州和得克萨斯州的新死刑法虽然各有区别，但相同的是它们都确立了定罪—量刑二分式程序。根据这些州的死刑法，只有在陪审团认定被告人的死刑罪名成立后，才进入第二阶段量刑程序，以决定被告人适用死刑还是较轻的刑罚。然而，美国联邦最高法院在审查这三部死刑法时，只是认可了这种程序安排是符合宪法的，而并没有明确提出这是符合宪法所必要的。事实上，定罪—量刑二分式确实能够对陪审团的裁量权进行制约和引导，从而限制死刑适用的任意性。在定罪阶段，二分式程序通过限制进入定罪程序的证据来限制陪审团的裁量权。这也印证了一个原则，即接受审判的是被告人的犯罪行为，而非其品格。只有在有罪判决作出之后，二分式程序才允许陪审团对被告人进行全盘考虑，即不仅考量被告人在本案中的犯罪行为，还包括被告人的背景和品格等。此后，所有设立死刑制度的州都在立法中确立了定罪—量刑二分式程序。[①]

对于为什么采取死刑定罪量刑分离制度，模范刑法典[②]进行了很好的总结：

"如果要求陪审团在作出有罪裁决的同时又作出量刑决定，陪审团死刑裁量权制度将面临无法避免的两难境地。比如被告人的犯罪记录对于量刑来

---

① Seth Gurgel Chapter 2：bifurcated trials：eligibility and selection decisions in capital cases　http：//usali – dp. org/downloads/.

② Model Penal Code，America Law Institute，1981.

说意义重大，但对于定罪来说则会造成陪审团的高度偏见。或者量刑不应基于所有相关的证据之上，或者在定罪时不可采的证据也应当进入程序使得量刑建立在全面评价的基础上。如果要同时决定定罪和量刑问题，只能迫使我们或选择量刑决定的合理性遭到减损，或定罪裁判的公正性受到威胁。任何选择都是不合理的，后者甚至是不合宪的。可以理解的是，律师对于折中解决方案不抱信心，即采纳这类证据，但同时指示陪审团在量刑时进行考虑，在定罪时不加之考虑。"①

也就是说，在定罪和量刑合一的死刑程序中，我们会面临一个两难境地。而造成这个两难境地的源头是存在一些特定证据，这些证据对于公正的量刑说来意义重大，但这些证据却会造成定罪时的偏见。典型的例子是犯罪记录证据。为了使量刑的个别化，犯罪记录证据应当进入程序，但一旦犯罪记录证据进入程序，就会使陪审团在判断当前行为是否构成犯罪的问题上受到影响。而所谓的折中解决方案，即在允许这类证据进入程序的同时指示陪审团不得在定罪时考虑，只能在量刑时考虑，则被律师们认为是行不通的。

美国联邦最高法院在格雷格案的判决意见中提到，弗曼案禁止任意、专断地适用死刑，通过精心设计的死刑程序确保量刑者获得足够信息和指导可以达到这一目的；而达到这一目的的最佳方法是二分式程序，给予量刑者与量刑相关的信息和使用这些信息的指导。②

与二分式程序相对应的是单一式裁判程序（single verdict procedure）。在单一裁判程序中，陪审团在同一个程序中同时解决定罪和量刑的问题。单一式程序存在着影响死刑程序公正性的一些弊端：③

其一，单一式程序不利于被告人进行有效辩护。首先，单一式程序中被告人必须在其依据宪法享有的不受强迫自证其罪的权利和被听审的权利之间作出取舍。其次，单一式程序中被告人有时不得不采用这样的辩护策略：首

---

① John W. Poulos, the Lucas court and the penalty phase of the capital trial: the original understanding, San Diego Law Review, 1990, 注 21。
② Syllabus of Gregg v. Georgia（No. 74—6257）. http://www.law.cornell.edu/supct/html/historics/USSC_CR_0428_0153_ZS.html.
③ 康黎：《美国死刑量刑程序的历史考察》，载《北方法学》2012 年第 4 期。

先进行无罪辩护，然后指出即使有罪也不应判处死刑，这样的辩护前后矛盾可能会使辩护的效力遭到破坏。

其二，单一式程序不利于及时作出有罪判决。因为陪审团需要在同一裁决中对有罪无罪和刑罚选择作出一致意见，可能会在有罪结果达成一致后因量刑问题达不成一致而最终被推翻，造成诉讼资源的浪费。①

其三，单一式程序不利于量刑公正。宪法对量刑的要求是"刑罚应当适用于犯罪人而不仅仅是该犯罪"②，也就是说公正的量刑需要对被告人进行个别化考量。单一式程序下，由于受到严格证据制度的限制，许多对定罪可能不相关但对确保量刑公正意义重大的证据无法进入程序，从而使得量刑的公正性难以实现。

死刑审判量刑阶段在很多方面与定罪阶段相似。双方律师作开庭陈述、传唤证人、展示物证以及总结陈述。和在定罪阶段一样，法官于量刑阶段结束后指导陪审员如何进行评议。随后，陪审团在评议之后作出量刑决定。正因为量刑阶段在很多方面与定罪阶段相似，许多宪法性保护也同样适用于量刑程序。例如，美国联邦最高法院判决双重危险条款也适用于死刑审判的量刑程序，即当陪审团裁定死刑不适用时，不得就量刑问题进行再审。

从裁判者角度，定罪程序必须由陪审团进行。那么，量刑程序是否必须由陪审团进行？2002年，美国联邦最高法院在瑞宁诉亚利桑那州③中宣布，死刑法规定的加重情节的运用和犯罪构成要素的运用相同。也就是说，被告人有权根据宪法第六修正案要求由陪审团决定法定加重情节是否成立。那么，是否量刑阶段中的所有问题都需由陪审团决定？瑞宁案并没有回答这一问题。被告人主张凡是作为死刑适用前提的事实都应当由陪审团认定，包括被告人是否主犯，对生命是否忽视以及是否存在精神发育迟缓等事实的认定。控诉方则主张瑞宁案仅适用于作为死刑适格判断标准的法定加重情节，其他决定只是量刑决定，可以由法官决定。但是，瑞宁案明确指出并不要求陪审团进行量刑，只要求陪审团认定对死刑适格有决定意义的事实。根据这

---

① Leonard S. Togman, The Two - trial System in Capital Cases, New York University Law Review, 1964.

② Williams v. People of State of New York, 337 U. S. 241 (1949).

③ Ring v. Arizona 536 U. S. 584 (2002).

个判决，美国联邦最高法院并不禁止法官量刑或法官将陪审团的裁定改成死刑。因此，只要州死刑程序确保由陪审团进行事实认定，仍然可以保留由法官进行量刑。对于选择决定，加重情节和减轻情节的权衡过程是否必须由陪审团决定，瑞宁案也没有解决这个问题。

（三）各州的死刑法律

加利福尼亚州是美国采取死刑审判分离制度的第一个州。[①] 为什么会产生死刑审判分离制度？主要原因在于死刑审判的定罪和量刑两个阶段中对于证据的适用规则不同。最典型的例证是犯罪记录证据（prior criminal evidence），在定罪阶段，犯罪记录证据属于不具有可采性的证据，犯罪记录证据属于被告人品格证据（character evidence），《美国联邦证据规则》第404条（a）（1）项规定，作为证据法的一项基本原则，关于被告人品格或其品格特征的证据，若用于证明被告人在特定场合的行为与其品格相符合这一目的，则不具有可采性。但在量刑阶段，为了起到刑罚的威慑作用，刑罚要与特定被告人的可责性相适应，因此有必要调查与被告人相关的所有证据，品格证据是衡量被告人的人身危险性的重要依据，应当在量刑时采纳。由此矛盾就产生了：一方面为了认定犯罪成立的公正性，与在审犯罪无关的证据不能采纳；另一方面为了确定特定被告人的人身危险性和可责性，所有与量刑相关的证据都应当采纳，显然在同一个程序中难以协调。当然在死刑审判不分离的情况下也有一个折中方案，即被告人犯罪记录证据可以进入程序，但陪审团必须被指示在量刑时才可以考虑该证据，在定罪时不得考虑该证据。但这显然不太现实，也缺乏监督的可能性。

尽管美国各州的死刑审判程序各不相同，但每个保留死刑的州都要求死刑审判由两个独立的阶段组成。第一阶段决定有罪无罪问题，第二阶段决定量刑问题。只有当第一阶段中法官或陪审团判决被告人被指控的可能判处死

---

① 加利福尼亚州1850年颁布的第一部刑法规定谋杀罪为强制死刑罪。1856年加州借鉴1794年的宾夕法尼亚州立法建立谋杀罪等级制度，将谋杀分成两个等级——一级谋杀和二级谋杀，只有一级谋杀才适用强制死刑。1874年加州借鉴田纳西州在1838年的创新规定，废除一级谋杀的强制死刑，而由法官或陪审团自由裁量选择死刑或终身监禁。1957年死刑审判出现分离，即死刑审判的量刑与定罪程序分离。

刑的罪名成立时，第二阶段量刑程序才启动。

然而，死刑审判分离程序并非宪法所要求的，美国联邦最高法院并未明确表示过只有分离程序才是合宪的。对于这个问题，最高法院唯一一次正面回应是在 1971 年的 Crampton 诉俄亥俄州案①中。该案中，申请人 Crampton 质疑俄亥俄州死刑法的合宪性，理由之一在于该州法律采用的是单一死刑审判程序，即没有建立独立的量刑程序，陪审团在评议之后作出一份裁决同时解决有罪无罪问题和量刑问题。最后美国联邦最高法院以 6:3 的票数维持了俄亥俄州法律，拒绝要求死刑案件必须分离审理。第二年，最高法院在弗曼案中判决当时的死刑法因违反宪法第八修正案无效，此后焦点集中到了对量刑者不受约束的裁量权进行制约。弗曼案之后，各州纷纷制定新的死刑法，而各州的新死刑法都规定了包括独立的量刑程序的死刑分离审判程序。

当美国联邦最高法院在 1976 年审查第一批 5 部新死刑法时，承认两个独立的审判阶段使得陪审团在作出死刑量刑决定之前能够对与案件相关的所有信息进行全面了解。而在单一死刑程序之中，陪审团可以听取与量刑相关的证据，但这些证据可能对陪审团在判断有罪无罪问题时造成偏见，甚至因此而不可采纳。尽管最高法院承认死刑单一审判制定的缺陷，但并没有明确地表示死刑分离审判制度是合宪性的要求。

在适用死刑之前，除了需要认定被告人死刑罪名成立之外，还需要进行两次不同的独立的决定过程：适格决定和选择决定。适格决定要解决的问题是：被告人是否可以判处死刑？选择决定解决的问题是：被告人是否事实上将判处死刑？

三、死刑量刑程序中的适格决定

死刑量刑程序二分为适格决定和选择决定。陪审团在适格决定中承担的主要是事实认定的作用，即根据法律规定的法定情节，认定是否存在与其相对应的事实。如果陪审团认定法定情节的存在，则本案就是死刑适格的，死刑便有可能适用，否则不得适用死刑。适格决定旨在起到"过滤器"的作

---

① Crampton v. Ohio 402 U. S. 183（1971）.

用，即死刑只适用于极少数的情节极严重的犯罪。然而，实践中，适格决定的过滤作用并没有起到应有的限制死刑适格案件类型的作用。原因在于美国联邦最高法院对于法定加重情节的态度过于宽松，实际上所有死刑犯罪都可以轻易地找到对应地法定加重情节，也就是说陪审团的裁量权仍然可以自由行使，没有受到应有的制约。

（一）适格决定的概念

所谓适格决定，即在死刑罪名成立之后，由量刑者根据一定法定标准，审查和决定被告人是否适合适用死刑，从而或者排除死刑的适用，或者进入选择决定。当定罪阶段中陪审团作出被告人死刑罪名成立的裁决后，陪审团接下来将决定当前犯罪行为中是否存在法定的加重情节，如果存在一个或一个以上的法定加重情节，那么当前犯罪行为就是死刑适格的，也就是说，可以判处死刑；相反，如果陪审团认为当前犯罪行为不存在任何法定的加重情节，那么不得适用死刑。

具体来说，每一年全国都有上千起谋杀案构成一级谋杀罪。尽管这些案件都涉及剥夺生命，但并非每一起案件都可能判处死刑。美国联邦最高法院要求死刑法必须以有效方式限制死刑的适用。为此，每部死刑法必须规定一些因素使得某些谋杀罪因此比其他谋杀罪更加严重。这就是加重情节的功能。典型的加重情节包括：谋杀数人、谋杀警察和为财谋杀。

（二）适格决定的特征

适格决定具有如下特征：

1. 适格决定作出的标准是法定加重情节

绝大多数州的死刑法都规定了若干法定加重情节。其他少数州则将死刑谋杀限制在少数几种情形之下，用于限制死刑谋杀定义的情节的内容与大多数州采用的法定加重情节相似，都旨在发挥着限制死刑适用类型的功能。宪法对法定加重情节的数量和范围都不加限制，有些加重情节过于模糊或宽泛，但美国联邦最高法院对这类法定加重情节的态度比较宽松。

2. 适格决定的裁判主体是陪审团

这一点是宪法要求。美国联邦最高法院在瑞宁案①中明确要求法定加重情节必须由陪审团认定。

3. 适格决定的功能在于限制陪审团的裁量权

弗曼案认定当时的死刑法违反"禁止残忍和不寻常的刑罚"的宪法要求，是因为陪审团的裁量权不受限制，从而导致死刑适用的任意和专断。立法机关通过创设法定加重情节，旨在引导和限制陪审团的裁量权。

4. 适格决定的目的在于将死刑适用限制在那些罪行极其严重的犯罪类型上

通常情况下，满足法定加重情节的犯罪类型是相对比较严重的犯罪行为，而不存在法定加重情节的犯罪类型则一般没有达到罪行极其严重的程度。

（三）各州死刑法

1972 年弗曼案判决意见中，美国联邦最高法院明确指出，必须防止死刑制度的任意、专断适用，死刑法必须"公平、非选择性、非任意性"②。4年后的格雷格案中，最高法院批准了乔治亚州的死刑法，该州死刑法创造了"法定加重情节"因素，这些加重情节成了适用死刑的前提。目前，33 个存在死刑的州③以及联邦死刑法都要求陪审团在决定是否适用死刑时必须认定至少存在一个法定加重情节或具有相同功能的因素。

1976 年，美国联邦最高法院开始了现代死刑法的审查进程，首先获得最高法院批准的是乔治亚州、佛罗里达州和得克萨斯州的死刑法。乔治亚州和佛罗里达州的死刑法中都列举了加重情节用以判断哪类案件可适用死刑或

---

① Ring v. Arizona 536 U. S. 584 (2002).
② Linda E. Carter, Ellen Kreitzberg, Understanding capital punishment law, LexisNexis, 2003，P105.
③ 参见 http：//www. deathpenaltyinfo. org/states－and－without－death－penalty。33 个州分别是阿拉巴马州、亚利桑那州、阿肯色州、加利福尼亚州、科罗拉多州、特拉华州、佛罗里达州、乔治亚州、爱达荷州、印第安纳州、堪萨斯州、肯塔基州、路易斯安那州、马里兰州、密西西比州、密苏里州、蒙大拿州、内布拉斯加州、内华达州、新罕布什尔州、北卡罗来纳州、俄亥俄州、俄克拉荷马州、俄勒冈州、宾夕法尼亚州、南卡罗来纳州、南达科他州、田纳西州、得克萨斯州、犹他州、弗吉尼亚州、华盛顿州、怀俄明州。

哪类被告人可适用死刑。而德克萨斯州死刑法则将适用死刑的犯罪称为"死刑谋杀"（capital murder），将"死刑谋杀"的定义限制在很小的范围内，"死刑谋杀"的某些要素相当于其他州的死刑法中的法定加重情节。

1. 乔治亚州死刑法

目前乔治亚州死刑法[①]中规定的 11 项法定加重情节包括：[②]（1）谋杀行为极其恶劣、残暴、残忍或邪恶（或涉及虐待）；（2）被告人故意使被害人之外的其他 1 人或多人处于死亡的危险中；（3）实施谋杀是为了获得金钱收益，或根据协议被告人将获得一定价值；（4）被告人引起或指示他人实施谋杀，或通过支付或承诺支付金钱或其他金钱利益获得谋杀的实施；（5）为逃避或防止被逮捕、为实施逃脱，或为掩盖犯罪而实施的谋杀；（6）被告人已经被定罪或实施了谋杀、暴力重罪或其他严重的重罪；（7）死刑犯罪是由被监禁的人、逃脱的人、实施缓刑的人、监狱中的人或背叛监禁的人实施的；（8）被害人是正在履行职责的政府雇员，包括治安官、警察、联邦官员、消防员、法官、陪审员、被告律师和检察官；（9）被害人被监狱戒护员；（10）被告人实施过叛国罪；（11）实施谋杀、抢劫和绑架的被告人曾经犯过强奸罪、加重性侵罪、加重儿童性骚扰罪和加重性虐待罪。

乔治亚州的死刑法规定，除叛国罪和劫机罪外，除非陪审员认定存在至

---

① Georgia Code § 17—10—30.

② See http：//www. deathpenaltyinfo. org/aggravating – factors – capital – punishment – state（1）The murder was especially heinous, atrocious, cruel, or depraved（or involved torture）；（2）The defendant knowingly created a grave risk of death for one or more persons in addition to the victim of the offense；（3）The murder was committed for pecuniary gain or pursuant to an agreement that the defendant would receive something of value；（4）The defendant caused or directed another to commit murder, or the defendant procured the commission of the offense by payment, promise of payment, or anything of pecuniary value；（5）The murder was committed to avoid or prevent arrest, to effect an escape, or to conceal the commission of a crime；（6）The defendant has been convicted of, or committed, a prior murder, a felony involving violence, or other serious felony；（7）The capital offense was committed by a person who is incarcerated, has escaped, is on probation, is in jail, or is under a sentence of imprisonment；（8）The victim was a government employee, including peace officers, police officers, federal agents, firefighters, judges, jurors, defense attorneys, and prosecutors, in the course of his or her duties；（9）The victim was a correctional officer；（10）The defendant committed treason；（11）The offense of murder, rape, or kidnapping was committed by a person previously convicted of rape, aggravated sodomy, aggravated child molestation, or aggravated sexual battery.

少一个上述的加重情节，并且排除合理怀疑，否则不得适用死刑。①美国联邦最高法院认为乔治亚州死刑法通过规定 10 项法定加重情节缩小了适用死刑的被告人的范围。② 然而，上诉人格雷格主张乔治亚州的死刑法过于宽泛和模糊。格雷格认为当时乔治亚州死刑法中的一项加重情节，即"无法容忍的或放纵的残忍、凶狠或不人道，涉及对被害人的虐待、精神折磨和严重殴打"加重情节规定得过于宽泛，基本上可以适用于每个谋杀案件中。但美国联邦最高法院认为乔治亚州最高法院并不会将其解释地如此宽泛，实践中乔治亚州最高法院只批准了一起因为这一加重情节而适用死刑的案件。

佛罗里达州的死刑法与乔治亚州的死刑法相似。唯一的区别在于，在佛罗里达州的死刑量刑阶段中，由初审法官进行量刑，而陪审团只具有建议的作用。③

2. 得克萨斯州死刑法

较之于乔治亚州和佛罗里达州的死刑法，得克萨斯州的新死刑法中并没有规定用于适格决定的法定加重情节，而是将可以适用死刑的谋杀罪严格限制在 5 种故意杀人的情形中，我们将这种模式称为得克萨斯州立法模式。1974 年的得克萨斯州死刑法典将死刑谋杀的定义限制在 5 种故意杀人的情形：④（1）谋杀治安警察；（2）在绑架，入室盗窃，抢劫，强奸或纵火过程中实施谋杀；（3）为得到报酬实施谋杀；（4）在逃脱或试图逃脱刑罚执行机构时实施谋杀；（5）服刑者实施的被害人是监狱雇员的谋杀。

美国联邦最高法院认为，得克萨斯州死刑法将死刑犯罪缩小到 5 种情形，实质上相当于要求陪审团认定存在至少 1 项法定加重情节作为适用死刑的前提。因此，美国联邦最高法院认为得克萨斯州模式可以防止死刑适用的

① Georgia Code § 17—10—30.
② Opinion of Gregg v. Georgia http：//www. law. cornell. edu/supct/html/historics/USSC_ CR_ 0428_ 0153_ ZO. html.
③ Syllabus of Proffitt v. Florida (No. 75—5706) http：//www. law. cornell. edu/supct/search/display. html? terms = proffitt&url = /supct/html/historics/USSC_ CR_ 0428_ 0242_ ZS. html.
④ Tex. Penal Code § 19. 03 (1974). [1) murder of a peace officer or fireman；2) murder committed in the course of kidnaping, burglary, robbery, forcible rape, or arson；3) murder committed for remuneration；4) murder committed while escaping or attempting to escape from a penal institution；and 5) murder committed by a prison inmate when the victim is a prison employee.]

专断和任意。

在乔治亚州和佛罗里达州的死刑法中，其所列举的法定加重情节使得死刑的适用正当化。而得克萨斯州死刑法缩小适用死刑的谋杀类型起到了相同的功能。事实上，这 5 类死刑谋杀罪都包含在了乔治亚州和佛罗里达州的法定加重情节中。例如，该法要求陪审团在定罪阶段认定犯罪是否在实施其他特定重罪的过程中实施的，是否接受雇用实施谋杀，被告人在实施犯罪时是否是囚犯。所以，从本质上看，得克萨斯州的死刑法也要求陪审团必须认定存在一项法定加重情节。和其他两个州的死刑法的主要区别在于，得克萨斯州死刑法中可能判处死刑的谋杀类型更少。

（四）宪法要求

1. 法定加重情节的运用：瑞宁诉亚利桑那州案

2000 年，最高法院判决以"仇恨犯罪"为由加重量刑属违宪。在阿普瑞迪诉新泽西州案[①]中，法院认为加重情节等同于犯罪的构成要件，根据宪法第六修正案要求必须由陪审团认定。两年后的 2002 年，在瑞宁诉亚利桑那州案[②]中，美国联邦最高法院将阿普瑞迪案中的"构成要件"规则适用到死刑审判的加重情节上。最高法院认为死刑案件中的加重情节在功能上等同于犯罪的构成要件，因此应由陪审团认定。加重情节对于将可能的刑罚提高到死刑是必要的，因此适用第六修正案由陪审团决定。这使得很多规定由法官或 3 个法官组成的合议庭来作死刑可适性决定的死刑法面临违宪的运命。

瑞宁诉亚利桑那州，被告人瑞宁被指控犯有谋杀和相关犯罪，陪审团在预谋杀人罪上出现了陪审团僵局，但是认定瑞宁在携凶抢劫过程中重罪谋杀罪名成立。根据亚利桑那州法律，法官将在独立的量刑程序认定是否存在法律列举的"加重情节"和所有"减轻情节"。只有当法官认定存在至少一个加重情节时才可以适用死刑。经过量刑程序的审理，瑞宁被判处死刑。因为陪审团认定瑞宁成立重罪谋杀罪名，而非预谋杀人罪名。只有当瑞宁是杀人行为的实际实施者时才是死刑适格的。法官根据共同犯罪人的证言认定瑞宁

---

① Apprendi v. New Jersey, 530 U. S. 466 (2000).

② Ring v. Arizona, 536 U. S. 584 (2002).

是杀人行为的实际实施者。除此之外，法官还认定了另外一项加重情节——为金钱目的而杀人，即一项减轻情节，瑞宁的犯罪记录证据，经过衡量判处瑞宁死刑。

瑞宁主张亚利桑那州的死刑制度将提供被告人最高刑罚的事实认定权授予法官，违反宪法第六修正案的陪审团审判要求。美国联邦最高法院支持瑞宁的诉求，认定亚利桑那州的死刑法违宪。美国联邦最高法院认为法定加重情节"在功能上相当于一个更严重的罪名的犯罪构成要素"①，因此根据宪法第六修正案的要求，法定加重情节必须由陪审团裁判。

2. 关于法定加重情节的宪法要求

在格雷格案中，美国联邦最高法院列举了限制要求的三个标准。首先，加重情节不能适用于死刑犯罪中的每个案件，它必须限制适用死刑的谋杀罪的范围。例如，"恶意"不能作为加重情节，因为每个谋杀案件都具有"恶意"这个因素。其次，陪审团的裁量权必须得到指引，以制约和客观的方式得出一个非歧视性的结果。最后，加重情节不能使用模糊的语言定义，因为模糊的语言无法使陪审团充分了解在适用死刑前应当查明哪些要素。缺乏规定的清晰性使得陪审团具有无限的裁量权，正是弗曼案所禁止的死刑的任意适用。

自 1976 年以来，最高法院只驳回了一些定义地最模糊的加重情节。这些加重情节都规定，如果杀人行为非常恶劣就适用死刑。尽管加重情节规定模糊，但最高法院在审查时会查明州法院是否限制了死刑的适用。最高法院的加重情节审查几乎完全集中在其是否充分地限制了死刑适用的被告人类别。如果限制功能充分发挥了，则加重情节被认为符合宪法。

因此，总体而言，尽管法定加重情节的初衷是美好的，但由于美国联邦最高法院对法定加重情节的宽松态度，使得它在限制死刑适用上所发挥的作用非常有限。也正是这一点上，美国联邦最高法院在现代死刑制度开端便开始的宪法规制遭到诟病的原因。

---

① Syllabus of Ring v. Arizona, http：//www. law. cornell. edu/supct/html/01—488. ZS. html.

（五）宪法规制：限缩理论

1. 现代死刑的宪法规制

关于美国联邦最高法院对死刑的宪法规制，哈佛大学的斯泰克（Carol S. Steiker）教授进行了完整的概括。斯泰克教授认为当前的死刑规制框架来源于弗曼案和 1976 年的格雷格系列判决，这一死刑规制理论"复杂、晦涩且极其详细"[①]。这一死刑规制框架由三部分组成。首先，为了确保死刑只适用于那些最应当被判处死刑的被告人，美国联邦最高法院适用了比例原则，通过规定加重情节或相似功能的因素来限缩死刑适格案件的类型。其次，为确保公平和公正原则，量刑者的裁量权必须在死刑程序的任何阶段都受到指引。最后，为实现"个别化"量刑，被告人必须有权提出与量刑相关的减轻证据。

2. 限缩理论的实现方式

美国联邦最高法院认为只有最应当被惩以死刑的被告人才是适格的，因此各州必须事先通过立法的形式明确这些最应当判处死刑的被告人。因此，各州死刑法必须采取某种机制缩小死刑适格的死刑罪案件类型。根据美国联邦最高法院的宪法规制实践，限缩理论可以通过两种机制来实现：首先，州死刑法可以规定控方必须在死刑审判的量刑阶段证明存在法定加重情节；或者，州死刑法在定罪阶段将死刑谋杀罪的定义限制在更小的罪行更严重的谋杀行为范围内。尽管采取的形式不同，行使的诉讼阶段也不同，但两者都旨限制死刑适用的案件类型。

3. 限缩机制的有效性问题

然而，这一机制是否能切实起到限缩的作用并非毫无争议。事实上，尽管美国联邦最高法院坚称限缩理论能够实质限制死刑的适用，但它所创设的具体理论却并没有起到限制死刑的作用。死刑适格的范围依然十分宽泛。

美国联邦最高法院在审查各州的限缩机制时宣称：州死刑法中的限缩机制必须真正限制死刑适格的被告人类型，并且必须有合理理由相信，相比于

[①] Carol S. Steiker, Jordan M. Steiker, Sober Second Thoughts: Reflections on two decades of constitutional regulation of capital punishment, Harvard Law Review, December 1995.

其他谋杀罪名成立的被告人，这类被告人应当适用更严厉的刑罚。尽管这个审查标准十分严格，然而从美国联邦最高法院的实践中看，似乎与这个标准相去甚远。首先，美国联邦最高法院在审查法定加重情节时，认可了某些有争议的"过于宽泛"或"过于模糊"的加重情节，例如亚利桑那州规定的"特别邪恶、残暴或令人发指的方式"加重情节以及爱达荷州规定的"被告人展示出对生命的极度漠视"。美国联邦最高法院的支持理由则是认为州法院会对这些宽泛的法定情节作限缩解释。但实践中，州法院的限缩解释并没有缩小这些宽泛的法定情节表面上显示的范围。例如：亚利桑那州最高法院将"特别邪恶、残暴或令人发指的方式"解释为被告人享受杀人的过程或对被害人施加无理由的暴力，被害人手无寸铁或被肢解，或犯罪行为是没有意义的。[①] 另外，亚利桑那州最高法院认为上述情形并不具有排他性，也就是说，控方可以提出其他证据，包括被告人的年龄、凶器类型和谋杀的意图等。

另一个更重要的方面在于美国联邦最高法院没有限制各州可以规定的法定加重情节的数量。因此，有可能单个加重情节确实能限制死刑适格案件的类型，但如果不对法定加重情节的数量进行限制，从整体来看，可能几乎所有的谋杀都是死刑适格的。实践中，很多州的死刑法列举了 10 项以上的法定加重情节，这些州中的很大一部分都是借鉴自模范刑法典，其本身就列举了 8 项加重情节，包括"特别邪恶、凶恶或残暴"这样的法定加重情节，而因为这项法定加重情节而引起的诉讼不胜枚举。

从实证研究的角度，一项著名的统计研究再次证实了"法定加重情节"的限缩功能事实上发挥不了作用。鲍尔达斯团队的这项研究[②]结果表明，在乔治亚州新死刑法颁布后的 5 年内，所有被判处谋杀罪名成立的被告人中有86% 是死刑适格的。更有说服力的数据是，90% 的弗曼案之前被判处死刑的被告人在新死刑法下会被认为是死刑适格的。也就是说，新死刑法中规定的

---

① Walton v. Arizona 497 U. S. 639 (1990).

② David C. Baldus, George Woodworth & Charles A. Pulaski, Jr. , Equal Justice and the Death Penalty: A Legal and Empirical Analysis 419 (1990) . See Carol S. Steiker, Jordan M. Steiker, (Sober Second Thoughts: Reflections on two decades of constitutional regulation of capital punishment) Harvard Law Review, December 1995, note 87.

法定加重情节在大多数谋杀案件中都能找到，这些法定加重情节的限缩作用非常有限。

四、死刑量刑程序中的选择决定

当被告人在定罪阶段被陪审团裁定死刑罪名成立，且在量刑阶段被陪审团裁定存在至少一项加重情节而死刑适格时，接下来量刑者需要解决的问题则最终是选择死刑还是较轻的刑罚，这个选择过程称为死刑量刑程序中的选择决定，选择决定确定被告人在初审中的最终刑罚。对于选择决定的宪法规制较为宽松，各州死刑法中采用的立法模式也较多样。在这一阶段，量刑者考量的证据范围也十分广泛，包括一切与量刑相关的证据，除了用于判断死刑是否适格的法定加重情节，还包括非法定加重情节和减轻情节，美国联邦最高法院认为宪法要求在最终量刑决定前必须进行个别化裁量（Individualized Consideration）。

（一）各州死刑法：权衡型与非权衡型

选择决定的立法模式非常多样性，并不存在宪法要求的固定模式。美国联邦最高法院批准的符合宪法要求的立法模式可以是具有高度限制性的，可以是非常自由的，也可以在两者之间。总的来说，选择决定的立法模式可以分为权衡型和非权衡型的立法模式。选择决定采权衡型立法模式的死刑法明确指示量刑者必须权衡加重情节和减轻情节。非权衡型立法模式则只要求量刑者同时考量加重情节和减轻情节，但不会给定权衡公式，量刑者在选择死刑还是终身监禁时拥有完全的裁量权。

在权衡型立法模式下，仍然存在很多不同的表现形式。典型的权衡型立法模式下的陪审团指示为：只有当加重情节的优势超过减轻情节时，才能适用死刑。很多采权衡型立法模式的死刑法则授权量刑者即使在加重情节的优势超过减轻情节的情况下也可以适用终身监禁。在其他采取权衡型立法模式的司法管辖区则要求在加重情节的优势超过减轻情节时，必须适用死刑，美国联邦最高法院认为这也是合宪的。在所有保留死刑的州，如果减轻证据优势超过加重证据，那么陪审团不得判处死刑。非权衡型死刑法下，量刑者具有完全的裁量权以决定是否适用死刑。在考虑加重情节和减轻情节时也没有特定公式。非权衡制下的典型指引是，应当考虑加重因素和减轻因素，但并没有量刑的强制要求。

在权衡性立法模式下，有一类特殊的高度限制模式，即得克萨斯州的"特殊问题"模式（Special - issues Scheme）。在弗曼案后的得克萨斯州新死刑量刑制度中，该州死刑法创设了包含三个特定问题的选择决定。陪审员在回答这三个问题时只能选择"是"或"否"。这三个问题的主要内容是：（1）被告人故意实施犯罪并且期望发生死亡的后果；（2）被告人具有将来危险性；（3）被告人对被害人的挑衅的不合理反应。如果全体陪审员对上述三个问题一致给了肯定的回答，那么死刑自动适用于该被告人。如果对于三个问题之一，陪审团给了否定的答案，那么自动适用终身监禁。

得克萨斯州的死刑法规定，陪审团必须回答以下三个问题：第一，导致被害人死亡的行为是否被告人故意为之，并且合理地预见到将导致被害人或其他人死亡；第二，被告人是否将可能实施暴力犯罪行为，而对社会构成持续的威胁；第三，是否有证据表明，存在被害人的挑衅，被告人的行为是对被害人的不合理回应。[①]如果全体陪审员一致同意，那么陪审团的答案就是肯定的；如果只有 10 名陪审员同意，那么陪审团的答案就是否定的。

美国联邦最高法院在 1976 年的居雷克诉得克萨斯案中确认了得克萨斯州立法模式符合宪法要求。随后，很多违宪审查请求认为通过回答特定问题的严格裁量框架是违宪的，因为它排除了量刑者考虑所有减轻证据的可能性。美国联邦最高法院在多数违宪审查中还是维持了得克萨斯州量刑制度，尤其认为通过回答将来危险性问题，量刑者可以考虑所有的减轻证据。其他违宪审查请求则认为得克萨斯州死刑法属于强制死刑法，因为一旦陪审团一致给出肯定回答，死刑强制适用。美国联邦最高法院认为得克萨斯州法律不违宪，因为这些问题的内容允许量刑者作个别化裁量。

（二）宪法要求：个别化裁量

一旦案件确定死刑适格之后，陪审团将进行选择决定，即是否应当对本案的这个被告人适用死刑。量刑者在作出选择决定前，将考量该特定案件中

---

① Art. 37. 071 (b) (Supp. 1975 - 1976).

特定事实和情节以及特定的被告人来作出是否判处死刑的决定，因此，这一过程是一个个别化裁量的过程。

1. 个别化裁量的含义

在 1976 年的伍德森案和罗伯茨案中，美国联邦最高法院废除了北卡罗来纳州和路易斯安那州的强制死刑法，原因是它们错误地将"法律上相同的罪名适用相同的惩罚，而不考虑特定被告人的过往经历和习惯"。[①] 因此，美国联邦最高法院要求在适用死刑之前必须考虑特定被告人自身的特殊情形，即个别化裁量。另外，美国联邦最高法院还定义了什么是与死刑适用"相关"的，与适用死刑相关的因素不仅仅包括犯罪行为本身的性质，"第八修正案所蕴含的对人性的尊重"要求量刑者将"特定被告人的品行和记录以及特定犯罪行为的情节"作为判断死刑适用的必要组成部分。[②]

然而，尽管美国联邦最高法院赋予被告人有权通过个别化裁量程序提供减轻证据，但是它没有回答关于这个权利的范围的两个关键问题。首先，哪些证据可以作为减轻证据，可以在选择决定中被量刑者采纳？由于美国联邦最高法院没有明确定义具有可采性的减轻证据的范围，有些州便通过立法或司法实践限制某些类型的减轻证据可采性。其次，美国联邦最高法院也没有规定各州死刑法可以在多大程度上建构量刑者对减轻证据的考量过程。包括乔治亚州在内的大多数州只要求量刑者在评价减轻证据的时候回答生还是死的问题。而其他州，比如德克萨斯州和俄勒冈州则要求量刑者在考量减轻证据的时候回答若干特定问题。

2. 减轻证据的范围

在量刑程序中，减轻证据用以证明为什么被告人不应判处死刑。减轻证据的内容多样，例如可以用以证明被告人在犯罪中的作用较小、没有犯罪前科、童年时期受虐待的长期影响、精神疾病、犯罪时年幼、悔过表现、羁押时的表现等证据都可以作出减轻证据。作为选择决定的一个因素，减轻证据有助于对被告人进行个体化考量。

---

① Roberts v. Louisiana, 428 U. S. 325 (1976).

② Woodson v. North Carolina, 428 U. S. 304 (1976).

美国联邦最高法院在弗曼案之后的案件中，首先处理的是减轻证据的范围问题。联邦最高法院首先废除了排除所有减轻证据的强制死刑法。在随后的案件中，联邦最高法院必须确定哪些类型证据属于减轻证据，各州如何安排减轻证据的考量结构。在一系列判决中，美国联邦最高法院认为辩方提供的几乎所有证据都属于应在量刑阶段被采纳的减轻证据。减轻证据最初的表述是"被告人的品格和记录"及"犯罪的情节"，而之后则被逐渐扩大解释为包括被告人年幼、成长缺陷、虐待经历、服从改造和其他有关被告人经历和犯罪情节的方面。

那么，哪些证据可以作为减轻证据呢？弗曼案之后，很多州通过限制量刑者对减轻证据的考量而限制"不受制约的裁量权"。最极端的限制裁量权的方法便是强制死刑法，但伍德森案和罗伯茨案中美国联邦最高法院分别废除了北卡罗来纳州和路易斯安那州的强制死刑法。在接下来的 10 年中，美国联邦最高法院废除了另外一类死刑法：允许考量一部分，但非所有可能的减轻情节。如 1978 年的洛基特诉俄亥俄州案①，申请人洛基特诉称俄亥俄州死刑法违反宪法排除量刑者考虑关于案件的减轻证据和关于被告人品格和记录的减轻证据。美国联邦最高法院支持洛基特的主张，认为排除量刑者考虑"被告人的品格、记录、缺乏致使死亡的意图、在犯罪中相对较小的作用"等证据是违宪的。

美国联邦最高法院认为俄亥俄州死刑法穷尽地列举了减轻情节的做法违反宪法，因为它排除了被告人缺乏导致死亡意图，最小限度地参与犯罪以及实施犯罪时的年龄等减轻证据。然而，美国联邦最高法院并未试图在洛基特案中界定减轻证据的范围，而仅仅主张"死刑法不得排除对相关减轻证据的考量"。之后，美国联邦最高法院又在其他案件中承认了动荡的家族历史、感情上的创伤以及审判前的良好行为应为减轻证据。②因此，在美国联邦最高法院看来，似乎所有可能的减轻证据都是为进行个别化考量所必需

①   Lockett v. Ohio, 438 U. S. 586 (1978).

②   Eddings v. Oklahoma, 455 U. S. 104; Skipper v. South Carolina, 476 U. S. 1。转引自 Carol S. Steiker, Jordan M. Steiker, *Sober Second Thoughts*: *Reflections on two decades of constitutional regulation of capital punishment*, Harvard Law Review, December 1995, 注 169, 170.

的。虽然它偶尔也会对某些证据提出质疑，但还没有形成完整的理论来判断那些证据具有相关性，那些证据不具有相关性。

3. 无效宪法规制

斯泰克教授认为美国联邦最高法院对个别化考量所要求的减轻证据范围的这种宽松态度会产生两个后果。首先，它简化了理论，使得对特定类型的证据的个别审查沦为多余。其次，它也加剧了个别化考量和制约裁量权之间的矛盾。弗曼案中，美国联邦最高法院指出，量刑者的裁量权越大，其所作出的裁决越不可靠，同样的道理，对任何减轻证据的不受制约的裁量权也会产生不可靠的裁决。虽然这种裁量权不会违背一般价值标准使得被告人死刑适格，但可能使被偏袒的被告人免予死刑或因歧视被害人而使被告人免予死刑。这同样违背了公众的价值标准。

（三）对减轻证据的考量：得克萨斯州"特殊问题模式"

接下来的问题是：量刑者如何对减轻证据进行考量？对于这一问题，美国联邦最高法院的回答仍然不确定。1976年通过宪法审查的得克萨斯州新死刑法对于量刑者如何考量减轻证据进行了结构化引导，即量刑者须围绕若干特定的基于事实的问题来考量减轻证据。得克萨斯州死刑法允许被告人提出任何减轻证据，但量刑者必须回答三个问题，即犯罪是否由被告人故意实施，被告人是否在将来有危险性，以及被告人实施犯罪是否因被害人的挑衅而作出不合理的回应。①美国联邦最高法院在1976年的宪法审查中暂时批准了得克萨斯州的特殊问题立法模式，但在之后的判决中，美国联邦最高法院质疑了这些特殊问题能否使量刑者考量某些类型的减轻证据。

在1989年的彭里案②中，美国联邦最高法院认为特殊问题制度在适用于该案的情形时违反宪法，彭里案涉及的被告人精神发育迟缓（mentally retarded）并且有被虐待的经历。违反宪法是因为根据得克萨斯州的特殊问题，被告人的这些可减小可责性的证据反而会增加其适用死刑的可能性，因为这些证据反而可以证明被告人具有将来危险性。此外，得克萨斯州法院对

---

① Tex. Code Crim. Proc. Ann. art. 37.071.
② Penry v. Lynaugh, 492 U.S. 302 (1989).

关于"故意"的特殊问题作了限缩解释,排除了被告人可能不具有完全的判断和控制自己行为的能力这一主观方面作为故意的内容。

彭里案判决作出两年后,得克萨斯州修改了死刑法,在特殊问题之外增加了另外一个问题,允许量刑者在出现彭里问题时自由考量减轻证据。然而,问题在于什么样的减轻证据符合彭里案确立的标准从而在特殊问题之外加以考虑。州法院认为虐待经历情节和年幼情节不符合彭里案的标准,在特殊问题制度下,这些证据就可以作为减轻证据。但被告人认为,虽然关于虐待经历或年幼的证据可以在某种程度上否定被告人的将来危险性,如随着年龄增长被告人心智会成熟,或当被告人自己不受虐待时也不会虐待别人。但这些证据使得量刑者忽略了这些证据更重要的角色,即对被告人已实施犯罪的可责性的减轻。美国联邦最高法院在两个涉及年幼证据的案件中否定了彭里案的适用。

美国联邦最高法院似乎对州的死刑制度进行了细致的考察和复杂的宪法规制。但事实上,从得克萨斯州的实践来看,州死刑法可以很容易地满足个别化要求,即只要对减轻证据的范围不加限制即可。此外,尽管得克萨斯州模式限制了量刑者的裁量权,只要不涉及精神发育迟缓的被告人依然是符合宪法的。因此,美国联邦最高法院事实上允许州对减轻证据考量的引导,但对减轻证据考量的引导不是必需的。这个结论和法定加重情节的结论相似:州不需要引导量刑者考量加重证据,只需要限缩死刑适格的案件类型;州不需要引导量刑者对减轻证据的考量,只要通过采纳所有与量刑相关的减轻证据以保证个别化裁量。

域外证人保护制度及其特点

付　欣[*]

　　证人出庭作证问题是许多年来人们一直讨论的一个热门话题。证人作证在刑事案件特别是在涉及重罪、有组织犯罪以及贪污犯罪的案件中对于国家打击和惩罚犯罪具有极为重要的意义。[①]而要使证人愿意挺身而出，指证犯罪，这就需要国家采取一些列措施来增强证人对刑事司法机构的信心，使其确信自己不会因为出庭作证而受到他人（包括犯罪集团在内）的恐吓和报复。

　　目前，中国的证人出庭率相当低。麦高伟教授通过对中国覆盖了各大区域的 13 个调研地 1109 名被告人的案件卷宗进行研究分析后发现，证人仅在

---

[*]　西北政法大学法学博士。

[①]　参见 Lo, Kwok - chung, Jeremy, " Fight against Transnational Corruption and International Coopera-tion", RESOURCE MATERIAL SERIES No. 77, available at http：//www. unafei. or. jp/english /pdf/ RS_ No77/No77_ 06VE_ Kwok - chung2. pdf. ；邹善卿：《对证人保护的几点思考》，载《公民与法》2012 年第 9 期；吴惠玲：《刑诉法修改后证人保护存在的问题及建议》，载 http：// fjfy. chinacourt. org/public/ detail. php？ id =14518，访问时间：2012 年 10 月 30 日。

2.8%的案件中出庭。① 究其原因，证人保护制度的缺失为主要问题。② 为解决证人出庭作证的问题，防止其受到打击报复，我国法律有一些规定，③ 但规定的内容尚不足以提供相对周全的保护和保障。2012 年修改后的刑事诉讼法进一步完善了证人保护制度，④ 取得了可喜的进步，但是这些规定缺少具体的可操作的方案来落实。在此背景下，笔者拟对一些主要国家和地区的证人保护制度予以介绍，分析其特点，讨论证人保护计划的构成因素和内容，希望对中国的证人保护制度有所帮助。

---

① 参见 McConville et al（2011）McConville, Mike et al（2011），Criminal Justice in China：An Empirical Inquiry, Cheltenham, UK：Edward Elgar., p. 242. 同样，我们还可以从以下研究者的文章中找到类似的数据。陈永生、李霄霖：《辩护律师质证难的实证调查与分析》，载陈瑞华主编：《刑事辩护制度的实证考察》，北京大学出版社 2005 年版；吴丹红、房保国、刘立霞：《证人制度改革纵横谈》，载何家弘主编：《证据学论坛》（第 9 卷），中国检察出版社 2005 年版；陈光中、程味秋、杨诚主编：《刑事一审程序与人权保障》，中国政法大学出版社 2006 年版；左卫民、马静华、胡建萍：《刑事证人出庭作证试点调研报告》，载左为民等：《中国刑事诉讼运行机制实证研究》，法律出版社 2007 年版；王永杰：《刑事案件关键证人出庭作证制度论纲》，载《社会科学研究》2012 年第 3 期。

② 刘立霞、吴丹红：《证人制度的实证分析》，载何家弘主编：《证据学论坛》（第 7 卷），中国检察出版社 2004 年版；张泽涛：《证人出庭的现状分析与对策探讨》，载何家弘主编：《证据法学论坛》（第 2 卷），中国检察出版社 2001 年版，第 489 页；陈晓辉：《刑事案件证人保护体系建设问题研究》，载《河南工业大学学报》（社会科学版）2011 年第 2 期；孙华坚：《我国证人保护制度之构建》，载《山西省政法管理干部学院学报》2011 年第 2 期。此外，有关证人出庭问题的详细讨论，可参见 McConville, Mike et al（2011），Criminal Justice in China：An Empirical Inquiry, Cheltenham, UK：Edward Elgar., pp. 243 – 247. 有关案例，参见徐明轩：《双手被砍，残缺的是证人保护制度》，载《新京报》2010 年 9 月 17 日。

③ 例如，《刑法》第 68 条、第 307 条、第 390 条、第 392 条和最高人民法院《关于处理自首和立功具体应用法律若干问题的解释》。

④ 例如，修改后的《刑事诉讼法》第 62 条已明确规定："对于危害国家安全犯罪、恐怖活动犯罪、黑社会性质的组织犯罪、毒品犯罪等案件，证人、鉴定人、被害人因在诉讼中作证，本人或者其近亲属的人身安全面临危险的，人民法院、人民检察院和公安机关应当采取以下一项或者多项保护措施：（一）不公开真实姓名、住址和工作单位等个人信息；（二）采取不暴露外貌、真实声音等出庭作证措施；（三）禁止特定的人员接触证人、鉴定人、被害人及其近亲属；（四）对人身和住宅采取专门性保护措施；（五）其他必要的保护措施。证人、鉴定人、被害人认为因在诉讼中作证，本人或者其近亲属的人身安全面临危险的，可以向人民法院、人民检察院、公安机关请求予以保护。人民法院、人民检察院、公安机关依法采取保护措施，有关单位和个人应当配合。"第 63 条明确规定："证人因履行作证义务而支出的交通、住宿、就餐等费用，应当给予补助。证人作证的补助列入司法机关业务经费，由同级政府财政予以保障。有工作单位的证人作证，所在单位不得克扣或者变相克扣其工资、奖金及其他福利待遇。"

一、主要国家和地区证人保护制度概述

本部分主要介绍世界上主要国家和地区的证人保住制度和做法，包括所有大洲的国家和地区。鉴于人们对英、美、加等国家的证人制度已经有了不少讨论和介绍，[①] 本部分刻意做了省略，但是会在本文后半部分的讨论中涉及。

（一）澳大利亚（大洋洲）

1983 年，澳大利亚一个皇家委员会的调查结论认为在打击有组织犯罪的斗争中需要更好地利用举报人/线人。当时，保护证人的安排属于单个警局的事务，各地的办法也各不相同，一些警局强调对 24 小时的保护，一些则倾向于为证人变更身份后重新安置。1988 年，议会关于全国犯罪管理局的联合委员会进行证人保护问题的全面调查，[②] 其调查报告直接导致了在联邦一级出台了《1994 年证人保护法案》，澳大利亚首府地区和其他几个州也仿效此做法，立法引入地区性证人保护法案。

该法案的主要规定包括：（1）设立全国证人保护计划并设置符合该计划的证人资格的最低条件。证人一旦被纳入到该计划中就会成为该计划的"参与人"。（2）授权澳洲联邦警察局管理将证人纳入和解除出全国证人保

---

① 例如，参见阮堂辉、王晖：《论我国证人作证模式的改革与完善——以英、美国家证人作证新模式制度为借鉴》，载《湖北社会科学》2011 年第 11 期；刘静坤、丁丽玮：《论美国的证人安全项目》，载《吉林公安高等专科学校学报》2008 年第 4 期；高一飞：《美国的证人保护制度》，载《中国社会导刊》2006 年第 4 期；何杰：《英国儿童证人制度对我国未成年人作证之借鉴》，载《昆明学院学报》2010 年第 1 期；毕海毅：《英国证人制度浅议》，载《北京理工大学学报》（社会科学版）2008 年第 3 期；骆永兴：《中美刑事诉讼中的证人制度比较研究》，载《法制与社会》2010 年 5 月（上）；唐亮、朱利江：《美国证人保护制度及其启示》，载《人民检察》2001 年第 12 期；Mabunga（2011）Mabunga, Renato G. （2011）, "Comparative Study of the Witness Protection Programmes of Canada, South Africa and the Philippines", 28 October, available at http://renatomabunga. wordpress. com/2011/10/28/comparative-study-of-the-witness – protection-programmes-of-canada-south-africa-and-the-philippines/; Mahony, Chris, （2011）, "The Justice Sector afterthought: Witness Protection in Africa", Institute for Security Studies, available at http://www. iss. co. za/siteimages/WitnessProt. pdf., pp. 5 – 8。

② 参见 Australia Parliamentary Joint Committee on the National Crime Authority （1988）, *Witness Protection: Report by the Parliamentary Joint Committee on the National Crime Authority, Parliamentary paper* No. 193/88, Canberra, Australian Government Publishing Service。又见：Australian Federal Police （2006 – 07）, Witness Protection Annual Report 2006 – 07, available at http://www. afp. gov. au/ ~ / media/afp/pdf/w/witness-protection- annual-report-2006 – 2007. ashx。

护计划的事项，包括签署了谅解备忘录，创设新的身份和恢复以前身份等。（3）授权设立现在或者之前被纳入全国证人保护计划中的参与人登记本/花名册，其中必须包含信息，如该人姓名、新的身份和参与人被确定有罪的罪行详情等。（4）保证该人全国性身份证件（税务文件号和护照）的完整性，规定除非所在州或地区有关该参与人身份证明文件的补充性立法和部级安排已经到位，否则，不能为州或地区级的证人保护计划的参与者签发身份证件。（5）提供各种机制以确保参与人不会使用新的身份来逃避民事或刑事责任，并规定将证人纳入证人保护计划作为一种鼓励或奖励他们作证或作出陈述的手段。（6）设立非法泄露参与人信息或者参与人披露证人保护计划信息的有关罪行。

1997 年，澳大利亚修订了《证人保护法案》以允许证人保护计划的参与人在向英联邦监察员提出申诉时披露相关信息。① 2002 年，该国进一步修订该法案，允许在国际刑事法院的要求下将一些人纳入证人保护计划中。② 2006—2007 年，澳大利亚一共为 75 名证人提供了保护或者援助措施。③

（二）意大利（欧洲）

早在 20 世纪 30 年代，意大利的刑法典就已经规定，如果罪犯在涉及政治或团伙犯罪的案件中作出刑事损害赔偿或与当局进行合作，就可以获得部分或全部免予处罚的待遇。④ 20 世纪 70 年代，随着一个恐怖集团的暴力崛起，意大利推动颁布了一系列的法律，鼓励恐怖主义集团成员与当局合作，脱离这些组织，但这一举措并不属于正式的证人保护规定。直到 1984 年，当西西里黑手党核心成员多玛索·布斯吉亚达被捕后与政府司法机关合作，意大利的证人保护开始制度化。⑤ 到 20 世纪 90 年代，意大利当局已从 1000

---

① 《证人保护法案》第 12 条第 2 款。

② 参见 Australian Federal Police（2006－2007），pp. 2－6；UNODC（2008），Good Practices for the Protection of Witnesses in Criminal Proceedings Involving Organized Crime，（2008）New York：United Nations. p. 9。

③ Australian Federal Police（2006－2007），p. 6.

④ UNODC（2008），p. 9. 又见：Australian Federal Police（2006－2007），p. 2。

⑤ 布斯吉亚达以证人身份与司法机关的合作导致几乎 350 名黑手党的成员被判入狱。政府也因此为其用一个新的身份另行安置。这种做法刺激更多的黑手党成员与政府合作。

多个司法合作者的服务中受益。不过，与此同时，公众对政府这种做法的批评越来越多，质疑证人的可信度和动机，认为证人保护计划的管理不佳。于是，意大利政府对第 82 号法令进行全面修订并于 2001 年 1 月生效，修订的主要内容之一是在保护证人计划内把司法合作者列为单独的一个保护类型。意大利至今已对 5000 多人（包括与警方"合作者"、犯罪见证人以及他们的亲属）进行保护，有的证人已经被保护了 10 年，每年约花费 20 亿欧元。[①]

第 82 号法令的主要规定如下：（1）符合保护的人士包括有关毒品、黑手党或谋杀案件中的证人和举报人；被判处 5—20 年犯罪案件中的证人；或者接近合作者的个人处于危险之中。（2）保护的类型：涉及为期 180 天的搬迁和生活津贴的"临时计划"；涉及对搬迁个人的保护和重返社会计划的"特别措施"；规定搬迁、临时身份证明文件，提供财政援助以及作为最后手段的新的法律身份的"特别保护计划"。（3）被判刑的司法合作者必须至少在监狱里服完四分之一的刑期，或者，如果他们被判处无期徒刑，必须在服刑 10 年后被纳入保护计划。（4）由内务部副部长、两名法官或检察官、5 名有组织犯罪的专家组成的中央委员会决定是否接纳该人进入证人保护计划。（5）身份的变化必须由中央保护服务组授权，负责执行和实施保护措施。

（三）德国（欧洲）

德国的证人保护方案产生于 20 世纪 80 年代中期的汉堡，主要是针对有关摩托车团伙的犯罪。随后，德国其他州和联邦刑事警察局系统地实施证人保护计划。1998 年，德国政府颁布了《证人保护法案》。这项法令包括规范

---

① 意大利的证人保护流程是：由司法机关提出保护申请，证人保护中央委员会进行审查，证人保护中心实施保护。证人保护中心负责向被保护人提供虚假身份、住房、经济来源，帮助其融入社会等。证人保护中心每两年要审议一次被保护人情况，决定是否继续保护。一般情况下，所涉案件诉讼不结束就不会停止保护。参见刘宁宁：《意大利德国打击有组织犯罪的做法及其对我国打黑工作的启示》，载《公安研究》2012 年第 2 期。

刑事诉讼程序的规定，主要内容涉及以下内容:[①] (1) 利用视频技术为有危险的证人（特别是作为受害者作证的儿童）提供作证的方法；(2) 在刑事诉讼的所有阶段确保证人个人信息保密的改进可能性；(3) 向受害者和证人提供法律援助[②]。此外，在同一年，德国刑事警察特别小组界定证人保护概念，第一次概括性地介绍了涉及证人保护的机构执行的证人保护的目标和措施。这导致德国联邦和州一级的内政和司法部门印发了保护处境危险的证人的一般指导准则。

在 2001 年通过《协调有危险的证人保护的法案》后，这些准则成为德国证人保护计划的主要依据。从 2003 年 5 月起，这些准则和《协调有危险的证人保护的法案》的法律规定现在在德国作为联邦和州一级所有证人保护办公室应执行的规定。其主要规定包括以下领域:[③] (1) 有权被当局考虑列入证人保护计划的证人类别，以及各自的获准加入和解除计划的准则。根据该法案，那些因为愿意在涉及严重犯罪或有组织犯罪的案件中作证而处于危险之中的人获准加入证人保护计划。(2) 决策和执行机关。该法案规定证人保护部门和检察官应联合作出是否接纳的决定，但它同时还认可证人保护单位应具有权力独立地决定应采取的措施以及与此相关的标准，例如罪行的严重程度、风险、被指控者的权利和采取措施的影响等事项。(3) 保证有关证人保护单位及其他政府和非政府机构内受保护的证人的个人信息的机密性。受保护的证人的档案信息由保护单位留存而不包括在侦查案卷中，但可根据要求出现公诉卷宗中。(4) 掩护身份、个人证件发放的条件和保护期限内提供津贴的条件。

德国在联邦一级和每个州都存在包括证人保护办公室在内的证人保护计划。联邦刑事警察局在的联邦案件中负责保护证人，同时具有负责协调国家

---

① 最主要的条款包括第 58 条第 a 款、第 168 条第 e 款、第 247 条第 a 款和第 255 条第 a 款。参见 Hilger, Johan Peter Wilhelm (2001), Organized Crime/Witness Protection in Germany, available at http://www.unafei.or.jp/english/pdf/PDF_ rms/no58/58 - 09.pdf., pp. 102 - 103。

② 又见郑志华《德国刑事证人法律援助制度研究》，载《法制博览》2012 年第 1 期。

③ UNODC (2008), pp. 12 - 13.

和国际层面证人保护工作的职能。① 此外，由联邦刑事警察局主持的、7 个国家证人保护办公室主任组成的联邦国家证人保护质量保障项目组通过建立统一的全国性的程序来决定谁可以被纳入证人保护计划中、设立标准化的培训和继续教育的常见概念和证人保护个案工作者要求的目录清单等方式确保开展有效的合作。

2009 年，全德国共保护证人 270 人（包括亲属在内共 553 人），涉及案件以有组织犯罪为主。如 2008 年保护的证人中，有组织犯罪案件占 75%，恐怖犯罪案件占 4%，谋杀等其他案件占 21%。联邦刑事调查总局及各州警察局均设有证人保护中心，全国从事证人保护的专职警官 200 多人。②

（四）南非（非洲）

在 1996 年通过《全国犯罪预防战略》之前，南非的证人保护主要由 1977 年刑事诉讼法③来规范。在种族隔离政权统治期间，它主要是作为一种手段来胁迫证人作证。1996 年出台的《全国犯罪预防战略》确认证人保护作为在司法诉讼中确保弱势群体和被恐吓的证人证据的关键工具，并承认证人保护时当时在南非刑事司法制度中属于薄弱环节。④ 1997 年 6 月 11 日，南非司法部还专门颁布了《证人保护计划》。⑤

此后，南非颁布了《证人保护法》（1998），该法的主要规定包括：（1）在司法和宪法发展部部长的领导下在司法部设立国家证人保护办公室。⑥ 该办公室由国家级的主任来领导，在南非的 9 个省区有分支机构。⑦ 2001 年，该办公室改组为国家检察机关的一部分，并称为证人保护组。

---

① 这些职能包括：撰写关于证人保护计划实施情况的年度报告，组织和进行关于证人保护的培训和继续教育，定期组织由联邦和州证人保护办公室主任参加的会议，进行州级机构、联邦机构和海外办公室之间的合作以及国际合作。
② 刘宁宁：《意大利德国打击有组织犯罪的做法及其对我国打黑工作的启示》，载《公安研究》2012 年第 2 期。
③ 南非《刑事诉讼法》第 185 条第 A 款。
④ Mahony（2011），p. 96.
⑤ 廖明：《南非〈1998 年证人保护法〉评介——兼论我国刑事证人保护制度的完善》，载《证据学论坛》（第 4 卷），中国检察出版社 2002 年版，第 530 页；Mahony（2011）。
⑥ 南非《证人保护法》第 2 条。
⑦ Mahony（2011），p. 96.

（2）规定了证人保护组办公室主任的职责，包括决定接纳某人为该证人保护计划的权力。① 主任的决定主要基于分支办公室主任、有关执法机构官员和国家检察机关的建议。对于主任作出的拒绝申请或解除证人保护的决定，当事人如果不服，可以向司法和宪政发展部长申请复议。（3）规定了哪些类型的犯罪证人可以要求政府提供保护、申请时应遵循的程序和资格。② （4）定义的罪行规定了对于任何披露或发布关于人接纳到证人保护计划的人士或证人保护办公室官员的信息的行为属于犯罪，应受到严惩，③ 以确保受计划保护的证人和官员的安全。资料是否必须披露的决定权属于证人保护办公室主任。④（5）规定了司法和宪法发展部长可以与其他国家或国际组织签订协议，明确外国证人搬迁到南非并被接纳为南非的证人保护计划的条件和标准。⑤ 任何此类搬迁需要部长批准。同时，为了与该法协调，南非还修改了 1977 年的刑事诉讼法。⑥ 此外，值得一提的是，南非的证人保护制度明确地、详细地以法律形式规定了保护未成年人证人以及为了保护儿童证人权益所需的程序。⑦ 据悉，到 2001 年 2 月为止，南非共为 696 名证人提供了保护服务。⑧ 2007—2008 年度，南非证人保护费用为 1070 万美元。⑨

（五）哥伦比亚（美洲）

哥伦比亚的证人保护方案的法律依据为 1991 年宪法，该法明确列出检察长办公室的主要职能包括为刑事诉讼程序的证人、受害人和其他当事人提供保护的义务。⑩ 1997 年出台的第 418 号法律设立了三个向总检察长办公室提出申请后可以参加的不同的证人保护计划。第一个计划涉及向证人提供有

① 南非《证人保护法》第 4 条。
② 例如，参见南非《证人保护法》第 7 条。
③ 最严重的可以判刑 30 年，有关惩罚规定，参见南非《证人保护法》第 22 条。
④ 南非《证人保护法》第 17—19 条。
⑤ 南非《证人保护法》第 21 条。
⑥ Mahony（2011），pp. 97 - 98；Mabunga（2011）.
⑦ 南非《刑事诉讼法》第 12 条和第 16 条。
⑧ Goodenough，Cheryl（2001），"South Africa's Witness Protection Programme：Majority of Witnesses are from KwaZulu - Natal"，Perspectives on KwaZulu - Natal，Volume One，Number One，March，available at http：//www. cherylgoodenough. com/docs/sawitnessprotection. pdf.
⑨ Mahony（2011），pp. 97 - 98.
⑩ 《哥伦比亚宪法》第 250 条。

关自身安全的信息和建议；第二个计划涉及提供有限的监视证人的情况；第三个涉及身份的改变，并涵盖被害人、证人、诉讼程序的当事人和总检察长办公室的官员。

其中，第三证人保护计划由总部设在波哥大和巴兰基亚、卡利、库库塔和麦德林等地的区域办事处的特别调查局管理。该调查管理局内设有两个部门：一个部门负责业务，另一个部分负责行政事务。特别调查小组负责评估刑事调查，研究在刑事诉讼中的证人参与和评估证人作证的最终风险和受到威胁的程度。此外，由医生和牙医组成的援助小组为已经被纳入证人保护计划的人员提供帮助，安全组负责实施调查管理局主任在风险评估后要求提供的所有保护措施。需要说明的是，第三个保护计划只针对涉及绑架、恐怖主义和毒品贩运犯罪的案件中的证人，为有危险的证人提供在哥伦比亚境内永久迁移别处安置以及改变身份等措施。证人可以获得财政援助，以开始新的生活，同时可以获得必要的心理咨询、医保、重新安置方面的辅导和援助以及发放新的个人身份证件。但是，根据法律规定，如果计划的参与者无理拒绝参与司法程序、拒绝接受重新安置的计划、实施严重影响保护程序的不法行为或则自愿提出，他们则可能会被政府从保护计划中剔除。①

（六）中国香港特别行政区（亚洲）

1994 年，香港警务处为了回应警察改革的需要设立了证人保护特别计划。当时，负责为证人提供广泛的保护措施具体包括提供一个紧急电话号码和提供一间 24 小时由警方特殊保护的安全居所等。② 据悉，香港首名获保护证人组保护的证人是张子强 1991 年在香港启德机场抢劫 1.7 亿港币案中的一名保安员，他后来于 1998 年出庭指证张子强，最终导致张被判处死刑。③ 后来，因为一次报复证人事件（被暗杀）的发生，香港廉政公署 4 年

---

① UNODC (2008), pp. 11 – 13.
② 刘学兵：《香港强制证人出庭和证人保护制度探究以及对内地司法的借鉴》，载《广东法学》2008 年第 5 期；KWOK, Man-wai, Tony (2003), "Activities of the Hong Kong Independent Commission Against Corruption (ICAC): Its Investigative Technique", available at http://www.kwok-man-wai.com/Speeches/UNAFEI-Lawasia_ conference_ speech.html (accessed 5 December 2012)。
③ Available at http://zh.wikipedia.org/wiki/% E4% BF% 9D% E8% AD% B7% E8% AD% 89% E4% BA% BA% E7% B5% 84.

后也设立了一个类似的证人保护机构和计划，负责处理和执行廉署的证人保护计划。① 接受保护计划的人士一般会被安排入住安全屋，直到出席法庭时方会现身。案件完成受审判后，不论能否成功起诉疑犯，保护证人组亦会持续地保护证人。除了确保接受保护人士的人身安全外，保护证人组亦需要执行警队的内部指引及《证人保护条例》所赋予的其他职责，采取必要与合理的行动，保障证人的福利。为了进一步完善证人保护制度，香港立法会于2000年11月通过并颁布了《证人保护条例》，成为向证人和与证人有关的人士提供保护和其他援助的法律基础。这一立法例为香港警务处和廉政公署设立保护证人计划的运作提供了统一的标准。

《证人保护条例》规定：（1）设立证人保护计划，向个人安全或福祉可能因为作为证人而受到威胁的人士提供保护和其他援助。② 证人保护计划的实施包括香港警务处下设的证人保护组③和廉政公署下设的证人保护及枪械组。④（2）规定被授权管理证人保护计划的人员⑤应由警务处处长和廉政公署专员以书面形式指定，⑥ 他们负责作出管理计划、有关是否将某人纳入或者终止某人参与证人保护计划的决定。⑦（3）界定将某人纳入证人保护计划的原则、早期终止证人保护计划的原因以及证人的义务等。（4）授权审批批准当局的官员采取必要和合理的行动来保护已被纳入或正在为拟纳入保护计划而接受评估的证人的安全和福利，包括更改其身份的详细信息。⑧（5）为证人设立针对不纳入保护计划中、终止保护或确定保护措施不包括

① 郭国松：《香港证人保护制度值得内地借鉴》，载《东方早报》2010年6月23日。
② 香港法例第564章《证人保护条例》第3条。
③ 保护证人组有170多名人员，其中30名为专职人员，其余140多名属于常规职务以外的兼任岗位（后备部队），有必要时方会参与行动。
④ 据悉，为了打好地打击走私犯罪，香港海关正准备为举报走私犯罪的线人或者证人提供保护计划。
⑤ 被称为"批准当局"。
⑥ 香港法例第564章《证人保护条例》第2条。
⑦ 香港法例第564章《证人保护条例》第4—6条，第11条。
⑧ 香港法例第564章《证人保护条例》第7条。

更改身分等决定的复核程序。[①] 上诉复核由一个特别委员会[②]处理，它有权确认或推翻原有的决定。根据法律规定，该证人还可以进一步通过司法审查途径来挑战原机关或审查委员会的决定。（6）对于披露参与或曾经参与者证人保护计划的证人的有关身份和地址信息或可能危及证人人身安全的信息的行为予以惩罚。[③]

二、域外证人保护制度分析

综观以上国家、地区和国际刑事法院的做法，通过立法保护证人的做法比较最常见，例如英国和中国香港特区，但是有的国家并没有此类立法而只是设立了证人保护计划，例如加拿大等。尽管如此，这总体上并不影响证人保护的质量和效果。本部分拟就世界上主要国家和地区证人保护制度中保护证人的主体、证人保护涉及的犯罪种类、保护证人的措施，尤其是证人保护，作重点分析。

（一）保护证人的主体

一般来说，在实施证人保护制度时，需要确定由政府机关或司法机关的哪一个部门来负责。根据前面的介绍，各个国家的做法不一。有的国家和地区认为庭外的保护证人实际上属于警察的职能，以澳大利亚、加拿大、中国香港特区和英国等为代表，负责保护计划的人员为警察部门的行政长官，决定是否将证人纳入保护计划以及采取什么样的保护措施。为了保障制度的公正性，一般会在警局内部设立一个与其他部分只能分开而且具有组织、行政和业务等方面自主权的秘密部门来负责实施证人保护措施。

而有的国家，例如哥伦比亚、南非和美国等，则认为有必要把保护证人的职能与警察侦查职能相分离，以确保证人作证的真实性和客观性，于是将保护证人计划的实施权赋予相当于司法部、内政部或国家检察官办公室等部门。在这里，各机构的行政长官负责决定证人是否可以被纳入保护计划和监

---

① 香港法例第 564 章《证人保护条例》第 13—14 条。
② 该委员会由以下人士组成：1 名由处长或专员所指定的职级高于批准当局的人员，2 名不是公职人员的人士；亦可有由主席决定的属公职人员或不是公职人员的额外成员。
③ 香港法例第 564 章《证人保护条例》第 17 条。

督活动的权利。

还有的国家，包括意大利在内，证人保护由执法、检察、司法和行政等多个机构的高级别官员或代表组成的一个机构来执行。该机构负责决定是否接纳证人进入保护计划、终止证人保护等事项，对保护计划的执行情况进行监督，并负责向政府提交证人保护计划所需的经费预算。

需要注意的是，无论是设在哪个部门，证人保护一般都需要考虑三个原则：该部门应与侦查部门职能分离、计划执行和程序以及信息的保密性和部门与一般公安部门保持相对的独立自主性。

（二）证人保护措施的覆盖级别

根据域外的经验，证人保护计划有的是全国性的，有的是地区性的，也有的国家即有全国性也有地区性的。这里面，全国与地区性证人保护计划并存的典型国家为澳大利亚。一般来说，全国性的证人保护计划只处理那些涉及有组织或其他严重犯罪案件对证人的生命有严重威胁的情形。地区性的计划设计的案件范围更广泛，案件级别较低，包括家庭暴力犯罪案件。澳洲联邦警察署与地方保持紧密联系并接受地方转介的案件中的证人保护，但不共享案件中个人的保密信息。[①] 英国并没有全国性的警察署，但有 52 个地区性警察局。其中，就证人保护而言，苏格兰的犯罪和缉毒执法机构为苏格兰的所有警察局提供证人保护。而在英格兰、北爱尔兰和威尔士，证人保护计划则在地方一级执行。在国家级层面，严重的有组织犯罪查处署根据 2005 年的《严重的有组织犯罪与警察法》规定在本机构内设立有证人保护组。同时，英国内政部内所的证人保护局负责向严重的有组织犯罪查处署下辖的证人保护组提供支持和服务，如为证人提供社会福利、住房和医疗等

---

① Australian Federal Police (2006 – 2007).

服务。①

但是，无论是那一种模式，一般都会明确各自的职责，集中决策，保障实施计划时的一致性。

（三）证人保护制度涉及犯罪的类别

根据域外的做法，证人保护计划中犯罪的种类较为广泛。② 主要包括但不局限于：（1）有组织犯罪。例如，《联合国打击跨国有组织犯罪公约》规定，缔约各国应在刑事诉讼中采取适当措施保护证人。这些罪行包括：参加有组织的犯罪集团、洗钱、公共部门的腐败、妨碍司法公正、贩卖人口、走私移民、非法制造和贩运武器、武器部件、组件及弹药以及跨国性和有组织犯罪集团参与的严重犯罪。（2）恐怖犯罪。保护证人在打击恐怖主义犯罪方面更为重要。例如在德国，利用证人保护和司法合作者的做法源于20世纪70年代起诉恐怖犯罪集团的经验。当时，德国某恐怖犯罪集团成员格哈德穆勒被捕后于1975年成为控方的证人。他作证提供该犯罪集团的组织结构，并在许多前战友的起诉中作为证人发挥了重要的作用。他最初被判处10年监禁，但在服刑6个半年后获释，并且获得了政府给予的一个新身份。③（3）腐败犯罪。《联合国反腐败公约》呼吁缔约国采取适当的措施，保护证人不会因为作证而受到打击报复或威胁。根据该《公约》的规定，这种保护不仅应给予证人合作者，而且还包括作证的受害人，并可以延伸到

---

① United Kingdom of Great Britain and Northern Ireland, Home Office (2005), "Serious Organised Crime and Police Act 2005: Guidance Notes", available at http://library.npia.police.uk/docs/homeoffice/soc-protection-witnesses-ch4—2005.pdf., p. 3. 2005 年的《严重的有组织罪与警察法》为保护证人的安排提供了法律依据。尽管该法没有要求在全国创建一个全国性的证人保护计划，但是它创建了统一证人进入保护计划的标准和资格；惩罚披露有关证人保护安排标识或被保护的证人的位置等信息的行为；规定公共当局协助证人保护单位的义务；允许负责证人保护的警察部队之间移交（重新安置）保护责任。

② 以南非为例，涉及以下犯罪的案件的证人在满足一定条件时可以获得保护：叛国罪、煽动叛乱罪、谋杀罪、强奸罪、抢劫罪、绑架罪、贩卖和运输毒品罪、公共暴力罪、伪证罪、非礼不满16 岁儿童罪、1982 年《反恐吓法》提及的恐吓罪、腐败罪、勒索罪、欺诈罪、伪造文书罪、盗窃罪、弹药、枪支、爆炸物或武器装备或交易与走私罪、1998 年《预防有组织犯罪法》提及的犯罪，以及任何罪行阴谋、煽动或企图。参见 Mabunga（2011）。

③ UNODC（2008），p. 24.

其家庭成员或与证人关系密切的人。① （4）贩卖人口罪。除了有组织犯罪、贪污罪外，泰国的《证人保护法案》规定，有关机构可以在涉及贩卖毒品、威胁国家安全、洗钱罪、违反海关规定、贩卖人口以及可能被判处 10 年以上刑期的犯罪等严重犯罪的案件中未证人提供特殊措施，比如说近身保护、重新安置、改变身份等。② （5）暴力犯罪。在南非，针对暴力犯罪的妇女与儿童受害人有权被纳入证人保护计划。③

（四）证人保护措施

具体而言，证人保护措施根据保护的级别的轻重可以分为以下三类：

1. 证人援助④

证人出庭可能会产生焦虑的心情并会严重影响案件得结果。因此，在一些国家里，警察、检察官和司法机关在案件发生后会定期与控方的证人见面，来确定其心理健康状况，特别是儿童或青少年证人和那些智障或残疾的证人。第一项任务是查明那些易受伤害的证人在于刑事司法机构联系是否需要特别照顾，主要是警察的职责。国家对证人的援助主要包括从告知证人刑事审判的基本知识到减少其参加庭审的恐惧所需的心理支持以及提供交通和住宿等费用的财政援助等措施。这种支持可以出现在各个诉讼阶段，但在审判之前不应涉及讨论证人的证据问题。这种援助由独立于侦查和公诉机关的有一定资质的专业人士提供。不少国家在这一方面一般会与非政府组织积极合作。例如在英国，全国慈善受害者支持组织建立了证人服务处，给在英格兰和威尔士法院和裁判所作证的证人提供的服务：关于刑事诉讼程序的一般信息，心理支持，陪同证人到法院和使用侧门入口进出法庭，安排等候设施，控方证人在辩方证人和公众之外的地方等候出庭，停车位及上下车，告

---

① 参见《联合国反腐败公约》第 32 条、第 33 条和第 37 条。
② UNODC（2008），pp. 57–58.
③ UNODC（2008），p. 26.
④ 证人援助与证人保护不同，前者的目的不是保护潜在证人的人身安全，而是实现有效起诉和避免被害人在庭审过程中受到二次伤害。

知证人审判之日更多关于的证人要求。① 例如，在南非，国家检察机关有一个特别部门—性犯罪与社区事务部—向犯罪案件中的受害者和证人提供援助。此外，司法和政制发展部还颁布了《受害者宪章》，以确保受害人证人为伸张正义。②

2. 替代措施

鉴于保护证人所需的人力和资金的限制，大多数国家的证人保护计划基本上是留给那些大案、要案中受到严重威胁但其他手段无法保证的证人。为了解决实际需要，一些国家制定其他一些措施，用于保护那些不一定获得永久迁移和身份改变保证的证人。这些措施可能在审前或审判阶段通过正规警察或由法院颁布的证据规则来实施，提供为一系列的人身安全措施。此类计划通常被称为保护证人计划的"替代措施"。这些措施主要包括：

（1）强化对目标的保护。安保措施一般考虑那些真正相信自己因为参与协助警方调查刑事案件而受到了迫在眉睫的威胁或生命危险的证人。而对于那些可能因为与警方的合作而受到犯罪分子或者其他人的口头威胁、恐吓、骚扰、攻击、财产损坏或害怕报复的证人，一般由警方落实安保计划。通常，警方将提供一系列的强化保护措施来防止罪犯伤害证人的企图。采取的措施可以包括：第一，临时安排证人居住地到一个亲戚家或附近另一个镇上；第二，近身保护，经常在证人居住的房间外巡逻，护送证人前往和离开法庭以及提供紧急联系人的信息；第三，安排电话公司更换证人的电话号码或给其分配未列出的电话号码；第四，监测邮件和电话；第五，在证人家中安装安全装置，如防盗门、警报器或篱笆栅栏等；第六，提供电子预警设备和存有紧急联系号码的移动电话；第七，尽量减少证人公开与穿制服警察的联系；第八，使用谨慎安全处所会见和告知证人基本情况。其中，为受害人证人在安全房安排临时住宿是广泛应用的措施之一。

---

① 事实上，联合国安全理事会在 20 世纪 90 年代设立的国际刑事法庭、特别法庭来起诉卢旺达、钱拿斯拉夫、塞拉利昂、柬埔寨等国种族灭绝、战争犯罪和其他严重违反国际法行为的犯罪时也采取了类似的措施。例如，为了确保公正性，卢旺达问题国际刑事法庭的特别小组更是细分为两个不同的团队：一个服务于控方证人，另一个服务于辩方证人。参见 UNODC（2008）。

② 详细规定，请参阅：http://renatomabunga.wordpress.com/2011/10/28/comparative-study-of-the-witness-protection-programmes-of-canada-south-africa-and-the-philippines/（accessed 1 December 2012）。

（2）程序性保护。在一些国家和地区，法院可以决定在庭审期间采取具体措施，以确保证人出庭作证不会受到恐吓和担心此后的生活。这些措施也将适用于敏感案件（贩卖人口、性犯罪、儿童证人和家庭犯罪等），通过限制其向公众和媒体曝光，防止受害人证人在庭审期间再度受到伤害。这些程序性保护措施包括：第一，使用证人审前的证言笔录而不是法庭作证；① 第二，人员陪同提供心理支持；第三，通过闭路电视或视频做证；第四，声音和脸部图像失真处理；② 第五，将被告人或公众带离法庭后证人作证；③ 第六，匿名提供证词。④ 这些程序措施根据其目的可以分为三个类别：第一，避免减少证人与被告人面对面对峙恐惧的措施，如使用审前书面或录

① 根据《日本刑事诉讼法》，证人审前证词只有经辩方同意后可以在法庭使用，而不需要证人出庭作证。然而，法院在某些条件下，尽管辩方反对，仍可以决定使用审前证人证词，例如，如果法官认为证人明显处于恐惧或焦虑状态，其证言不同于他向检察官审前所作证词。

② 联合国国际刑事法庭在某些案件的审判中也采取了此类保护证人的做法。例如参见：Weber, Romana（2010），"Witness Protection at International Criminal Tribunals: Previous Experiences as Lessons for the Extraordinary Chambers in the Courts of Cambodia?", City University of Hong Kong Law Review, 2 CityU LR。

③ 在日本，有极少数特殊情况下，被告人被带离法庭后，证人开始作证。但是，证人作证完毕后，被告人有权知晓证人证言的内容并有机会去质疑该证言。"Methods for Obtaining the Cooperation of Witnesses to Punish Organized Criminals: The Immunity System and Witness Protection Programmes", 116th International Training Course, Reports of the Course, available at http://www.unafei.or.jp/english/pdf/RS_ No58/No58_ 23RC_ Group2_ Phase2.pdf。

④ 匿名证人，包括部分匿名和完全匿名两种方式。允许匿名证词的国家一般允许保持记录的证人的身份与庭审作证笔录分开放置并在安全的位置；依法制裁或起诉任何试图揭露匿名证人身份的行为。部分匿名作证的，证人可以出庭作证，但无义务告知其真实姓名或其他个人的详细信息，如住址、职业或工作单位等。这一点对于特情人员尤为重要。完全匿名作证的，证人出庭，但是其所有身份信息保密，而且在屏障后面作证，有时会作声音失真处理。法院工作人员负责处理和保管此类信息记录。在新西兰，匿名证人的身份资料由证人保护组装有警方标志的信笺里，直接交给予法官读取这些信息并保存在法院中的保险柜中。观 "Methods for Obtaining the Cooperation of Witnesses to Punish Organized Criminals: The Immunity System and Witness Protection Programmes", 116th International Training Course, Reports of the Course, available at http://www.unafei.or.jp/english/pdf/RS_ No58/No58_ 23RC_ Group2_ Phase2.pdf。英国和德国针对特定群体的证人也有类似的规定。参见吴原阁：《外国证人保护制度比较研究》，载《云南警官学院学报》2008年第2期；刘莹：《论对抗有组织犯罪之秘密证人保护——以德国法为视角》，载《求索》2011年第4期。

音、录像陈述替代出庭作证，将被告人带离法庭，① 通过闭路电视或视频链接作证等。第二，被告人或有组织犯罪的罪犯无法或者很难认出证人身份的措施，例如使用屏幕、窗帘或双向镜子屏蔽作证和匿名作证等。② 第三，采取措施限制证人暴露于公众和心理压力的措施，如改变审判地点或日期、在没有公众的情况下不公开作证法庭等。在采取这些程序时，法庭一般会应检察官的要求，听取辩方的意见并结合犯罪性质、③ 受害者的类型、④ 证人与被告人的关系、⑤ 证人的恐惧程度和证人证言的重要性作出决定。如在韩国，在侦查阶段期间可使用的证人保护措施包括：委任助理和受托人陪同证人并提供支持、删除证人的个人资料、取证时使用视频链接或双向镜像。在作证过程中使用的保护措施对于通过视频链接、不公开审理和证人匿名作证。⑥

3. 证人保护计划

在许多情况下，在审前和庭审中提供援助解决他们法庭作证的心理和实际影响、警方加强人身安保措施、法院庭审程序确保证人在作证期间的安全等方式就可以有效地解决证人担心作证而引起的人身安全的担忧。相对而言，采用证人保护计划是最后一种可以选择的、迫不得已的保护服务的解决方案。⑦ 从文中介绍的几个国家和地区的情况来看，证人保护计划具有组织

---

① 例如，参见"Methods for Obtaining the Cooperation of Witnesses to Punish Organized Criminals: The Immunity System and Witness Protection Programmes", 116th International Training Course, Reports of the Course, available at http://www.unafei.or.jp/english/pdf/RS_ No58/No58_ 23RC_ Group2_ Phase2.pdf。

② 在日本，证人使用屏蔽措施作证时，辩方律师仍然可以看到该证人，这样面对面的质证权不会受到明显的影响。"Methods for Obtaining the Cooperation of Witnesses to Punish Organized Criminals: The Immunity System and Witness Protection Programmes", 116th International Training Course, Reports of the Course, available at http://www.unafei.or.jp/english/pdf/RS_ No58/No58_ 23RC_ Group2_ Phase2.pdf。

③ 例如案件是否涉及有组织犯罪、性犯罪、家庭犯罪等。

④ 例如受害人是否属于儿童、性侵犯犯罪、共同犯罪案件的受害人。

⑤ 例如证人是否属于被告人的亲戚、是否属于共同犯罪中的从犯。

⑥ Demleitner, Nora V. (1998), "Witness Protection in Criminal cases: Anonymity, Disguise or Other Options?", American Journal of Comparative Law, 46: 641.

⑦ 例如，在中国香港特区，只有高度危险证人享有被列入"证人保护计划"、彻底改变身份的权利。参见刘学兵（2008）。

自主性①与保密性、② 各相关部门之间紧密合作、③ 透明性与问责要求、④ 自愿参加等几个特点。⑤ 同时，所需费用昂贵。⑥

---

① 原则上，保护单位一般都会和警察机关负责侦查的部门和检察机关负责起诉的部门分开。
② 所有涉及接纳证人的计划和行动的诉讼程序都会应严格保密。未经证人保护机构批准，不得透露给其他人或者机构。任何违反规定披露有关保护计划的人员行为属于犯罪，要被追究刑事责任。例如，根据中国香港特区《证人保护条例》，首先任何人如无合法授权或合理辩解，不得披露关于参与者或曾是参与者或曾被考虑纳入保护证人计划内的人的身份或所在地点的数据；或危害此人安全的数据。违反此规定，一经循公诉程序定罪，可处监禁 10 年。其次，任何身为或曾是参与者的人，或曾为纳入保护证人计划内而接受评估的人，除非得到批准当局授权或有合理辩解，否则不得披露他身为或曾是参与者，或曾为纳入保护证人计划内而接受评估的事实、关于保护证人计划如何运作的数据、牵涉人或曾牵涉入保护证人计划内的任何人员的资料；他已签署谅解备忘录的事实；或他已签署的谅解备忘录的详细内容。否则，即属犯罪，一经循公诉程序定罪，可处监禁 5 年。最后，任何人为协助批准当局决定是否将他纳入保护证人计划内而向批准当局提供数据时，不得提供他知道或按理应知道属虚假的数据。任何人违反此规定，即属犯罪，一经定罪，可处罚款及监禁 2 年。参见中国香港特区法例第 564 章《证人保护条例》第 17 条。
③ 证人保护制度尤其是实施保护计划时会涉及证人保护机构与其他政府部门、非政府组织和私营部门建立合作伙伴关系，为证人提供所需新的身份证明文件、住房、财政支持、医疗、儿童教育等服务。证人保护部门与上述部门会建立秘密安全的沟通渠道，必要时会与这些部门签订保密协议。有关讨论，例如参见：Kramer, Karen (2012), " Protection of Witnesses and Whistle - Blowers: How to Encourage People to Come forward to Provide Testimony and Important Information", available at http: //www. unafei. or. jp/english/pdf/RS_ No86/No86_ 07VE_ Kramer. pdf. ; Mahony (2011), pp. 97 - 98。
④ 证人保护计划同样要为其支出负责。执行机构会定期接受政府部门的审计，但是审计时会有一些保密的要求和报告程序。以澳大利亚为例，全国证人保护计划一年接受两次审计。在南非，保护证人计划每年由检察长办公室进行审计，其工作人员高度保密。总审计师提交证人保护部门管理、业务和财务管理有效性和效率的报告。此外，保护证人组主任向议会司法事务委员会提交一份年度报告，包括财务报表和所面临的挑战等内容。参见：UNODC (2008), pp. 57 - 58。
⑤ 在自愿参与的基础上，由愿意加入的证人与保护机构签署谅解备忘录。证人也可以自愿退出保护计划。
⑥ 参见作者整理的数据：UNODC (2008), pp. 52 - 53。

国家	年份	经费（本国货币）	备注
澳大利亚	2005—2006	1 000 000	
美国 USA	2003	59 700 000	
意大利	2004	65 000 000	4000 名证人及其家庭成员
加拿大	2005—2006	1 933 000	53 个案件 66 名证人，不包括警员工资、费用和行政开支
南非	2006—2007	55 000 000	250 名证人和 300 名相关人员
英国［默西塞德郡］	2006—2007	550 000	整个利物浦地区

总体而言，保护证人的依据包括刑事诉讼法、警察法、证人保护法等特别立法。在这些法律中，一般会设立证人保护的最低标准，例如可采取的保护措施，证人申请加入保护计划的条件和批准证人纳入保护计划的标准，应遵循的程序，局负责实施计划的机构，终止保护计划的原因，当事方的权利和义务，保护计划的保密问题。

（1）计划的参与人。"证人"的概念在不同国家和地区可能会因法律制度的不同而有所差异。但是，总体而言，应该指的是那些掌握对司法程序或刑事诉讼程序非常重要信息的人，主要包括司法合作者、① 受害人（证人）和包括专家证人等在内的其他类型证人。有些国家除了考虑将证人列入证人保护计划之外，还会根据需要将其他类别的因为与刑事案件的关系而可能处于危险之中的人员，如法官、检察官、翻译、卧底和线人等。② 因为证人不能永远与其家庭成员分开，所以在大多数国家和地区会将证人身边的家人以及其他与其关系紧密的个人尤其是孩子纳入证人保护计划。

（2）证人保护计划的启动。申请或提出将证人纳入保护计划的人员包括以下几类：首先是证人本人。例如在南非，证人可保护向案件侦查人员、检察官或有关其他公职人员、警察部门领导、监狱主任或保护证人组的任何人员提出申请。收到申请的部门有义务将此要求转发到证人保护组相关分支机构办公室并附关于是否推荐该人加入保护计划的意见。保护计划组主任作出最后是否接纳的决定。其次是警方。在英国，证人保护属于警察的一部分职能，侦查人员可直接向负责证人保护的机构提出将证人纳入保护计划的申请，然后由后者确定是否接纳该证人进入保护计划。再次是检察官。在意大利，必须由公诉人或负责起诉黑手党罪行的检察官提出保护要求，以便受保护的证人出庭作证。最后是法官。在斯洛伐克，一旦审判开始后，主审法官

---

① 此类人参与了犯罪组织的违法犯罪行为，了解本组织的结构、运作方式、活动安排等信息，愿意同政府合作打击犯罪，以换取免予或从轻处罚或者狱中单独关押等待遇。这一点以美国和意大利打击黑手党为代表。

② 线人和警方的特情提供者在警方侦查和预防犯罪方面有重要的作用，他们一般不被法院传唤作证。在澳大利亚、加拿大、荷兰和英国，线人可以获准进入证人保护计划。在德国和美国，情况则不同，只有那些进入刑事诉讼程序和出庭作证的证人才能获得保护证人计划的资格。

根据需要也可能会提出将证人纳入保护计划的要求。①

（3）准入证人保护计划的标准。在批准是否将某人纳入证人保护计划之前，一般都需要提供证人的所有信息来评估。评估的内容包括：第一，对某人生命威胁的严重程度。证人必须受到严重的威胁才能获准进入证人保护计划，② 威胁评估的定义由每个国家和地区的执法当局确定。威胁评估是由保护证人组单独或与正规警察合作执行。③ 一般来说，这些国家和地区严格区分"威胁"和"风险"。④第二，证人的人性和心理健康程度。证人必须能够适应将他们与原来生活圈（熟悉的人和地方）隔离的心理压力的方案，是否适合加入保护计划。在决定是否接纳某人加入证人保护计划时，主管当局也会平衡对证人生命的威胁与以下几方面的关系：证人的特点与保密的能力、有风险的证人在纳入保护计划后在新的社会环境中复发犯罪的可能性、该证人是否愿意遵守其个人生活受到方案所规定的严格限制。⑤ 第三，证人，通常是被告人以前的合作者，他们采用新的身份重新安置后公开路面时可能的危险。第四，证人证言的价值和关联性。也就是说，只有那些证言对起诉案

---

① Mahony（2011），pp. 104 – 105. 又见 UNODC（2008），p. 59。

② 但是在中国香港特区，2000 年《证人保护计划》规定，当局应为因担任证人以致人身安全或福祉受到威胁的证人安排或提供保护及其他协助。参见香港法例第 564 章《证人保护条例》第 3 条。

③ 但在美国的证人保护计划中，威胁评估由正规警务人员或侦查机构来执行，以保持与保护部门职能分离。参见 U. S. Department of Justice（1998），"Intelligence Threat Assessment Investigations"，available at http：//www. secretservice. gov/ntac/PI_ Guide. pdf，pp. 27 – 30。

④ 威胁评估是测评证人的生命是否处于严重危险之中，了解并解决威胁的来源、暴力行为的模式、威胁组织的层次以及进行威胁的能力、知识和可用的手段等。风险评估则检查威胁成为现实的可能性概率，并评估如何可以得到缓解。

⑤ 这一方面最典型的例子就是布兰达·巴斯。出生在洪都拉斯、长大在美国洛杉矶的布兰达·巴斯是美国当时最暴力的街头帮派 MS 13 成员之一。2002 年，她因涉嫌偷一辆车被捕。为换取从轻发落，布兰达向检察官提供了关于 MS 13 组织武装抢劫、枪击案有关的第一手信息以及黑帮的历史、组织结构等宝贵信息。为了其自身安全，布兰达被纳入证人保护计划，被安排到另外一个州，变换姓名和身份以及社保号码；同时被警告避免与 MS 13 帮派成员有任何接触。但是布兰达耐不住和外界隔离的寂寞，又和原帮派成员联系。她被帮派骗说，只要她回来就保证原谅她。她脱离了证人保护计划，重新加入黑帮。数日后，她的尸体出现在一条河里，绳子勒在她的脖子上，胸部和胳膊上有 16 处刀伤，颈部有 3 处重刀伤。参见 Dealey, Sam（2006），"America's Most Vicious Gang：MS – 13 is Spreading Senseless Violence to Cities and Suburbs across the Country"，Reader's Digest, January ；Kash, Douglas A.（2004），"Hiding in Plain Sight：A Peek into the Witness Protection Program"，FBI Law Enforcement Bulletin, 73（5）：25.，pp. 25 – 32。

件非常重要、具有无法替代作用的证人才有资格申请加入。第五，证人对于案件瓦解犯罪组织的重要性。除此之外，评估还会考虑其他方面，如证人的家庭婚姻情况、子女人数或其他被保护的家庭成员人数、配偶的刑事记录等。

（4）证人保护计划资格的取消。证人保护计划的取消分两种情况。其一，证人保护机构根据条件作出。如果证人严重违反证人被纳入保护计划的条件，经过警告后仍然违反规定，他就可能会受到制裁并最终导致政府提前终止该保护计划。[①] 此外，如果证人改变其原始证言，不利于检控定罪，那么保护计划也会终止，因为对他的生命威胁已不复存在。[②] 在这种情况下，该证人可被检控伪证罪。大多数国家和地区允许证人就此决定提起上诉复核或要求相关机构改变其决定。例如，中国香港特区的证人保护条例规定，任何人因批准当局根据本条例作出的以下决定而感到受屈，可以书面要求由委员会复核批准当局的决定：第一，不将他纳入保护证人计划内；第二，终止对他作为参与者所提供的保护；第三，不为身为参与者的他定立新身份。受到受屈的人须于收到批准当局的决定后的 7 天内向批准当局提交复核要求，并述明要求复核的理由。[③] 在英国，首席警务人员协会的证人保护政策建议相关机构应在决定终止保护证人计划至少 21 天前以书面形式通知证人其决定以及提出上诉的方法和程序。这样，证人可以有机会准备保护计划之外的生活或决定提出上诉。[④] 其二，证人自愿退出保护计划。有时候，加入保护计划的证人发现处于一种相对孤立的生活中保证其安全不再重要，他们就可能会自愿退出或放弃该方案。一般来说，保护机构在被纳入保护计划的证人自愿要求退出时会要求证人签署终止保护计划的文件或协议，正式结束保护。在这种情况下，当局还会主动提供某种形式的保护措施，并与当地警方协调，要求定期巡逻证人的居住地，安装警报器和提供当地警方联系号码等。然而，对于不愿意合作的人，这些保护措施可能无效。例如在美国，

---

① 当然，大多数证人在被警告后一般会更正或者不再违反这些条件。

② 在这种情况下，该证人可被检控伪证罪。

③ 中国香港《证人保护条例》第 13 条。

④ UNODC（2008），p. 74.

2003 年曾经帮助政府指控犯罪的证人布兰达·巴斯（曾经是黑社会成员）在放弃政府保护后的 2 个月内被杀害，令人惋惜。①

（5）谅解备忘录。证人如果进入保护计划，就需要与保护证人机构签署谅解备忘录。备忘录在大多数情况下属于事先详细界定证人和保护机构行为的文件，但不属于协议或合同，当事人不得据此提起诉讼。但是，在一些国家，谅解备忘录具有法律约束力，保护方式或保护措施不足可能会引起司法审查。② 谅解备忘录是否将具有合同的约束力取决于证人保护单位对因为保护措施不力或无效而产生的损害是否承担赔偿责任。有时候，虽然保护计划的执行者尽了最大的努力，但是证人的安全保护问题偶尔也会出现意外。例如，证人恰好撞上在新的住址碰到了原来的同事，并由此产生证人死亡、严重伤害、残疾等情况，如果不能证明属于保护机构的过失或者故意，那么保护机构及其人员免予刑事责任。一般来说，证人保护计划都会免除其工作人员就执行与计划相关的行为而产生的损害行为承担任何责任，美国、澳大利亚③和中国香港特区④的规定。但是，无论签署的谅解备忘录是否具有法律约束力，证人保护机构仍会设立处理证人对关于执行谅解备忘录方面的投诉程序，尤其是实施保护的措施类型和滥用或误用保护的权力。这种投诉的处理不会公开但会认真处理，既要有错就改，还要保护证人的敏感信息。

备忘录通常包括以下内容：第一，证人声明其加入保护计划完全自愿，而且任何援助必须理解为不属于因为作证而得到的奖励；第二，拟提供保护和援助的范围和性质；第三，保护机构可以采取的确保证人生命安全的措施清单；第四，在保护计划下证人的义务和违反规定可能受到制裁的行为；第五，关于该保护计划的终止条件。

就当事人的权利与义务而言，证人加入保护计划后会开始新的生活，根据双方约定，与保护机构形成了保护与被保护的关系。双方的权利和义务一

---

① 高一飞：《美国的证人保护制度》，载《中国社会导刊》2006 年第 4 期。又见：Dealey（2006）；Kash（2004）。

② 例如，中国香港特区和南非。

③ Section 21, Witness Protection Act 1994（Australia）.

④ 香港法例第 564 章《证人保护条例》第 16 条。

般会包括以下内容：保护机构安排保护证人生命的安保措施，重新安置证人并提供新的证件，提供一段时间的财政支持，提供证人职业培训机会、协助证人寻找新工作，提供咨询和其他社会服务措施，将保护计划扩大到可以为证人身边的人提供保护和福利等。而对证人来说，他被纳入保护计划的前提条件就是需要与执法和司法机关进行充分合作，有提供真实证言的义务，否则将会被剔除出保护计划；① 他不得直接或间接地损害任何保护机构提供的保护或援助，要遵守关于保护机构提供协助的指示，不得从事任何犯罪的义务；须充分披露其犯罪史和所有债务及其他法律义务的信息；须遵守限制披露有关罪行侦查工作有关的信息，甚至与其他家人的通信受到限制等。②

（6）证人保护计划的主要保护措施。证人保护计划的措施可由证人与保护机构进行协商，保护机构根据其要求是否合理来确定，因此没有统一的标准。除了我们常见的人身安全保护之外，还包括异地重新安置和身份变换、财政支持等。

第一，重新安置和变换身份。在国外，只有当临时搬迁住址或其他措施仍不能消除证人受到的生命威胁时，才采用变换公民身份这种特殊措施。它包含：为证人设立新的个人身份证件信息，更换姓名，同时隐藏其原来的身份信息。同时，尽可能地反映证人先前的年龄、婚姻状况、职业、宗教信仰等信息。个人详细信息的更改次数在各个国家做法不一。例如，荷兰、英国和美国不会完全重新设立而是根据需要来更改证人的身份信息。而在意大利等国，当局还会更改一些额外的信息。但是，无论如何，证人的新旧身份之间没有关联，这样，犯罪集团无论采取什么样的措施都无法查找或追踪到该证人。此外，在一些国家，法律允许通过整形手术改变证人的面部特征，尤其是去掉身上或者脸上的文身、胎记、痣等标记。一般来说，保护证人机构会在证人作证完毕后发布新的身份信息。在此之前，不会中断对受到人生命

① 参加人在不会受到恐吓的条件下出庭作证，无论证言的质量、是否会导致定罪，证人应继续得到保护。
② 证人保护计划由证人和保护证人机构签署的谅解备忘录通常明确禁止证人与未纳入保护计划亲属和朋友直接接触。证人与这些人的所有通信必须都通过保护机构。在此情况下，大多数证人保护机构更倾向安排证人通过电话或视频通信与亲属和朋友联系。

安全威胁的证人的安全保护措施。①

在身份变更过程中，证人所有与旧身份证明标识有关的公开证件信息出于安全原因被删除，避免被他们发现并查出其真实身份。② 一般来说，证人的新证件都必须采用最近的图像照片、签名、指纹、生物识别数据等。尽管各国的做法不一，但是这些证件可能包括：护照、国民身份证、医疗保险卡、税务账号、公民资格证、驾驶执照、出生证明、职业资质和学历等。③ 在一些国家，所有的个人身份证明文件都需要更换，而有的国家则只是变换重要的身份证件。这些证件变更的时间有长有短，总体上是先变更那些最主要的证件。证人新身份的记录和证件持有人由证人保护部门安全保存。需要注意的是，证人的资料变更通常也包括工作经历或教育背景等信息，避免别人从这些就信息中查找到或推出证人的姓名。④ 在证人变换身份的时候，不可避免的一个问题是会涉及不同部门之间的配合与协调。在这些实施了证人保护计划的国家和地区，证人保护部门与税务、户籍管理、教育、交通、民政、医疗、保险等部门紧密合作，更换证人的上述身份信息，而证人的原有秘密文件信息仅限于少数经过授权的官员掌握。法律规定了相关部门官员因为被要求伪造新的证人身份信息而享有刑事诉讼豁免权。有时候，受保护的证人已获得新身份但是需要使用其旧身份在公开场合出现，如出庭作证。如果被告和证人之间的关系已明朗，法院就会不公开审理案件，以保证证人身

---

① UNODC（2008），pp. 77 – 78.

② 这样也可以避免证人同时又多个证件的可能性。

③ 在大多数国家，加入证人保护计划的证人（及其家人）必须切断与其过去生活圈的联系，在必要时需要声明将其房产、证券等财产交给证人保护部门处理，有后者按照市场价支付给证人及其家庭，以防止犯罪分子这些财产例如家电、电脑软件登记的信息追查到证人的信息。例如在拉脱维亚，证人保护计划的立法最初要求警方确保不仅证人本人而且其财产的安全。后来，在实践中难以实施，法律修订为，已被弃置的人进入保护证人计划之前，该证人的财产应适当处置；如果做不到这一点，那么政府就有责任确保受保护人的财产不受损失。UNODC（2008），p. 78.

④ 证人被纳入保护计划后，其旧的身份信息会继续与新的证明文件同时存在。一旦该计划结束后，受保护的证人可以恢复其前的身份，但是大多数情况下，证人选择继续使用其新身份，甚至继续在被因为参与计划而被另行安置的地方一直生活下去。

份的安全。同时，必须保证证人出入法庭以及在审判期间的安全。[①]

第二，财政支持。首先，通常情况下，加入证人保护计划后会使证人的财务状况紧张，尤其是异地安置的从事医学、法律和会计等领域工作的证人。至少在最初阶段，证人需要财政支持来适应新环境。在大多数国家和地区，参与计划期间的财政支持可能被视为合作的补偿，一般会设立为参与者提供财政支持的期限（1—2 年），同时协助证人寻找新工作，找到新的工作岗位。[②] 期满后，证人通常可以获得更广泛的社会保障体系的帮助。其次，有些国家和地区则为证人提供资助帮其解决财务问题。例如，澳大利亚联邦警察部门可以为证人提供资金，使他们能够解决其财务问题。然后，证人从其收到的定期生活津贴或工作收入中偿还这些资金。[③] 最后，有的国家和地区还会提供特殊资助。在美国，1984 年的《证人安全改革法》创建了受害人赔偿基金，专门用于向受害人及其家属因为由证人保护计划的参与者实施的罪行造成受害者或其家属受到威胁后死亡或严重身体伤害的情形，每个案件法定上限 50000 美元，用于支付受害人无法报销的医疗费、丧葬费和误工费。[④] 需要说明的是，无论证人参加正式的保护计划有多长，政府对他们的安全的承诺都是终身的。在正式的保护期结束后，一般情形下，证人保护机构还会提供给证人联系号码，定期评估其受到威胁的程度，以及提供必要的警方保护等措施。因为有些案件涉及的证人受到的生命威胁可能永远存在。

三、结语

综上所述，首先，就保护证人的主体而言，无论是警察部门、司法部还是一个综合部门，都会与侦查部门职能分离，具有相对的独立自主性。其

[①] 然而，随着现代科技互联网的应用，在一些有社会影响或者设计公众人物的案件中，电子或者纸质媒体往往会有一些相关报道曝光，使他们容易被识别。于是，法院往往会禁止媒体刊登照片或者甚至起诉这些违反规定的媒体。具体事例，参见 Liptak, Adam (2007), "Web sites Expose Informants, and Justice Department Raises Flag", New York Times, 22 May.

[②] 但是，在证人的安全受到威胁无法履行义务、证人违背了谅解备忘录中的规定、拒绝出庭作证、对证人生命威胁的严重性已经减轻等情形下，财政援助可能会提前终止。

[③] Witness Protection Act (1994) 第 13 条第 2f 款和第 26 条第 5 款。

[④] 参阅 UNODC (2008), p. 72。

次，这些国家地区的证人保护制度，大部分通过证人保护计划来实施，有的是全国性的，有的是地区性的。但无论是哪一种模式，一般都会明确各自的职责，以保障实施保护措施的有效性。再次，证人保护计划中犯罪的种类较为广泛，但主要涉及有组织犯罪、恐怖犯罪、腐败犯罪和暴力犯罪。证人保护措施根据保护级别的轻重缓急来制定，无论是诉讼信息、心理咨询等证人援助手段，或是 24 小时贴身保护等加强对证人人身安全的实体性或程序性保护方法，还是变换身份和财政支持等证人保护计划，其目的都在于增强证人的安全信心，配合国家打击犯罪。这些保护措施规定翔实，能满足证人的实际需要。最后，证人保护制度的几个特点——保密性、各部门之间的合作、中立性、透明与问责要求和自愿原则，具有其合理性和实用性。

这些国家和地区的经验为中国提供了许多可以借鉴和参考的资料。但是，不同国家和地区在法律传统、政治环境、社会、经济、文化发展阶段和犯罪的类型和数量等方面存在着重大差异。在中国，我们有必要充分了解建立证人制度的背景和基础。比如，公、检、法三机关是否愿意接手此项艰巨的任务？到底有哪一个机关具体负责？经费如何保障？是否需要政法委的协调？无论是哪一种模式和保护措施，在设立证人保护制度尤其是可操作性很强的证人保护计划时，都应立足实际、规模从小到大，逐步完善。

稿　　约

《刑事司法论丛》是由西南政法大学诉讼法与司法改革研究中心主办的面向国内外公开发行的刑事司法专业刊物，由中国检察出版社出版，每年出版一卷或者两卷，每卷约40万字。欢迎各位同行投稿。稿约如下：

一、《刑事司法论丛》重点关注刑事司法的实证研究和比较研究，主要栏目包括：专题研究、前沿聚焦、司法实践、调研报告、域外法制、案例分析等。每期依据来稿酌设专栏。

二、《刑事司法论丛》发表刑事诉讼法、刑事证据法、刑事司法制度、刑法适用方面确有创见的高水平论文和研究报告，来稿篇幅不限，采纳与否以学术价值或者应用价值为基本标准。

三、《刑事司法论丛》注释一律采用脚注，每页分别编号。对所引文献请依次注明著（译）者、著作名称、出版社或者期刊名称、出版时间及版次或者期刊刊次、页码；引用外文文献，请按照该外文通用注释体例加注；引用网络文献，请注明最后访问时间。

四、《刑事司法论丛》采用具有原创性的首发稿。来稿请勿一稿多投，经刊载后，未经编辑委员会同意，请勿在他处发表。

五、电子版来稿请发送至 xiangyan311@ hotmail. com 或者 sunchangyong @ gmail. com，并注明"《刑事司法论丛》投稿"。来稿一律不退，请自留底稿。文章发表时署名自便，但来稿时务请写明作者的真实姓名、工作单位、职务或职称、学衔及联系方式。3 个月后如未接到采稿通知，可另行处理。翻译稿件涉及的版权事宜，请译者自行处理并负责，投稿时须提交原文。

六、编者保留对来稿进行技术性加工处理的权利。文章如发表，文责自负。

《刑事司法论丛》编辑部

2013 年 9 月

图书在版编目（CIP）数据

刑事司法论丛．第 1 卷／孙长永主编．—北京：中国检察出版社，2013.12
ISBN 978 - 7 - 5102 - 1028 - 0

Ⅰ．①刑… Ⅱ．①孙… Ⅲ．①刑事诉讼法 - 中国 - 文集
Ⅳ．①D925.204 - 53

中国版本图书馆 CIP 数据核字(2013)第 257128 号

刑事司法论丛（第 1 卷）

孙长永　主编

出版发行：中国检察出版社
社　　址：北京市石景山区香山南路 111 号（100144）
网　　址：中国检察出版社（www.zgjccbs.com）
电　　话：(010)68682164(编辑) 68650015(发行) 68636518(门市)
经　　销：新华书店
印　　刷：三河市西华印务有限公司
开　　本：720 mm×960 mm　16 开
印　　张：37 印张
字　　数：561 千字
版　　次：2013 年 12 月第一版　　2013 年 12 月第一次印刷
书　　号：ISBN 978 - 7 - 5102 - 1028 - 0
定　　价：68.00 元